333 教育综合真题真练

（华中+华南分册）

333 教育综合蓝皮书编写组　主编

北京理工大学出版社
BEIJING INSTITUTE OF TECHNOLOGY PRESS

版权专有　侵权必究

图书在版编目（CIP）数据

333教育综合真题真练. 华中＋华南分册 / 333教育综合蓝皮书编写组主编. -- 北京：北京理工大学出版社，2022.7

ISBN 978-7-5763-1465-6

Ⅰ. ①3… Ⅱ. ①3… Ⅲ. ①教育学—研究生—入学考试—习题集 Ⅳ. ①G40-44

中国版本图书馆CIP数据核字(2022)第117123号

出版发行 / 北京理工大学出版社有限责任公司
社　　址 / 北京市海淀区中关村南大街5号
邮　　编 / 100081
电　　话 / (010)68914775（总编室）
　　　　　(010)82562903（教材售后服务热线）
　　　　　(010)68944723（其他图书服务热线）
网　　址 / http://www.bitpress.com.cn
经　　销 / 全国各地新华书店
印　　刷 / 三河市恒彩印务有限公司
开　　本 / 880毫米 × 1230毫米　1/16
印　　张 / 31.5
字　　数 / 885千字
版　　次 / 2022年7月第1版　2022年7月第1次印刷
定　　价 / 329.80元（共5册）

责任编辑 / 李慧智
文案编辑 / 李慧智
责任校对 / 周瑞红
责任印制 / 李志强

图书出现印装质量问题，请拨打售后服务热线，本社负责调换

历年真题是考研命题和重难点的风向标，是考生备考的"指南针"，通过掌握历年真题可以帮助我们了解考研的命题方向、命题重难点和高频考点，更好地帮助我们还原考研的真实答题场景，让我们的备考更有针对性。因此，《333教育综合真题真练》（以下简称《真题真练》）应运而生。为此我们在以下几个方面进行了努力：

1. 精选了33个院校（以"985工程"高校、"211工程"高校、"双一流"大学和重点师范院校为主）400多套5 500多道333教育综合考研真题，涵盖了333教育综合考试大纲规定的题型和重要知识点，因此，无论《真题真练》是否收录了你报考院校的真题，本书都具有很大的参考性和实用性。

2. 《真题真练》的每一个题目我们都配有答案要点，并且题目与答案是连接在一起的。在复习时考生可以快速且高效地翻阅到相关题目的答案。

3. 对于超纲题、教育热点题和实际应用题都给出了相应的答题思路和参考角度，可结合给出的答案要点对相关知识点进行拓展和思维延伸。

4. 为了提高考生使用的便利性，《真题真练》首次将333教育综合考试真题按地域的形式呈现。

《真题真练》使用建议：

1. 利用真题，夯实基础。务必要在系统学习完一遍基础知识之后再做真题，没有知识基础的做题是盲目的，在系统复习的基础上再结合《真题真练》可以更好地巩固之前的复习并且对知识的重难点有更好的把握。

2. 研究真题，把握规律。在强化阶段不仅要不断强化知识点的理解与记忆，同时也要对《真题真练》进行仔细的研读。真题不仅是用来做的，更是用来研究的，历年真题提供了考研命题的规律和方向。同学们需要对《真题真练》中所包含的所有院校真题进行研究，寻找共性，总结规律。

3. 真题知识，两手把握。《真题真练》的使用可以贯穿考研的全过程，真题固然重要，但它始终不能代替系统知识的学习。系统知识是所有真题的根源，因此无论是复习的哪个阶段都不能放弃系统知识的学习，真题和系统知识两手都要抓。建议配套使用《333教育综合逻辑图》和《333教育综合大纲解析》。

自命题院校考研真题无标准答案，因此《真题真练》提供的答案仅供参考。希望同学们在实际的考试过程中，答题一定不要生搬硬套，建议融合自己的思考，并运用自己的语言将所学的知识点灵活且恰当地表达出来。

大家在使用时如果遇到一些疑惑和问题，可以在QQ群（325244018）进行交流，也可以在我们的教育学蓝皮书系列反馈问卷中进行反馈。另外，在线文档也会为大家及时更新反馈情况。

最后，祝各位考生顺利复习，成功上岸！

反馈问卷

在线文档

333教育综合蓝皮书编写组

2022年5月

华中师范大学

2022 年华中师范大学 333 教育综合·真题真练	1
2021 年华中师范大学 333 教育综合·真题真练	1
2020 年华中师范大学 333 教育综合·真题真练	2
2019 年华中师范大学 333 教育综合·真题真练	2
2018 年华中师范大学 333 教育综合·真题真练	3
2017 年华中师范大学 333 教育综合·真题真练	4
2016 年华中师范大学 333 教育综合·真题真练	4
2015 年华中师范大学 333 教育综合·真题真练	5
2014 年华中师范大学 333 教育综合·真题真练	6
2013 年华中师范大学 333 教育综合·真题真练	7
2012 年华中师范大学 333 教育综合·真题真练	8
2011 年华中师范大学 333 教育综合·真题真练	9
2010 年华中师范大学 333 教育综合·真题真练	9
2022 年华中师范大学 333 教育综合·真题解析	10
2021 年华中师范大学 333 教育综合·真题解析	14
2020 年华中师范大学 333 教育综合·真题解析	19
2019 年华中师范大学 333 教育综合·真题解析	25
2018 年华中师范大学 333 教育综合·真题解析	31
2017 年华中师范大学 333 教育综合·真题解析	36
2016 年华中师范大学 333 教育综合·真题解析	41
2015 年华中师范大学 333 教育综合·真题解析	45

2014 年华中师范大学 333 教育综合·真题解析	50
2013 年华中师范大学 333 教育综合·真题解析	54
2012 年华中师范大学 333 教育综合·真题解析	58
2011 年华中师范大学 333 教育综合·真题解析	64
2010 年华中师范大学 333 教育综合·真题解析	69

湖南师范大学

2022 年湖南师范大学 333 教育综合·真题真练	75
2021 年湖南师范大学 333 教育综合·真题真练	76
2020 年湖南师范大学 333 教育综合·真题真练	76
2019 年湖南师范大学 333 教育综合·真题真练	77
2018 年湖南师范大学 333 教育综合·真题真练	77
2017 年湖南师范大学 333 教育综合·真题真练	78
2016 年湖南师范大学 333 教育综合·真题真练	79
2015 年湖南师范大学 333 教育综合·真题真练	80
2014 年湖南师范大学 333 教育综合·真题真练	80
2013 年湖南师范大学 333 教育综合·真题真练	81
2012 年湖南师范大学 333 教育综合·真题真练	81
2011 年湖南师范大学 333 教育综合·真题真练	82
2010 年湖南师范大学 333 教育综合·真题真练	83
2022 年湖南师范大学 333 教育综合·真题解析	83
2021 年湖南师范大学 333 教育综合·真题解析	88
2020 年湖南师范大学 333 教育综合·真题解析	93
2019 年湖南师范大学 333 教育综合·真题解析	97
2018 年湖南师范大学 333 教育综合·真题解析	102
2017 年湖南师范大学 333 教育综合·真题解析	107
2016 年湖南师范大学 333 教育综合·真题解析	113
2015 年湖南师范大学 333 教育综合·真题解析	118
2014 年湖南师范大学 333 教育综合·真题解析	123

2013年湖南师范大学333教育综合·真题解析 129
2012年湖南师范大学333教育综合·真题解析 133
2011年湖南师范大学333教育综合·真题解析 137
2010年湖南师范大学333教育综合·真题解析 142

河南师范大学

2022年河南师范大学333教育综合·真题真练 148
2021年河南师范大学333教育综合·真题真练 148
2020年河南师范大学333教育综合·真题真练 149
2019年河南师范大学333教育综合·真题真练 149
2018年河南师范大学333教育综合·真题真练 150
2017年河南师范大学333教育综合·真题真练 150
2016年河南师范大学333教育综合·真题真练 151
2015年河南师范大学333教育综合·真题真练 151
2014年河南师范大学333教育综合·真题真练 152
2013年河南师范大学333教育综合·真题真练 152
2012年河南师范大学333教育综合·真题真练 153
2011年河南师范大学333教育综合·真题真练 153
2010年河南师范大学333教育综合·真题真练 154
2022年河南师范大学333教育综合·真题解析 155
2021年河南师范大学333教育综合·真题解析 161
2020年河南师范大学333教育综合·真题解析 166
2019年河南师范大学333教育综合·真题解析 170
2018年河南师范大学333教育综合·真题解析 176
2017年河南师范大学333教育综合·真题解析 182
2016年河南师范大学333教育综合·真题解析 188
2015年河南师范大学333教育综合·真题解析 193
2014年河南师范大学333教育综合·真题解析 198
2013年河南师范大学333教育综合·真题解析 203

2012年河南师范大学333教育综合·真题解析 208

2011年河南师范大学333教育综合·真题解析 212

2010年河南师范大学333教育综合·真题解析 217

华南师范大学

2022年华南师范大学333教育综合·真题真练 223

2021年华南师范大学333教育综合·真题真练 223

2020年华南师范大学333教育综合·真题真练 224

2019年华南师范大学333教育综合·真题真练 224

2018年华南师范大学333教育综合·真题真练 225

2017年华南师范大学333教育综合·真题真练 225

2016年华南师范大学333教育综合·真题真练 226

2015年华南师范大学333教育综合·真题真练 226

2014年华南师范大学333教育综合·真题真练 227

2013年华南师范大学333教育综合·真题真练 227

2012年华南师范大学333教育综合·真题真练 228

2011年华南师范大学333教育综合·真题真练 228

2022年华南师范大学333教育综合·真题解析 229

2021年华南师范大学333教育综合·真题解析 233

2020年华南师范大学333教育综合·真题解析 238

2019年华南师范大学333教育综合·真题解析 243

2018年华南师范大学333教育综合·真题解析 248

2017年华南师范大学333教育综合·真题解析 253

2016年华南师范大学333教育综合·真题解析 260

2015年华南师范大学333教育综合·真题解析 265

2014年华南师范大学333教育综合·真题解析 270

2013年华南师范大学333教育综合·真题解析 275

2012年华南师范大学333教育综合·真题解析 280

2011年华南师范大学333教育综合·真题解析 285

广西师范大学

2022 年广西师范大学 333 教育综合·真题真练	292
2021 年广西师范大学 333 教育综合·真题真练	292
2020 年广西师范大学 333 教育综合·真题真练	293
2019 年广西师范大学 333 教育综合·真题真练	293
2018 年广西师范大学 333 教育综合·真题真练	294
2017 年广西师范大学 333 教育综合·真题真练	294
2016 年广西师范大学 333 教育综合·真题真练	295
2015 年广西师范大学 333 教育综合·真题真练	295
2014 年广西师范大学 333 教育综合·真题真练	296
2013 年广西师范大学 333 教育综合·真题真练	296
2012 年广西师范大学 333 教育综合·真题真练	297
2011 年广西师范大学 333 教育综合·真题真练	297
2010 年广西师范大学 333 教育综合·真题真练	298
2022 年广西师范大学 333 教育综合·真题解析	299
2021 年广西师范大学 333 教育综合·真题解析	305
2020 年广西师范大学 333 教育综合·真题解析	309
2019 年广西师范大学 333 教育综合·真题解析	313
2018 年广西师范大学 333 教育综合·真题解析	318
2017 年广西师范大学 333 教育综合·真题解析	321
2016 年广西师范大学 333 教育综合·真题解析	325
2015 年广西师范大学 333 教育综合·真题解析	329
2014 年广西师范大学 333 教育综合·真题解析	332
2013 年广西师范大学 333 教育综合·真题解析	336
2012 年广西师范大学 333 教育综合·真题解析	339
2011 年广西师范大学 333 教育综合·真题解析	343
2010 年广西师范大学 333 教育综合·真题解析	347

海南师范大学

2022 年海南师范大学 333 教育综合·真题真练 350
2021 年海南师范大学 333 教育综合·真题真练 350
2020 年海南师范大学 333 教育综合·真题真练 351
2019 年海南师范大学 333 教育综合·真题真练 351
2018 年海南师范大学 333 教育综合·真题真练 352
2017 年海南师范大学 333 教育综合·真题真练 352
2016 年海南师范大学 333 教育综合·真题真练 353
2015 年海南师范大学 333 教育综合·真题真练 353
2014 年海南师范大学 333 教育综合·真题真练 354
2013 年海南师范大学 333 教育综合·真题真练 354
2012 年海南师范大学 333 教育综合·真题真练 355
2011 年海南师范大学 333 教育综合·真题真练 355
2010 年海南师范大学 333 教育综合·真题真练 356
2022 年海南师范大学 333 教育综合·真题解析 357
2021 年海南师范大学 333 教育综合·真题解析 361
2020 年海南师范大学 333 教育综合·真题解析 367
2019 年海南师范大学 333 教育综合·真题解析 373
2018 年海南师范大学 333 教育综合·真题解析 379
2017 年海南师范大学 333 教育综合·真题解析 384
2016 年海南师范大学 333 教育综合·真题解析 389
2015 年海南师范大学 333 教育综合·真题解析 394
2014 年海南师范大学 333 教育综合·真题解析 399
2013 年海南师范大学 333 教育综合·真题解析 405
2012 年海南师范大学 333 教育综合·真题解析 411
2011 年海南师范大学 333 教育综合·真题解析 416
2010 年海南师范大学 333 教育综合·真题解析 421

深圳大学

2022 年深圳大学 333 教育综合·真题真练	427
2021 年深圳大学 333 教育综合·真题真练	427
2020 年深圳大学 333 教育综合·真题真练	428
2019 年深圳大学 333 教育综合·真题真练	428
2018 年深圳大学 333 教育综合·真题真练	429
2017 年深圳大学 333 教育综合·真题真练	429
2016 年深圳大学 333 教育综合·真题真练	430
2015 年深圳大学 333 教育综合·真题真练	430
2014 年深圳大学 333 教育综合·真题真练	431
2013 年深圳大学 333 教育综合·真题真练	431
2012 年深圳大学 333 教育综合·真题真练	432
2022 年深圳大学 333 教育综合·真题解析	433
2021 年深圳大学 333 教育综合·真题解析	437
2020 年深圳大学 333 教育综合·真题解析	443
2019 年深圳大学 333 教育综合·真题解析	448
2018 年深圳大学 333 教育综合·真题解析	454
2017 年深圳大学 333 教育综合·真题解析	459
2016 年深圳大学 333 教育综合·真题解析	465
2015 年深圳大学 333 教育综合·真题解析	471
2014 年深圳大学 333 教育综合·真题解析	477
2013 年深圳大学 333 教育综合·真题解析	480
2012 年深圳大学 333 教育综合·真题解析	484

2022年 华中师范大学 333 教育综合·真题真练

一、名词解释
课程标准　相对性评价　习行教学法　监生历事　骑士教育　德可乐利教学法

二、简答题
1. 简述提升在职教师素养的主要途径。
2. 简述英国1870年《初等教育法》的主要内容。
3. 简述杜威的教育本质观。
4. 简述影响学生自我效能感形成的因素。

三、分析论述题
1. 结合教育教学实际，论述个体活动在人的发展中的作用。
2. 结合教育教学实际，论述德育过程是学生自我教育能力提升的过程。
3. 论述陶行知生活教育理论的主要内容及当代价值。
4. 结合教育教学实际，论述影响学生问题解决的主观因素。

2021年 华中师范大学 333 教育综合·真题真练

一、名词解释
教育的社会变迁功能　形成性评价　苏湖教法　京师同文馆　智者学派　赠地学院

二、简答题
1. 简述教育的质的规定性。
2. 简述中国古代书院教育的特点。
3. 简述要素主义教育思潮的基本观点。
4. 简述教学中促进知识迁移的基本策略。

三、分析论述题
1. 试结合教学实际，论述教学过程是以交往为背景和手段的活动过程。
2. 试结合教育教学实际，论述教师的专门教育素养的主要内容。
3. 论述洪堡的高等教育改革与蔡元培北京大学改革的主要内容，并比较其异同。
4. 论述观察学习的基本过程，并举例阐明其在课堂教学中的应用。

2020年 华中师范大学 333 教育综合·真题真练

一、名词解释
教育目的　学校课程　社学　现代人文主义教育思潮　产婆术　有教无类

二、简答题
1. 教育的相对独立性的内涵及其主要表现。
2. 赫尔巴特的课程理论。
3. 革命根据地和解放区教育的基本经验。
4. 不同的归因对学生有什么影响？如何指导学生正确归因？

三、分析论述题
1. 结合教育实际，论述德育过程是培养学生知情意行全面和谐发展的过程。
2. 结合教育实际，论述启发性原则的内涵及要求。
3. 论述新文化运动的教育思潮（写任意五个）。
4. 分析论述信息加工学习理论，及其对教学的启示。

2019年 华中师范大学 333 教育综合·真题真练

一、单项选择题
1. 以下属于教育独立形态阶段的著作是（　　）。
   A. 大教学论　　　　　B. 理想国　　　　　C. 普通教育学　　　　D. 教育学
2. 把握人的发展的关键期需要遵循以下哪条人的发展的规律（　　）。
   A. 不平衡性　　　　　B. 阶段性　　　　　C. 个体差异性　　　　D. 顺序性
3. 传统教育学向现代教育学转变的标志是（　　）。
   A. 儿童中心　　　　　B. 教师中心　　　　　C. 书本中心　　　　　D. 课堂中心
4. 以下关于教学与发展的关系哪条是皮亚杰提出的（　　）。
   A. 最近发展区　　　　　　　　　　　　　B. 教学应当走在发展的前面
   C. 创设最佳的难度　　　　　　　　　　（D 选项缺失）
5. 英国颁布的第一个关于国民初等教育的法案是（　　）。
   A. 巴尔福法案　　　　　　　　　　　　　B. 福斯特法案
   C. 1944 年教育法　　　　　　　　　　　D. 1988 年教育改革法
6. 以下法案中，提出"新三艺"的是（　　）。
   A. 莫雷尔法案　　　　B. 国防教育法　　　　C. 生计教育　　　　　D. 中小学教育法

7. 提出"学习即回忆"的是（   ）。
   A. 柏拉图　　　　　　　　　　　　B. 亚里士多德
   C. 昆体良　　　　　　　　　　　　D. 苏格拉底
8. 最早提出"收回教育权"口号的是（   ）。
   A. 陶行知　　　　B. 蔡元培　　　　C. 余家菊　　　　D. 胡适
9. 提出"深造自得"的是（   ）。
   A. 孟子　　　　　B. 孔子　　　　　C. 荀子　　　　　D. 墨子
10. 1922年新学制又称（   ）。
    A. 壬戌学制　　　　　　　　　　　B. 癸卯学制
    C. 壬寅学制　　　　　　　　　　　D. 壬子癸丑学制

二、名词解释

个体发展（狭义）《大学》 发展性原则 教育适应自然 终身教育 负强化

三、简答题

1. 简述我国教育目的的个人本位论的价值取向的启示，并进行评述。
2. 新文化运动抨击传统教育，促进教育变革体现在哪里？
3. 简述文艺复兴时期人文主义的特征、影响、贡献。
4. 元认知策略的基本类型。

四、分析论述题

1. 教育对人的发展的作用及实现条件。
2. 教师素养中的师德要求。
3. 科举制的演变、历史影响，对当今教育（高考）改革的启示。
4. 社会建构主义学习理论的基本观点及教学启示。

2018年
华中师范大学333教育综合·真题真练

一、名词解释

学制　修养　产婆术　稷下学宫　五育并举　学习策略

二、简答题

1. 教育的政治功能。
2. 孔子的教师观。
3. 人文主义教育的特点。
4. 赫尔巴特教学形式阶段论。

三、分析论述题

1. 文化知识的育人价值。

2. 联系实际论述在教学中如何贯彻直观性原则。
3. 黄炎培的职业教育思想。
4. 创造性的内涵及培养措施。

2017年 华中师范大学333教育综合·真题真练

一、名词解释

谈话法　美育　学在官府　发现学习

二、简答题

1. 教育的经济功能。
2. 启发性原则。
3. 蒙台梭利教学法。
4. 品德不良的含义与类型。

三、分析论述题

1. 论述个体能动性在人的发展中的作用。
2. 论述中国古代书院的发展过程及其教育特点。
3. 论述人本主义学习理论及现实意义。

2016年 华中师范大学333教育综合·真题真练

一、单项选择题

1. 被称作"现代教育学之父"的教育家是（　　）。
   A. 夸美纽斯　　　B. 康德　　　　C. 赫尔巴特　　　D. 杜威
2. 当前在西方教育理论界占主导地位的教育思潮是（　　）。
   A. 批判教育学　　B. 文化教育学　C. 实验教育学　　D. 制度教育学
3. "师者，所以传道受业解惑也"，这句话出自（　　）。
   A.《学记》　　　B.《劝学》　　　C.《大学》　　　　D.《师说》
4. 我国现阶段的主要教学组织形式是（　　）。
   A. 个别教学　　　B. 小组教学　　C. 班级授课制　　D. 现场教学
5. 在《劝学篇》中提出"中体西用"的思想家是（　　）。
   A. 韩愈　　　　　B. 张之洞　　　C. 严复　　　　　D. 魏源

6. 清政府正式颁布并实施的中国近代第一个学制是（　　）。
   A. 癸卯学制　　　　B. 壬寅学制　　　　C. 壬子学制　　　　D. 癸丑学制
7. 18世纪德国"泛爱学校"的创始人是（　　）。
   A. 福禄培尔　　　　B. 凯兴斯泰纳　　　C. 洪堡　　　　　　D. 巴西多
8. 教育名著《爱弥儿》的作者是（　　）。
   A. 洛克　　　　　　B. 卢梭　　　　　　C. 斯宾塞　　　　　D. 第斯多惠
9. 美国心理学家布卢姆将教学目标分为三大领域，即认知、情感和（　　）。
   A. 动作技能　　　　B. 社会性　　　　　C. 品德　　　　　　D. 行为习惯
10. 对信息加工过程进行监控和调节的学习策略，被称为（　　）。
    A. 认知策略　　　　B. 元认知策略　　　C. 精细加工策略　　D. 资源管理策略

二、名词解释

教育目的　先行组织者　讲授法　道尔顿制

三、简答题

1. 教学的任务。
2. 培养班集体的方法。
3. 恽代英的教育理论。
4. 学习动机的强化理论。

四、分析论述题

1. 德育过程是培养学生知情意行的过程。
2. 陶行知的生活教育理论及价值。
3. 心智技能的培养方法。

2015年 华中师范大学333教育综合·真题真练

一、名词解释

教育　活动课程　修养　学园　心理发展

二、简答题

1. 教育的相对独立性及意义。
2. 直观性教学原则及要求。
3. 教师劳动的特点。
4. 梁启超的教育思想。
5. 发展学生心理健康教育的途径。

三、分析论述题

1. 掌握知识与发展智力的关系。

2. 论述德育过程是在教师引导下的能动的活动过程。
3. 创造性的培养措施。
4. 论述实验教育学。

2014年 华中师范大学333教育综合·真题真练

一、单项选择题

1. 教育学的研究对象是（　　）。
   A. 教育经验　　　　B. 教育事实　　　　C. 教育问题　　　　D. 教育规律
2. 制约教育事业发展规模和速度的是（　　）。
   A. 政治制度　　　　B. 生产力　　　　　C. 科学技术　　　　D. 文化
3. 现代意义上活动课程的首倡者是（　　）。
   A. 卢梭　　　　　　B. 赫尔巴特　　　　C. 杜威　　　　　　D. 布鲁纳
4. 教育的中心工作是（　　）。
   A. 德育　　　　　　B. 智育　　　　　　C. 管理　　　　　　D. 教学
5. 教师提高教学质量的关键是（　　）。
   A. 备好课　　　　　　　　　　　　　　B. 上好课
   C. 做好课后的教导工作　　　　　　　　D. 搞好教学评价
6. 被称为中国"平民教育家"的是（　　）。
   A. 胡适　　　　　　B. 蔡元培　　　　　C. 晏阳初　　　　　D. 梁启超
7. 美国心理学家布鲁姆将教学目标分为认知、情感和（　　）三大领域。
   A. 动作技能　　　　B. 社会性　　　　　C. 品德　　　　　　D. 行为习惯
8. 1958年美国政府颁布的《国防教育法》的主要内容是（　　）。
   A. 减少对普通教育的投入，增加对军事院校的拨款
   B. 实行全民军事教育
   C. 加强普通学校的自然科学、数学和现代外语的教学
   D. 把私立教育作为发展的重点
9. "自我效能感"概念的提出者是（　　）。
   A. 赞科夫　　　　　B. 维果茨基　　　　C. 布鲁纳　　　　　D. 班杜拉
10. "以社会契约为准则"的阶段属于柯尔伯格品德发展理论所述的（　　）。
    A. 前习俗水平　　　B. 习俗水平　　　　C. 后习俗水平　　　D. 以上都不是

二、名词解释

学校教育　教育制度　苏格拉底法　元认知

三、简答题

1. 简述现代教育的生态功能。
2. 简述德育的途径。

3. 简述蔡元培的教育方针。
4. 简述心理健康的标准。

四、分析论述题

1. 直接经验与间接经验的比较。
2. 卢梭的自然主义思想及其现代意义。
3. 发现学习和接受学习的异同。

2013年 华中师范大学333教育综合·真题真练

一、单项选择题

1. 教育学的研究任务是（　　）。
   A. 研究教育现象　　B. 解决教育问题　　C. 揭示教育规律　　D. 总结教育经验
2. "实验教育学"的代表人物是（　　）。
   A. 涂尔干　　B. 克伯屈　　C. 杜威　　D. 梅伊曼
3. "孟母三迁"的故事说明了影响人发展的重要因素是（　　）。
   A. 遗传　　B. 环境　　C. 教育　　D. 人的主观能动性
4. 学生运用知识的主要目的在于（　　）。
   A. 引起求知欲　　B. 理解知识　　C. 巩固知识　　D. 形成技能技巧
5. "一把钥匙开一把锁"运用在教育中是强调（　　）。
   A. 因材施教　　　　　　　　B. 教育影响的一致性和连贯性
   C. 理论联系实际　　　　　　D. 在集体中教育原则
6. 唐代"六学一馆"是指（　　）。
   A. 地方官学　　B. 图书馆　　C. 中央官学　　D. 私学
7. 中国儒家经典"四书"是指（　　）。
   A.《大学》《中庸》《孝经》《论语》　　B.《论语》《孟子》《诗经》《尚书》
   C.《大学》《中庸》《论语》《春秋》　　D.《大学》《中庸》《孟子》《论语》
8. 由维新派创立的学校是（　　）。
   A. 京师同文馆　　B. 万木草堂　　C. 爱国学社　　D. 南洋公学
9. 提出教育目的的最高目标是培养哲学王的教育家是（　　）。
   A. 苏格拉底　　B. 亚里士多德　　C. 柏拉图　　D. 夸美纽斯
10. 近代欧洲自然主义教育思想的代表人物是（　　）。
    A. 卢梭　　B. 洛克　　C. 赫尔巴特　　D. 斯宾塞
11. 个体利用已有的认知结构将新的刺激整合进自己的认知结构的过程称（　　）。
    A. 同化　　B. 顺应　　C. 平衡　　D. 整合
12. 根据弗洛伊德的个性发展理论，男孩出现恋母情结的阶段是（　　）。
    A. 肛门期　　B. 性器期　　C. 潜伏期　　D. 生殖期

13. 最早提出中间变量的概念，将S-R改成了S-O-R的心理学家是（　　）。
   A. 华生　　　　　　B. 斯金纳　　　　　　C. 苛勒　　　　　　D. 托尔曼
14. 观察者因看到榜样受到强化而间接受到的强化称为（　　）。
   A. 一级强化　　　　B. 自我强化　　　　　C. 部分强化　　　　D. 替代强化
15. "教育应该走在儿童现有发展水平的前面，从而带动儿童的发展"这一观点的理论基础是（　　）。
   A. 维果茨基的"最近发展区"理论　　　　B. 列昂节夫的学习活动理论
   C. 皮亚杰的认知发展阶段理论　　　　　D. 埃里克森的个性发展阶段理论

二、名词解释

体育　形成性评价　白板说　程序性知识

三、简答题

1. 简述教育的文化功能。
2. 简述"朱子读书法"。
3. 简述人格发展的一般规律。
4. 简述教师的教育素养。

四、分析论述题

1. 试举例说明在教学中贯彻启发性原则的要求。
2. 试论述陈鹤琴的"活教育"思想体系。
3. 试论加德纳的多元智力理论及其教育意义。

2012年 华中师范大学333教育综合·真题真练

一、名词解释

学校教育　教育目的　分组教学　讲授法　陶冶　技能

二、简答题

1. 上好一堂课的要求。
2. 培养班集体的方法。
3. 教师劳动的特点。
4. 影响学习动机的因素。

三、分析论述题

1. 人的发展的特点及其教育学意义。
2. 陶行知的"生活教育"理论。
3. 赞科夫的发展性教学理论。
4. 联系实际论述问题解决能力的培养。

2011年 华中师范大学 333 教育综合·真题真练

一、名词解释
学校教育制度　课程标准　智育　分组教学　陶冶　技能

二、简答题
1. 我国教育目的的基本精神。
2. 上好一堂课的要求。
3. 教师的基本素养。
4. 培养班集体的方法。

三、分析论述题
1. 人的发展的规律性及其教育学意义。
2. 陶行知的"生活教育"理论。
3. 赞可夫的发展性教学理论。
4. 联系实际谈谈创造性的培养措施。

2010年 华中师范大学 333 教育综合·真题真练

一、名词解释
学校教育　教育目的　讲授法　《学记》　道尔顿制　元认知

二、简答题
1. 教育的相对独立性。
2. 上好一堂课的要求。
3. 教师劳动的特点。
4. 影响学习动机的因素及其意义。

三、分析论述题
1. 人的发展规律性及其教育学意义。
2. 朱子读书法及其当代意义。
3. 评述苏霍姆林斯基的个性全面和谐发展的教育思想。
4. 联系实际论述问题解决能力的培养。

2022年 华中师范大学 333 教育综合·真题解析

一、名词解释

课程标准

课程标准是指在一定课程理论指导下，依据培养目标和课程方案以纲要形式编制的关于课程的性质与价值、目标与内容、教学实施建议以及课程资源开发等方面的指导性文件，一般由说明、课程目标、课程内容标准和课程实施建议等部分组成。

相对性评价

相对性评价是指用常模参照性测验对学生成绩进行的评定，依据学生个人的成绩在该班学生成绩序列中或常模所处的位置来评价和决定他的成绩优劣，而不考虑他是否达到教学目标的要求。也称常模参照性评价。它宜于选拔人才用，但不能表明他在学业上是否达到了特定的标准。

习行教学法

颜元重视"习行"教学法，强调在教学过程中要联系实际，要坚持练习和躬行实践，认为只有如此，学得的知识才是真正有用的。颜元强调"习行"，并非排斥通过读和讲学习书本知识，而是主张读书、讲说必须与"习行"相结合，而且要在"习行"上下更多功夫。

监生历事

"监生历事"制度是明朝国子监在教学制度方面的主要特点，即国子监学习到一定年限，分拨到政府各部门"先习吏事"，称为"监生历事"。除中央政府各部门之外，历事监生也被分派到州、县清理粮田，或督修水利等。监生历事的时间各有不同，期满经考核，分为上、中、下三等，上等者依上等用，中等者不拘品级，随才任用，下等者回监读书。

骑士教育

骑士教育是中世纪世俗教育的一种主要形式，以培养当时封建制度中骑士阶层的成员为目的。它是一种特殊形式的家庭教育，并无专设的教育机构，也没有专职的教育人员。它在骑士生活和社交活动中进行。训练骑士的标准是剽悍勇猛、虔敬上帝、忠君爱国、宠媚贵妇。

德可乐利教学法

德可乐利创办的生活学校也称隐修学校，教育对象为4~18岁的儿童，学校从幼儿园到中学形成一体化。学校不仅仅是教育教学机构，还是一个实验室、活动室甚至是工厂车间，目的是使儿童通过实践活动把学习和日常生活相结合。学校以儿童的本能需要和兴趣为中心设置课程，打破分科，组成教学单元，从而形成了德可乐利教学法。

二、简答题

1. 简述提升在职教师素养的主要途径。

【答案要点】

教师在职提高的主要途径包括教学反思、校本培训、校外支援与合作等形式。

（1）教学反思是指教师把自己放到研究者、反思者的位置，通过对教育、教学日常工作中出现的某些疑难问题的观察、分析、反思与解决，提升自己的专业理论水平和专业实践的智慧与能力。

（2）校本培训是指以教师任职的学校为组织单位，以提高教师专业素质为主要目标，通过教育、教学实践和教育科研活动等形式，对全体教师进行的全员性在职培训。

（3）校外专业支援与合作的主要形式有三种：第一，跨校合作，包括学校与学校，学校与大学或师范院校的合作；第二，专家指导，包括专家讲座、报告等；第三，政府教育部门和教研机构组织的各类专业培训，包括短期培训、脱产进修、业余进修等。

2. 简述英国1870年《初等教育法》的主要内容。

【答案要点】

1870年《初等教育法》又称《福斯特法》，是英国政府在1870年颁布的关于推行普及义务教育的法令。主要内容有：

（1）国家对教育有补助权与监督权。

（2）将全国划分为数千个学区，设立学校委员会管理地方教育。

（3）对5~12岁儿童实施强迫的初等教育。

（4）在缺少学校的地区设公立学校，每周学费不得超过9便士，民办学校学费数额不受限制。

（5）学校中世俗科目与宗教科目分离。

这是英国第一个关于初等教育的法令，其中最有意义的是强迫初等教育，它标志着国民初等教育制度正式形成。该法颁布后，英国初等教育发展迅速，到1900年，基本普及了初等教育。

3. 简述杜威的教育本质观。

【答案要点】

（1）教育即生活。

杜威认为教育是生活的过程，学校是社会生活的一种形式，那么学校生活也是生活的一种形式。

学校生活应与儿童自己的生活相契合，满足儿童的需要和兴趣，使校园成为儿童的乐园，使儿童在现实的学校生活中得到乐趣。学校生活应与学校以外的社会生活相契合，适应现代社会变化的趋势并成为推动社会发展的重要力量，校园不应是世外桃源而应积极参与社会生活。

杜威要做的就是改造不合时宜的学校教育和学校生活，使之更富活力，更有乐趣，更具实效，更有益于儿童发展和社会改造。

（2）学校即社会。

杜威"学校即社会"意在使学校生活成为一种经过选择的、净化的、理想的社会生活，使学校成为一个合乎儿童发展的雏形的社会。而要将此落于实处，就必须改革学校课程，从分科课程转变为活动课程。

"学校即社会"是对"教育即生活"这一命题的进一步引申，代表社会生活的活动性课程的引入是使学校与社会生活相联系的基本保证。杜威坚信教育是社会进步及社会改革的基本方法，希望通过教育改造社会生活，使之更完善、更美好。

（3）教育即生长。

杜威针对当时教育无视儿童天性，消极对待儿童，不考虑儿童的需要和兴趣的现象，提出了"教育即生长"的观念。

杜威要求摒除压抑、阻碍儿童自由发展之物，使教育和教学适应儿童的心理发展水平和兴趣、需要。他所理解的生长是机体与外部环境、内在条件与外部条件交互作用的结果，是一个持续不断的社会化的过程。杜威要求尊重儿童但不同意放纵儿童，这也是杜威与进步主义教育实践的一个重要区别。

（4）教育即经验的改造。

教育即经验的改造是指构成人的身心的各种因素在外部环境和人的主动经验过程中统一的全面改造、发展、生长的连续过程，包含四个方面：

①经验是一种行为，涵盖认识的、情感的、意志的等理性、非理性因素，成为儿童各方面发展和生长的载体。在经验过程中，儿童不仅获得知识，而且形成能力、养成品德。

②经验是有机体与环境相互作用的过程，机体不仅受环境的塑造，同时也对环境加以改变。经验的过程就是一个实验探究的过程、运用智慧的过程、理性的过程。

③经验的过程是一个主动的过程，有机体既接受着环境塑造，也主动改造着环境。

④经验是一个连续发展的过程，不存在终极目的的发展过程，因此教育就是个人经验的不断生长。

4. 简述影响学生自我效能感形成的因素。

【答案要点】

（1）直接经验。学习者的亲身经验对自我效能感的影响是最大的。成功的经验会提高人的自我效能感，多次失败的经验会降低人的自我效能感。

（2）替代性经验。学习者通过观察榜样的行为而获得的间接经验对自我效能感的形成也有重要的影响。当学习者看到与自己水平差不多的人取得了成功时就会增强自我效能感，反之就会降低自我效能感。

（3）言语说服。他人的建议、劝告和解释以及对自我的引导也有助于改变个体的自我效能感，但不持久，一旦面临令人困惑或难于处理的情境就会消失。

（4）情绪唤起和身心状况。情绪和生理状态也影响自我效能的形成。在充满紧张、危险的场合或认知负荷较大的情况下，情绪易于唤起，而高度的情绪唤起和紧张的生理状态会妨碍行为操作，降低个体对成功的预期水准。

三、分析论述题

1. 结合教育教学实际，论述个体活动在人的发展中的作用。

【答案要点】

（1）个体活动是人的发展的决定因素。

个体的活动、个体的社会实践是个体与环境互动的中介，是个体发展的基础，是个体发展的决定性因素。学生的主体活动既是学生存在和发展的方式，又是教育的重要基础。教育必须通过引领和组织学生的主体活动来促进学生的身心与个性的发展。

（2）个体活动制约着环境影响的内化与主体的自我建构。

人在同环境的相互作用的过程中，既改造着环境，也在改造环境的活动中发展和提升了个人的素质，从人的发展的视域看，实质上是一个自我建构的过程。学生的能动性主要表现为：在教育者的影响下，在积极参与社会生活和交往活动的基础上能动地进行自我认识、自我发展和自我建构。

（3）个体通过能动的活动选择、构建着自我的发展。

个人通过能动的活动不仅能把握自己与外部世界的关系，而且能把自身的发展当作自己认识的对象和自觉实践的对象，选择与建构自己的发展。人的发展过程就是通过能动的活动不断自我超越的过程。

2. 结合教育教学实际，论述德育过程是学生自我教育能力提升的过程。

【答案要点】

在德育过程中，要引导学生积极参与社会学习、生活交往和道德践行，培养和提升他们的思想品德素质，均有赖于发挥学生个人的能动性和自我教育能力。

（1）自我教育能力培育的意义。

一方面，自我教育能力是德育的一个重要条件，只有注意培养与提高学生的这种能力，德育才能进行得更顺利、更有效。另一方面，学生的自我教育能力的形成又是学生思想道德发展过程的一个重要标志。

（2）自我教育能力的构成因素。自我教育能力主要由自我期望能力、自我评价能力、自我调控能力所构成。

①自我期望能力，是个体设定自我发展愿景的能力。它是自我教育的内在目的和动力。儿童自幼就有做"好孩子""好学生"的热切期望，这是学生自我期望能力发展的心理基础。

②自我评价能力，是个体对自我发展现状和趋势的评判能力。它是进行自我教育的认识基础。

③自我调控能力，是在自我评价的基础上建立起来的自觉调节、控制自己思想与行为的能力。它是进行自我教育的重要机制。

（3）学生自我教育能力的发展。

儿童自我意识与自我教育能力的发展是有规律的，大致是从"自我中心"发展到"他律"，又从"他律"发展到"自律"。教师应该依据这一规律，从实际出发，因势利导，有目的地培养学生的自我意识，提高学生的自我期望、自我评价和自我调控能力，形成和发展他们的自我教育能力，充分发挥他们在自身品德建构中的主体作用。

3. 论述陶行知生活教育理论的主要内容及当代价值。

【答案要点】

（1）"生活即教育"。

"生活即教育"是陶行知生活教育理论的核心。其内涵包括：生活含有教育的意义，实际生活是教育的中心；生活决定教育，教育改造生活。

"生活即教育"所强调的是教育以生活为中心，所反对的是传统教育脱离生活而以书本为中心。尽管它在生活与教育的区别和系统的知识传授方面有所忽视，但在破除传统教育脱离民众、脱离社会生活的弊端方面，有十分重要的意义。

（2）"社会即学校"。

"社会即学校"是生活教育理论另一重要主张，是"生活即教育"思想在学校与社会关系问题上的具体化。"社会即学校"，是指"社会含有学校的意味"，或者说"以社会为学校"。由于到处是生活，到处都是教育，"整个的社会是生活的场所，亦即教育之场所"。

"社会即学校"，也指"学校含有社会的意味"。也就是说，学校通过与社会生活相结合，一方面运用社会的力量使学校进步，另一方面动员学校的力量帮助社会进步，使学校真正成为社会生活必不可少的组成部分。

"社会即学校"扩大了学校教育的内涵和作用，对于传统的学校观、教育观有所改变。传统学校与社会生活脱节，学生孤陋寡闻，而以社会为学校，使得教育的材料、教育的方法、教育的工具、教育的环境可以大大地增加，有利于拓展学生的知识，增强学生的能力。"社会即学校"，还可以使被传统学校拒之门外的劳苦大众能够受到起码的教育，贯穿了普及民众教育的苦心，同样也值得肯定。

（3）"教学做合一"。

"教学做合一"是生活教育理论的又一重要主张，是"生活即教育"在教学方法问题上的具体化。其含义为：教的方法根据学的方法，学的方法根据做的方法。事怎样做便怎样学，怎样学便怎样教。教与学都以做为中心。包括以下四个要点："教学做合一"要求在"劳力上劳心"；"教学做合一"是因为"行是知之始"；"教学做合一"要求"有教先学"和"有学有教"；"教学做合一"还是对注入式教学法的否定。

（4）当代价值。

陶行知的生活教育理论是一种大众的、为人民大众服务的教育理论，且还是一种不断进取创造，旨在探索具有中国民族特色的教育道路的理论。

生活教育理论还在教育观念的改变方面颇有建树，无论是强调学校教育与社会生活、生产劳动相结合，还是要求手脑并用、在劳力上劳心，都是对学校与社会割裂、书本与生活脱节、劳心与劳力分离的传统教育的反动，显示出强烈的时代气息，至今都富于启示。

陶行知的生活教育理论是我国民族教育理论宝库中十分可贵的遗产，值得我们珍惜并认真研究借鉴。

4. 结合教育教学实际，论述影响学生问题解决的主观因素。

【答案要点】

问题解决是指个体在面临问题情境而没有现成方法可以利用时，将已知情境转化为目标情境的认知过程。当常规或自动化的反应不适用于当前的情境时，问题解决者需要超越对过去所学规则的简单应用，对所学规则进行一定的组合，产生一个解答，达到问题解决的目的。它涉及认知、情感和行为活动成分。

影响问题解决的主观因素：

（1）知识经验：任何问题解决都离不开一定的知识、策略和技能，知识经验不足常常是不能有效解决问题的重要原因。

（2）定势与功能固着：定势是指人在解决一些相似的问题之后会出现一种易以惯用的方式解决问题的倾向。功能固着是指一个人看到某个制品有一种惯常的用途后，就很难看出它的其他新用途。

（3）酝酿效应：在反复探索一个问题的解决而毫无结果时，如果把问题暂时搁置几个小时、几天或几周，然后再回过头来解决，这时常常就可以很快找到解决方法。

（4）情绪状态：情绪状态影响问题解决的效果。就情绪强度而言，在一定限度内，情绪强度与问题解决的效率成正比，但情绪过高或过低都会降低问题解决的效率，相对平和的心态有利于问题解决。同时，情绪的性质也影响到问题解决，一般来说，积极的情绪有利于问题解决，消极的情绪不利于问题解决。

2021年 华中师范大学333教育综合·真题解析

一、名词解释

教育的社会变迁功能

教育的社会变迁功能是指教育通过开发人的潜能，提高人的素质，引导人的社会化，影响人的社会实践，推动社会的发展和变革。教育的社会变迁功能表现在社会生活的各个领域，包括教育的政治功能、教育的经济功能、教育的文化功能和教育的生态功能。

形成性评价

形成性评价是指在教学进程中，对学生的知识掌握和能力发展所做的比较经常而及时的测评，包括对学生的提问、书面测验、作业批改等。其目的不注重于成绩的评定，而是使师与生都能及时获得反馈信息，更好地改进教与学，以促进教师和学生的发展、提高。

苏湖教法

"苏湖教法"又称"分斋教学法"，是胡瑗在主持湖州州学时创立的新的教学制度，在"庆历兴学"时被用于太学的教学。胡瑗一反当时盛行的重视诗赋声律的学风，提倡经世致用的实学，主张"明体达用"，在学校内设立经义斋和治事斋，创立"分斋教学"制度。

京师同文馆

京师同文馆是中国近代由官方设立的最早的外国语学校，也是我国最早的官办新式学校。目的在于培养清政府所需要的外事专业人才，是近代中国被动开放的产物。1902年并入京师大学堂。

智者学派

"智者"又称诡辩家，在荷马时代，是指某种精神方面的能力和技巧，以及拥有这些能力和技巧的人。后来各行各业具有专门知识和技艺的人也被称为"智者"。到前5世纪后期，"智者"被用来专指以收费授徒为职业的巡回教师。这些人云游各地，积极参加城邦的政治和文化生活，以传播和传授知识获得报酬，并逐步形成了一个阶层。

赠地学院

1862年，林肯总统批准实施《莫里尔法》。该法规定：联邦政府按各州在国会的议员人数，按照每位议员三万英亩的标准向各州拨赠土地，各州应将赠地收入用于开办或资助农业和机械工艺学院。利用这笔拨赠，大多数州专门创办了农业或机械工艺学院，有的州则在已有大学内附设农业或机械工艺学院。

二、简答题

1. 简述教育的质的规定性。

【答案要点】

（1）有目的地培养人的活动。

教育是有目的地选择目标、组织内容及活动方式来培养人，促进人的发展。其首要任务是促进年轻一代体、智、德、美、行的全面发展，使他们从生物人逐步成长为社会人，进而成为适应与促进社会生活各个方面发展需要的人。

（2）教育者引导受教育者传承人类经验的互动活动。

年轻一代按自己的意愿和经验来获得自我的身心发展，其效果是极其低下的，难以符合社会的期望与要求，因而需要由有经验的父母、年长一代，或学有专长的教师有目的地引导年轻一代以及其他的受教育者来学习、传承、践行人类经验，并在生活、交往与实践中领悟经验的社会意义，才能有效地发展他们的智能和品行，把他们培养成为既能适应并能促进社会发展需要的人和各种专门人才。

（3）激励与教导受教育者自觉学习和自我教育的活动。

教育者与受教育者的教学互动是以激励学生学习为基础和动力的，旨在使青少年学生积极主动地成为自觉学习、自我教育的人。可以说，一切教育本质上都是自我教育。

2. 简述中国古代书院教育的特点。

【答案要点】

（1）书院精神。书院以自由讲学为主，注重讨论，学术风气浓厚，开辟了新的学风，推动了教育和学术的发展。

（2）书院功能。育才、研究和藏书。
（3）培养目标。注重人格修养，强调道德与学问并进，培养学生的学术志趣。
（4）管理形式。较为简单，管理人员少，强调学生遵照院规自我约束、自我管理为主。
（5）课程设置。灵活具有弹性，教学以学生自学、独立研究为主，师生、学生之间注重质疑问难与讨论。
（6）教学组织。教学与研究相结合，教学形式多样，注重讲明义理，躬亲实践。
（7）规章制度。书院作为一种教育制度得以确立，在教育目标、教学方法、教学顺序等方面用学规的形式加以阐明，最著名的是《白鹿洞书院揭示》，它说明南宋后书院已经制度化。
（8）师生关系。较之官学更为平等、学术切磋多于教训，学生来去自由，关系融洽、感情深厚。
（9）学术氛围。教学与学术研究并重，学术氛围自由宽松，人格教育与知识教育并重。

3. 简述要素主义教育思潮的基本观点。

【答案要点】

要素主义教育是20世纪30年代末作为实用主义教育和进步教育的对立面出现的。要素主义教育是现代欧美国家一种强调学校教育的任务主要是传授人类文化遗产共同要素的教育思潮。1938年在美国成立的"要素主义者促进美国教育委员会"，是要素主义教育形成的标志。代表人物有巴格莱、科南特等人。其主要观点包括以下几个方面：

（1）教育核心：传授给学生人类基本知识的要素或民族共同文化传统的要素。
（2）教育目的：强调人的心智或智力的发展，主张心智训练。
（3）教育内容：教授基础科目，开设以学科为中心的系统的学习科目。
（4）师生关系：教师中心，强调教师的权威地位。
（5）教育与社会的关系：教育要为社会服务。
（6）教育重心：基本技能和基础知识的学习。

4. 简述教学中促进知识迁移的基本策略。

【答案要点】

（1）整合学科内容。教师要注意把各个独立的教学内容整合起来，鼓励学生把在某一门学科中学到的知识运用到其他学科中去。
（2）加强知识联系。教师要重视简单的知识技能与复杂的知识技能、新旧知识技能之间的联系。教师要促使学生把已学过的内容迁移到新的学习内容中去。
（3）强调概括总结。教师在教学中要注意启发学生对所学内容进行概括总结。一方面在教学中，教师要引导学生自己对原理进行概括，培养和提高其概括总结的能力，充分利用原理的迁移；另一方面，在讲解原理时，教师要在最大范围内列举各种变式，使学生正确把握其内涵和外延。
（4）重视学习策略。教师应有意识地教学生学会如何学习，帮他们掌握概括化的认知策略和元认知策略，从而促进学习的迁移。
（5）培养迁移意识。教师可以通过反馈和归因控制等方式使学生形成关于学习和学校的积极态度。教师要注意对学生的反馈，当学生用其他学科的知识来解决某一学科的问题时应给予鼓励。

三、分析论述题

1. 试结合教学实际，论述教学过程是以交往为背景和手段的活动过程。

【答案要点】

（1）教学活动不是孤立的个体认识活动，它离不开师与生、生与生之间的交往、互动，离不开人们的共同生活。个体最初的学习与认识就是在共同生活与交往中发生与发展的。所以教学也必须以交往为背景和手段，来增进、活跃和检验学生的学习效果，理解、深化与确证所学知识的实际意义与社会价值。

（2）在教学过程中，教师常常引导学生，围绕着学习与运用系统的科学文化知识，有意识地在师与生、生与生之间进行问答、讨论、互助，以便学生进行思想碰撞，获得启发与进行反思，能够集思广益、加深理解、探析应用，使教学中的认识活动进行得更加生动、活泼、有效。教师不仅运用交往引导学生进行认知，而且通过交往对学生达致情感的沟通、同情与共鸣。所以我们的教学应当注意师生之间的思想情趣的坦诚沟通，以便激起师生在认识与情感上的共鸣与共享，从而在学生的个性发展上形成教育者所期望的品质。

（3）交往在教学中的意义重大，但教学中的交往只能围绕引导学生学、用知识与获得发展来进行，否则就会迷失交往的目的与成效。

2. 试结合教育教学实际，论述教师的专门教育素养的主要内容。

【答案要点】

教师的专门教育素养水平及其合理结构是教育教学任务得以完成的重要保证，它主要包括三个方面的内容。

（1）教育理论素养。教育理论素养主要指教师对教育科学基本理论知识的掌握，能恰当地运用教育学、心理学的基本概念、范畴、原理去处理教育教学中的各种问题，能自觉、恰当地运用教育理论总结、概括自己的教育教学经验并使之升华，能清晰、准确地表达自己的教育思想和进行改革的设想。

（2）教育能力素养。教育能力素养主要指保证教师顺利完成教育、教学任务的基本操作能力。这要求教师具有课程开发的能力、良好的语言表达能力、组织与引导教学的能力、机智地应变与创新的能力等。

（3）教育研究素养。教育研究素养主要指教师运用一定的观点方法，探索教育领域的规律和解决问题的能力。教师应富有问题意识和"反思"能力，善于总结工作中的经验教训，创造性地、灵活地解决和改进各种教育问题。

3. 论述洪堡的高等教育改革与蔡元培北京大学改革的主要内容，并比较其异同。

【答案要点】

（1）洪堡的高等教育改革。

1810年，为了挽回普法战争时对普鲁士造成的影响，在洪堡、费希特等人的领导下，德国创办了柏林大学。洪堡认为，大学的真正使命在于提高学术研究水平，为国家长远的发展开拓更广阔的前景。为实现这一理想，柏林大学着意在以下方面体现自己的特色：

①柏林大学拥有充分的办学自主权。教师与学生享有研究与学习的自由，即"教学自由"与"学习自由"。

②聘请一批学术造诣深厚、教学艺术精湛的教授到校任教，切实提高柏林大学的教学质量与学术声望。

③重视柏林大学的学术研究与培养学生的研究能力。

柏林大学是一所新型大学，注重开展哲学、科学和学术研究，提倡学习和教学自由，建立了讲座教授制度和习明纳制度，培养学生的研究能力，从而确立了以研究为核心的现代大学制度，成为现代高等教育的典范，影响了世界高等教育的发展。

（2）蔡元培北京大学改革。

①抱定宗旨，改变校风。蔡元培明确大学的宗旨，认为大学应该成为"研究高尚学问之地"。

他改革北大的第一步就是要为师生创造研究高深学问的条件和氛围。具体措施有：改变学生的观念；整顿教师队伍，延聘积学热心的教员；发展研究所，广积图书，引导师生研究兴趣；砥砺德行，培养正当兴趣。

②贯彻"思想自由，兼容并包"的办学原则。蔡元培明确声明，在学术上"循'思想自由'原则，取兼容并包主义"，这是他办理北京大学的基本指导思想。该思想不仅体现在学术上，也体现在教师的聘任上。蔡元培以"学诣为主"，罗致各类学术人才，使北大教师队伍一时呈现出流派纷呈的局面。

③教授治校，民主管理。1912年由蔡元培主持制定的《大学令》中，确立了教授治校、民主管理的大学校务管理原则，规定大学设立评议会，各科设立教授会。蔡元培到任北大后，当年即组织了评议会。1919年，评议会通过学校内部组织章程，决定：第一，设立行政会议，作为全校最高的行政机构和执行机构，负责组织实施评议会议决的事项，下设各种委员会分管各类事务；第二，设立教务会议及教务处，由各系主任组成，并互相推选教务长一人，统一领导全校的教务工作；第三，设立总务处，主管全校的人事和事务工作。

④学科与教学体制改革。在学科与教学体制改革方面，蔡元培主要有三个措施：第一，扩充文理，改变"轻学而重术"的思想；第二，沟通文理，废科设系；第三，改年级制为选科制，发展学生个性。

（3）相同点。

①在改革思想上。第一，都推崇教育独立思想。洪堡认为大学应该"独立于一切国家的组织形式"，但国家必须为大学提供必要的经费；蔡元培也提出了教育独立思想，认为教育应该做到经费独立、行政独立、学术和内容独立以及教育要脱离宗教而独立。第二，都认为大学应该以学术为重。洪堡认为大学的真正使命在于提高学术研究水平，为国家长远的发展开拓更广阔的前景；蔡元培认为大学是研究高尚学问之地。第三，都倡导教师和学生的学术自由，洪堡的柏林大学改革提倡"教学自由"与"学习自由"；蔡元培的北大改革提倡"思想自由，兼容并包"。

②在改革措施上。第一，都对教师队伍进行了整顿，柏林大学通过聘请一批学术造诣深厚的教授来提高教学质量和学术声望；蔡元培也聘请了一批兼具学识和声誉的专家学者到北大任教。第二，都重视学生的学术研究能力培养。洪堡在柏林大学各学院掀起了一股学术研究之风；蔡元培任北大校长后，也在北大内设立了各类研究所，鼓励学术研究。第三，都进行了管理体制的改革，实行了选科制和教授治校。

（4）不同点。

①改革的具体实施上。第一，学科设置。洪堡重视哲学，认为哲学是一切自然科学的基础，将哲学课程和哲学院放在了核心位置；蔡元培的大学学科设置思想，有一个变化发展过程，经历了从偏重文理到沟通文理，再到废科设系的过程。第二，教学制度。两者都采用了选科制，但在具体实施上有所区别。柏林大学的学生可以自由选择任何课程内容和教师，拥有极大的自由完善发展的空间和机会；而北大为了防止学生纯粹从兴趣出发，忽视对基本理论和知识的学习。学生所选择的学科必须经教员审定，学生实际上只有相对的选择权。

②对后世的影响。洪堡的高等教育改革影响是世界范围的，也影响到了蔡元培的北大改革；而蔡元培的北大改革教育影响更多的还是集中在国内。

4. 论述观察学习的基本过程，并举例阐明其在课堂教学中的应用。

【答案要点】

（1）观察学习的含义及基本过程。

班杜拉是社会学习理论、社会认知理论的奠基人，著名的实验是赏罚控制实验。观察学习是一种间接学习的形式，人类的大多数行为是通过观察而习得的，人们通过观察他人的行为及其后果，可获得榜样行为的符号表征和经验教训，并可引导观察者今后的行为。其基本过程如下：

①注意过程。注意过程影响观察者对榜样行为的探索和知觉过程，决定观察者的观察内容。影响注意过程的因素有：榜样行为的特性、榜样的特征和观察者的特征。

②保持过程。保持过程使观察者将示范行为以某种形式储存在头脑中以便今后可以指导操作。示范信息的保持主要依赖两种符号系统——表象系统和言语系统。影响保持过程的因素有：注意过程的效果、榜样呈现的方式和次数以及观察者自身记忆能力、动机等。

③复制过程。观察者以内部表征为指导，将榜样行为再现出来。影响复制过程的因素有：观察的有效性、从属反应的有效性、反馈的及时性和准确性以及自我效能感。

④动机过程。动机过程决定个体复现榜样行为的具体内容，换言之，决定哪一种经由观察习得的行为得以表现。动机过程存在着三种强化：直接强化，指在模仿行为之后直接给出的强化，为学习者提供信息和诱因；替代性强化，指观察者因看到榜样受强化而受到的强化；自我强化，指观察者依照自己的标准对行为做出判断后而进行的强化。

（2）观察学习理论在课堂教学中的应用。

①教授新行为、技能、态度和情感。教师需要将所期望的行为、技能、态度和情感以明确外显的方式示范出来，并对学生的模仿予以强化。同时，教师也要注意发挥自身的榜样作用，用自身对世界的好奇心、对本学科的热爱以及对学习的热情等感染学生。

②监控学生习得行为的表现。教师需要在创造榜样的同时，对良好的行为给予及时的表扬和鼓励，对错误的行为则给予批评和教育。

③对学生道德行为的养成具有现实指导意义。在该理论的基础上创建的认知行为矫正法在心理咨询和心理治疗中也得到广泛应用。

华中师范大学 333 教育综合·真题解析

一、名词解释

教育目的

教育目的是对教育活动所要培养的人的个体素质的总的预期与设想，是对社会历史活动的主体的个体素质的规定。它体现一定社会对受教育者质量规格的界定和要求，也体现人自身发展所应该达到的水准和高度。

学校课程

课程是由一定的育人目标、特定的知识经验和预期的学习活动方式构成的一种蕴含着丰富、基本而又有创造性与潜质的一套计划与设定。从育人目标角度看，课程是一种培养人的蓝图；从课程内容角度看，课程是一种适合学生身心发展规律的、连接学生直接经验和间接经验的、引导学生个性全面发展的知识体系及其获取的路径。

社学

社学始于元朝，是设在农村地区，利用农闲空隙时间，以农家子弟为对象的初等教育形式，它对于发展农村地区文化教育事业有一定意义。元制五十家为一社，每社设学校一所。择通晓经书者为师，以学习《孝经》《论语》《孟子》等为内容。社学是元朝在教育组织形式上的一种创新，对后世产生了深远影响。

现代人文主义教育思潮

现代人文主义教育思潮于20世纪60—70年代盛行于美国，是现代欧美国家一种以人本主义心理学为基础、突出"以人为本"理念、以培养自我实现和完整的人为教育目的的教育思潮，代表人物有马斯洛、罗杰斯和弗洛姆等。

产婆术

苏格拉底法也称"问答法""产婆术"，是由讥讽、助产术、归纳和定义四个步骤组成的独特的方法。这是苏格拉底探讨伦理哲学的研究方法，也是他的教学方法。

有教无类

"有教无类"的本意是不分贵贱贫富和种族，人人都可以入学接受教育。孔子的教学实践切实地贯彻了这一办学方针，他的弟子来自各个诸侯国，分布地区广泛；弟子成分复杂，出身于不同的阶级和阶层，大多数出身于平民。

二、简答题

1. 教育的相对独立性的内涵及其主要表现。

【答案要点】

教育的相对独立性是指作为社会一个子系统的教育，它对社会的能动作用具有自身的特点和规律性，它的历史发展也有其独特连续性和继承性。主要表现为以下几方面：

（1）教育是培养人的活动，通过所培养的人作用于社会。教育尤其是学校教育，是有意识地影响人、培育人、塑造人的社会活动。它主要通过引导和促进年轻一代社会化、个性化，成为社会活动的参与者和继承者，以保证并促进社会的生存、延续与发展。

（2）教育具有自身的活动特点、规律及原理。教育是培养人的活动，而人具有特殊的身心发展和成熟的规律。教育教学及其相关活动必须认识、遵循和创造性地运用这些基本特点与规律，才能有效地培育人才。此外，还应重视和遵循前人的宝贵经验，并在此基础上继续发展、前进。

（3）教育具有自身发展的传统与连续性。由于教育有自身的规律和特有的社会功能，它一经产生、发展便将形成和强化其相对独立性，具有发展的连续性、继承性和惯性。因此，无论是发展教育事业，还是进行教育改革，都要重视与借鉴教育的历史经验，都应在原有的基础上积极改进、稳步前行。

2. 赫尔巴特的课程理论。

【答案要点】

（1）课程必须与儿童的经验和兴趣相适应。

经验与课程。一方面，儿童在日常生活中可以获得经验和同情，这是教学活动进行的基础。另一方面，儿童的经验并非完美无缺，需要教学加以补充和整理。因此，课程的内容必须与儿童的日常经验保持联系，通过使用直观教材使得儿童的经验变得更加丰富、真实和确切。

兴趣与课程。只有与儿童经验相联系的内容，才能引起儿童的兴趣；只有能够引起兴趣的教学内容，才能使儿童保持意识的警觉状态，从而更好地接受教材。

（2）课程要与统觉过程相适应。

根据统觉原理，新的知识总是在原有的理智背景中形成的，以原有知识为基础。因此，课程安排应当使儿童能够不断地从熟悉的材料逐渐过渡到密切相关但还不熟悉的材料。为此，赫尔巴特提出"相关"和"集中"两项原则，目的是保持课堂教学的逻辑结构和知识的系统性。

（3）课程必须要与儿童发展阶段相适应。

赫尔巴特认为，儿童在一定发展阶段上最理想的学习内容应当是种族发展在相应阶段上所取得的文化发展。以此为基础，他将儿童发展分为婴儿期、幼儿期、童年期和青春期。每个时期对应不同的心理特征，应开设不同的课程。

3. 革命根据地和解放区教育的基本经验。

【答案要点】

（1）教育为政治服务。

在当时特定的时代环境下，最大的政治是以武装斗争的手段去夺取民族民主革命的胜利，而动员广大人民群众投入革命战争、支援革命战争，并最大限度地提高人民军队干部战士的觉悟，是中国共产党面临的中心任务。革命根据地的教育正是围绕着这一中心任务展开的，教育的功能得到了最大限度的发挥。

（2）教育与生产劳动相结合。

根据地教育的基本任务是彻底改变建立在封建生产关系之上、以脱离农村生产生活实际为特征、以培养精神贵族为目的的文化教育。同时，根据地工作虽以战争为主，但也需要积极发展生产，以保障前线和后方基本的物质需求。

（3）依靠群众办教育。

根据地教育之所以能在严峻的战争环境中、困难的经济条件下办得生气勃勃，其重要原因就是依靠群众办学，发掘了蕴藏在人民群众中巨大的教育能量。毛泽东总结出群众路线有两条原则，一是要满足群众的需要，二是要出于群众的自愿。依据群众需要，出于群众自愿，并实行民办公助的政策，成为根据地教育的巨大动力。

4. 不同的归因对学生有什么影响？如何指导学生正确归因？

【答案要点】

（1）当个体将成功归因于能力和努力等内部因素时，会产生骄傲、自豪感，增强自信心和动机水平。

（2）将成功归因于任务容易、运气好、别人帮助等外部原因时，则满意感较少。当个体将失败归因于能力弱、不努力等内部原因时，会产生愧疚感；将失败归因于任务太难、运气不好或教师评分不公正等外部原因时，则较少产生愧疚感。

（3）归因于努力相比于归因于能力，无论成败都会引发更强烈的情绪体验。努力而成功体验到愉快，不努力而失败体验到羞愧，努力而失败也应受到鼓励。

教学应用：该理论的教育意义在于它能从学生的观点显示出学习成败的原因。了解学生的自我归因可预测其今后的学习动机。学生的自我归因未必正确却十分重要，教师应注意了解和辅导。

三、分析论述题

1. 结合教育实际，论述德育过程是培养学生知情意行全面和谐发展的过程。

【答案要点】

学生的品德包含知、情、意、行四个要素。所以德育过程也是培养学生思想品德的知、情、意、行整体和谐的发展过程。

（1）思想道德发展的整体性。

个体思想品德的发展是品德各要素协调统一的发展。依据这一品德形成规律，开展德育活动时，就应该注意全面性，兼顾知、情、意、行各要素。个体品德结构中的知、情、意、行等要素，是相互制约、相互促进的，共同推动着个体思想品德的发展；应该晓之以理、动之以情、导之以行、持之以恒，全面关心学生品德中知、情、意、行的培养，使它们全面而和谐地发展。

（2）德育过程有多种开端。

开展德育可以有多种开端，既可以从知或情的培养入手，也可以从行的锻炼开始。在思想品德的发展过程中，知、情、意、行诸因素的发展往往是不平衡的，而且每个学生的品德发展也有显著差异。这就要求我们进行德育时，必须针对不同情况加以灵活处理，有的放矢，因材施教。

（3）德育实践的针对性。

道德品质的知、情、意、行的培养不能一概而论，简单对待，用一种方法进行，应该根据知、情、意、行每一要素的特点，开展具有针对性的教育活动。

①学生的道德认识，既可以通过学习间接经验的方式，如听讲、看书、背诵等方式习得，也可以通过直接经验的方式，如亲历道德实践和社会活动等方式获取。

②要注重学生的道德情感培育。

③德育的最终目标是要促进学生实现道德认知、道德情感向行为的转化。

2. 结合教育实际，论述启发性原则的内涵及要求。

【答案要点】

（1）含义：指在教学中教师要激发学生的学习主体性，引导他们经过积极思考与探究自觉地掌握科学知识，学会分析问题和解决问题，树立求真意识和人文情怀。也称探究性原则或启发与探究相结合原则。

（2）基本要求：

①调动学生学习的主动性。如果学生的学习只靠外力强迫而没有内在的追求与动力，则很难持久。所以调动学生内在的学习主动性是启发的首要问题。在激发学生的学习主动性上，教师要发挥个人的创造性，善于运用发人深思的提问、令人心动的讲述，充分显示教学内容的吸引力，展现它的情趣、奥妙、意境、价值，以便激起学生的求知欲和积极性，全神贯注地投入学习。

②善于提问激疑，引导教学步步深入。教师因势利导，引导学生的认识步步深入，生动活泼地获取新知，并使他们的思维能力受到真正的锻炼与提高。在启发过程中，教师要有耐心，给学生以思考的时间；要有重点，问题不能多，也不能蜻蜓点水、启而不发；要善于与学生探讨，引导学生一步一步去获取新知和领悟人生的价值。

③注重通过解决实际问题启发学生获取知识。通过组织进而引导学生观察、操作、动手解决实际问题也是启发教学的一个重要途径。接触实际问题，对学生更具诱惑力、挑战性。会使他们更积极主动地进行学习和完成任务。在学生的操作过程中，教师只要根据学生的情况，加以针对性的指点、启发，组织一些交流或讨论，学生就不仅能够深刻领悟所学概念与原理，掌握解决问题的方法

与步骤，而且能够增进学习的兴趣、能力和养成认真、负责与相互协作的品行。

④引导学生反思学习过程。教学要引导学生反思学习过程，了解学习过程的程序和方法，分析学习过程中的顺利与障碍、长处与缺点，寻找形成障碍与缺点的原因，克服学习过程中的弯路与失误，使学习程序和方法简捷、有效，注重积淀适合于自己的良好学习方式，从学习中学会学习。

⑤发扬教学民主。要创造宽松、和谐、民主、平等、活跃的课堂教学气氛，这是启发教学的重要条件。只有这样，学生的心情才会感到轻松，他们的聪明才智才能充分发挥出来。教师切不可唯我独尊、搞一言堂，要鼓励学生发表自己的见解，包括与教师不同的见解。要提倡相互尊重、相互学习，不可相互鄙薄。

3. 论述新文化运动的教育思潮（写任意五个）。

【答案要点】

（1）平民教育运动。

倡导平民教育是新文化运动中民主思潮在教育领域里的反映和重要的组成部分。平民教育思潮的共同点在于批判传统的"贵族主义"的等级教育，破除千百年来封建统治者独占教育的局面，使普通平民百姓享有教育权利，获得文化知识，改变生存状况。

（2）工读主义教育运动。

工读主义教育思潮的基本主张有：以工兼学、勤工俭学、工人求学、学生做工、工学结合、工学并进，培养朴素工作和艰苦求学的精神，以求消除体脑差别。由于提倡和参加者思想立场的差异，工读主义也有不同主张，主要有北京高师工学会的工学主义、北京工读互助团的工读主义、知识分子与工农结合思想和纯粹的工读主义。

（3）职业教育思潮。

职业教育思潮是由清末民初的实利主义教育思想发展演变而来，且受到欧美职业教育思想传入中国的推波助澜。民国初期，蔡元培将"实利主义教育"列入资产阶级的教育方针。由于民族资本主义工业的发展对技术人才的需求日益迫切，加之新文化运动兴起后民主斗士对传统教育脱离社会、脱离生产的抨击，倡导职业教育成为教育界内外的共同呼声，人们从不同视角阐述了职业教育对于当时中国的紧迫性，职业教育思潮逐步形成。1917年，黄炎培发起成立了中华职业教育社，这是中国近代第一个研究、倡导、实验和推行职业教育的专门机构，进一步从理论上探讨、在实践中推行职业教育，职业教育思潮由此达到高潮，并出现全国性的职业教育运动。

（4）勤工俭学运动。

1915年，蔡元培、李石曾、吴玉章等人在法国创立"勤工俭学会"，以"勤于工作，俭于求学，以进劳动者之智识"为宗旨，并规定了留法勤工俭学的程序、费用、求学、工作等细目，创造了半工半读的教育形式。1916年，为了组织和领导华工的教育和学生出国留学与谋工，蔡元培、吴玉章等人与法国人士共同在巴黎发起组织"华法教育会"，以勤工俭学的方式吸引贫苦有志青年赴法留学。从1919年至1920年底，留法勤工俭学运动形成高潮。

（5）科学教育思潮。

科学教育思潮的基本内涵为：一是"物质上之知识"的传授；二是应用科学方法于教育研究和对人的科学精神、科学态度的训练，而尤以后者为重。五四运动后，科学教育运动在中西方学者和科学成果的推波助澜下，得到较为广泛的开展，具体表现在以下两方面：第一，提倡学校中的科学教育，即按照教育原理和科学方法进行教育，培养学生科学的知识、技能和态度，此即科学的教育化趋势；第二，提倡以科学的方法研究教育，包括儿童心理和教育心理的研究、各种心理和教育统计与测量的试验及量表的编制应用，此即教育的科学化趋势。

（6）国家主义教育思潮。

国家主义教育思潮是一种具有强烈资产阶级民族主义色彩的社会思潮，于20世纪初在中国兴起，是政治上的国家主义在教育领域的反映。其内涵为：第一，以教育为国家的工具，教育目的对内在于保持国家安宁和谋求国家进步，对外在于抵抗侵略、延存国脉；第二，教育为国家的任务，教育设施应完全由国家负责经营、办理、国家对教育不能采取放任态度。其主旨在于以国家为中心，反对社会革命，通过加强国家观念的教育来实现国家的统一与独立。

4. 分析论述信息加工学习理论，及其对教学的启示。

【答案要点】

加涅是美国著名的教育心理学家，他根据现代信息加工理论对学习的实质、过程、条件以及教学做出了系统的论述，致力于将行为主义的刺激－反应学习模式和认知心理学的学习分类模式相结合，形成了自己的学习理论。

（1）学习的信息加工模式。

①信息的三级加工。学习者的环境中的刺激作用于感受器，并通过感觉登记器进入神经系统。信息最初在感觉登记器中进行编码，最初的刺激以映像的形式保持在感觉登记器中，保留0.25~2秒，一部分信息就遗忘了，一部分信息通过注意或选择性知觉机制进入短时记忆。经过复述和组块化策略对信息进行编码，经过编码的信息归类进入长时记忆。当需要使用信息时要经过检索提取信息，被提取的信息既可以直接通向反应发生器产生反应，也可以再回到短时记忆进行编码后再到反应发生器。

②期望事项和执行控制。期望事项是指学生期望达到的目标，即学习的动机。执行控制是指加涅学习分类中的认知策略，执行控制决定哪些信息从感觉登记进入短时记忆，如何进行编码，用何种提取策略等。

（2）学习阶段及教学设计。

从学习的信息加工模式中可以看到，学习是学生与环境之间相互作用的结果。学习过程是由一系列事件构成的。加涅将学习过程分解成八个阶段：

①动机阶段：学习者被告知学习目标，形成对学习结果的期望，激起学习兴趣。

②领会阶段：依据其动机和预期对信息进行选择，只注意那些与学习目标有关的刺激。

③习得阶段：对信息进行编码和储存。

④保持阶段：将已编码的信息存入长时记忆。

⑤回忆阶段：根据线索对信息进行检索和回忆。

⑥概括阶段：利用所学知识对知识进行概括，将知识迁移到新的情境中。

⑦操作阶段：利用所学知识，对各种形式的作业进行反应。

⑧反馈阶段：通过操作活动的结果认识到学习是否达到了预定目标，从而在内心得到强化，使学习活动告一段落。

总之，加涅认为教师是教学活动的设计者和管理者，也是学生学习效果的评定者。一个完整的学习过程是由上述八个阶段组成的。有效的教学要求教师根据学生的内部学习条件，创设或安排适当的外部条件，促进学生有效地学习，以实现预期的教学目标。

2019年 华中师范大学 333 教育综合·真题解析

一、单选题

1~5 AAACB   6~10 BACAA

二、名词解释

个体发展（狭义）

狭义的个体发展是指个人从出生到成人的变化过程，主要指儿童的发展，儿童的发展过程也就是儿童的成人过程，这是从自然人向社会人、婴幼儿向成年人、个人小我向放眼世界乃至关怀人类的大我的转化过程，也是个体发展的可能性与选择性、共性与个性相统一的发展过程。

《大学》

《大学》是《礼记》中的一篇，是儒家学者论述大学教育的一篇论文，它着重阐明"大学之道"，即大学教育的纲领，被认为是与论述大学教育之法的《学记》互为表里之作，对大学教育的目的、程序和要求做了完整、扼要和明确的概括。

发展性原则

发展性原则是指教学的内容、方法和进度，既要适合学生已有的发展水平，又要有一定的难度，激励他们经过努力才能掌握，以便有效地促进学生的身心发展。基本要求包括：了解学生的发展水平；从实际出发进行教学；考虑学生认识发展的时代特点。

教育适应自然

教育适应自然的原则是贯穿夸美纽斯整个教育理论体系的一条根本的指导性原则，他的"自然"包括两个方面的含义：一是自然界及其普遍法则，人的各种活动包括教育活动也都应该遵循这些自然的、普遍的规则。二是人的与生俱来的天性。夸美纽斯认为，人是自然界的一部分，人的发展也有其本身的规则。据此，夸美纽斯提出要依据人的自然本性和儿童年龄特征进行教育，使每个人的智力都得到充分的发展。

终身教育

终身教育是人一生各阶段当中所受各种教育的总和，也是人所受的不同类型教育的综合。前者从纵向上讲，说明终身教育不仅仅是青少年的教育，而且涵盖了人的一生；后者从横向上讲，说明终身教育既包括正规教育，也包括非正规教育和非正式教育。

负强化

凡是能增强反应概率的刺激和事件都叫强化，可分为正强化和负强化。负强化是指通过消除厌恶刺激来增强反应概率。

三、简答题

1. 简述我国教育目的的个人本位论的价值取向的启示，并进行评述。

【答案要点】

（1）代表人物：卢梭、裴斯泰洛齐、福禄培尔等。

（2）主要观点：第一，教育目的是根据个人发展的需要制定的，而不是根据社会的需要制定的；第二，个人价值高于社会价值。社会价值只有在有助于个人发展时才有价值，应由个人来决定社会，个人价值恒久高于社会价值；第三，人生来就有健全的潜在本能，教育的基本职能就在于使这种潜能得到发展。

（3）评价。个人本位论把个人的自身的需要作为制定教育目的的依据，在一定的历史条件下具有一定的进步意义；但如果只强调个人的需求与个性的发展，而一味贬低和反对满足社会发展的需要，则是片面的、错误的。

2. 新文化运动抨击传统教育，促进教育变革体现在哪里？

【答案要点】

在抨击封建传统教育的基础上，新文化运动促进了中国教育的变化，推进着中国教育观念朝着教育个性化、教育平民化、教育实用化、教育科学化的方向进行变革。

（1）教育的个性化。主要表现在四个方面：第一，在教育上"使个人享有自由平等之机会而不为政府、社会、家庭所抑制"；第二，教育要尊重个人，要从尊重儿童起，甚至"以儿童为中心"；第三，不能让社会淹没个性，要使人各尽其性，能够发挥个人潜能；第四，学校教育尤忌"随便教育"。教师要以合适的方法帮助学生，学生要充分发挥主观能动性，学会主动学习。

（2）教育的平民化。通过"庶民"教育可以保障普通民众受教育的权利，使他们的能力得到发展和发挥，这些能力不仅可以改善民众的个人生活，汇聚在一起更是改造社会的巨大潜力。

（3）教育的实用化。在新文化运动时期，提倡务实的教育成为共识。一方面，人们认识到教育对于个性生活能力的培养、对社会生产发展的适应的重要意义；另一方面，人们认识到学校内部必须进行全面改革，强调从社会生活和学生生活的实际出发，沟通教育与生活、学校与社会的关系，强调对学生的主动学习、创造性学习和实际能力的培养，要求课程内容和教学组织形式均须适应生产和生活发展的需要。

（4）教育的科学化。对科学方法和观念的倡导是五四新文化运动思想启蒙的重要内涵与特点，表现出强烈的理性色彩，这是一种更深层次的启蒙和洗礼。民主斗士们认为学校要进行科学教育，社会要讲究科学，重要的是要让科学内容和方法渗入社会各项事业，改变人的态度和观念。

3. 简述文艺复兴时期人文主义的特征、影响、贡献。

【答案要点】

（1）人文主义教育的特征。

①人本主义。人文主义教育在培养目标上注重个性发展，在教育教学方法上反对禁欲主义，尊重儿童天性，坚信通过教育这种后天的力量可以重塑个人、改造社会和自然，这些都表现出人本主义内涵，人的力量、人的价值被充分肯定。

②古典主义。人文主义教育思想吸收了许多古人的见解，人文主义教育实践尤其是课程设置亦具有古典性质，但这种古典主义绝非纯粹的"复古"，实则含有古为今用、托古改制的内涵，这在当时是进步的。

③世俗性。不论从教育目的还是从课程设置等方面看，人文主义教育洋溢着浓厚的世俗精神，教育更关注今生而非来世，这是人文主义教育与中世纪教育的根本区别。

④宗教性。人文主义教育仍具有宗教性，几乎所有的人文主义教育家都信仰上帝，他们虽然抨击天主教会的弊端，但不反对宗教更不打算消灭宗教，他们希冀以世俗和人文精神改造中世纪陈腐专横的宗教性，以造就一种更富世俗色彩和人性色彩的宗教性。

⑤贵族性。这是由文艺复兴运动的性质所决定的。人文主义教育的对象主要是上层子弟，教育

的形式多为宫廷教育和家庭教育而非大众教育，教育的目的主要是培养上层人物如君主、侍臣、绅士等。

（2）人文主义教育的影响和贡献。

①教育内容发生变化。对古希腊、罗马的热情使其知识和学科成为教学主要内容，导致美育和体育复兴并关注自然知识的学习。

②教育职能发生变化。从训练、束缚自己服从上帝到使人更好地欣赏、创造和履行地位所赋予人的职责。

③教育价值观发生变化。重新发现人，重新确立了人的地位，强调人性的高贵，复兴了古希腊的个人主义价值观。

④复兴了古典的教育理想。形成了全面和谐发展的完人的教育观念，从中世纪培养教士的目标转向文艺复兴时期培养绅士的目标。

⑤复兴了自由教育的传统。教育推崇理性，复兴古希腊的自由教育。

⑥自然主义教育思想兴起。用自然来取代《圣经》作为引证，按照人的天性来生活，按照人的需求和本性来设置课程，尊重受教育者的兴趣、爱好、欲望和天性，出现了直观、游戏、野外活动等教育新方法。

⑦出现了新道德教育观。以原罪论为中心的道德教育已开始解体。人道主义、乐观、积极向上、热爱自由、追求平等和合理的享乐等新的道德观在人文主义的学校中开始取代天主教会的道德观。尊重儿童，反对体罚，已成为某些教育家的强烈要求。

⑧教育与劳动相结合及共产主义的教育思想。在某些空想社会主义教育思想中，首次提出教育与生产劳动相结合的思想以及成人教育的思想。人文主义者莫尔和康帕内拉还提出共产主义的理论以及所实行的教育制度。

⑨建立了新型的人文主义教育机构。

⑩促进了大学的改造和发展。

⑪教育理论不断丰富。

⑫推动了教育世俗化的历史进程。

4. 元认知策略的基本类型。

【答案要点】

元认知策略是对信息加工流程进行控制的策略，可分为计划策略、监察策略和调节策略。

（1）计划策略。根据认知活动的特定目标，在一项认知活动之前计划各种活动、预计结果、选择策略，想出各种问题解决的方法，并预估其有效性。计划过程涉及设置学习目标、浏览阅读材料、产生待回答的问题以及分析如何完成学习任务。

（2）监察策略。在认知活动的实际过程中，根据认知目标及时评价、反馈自己认知活动的结果与不足，正确估计自己达到认知目标的程度、水平，根据有效性标准评价各种认知行动、策略的效果。监察过程涉及阅读时对注意加以跟踪、对材料进行自我提问和考试时监察自己的速度和时间。使学习者警觉并找出自己在注意和理解方面可能出现的问题并加以修改。包括以下两种策略：

①领会监控。领会监控是一种具体的监察策略，一般在阅读中使用。熟练的读者在头脑中有一个领会的目标，为了该目标而浏览课文。随着这一策略的执行，达到目标后他会体验到一种满意感，如果没有达到目标，会产生挫折感，并开始采取补救措施。

②集中注意力。当教师要求学生将他们有限的注意力全部集中在他所说的每一件事上时，学生只得放弃对其他刺激的积极注意，变换优先度，将其他刺激全部清出去。

（3）调节策略。核查认知活动结果并采取相应的补救措施，核查认知策略的效果，并及时修正、调整认知策略。

四、分析论述题

1. 教育对人的发展的作用及实现条件。

【答案要点】

教育对人的发展的作用：

（1）教育在人的发展中起引领作用。

教育在年轻一代的发展中起着引领作用主要体现在有意识地为年轻一代的成长选择、建构、调控良好的环境，对他们的生活、交往、学习与实践等活动进行正确的教导、示范和辅助，并注重尊重他们的主体地位和激发、引导他们内在的学习动力与自我发展的能动性和自主性，从各方面引领、关怀、维护他们的发展。

（2）学校教育主要通过传承文化科学知识来培养人。

学校教育是教育者有意识地为儿童的身心发展精心设置的一种环境，它把经过选择的、重新组编的、人类长期积累起来的文化知识作为精神客体与儿童互动，以促进儿童的发展，使他们成人成才。文化知识蕴含着有利于人的发展的多方面价值，包括促进人的认识的发展、促进人的精神的发展、促进人的能力的发展和促进人的实践的发展。

（3）学校教育对提高人的现代性有显著的作用。

教育在人的现代化过程中起着重要作用，因为学生在学校里不仅学会了读、写、算等各个方面的基础知识与技巧，而且学到了与他们个人的发展和国家的未来有关的态度、价值和行为方式。人的现代化是社会现代化的重要基础和前提条件，我们应该自觉地优先发展教育，高度重视并充分发挥教育对人的现代化的促进作用。

实现条件：

（1）科学的学校教育。教育目的影响着教育的效果；教育物质条件影响着教育的速度和规模；教育活动影响着教育影响的深度；教师素质影响着教育的水平；教育管理水平影响着教育的功能。

（2）优化的家庭教育。学校教育在人的身心发展中的主导作用的发挥，还受学生家庭的经济状况、家长的文化水平、家庭的人际关系等家庭条件的影响。

（3）良好的社会状况。教育活动是在一定社会的条件和背景下进行的，并受到社会条件的制约。这些社会条件包括社会生产力发展水平、社会政治经济制度、文化传统等。

（4）受教育者自身的主观能动性。人的主观能动性是人的一种内在需要和动力。当受教育者具备了积极的求教动机时，环境和教育的外因才能发挥相应的作用。学习者的积极性越高，教育的作用就越大。

2. 教师素养中的师德要求。

【答案要点】

（1）热爱教育事业，富有献身精神和人文精神。

热爱教育事业，是搞好教育工作的基本前提。许多优秀教师之所以能在教育工作中做出卓越的成绩，首先是因为他们热爱教育事业，愿意为下一代的成长贡献出自己的毕生精力，甚至自己宝贵的生命。另外，教师还应具备人文精神，要关怀学生的学习和发展，关怀民族、人类的现实境遇和未来发展。

（2）热爱学生，诲人不倦。

热爱教育事业具体体现在热爱学生上。爱学生是教师的天职，是教育好学生的重要条件。教师只有热爱学生，才能教育好学生，才能使教育发挥最大限度的作用。教师对学生的爱是一种巨大的教育力量，也是一种重要的教育手段。它往往能激发起学生对教师爱戴、感激和信任之情，使学生愿意接近教师，接受教师的教育。教师的爱还应该表现在对学生的学习、思想和身体的全面关心上，一视同仁地热爱全体学生，公正平等地对待每个学生。

（3）热爱集体，团结协作。

教师的劳动既具有个体性，又具有集体性。一个学生的成才，绝非仅仅是哪一位教师的功劳，而是教师群体的智慧和共同劳动的结晶，是许多教育工作者团结协作、一致努力的结果。因此，教师之间，教职员工之间应该相互尊重、团结协作，步调一致地教育学生，最大效度地发挥集体的教育力量。

（4）严于律己，为人师表。

教师为人师表，必须以身作则，严于律己。凡是要求学生做到的，教师首先要做到；凡是要求学生不能做的，教师首先要自律。教师只有以身作则，才能树立威信，受到学生的尊敬。

3. 科举制的演变、历史影响，对当今教育（高考）改革的启示。

【答案要点】

科举制的演变：

（1）宋朝的科举制度。

宋元时期的科举制度渐趋于完善和成熟，成为选拔各级官员的主要途径，对社会发展和学校教育产生了重要影响。宋朝科举制度的变化主要表现在以下几个方面：扩大科举科目、扩大科举名额、确定"三年一贡举"、殿试成为定制、建立新制，防止科场作弊。

（2）元朝的科举制度。

元朝的科举考试分为乡试、会试和御试三级。将地方解送考试称之为乡试，即始于元朝。相对于其他朝代，元朝科举制度具有以下特点：民族歧视明显、规定从《四书》中出题，以《四书章句集注》为答案标准、科举制度日益严密。

（3）明朝的科举制度。

明朝科举制是中国科举制度史上的鼎盛时期。它在继承宋、元科举制度的基础上，建立了称为"永制"的科举定式，将八股文作为一种固定的考试文体，并将学校教育纳入科举体系，这严重地影响和制约着学校教育的发展。

（4）清朝的科举制度。

清朝的科举制度是国家人才选拔的根本制度，它在沿袭明制的基础上根据自身的利益和实际需要进行损益，建立了更为严密的制度体系。但是清朝科场舞弊层出不穷，积重难返，学校成为科举的附庸，丧失了作为教育机构的独立性。突出表现在以下三个方面：学校以科举中式为目的、教学内容空疏无用、教学管理松弛。

历史影响：

积极影响：

（1）扩大了统治基础，有利于加强中央集权。通过科举考试，平民及中小地主阶层获得了参政的机会，打破了门阀士族地主垄断统治权力的局面，扩大了封建统治的统治基础。同时，通过科举考试，朝廷将选士大权收归于中央政府，强化了中央集权的统治。

（2）使选士与育士紧密结合。促进人们的思想统一于儒学，成为实施儒家"学而优则仕"原则的途径。刺激学校教育的发展，有利于教育的普及。

（3）使选拔人才较为客观公正。隋唐科举考试在发展的过程中逐步建立了较为完备的考试制度，同时逐步建立了一系列的考试防范措施，加强了考试管理。

消极影响：

（1）国家只重科举取士，而忽略了学校教育。学校成为科举考试的预备机构，一切教学活动都围绕着科举考试来进行，学校失去了相对独立的地位和作用。

（2）束缚思想，败坏学风。学校教学安排围绕科举进行，导致学校教育中重文辞少实学，重记诵而不求义理，形成了教条主义、形式主义的学习风气。在科举制的影响下，读书的目的不是求知求真，而是为了功名利禄，具有强烈的功利色彩。

（3）科举考试内容的狭隘也阻碍了中国文化的和谐发展，特别是科技文化的发展。

对当今教育（高考）改革的启示：可从教育与政治因素的关系、教育公平、考试科目、方法等角度论述。

4. 社会建构主义学习理论的基本观点及教学启示。

【答案要点】

社会建构主义关注学习和知识建构背后的社会文化机制，其基本观点是：学习是一个文化参与过程，学习者通过借助一定的文化支持参与某个学习共同体的实践活动来内化有关知识，掌握有关的工具。知识的建构不仅仅需要个体与物理环境的相互作用，还需要通过学习共同体的合作互动来完成。

教学启示：

（1）情境性教学。让学习者在一定情境的活动中完成学习的一种教学模式。具有四个基本特征：真实的任务、情境化的过程、真实的互动合作和情境化的评价方式。

（2）分布式认知。是指分布在个体内、个体间，以及媒介、环境、文化、社会和时间等之中而进行的认知。强调认知现象在认知主体和环境间分布的本质。以分布式认知为基础，人们提出了分布式学习的概念，分布式学习是一种教学模式，它允许指导者、学习者和学习内容分布于不同的非中心的位置，使教与学可以独立于时空而发生。强调学习是在学习共同体的个体之间分布完成的。

（3）认知学徒制。是指知识经验较少的学习者在专家的指导下参与某种真实的活动，从而获得与该活动有关的知识技能的教学模式。

（4）抛锚式教学。是指将学习活动与某种有意义的大情境挂钩，让学生在真实的问题情境中进行学习的情境性教学模式。

（5）支架式教学。指教师或其他助学者和学习者共同完成某种活动，为学习者参与该活动提供外部支持，帮助他们完成独自无法完成的任务，随着活动的进行，逐渐减少外部支持，使共同活动让位于学生的独立活动。

（6）合作学习。是指学习共同体在学习中进行沟通交流，共同完成一定的学习任务。重视教学中教师与学生以及学生与学生之间的社会性相互作用。

（7）交互式学习。是一种将传统的"以教师为中心"的教学模式转变为"以学生为主体、教师为主导"的师生之间良性互动的教学模式。"交互"是指学生之间、师生之间相互对话、相互交流，学生、教师、媒体和教材等诸多教学要素之间互动交流和传递。这种交互式交流可以充分调动学生的学习主动性、积极性，让学生在情境和对话中构建知识体系，不断激发学生探究式学习方法，进而提升学生综合能力和素质，实现教学双赢的目标。

华中师范大学 333 教育综合·真题解析

一、名词解释

学制

学制即学校教育制度，它是现代教育制度的核心部分。指的是一个国家各级各类学校的系统及其管理规则，它规定着各级各类学校的性质、任务、入学年限、修业年限以及它们之间的关系。

修养

修养是指在教师引导下学生经过自觉学习、反思和自我改进，使自身品德不断完善的一种方法。包括立志、学习、反思、箴言、慎独等。基本要求包括：培养学生自我修养的兴趣与自觉性；指导学生掌握修养的标准；引导学生积极参加社会实践。

产婆术

苏格拉底法也称"问答法""产婆术"，是由讥讽、助产术、归纳和定义四个步骤组成的独特的方法。这是苏格拉底探讨伦理哲学的研究方法，也是他的教学方法。

稷下学宫

稷下学宫是战国时代齐国一所著名的高等学府，因其建立于齐国都城临淄的稷门附近而得名。它既是百家争鸣的中心与缩影，也是当时教育上的重要创造，稷下学宫对中国古代学术、文化和教育的发展产生过重大的历史影响。

五育并举

1912年初，蔡元培发表《对教育方针之意见》一文，从"养成共和国民健全之人格"的观点出发，提出军国民教育、实利主义教育、公民道德教育、世界观教育和美感教育的"五育"并举教育思想，成为制定民国元年教育方针的理论基础。

学习策略

学习策略是指学习者为了提高学习的效果和效率，有目的、有意识地制定的有关学习过程的复杂的方案。具有主动性、有效性、过程性和程序性四个特征。

二、简答题

1. 教育的政治功能。

【答案要点】

（1）教育通过传播一定的社会的政治意识，完成年轻一代的政治社会化。

人的社会化是人的发展的重要方面，而政治社会化又是人的社会化的重要方面。教育作为传递知识、训练思维与培养情感的活动，能向年轻一代传播一定的社会政治意识，促进他们的政治社会化，从而为一定社会政治秩序的稳定创造重要条件。

（2）教育通过造就政治管理人才，促进政治体制的变革与完善。

现代社会强调法治，使得教育更重视培养政治管理人才。由于科技向管理部门的全面渗透，社会越发展，国家对政治管理人才的素质要求越高，通过教育选拔、培养政治管理人才显得越重要。

（3）教育通过提高全民文化素质，推动国家的民主政治建设。

一个国家的政治是否民主，取决于政体和国民素质。普及教育的程度越高，国民的文化素质越高，其国民就越能认识民主的价值，在政治生活和社会生活中就越能履行民主的权利。

（4）教育是形成社会舆论、影响政治时局的重要力量。

学校是知识分子和青少年集中的地方，他们有见解，勇于发表意见，通过教育者和受教育者的言论、演讲和社会活动等，来宣传思想，造就舆论，借以影响群众，为一定的政治、经济服务。

2. 孔子的教师观。

【答案要点】

（1）学而不厌。教师要尽自己的社会职责，应重视自身的学习修养，掌握广博的知识，具有高尚的品德，这是教人的前提条件。

（2）温故知新。"故"是古，指的是过去的政治历史知识；"新"是今，指的是现在的社会实际问题。教师既要了解掌握过去政治历史知识，又要借鉴有益的历史经验认识当代的社会问题，知道解决问题的办法。教师负有传递和发展文化知识的使命，既要注意继承，又要探索创新。

（3）诲人不倦。教师以教为业，也以教为乐，要树立"诲人不倦"的精神。诲人不倦不仅表现在毕生从事教育，还表现在以耐心说服的态度教育学生。

（4）以身作则。教师对学生进行教育的方式不仅有言教，还有身教。言教在说理，以提高道德认识；身教在示范，实际指导行为方法。教师身教的示范对学生有重大的感化作用，因此身教比言教更为重要。

（5）爱护学生。孔子爱护关怀学生表现在要学生们努力进德修业，成为具有从政才能的君子，为实现天下有道的政治目标而共同奋斗。对学生充满信心，对他们的发展抱有比较乐观的态度。

（6）教学相长。孔子认为，教学过程中，教师对学生不是单方面的知识传授，而是可以教学相长的。学生学习有疑难而请教，教师就答疑做说明，学生得到启发，思考问题更加有深度；教师于此反受启发，向学生学习而获益。

3. 人文主义教育的特点。

【答案要点】

（1）人本主义。人文主义教育在培养目标上注重个性发展，在教育教学方法上反对禁欲主义，尊重儿童天性，坚信通过教育这种后天的力量可以重塑个人、改造社会和自然，这些都表现出人本主义内涵，人的力量、人的价值被充分肯定。

（2）古典主义。人文主义教育思想吸收了许多古人的见解，人文主义教育实践尤其是课程设置亦具有古典性质，但这种古典主义绝非纯粹的"复古"，实则含有古为今用、托古改制的内涵，这在当时是进步的。

（3）世俗性。不论从教育目的还是从课程设置等方面看，人文主义教育洋溢着浓厚的世俗精神，教育更关注今生而非来世，这是人文主义教育与中世纪教育的根本区别。

（4）宗教性。人文主义教育仍具有宗教性，几乎所有的人文主义教育家都信仰上帝，他们虽然抨击天主教会的弊端，但不反对宗教更不打算消灭宗教，他们希冀以世俗和人文精神改造中世纪陈腐专横的宗教性，以造就一种更富世俗色彩和人性色彩的宗教性。

（5）贵族性。这是由文艺复兴运动的性质所决定的。人文主义教育的对象主要是上层子弟，教育的形式多为宫廷教育和家庭教育而非大众教育，教育的目的主要是培养上层人物如君主、侍臣、绅士等。

4. 赫尔巴特教学形式阶段论。

【答案要点】

赫尔巴特的教学形式阶段，实际上就是课堂教学的完整过程，是一个包括教学方法、教学形式等内在的规范化的教学程序。他认为，兴趣活动可以划分为四个阶段：注意、期待、要求和行动。儿童在学习活动中的思维方式有两种：专心与审思。在此基础上，他提出了教学形式阶段理论，即"赫尔巴特四段教学法"。

（1）明了：当一个表象由自身的力量突出在感官前，兴趣活动对它产生注意；这时，学生处于静止的专心活动；教师通过运用直观教具和讲解的方法，进行明确的提示，使学生获得清晰的表象，以做好观念联合，即学习新知识的准备。

（2）联合：由于新表象的产生并进入意识，激起原有观念的活动，因而产生新旧观念的联合，但又尚未出现最后的结果；这时，兴趣活动处于获得新观念前的期待阶段；教师的主要任务是与学生进行无拘无束的谈话，运用分析的教学方法。

（3）系统：新旧观念最初形成的联系并不是十分有序的，因而需要对前一阶段由专心活动得到的结果进行审思；兴趣活动处于要求阶段；这时，需要采用综合的教学方法，使新旧观念间的联合系统化，从而获得新的概念。

（4）方法：新旧观念间的联合形成后需要进一步巩固和强化，这就要求学生自己进行活动，通过练习巩固新习得的知识。

三、分析论述题

1. 文化知识的育人价值。

【答案要点】

学校教育是教育者有意识地为儿童的身心发展精心设置的一种环境，它把经过选择的、重新组编的、人类长期积累起来的文化知识作为精神客体与儿童互动，以促进儿童的发展，使他们成人成才。文化知识蕴含着有利于人的发展的多方面价值：

（1）促进人的认识的发展。

知识是人类长期认识与实践的成果，是前人遗留下来的精神财富。学生掌握和运用前人的知识，就等于继承和掌握了前人认识的资源和工具，以此来认识世界。如今，借助于网络与数字化信息，能更快捷有效地获取知识，使人类的认识实现了又一次新的飞跃。

（2）促进人的精神的发展。

知识蕴含着科学精神和人文精神。科学精神引导人实事求是、独立思考、追求真理；人文精神则引导人追求人生的意义与尊严，坚持自由、平等与公正，争取人的合理存在，向往人的解放。二者不单是一个知识问题、认识问题，而是要引导学生从知识、认识层面上升到人格层面，让学生在这个过程中接受科学精神和人文精神的陶冶。

（3）促进人的能力的发展。

知识及其运用能力是前人在认识事物、解决具体问题的过程中提炼形成的结晶。因此，要有效地发展学生的认识问题和处理问题的能力，不仅要引导他们学习、理解知识，还要引导他们运用知识去解决各种实际存在的问题。

（4）促进人的实践的发展。

主要指促进人运用知识去指导、推进社会实践的发展。当学生通过学习获取了知识，认识了某种事物特性，就能获得改造某种事物的可能性，推动这一领域的社会实践的发展。

总的来说，鉴于知识的多方面的价值，要有效地促进学生的发展，教育必须引导学生尊重、热爱知识，追求真知，创造性地理解、运用知识，并在这个过程中使儿童的智能、品德、审美等方面获得自由而全面的发展，成为社会实践的主体。但切记不可搞"唯知识教育论"。

2. 联系实际论述在教学中如何贯彻直观性原则。

【答案要点】

（1）含义。

直观性原则是指在教学中要通过引导学生观察所学事物或图像、聆听教师用语言对所学对象的形象描绘，形成有关事物具体而清晰的表象，从而使他们理解所学知识。

（2）基本要求。

①正确选择直观教具和现代化教学手段。直观教具一般分为实物直观、模像直观和多媒体教学三类。不论选用哪种直观方式都要注意其典型性、代表性、科学性和思想性，以适合儿童发展的特点，符合教学的要求，使学生能形成所学事物的清晰表象，掌握抽象的文字概念；或让他们看到事物内部的结构、各部分的联系及变化过程，深刻理解其特性、结构、规律与功能，以提高教学的质量。因此，直观教具或多媒体课件的制作和运用，要注重使它与教学的需要相契合；要放大所学部分，用色彩显示所要观察的部分；要动态地揭示、呈现所学事物的运动、变化和发展。

②直观要与讲解相结合。教学中的直观不是让学生自发地看，而是要在教师的指导下有目的地观察，或配合讲解边听边看。教师要通过提出问题，引导学生去把握事物的特征，发现事物之间的联系，应鼓励学生提问，解答学生在观察中的疑惑，以便学生更深刻地掌握理性知识。

③防止直观的不当与滥用。一节课是否运用直观，以什么方式、怎样进行直观，都应当根据教学的需要来决定，即不能把直观当作目的，不能为直观而直观，不是直观得越多越好。不管教学是否需要，一味追求直观和多媒体的生动形象刺激与时尚，必然导致直观过多或直观不当。其后果不仅无助于教学，而且将影响学生抽象思维、创造性想象能力的发展。

④重视运用语言直观。教师用语言做生动的讲解、形象的描述、通俗的比喻都能够起到直观的作用。

3. 黄炎培的职业教育思想。

【答案要点】

（1）职业教育的作用与地位。

作用。职业教育的功能就其理论价值而言，在于"谋个性之发展"，"为个人谋生之准备"，"为个人服务社会之准备"，"为国家及世界增进生产力之准备"。就其教育和社会影响而言，在于通过提高国民的职业素养，确立社会国家的基础。就其对当时中国社会的作用而言，在于有助于解决中国最大、最重要、最急需解决的人民生计问题，消灭贫困，并进而使国家每一个公民享受到基本的自由权利。

地位。职业教育在学校教育制度上的地位是一贯的、整个的和正统的。"一贯的"，是指应建立起从初级到高级的职业教育系统。"整个的"，是指不仅在学校教育体系中要有一个独立的职业教育系统，其他各级各类教育也要与职业教育相互沟通。不仅普通教育要适应职业需要，职业教育也要防止偏执实用的片面。"正统的"，是指应破除以普通教育为正统，以职业教育为偏系的传统观念，平等地看待二者。

（2）职业教育的目的。

黄炎培对职业教育目的的认识和表述因不同历史时期和社会场合而有所不同，但他将职业教育的最终目的概括为"使无业者有业，使有业者乐业"。

"使无业者有业"，是指通过职业教育为资本主义工商业发展造就适用人才，同时解决社会失业问题，使人才不至浪费，使生计得以保障。

"使有业者乐业"，是指通过职业教育形成人的道德智能，使之能胜任和热爱自己的职业，进而能有所创造发明，造福于社会人类。

（3）职业教育的方针。

黄炎培在数十年的实践中，形成了社会化、科学化的职业教育办学方针。

社会化。黄炎培将社会化视为"职业教育机关唯一的生命"。他认为，办理职业教育，必须注意时代发展趋势与应行的途径，社会需要哪种人才，就办哪种学校。强调职业教育必须适应社会需要。

科学化。科学化是黄炎培办职业教育所坚持的另一条方针。科学化是指用科学来解决职业教育问题。开展职业教育需要的工作包括物质方面和人事方面，这两方面的工作都需要遵循科学原则。

（4）职业教育的教学原则。

黄炎培根据职业教育的特点总结出以往教育的经验，提出"手脑并用""做学合一""理论与实际并行""知识与技能并重"等主张，作为开展职业教育教学工作必须坚持的原则。

（5）职业道德教育。

黄炎培把职业道德教育的基本要求概括为"敬业乐群"。"敬业"是指热爱自己的职业，做到尽职，有为所从事职业和全社会做出贡献的追求。"乐群"是指有高尚情操和群体合作精神，有服务和奉献精神。"敬业乐群"的职业道德教育思想，贯穿于黄炎培职业教育的实践。这不仅在中华职业学校以之为校训，而且在教育和教学的每一个环节都努力体现。

评价：作为中国近现代职业教育的先行者，黄炎培及其职业教育思想开创和推进了中国的职业教育事业；其平民化、实用化、科学化和社会化特征，也丰富了中国的教育理论，并对20世纪二三十年代中国教育改革产生了巨大的影响。

4. 创造性的内涵及培养措施。

【答案要点】

目前对创造性的理解主要有四种观点，体现了创造性研究的四种范式和方向。

（1）能力观。依据创造性人才的能力水平，把创造性看成是发现新联系、产生不寻常观念和背离传统思维方式的一种能力。大多数心理学家认为：创造性是一种创造新产品的能力，这种产品是既新颖又适宜。

（2）过程观。个体的创造性总是体现在问题解决活动中。过程观的研究取向重视对创造性的心理结构和过程的分析，开创了创造性研究的新思路，但是忽视了创造性个体的人格因素和社会因素，因此受到人们的批评。

（3）人格说。该观点认为个体在创造活动中表现出来的不同于一般人的某种人格特征。持这种观点的学者一般倾向于认为具有创造性的人，总是具有好奇、进取、探究、专注、热情、自信、坚持、自制、挑战和敢于冒险等明显的人格特征。

（4）产品观。近期西方心理学家主要从创造性产品这一角度来界定创造性。创造产品在一定程度上体现了主体的创造过程，反映了主体的创造性品质。因此，从创造产品角度定义创造性，来分析创造性的本质，具有相对的客观性。

综合已有研究成果，创造性是个体利用一定内外条件，产生新颖、独特、有社会和个人价值产品的心理特性。这种心理品质是综合的、多维的，它包括与创造活动密切联系的认知品质、人格品质和适应性品质。创造性表现与创造活动之中，其结果以"产品"为标志，其水平以产品的"价值"为标准。

培养措施：

（1）营造鼓励创造的环境。这是促进学生创造性发展的必要条件。首先，应倡导民主式的教育和管理。其次，应改革考试制度，为学生创造宽松的学习环境。再次，应增加自主选择课程的机会和有针对性的课程设计。最后，应为学生提供创造性人物的榜样。

（2）培养创造性的教师队伍。首先，要转变教师的教育教学观念，使教师形成理解并鼓励学生的创造；其次，要教给教师必要的创造技法和思维策略；再次，要为教师提供明晰的、具有实用价值的有关创造性的知识及相应的教学策略和技能；最后，教师应不断学习关于创造性的心理学知识，用心理学的理论指导自己的实践。

（3）培育创造意识，激发创造动机。只有当个人具有自觉的创造意识、强烈的创造动机，才易产生新思想、新方法、新观点。需要做到：树立学生创新的自信心；激发学生创造的热情；磨砺学生创造的意志；培养学生创造的勇气。

（4）发展和培养创造性思维。创造性思维是创造性的核心。创造性思维的培养应注意以下几个方面：加大思维的"前进跨度"，培养思维的跳跃能力；加大思维的"联想跨度"，使学生敢于把习惯上认为毫不相干的、表面上看来微不足道的问题联系起来或进行移植；加大"转换跨度"，引导学生敢于否定原来的设想，善于打破固有的思路；给学生大胆探索与推测的体会。

（5）开设创造课程，教给创造技法。教学是培养学生创造性的重要途径。因此，开设创造性课程已成为国内外开发创造性的有效途径。在创造性课程的教学中，注重教给学生基本的创造技巧与方法是培养创造性的有效措施。促进创造性发展的主要创造技法有：头脑风暴法、系统探求法、联想类比法、组合创新法、对立思考法、转换思考法。

（6）塑造创造性人格。创造性人格是创造性的重要组成部分，培养学生的创造性人格是培养创造性的重要内容。主要方法有：保护好奇心；解除对错误的恐惧心理；鼓励独创性与多样性。此外，自信与乐观、忍耐与有恒心、合作、严谨等也是创造性人格培养的重要方面。

2017年 华中师范大学 333 教育综合·真题解析

一、名词解释

谈话法

谈话法是指通过师生问答、对话的形式来引导学生思考、探究，以获取或巩固知识，促进学生智能发展的方法。也称问答法。基本要求包括：要准备好谈话计划；要善问；要善于启发诱导；要做好小结。

美育

美育是指培养学生正确的审美观，发展他们鉴赏美、创造美的能力，培养其高尚情操和文明素质的教育。普通中学在美育方面的要求主要是通过音乐、美术、文学教育等审美活动，充实学生的精神生活，培养他们感受美、欣赏美和创造美的能力，养成审美情趣和高尚情操。

学在官府

西周在文化教育上的特征就是"学在官府"。为了国家管理的需要，西周奴隶主贵族制定法纪规章，并将其汇集成专书，由当官者来掌握。这种现象历史上称之为"学术官守"，并由此造成"学在官府"。"政教合一，官学一体"是"学在官府"的重要标志。

发现学习

发现学习是指学生在学习情境中，经过自己探索寻找，从而获得问题答案的一种学习方式，布鲁纳所说的发现不只限于寻求人类尚未知晓的事物的行为，也包括用自己的头脑亲自获取知识的一切形式。

二、简答题

1. 教育的经济功能。

【答案要点】

（1）教育是使可能的劳动力转变为现实的劳动力的基本途径。

劳动力是生产力中能动的要素。个体的生命的成长只构成了可能的劳动力，一个人只有经过教育和训练，掌握一定生产部门的劳动知识和技能，并能生产某种使用价值，他才能成为现实的生产力。

（2）现代教育是使知识形态的生产力转化为直接的生产力的重要途径。

科学技术是一种知识形态的生产力，要使其转化为现实的生产力，除了要通过科学研究、发明创造或革新实践外，其技术成果的推广、经验的总结与提升都需要教育与教学的紧密配合。

（3）现代教育是提高劳动生产率的重要因素。

现代生产有其显著特点，它的生产率提高依靠科学技术在生产中的应用、推广和不断革新，依靠提高劳动者受教育的程度与质量，依靠劳动者的素质、扩大脑力劳动者的比重、发挥劳动者在生产和改革中的创造性。

2. 启发性原则。

【答案要点】

（1）含义：指在教学中教师要激发学生的学习主体性，引导他们经过积极思考与探究自觉地掌握科学知识，学会分析问题和解决问题，树立求真意识和人文情怀。也称探究性原则或启发与探究相结合原则。

（2）基本要求。

①调动学生学习的主动性。在激发学生的学习主动性上，教师要发挥个人的创造性，善于运用发人深思的提问、令人心动的讲述，充分显示教学内容的吸引力，以便激起学生的求知欲和积极性，全神贯注地投入学习。

②善于提问激疑，引导教学步步深入。在启发过程中，教师要有耐心，给学生以思考时间；要有重点，问题不能多，不能启而不发；要善于与学生探讨，引导学生一步步去获取新知识和领悟人生的价值。

③注重通过解决实际问题启发学生获取知识。接触实际问题对学生更具诱惑力和挑战性，会使他们更积极主动地进行学习和完成任务。

④引导学生反思学习过程。教学要引导学生反思学习过程，了解学习过程，分析学习过程中的顺利与障碍、长处与缺点，寻找原因，克服失误，使学习程序简捷、有效，注重积淀适合自己的学习方式，学会学习。

⑤发扬教学民主。要创造宽松、和谐、民主、平等、坦率、活跃的课堂教学氛围，这是启发教学的重要条件。

3. 蒙台梭利教学法。

【答案要点】

（1）组成成分：第一，儿童敏感期的利用；第二，教学材料；第三，作为参观者的教师。这些成分以最佳的方式相互作用时，儿童能自由地参加自发的活动。

（2）具体实施内容：第一，感官教育，这是蒙台梭利方法的一大特点，主要包括视觉、听觉、嗅觉、味觉及触觉的训练，其中以触觉练习为主；第二，读、写、算的练习，在"儿童之家"里，蒙台梭利将写字的练习先于阅读的练习，掌握了文字书写的技能之后，儿童再转入阅读练习；第三，实际生活练习，主要包括日常生活技能的练习、园艺活动、手工作业、体操和节奏动作。

4.品德不良的含义与类型。

【答案要点】

（1）含义。

品德不良是指个体具有的不符合社会道德要求的道德品质与道德行为，表现为个体经常违反道德准则或犯有较严重的道德过错，有的甚至处在犯罪的边缘或已有轻微的犯罪行为。

（2）类型。

①作弊行为。考试作弊是学习领域最普遍的品德不良表现之一。该现象长期存在，一直受到社会广泛关注。

②诚信及文明礼仪缺失。诚信及文明礼仪缺失是青少年在社会生活领域中品德不良的主要表现。

③责任意识淡薄。责任在整个道德规范体系中居于最高层次。一个人能否形成一定的责任意识，能否勇于承担一定的社会责任，关键是青少年阶段。其主要表现有：重个人意识，对集体、社会责任意识淡薄；自私、冷漠、懦弱、缺乏正义感；行为上表现出怕负责任或逃避社会责任。

三、分析论述题

1.论述个体能动性在人的发展中的作用。

【答案要点】

（1）个体活动是人的发展的决定因素。

个体的活动、个体的社会实践是个体与环境互动的中介，是个体发展的基础，是个体发展的决定性因素。学生的主体活动既是学生存在和发展的方式，又是教育的重要基础。教育必须通过引领和组织学生的主体活动来促进学生的身心与个性的发展。

（2）个体活动制约着环境影响的内化与主体的自我建构。

人在同环境的相互作用的过程中，既改造着环境，也在改造环境的活动中发展和提升了个人的素质，从人的发展的视域看，实质上是一个自我建构的过程。学生的能动性主要表现为：在教育者的影响下，在积极参与社会生活和交往活动的基础上能动地进行自我认识、自我发展和自我建构。

（3）个体通过能动的活动选择、构建着自我的发展。

个人通过能动的活动不仅能把握自己与外部世界的关系，而且能把自身的发展当作自己认识的对象和自觉实践的对象，选择与建构自己的发展。人的发展过程就是通过能动的活动不断自我超越的过程。

2.论述中国古代书院的发展过程及其教育特点。

【答案要点】

书院的发展过程：

（1）书院的萌芽。

书院是我国封建社会自唐以来一种重要的教育组织形式。"书院"的名称始出现于唐朝，当时有两种场所被称为书院。一种是由中央政府设立的主要用作收藏、校勘和整理图书的机构；另一种是由民间设立的主要供个人读书治学的地方，这类书院或者直接以个人名字称呼，或者以所在地命名，如岳麓书院。

（2）宋朝的书院。

发展。书院作为一种教育制度形成和兴盛则在宋朝。宋朝书院在得到较大发展的基础上，出现了一些著名的书院，主要有：白鹿洞书院、岳麓书院、应天府书院、嵩阳书院、石鼓书院、茅山书院等。

特点。书院作为一种教育制度已经确立；书院促进了南宋理学的发展和学术文化的繁荣；书院官学化倾向已经出现。

（3）元朝的书院。

发展。元朝统治者对于书院采取保护、提倡和加强控制的政策，并创建了元朝第一所书院，即太极书院。元朝书院发展有两种动向，一是在"汉化"政策影响下开始书院的重建工作；二是南宋灭亡以后，有些士人不仕新朝，纷纷隐居山林，自建书院，专事教授和学术研究。

控制。元朝政府在积极提倡办书院的同时，也加强对书院的控制，主要表现为三方面：政府任命书院的教师；控制书院的招生、考试及生徒的去向；设置书院学田。

（4）明朝的书院。

明朝书院由于受统治阶级文教政策及其内部矛盾的影响，其发展经历了沉寂——勃兴——禁毁的曲折过程。明朝书院的议政特点以无锡的东林书院为代表。

（5）清朝的书院。

发展。清朝书院的发展大体上经历了两个时期：一是顺治元年（1644年）至雍正十年（1732年）为书院发展的前期，这个时期书院的发展表现为从沉寂转变为复苏；二是雍正十一年（1733年）至鸦片战争前为书院发展的后期。这个时期，清政府改变了对书院的政策，在积极提倡的同时加强了控制，使书院得到很大的发展。但与此同时，书院官学化的倾向日趋严重，这是清朝后期书院发展的基本特点。

类型。清朝书院的类型按其讲学的内容来划分，大致可分为四类：第一，以讲求理学为主的书院；第二，以学习制艺为主的书院；第三，以学习"经世致用"之学为主，反对学习理学和帖括的书院；第四，以博习经史词章为主的书院，其中以诂经精舍和学海堂最为著名。

教育特点：

书院最初属于私学性质，尽管在发展的过程中有官学化倾向，但在培养目标、管理形式、课程设置、教学方法以及师生关系等方面都表现出与官学不同的特点。

（1）书院精神。书院以自由讲学为主，注重讨论，学术风气浓厚，开辟了新的学风，推动了教育和学术的发展。

（2）书院功能。育才、研究和藏书。

（3）培养目标。注重人格修养，强调道德与学问并进，培养学生的学术志趣。

（4）管理形式。较为简单，管理人员少，强调学生遵照院规自我约束、自我管理为主。

（5）课程设置。灵活具有弹性，教学以学生自学、独立研究为主，师生、学生之间注重质疑问难与讨论。

（6）教学组织。教学与研究相结合，教学形式多样，注重讲明义理，躬亲实践。

（7）规章制度。书院作为一种教育制度得以确立，在教育目标、教学方法、教学顺序等方面用学规的形式加以阐明，最著名的是《白鹿洞书院揭示》，它说明南宋后书院已经制度化。

（8）师生关系。较之官学更为平等、学术切磋多于教训，学生来去自由，关系融洽、感情深厚。

（9）学术氛围。教学与学术研究并重，学术氛围自由宽松，人格教育与知识教育并重。

总之，书院既是集藏书、教育和学术活动于一体的机构，又是学者以文会友的场所，具有较广泛的社会文化教育功能。

3. 论述人本主义学习理论及现实意义。

【答案要点】

人本主义强调把人作为一个整体来研究，而不是将人的心理分解为不能整合的几个部分；人本主义心理学的学习理论从全人教育的视角阐释了学习者整个人的成长历程，重视如何为学习者创造一个良好的环境，让其从自己的角度感知世界，发展出对世界的理解，达到自我实现的最高境界。

（1）罗杰斯的自由学习观。

罗杰斯是人本主义心理学的创始人，他将"来访者中心疗法"移植到教育领域，创立了"以学生为中心"的教学理论，是20世纪最伟大的教育理论之一。

①知情统一的教学目标。

罗杰斯认为，情感和认知是人类精神世界中两个不可分割的有机组成部分，两者融为一体。因此，教育应该要培养"躯体、心智、情感、精神、心力融汇一体"的人，即既用情感的方式也用认知的方式行事的情知合一的人，他称这种情知融为一体的人为"全人"或"功能完善者"。

②有意义学习与自由学习。

有意义学习是一种与个人各部分经验都融合在一起，使个人的行为、态度、个性以及在未来选择行动方针时发生重大变化的学习。它不仅仅是增长知识，更是要引起整个人的变化，对个人的生存和发展有价值。其四个要素包括个人参与、自动自发、全面发展和自我评价。

罗杰斯所倡导的学习原则的核心就是让学生自由学习。自由学习就是教师要信任学生、信任学生的学习潜能，为学生提供各种学习的资源和一种促进学习的气氛，让学生自己决定如何学习，使其在交往中形成适应自己风格的、促进学习的最佳方法。

（2）学生中心的教学观。

①对传统教学方式的批判。罗杰斯对传统教育的师生关系进行了猛烈的批判，认为在传统教育中教师是知识的拥有者，而学生只是被动的接受者，主张废除教师这一角色，代之以"学习的促进者"。教师的任务不是教学生学习知识，也不是教学生如何学习，而是为学生提供各种学习资源和促进学习的气氛，让学生自己决定如何学习。

②促进学习的心理气氛因素。包括真诚一致、无条件积极关注和同理心。

③非指导性教学策略。"以学生为中心"教学模式的基本特征包括：教学过程无固定结构；教学无固定的内容；教师不做任何指导。这种模式又称为"非指导性教学"。

（3）现实意义。

在教育目标上，人本主义学习理论强调发展人性，注重创造潜能的启发，引导认知与经验的结合，注重人的理性与情感的均衡发展，使学生肯定自己，并进而促进自我实现。

在教育方法上，它重视自由创造、经验的学习、主动探索与角色扮演。

在课程设计上，注重师生共同设计、问题解决并从行动中加以学习。

在教学思想和实践上，主张以自我发展为导向，适用学生的需要，帮助学生发展。

2016年 华中师范大学333教育综合·真题解析

一、单项选择题

1~5 CADCB　6~10 ADBAB

二、名词解释

教育目的

教育目的是对教育活动所要培养的人的个体素质的总的预期与设想，是对社会历史活动的主体的个体素质的规定。它体现一定社会对受教育者质量规格的界定和要求，也体现人自身发展所应该达到的水准和高度。

先行组织者

为了促进有意义学习的产生，奥苏伯尔提出了先行组织者策略。先行组织者是指先于学习任务本身呈现的一种引导性材料，它要比学习任务本身具有更高的抽象、概括和综合水平，并且能清晰地与认知结构中原有的观念和新的学习任务关联。

讲授法

讲授法是指教师通过语言系统地向学生传授科学文化知识、思想理念，并促进他们的智能与品德发展的方法，可分为讲读、讲述、讲解和讲演四种。

道尔顿制

道尔顿制是美国进步主义教育家帕克赫斯特针对班级授课制的弊端在道尔顿中学实施的一种个别教学制度，也称"道尔顿计划"。其主要内容包括在学校废除课堂教学、课程表和年级制，代之以"公约"或"合同式"的学习；将教室改为作业室或实验室，用表格法来了解学生的学习进度等。

三、简答题

1. 教学的任务。

【答案要点】

依据教育目的与学生个体素质发展的需求，并考虑到人们的研究成果，我国基础教育的教学任务有以下几个相互联系的方面：

（1）掌握科学文化基础知识、基本技能和技巧。教学的基础性任务是引导学生能动地学习、运用和掌握科学文化基础知识和基本技能。

（2）发展体力、智力、能力和创造才能。发展学生的体力、智力、能力和创造才能，是培养全面而自由发展新人的要求。

（3）培养正确价值观、情感与态度。学生个人的价值观、情感与态度，构成他个人的灵魂、个性的核心，对于实践能力和创造才能来说起着定向、动力、组织、调节与引导的作用。

2. 培养班集体的方法。

【答案要点】

（1）确定集体的目标。

目标是集体的发展方向和动机。建构集体首先要使集体明确奋斗的目标。集体的目标应当由班主任同全班同学一道讨论确定，以便统一认识，调动大家的积极性。集体的目标一般包括近期的、中期的和远期的。目标的提出应当由易到难，不断推动集体向前发展。

（2）健全组织、培养干部以形成集体核心。

要注重健全班的组织与功能，关键是要做好班干部的选拔与培养，以形成集体核心，使班组织能正常开展工作。班主任应放手让班干部大胆工作，在实践中锻炼、培养、提高；要教育班干部谦虚谨慎，以身作则、严于律己，对他们不可偏爱和护短，以免导致干群对立和班的不团结。

（3）有计划地开展集体活动。

班集体是通过开展集体活动逐步形成起来的，只有在为实现集体的共同目标而进行的系列活动中，全班学生才能充分交往、沟通、协作，紧密团结，形成集体的核心，调动全班同学的积极性；才能激发出学生的工作责任感和集体主义精神，使他们学会正确处理人与人、个人与集体、班与学校及社会之间的关系，形成正确的舆论和班风。班主任应重视全面开展各种活动，让每个学生都能在活动中得到锻炼与提高，以推动班集体的蓬勃发展。

（4）培养正确的舆论和良好的班风。

班主任应经常注意组织学生学习政治理论、道德规范，以提高他们的认识；并注重表扬好人好事，批评不良思想行为，为形成正确舆论打下思想基础。特别是班主任要善于抓住重大偶发事件的处理，组织学生讨论，以分清是非，推动正确舆论的形成。

（5）做好个别教育工作。

个别教育十分重要，只有教育好每个学生，使每个学生都积极参与班级的各种活动，都关心班级、热爱班级，在参与班组的活动中发挥作用、获得提高，确保没有一个人掉队，才能真正带好一个班，把班级建设成为真正的集体。个别教育工作包括：第一，促进每个学生个性的全面发展；第二，做好后进生的思想转变工作；第三，做好偶发事件中的个别教育。

3. 恽代英的教育理论。

【答案要点】

（1）论教育与社会改造。

恽代英首先肯定了教育在改造社会方面的作用，但要使教育在这一方面发挥作用，关键在于要以社会改造的目的来办教育。他批判教育救国论，主张把改造教育与改造社会打成一片，认为教育与社会要有共同的改造理想，要把教育办成有计划、有目的的社会改造运动。他还强调，在当时的社会环境下，需要的是研究救国的革命人才而非纯粹的学术人才。

（2）论教育的改造。

恽代英以社会改造为其教育改造的根本目的和依据，提出教育改造的新构想，该构想主要集中在儿童教育和中等教育上。

①儿童教育的改造。恽代英认为，儿童初生时无善恶之分，儿童的培养就是要正确引导其本能向着有益于个人和社会方面发展，关键在于引导。另一方面，要充分利用好学龄前儿童的丰富求知欲，引导他们主动学习知识和技能，以为日后学校教育打好根基。为了教育好儿童，恽代英主张实行儿童公育，设立专门机构，使儿童刚出生就能受到良好的公共教育。但他也指出，儿童公育只有在社会彻底改造后才能真正实现。

②中等教育的改造。恽代英中学教育的思想，切中了当时中学教育的弊端，触及了不少中学教育的理论和实践问题，推动了20世纪20年代中国中学教育的进步。主要体现在以下四点：中学教育的目的、中学的课程、中学的教科书、中学的教学方法。

4. 学习动机的强化理论。

【答案要点】

以桑代克、斯金纳为代表的行为主义心理学家不仅用强化来解释操作性行为的习得,也用强化来解释行为的动机,认为人之所以具有某种行为倾向,是因为这种行为受到了强化。

(1)主要内容。

任何学习行为都是为了获得某种报偿。人的某种学习行为完全取决于先前这种行为和刺激因强化而建立的牢固联系。如果学习行为受到强化,就会产生强烈的学习动机;如果学习行为没有受到强化,就会缺乏学习动机,如果学习行为受到了惩罚,就会产生逃避学习的动机。

有五种类型的强化可用增强学生学习动机:其一,社交强化物;其二,活动强化物;其三,象征性强化物;其四,实物强化物;其五,食物强化物。

(2)教学应用。在实际的教学中,教师的批评与表扬都会影响学生的成绩,在学习活动中,采取奖赏、赞扬、评分、竞赛等外部手段可以激发学生的学习动机,引起其相应的学习行为。

(3)局限性。只注重外在学习动机而忽视内在学习动机,忽视甚至否认了人的学习行为的自觉性、主动性,因而具有较大的局限性。

四、分析论述题

1. 德育过程是培养学生知情意行的过程。

【答案要点】

学生的品德包含知、情、意、行四个要素。所以德育过程也是培养学生思想品德的知、情、意、行整体和谐的发展过程。

(1)思想道德发展的整体性。

个体思想品德的发展是品德各要素协调统一的发展。依据这一品德形成规律,开展德育活动时,就应该注意全面性,兼顾知、情、意、行各要素。个体品德结构中的知、情、意、行等要素,是相互制约、相互促进的,共同推动着个体思想品德的发展;应该晓之以理、动之以情、导之以行、持之以恒,全面关心学生品德中知、情、意、行的培养,使它们全面而和谐地发展。

(2)德育过程有多种开端。

开展德育可以有多种开端,既可以从知或情的培养入手,也可以从行的锻炼开始。在思想品德的发展过程中,知、情、意、行诸因素的发展往往是不平衡的,而且每个学生的品德发展也有显著差异。这就要求我们进行德育时,必须针对不同情况加以灵活处理,有的放矢,因材施教。

(3)德育实践的针对性。

道德品质的知、情、意、行的培养不能一概而论,简单对待,用一种方法进行,应该根据知、情、意、行每一要素的特点,开展具有针对性的教育活动。

①学生的道德认识,既可以通过学习间接经验的方式,如听讲、看书、背诵等方式习得,也可以通过直接经验的方式,如亲历道德实践和社会活动等方式获取。

②要注重学生的道德情感培育。

③德育的最终目标是要促进学生实现道德认知、道德情感向行为的转化。

2. 陶行知的生活教育理论及价值。

【答案要点】

(1)"生活即教育"。

"生活即教育"是陶行知生活教育理论的核心。其内涵包括:生活含有教育的意义;实际生活是教育的中心;生活决定教育,教育改造生活。

"生活即教育"所强调的是教育以生活为中心，所反对的是传统教育脱离生活而以书本为中心。尽管它在生活与教育的区别和系统的知识传授方面有所忽视，但在破除传统教育脱离民众、脱离社会生活的弊端方面，有十分重要的意义。

（2）"社会即学校"。

"社会即学校"是生活教育理论另一重要主张，是"生活即教育"思想在学校与社会关系问题上的具体化。"社会即学校"，是指"社会含有学校的意味"，或者说"以社会为学校"。由于到处是生活，到处都是教育，"整个的社会是生活的场所，亦即教育之场所"。

"社会即学校"，也指"学校含有社会的意味"。也就是说，学校通过与社会生活相结合，一方面运用社会的力量使学校进步，另一方面动员学校的力量帮助社会进步，使学校真正成为社会生活必不可少的组成部分。

"社会即学校"扩大了学校教育的内涵和作用，对于传统的学校观、教育观有所改变。传统学校与社会生活脱节，学生孤陋寡闻，而以社会为学校，使得教育的材料、教育的方法、教育的工具、教育的环境可以大大地增加，有利于拓展学生的知识，增强学生的能力。"社会即学校"，还可以使被传统学校拒之门外的劳苦大众能够受到起码的教育，贯穿了普及民众教育的苦心，同样也值得肯定。

（3）"教学做合一"。

"教学做合一"是生活教育理论的又一重要主张，是"生活即教育"在教学方法问题上的具体化。其含义为：教的方法根据学的方法，学的方法根据做的方法。事怎样做便怎样学，怎样学便怎样教。教与学都以做为中心。包括以下四个要点："教学做合一"要求在"劳力上劳心"；"教学做合一"是因为"行是知之始"；"教学做合一"要求"有教先学"和"有学有教"；"教学做合一"还是对注入式教学法的否定。

（4）价值。

陶行知的生活教育理论是一种大众的、为人民大众服务的教育理论，且还是一种不断进取创造，旨在探索具有中国民族特色的教育道路的理论。

生活教育理论还在教育观念的改变方面颇有建树，无论是强调学校教育与社会生活、生产劳动相结合，还是要求手脑并用、在劳力上劳心，都是对学校与社会割裂、书本与生活脱节、劳心与劳力分离的传统教育的反动，显示出强烈的时代气息，至今都富于启示。

陶行知的生活教育理论是我国民族教育理论宝库中十分可贵的遗产，值得我们珍惜并认真研究借鉴。

3. 心智技能的培养方法。

【答案要点】

（1）心智技能的原型模拟。

苏联心理学家兰达最早使用了心理模拟法来分析心智活动的实践模式，主要原理是模拟与人的心理功能系统的运行法则，找出能与心理关键特征——对应的物质系统。用心理模拟法建立智力活动的实践模式需要经过两个步骤：确立模型和检验修正模型。

（2）心智技能的培养方法。

①遵循智力活动按阶段形成的理论。心智技能按阶段形成的理论，充分体现了心智技能形成的一般规律。因此，在培养学生形成心智技能时应遵循这一理论，积极创造条件，帮助他们从外部的物质活动向内部的智力活动转化。

②根据心智技能的种类选择方法。心智技能与动作技能一样也有简单和复杂之分，要根据其不同的复杂程度而采取不同的途径。

③积极创造应用心智技能的机会。学生的实践活动是心智技能形成和发展的基础。要想促进学生心智技能的形成和发展，使之达到熟练掌握和灵活运用的水平，教师必须积极创设问题情境，让他们的心智技能在解决问题的练习中得到锻炼。

④注重思维训练。学生心智技能的核心心理成分是思维。为此，教师在教学过程中要重视学生的思维训练，培养他们思维的独立性与批判性、敏捷性与灵活性、流畅性与逻辑性以及敏感性等良好品质，养成认真思考的习惯。

2015年 华中师范大学333教育综合·真题解析

一、名词解释

教育

教育是人的发展与社会发展的中介活动，其主旨在于以人为本、育人成人，培养人成为他所生存的那个时代的社会实践主体，引导人和社会的持续发展。其概念有广义和狭义之分。广义教育指凡是有目的地增进人的知识技能、影响人的思想品德、增强人的体质的活动都是教育，包括人们在家庭中、学校里、亲友间、社会上所受到的各种有目的的影响。狭义教育主要指学校教育。

活动课程

活动课程又称经验课程、儿童中心课程，与学科课程相对立，它打破学科逻辑的界限，是以学生的兴趣、需要、经验和能力为基础，通过引导学生自己组织的有目的的系列活动而编制的课程。

修养

修养是指在教师引导下学生经过自觉学习、反思和自我改进，使自身品德不断完善的一种方法。包括立志、学习、反思、箴言、慎独等。基本要求包括：培养学生自我修养的兴趣与自觉性；指导学生掌握修养的标准；引导学生积极参加社会实践。

学园

学园是柏拉图创办的被视为雅典第一个永久性的高等教育机构。作为一所高等学府，学园既开展了广泛的教学活动，培养各类人才，同时也进行了哲学和自然科学领域的学术研究，这些教学和研究活动极大地促进了古希腊科学和文化的发展。学园开设的课程门类众多，其中，数学占有重要地位。学园的教学形式和方法灵活多样，苏格拉底式的谈话法被普遍采用。

心理发展

心理发展是指个体从胚胎经由出生、成熟、衰老一直到死亡的整个生命过程中所发生的持续而稳定的内在心理变化过程，主要包括认知发展、人格发展和社会性发展三个方面。

二、简答题

1. 教育的相对独立性及意义。

【答案要点】

教育的相对独立性是指作为社会一个子系统的教育，它对社会的能动作用具有自身的特点和规

律性,它的历史发展也有其独特连续性和继承性。主要表现为以下几方面:

(1)教育是培养人的活动,通过所培养的人作用于社会。教育尤其是学校教育,是有意识地影响人、培育人、塑造人的社会活动。它主要通过引导和促进年轻一代社会化、个性化,成为社会活动的参与者和继承者,以保证并促进社会的生存、延续与发展。

(2)教育具有自身的活动特点、规律及原理。教育是培养人的活动,而人具有特殊的身心发展和成熟的规律。教育教学及其相关活动必须认识、遵循和创造性地运用这些基本特点与规律,才能有效地培育人才。此外,还应重视和遵循前人的宝贵经验,并在此基础上继续发展、前进。

(3)教育具有自身发展的传统与连续性。由于教育有自身的规律和特有的社会功能,它一经产生、发展便将形成和强化其相对独立性,具有发展的连续性、继承性和惯性。因此,无论发展教育事业,或进行教育改革,都要重视与借鉴教育的历史经验,都应在原有的基础上积极改进、稳步前行。

2. 直观性教学原则及要求。

【答案要点】

(1)含义:指在教学中通过引导学生观察所学事物或图像,聆听教师用语言对所学对象的形象描绘,形成有关事物具体而清晰的表象,以便理解所学知识。

(2)基本要求:

①正确选择直观教具和现代化教学手段。直观教具一般分为实物直观、模像直观和多媒体教学三类。直观教具或多媒体课件的制作和运用,要注重使它与教学的需要相契合;要放大所学部分,用色彩显示所要观察的部分;要动态地揭示、呈现所学事物的运动、变化和发展。

②直观要与讲解相结合。教学中的直观是要在教师的指导下有目的地观察,或配合讲解边听边看。教师要通过提出问题,引导学生去把握事物的特征,发现事物之间的联系,应鼓励学生提问,解答学生在观察中的疑惑,以便考生更深刻地掌握理性知识。

③防止直观的不当与滥用。一节课是否运用直观,以什么方式、怎样进行直观,都应当根据教学的需要来决定,即不能把直观当作目的,不能为直观而直观,不是直观得越多越好。

④重视运用语言直观。教师用语言做生动的讲解、形象的描述、通俗的比喻都能够起到直观作用。

3. 教师劳动的特点。

【答案要点】

(1)教师劳动的复杂性。

学生状况的复杂性决定着教师劳动的复杂性;教师任务的多样性制约着教师劳动的复杂性;影响学生发展因素的广泛性制约着教师劳动的复杂性。

(2)教师劳动的示范性。

教育是教师引导、培养学生的活动,它要求教师以身作则,具有示范性。教师的劳动对象是处在发展过程中的青少年学生,他们具有尊敬教师、乐于接受教师的教导、以教师为表率的所谓"向师性"的特点。因此,教师必须严格要求自己,以身作则,通过示范的方式去影响学生,以便取得最佳教育效果。

(3)教师劳动的创造性。

①教师劳动创造性的最重要特征之一是他的工作对象——儿童经常在发生变化,永远是新的,今天同昨天就不一样。

②教师劳动的创造性表现在因材施教上。教师不仅要针对学生集体的特点,而且还要针对学生个体的特点有的放矢地进行教育,创造性地开展工作,才能收到良好的效果。

③教师劳动的创造性，也表现在对教育、教学的原则、方法、内容的运用、选择和处理上。

④教师劳动的创造性，还表现在教育教学过程中，教师对各种突发情况做出及时反应、妥善处理的应变能力上，即教育机智。

⑤教师劳动的创造性，并不意味着它会自动产生。一位教师要创造性地开展教育工作，必须经历艰苦的劳动和长期的积累，善于反思与探究，机智地开展工作，才能涌现创造性。

（4）教师劳动的专业性。

教师劳动的专业性突出表现在教师对育人的崇高敬业精神和道德修养上，对教育教学专门化知识和技能的掌握与教育活动的自主权上。

4. 梁启超的教育思想。

【答案要点】

（1）"开民智""兴民权"与教育作用。

梁启超是我国近代资产阶级思想启蒙的大师，维新运动的代表人物之一。其思想的突出之点是在维新变法期间明确地将"开民智"与"兴民权"联系起来，为"兴民权"而"开民智"。该思想在一定程度上揭示了专制与愚民、民主与科学的内在联系。他的"开民智"实质上具有科学与民主启蒙的内涵。

（2）培养"新民"的教育目的。

梁启超提出教育宗旨应建立在对民族文化的优点和缺点有所分析抉择，并广泛汲取世界各国文明的优秀成果的基础上，应包括德育、智育、体育，即"品行智识体力"三种基本要素；务使受教育者能"备有资格，享有人权"，具有自动、自主、自治、自立的品质，融民族性、现代性、开放性于一体。在同时期写成的《新民说》中，他将这种受教育者称为"新民"。

"新民"必须具有新道德、新思想、新精神、新的特性和品质，诸如国家思想、权利思想、政治能力、冒险精神，以及公德、私德、自由、自治、自尊、尚武、合群、生利、民气、毅力等。这种"新民"是具有资产阶级政治信仰、思想观念、道德修养和适应资本主义社会生活的知识技能的新国民。

（3）倡导师范教育、女子教育和儿童教育。

①师范教育。1896年，梁启超于《时务报》上发表《变法通议·论师范》，在中国近代教育史上首次专文论述师范教育问题。文章对当时的新、旧学堂情况进行了分析，他认为当时传统学堂的教师既不通六艺、四史，也不了解西学基本常识。而新式学堂的外籍教师又存在语言不通、聘金昂贵、学问粗陋的问题。因此，中国急需普遍设立中、西学兼习的新式学堂，但不能依靠这两类教师，根本的解决办法是设立师范学校，培养符合时代要求的教师。

②女子教育。梁启超认为，女子教育的发展水平反映国势的强弱，中国欲救亡图存，由弱转强，就必须大力发展女子教育。1898年，他积极参与筹办中国第一所女学——经正女学，以实际行动推动女子教育的发展。梁启超的女子教育思想内容广泛，有鲜明的近代特征。

③儿童教育。梁启超在《变法通议·论幼学》中倡导对中国儿童教育进行改革。他从学习顺序、学习兴趣、学习理解三个方面对中、西儿童进行了比较，建议中国应从编写儿童教学用书入手，对儿童教育进行改革，应编写的书包括识字书、文法书、歌诀书、问答书、说部书、门径书、名物书七类。

（4）论述近代学校制度。

梁启超根据当时西方心理学研究成果中的年龄与身心发展的关系理论，将受教育者划分为以下四个年龄阶段：幼儿期、儿童期、少年期、成人期。梁启超介绍了各个年龄阶段的学生在身体、知、情、意、自观力等方面的发展情况和基本特征。根据学生身心发展的阶段性特征来确定学制的不同阶段和年限，是近代西方教育心理学研究的成果。梁启超是中国近代最早系统接受和倡导这一理论的人物。

5. 发展学生心理健康教育的途径。

【答案要点】

（1）专题训练。心理素质专题训练过程一般由"判断鉴别—训练策略—反思体验"三个彼此衔接的环节构成。

（2）心理辅导。心理辅导是一种心理上的助人活动，是指在一种新型的、建设性的人际关系中，辅导教师运用其专业知识和技能，给学生以合乎需要的心理上的协助与服务，以便他们在学习、工作与人际关系各个方面做出良好适应。

（3）学科渗透。教师在进行常规的学科教学时，自觉地、有意识地运用心理学的理论、方法和技术，让学生在掌握知识、形成能力的同时，完善各种心理品质，特别是诸如情感、意志、个性品质等方面。在学科教学、各项教育活动、班主任工作中，都应注重对学生心理健康的教育，这是心理健康教育的主要途径。

三、分析论述题

1. 掌握知识与发展智力的关系。

【答案要点】

（1）智力的发展与知识的掌握二者相互依存，相互促进。

在教学过程中，学生智力的发展依赖于他们知识的掌握，对学生来说，掌握、运用知识及其反思、改进的过程，也就是他们运用和发展智力的过程；同时，学生对知识的掌握又依赖于他们的智力发展，只有那些智力发展好的学生，他们的接受能力才强、学习效率才高，而智力发展较差的学生在学习中则有较多的困难。

（2）生动活泼地理解和创造性地运用知识才能有效地发展智力。

通过传授知识发展学生智力是教学的一个重要任务，然而知识不等于智力，一个学生知识的多少并不一定能标志他的智力发展的高低。因此，在教学中不仅要教给学生知识，而且要引导学生通过生动活泼的教学活动，透彻地理解知识原理，了解获取知识的过程与方法，学会独立思考、推理与论证，创造性地解决实际问题，这样才能使学生的智力获得高水平的发展。

（3）防止单纯抓知识教学或只重能力发展的片面性。

在教学实践中，有的认为"双基"教学抓好了，学生的智力就自然地发展了，却忽视引导学生通过探究、反思有意识地锻炼自己的智力；有的则只注重学生自主探究、反思，却忽视通过系统知识和原理的学习与运用来发展学生的智力。这两者都不利于提高教学质量。

2. 论述德育过程是在教师引导下的能动的活动过程。

【答案要点】

学生的思想道德认识和行为习惯不是与生俱来的，是学生在与社会环境的相互作用过程中，尤其是在教师有目的有意识的教育引导下，逐步形成自己的思想认识，发展自己的道德素质的。包含以下三个方面：

（1）学生对环境影响的主动吸收。

学生在吸取社会和教育影响的活动中，不完全是被动的教育客体，也是能动地选择、吸收环境与教育影响的主体。外界的影响只有通过学生自己的理解、选择、吸取与践行，才能内化成为他们自己的观点、立场，成长为他们的品德习性。

（2）教师对学生的积极教导。

教师的教导是学生品德健全发展的一个必不可少的指针与动力。教师应该在正确的政治、教育、心理等学科理念的指导下,通过课程、活动、师生互动等途径积极开展对学生的教育引导。

(3)外部活动与内部活动相互促进。

在德育过程中我们既要组织好学生的各种外显的实际活动,以启迪、激发和引导他们积极开展内部的心理活动,促进他们思想认识的提高、价值观念的明确、情感上的认同以及品德的发展;又要激发学生内部的思想、情感与意志活动,把他们的能动性引导到道德实践活动中去,进一步推动学生思想品德的发展与提升。

3. 创造性的培养措施。

【答案要点】

(1)营造鼓励创造的环境。这是促进学生创造性发展的必要条件。首先,应倡导民主式的教育和管理。其次,应改革考试制度,为学生创造宽松的学习环境。再次,应增加自主选择课程的机会和有针对性的课程设计。最后,应为学生提供创造性人物的榜样。

(2)培养创造性的教师队伍。首先,要转变教师的教育教学观念,使教师形成理解并鼓励学生的创造;其次,要教给教师必要的创造技法和思维策略;再次,为教师提供明晰的、具有实用价值的有关创造性的知识及相应的教学策略和技能;最后,教师应不断学习关于创造性的心理学知识,用心理学的理论指导自己的实践。

(3)培育创造意识,激发创造动机。只有当个人具有自觉的创造意识、强烈的创造动机,才易产生新思想、新方法、新观点。需要做到:树立学生创新的自信心;激发学生创造的热情;磨砺学生创造的意志;培养学生创造的勇气。

(4)发展和培养创造性思维。创造性思维是创造性的核心。创造性思维的培养应注意以下几个方面:加大思维的"前进跨度",培养思维的跳跃能力;加大思维的"联想跨度",使学生敢于把习惯上认为毫不相干的、表面上看来微不足道的问题联系起来或进行移植;加大"转换跨度",引导学生敢于否定原来的设想,善于打破固有的思路;给学生大胆探索与推测的体会。

(5)开设创造课程,教给创造技法。教学是培养学生创造性的重要途径。因此,开设创造性课程已成为国内外开发创造性的有效途径。在创造性课程的教学中,注重教给学生基本的创造技巧与方法是培养创造性的有效措施。促进创造性发展的主要创造技法有:头脑风暴法、系统探求法、联想类比法、组合创新法、对立思考法、转换思考法。

(6)塑造创造性人格。创造性人格是创造性的重要组成部分,培养学生的创造性人格是培养创造性的重要内容。主要方法有:保护好奇心;解除对错误的恐惧心理;鼓励独创性与多样性。此外,自信与乐观、忍耐与有恒心、合作、严谨等也是创造性人格培养的重要方面。

4. 论述实验教育学。

【答案要点】

实验教育学是19世纪末20世纪初兴起的一种具有重要影响的新教育思潮,代表人物是德国心理学家、教育家梅伊曼和德国教育家拉伊。

主要观点:

(1)反对以赫尔巴特为代表的强调概念思辨的教育学。

(2)提倡把实验心理学的研究成果和方法运用于教育研究,从而使教育研究真正"科学化"。

(3)把教育实验分为三阶段:就某一问题构成假设;根据假设制订实验计划,进行实验;将实验结果应用于实际,以证明其正确性。

(4)认为教育实验与心理实验的差别在于心理实验是在实验室里进行的,而教育实验则要在真正的学校环境和教学实践活动中进行。

（5）主张用实验、统计和比较的方法探索儿童心理发展过程的特点及其智力发展水平，用实验数据作为学制、课程和教学方法改革的依据。

影响及评价：

实验教育学所强调的基本原则和方法，成为新教育家们进行教育革新和教育实践的基本思维方式，深刻影响了各类新学校的实验，推动了教育科学按照儿童身心发展规律来进行。但当实验教育学及其后继者把科学的实验方法夸大为教育科学研究的唯一有效的方法时，它就走上了"唯科学主义"的迷途，受到了来自文化教育学的批判。

2014年 华中师范大学 333 教育综合·真题解析

一、单项选择题

1~5 CBCDB　6~10 CACDC

二、名词解释

学校教育

学校教育是狭义的教育，指一种专门组织的不断趋向规范化、制度化、体系化的教育。它是根据一定的社会现实和未来需要，遵循受教育者身心发展的规律，有目的、有计划、有组织地对受教育者身心施加影响，把他们培养成为一定社会或阶级所需要的人的活动。

教育制度

教育制度是指一个国家各级各类实施教育的机构体系及其组织运行的规则。它包括相互联系的两个方面：一是各级各类教育机构与组织；二是教育机构与组织赖以存在和运行的规则，如各种相关的教育法律、规则、条例等。具有客观性、规范性、历史性和强制性的特点。

苏格拉底法

苏格拉底法也称"问答法""产婆术"，是由讥讽、助产术、归纳和定义四个步骤组成的独特的方法。这是苏格拉底探讨伦理哲学的研究方法，也是他的教学方法。

元认知

元认知就是对认知的认知，具体地说，是关于个人自己认知过程的知识和调节这些过程的能力，是对思维和学习活动的认知和控制。元认知具有两个独立但又相互联系的成分，即元认知知识和元认知控制。

三、简答题

1.简述现代教育的生态功能。

【答案要点】

（1）树立建设生态文明的理念。

通过在学校里和社会上加强生态文明的教育与宣传，让学生从小养成爱护自然、节约资源、保护生态环境的思想情感，从而逐步在全社会牢固树立建设生态文明的观念。

（2）普及生态文明知识，提高民族素质。

造成生态灾害与失衡的原因很多，大多都与人的素质不高相关。因此，我们应当有计划地普及生态文明知识，并注意指导与督促他们将知识运用于生活实践。只要从小普及生态文明知识，养成保护生态环境的行为习惯，最终就能提高民族的生态文明素质。

（3）引导建设生态文明的社会活动。

生态文明建设关涉社会的移风易俗，因此，学校的生态文明教育不应局限在校内，要组织学生参加到社区的生态文明建设中去。

2. 简述德育的途径。

【答案要点】

（1）思想政治课与其他学科教学。知识转化为品德需要将知识与学生生活相联系，与学生思想"对话"，以激发学生的道德需要，并用这些道德认识来探寻做人的道理，调节对人、对事应持有的态度，并付诸行动。

（2）劳动和其他社会实践。有意义的劳动和社会实践，能够提高学生的责任意识、服务意识，形成学生勤俭、朴实等许多好的品德。

（3）课外活动和校外活动。通过课外活动进行德育，能调动学生的积极性，培养他们的自律能力，形成互助友爱、团结合作、尊重规则等品德。

（4）学校共青团、少先队活动。开展团队活动，能激发学生强烈的上进心、荣誉感，使他们能够严于律己，自觉提高思想品德。

（5）心理咨询。通过个别谈心、咨询、讲座等方式对学生进行心理健康教育，可以帮助学生处理好学习、交往、择业等方面问题，使他们成为积极向上、心理健康的人。

（6）班主任工作。通过班主任工作，学校不仅能有效地管理学生基层组织和个人，而且能对教育学生的其他途径的活动起协调作用。

（7）校园生活。要建立良好的校园生活，一是要研究如何使德育在各个途径中真正到位，使之互相补充，构成整体效应；二是要根据学校实际，研究如何增加跨越班级的活动与交往，逐步形成学校特色；三是要研究如何使校园生活能够体现时代精神，蕴含深厚文化，让学生在生活中养成现代文明习气和人文情怀。

3. 简述蔡元培的教育方针。

【答案要点】

（1）军国民教育。指将军事教育引入到学校和社会教育之中，让学生和民众受到一定的军事教育和训练。在学校教育中强调学生生活的军事化，特别是体育的军事化。

（2）实利主义教育。即密切教育与国民经济生活的联系，加强职业技能的培训，使教育能发挥提高国家经济能力和改善人民生活水平的作用。

（3）公民道德教育。蔡元培认为公民道德的基本内容不外乎法国资产阶级革命所标榜的自由、平等、博爱，虽然与封建道德的专制等级性不相容，但他明确指出中国传统伦理特别是儒家伦理中的一些基本范畴，其内涵是与自由、平等、博爱的精神相通的。

（4）世界观教育。是蔡元培独创并被作为教育的最高境界。世界观教育就是要培养人们立足于现象世界但又超脱现象世界而贴近实体世界的观念和精神境界。

（5）美感教育。美感教育与世界观教育紧密联系，美感介于现象世界和实体世界之间，是两者之间的桥梁。利用美感这种超越利害关系、人我之分界的特性去破除现象世界的意识，陶冶、净化人的心灵。美感教育是世界观教育的主要途径。

4. 简述心理健康的标准。

【答案要点】

（1）充分自我实现的人就是心理健康的人。

（2）适应良好的人是心理健康的人。

（3）适应与发展和谐统一的人是心理健康的人。这是比较公认的现代心理健康标准——综合标准。可以细化为以下几点：第一，对现实的有效知觉；第二，自知、自尊和自我接纳；第三，自我调控能力；第四，与人建立亲密关系的能力；第五，人格结构的稳定与协调；第六，生活热情与工作高效率。

在理解和把握心理健康标准时，应主要考虑以下几点：第一，判断一个人心理健康状况应兼顾个体内部协调与对外良好适应两个方面；第二，心理健康具有相对性；第三，心理健康既是一种适应状态，也是一种发展状态；第四，心理健康作为一种整体的心理状态，反映出一个人健康的人生态度与生存方式。总之，心理健康的人在生活中多持有一种积极的、开放的、现实的、发展的、辩证的、通达的人生态度。

四、分析论述题

1. 直接经验与间接经验的比较。

【答案要点】

（1）学生认识的主要任务是学习间接经验。

儿童认识始于直接经验，并通过直接经验，不断扩大对世界的认识。但个人的活动范围是狭小的，无论个人如何努力，仅仅依靠直接经验来认识世界越来越不可能。学生要适应高度发展的文明社会，便必须以学习间接经验为主，便捷地掌握人类积累起来的基本科学文化知识。

（2）学习间接经验必须以学生个人的直接经验为基础。

学生要把书本知识转化为自己能理解的知识，就必须依靠个人已有的或现时获得的感性经验为基础。教学中要注重联系生活与实际，利用学生已有经验，并补充学生学习新知识所必须有的感性认识，以便学生能顺利地理解书本知识并运用所学知识于实际，获得比较完全的知识。

（3）防止只重书本知识传授或直接经验积累的偏向。

只重书本知识的传授或只重直接经验的积累都违反了教学的规律，割裂了间接经验与直接经验的内在联系，影响了教学质量的提高。

2. 卢梭的自然主义思想及其现代意义。

【答案要点】

理论内容：

（1）自然教育的基本含义。

卢梭自然主义教育的核心是"回归自然"。一方面，善良的人性存在于纯洁的自然状态之中。只有"回归自然"、远离喧嚣社会的教育，才有利于保持人的善良天性。因此15岁之前的教育必须在远离城市的农村进行。另一方面，每个人都是由自然的教育、事物的教育、人为的教育三者培养起来，只有三种教育圆满地结合才能达到预期的目的。三者之中，应以自然的教育为基准，才能使教育回归自然达到应有的成效。

（2）自然教育的培养目标。

自然教育最终目的是培养"自然人"，即身心调和发达、体脑两健、能力强盛的新人，也就是摆脱封建羁绊的资产阶级新人。具有以下特征：第一，自然人是能独立自主的人，他能独自体现出自己的价值；第二，在自然的秩序中，所有的人都是平等的；第三，自然人又是自由的人，他是无所不宜、无所不能的；第四，自然人还是自食其力的人。可无须仰赖他人为生，这是独立自主的可靠保证。

（3）自然教育的方法原则。

卢梭猛烈抨击了当时向儿童强迫灌输旧的道德和知识、摧残儿童天性的做法，他提出以下几点原则和方法：第一，树立正确的儿童观，应当把成人看作成人，把孩子看作孩子。第二，对儿童实施消极教育。此外，让他们在同自然的接触中，体会到自己所犯的错误和过失带来的自然后果，使儿童服从于自然法则，结合具体事例让他们从自己的直接经验中受到教育。第三，根据儿童天性的个体差异，因材施教。

（4）自然主义教育的实施。

卢梭根据自然教育的原则，根据人的自然发展的进程和不同年龄时期身心的特点，把自然教育分为婴儿期、儿童期、少年期和青春期。婴儿期主要进行体育；儿童期主要进行感官训练和身体发育，这个时期的儿童不宜进行理性教育，不应强迫儿童读书；少年期主要进行智育和劳动教育；青春期主要接受道德教育，包括宗教教育、爱情教育和性教育。

现代意义：

卢梭是西方教育史上具有划时代意义的教育思想家，他对封建社会进行了猛烈的抨击，提出了反映新兴资产阶级利益的教育思想，是现代教育思想的重要来源。

（1）卢梭提出的自然主义教育思想是教育思想史上由教育适应自然向教育心理学化过渡的一个重要环节。在封建社会压制人性的情况下，提倡性善论、尊重儿童天性具有历史进步意义。他呼吁培养身心调和发展的自然人和自由人也反映了对人的发展的合理要求。

（2）卢梭论证了自然主义教育的内容和方法。如重视感觉教育的价值；反对古典主义和教条主义，要求人们学习真实有用的知识；反对向儿童灌输道德教条，要求养成符合自然发展的品德等。这些观点既是在前人的基础上的发展，也反映了近代教育的发展方向。

（3）卢梭的教育理论对欧美教育产生了深远影响。德国的泛爱教育运动、瑞士的裴斯泰洛齐的教育实验、美国进步主义教育运动等，无不受到卢梭自然教育理论的启发。

3. 发现学习和接受学习的异同。

【答案要点】

发现学习与接受学习的含义：

（1）发现学习是指学生在学习情境中，经过自己探索寻找，从而获得问题答案的一种学习方式，布鲁纳所说的发现不只限于寻求人类尚未知晓的事物的行为，也包括用自己的头脑亲自获取知识的一切形式。教学阶段是提出问题、做出假设、验证假设和形成结论。

（2）接受学习又叫讲授教学，是指在教师的指导下，学习者接受事物意义的学习。在接受学习中，所要学习的内容大多是现成的、已有定论的、科学的基础知识，通过教科书或教师的讲述，用定义的方式直接向学习者呈现，使学习者接受这些已有的知识，掌握它们的意义。

比较：

（1）不同点：

①教师的角色不同。发现学习中教师主要是引导者的身份；接受学习中教师是讲授者的身份。

②学习的方式不同。发现学习中学习者是通过自己的探索来获取问题的答案，强调的是直接经验的获得；接受学习中学习者通过教师的讲授来获取知识，属于间接经验的获取。

③学习内容的呈现方式不同。发现学习主要是让学生自己去发现学习内容；接受学习的学习内容则主要是以定论的形式传授给学生。

④学习的过程不同。发现学习强调归纳过程，让学生由特殊发现一般；接受学习则强调演绎的过程，让学生的理解从一般到特殊。

（2）相同点：

①都重视学生学习的主动性。

②都强调新知识的学习对已有知识的依赖性。

③都强调认知结构对学习新知识的重要性，以及认知结构的可变性。

2013年 华中师范大学333教育综合·真题解析

一、单项选择题

1~5 CDBDA　6~10 CDBCA　11~15 ABDDA

二、名词解释

体育

体育是指授予学生健身知识、技能，发展学生体力、增强学生体质的教育。普通中学在体育方面的要求主要是：向学生传授基本的运动知识、技能，培养他们锻炼身体和讲究卫生的良好习惯，促进他们身体的正常发育和机能的成熟，增强他们的活动能力和身体素质。

形成性评价

形成性评价是指在教学进程中，对学生的知识掌握和能力发展所做的比较经常而及时的测评，包括对学生的提问、书面测验、作业批改等。其目的不注重于成绩的评定，而是使师与生都能及时获得反馈信息，更好地改进教与学，以促进教师和学生的发展、提高。

白板说

洛克反对"天赋观念"论，认为人出生后心灵如同一块白板，一切知识是建立在由外部而来的感官经验之上的。"白板说"是洛克教育思想的主要理论基础，他高度评价教育在人的形成中的作用，认为人之好坏，"十分之九都是由他们的教育所决定"。

程序性知识

程序性知识是关于"怎么做"的知识，如怎样进行推理、决策或者解决某类问题等。程序性知识体现在实际活动中，个体的程序性知识通过活动才能判断。

三、简答题

1.简述教育的文化功能。

【答案要点】

（1）传递文化。文化教化的前提是人类对文化的创造与传递。教育起着传递文化的作用。尤其是学校教育因其具有明确的目的性、计划性等特点，一直承担着传承文化的重任。

（2）选择文化。为了有效地传承文化，必须发挥教育对文化的选择功能。教育的选择功能十分重要，体现了教育对文化发展的积极引导和自觉规范。

（3）发展文化。文化的生命不仅在于它的保存和积累，更在于它的更新与创造。随着社会的日益开放化，学校在加强国际文化交流中的作用也日益明显。教育通过广泛的文化交流，不断地吸收其他民族的文化精华，补充、更新和发展本民族的文化，也是文化发展的一种重要方式。

2. 简述"朱子读书法"。

【答案要点】

（1）循序渐进。朱熹主张读书要"循序渐进"，包含三个方面的意思：读书要按一定的次序，不要颠倒；应根据自己的实际情况和能力，安排读书计划，并切实遵守它；读书要扎扎实实打好基础，不可囫囵吞枣，急于求成。

（2）熟读精思。朱熹认为，读书既要熟读成诵，又要精于思考。熟读有利于理解，熟读的目的是为了精思。精思就是从无疑到有疑再到解疑的过程，即发现问题和解决问题的过程。

（3）虚心涵泳。所谓"虚心"是指读书时要虚怀若谷，静心思虑，仔细体会书中的意思，不要先入为主，牵强附会；所谓"涵泳"是指读书时要反复咀嚼，细心玩味。

（4）切己体察。强调读书不能仅仅停留在书本上和口头上，而必须要见之于自己的实际行动，要身体力行。他竭力反对只向书本上求义理，而不"体之于身"的读书方法，认为这样无益于学。

（5）着紧用力。包含两方面的意思：其一，必须抓紧时间，发愤忘食，反对悠悠然；其二，必须抖擞精神，勇猛奋发，反对松松垮垮。

（6）居敬持志。既是朱熹道德修养的重要方法，也是他最重要的读书法。"居敬"是读书时精神专一，注意力集中；"持志"是要树立远大的志向和高尚的目标，并要以顽强的毅力坚持下去。

3. 简述人格发展的一般规律。

【答案要点】

（1）连续性和阶段性并存。从人的一生来看，个体人格的发展是连续不断的。但是，在不同的阶段又有不同的表现，体现阶段性的特点。

（2）发展具有定向性和顺序性。个体人格发展指向一定的方向并遵循一定的先后顺序，这种顺序是不可逆，也不可逾越的。

（3）发展表现出不平衡性。同一个体内，个体人格在不同时间段发展的快慢不同；同一时间段，个体人格的不同方面，发展的快慢也不同。

（4）共同性和差异性。个体人格发展表现出一些共有的特点，但是每个个体又都有自己的独特性，世界上完全没有完全相同的两个人。

4. 简述教师的教育素养。

【答案要点】

教师的专门教育素养水平及其合理结构是教育教学任务得以完成的重要保证，它主要包括三个方面的内容。

（1）教育理论素养。教育理论素养主要指教师对教育科学基本理论知识的掌握，能恰当地运用教育学、心理学的基本概念、范畴、原理去处理教育教学中的各种问题，能自觉、恰当地运用教育理论总结、概括自己的教育教学经验并使之升华，能清晰、准确地表达自己的教育思想和进行改革的设想。

（2）教育能力素养。教育能力素养主要指保证教师顺利完成教育、教学任务的基本操作能力。这要求教师具有：课程开发的能力、良好的语言表达能力、组织与引导教学的能力、机智地应变与创新的能力等。

（3）教育研究素养。教育研究素养主要指教师运用一定的观点方法，探索教育领域的规律和解决问题的能力。教师应富有问题意识和"反思"能力，善于总结工作中的经验教训，创造性地、灵活地解决和改进各种教育问题。

四、分析论述题

1. 试举例说明在教学中贯彻启发性原则的要求。

【答案要点】

（1）含义。

指在教学中教师要激发学生的学习主体性，引导他们经过积极思考与探究自觉地掌握科学知识，学会分析问题和解决问题，树立求真意识和人文情怀。也称探究性原则或启发与探究相结合原则。

（2）基本要求。

①调动学生学习的主动性。如果学生的学习只靠外力强迫而没有内在的追求与动力，则很难持久。所以调动学生内在的学习主动性是启发的首要问题。在激发学生的学习主动性上，教师要发挥个人的创造性，善于运用发人深思的提问、令人心动的讲述，充分显示教学内容的吸引力，展现它的情趣、奥妙、意境、价值，以便激起学生的求知欲和积极性，全神贯注地投入学习。

②善于提问激疑，引导教学步步深入。教师因势利导，引导学生的认识步步深入，生动活泼地获取新知，并使他们的思维能力受到真正的锻炼与提高。在启发过程中，教师要有耐心，给学生以思考的时间；要有重点，问题不能多，也不能蜻蜓点水、启而不发；要善于与学生探讨，引导学生一步一步去获取新知和领悟人生的价值。

③注重通过解决实际问题启发学生获取知识。通过组织进而引导学生观察、操作、动手解决实际问题也是启发教学的一个重要途径。接触实际问题，对学生更具诱惑力、挑战性。会使他们更积极主动地进行学习和完成任务。在学生的操作过程中，教师只要根据学生的情况，加以针对性的指点、启发，组织一些交流或讨论，学生就不仅能够深刻领悟所学概念与原理，掌握解决问题的方法与步骤，而且能够增进学习的兴趣、能力和养成认真、负责与相互协作的品行。

④引导学生反思学习过程。教学要引导学生反思学习过程，了解学习过程的程序和方法，分析学习过程中的顺利与障碍、长处与缺点，寻找形成障碍与缺点的原因，克服学习过程中的弯路与失误，使学习程序和方法简捷、有效，注重积淀适合于自己的良好学习方式，从学习中学会学习。

⑤发扬教学民主。要创造宽松、和谐、民主、平等、活跃的课堂教学气氛，这是启发教学的重要条件。只有这样，学生的心情才会感到轻松，他们的聪明才智才能充分发挥出来。教师切不可唯我独尊、搞一言堂，要鼓励学生发表自己的见解，包括与教师不同的见解。要提倡相互尊重、相互学习，不可相互鄙薄。

2. 试论述陈鹤琴的"活教育"思想体系。

【答案要点】

陈鹤琴是中国近代学前儿童教育理论和实践的开创者，通过对长子陈一鸣的追踪研究，力行观察、实验方法，探索中国儿童心理发展及教育规律；同时创办了中国第一所实验幼稚园——鼓楼幼稚园，进行中国化、科学化的幼儿园实验，总结并形成了系统的、有民族特色的学前教育思想。

"活教育"思想体系包括以下内容：

（1）"活教育"的目的论。

陈鹤琴提出"活教育"的目的是"做人，做中国人，做现代中国人。"

①"做人"是"活教育"最为一般意义的目的。"活教育"提倡学习如何做人，如何求社会进步、人类发展。学会"做人"，是个体参与社会生活，增进人类全体幸福，同时也是个体幸福的基础。

②"做中国人"体现了"活教育"目的的民族特征，指要懂得爱护这块生养自己的土地，爱自己国家长期延续的光荣历史，爱与自己共命运的同胞。并且，应该与其他中国人团结起来共同谋国家发展。

③"做现代中国人"体现了时代精神，有五个具体方面的要求：要有健全的身体；要有建设的能力；要有创造的能力；要能够合作；要服务。

"活教育"目的论从普遍而抽象的人类情感和认识理性出发，逐层赋予教育以民族意识、国家观念、时代精神和现实需求等涵义，使教育目标逐渐具体，表达了陈鹤琴对人的发展、教育与社会变革的追求。

（2）"活教育"的课程论。

"大自然、大社会都是活教材"，是陈鹤琴对"活教育"课程论的概括表述。"活教材"是指取自大自然、大社会的"直接的书"，即让儿童在与自然、社会的直接接触中，在亲身观察中获取经验和知识。既然"活教育"的课程内容应该来源于自然、社会和儿童的生活，其组织形式也必须符合儿童的活动和生活的方式，符合儿童与自然、社会环境的交往方式。

"活教育"的课程打破惯常按学科组织的体系，采取活动中心和活动单元的形式，即能体现儿童生活整体性和连贯性的"五指活动"形式。"五指活动"包括儿童健康活动、儿童社会活动、儿童科学活动、儿童艺术活动和儿童文学活动。

（3）"活教育"的教学论。

"做中教，做中学，做中求进步"是活教育教学方法的基本原则。陈鹤琴认为，"做"是学生学习的基础，因此也是"活教育"教学论的出发点。它强调儿童在学习过程中的主体地位和在活动中直接经验的获取。陈鹤琴提出了"活教育"的17条教学原则，这些教学原则体现出的特点有：

①强调以"做"为基础，确立学生在教学活动中的主体性。陈鹤琴认为，"做"是学生学习的基础，因此，凡儿童自己能够做的，就应当让他自己做。在教学中鼓励儿童自己去做、去思想、去发现，是激发学生主体性的最有效的手段。

②鼓励学生在"做"的同时，教师要进行有效的指导。但指导不是替代，更不是直接告知结果，而是运用各种心理学、教育学规律予以启发、诱导。

③陈鹤琴还归纳出"活教育"教学的四个步骤：实验观察、阅读思考、创作发表和批评研讨。这四个步骤体现了以"做"为基础的学生主动学习。

价值和启示：

"活教育"吸取了杜威实用主义教育的合理内核，即批判传统教育忽视儿童生活和主体性，力图去除以学校和课堂为中心而脱离社会生活、以书本知识为中心而脱离实际和实践、以教师为中心而漠视学生的存在等弊端，同时也充分考虑到中国的时代背景和国情。这是一种有吸收、有创造、有创新的教育思想。"活教育"是对中国现代教育产生过重要影响的教育思想，其精神至今都未过时，不少观点对当今的教育改革仍然富有启发。

3.试论加德纳的多元智力理论及其教育意义。

【答案要点】

（1）理论内容。

多元智力理论认为，不存在单纯的某种智力和达到目标的唯一方法，每个人都会用自己的方式来发掘各自的大脑资源，这种为达到目的所发挥的各种个人才智才是真正的智力，造就了人与人之间的不同。人的智力可以分为八种。

①逻辑数学智力：运算和推理等科学或数学的一般能力，以及处理较长推理、识别秩序、发现模型和建立因果模型的能力。

②语言智力：运用语言达到各种目的的能力以及对声音、韵律、语意、语序和灵活操纵语言的敏感能力，包括听、说、读和写的能力。

③音乐智力：感受、辨别、记忆、理解、评价、改变和表达音乐的能力。

④空间智力：准确感受视觉-空间世界的能力，包括感受、辨别、记忆、再造、转换以及修改物体的空间关系，并借此表达思想和情感的能力。

⑤身体运动智力：控制自己身体运动和技术性地处理目标的能力。

⑥人际关系智力：与人相处和交往的能力，表现为觉察他人情绪、情感、气质、意图和需求的能力并据此做出适当反应的能力。

⑦内省智力：认识、洞察和反省自身的能力，并在正确的自我意识和自我评价的基础上形成自尊、自律和自制的能力。

⑧自然智力：认识物质世界的相似和相异性及动物、植物和自然环境其他事物的能力。

（2）教育意义。

①加德纳认为用学校的标准化考试来区分儿童智力高低和考察学校教育的效果，是片面的，这种做法过分强调语言智力和逻辑数学智力，否认了学生的其他潜能。

②他提出了"以个人为中心的教育"。强调每个学生都具备这八种智能，但所擅长的智能各不相同，教育要以学生的智能为基础，同时要培养学生的特长智能。

③多元智能理论还指导教师从多种智能途径增进学生对学科内容的理解。

2012年 华中师范大学 333 教育综合·真题解析

一、名词解释

学校教育

学校教育是狭义的教育，指一种专门组织的不断趋向规范化、制度化、体系化的教育。它是根据一定的社会现实和未来需要，遵循受教育者身心发展的规律，有目的、有计划、有组织地对受教育者身心施加影响，把他们培养成为一定社会或阶级所需要的人的活动。

教育目的

教育目的是对教育活动所要培养的人的个体素质的总的预期与设想，是对社会历史活动的主体的个体素质的规定。它体现一定社会对受教育者质量规格的界定和要求，也体现人自身发展所应该达到的水准和高度。

分组教学

分组教学制是指按学生的能力或学习成绩把他们分为水平不同的小组进行教学，可以分为能力分组和作业分组、内部分组和外部分组。

讲授法

讲授法是指教师通过语言系统地向学生传授科学文化知识、思想理念，并促进他们的智能与品德发展的方法，可分为讲读、讲述、讲解和讲演四种。

陶冶

陶冶是指通过创设良好的教育情境，潜移默化地培养学生品德的方法。它利用暗示原理，让学生通过无意识的心理活动来接受某种影响，包括人格感化、环境陶冶和艺术陶冶等。

技能

技能是通过练习形成的合乎规则或程序的身体或认知活动方式，包括身体方面的技能和认知方面的技能。

二、简答题

1. 上好一堂课的要求。

【答案要点】

上好课，是提高教学质量的关键。应以现代教学理念为指导，遵循教学规律与原则，创造性地运用教学方法，并注重做到以下几点：

（1）明确教学目的。这是上好一堂课的前提。

（2）保证教学的科学性与思想性。这是上好一堂课的基本质量要求。

（3）调动学生的学习积极性。这是上好一堂课的内在动力。

（4）注重解惑纠错。这是上好一堂课的关键。

（5）组织好教学活动。这是上好一堂课的保障。

（6）布置好课外作业。

2. 培养班集体的方法。

【答案要点】

（1）确定集体的目标。

目标是集体的发展方向和动机。建构集体首先要使集体明确奋斗的目标。集体的目标应当由班主任同全班同学一道讨论确定，以便统一认识，调动大家的积极性。集体的目标一般包括近期的、中期的和远期的。目标的提出应当由易到难，不断推动集体向前发展。

（2）健全组织、培养干部以形成集体核心。

要注重健全班的组织与功能，关键是要做好班干部的选拔与培养，以形成集体核心，使班组织能正常开展工作。班主任应放手让班干部大胆工作，在实践中锻炼、培养、提高；要教育班干部谦虚谨慎，以身作则、严于律己，对他们不可偏爱和护短，以免导致干群对立和班级的不团结。

（3）有计划地开展集体活动。

班集体是通过开展集体活动逐步形成起来的，只有在为实现集体的共同目标而进行的系列活动中，全班学生才能充分交往、沟通、协作，紧密团结，形成集体的核心，调动全班同学的积极性；才能激发出学生的工作责任感和集体主义精神，使他们学会正确处理人与人、个人与集体、班级与学校及社会之间的关系，形成正确的舆论和班风。班主任应重视全面开展各种活动，让每个学生都能在活动中得到锻炼与提高，以推动班集体的蓬勃发展。

（4）培养正确的舆论和良好的班风。

班主任应经常注意组织学生学习政治理论、道德规范，以提高他们的认识；并注重表扬好人好事，批评不良思想行为，为形成正确舆论打下思想基础。特别是班主任要善于抓住重大偶发事件的处理，组织学生讨论，以分清是非，推动正确舆论的形成。

（5）做好个别教育工作。

个别教育十分重要，只有教育好每个学生，使每个学生都积极参与班级的各种活动，都关心班级、热爱班级，在参与班组的活动中发挥作用、获得提高，确保没有一个人掉队，才能真正带好一个班，把班级建设成为真正的集体。个别教育工作包括：第一，促进每个学生个性的全面发展；第二，做好后进生的思想转变工作；第三，做好偶发事件中的个别教育。

3. 教师劳动的特点。

【答案要点】

（1）教师劳动的复杂性。

学生状况的复杂性决定着教师劳动的复杂性；教师任务的多样性制约着教师劳动的复杂性；影响学生发展因素的广泛性制约着教师劳动的复杂性。

（2）教师劳动的示范性。

教育是教师引导、培养学生的活动，它要求教师以身作则，具有示范性。教师的劳动对象是处在发展过程中的青少年学生，他们具有尊敬教师、乐于接受教师的教导、以教师为表率的所谓"向师性"的特点。因此，教师必须严格要求自己，以身作则，通过示范的方式去影响学生，以便取得最佳教育效果。

（3）教师劳动的创造性。

①教师劳动创造性的最重要特征之一是他的工作对象——儿童经常在发生变化，永远是新的，今天同昨天就不一样。

②教师劳动的创造性表现在因材施教上。教师不仅要针对学生集体的特点，而且还要针对学生个体的特点有的放矢地进行教育，创造性地开展工作，才能收到良好的效果。

③教师劳动的创造性，也表现在对教育、教学的原则、方法、内容的运用、选择和处理上。

④教师劳动的创造性，还表现在教育教学过程中，教师对各种突发情况做出及时反应、妥善处理的应变能力上，即教育机智。

⑤教师劳动的创造性，并不意味着它会自动产生。一位教师要创造性地开展教育工作，必须经历艰苦的劳动和长期的积累，善于反思与探究，机智地开展工作，才能涌现创造性。

（4）教师劳动的专业性。

教师劳动的专业性突出表现在教师对育人的崇高敬业精神和道德修养上，对教育教学专门化知识和技能的掌握与教育活动的自主权上。

4. 影响学习动机的因素。

【答案要点】

内部因素：

（1）需要与目标结构。每个学生认知需要的强度不同，反映在学习动机上也有强度差异。学生的学习目标可分为两类，即掌握目标和成绩目标。掌握目标定向者倾向于把学习的成败归因于内部原因，成绩目标定向者倾向于把学习的成败归因于运气、能力和任务难度等外部原因。

（2）成熟与年龄特点。年幼儿童的动机主要是生理性动机，随着年龄的增长，社会性动机及其作用也日益增长。年幼儿童对生理安全过分关注，而中学生对社会影响比较关注。

（3）性格特征与个别差异。学生的兴趣爱好、好奇心、意志品质都影响着学习动机的形成。

（4）志向水平与价值观。学生的人生观、世界观、价值观所直接反映的理想情况或志向水平影响其学习动机和目标结构的形成。

（5）焦虑程度。焦虑程度会影响学习动机和学业成绩。大量研究表明，中等程度的焦虑对学习是有益的，焦虑程度过低或过高都会对学习产生不良影响。

外部因素：

（1）家庭环境与社会舆论。第一，社会要求通过家庭对学生的动机起影响作用；第二，在学生动机形成过程中，家庭文化背景、精神面貌也起着极其重要的作用。

（2）教师的榜样作用。第一，教师是学生学习动机的榜样；第二，教师的期望也会对学生的动机和行为产生不同的影响；第三，教师还是沟通社会、学校的要求与学生的成长，形成正确动机的纽带，要善于把各种外部因素与学生的内部因素结合起来。

三、分析论述题

1. 人的发展的特点及其教育意义。

【答案要点】

（1）人的发展的含义。

人的发展有两种含义，一种是将它看成是人类的发展或进化的过程；另一种则将它看成是人类个体的成长变化过程，即个体发展。个体发展有广义和狭义之分。广义的个体发展指个人从胚胎到死亡的变化过程，其发展持续于人的一生。狭义的个体发展指个人从出生到成人的变化过程，主要指儿童的发展。

人的发展是整体性的发展，大体可分为生理发展、心理发展、社会性发展三个层面。这三个方面，既有一定的相对独立性，又密切地联系在一起，相互制约、相辅相成，有机地促进人的体、智、德、美和实践能力的全面发展。

（2）人的发展的特点及其教育意义。

①未完成性。人是未完成的动物，人的未完成性与人的非特定化密切相关。对儿童来说，他们不仅处于未完成状态，而且处于未成熟状态。儿童发展的未成熟性、未完成性，蕴含着人的发展的不确定性、可选择性、开放性和可塑性，潜藏着巨大的生命活力和发展的可能性，都充分说明了人的可教育性和需教育性。

②能动性。人的发展的能动性主要表现在两个方面：人的发展是一个具有社会性的能动发展过程，这是人的发展区别于动物发展的一个质的特性；人在其发展的过程中是自决的，人在发展过程中表现出的主动、自主、自觉、自决和自我塑造等能动性，是人的生长发展与动物生长发展最重要的不同，它为教育活动提供了科学依据，指明了努力方向。

2. 陶行知的"生活教育"理论。

【答案要点】

（1）"生活即教育"。

"生活即教育"是陶行知生活教育理论的核心。其内涵包括：生活含有教育的意义；实际生活是教育的中心；生活决定教育，教育改造生活。

"生活即教育"所强调的是教育以生活为中心，所反对的是传统教育脱离生活而以书本为中心。尽管它在生活与教育的区别和系统的知识传授方面有所忽视，但在破除传统教育脱离民众、脱离社会生活的弊端方面，有十分重要的意义。

（2）"社会即学校"。

"社会即学校"是生活教育理论另一重要主张，是"生活即教育"思想在学校与社会关系问题上的具体化。"社会即学校"，是指"社会含有学校的意味"，或者说"以社会为学校"。由于到处是生活，到处都是教育，"整个的社会是生活的场所，亦即教育之场所"。

"社会即学校"，也指"学校含有社会的意味"。也就是说，学校通过与社会生活相结合，一方面运用社会的力量使学校进步，另一方面动员学校的力量帮助社会进步，使学校真正成为社会生活必不可少的组成部分。

"社会即学校"扩大了学校教育的内涵和作用，对于传统的学校观、教育观有所改变。传统学校与社会生活脱节，学生孤陋寡闻，而以社会为学校，使得教育的材料、教育的方法、教育的工具、教育的环境可以大大地增加，有利于拓展学生的知识，增强学生的能力。"社会即学校"，还可以使被传统学校拒之门外的劳苦大众能够受到起码的教育，贯穿了普及民众教育的苦心，同样也值得肯定。

（3）"教学做合一"。

"教学做合一"是生活教育理论的又一重要主张，是"生活即教育"在教学方法问题上的具体化。其含义为：教的方法根据学的方法；学的方法根据做的方法。事怎样做便怎样学，怎样学便怎样教。教与学都以做为中心。包括以下四个要点："教学做合一"要求在"劳力上劳心"；"教学做合一"是因为"行是知之始"；"教学做合一"要求"有教先学"和"有学有教"；"教学做合一"还是对注入式教学法的否定。

（4）评价。

陶行知的生活教育理论是一种大众的、为人民大众服务的教育理论，且还是一种不断进取创造，旨在探索具有中国民族特色的教育道路的理论。

生活教育理论还在教育观念的改变方面颇有建树，无论是强调学校教育与社会生活、生产劳动相结合，还是要求手脑并用、在劳力上劳心，都是对学校与社会割裂、书本与生活脱节、劳心与劳力分离的传统教育的反动，显示出强烈的时代气息，至今都富于启示。

陶行知的生活教育理论是我国民族教育理论宝库中十分可贵的遗产，值得我们珍惜并认真研究借鉴。

3. 赞科夫的发展性教学理论。

【答案要点】

（1）发展性教学理论。

赞科夫认为，教学的核心是要使学生的一般发展取得成效。一般发展的具体含义如下：

一般发展是指儿童心理的一般发展。指的是个性的所有方面的进步；一般发展不同于特殊发展。一般发展在学习任何学科、任何情境中都会表现出来；一般发展不同于全面发展。这里的一般发展指的是发展的心理学和教育学方面；一般发展有别于智力发展。不仅发展学生的智力，还包括情感、意志、品质、性格等方面；一般发展还包括身体发展和心理发展。但赞科夫主要研究的是教学与儿童心理一般发展的关系。

（2）五项教学论体系的新原则。

①以高难度进行教学的原则。这一原则在实验教学论体系中起决定性作用。难度的含义是要求学生通过努力克服障碍。但高难度并不意味着越难越好，困难的程度要控制在学生的"最近发展区"

的范围内。

②以高速度进行教学的原则。这一原则要求教学不断地向前运动，以各方面内容丰富的知识来充实学生的头脑，为学生深入地理解所学知识创造有利的条件。要克服多余的重复烦琐的讲解以及机械的练习，以节约时间、加快进度。要善于利用一切手段提高学习质量。

③理论知识起主导作用的原则。这一原则不贬低学龄初期儿童掌握技巧的重大意义，而是要求学生在一般发展的基础上，尽可能深入领会有关概念和规律性的知识。

④使学生理解学习过程的原则。实验教学不仅要求学生会背，而且要求学生学会分析、比较、综合、归纳，了解所学知识之间的联系，等等。这样做有利于发展学生的思维能力，提高他们学习的主动性与创造性，教会他们学习。

⑤使班上所有的学生都得到一般发展的原则。这条原则的本质在于让优、中、差三类学生都以自己现有的智力水平为起点，按照自己最大的可能性得到理想的一般发展。

（3）赞科夫教育思想的评价。

赞科夫的教育理论对苏联教育理论与实践的发展影响较大。他的发展性教学理论的一些观点为苏联教育理论界所接受，并被吸收到20世纪70—80年代出版的教育著作和教科书中。但其理论也存在一定的局限性，他的研究主要从儿童心理的角度进行，很少考虑教学过程的社会政治与道德要求，过分强调认知方面的智育。此外，对待传统教学理论的全盘否定态度是不科学的。

4. 联系实际论述问题解决能力的培养。

【答案要点】

在实际教学中，学生问题解决的能力可以结合各门学科的内容来进行训练和提高。教师要把重点放在课题的知识上，放在特定学科的问题解决的逻辑推理和策略上，放在有效解决问题的一般原理和原则上。

（1）鼓励质疑。教师要尽量从自己提出问题过渡到让学生质疑，从而培养学生主动质疑的内在动机，鼓励学生主动提问，形成一种自由探究的气氛。

（2）设置难度适当的问题。教师给学生的问题要可解，但也要有一定的难度。

（3）帮助学生正确表征问题。学生运用所学知识解释问题，或者画草图、列表、写方程式等，这对回忆相关信息都有很好的作用。

（4）帮助学生养成分析问题的习惯。教师要帮助学生发展系统考虑问题的方式和系统分析的习惯，既不能让学生盲目尝试错误练习，也不能过分热心，先把答案告诉学生。

（5）辅导学生从记忆中提取信息。教师需要帮助学生从记忆中迅速提取与解决问题有关的信息，并能很快找出可利用的信息，明确问题解决情境与想要达到的目的，迅速做出判断。

（6）训练学生陈述自己的假设及其步骤。教师要培养学生由跟从别人的言语指导转变到自行指导思考，然后再要求他们自己用言语把指导步骤表达出来。

（7）提供结构不良问题，培养实际解决问题的能力。通过对这些问题的解决，能让学生将解决问题的能力迁移到实际领域中去。

2011年 华中师范大学 333 教育综合·真题解析

一、名词解释

学校教育制度

学校教育制度即学制，它是现代教育制度的核心部分。指的是一个国家各级各类学校的系统及其管理规则，它规定着各级各类学校的性质、任务、入学年限、修业年限以及它们之间的关系。

课程标准

课程标准是指在一定课程理论指导下，依据培养目标和课程方案以纲要形式编制的关于课程的性质与价值、目标与内容、教学实施建议以及课程资源开发等方面的指导性文件，一般由说明、课程目标、课程内容标准和课程实施建议等部分组成。

智育

智育是指授予学生系统的科学文化知识、技能和发展他们智力的教育。普通中学在智育方面的要求主要是：帮助学生在小学教育的基础上进一步系统地学习科学文化基础知识，掌握相应的基本技能和技巧，拓宽文化视野，发展思维能力、想象力和创造力，养成良好的自学能力、兴趣和习惯。

分组教学

分组教学制是指按学生的能力或学习成绩把他们分为水平不同的小组进行教学。可以分为能力分组和作业分组、内部分组和外部分组。

陶冶

陶冶是指通过创设良好的教育情境，潜移默化地培养学生品德的方法。它利用暗示原理，让学生通过无意识的心理活动来接受某种影响，包括人格感化、环境陶冶和艺术陶冶等。

技能

技能是通过练习形成的合乎规则或程序的身体或认知活动方式，包括身体方面的技能和认知方面的技能。

二、简答题

1. 我国教育目的的基本精神。

【答案要点】

（1）培养"劳动者"或"社会主义建设人才"。我国当代教育目的在表述上不断发生变化，但培养"劳动者"或"社会主义建设人才"这一基本规定却始终没有变。教育目的的这个规定，明确了我国教育的社会主义方向，指明了培养出来的人的社会地位和价值，是社会主义的劳动者、建设人才，是国家的主人。

（2）坚持全面发展。受教育者的全面发展，教育界通行的说法是德、智、体、美、劳的发展。从人要处理的现实生活的关系分析，人的全面发展主要包括处理人与自然关系的能力、人与社会关系的能力和人与自我关系的能力的发展。如果一个人的发展在这三个方面都形成了健全的能力，那么这个人的发展就是全面发展。

（3）培养独立个性。培养受教育者的独立个性，是马克思人的全面发展学说的基本内涵和根本目的。追求人的个性发展，就是要使受教育者的自由个性得到保护、尊重和发展，要增强受教育者的主体意识、开拓精神、创造才能，要提高受教育者的个人价值。

综上所述，我国教育目的的价值取向的出发点与归宿在于：培养德、智、体、美、劳全面发展，具有创新精神、实践能力和独立个性的社会主义现代化需要的各级各类人才。

2. 上好一堂课的要求。

【答案要点】

上好课，是提高教学质量的关键。应以现代教学理念为指导，遵循教学规律与原则，创造性地运用教学方法，并注重做到以下几点：

（1）明确教学目的。这是上好一堂课的前提。

（2）保证教学的科学性与思想性。这是上好一堂课的基本质量要求。

（3）调动学生的学习积极性。这是上好一堂课的内在动力。

（4）注重解惑纠错。这是上好一堂课的关键。

（5）组织好教学活动。这是上好一堂课的保障。

（6）布置好课外作业。

3. 教师的基本素养。

【答案要点】

（1）高尚的师德。包括热爱教育事业，富有献身精神和人文精神；热爱学生，诲人不倦；热爱集体，团结协作；严于律己，为人师表。

（2）先进、科学的教育理念。教育理念是教师在对教育工作本质理解的基础上形成的关于教育的观念和理性信念，它是以观念或信念的形式存在于教师头脑中的对教育现象和教育问题的看法。

（3）宽厚的文化素养。教师的主要任务是通过向学生传授科学文化知识，培养其能力，促进其个性生动活泼地发展。一个好教师的基本条件之一，就是要有比较渊博的知识和多方面的才能。

（4）专门的教育素养。教师的专门教育素养水平及其合理结构是教育教学任务得以完成的重要保证，它主要包括教育理论素养、教育能力素养和教育研究素养。

（5）健康的心理素质。教师的心理健康不仅会直接影响教育工作的优劣成败，而且会影响学生的心理健康水平。因此，教师应该注重提高自己的心理素质。

（6）强健的身体素质。教师的身体素质是指教师在教学活动中的自然力，是教师的身体健康状态和身体素质状态在教学中的表现。

4. 培养班集体的方法。

【答案要点】

（1）确定集体的目标。

目标是集体的发展方向和动机。建构集体首先要使集体明确奋斗的目标。集体的目标应当由班主任同全班同学一道讨论确定，以便统一认识，调动大家的积极性。集体的目标一般包括近期的、中期的和远期的。目标的提出应当由易到难，不断推动集体向前发展。

（2）健全组织、培养干部以形成集体核心。

要注重健全班的组织与功能，关键是要做好班干部的选拔与培养，以形成集体核心，使班组织能正常开展工作。班主任应放手让班干部大胆工作，在实践中锻炼、培养、提高；要教育班干部谦虚谨慎，以身作则、严于律己，对他们不可偏爱和护短，以免导致干群对立和班级的不团结。

（3）有计划地开展集体活动。

班集体是通过开展集体活动逐步形成起来的，只有在为实现集体的共同目标而进行的系列活动中,全班学生才能充分交往、沟通、协作,紧密团结,形成集体的核心,调动全班同学的积极性;才能激发出学生的工作责任感和集体主义精神,使他们学会正确处理人与人、个人与集体、班级与学校及社会之间的关系,形成正确的舆论和班风。班主任应重视全面开展各种活动,让每个学生都能在活动中得到锻炼与提高,以推动班集体的蓬勃发展。

(4)培养正确的舆论和良好的班风。

班主任应经常注意组织学生学习政治理论、道德规范,以提高他们的认识;并注重表扬好人好事,批评不良思想行为,为形成正确舆论打下思想基础。特别是班主任要善于抓住重大偶发事件的处理,组织学生讨论,以分清是非,推动正确舆论的形成。

(5)做好个别教育工作。

个别教育十分重要,只有教育好每个学生,使每个学生都积极参与班级的各种活动,都关心班级、热爱班级,在参与班组的活动中发挥作用、获得提高,确保没有一个人掉队,才能真正带好一个班,把班级建设成为真正的集体。个别教育工作包括:第一,促进每个学生个性的全面发展;第二,做好后进生的思想转变工作;第三,做好偶发事件中的个别教育。

三、分析论述题

1. 人的发展的规律性及其教育学意义。

[答案要点]

(1)顺序性。

①基本含义:在正常情况下,人的发展具有一定的方向性和顺序性,既不能逾越,也不能逆向发展。如个体动作的发展就遵循自上而下、由躯体中心向外围、从粗动作向细动作的发展规律性。就心理而言,儿童的发展总是从无意注意到有意注意,从机械记忆到意义记忆,从具体形象思维到抽象逻辑思维,从喜怒哀乐等一般情绪发展到道德感、理智感、美感等高级情感。

②教学指导:个体身心发展的顺序性,决定了教育教学工作的顺序性,在不同的发展阶段展开不同的教育活动,同时更应该按照发展的序列来施教,做到循序渐进。

(2)不平衡性。

①基本含义:人的发展不总是匀速直线前进的,不同的系统的发展速度、起始时间、达到的成熟水平是不同的;同一机能系统在发展的不同时期也有不同的发展速率。从总体发展来看,幼儿期出现第一个加速发展期,青春发育期出现第二个加速发展期。

②教学指导:人的发展的不平衡性要求教育要掌握和利用人的发展的成熟机制,抓住发展的关键期,促进学生健康地发展。

(3)阶段性。

①基本含义:人的发展变化既体现出量的积累,又表现出质的飞跃。当某些代表新质要素的量积累到一定程度时,就会导致质的飞跃,从而表现出发展的阶段性。个体的身心发展的阶段性表现为不同年龄阶段的个体具有不同的年龄特征及主要矛盾,面临着不同的发展任务。

②教学指导:人的发展的阶段性要求教育要从学生的实际出发,尊重不同年龄阶段学生的特点,并根据这些特点提出不同的发展任务,采用不同的教育内容和方法,进行有针对性的教育,以便有效地促进他们的个性发展。

(4)个别差异性。

①基本含义:人的发展的个体差异表现在身心发展的速度、水平、表现方式等方面。如在发展速度上,有的儿童早慧,有的儿童大器晚成。

②教学指导:人的发展的个别差异性要求教育要深入了解学生,针对学生不同的发展水平及不

同的兴趣等因材施教，引导学生扬长避短、发展个性，促进学生自由发展。

（5）整体性。

①基本含义：人的生理、心理和社会性等方面的发展是密切联系在一起的，并在发展过程中相互作用，使人的发展表现出明显的整体性。

②教学指导：人的发展的整体性要求教育要把学生看作复杂的整体，促进学生在体、智、德、美、行等方面全面和谐地发展，把学生培养成完整和完善的人。

2. 陶行知的生活教育理论。

【答案要点】

（1）"生活即教育"。

"生活即教育"是陶行知生活教育理论的核心。其内涵包括：生活含有教育的意义；实际生活是教育的中心；生活决定教育，教育改造生活。

"生活即教育"所强调的是教育以生活为中心，所反对的是传统教育脱离生活而以书本为中心。尽管它在生活与教育的区别和系统的知识传授方面有所忽视，但在破除传统教育脱离民众、脱离社会生活的弊端方面，有十分重要的意义。

（2）"社会即学校"。

"社会即学校"是生活教育理论另一重要主张，是"生活即教育"思想在学校与社会关系问题上的具体化。"社会即学校"，是指"社会含有学校的意味"，或者说"以社会为学校"。由于到处是生活，到处都是教育，"整个的社会是生活的场所，亦即教育之场所"。

"社会即学校"，也指"学校含有社会的意味"。也就是说，学校通过与社会生活相结合，一方面运用社会的力量使学校进步，另一方面动员学校的力量帮助社会进步，使学校真正成为社会生活必不可少的组成部分。

"社会即学校"扩大了学校教育的内涵和作用，对于传统的学校观、教育观有所改变。传统学校与社会生活脱节，学生孤陋寡闻，而以社会为学校，使得教育的材料、教育的方法、教育的工具、教育的环境可以大大地增加，有利于拓展学生的知识，增强学生的能力。"社会即学校"，还可以使被传统学校拒之门外的劳苦大众能够受到起码的教育，贯穿了普及民众教育的苦心，同样也值得肯定。

（3）"教学做合一"。

"教学做合一"是生活教育理论的又一重要主张，是"生活即教育"在教学方法问题上的具体化。其含义为：教的方法根据学的方法；学的方法根据做的方法。事怎样做便怎样学，怎样学便怎样教。教与学都以做为中心。包括以下四个要点："教学做合一"要求在"劳力上劳心"；"教学做合一"是因为"行是知之始"；"教学做合一"要求"有教先学"和"有学有教"；"教学做合一"还是对注入式教学法的否定。

（4）评价。

陶行知的生活教育理论是一种大众的、为人民大众服务的教育理论，且还是一种不断进取创造，旨在探索具有中国民族特色的教育道路的理论。

生活教育理论还在教育观念的改变方面颇有建树，无论是强调学校教育与社会生活、生产劳动相结合，还是要求手脑并用、在劳力上劳心，都是对学校与社会割裂、书本与生活脱节、劳心与劳力分离的传统教育的反动，显示出强烈的时代气息，至今都富于启示。

陶行知的生活教育理论是我国民族教育理论宝库中十分可贵的遗产，值得我们珍惜并认真研究借鉴。

3. 赞可夫的发展性教学理论。

【答案要点】

（1）发展性教学理论。

赞科夫认为，教学的核心是要使学生的一般发展取得成效。一般发展的具体含义如下：

一般发展是指儿童心理的一般发展。指的是个性的所有方面的进步；一般发展不同于特殊发展。一般发展在学习任何学科、任何情境中都会表现出来；一般发展不同于全面发展。这里的一般发展指的是发展的心理学和教育学方面；一般发展有别于智力发展。不仅发展学生的智力，还包括情感、意志、品质、性格等方面；一般发展还包括身体发展和心理发展。但赞科夫主要研究的是教学与儿童心理一般发展的关系。

（2）五项教学论体系的新原则。

①以高难度进行教学的原则。这一原则在实验教学论体系中起决定性作用。难度的含义是要求学生通过努力克服障碍。但高难度并不意味着越难越好，困难的程度要控制在学生的"最近发展区"的范围内。

②以高速度进行教学的原则。这一原则要求教学不断地向前运动，以各方面内容丰富的知识来充实学生的头脑，为学生深入地理解所学知识创造有利的条件。要克服多余的重复烦琐的讲解以及机械的练习，以节约时间、加快进度。要善于利用一切手段提高学习质量。

③理论知识起主导作用的原则。这一原则不贬低学龄初期儿童掌握技巧的重大意义，而是要求学生在一般发展的基础上，尽可能深入领会有关概念和规律性的知识。

④使学生理解学习过程的原则。实验教学不仅要求学生会背，而且要求学生学会分析、比较、综合、归纳，了解所学知识之间的联系，等等。这样做有利于发展学生的思维能力，提高他们学习的主动性与创造性，教会他们学习。

⑤使班上所有的学生都得到一般发展的原则。这条原则的本质在于让优、中、差三类学生都以自己现有的智力水平为起点，按照自己最大的可能性得到理想的一般发展。

（3）赞科夫教育思想的评价。

赞科夫的教育理论对苏联教育理论与实践的发展影响较大。他的发展性教学理论的一些观点为苏联教育理论界所接受，并被吸收到20世纪70—80年代出版的教育著作和教科书中。但其理论也存在一定的局限性，他的研究主要从儿童心理的角度进行，很少考虑教学过程的社会政治与道德要求，过分强调认知方面的智育。此外，对待传统教学理论的全盘否定态度是不科学的。

4. 联系实际谈谈创造性的培养措施。

【答案要点】

创造性是个体利用一定内外条件，产生新颖、独特、有社会和个人价值产品的心理特性。这种心理品质是综合的、多维的，它包括与创造活动密切联系的认知品质、人格品质和适应性品质。创造性表现与创造活动之中，其结果以"产品"为标志，其水平以产品的"价值"为标准。

创造性的培养措施：

（1）营造鼓励创造的环境。这是促进学生创造性发展的必要条件。首先，应倡导民主式的教育和管理。其次，应改革考试制度，为学生创造宽松的学习环境。再次，应增加自主选择课程的机会和有针对性的课程设计。最后，应为学生提供创造性人物的榜样。

（2）培养创造性的教师队伍。首先，要转变教师的教育教学观念，使教师形成理解并鼓励学生的创造；其次，要教给教师必要的创造技法和思维策略；再次，为教师提供明晰的、具有实用价值的有关创造性的知识及相应的教学策略和技能；最后，教师应不断学习关于创造性的心理学知识，用心理学的理论指导自己的实践。

（3）培育创造意识，激发创造动机。只有当个人具有自觉的创造意识、强烈的创造动机，才易产生新思想、新方法、新观点。需要做到：树立学生创新的自信心；激发学生创造的热情；磨砺学生创造的意志；培养学生创造的勇气。

（4）发展和培养创造性思维。创造性思维是创造性的核心。创造性思维的培养应注意以下几个方面：加大思维的"前进跨度"，培养思维的跳跃能力；加大思维的"联想跨度"，使学生敢于把习惯上认为毫不相干的、表面上看来微不足道的问题联系起来或进行移植；加大"转换跨度"，引导学生敢于否定原来的设想，善于打破固有的思路；给学生大胆探索与推测的体会。

（5）开设创造课程，教给创造技法。教学是培养学生创造性的重要途径。因此，开设创造性课程已成为国内外开发创造性的有效途径。在创造性课程的教学中，注重教给学生基本的创造技巧与方法是培养创造性的有效措施。促进创造性发展的主要创造技法有：头脑风暴法、系统探求法、联想类比法、组合创新法、对立思考法、转换思考法。

（6）塑造创造性人格。创造性人格是创造性的重要组成部分，培养学生的创造性人格是培养创造性的重要内容。主要方法有：保护好奇心；解除对错误的恐惧心理；鼓励独创性与多样性。此外，自信与乐观、忍耐与有恒心、合作、严谨等也是创造性人格培养的重要方面。

2010年 华中师范大学 333 教育综合·真题解析

一、名词解释

学校教育

学校教育是狭义的教育，指一种专门组织的不断趋向规范化、制度化、体系化的教育。它是根据一定的社会现实和未来需要，遵循受教育者身心发展的规律，有目的、有计划、有组织地对受教育者身心施加影响，把他们培养成为一定社会或阶级所需要的人的活动。

教育目的

教育目的是对教育活动所要培养的人的个体素质的总的预期与设想，是对社会历史活动的主体的个体素质的规定。它体现一定社会对受教育者质量规格的界定和要求，也体现人自身发展所应该达到的水准和高度。

讲授法

讲授法是指教师通过语言系统地向学生传授科学文化知识、思想理念，并促进他们的智能与品德发展的方法。可分为讲读、讲述、讲解和讲演四种。

《学记》

《学记》是《礼记》的一篇，是中国古代最早的一篇专门论述教育、教学问题的论著，因此有人认为它是"教育学的雏形"。《学记》是先秦时期儒家教育和教学活动的理论总结，它主要论述教育的具体实施，偏重于说明教学过程的各种关系。

道尔顿制

道尔顿制是美国进步主义教育家帕克赫斯特针对班级授课制的弊端在道尔顿中学实施的一种个

别教学制度，也称"道尔顿计划"。其主要内容包括在学校废除课堂教学、课程表和年级制，代之以"公约"或"合同式"的学习；将教室改为作业室或实验室，用表格法来了解学生的学习进度等。

元认知

元认知就是对认知的认知，具体地说，是关于个人自己认知过程的知识和调节这些过程的能力，是对思维和学习活动的认知和控制。元认知具有两个独立但又相互联系的成分，即元认知知识和元认知控制。

二、简答题

1. 教育的相对独立性。

【答案要点】

教育的相对独立性是指作为社会一个子系统的教育，它对社会的能动作用具有自身的特点和规律性，它的历史发展也有其独特连续性和继承性，主要表现为以下几方面：

（1）教育是培养人的活动，通过所培养的人作用于社会。教育尤其是学校教育，是有意识地影响人、培育人、塑造人的社会活动。它主要通过引导和促进年轻一代社会化、个性化，成为社会活动的参与者和继承者，以保证并促进社会的生存、延续与发展。

（2）教育具有自身的活动特点、规律及原理。教育是培养人的活动，而人具有特殊的身心发展和成熟的规律。教育教学及其相关活动必须认识、遵循和创造性地运用这些基本特点与规律，才能有效地培育人才。此外，还应重视和遵循前人的宝贵经验，并在此基础上继续发展、前进。

（3）教育具有自身发展的传统与连续性。由于教育有自身的规律和特有的社会功能，它一经产生、发展便将形成和强化其相对独立性，具有发展的连续性、继承性和惯性。因此，无论发展教育事业，或进行教育改革，都要重视与借鉴教育的历史经验，都应在原有的基础上积极改进、稳步前行。

2. 上好一堂课的要求。

【答案要点】

上好课，是提高教学质量的关键。应以现代教学理念为指导，遵循教学规律与原则，创造性地运用教学方法，并注重做到以下几点：

（1）明确教学目的。这是上好一堂课的前提。

（2）保证教学的科学性与思想性。这是上好一堂课的基本质量要求。

（3）调动学生的学习积极性。这是上好一堂课的内在动力。

（4）注重解惑纠错。这是上好一堂课的关键。

（5）组织好教学活动。这是上好一堂课的保障。

（6）布置好课外作业。

3. 教师劳动的特点。

【答案要点】

（1）教师劳动的复杂性。

学生状况的复杂性决定着教师劳动的复杂性；教师任务的多样性制约着教师劳动的复杂性；影响学生发展因素的广泛性制约着教师劳动的复杂性。

（2）教师劳动的示范性。

教育是教师引导、培养学生的活动，它要求教师以身作则，具有示范性。教师的劳动对象是处在发展过程中的青少年学生，他们具有尊敬教师、乐于接受教师的教导、以教师为表率的所谓"向师性"的特点。因此,教师必须严格要求自己,以身作则,通过示范的方式去影响学生,以便取得最佳教育效果。

(3)教师劳动的创造性。

①教师劳动创造性的最重要特征之一是他的工作对象——儿童经常在发生变化,永远是新的,今天同昨天就不一样。

②教师劳动的创造性表现在因材施教上。教师不仅要针对学生集体的特点,而且还要针对学生个体的特点有的放矢地进行教育,创造性地开展工作,才能收到良好的效果。

③教师劳动的创造性,也表现在对教育、教学的原则、方法、内容的运用、选择和处理上。

④教师劳动的创造性,还表现在教育教学过程中,教师对各种突发情况做出及时反应、妥善处理的应变能力上,即教育机智。

⑤教师劳动的创造性,并不意味着它会自动产生。一位教师要创造性地开展教育工作,必须经历艰苦的劳动和长期的积累,善于反思与探究,机智地开展工作,才能涌现创造性。

(4)教师劳动的专业性。

教师劳动的专业性突出表现在教师对育人的崇高敬业精神和道德修养上,对教育教学专门化知识和技能的掌握与教育活动的自主权上。

4. 影响学习动机的因素及其意义。

【答案要点】

学习动机是动机在学习活动中的表现,是引起和维持个体进行学习活动,并使活动朝向一定的学习目标,以满足某种学习需要的一种内部心理状态。它的主要内容包括知识价值观、学习兴趣、学习效能感和成败归因。

影响学习动机的因素:

内部因素:

(1)需要与目标结构。每个学生认知需要的强度不同,反映在学习动机上也有强度差异。学生的学习目标可分为两类,即掌握目标和成绩目标。掌握目标定向者倾向于把学习的成败归因于内部原因,成绩目标定向者倾向于把学习的成败归因于运气、能力和任务难度等外部原因。

(2)成熟与年龄特点。年幼儿童的动机主要是生理性动机,随着年龄的增长,社会性动机及其作用也日益增长。年幼儿童对生理安全过分关注,而中学生对社会影响比较关注。

(3)性格特征与个别差异。学生的兴趣爱好、好奇心、意志品质都影响着学习动机的形成。

(4)志向水平与价值观。学生的人生观、世界观、价值观所直接反映的理想情况或志向水平影响其学习动机和目标结构的形成。

(5)焦虑程度。焦虑程度会影响学习动机和学业成绩。大量研究表明,中等程度的焦虑对学习是有益的,焦虑程度过低或过高都会对学习产生不良影响。

外部因素:

(1)家庭环境与社会舆论。第一,社会要求通过家庭对学生的动机起影响作用;第二,在学生动机形成过程中,家庭文化背景、精神面貌也起着极其重要的作用。

(2)教师的榜样作用。第一,教师是学生学习动机的榜样;第二,教师的期望也会对学生的动机和行为产生不同的影响;第三,教师还是沟通社会、学校的要求与学生的成长,形成正确动机的纽带,要善于把各种外部因素与学生的内部因素结合起来。

三、分析论述题

1. 人的发展规律性及其教育学意义。

【答案要点】

（1）顺序性。

①基本含义：在正常情况下，人的发展具有一定的方向性和顺序性，既不能逾越，也不能逆向发展。如个体动作的发展就遵循自上而下、由躯体中心向外围、从粗动作向细动作的发展规律性。就心理而言，儿童的发展总是从无意注意到有意注意，从机械记忆到意义记忆，从具体形象思维到抽象逻辑思维，从喜怒哀乐等一般情绪发展到道德感、理智感、美感等高级情感。

②教学指导：个体身心发展的顺序性，决定了教育教学工作的顺序性，在不同的发展阶段展开不同的教育活动，同时更应该按照发展的序列来施教，做到循序渐进。

（2）不平衡性。

①基本含义：人的发展不总是匀速直线前进的，不同的系统的发展速度、起始时间、达到的成熟水平是不同的；同一机能系统在发展的不同时期也有不同的发展速率。从总体发展来看，幼儿期出现第一个加速发展期，青春发育期出现第二个加速发展期。

②教学指导：人的发展的不平衡性要求教育要掌握和利用人的发展的成熟机制，抓住发展的关键期，促进学生健康地发展。

（3）阶段性。

①基本含义：人的发展变化既体现出量的积累，又表现出质的飞跃。当某些代表新质要素的量积累到一定程度时，就会导致质的飞跃，从而表现出发展的阶段性。个体的身心发展的阶段性表现为不同年龄阶段的个体具有不同的年龄特征及主要矛盾，面临着不同的发展任务。

②教学指导：人的发展的阶段性要求教育要从学生的实际出发，尊重不同年龄阶段学生的特点，并根据这些特点提出不同的发展任务，采用不同的教育内容和方法，进行有针对性的教育，以便有效地促进他们的个性发展。

（4）个别差异性。

①基本含义：人的发展的个体差异表现在身心发展的速度、水平、表现方式等方面。如在发展速度上，有的儿童早慧，有的儿童大器晚成。

②教学指导：人的发展的个别差异性要求教育要深入了解学生，针对学生不同的发展水平及不同的兴趣等因材施教，引导学生扬长避短、发展个性，促进学生自由发展。

（5）整体性。

①基本含义：人的生理、心理和社会性等方面的发展是密切联系在一起的，并在发展过程中相互作用，使人的发展表现出明显的整体性。

②教学指导：人的发展的整体性要求教育要把学生看作复杂的整体，促进学生在体、智、德、美、行等方面全面和谐地发展，把学生培养成完整和完善的人。

2. 朱子读书法及其当代意义。

【答案要点】

朱熹一生酷爱读书，对于如何读书有深切的体会，并提出了许多精辟的见解。他的弟子将其概括为"朱子读书法"六条。

（1）循序渐进。朱熹主张读书要"循序渐进"，包含三个方面的意思：第一，读书要按一定的次序，不要颠倒；第二，应根据自己的实际情况和能力，安排读书计划，并切实遵守它；第三，读书要扎扎实实打好基础，不可囫囵吞枣，急于求成。

（2）熟读精思。朱熹认为，读书既要熟读成诵，又要精于思考。熟读有利于理解，熟读的目的是为了精思。精思就是从无疑到有疑再到解疑的过程，即发现问题和解决问题的过程。

（3）虚心涵泳。所谓"虚心"是指读书时要虚怀若谷，静心思虑，仔细体会书中的意思，不要先入为主，牵强附会；所谓"涵泳"是指读书时要反复咀嚼，细心玩味。

（4）切己体察。强调读书不能仅仅停留在书本上和口头上，而必须要见之于自己的实际行动，要身体力行。他竭力反对只向书本上求义理，而不"体之于身"的读书方法，认为这样无益于学。

（5）着紧用力。包含两方面的意思：其一，必须抓紧时间，发愤忘食，反对悠悠然；其二，必须抖擞精神，勇猛奋发，反对松松垮垮。

（6）居敬持志。既是朱熹道德修养的重要方法，也是他最重要的读书法。"居敬"是读书时精神专一，注意力集中；"持志"是要树立远大的志向和高尚的目标，并要以顽强的毅力坚持下去。

评价：

（1）进步性。朱熹的读书法是他自己和前人长期的读书经验的概括和总结，比较集中地反映了我国古代对于读书方法研究的成果，朱子读书法反映了读书学习的基本规律和要求，在今天仍具有一定的参考价值和借鉴作用。

（2）局限性。朱子读书法也不可避免地存在时代和阶级的局限性，突出表现为：朱熹所提倡读的书主要是宣传封建伦理道德的"圣贤之书"；他的读书法主要是强调如何学习书本知识，而未曾注意到与实际知识之间的联系。

3. 评述苏霍姆林斯基的个性全面和谐发展的教育思想。

【答案要点】

苏霍姆林斯基是苏联著名的教育理论家和实践家，被誉为"教育思想的泰斗"。贯穿于他一生的教育实践主线是全面和谐发展的教育思想。主要著作有《给教师的一百条建议》《把整个心灵献给孩子》《帕夫雷什中学》等，被称为"活的教育学"和"学校生活的百科全书"。

（1）全面和谐教育的含义。

苏霍姆林斯基认为，为了培养全面和谐发展的人，就必须深入地改善整个教育过程，实施和谐的教育。全面和谐的教育包含两层含义：要把学生认识和改造世界的活动和谐地结合起来，要求学生的体力劳动与智力活动结合、课堂教学与课外活动结合、教育与自我教育结合；要把德、智、体、美、劳诸育和谐地结合起来，强调的是诸育的相互渗透和交织，统一为一个完整的过程。

（2）全面和谐发展教育实施。

①德育，在全面和谐的教育中应占有主导的地位。德育贯穿于学校教学、教育工作的各个方面，德育任务的完成有赖于其他各育的实施，学校里所做的一切都应当包含深刻的道德意义。

②智育，是学校的主要任务。智育应当包括获得知识，形成科学世界观，发展认识和创造能力，养成脑力劳动文明等。

③体育，被视为一个人得以全面发展、和谐发展的最重要因素。苏霍姆林斯基认为体育工作首先要关注人的身体健康，其次要关注体育在培养道德、审美和智育等方面的重要作用，要保证人的身体发育、精神生活以及多方面的活动的协调一致。

④美育，苏霍姆林斯基对美育的重视以他对情感在人的个性形成中的重要作用的认识为基础，认为"美是心灵的体操"，要通过各种活动潜移默化地培养学生的美感。

⑤劳动教育，苏霍姆林斯基认为脱离劳动就不可能有教育，应该尽早开始劳动教育。劳动既是学生认识和理解世界的手段，也是他们进行自我认识和自我教育的重要途径。劳动具有经济的价值；劳动能丰富学生的精神生活，提高他们的道德素养，完善审美情操；创造性劳动是道德修养的源泉和精神文明的基础。

（3）全面和谐发展教育的原则。

全面与和谐不可分割；多方面教育的相互配合；个性发展与社会需要相适应；学生自由；尊重儿童，重视自我教育。

（4）苏霍姆林斯基教育思想的评价。

苏霍姆林斯基的教育理论与实践对20世纪70—80年代苏联教育理论的发展产生了很大的影响，如，苏联教育家巴班斯基就接受了苏霍姆林斯基关于教育和教学工作整体性的观点，将全面和谐发展学生的个性作为学校理想的观点。此外，他的教育理论与实践在中国教育界也受到了十分广泛的关注。

4. 联系实际论述问题解决能力的培养。

【答案要点】

在实际教学中，学生问题解决的能力可以结合各门学科的内容来进行训练和提高。教师要把重点放在课题的知识上，放在特定学科的问题解决的逻辑推理和策略上，放在有效解决问题的一般原理和原则上。

（1）鼓励质疑。教师要尽量从自己提出问题过渡到让学生质疑，从而培养学生主动质疑的内在动机，鼓励学生主动提问，形成一种自由探究的气氛。

（2）设置难度适当的问题。教师给学生的问题要可解，但也要有一定的难度。

（3）帮助学生正确表征问题。学生运用所学知识解释问题，或者画草图、列表、写方程式等，这对回忆相关信息都有很好的作用。

（4）帮助学生养成分析问题的习惯。教师要帮助学生发展系统考虑问题的方式和系统分析的习惯，既不能让学生盲目尝试错误练习，也不能过分热心，先把答案告诉学生。

（5）辅导学生从记忆中提取信息。教师需要帮助学生从记忆中迅速提取与解决问题有关的信息，并能很快找出可利用的信息，明确问题解决情境与想要达到的目的，迅速做出判断。

（6）训练学生陈述自己的假设及其步骤。教师要培养学生由跟从别人的言语指导转变到自行指导思考，然后再要求他们自己用言语把指导步骤表达出来。

（7）提供结构不良问题，培养实际解决问题的能力。通过对这些问题的解决，能让学生将解决问题的能力迁移到实际领域中去。

2022年 湖南师范大学333教育综合·真题真练

一、名词解释
锁院制　京师大学堂　泛爱主义教育　《费舍教育法》　先行组织者　酝酿效应

二、简答题
1. 简述黄宗羲"公其非是于学校"的教育主张。
2. 简述"壬子癸丑"学制的基本内容。
3. 简述彼得一世的教育主张及影响。
4. 简述终身教育思潮的主张及其现实意义。

三、材料分析论述题
1. 论述马克思主义"生产劳动与教育相结合"与"教育与生产劳动相结合"各自的内涵与目的。

2. 阅读下面材料

五千年的华夏文明，孕育了优秀的传统文化，传统节日是文化传播和传承的重要载体，承载了厚重的文化内涵，借助这些传统节日开展主题教育系列活动，是滋养学生内心的很好平台。某学校清明节期间，号召学生向先烈学习；端午节期间，该校通过研学主题班会，让孩子们了解节日的来历和风格，另外还分年级开展活动，给社区老人带去温情；中秋节期间，该校组织各班开展了"月到中秋"活动，刚刚过去的重阳节，该校倡导学生爱老敬老，学校统一召开了主题班会，分年级开展家庭实践活动。孩子们吟唱着歌谣，给亲人捶背，洗脚。

请回答：
（1）该学校主要遵循了哪一种德育规律？
（2）结合材料论述遵循该德育规律的基本要求。

3. 阅读下面的材料。

在中共中央国务院2020年10月而发的《深化新时代教育评价改革总体方案》中指出评价改革应"坚持以德为先，能力为重，全面发展，坚持面向人人，因材施教，知行合一，坚决改变用分数给学生贴标签的做法，创新德智体美劳过程性评价办法，完善综合素质评价体系，切实引导学生坚定理想信念，厚植爱国主义情怀，加强品德修养，增长知识见识，培养奋斗精神、增强综合素质"。

这段话为中小学教学评价改革确立了怎样的观念？在教学评价中如何处理"关注目标"与"关注价值"的关系？

4. 阅读下面的材料。

子曰："不愤不启，不悱不发，举一隅不以三隅反，则不复也。"——《论语·述而》

请问这里讲述的是学习中的哪种现象？并在解释这一现象的基础上谈谈如何在教学中促进这一现象的发生。

2021年 湖南师范大学 333 教育综合·真题真练

一、名词解释

期会　积分法　《理想国》　新教育运动　期望—价值理论　有意义学习

二、简答题

1. 简述荀子的学习过程。
2. 简述陶行知的六大解放内容。
3. 简述福禄培尔的地位。
4. 简述英国《1988年教育改革法》。

三、分析论述题

1. 论述传授-接受学习的基本阶段。
2. 论述情境陶冶法的基本内涵和运用要求。
3. 材料大意：化学老师自制唇膏送给学生。
谈谈新时代下教师需要具备的素质。
4. 论述建构主义学习观。

2020年 湖南师范大学 333 教育综合·真题真练

一、名词解释

《劝学篇》　六艺　苏格拉底法
《国家处在危险之中：教育改革势在必行》　资源管理策略　错误概念

二、简答题

1. 简述孔子的教学原则。
2. 简述我国二十世纪二三十年代的教育思潮。
3. 简述夸美纽斯的泛智理论。
4. 简述《1944年教育法》。

三、分析论述题

1. 试论述人的发展的特点及其对教育的启示。
2. 试论述直接经验和间接经验的关系。
3. 试论述教师和人工智能的关系。

4. 材料大意：实验结果为一组有奖励，不继续学习，一组无奖励，继续学习。
(1) 试分析其原因。
(2) 谈谈在教学中如何运用奖励。

2019年 湖南师范大学 333 教育综合·真题真练

一、名词解释
监生历事制度　中世纪大学　化农民和农民化　绅士教育　上位学习　成就动机

二、简答题
1. 简述《学记》的教育教学原则。
2. 简述杜威的教育目的观。
3. 简述斯宾塞的生活准备说。
4. 简述蔡元培对北大改革的主要措施。

三、分析论述题
1. 班集体是什么？论述培养班集体的主要方法。
2. 试述人的发展的规律，并就此论述如何进行教育。
3. 材料：一个学生打架，原因是见义勇为。老师弄清楚是其他人欺负弱小的原因后，肯定了他的关爱之心。同时告诫他通过打架解决问题是不对的，希望这个学生可以将正义和爱心以合理的方式呈现，并与自己的学习联系起来。
(1) 该材料中老师贯彻了什么德育原则？
(2) 试述该德育原则的实施要求。
4. 学习策略教学过程中，应遵循的要求与原则有哪些？

2018年 湖南师范大学 333 教育综合·真题真练

一、名词解释
恩物　实科中学　教学做合一　学在官府　功能固着　概念同化

二、简答题
1. 简述《中庸》的学习过程和学习内容的观点。
2. 简述裴斯泰洛齐的要素教育思想。
3. 简述梁漱溟的乡农学校组织原则和教育内容。

4.简述1870年英国《初等教育法》的基本内容。

三、分析论述题
维果茨基的"最近发展区"在教学中应该如何发挥作用？

四、案例分析题
1.材料：QQ群里经常有这样的信息："哪位家长方便打印一下这个材料？""哪位家长有时间来整理一下教室？"……记者近日采访武汉近百位中小学家长发现，如今在班级面对老师发出的这类"求助信号"，有些热心家长争先恐后"抢任务"，但也有不少家长叫苦不迭，认为这样的"家校合作"有些越界。

回答下列问题：

家庭教育的含义是什么？分析案例，简单说明怎样才是正常的家庭教育和学校教育的合作？

2.一个老师去教室巡视的时候，一群学生涌上来七嘴八舌地告诉老师，有人打架了。老师看到这两个孩子的时候，他们还揪着对方不肯放。老师问清了事情的缘由，原来是因为窗户上停了一只虫子，其中一个孩子认为这是一只害虫，就想把窗子推过去关上夹死它；而另一个孩子认为这是一只好虫子，不该夹死它。于是就这样吵了起来，乃至打了起来。老师对他们说："你们两个人，一个很有正义感，要消灭害虫，我理解你的心情；另一个很有慈悲心肠，很善良，老师也很赞赏。这只虫子老师也不认识，老师建议打开窗户，把它赶走就可以了。"两个小孩都表示很赞同，然后握手言欢，皆大欢喜。

回答下列问题：

班主任权威是什么？分析案例，班主任应该如何对待学生的告状？

3.材料：人大附中校长、某中学教师、某师范大学教授、某教师四人就公平教育展开讨论。人大附中校长认为教育公平就是给孩子施加过多丰富的教育；某中学教师认为给孩子施加过多教育本身就是不公平；某师范大学教授认为公平教育就是要每个孩子个性发展；某教师也认为要发展学生的个性。

问题：同样是教育公平的问题，人大附中校长与师范大学教授争论的原因是什么？你认为什么是教育公平？

4.北京市政府发布不允许在幼儿园里教儿童拼音和汉字，也不允许教儿童20以上的加减乘除等小学阶段的知识。请你评价其做法。

2017年 湖南师范大学333教育综合·真题真练

一、名词解释
庶、富、教　《理想国》　元认知　顺向迁移　"五育"并举　道尔顿制

二、简答题
1.简述朱子读书法。
2.人文主义教育的特征。

3. 按教育机构划分，教育分为哪几种？
4. 根据教育研究对象和任务，为什么必须对教育问题进行研究？

三、分析论述题

1. 教师职业的本质和特点，谈谈在实践中如何实现。
2. 试述学习动机对学习效果的影响。
3. 试述夸美纽斯对历史的贡献。
4. 试述晏阳初的四大教育和三大方式。

四、材料题

材料：据2015年12月19日华商晨报报道，学校组织排练演出，孩子演"绿叶"，家长犯嘀咕。沈阳市民赵先生最近有点烦，因为丈母娘这几天总跟他反复强调一件事：孩子在幼儿园的年末演出中被排在了最后一排。"我开始没太当回事，我们家是小男孩，也不像小姑娘那样灵巧活泼，幼儿园有演出就跟着跳跳得了，可我丈母娘不高兴了，说我们家连脸都露不出来，长得也不比别人差，都白瞎了。非逼着我去跟老师反映一下这事，后来还跟我说，让我给老师送点礼，给孩子往前调一调。"赵先生无奈地说。

就下列问题展开论述：
1. 根据材料，你怎么看待红花和绿叶？
2. 教育活动中应该如何处理学生中的红花和绿叶这个问题？
3. 教师应如何与家长沟通？

湖南师范大学333教育综合·真题真练

一、名词解释

自我效能感　上位学习　"从做中学"《教育漫话》"活教育"《大学》

二、简答题

1. 黄炎培职业教育的主要思想及其对现代教育的启示。
2. 墨家教育思想的特征及其借鉴意义。
3. 谈谈你对苏格拉底"知识即美德"的理解。
4. 裴斯泰洛齐"教育心理学化"理论主要内容及影响。

三、分析论述题

1. 试分析错误观念及其对教学的启示。
2. 教育学理论建设的任务不是逻辑推理和思辨的科学，应该是怎么样的？如何根据教育学研究原则构建教育学逻辑体系？
3. 论述学校教育在人的身心发展中的特殊作用。根据教育改革，如何发挥学校教育的特殊作用？
4. 材料：BBC纪录片《我们的孩子足够坚强吗》。
（1）中国和英国的基础教育都应该注意什么？

（2）这场教学比赛是一般的教学竞赛吗？请评价教学竞赛。
（3）中英教育应互相学习什么？

2015年 湖南师范大学333教育综合·真题真练

一、名词解释
分斋教学　生活教育　美德即知识　教育即经验的改造　品德　功能固着

二、简答题
1. 在现代和学校教育、家庭教育一样，社会教育也发展了起来，社会教育迅速发展起来的原因有哪些？
2. 简述文化对教育的作用。

三、分析论述题
1. 论述儒家和墨家教育思想的异同。
2. 论述卢梭的自然主义教育理论的基本内容。
3. 制定德育目标的主要依据是什么？我国中小学德育目标的要求主要体现在哪些方面？

四、材料题
1. 有人认为，高智商会有高创造力，有高创造力的一定是智商高的人。
试从创造力和智商的关系来分析此观点。
2. 材料大意：国家文件中规定，在县区内学校间实行校长和教师的轮岗制度。
结合材料，谈谈教师交流轮岗制度对教师成长和教育质量提高的影响。

2014年 湖南师范大学333教育综合·真题真练

一、名词解释
中学为体，西学为用　附属内驱力　顺向迁移　《理想国》　三舍法　终身教育

二、简答题
1. 学校教育产生的条件。
2. 普通教育学的任务分为理论建设和实践应用两部分。试说明理论建设的任务（原则和要求）。

三、分析论述题
1. 职业教育的"三大要旨"及对当今职业教育的借鉴意义。

2. 要素主义流派的主要观点。
3. 教学过程的特点及学生掌握知识的基本阶段。

四、案例分析题

1. 材料大意：某学生模仿动画片《喜羊羊与灰太狼》中的片段，做"绑架烤羊"游戏，结果烤羊烧伤玩伴。这属于班杜拉的观察学习。

请问从班杜拉的学习理论出发，怎样消除以上案例中的不良影响？

2. 材料大意：某研究生为了摆脱父母的控制，去超市偷东西并留下了地址，在无人来找后自己去警察局自首，被罚款两千和拘留十五天。

试用有关学生成长的教育理论对此案例进行分析。

2013年 湖南师范大学333教育综合·真题真练

一、名词解释

《论语》 中华职业教育社 替代强化 终身教育思潮 道尔顿制

二、简答题

1. 简述学生掌握知识的基本阶段。
2. 试述现代教育的基本特点。

三、分析论述题

1. 教学过程的性质决定教学特点，请论述教学的特点。
2. 运用教育心理学的相关理论知识，谈谈在现实学生教育中应该如何对待奖励。
3. 材料：大致意思是讲一位出色的科学家放弃现有的工作，成为一名教师，他的导师对此感到可惜。

请从教师专业的角度谈谈对这一案例的看法。

4. 试述19世纪末20世纪初期欧美教育运动的异同点。
5. 谈谈洋务运动中的教育革新。

2012年 湖南师范大学333教育综合·真题真练

一、名词解释

科举 苏湖教法 苏格拉底 导生制 算法式策略 成就动机

二、简答题

1. 简述学校教育在人的发展中的重要作用。
2. 简述教学过程的基本性质。

三、分析论述题

1. 简要评述陈鹤琴"活教育"的目的论。
2. 夸美纽斯的自然适应性原则。
3. 试析品德学习的过程及其条件。
4. 试论为什么要树立以人为本的教育观。
5. 有人主张教育回归生活,也有人认为实际生活中鱼龙混杂,教育不应回归生活。

结合这些看法,谈谈你对教育与生活问题的看法。

2011年 湖南师范大学333教育综合·真题真练

一、名词解释

学习迁移　元认知　道尔顿制　四段教学法　监生历事制　六艺

二、简答题

1. 简述现代教师的基本素养。
2. 教学过程中应当处理好的基本关系是哪些?

三、分析论述题

1. 试析奥苏伯尔的有意义学习及其对课堂教学的启示。
2. 论述夸美纽斯在教育史上的地位。
3. 简要比较儒墨两家教育思想的异同。
4. 有人说,现在的青年是垮掉的一代,有人则说,不!现在的青年是生气勃勃的、大有希望的一代。

请说说你的看法,并论述当前德育应该坚持什么样的原则。

5. 2007年,领到毕业证书的比尔·盖茨在母校毕业典礼上的讲话中这样说道:"人类最伟大的进步并不来自这些发现,而是来自那些有助于减少人类不平等的发现。不管通过何种手段,民主制度、健全的公共教育体系、高质量的医疗保健,还是广泛的经济机会,减少不平等始终是人类最大的成就。"

请针对以上内容,结合当今的社会特点,论述教育所应培养的人才的基本要求。

2010年 湖南师范大学 333 教育综合·真题真练

一、名词解释
学习定势　替代强化　文纳特卡计划　《国防教育法》　有教无类　苏湖教法

二、简答题
1. 简述影响人发展的基本要素。
2. 简述现代教师的基本素养。
3. 简述教育目的的层次结构和内容结构。
4. 例举中小学德育工作中五个方面的问题。

三、分析论述题
1. 联系实际，谈谈"动机与学习的关系"对教育的启示。
2. 卢梭的自然主义教育理论及其影响。
3. 简要论述我国学校教育发展的历史过程与值得借鉴的经验教训。
4. 阅读下面的材料，根据你所看到的中小学的教学实际情况，结合所学的教学理论，概括出教学实践活动中存在的一个主要问题，分析其中两个方面的主要原因，并提出解决这一问题的思路或对策。

材料：总之，把丰富复杂、变动不居的课堂教学过程简括为特殊的认识活动，把它从整体的生命活动中抽象、隔离出来，是传统课堂教学观的最根本缺陷。它既忽视了作为独立个体，处于不同状态的教师与学生，在课堂教学过程中的多种需要与潜在能力，又忽视了作为共同活动体的师生群体，在课堂教学活动中多边多重、多种形式的交互作用和创造能力。这是忽视课堂教学过程中人的因素之突出表现。它使课堂教学变得机械、沉闷和程式化，缺乏生气与乐趣，缺乏对智慧的挑战和对好奇心的刺激，使师生的生命力在课堂中得不到充分发挥，进而使教学本身也成为导致学生厌学、教师厌教的因素，连传统课堂教学视为最主要的认识性任务也不可能得到完全和有效的实现。（摘自叶澜的《让课堂焕发出生命活力》一文）

2022年 湖南师范大学 333 教育综合·真题解析

一、名词解释

锁院制

宋代主持礼部试的主考官称知贡举，由皇帝直接任命，通常由六部尚书、翰林学士等充任，人员年年变动，还配置"同知贡举"，即副考官，使权利相互监督和制约。锁院制即主考官一旦受命，立即住进贡院，与外界隔离，以避免请托。

京师大学堂

京师大学堂是清末维新变法时期维新派首次设立的全国最高教育行政机构兼最高学府。《京师大学堂章程》对于大学堂的性质、办学宗旨、课程、入学条件、学成出身、教习聘用、机构设置、经费筹措及使用都做了详细规定，办学宗旨为"中学为体，西学为用"。1900年京师大学堂毁于八国联军战火。1902年大学堂恢复开办，并被纳入清末学制系统，规模逐步扩大。

泛爱主义教育

巴西多是泛爱主义教育的创始人，他赞同卢梭的教育思想，认为教育的最高目的是增进人类的现世幸福，培养掌握实际知识、具有泛爱思想、健康乐观的人，反对压制儿童的封建式经院教育，主张热爱儿童，让儿童自由发展。

《费舍教育法》

1918年，英国国会通过了教育大臣费舍提出的关于初等教育的法案，称《费舍教育法》。内容包括加强地方当局发展教育的权力和国家教育委员会制约地方当局的权限；地方当局为2~5岁的儿童开设幼儿学校，规定5~14岁为免费义务教育阶段；地方教育当局应建立和维持继续教育学校，并向14~16岁的年轻人免费提供一定的学习课程和教育训练。

先行组织者

为了促进有意义学习的产生，奥苏伯尔提出了先行组织者策略。先行组织者是指先于学习任务本身呈现的一种引导性材料，它比学习任务本身具有更高的抽象、概括和综合水平，并且能清晰地与认知结构中原有的观念和新的学习任务关联。

酝酿效应

酝酿效应是指在反复探索一个问题的解决而毫无结果时，如果把问题暂时搁置几个小时、几天或几周，然后再回过头来解决，这时常常就可以很快找到解决方法。

二、简答题

1. 简述黄宗羲"公其非是于学校"的教育主张。

【答案要点】

黄宗羲认为应该在学校中由大家共同来议论国家政事的是非标准，学校集讲学和议政于一身，既是培养人才，传递学术文化的机构，又是监督政府、议论政事利弊的场所。

"公其非是于学校"思想的基本精神，在于反对封建君主专制，改变国家政事的是非标准由天子一人决断的专制局面。这是对中国古代关于学校职能理论的创新，反映了他要求国家决策民主化的强烈愿望。这种性质的学校已经与近代资本主义制度下的议会相近。黄宗羲"公其非是于学校"的思想，是近代议会思想的萌芽。

2. 简述"壬子癸丑"学制的基本内容。

【答案要点】

1912年，民国教育部参照日本学制，制定和正式公布了民国学制系统的结构框架——壬子学制。随后至1913年，教育部又陆续公布了一系列教育法令法规，使得壬子学制得到充实和具体化，综合起来形成了壬子癸丑学制，又称1912—1913学制，这是中国近代第一个资产阶级性质的学制。该学制主系列划分为三段四级。

第一阶段为初等教育段。分为初等小学校和高等小学校两级，其中初等小学校4年，为义务教育，法定入学年龄6岁；高等小学校3年，共7年。

第二阶段为中等教育段，设中学校4年，不分级，但专为女子设立女子中学校。

第三阶段为高等教育段，不分级，设立大学。大学实际分为预科、本科、大学院三个层次。其中预科3年，本科3~4年，大学院不设年限。

从进入初等小学校到大学本科毕业，学制总年限为17~18年。小学前的蒙学院和大学本科后的大学院均不计入学制年限。主系列外设置平行学院，主要分为师范类和实业教育类。此外，该学制还特设或附设有补习科、专修科、讲习所之类的旁支。

3. 简述彼得一世的教育主张及影响。

【答案要点】

17世纪末沙皇彼得一世匿名考察欧洲各国，回国后立即进行了多方面的社会改革，拉开了俄国近代化的序幕。

（1）专门教育。彼得一世为了尽快培养俄国改革和发展所需的专门人才，创建了诸多具有实科性质的学校，特别是有关军事技术的专门学校。

（2）初等义务教育。彼得一世下令开办俄语学校、计算学校，并把各地开办学校的责任委于当地教会，促进了初级主教学校、堂区学校的发展。

（3）中等和高等教育。彼得一世为了培养本国的高级人才，提出了建立俄国科学院的设想，并附设文科中学和大学，以肩负科研和教学的双重职能。

彼得一世的改革是为了强化国力，以大规模引进西方先进科学技术为主要特征的，因此在改革中强化了教育的实科倾向，扩大了普及面，向教育近代化迈出了一步。但因改革缺乏广泛的社会基础，改革取得的成果也就难以保持。

4. 简述终身教育思潮的主张及其现实意义。

【答案要点】

终身教育思潮产生于20世纪50年代的法国，是现代欧美国家一种强调把教育贯穿人的一生的教育思潮，现已成为一种被视为未来教育战略的国际性教育思潮，代表人物是保罗·朗格朗。

（1）终身教育的缘由：终身教育是应对人类在现代社会中所面临各种新挑战的需要，是一种能够使人在各方面做好准备并应付新的挑战的教育模式和教育观念。

（2）终身教育的含义：终身教育包括了教育的各个方面、各项内容，从一个人出生的那一刻起一直到生命终结时为止的不间断的发展，也包括了在教育发展过程中的各个阶段之间的内在联系。它并不是传统教育的简单延伸，而是包括一切正规教育、非正规教育以及非正式教育。其基本特点是具有连续性和整体性。此外终身教育没有固定的教育内容和方法，强调人的个性发展。

（3）终身教育的目标：实现更美好的生活，使人过一种更和谐、更充实和符合生命真谛的生活。

具体目标包含两方面：培养新人；实现教育民主化。

终身教育理论自20世纪60年代中期兴起以后，在教育领域中引起了一场广泛而深刻的革命。终身教育已成为建立一个学习化社会的象征。许多国家把终身教育作为教育改革和发展的战略重点，但终身教育的具体实施规划仍需进一步探讨。

三、材料分析论述题

1. 论述马克思主义"生产劳动与教育相结合"与"教育与生产劳动相结合"各自的内涵与目的。

【答案要点】

（1）教育与生产劳动相结合的内涵与目的。

马克思主义教育与生产劳动相结合的思想最初是针对生产劳动中的童工而言的，使他们在生产劳动的同时接受一定程度的教育，这是为工人阶级子女争取受教育权的策略性考虑。教育与生产劳动相结合是对教育领域的学生而言的，解决的是他们参加劳动的问题，目的在于促进他们的全面发展，包括两个相互联系、相互依存和相互促进的子系统：一是社会生产过程中的生产劳动与教育相结合，二是国民教育过程中的教育与生产劳动相结合。

（2）生产劳动与教育相结合的内涵与目的。

生产劳动与教育相结合是马克思主义教育与生产劳动的"早期结合"，针对的是生产劳动中的工人，解决的是他们受教育的问题，目的是提高社会生产。

（3）二者之间的关系。

教育领域的"教育与生产劳动相结合"是从社会领域的"生产劳动与教育相结合"派生出来的，二者既相互联系又相对独立，前者着眼于人的全面发展，是"造就全面发展的人的唯一方法"；后者着眼于社会生产，是"提高社会生产的方法"。

2. 阅读下面材料，请回答：

问1：该学校主要遵循了哪一种德育规律？

问2：结合材料论述遵循该德育规律的基本要求。

【答案要点】

问1：该学校主要遵循了德育过程是组织学生的活动与交往，对学生多方面教育影响的过程的德育规律。德育过程的活动与交往是一种教育性的活动与交往，与其他活动和交往相比具有引导性、目的性与组织性，而非自发、盲目和无组织；内容和形式的多样性，如学习、劳动、文体活动、社会政治活动、公益活动、社会实践等，内容丰富，不拘一格；科学性和有效性，德育过程中的各种活动与交往都是按照学生思想品德形成发展规律和教育学、心理学原理进行设计组织的，相较于其他活动与交往更为科学有效。该学校借助传统节日开展各种主题教育活动和社会实践活动，体现了德育过程这一规律。

问2：遵循该德育规律要注意以下几点：

（1）活动与交往的目的性。

目的性是人类实践活动的重要特性，并以此与动物的本能活动相区别，而目的也是学校教育活动的出发点，且具有一定的指引和激励作用。在学校里无论是进行各科教学，还是开展团队活动、课外校外活动，只有让学生明确活动的目的与意义，才可能把握活动的方向、产生行为的动机、激发参与的热情，从而达到预定的效果。

（2）活动与交往的多样性。

为了提高德育活动的实效性，教育者一方面必须改变思想品德和政治课教学中的空泛说教，采取对话、讨论、辩论、观摩等方式，并充分利用图片、音乐、动画等媒体，使教学活动生动活泼、引人入胜，从而调动学生的主动性和积极性；另一方面还必须结合学校和学生的实际情况，根据相关的环境和物质条件，精心组织丰富多彩的课外与校外活动，这样既可以激发学生参与的热情，又能够让学生学会与不同的人交往，从而完善自己的思想品德。

（3）活动与交往的集体性。

个人与集体的交往是社会生活中人际关系形成的基本条件和最主要的表现形式。学生品德的形成亦有赖于个体与集体交往的相互作用和相互影响，因此，教师在组织活动与交往的过程中，最好是以小组或班集体为组织形式，通过这种有分工的集体活动，学生能够认识个人与集体的关系、体会集体的力量、产生友谊、学会关心、学会分享，从而形成对集体的责任感、荣誉感、认同感和归属感。

（4）活动与交往的公益性。

公益性主要是指符合国家和社会公共利益，不得以营利为目的。学校组织的各种活动如敬老助残、植树种草等应当义务、无偿，这样才会有利于国家、社会和他人，学生也才会因自己的付出和奉献而感到愉悦和自豪，从而形成为人民服务、为公众谋利益的良好思想品德。

3. 阅读下面的材料，这段话为中小学教学评价改革确立了怎样的观念？在教学评价中如何处理"关注目标"与"关注价值"的关系。

【答案要点】

（1）教学评价是评价主体在对教学的事实材料进行描述和把握的基础上，依据一定标准对教学活动的整体或局部进行价值判断的过程。这段话为中小学教学评价改革确立了一种新的观念，即教学评价更加注重学生的全面发展，注重评价方法的多样化，评价制度规范化，教学评价走向关注目标与关注价值并重。

（2）处理关注目标与关注价值的关系。

新课程改革以前，我国更关注教学目标达成度的评价，更加关注教学活动结果与预定教学目标的一致程度。目前我国的教学评价除了关注教学目标达成度以外，还重视评价的价值，这是因为过分关注目标达成度和教学实际效果，容易造成评价对象的窄化、对学生学业成绩考查的片面、对学生发展起着重要作用的非智力因素的缺失。这种片面的评价必然导致教师职业倦怠、学校管理主义倾向严重、教学正向价值和整体价值低效甚至无效。长此以往容易违背学校教育的培养目标，导致对问题的认识、理解简单化，使教学陷入"科学主义"的不利境地。

当然，过于关注教学评价的价值问题，不关注教学目标的实现程度也是不现实的，因此，教学评价应该逐渐走向"关注目标"和"关注价值"并重。

4. 阅读下面的材料，请问这里讲述的是学习中的哪种现象？并在解释这一现象的基础上谈谈如何在教学中促进这一现象的发生。

【答案要点】

（1）这里讲述的是学习中的启发式教学。启发式教学是指在教学中教师要激发学生的学习主体性，引导他们经过积极思考与探究自觉地掌握科学知识，学会分析问题和解决问题，树立求真意识和人文情怀。

（2）促进启发式教学的措施：

①调动学生学习的主动性。如果学生的学习只靠外力强迫而没有内在的追求与动力，则很难持久。所以调动学生内在的学习主动性是启发的首要问题。在激发学生的学习主动性上，教师要发挥个人的创造性，善于运用发人深思的提问、令人心动的讲述，充分显示教学内容的吸引力，展现它

的情趣、奥妙、意境、价值，以便激起学生的求知欲和积极性，全神贯注地投入学习。

②善于提问激疑，引导教学步步深入。教师因势利导，引导学生的认识步步深入，生动活泼地获取新知，并使他们的思维能力受到真正的锻炼与提高。在启发过程中，教师要有耐心，给学生以思考的时间；要有重点，问题不能多，也不能蜻蜓点水、启而不发；要善于与学生探讨，引导学生一步一步去获取新知和领悟人生的价值。

③注重通过解决实际问题启发学生获取知识。通过组织进而引导学生观察、操作、动手解决实际问题也是启发教学的一个重要途径。接触实际问题，对学生更具诱惑力、挑战性。会使他们更积极主动地进行学习和完成任务。在学生的操作过程中，教师只要根据学生的情况，加以针对性的指点、启发，组织一些交流或讨论，学生就不仅能够深刻领悟所学概念与原理，掌握解决问题的方法与步骤，而且能够增进学习的兴趣、能力和养成认真、负责与相互协作的品行。

④引导学生反思学习过程。教学要引导学生反思学习过程，了解学习过程的程序和方法，分析学习过程中的顺利与障碍、长处与缺点，寻找形成障碍与缺点的原因，克服学习过程中的弯路与失误，使学习程序和方法简捷、有效，注重积淀适合于自己的良好学习方式，从学习中学会学习。

⑤发扬教学民主。要创造宽松、和谐、民主、平等、活跃的课堂教学气氛，这是启发教学的重要条件。只有这样，学生的心情才会感到轻松，他们的聪明才智才能充分发挥出来。教师切不可唯我独尊、搞一言堂，要鼓励学生发表自己的见解，包括与教师不同的见解。要提倡相互尊重、相互学习，不可相互鄙薄。

2021年 湖南师范大学333教育综合·真题解析

一、名词解释

期会

期会是稷下学宫的一种自由灵活的教学组织形式，指定期举行的讲演会或辩论会，是一种常规性的教学和学术活动，全校师生与四方游士都可以自由参加。期会实现了稷下之学中日常教学与学术研究的相互促进。

积分法

积分法是元朝国子学的重要特点之一，是累积计算学生全年学业成绩的方法。它始于宋朝太学，至元朝国子学趋于完善，明清继承和发展了该方法。积分法即根据学生月考成绩，优等者加一分，中等者加半分，下等者不加分，年终积至八分以上则升上一等级，不能升级者来年积分归零。

《理想国》

《理想国》是柏拉图的代表作，是一部讨论政治和教育的著作，被认为是西方教育史上最为重要和伟大的教育著作之一。在《理想国》中，柏拉图精心设计了一个他心目中理想的国家，在这个国家中，执政者即哲学王，军人、工农商服从各自的天性，各安其位，互不干扰，智慧、勇敢、节制、正义成为理想国的四大美德。他还为这个理想国家的实现，提出了完整的教育计划。

新教育运动

新教育运动，也称新学校运动，是指19世纪末20世纪初在欧洲兴起的教育改革运动，初期以建立不同于传统学校的新学校作为新教育的"实验室"为其特征。第二次世界大战以后，新教育运动逐步走向衰落。

期望－价值理论

阿特金森在前人的基础上提出了期望－价值理论，他认为人们在追求成就时存在两种倾向：一种是力求成功的倾向；另一种是避免失败的倾向。一个人的成就行为体现了这两种倾向的冲突。根据两类倾向在个体的动机系统中所占的强度，可以将个体分为力求成功者和避免失败者。

有意义学习

有意义学习就是符号所代表的新知识与学习者认知结构中已有的适当观念建立非任意的和实质性的联系。有意义学习的类型包括表征学习、概念学习和命题学习。

二、简答题

1. 简述荀子的学习过程。

【答案要点】

荀子对于学习过程的分析相当完整而系统，把学习过程具体化为闻、见、知、行四个基本环节。

（1）闻见。荀子认为闻见是学习的起点、基础和知识的来源，人的学习开始于感官对外物的接触，不同的感官与不同种类的事物或事物的不同属性相接触后就形成了不同的感觉，又使进一步的学习活动成为可能。

（2）知。学习并善于运用思维的功能去把握事物的本质与规律，就能自如地应对前所未遇的事变，措施对于事变的合宜一如符节相吻合，这就是知——思维这一阶段的意义。荀子重视思维的作用，还具体提出了发挥"心"的功能的方法：第一，对事物做全面、广泛的比较、分析、综合，如实地把握事物及其关系；第二，"虚壹而静"，即"心"是藏与虚、两与一、动与静的统一。

（3）行。荀子认为行是学习必不可少的也是最高的阶段。在他看来，由学、思而得的知识还带有假设的性质，它的最终是否切实可靠，唯有通过行方能得到验证。荀子所谓的行也指人的社会实践，如个人的品德修养、教人、从政治国等。

2. 简述陶行知的六大解放内容。

【答案要点】

（1）陶行知认为，"儿童是新时代的创造者"，应当解放和培养而不是压制甚至摧残儿童的创造力。因此创造教育必须从儿童抓起。为了培养儿童的创造力，他提出了儿童创造教育需要做到"六大解放"，把儿童从成人的束缚中解放出来。"六大解放"，即解放儿童的头脑、双手、眼睛、嘴、空间、时间。

（2）"六大教育"具体内容。

①解放儿童的眼睛，就是让学生多观察现实社会，多了解社会现实生活，才能发现新情况、新问题。

②解放儿童的头脑，使学生的头脑从迷信、盲从、成见、曲解、幻想中摆脱出来，大胆想象，大胆思考，大胆探索，独立思考，让创造性思想"突围出来"。

③解放儿童的双手，即让孩子亲自动手操作，参与实践，训练动手能力。

④解放儿童的嘴巴，即鼓励儿童大胆开口说话。

⑤解放儿童的空间，即让儿童接触大自然和社会现实，拓展学习范围。

⑥解放儿童的时间，让儿童有更多的时间学习人生、学做事、去创造，利用空余时间谈国事，培养儿童对国家和人民的责任感。

3. 简述福禄培尔的地位。

【答案要点】

福禄培尔，19世纪德国著名的教育家、幼儿园的创立者、近代学前教育理论的奠基人。他对世界幼儿教育的发展有着深刻的影响，被誉为"幼儿教育之父"。

（1）幼儿教育领域。他首创了"没有书本的学校"，即幼儿园，并在长期的幼儿教育实践中摸索、总结出一套教育幼儿的新方法，建立起近代学前教育的理论体系。他的幼儿教育方法深刻地影响了其他各国的幼儿教育，福禄培尔因此被誉为"幼儿园之父"。

（2）小学至中学教育领域。福禄培尔对于儿童积极主动活动的重视，对游戏教育意义的强调，对手工教育的推崇以及对家庭、社区和儿童集体在儿童教育中的重要作用的评价，逐渐影响到小学乃至中学课程的设置。

4. 简述英国《1988年教育改革法》。

【答案要点】

1988年，英国国会通过了一项重要的教育改革法案，即《1988年教育改革法》。这部法案对英国教育体制全面进行改革，主要内容涉及普通中小学教育、高等教育、职业技术教育、教育管理和教育经费等。

主要内容：

（1）规定实施全国统一课程。确定在5~16岁的义务教育阶段开设三类课程：核心课程、基础课程和附加课程。核心课程和基础课程合称为"国家课程"，为中小学必修课程。

（2）设立全国统一考试制度。规定在整个义务教育阶段学生要参加4次全国性考试。分别在7、11、14、16岁时举行，作为对学生进行甄别和评估的主要依据。此外，对学生的评估还要结合教师对学生的平时考查。由学校考试委员会负责的全国性考试的结果，还将作为对学校工作进行评价的依据。

（3）实施摆脱选择政策。即规定地方教育当局管理下的所有中学和规模较大的小学，在多数家长要求下可以摆脱地方教育当局的控制，直接接受中央教育机构的指导。这一政策表明英国开始打破过去中央、地方两级分权管理教育的传统，而走向中央集权制管理。此外，该法还赋予学生家长为子女自由选择学校的权利。

（4）建立一种新型的城市技术学校，以培养企业急需的精通技术的中等人才。

（5）废除高等教育的"双重制"。"双重制"是指英国各类学院由地方管理，而大学则由中央管理的体制。根据新规定，包括多科技术学院和其他学院在内的高等院校将脱离地方教育当局的管辖，成为"独立"机构，并获得与大学同等的法人地位。同时成立"多科技术学院基金委员会"，负责多科技术学院的发展规划和拨款事务。

三、分析论述题

1. 论述传授-接受学习的基本阶段。

【答案要点】

（1）传授-接受教学又称接受学习，是指教师主要通过语言传授、演示与示范使学生掌握基础知识、基本技能，并对他们进行思想情趣熏陶的教学。其基本阶段包括：

①引起学习动机。教学应从诱发和激起求知欲并把求知欲聚焦于当前学习的知识点开始，从引导学生做好学习的心理准备开始。激发学习动机是教学起始的重要一环，也是教学过程始终应该重

视的一个重要的任务。

②感知教材。学生在教学中的认知，往往是从感知教材入手的。因为教材是一种用符号表征的书本知识，学生只有凭借自己的生活经验或有关的感性知识才能理解书本知识。学生理解书本知识的过程，是一个感性认识和理性认识相结合的过程。有经验的教师善于通过组织学生的有关感性认识来帮助他们掌握概念。

③理解教材。在教学过程中，不能让学生的认识停留在感性上，而要引导他们把所感知的材料同书本知识联系起来，进行思维加工，把握事物的本质和规律，上升到理性认识。理解教材是教学过程的中心环节。

④巩固知识。巩固知识就是引导学生把所学知识牢牢保持在记忆里。只有在理解的基础上，记牢所学基础知识，才能顺利地继续学习、理解与运用新知识。

⑤运用知识。理解知识和巩固知识是运用知识的基础。要使学生从理解知识，发展到形成技能、技巧和解决实际问题的能力，单靠动脑不行，还必须引导学生动口、动手，进行反复练习和实际操作才能达成。学生运用知识，主要通过教学性实践，采取反复练习的方法进行。

⑥检查知识、技能和技巧。在教学过程中，教师要随时了解学生对知识的理解和技能的掌握情况，及时调节教学的内容、方法和进度，使教学能确保质量地完成；还要在完成一定教学之后，进行专门的检查，了解学生的知识掌握和技能发展的情况与问题，以改进教学。

（2）优点：注重书本知识的授受，能充分发挥教师的主导作用，按学科的逻辑系统，循序渐进地教学，也能较好地调动学生个人的学习积极性，使他们掌握系统的科学知识与技能，获得自身智慧、品德、审美的发展。

（3）缺点：由于以书本知识学习为主，易脱离社会生活实际，使学生感到抽象、死板、难以理解；常常是教师讲得多，学生活动得少，容易出现注入式教学；注重面向集体，忽视个别指导，不易使每个学生都能理解，都能得到较好的发展；特易忽视教学民主，忽视学生主动性、创造性和独立思考能力的培育与发展。

2. 论述情境陶冶法的基本内涵和运用要求。

【答案要点】

（1）基本内涵。

情境陶冶法指通过创设良好的教育情境，潜移默化地培养学生品德的方法。它利用暗示原理，让学生通过无意识的心理活动来接受某种影响。主要方法有人格感化、环境陶冶和艺术陶冶等。

（2）运用要求。

①创设良好的情境。良好的情境是陶冶的条件和工具。要有效地陶冶学生，行不言之教，必先创设良好的情境。学校领导要考虑如何创设一个良好的学校环境，班主任则应千方百计地创设一个良好的班级环境。这种环境包括：美观、朴实、整洁的学习与生活环境；团结、紧张、严肃、活泼、尊师爱生、文明而有激情、民主而有纪律的班风校风。同时，还要改变和消除对学生可能产生不良影响的各种情境。

②与启发引导相结合。为了更有效地发挥情境的陶冶作用，不能只让创设的情境自发地影响学生，还需要教师有意识地引导与启发，使学生感受到情境的美好与可贵，认同、珍惜这种良好的情境，并在自己的身上培养起相应的良好品德与作风。

③引导学生参与情境的创设。良好的情境不是固有的，需要人为地创设；也不能只靠教师去做，应当激励学生自己去创设、优化。例如，组织学生参加学校劳动、环境清扫等。学生在积极创建美好情境的活动中可以得到锻炼，发挥自主性、创造性，体验到满足、自豪、自尊，更加严格要求自己，他们的品德也会得到更好的陶冶。

3. 谈谈新时代下教师需要具备的素质。

【答案要点】

（1）高尚的师德。

①热爱教育事业，富有献身精神和人文精神。热爱教育事业，是搞好教育工作的基本前提。许多优秀教师之所以能在教育工作中做出卓越的成绩，首先是因为他们热爱教育事业，愿意为下一代的成长贡献出自己的毕生精力，甚至自己宝贵的生命。另外，教师还应具备人文精神，要关怀学生的学习和发展，关怀民族、人类的现实境遇和未来发展。

②热爱学生，诲人不倦。热爱教育事业具体体现在热爱学生上。爱学生是教师的天职，是教育好学生的重要条件。教师只有热爱学生，才能教育好学生，才能使教育发挥最大限度的作用。教师对学生的爱是一种巨大的教育力量，也是一种重要的教育手段。它往往能激发起学生对教师爱戴、感激和信任之情，使学生愿意接近教师，接受教师的教育。教师的爱还应该表现在对学生的学习、思想和身体的全面关心上，一视同仁地热爱全体学生，公正平等地对待每个学生。

③热爱集体，团结协作。教师的劳动既具有个体性，又具有集体性。一个学生的成才，绝非仅仅是哪一位教师的功劳，而是教师群体的智慧和共同劳动的结晶，是许多教育工作者团结协作、一致努力的结果。因此，教师之间，教职员工之间应该相互尊重、团结协作，步调一致地教育学生，最大限度地发挥集体的教育力量。

④严于律己，为人师表。教师为人师表，必须以身作则，严于律己。凡是要求学生做到的，教师首先要做到；凡是要求学生不能做的，教师首先要自律。教师只有以身作则，才能树立威信，受到学生的尊敬。

（2）先进、科学的教育理念。

教育理念是教师在对教育工作本质理解的基础上形成的关于教育的观念和理性信念，它是以观念或信念的形式存在于教师头脑中的对教育现象和教育问题的看法。先进、科学的教育理念体现在教师的所有努力都要有利于学生精神世界的丰富、人格尊严的维护和美好人性的成长。如学生主体观、教学交往观、发展性教学评价观等。

（3）宽厚的文化素养。

教师的主要任务是通过向学生传授科学文化知识，培养其能力，促进其个性生动活泼地发展。一个好教师的基本条件之一，就是要有比较渊博的知识和多方面的才能。因此，教师对自己所教学科知识应科学、深入地把握，能对自己所教专业融会贯通、深入浅出、高瞻远瞩，达到运用自如的境界，在教学过程中不出知识性的错误。同时，教师还应有比较广博的文化修养。

（4）专门的教育素养。

教师的专门教育素养水平及其合理结构是教育教学任务得以完成的重要保证，它主要包括教育理论素养、教育能力素养和教育研究素养。

（5）健康的心理素质。

教师的心理健康不仅会直接影响教育工作的优劣成败，而且会影响学生的心理健康水平。因此，教师应该注重提高自己的心理素质。健康的心理素质体现在心理活动的方方面面，概括起来主要指：教师要有轻松愉快的心境、昂扬振奋的精神、乐观幽默的情绪以及坚韧不拔的毅力等。

（6）强健的身体素质。

教师的身体素质是指教师在教学活动中的自然力，是教师的身体健康状态和身体素质状态在教学中的表现。它主要通过健康的体魄、旺盛的精力、蓬勃的活力、有节律的生活方式和锻炼习惯等体现。教师的身体素质在教育教学中具有重要的教育意义。

4. 论述建构主义学习观。

【答案要点】

建构主义认为，学习是学习者主动建构内部心理表征的过程。学习者并不是把知识从外界搬到记忆中，而是以已有的经验为基础，通过外界的相互作用来建构新的理解。学习过程包括两方面：建构对新信息意义的理解；对原有知识经验的改组和重建。

学习者的知识建构过程具有三个重要特征：

（1）学习的主动构建。面对新信息、新概念、新现象或新问题，学习者需要主动激活头脑中的先前知识经验，通过高层次思维活动，对各种信息和观念进行加工转换，对新旧知识进行综合和概括，解释有关现象，形成新的假设和推论，并对自己的想法进行反思和检验。

（2）学习的社会互动性。学习是通过对某种社会文化的参与，内化相关知识和技能，掌握有关工具的过程，这一过程常常需要通过一个学习共同体的合作互动来完成。所谓学习共同体，即由学习者及其助学者共同构成的团体，他们经常在学习过程中进行沟通交流，分享各种学习资源，共同完成一定的学习任务，因而在成员之间形成了相互影响、相互促进的人际联系，形成了一定的规定和文化。学习共同体的协商、互动和协作对于知识建构有重要的意义。

（3）学习的情境性。实际上，学生常常难以灵活应用在学校中获得的知识来解决现实世界中的真实问题，难以有效地参与社会实践活动。建构主义者提出，知识存在于具体的、情境性的、可感知的活动中。它不是一套独立于情境的知识符号，不可能脱离活动情境而抽象地存在。它只有通过实际情境中的应用活动才能真正被人理解。

2020年 湖南师范大学 333 教育综合·真题解析

一、名词解释

《劝学篇》

张之洞的《劝学篇》是对洋务运动的理论总结，并试图为以后的中国改革提供理论模式。《劝学篇》分为内篇和外篇，内、外篇主旨分别为："内篇务本，以正人心；外篇务通，以开风气。"通篇主旨归为"中学为体，西学为用"。

六艺

西周的教育内容总称为"六艺"教育，它是西周教育的特征和标志。"六艺"即礼、乐、射、御、书、数。其中，"礼、乐、射、御"为"大艺"，是大学的课程；"书、数"为"小艺"，是小学的课程。

苏格拉底法

苏格拉底法也称"问答法""产婆术"，是由讥讽、助产术、归纳和定义四个步骤组成的独特的方法。这是苏格拉底探讨伦理哲学的研究方法，也是他的教学方法。

《国家处在危险之中：教育改革势在必行》

20世纪80年代初期，美国中小学教育质量问题成为社会关注的中心。1983年，美国中小学教育质量调查委员会提出《国家在危机中：教育改革势在必行》的报告。该报告主要内容包括加强中学五门"新基础课"的教育；提高教育标准和要求；改进师资培养；联邦政府、州和地方官员以及学校校长和学监，都必须发挥领导作用，负责领导教育改革的实施。

资源管理策略

资源管理策略是辅助学生管理可用环境和资源的策略，包括时间管理策略、努力管理策略、学业求助策略、学习环境管理策略。

错误概念

错误概念或称为另类概念，指学习者持有的与当前科学理论对事物的理解相违背的概念。从性质上看，错误概念不单是由理解偏差或遗忘造成的错误，它们常常与学习者的日常直觉经验联系在一起，植根于一个与科学理论不相容的概念体系中。

二、简答题

1. 简述孔子的教学原则。

【答案要点】

（1）因材施教。孔子是我国历史上首倡因材施教的教育家。实行因材施教的前提条件是承认学生间的个体差异，并了解学生特点。孔子了解学生最常用的方法是谈话和个别观察，主张在了解学生的基础上，根据学生的具体情况，有针对性地进行教育。

（2）启发诱导。孔子是世界上最早提出启发式教学的教育家，比苏格拉底的"助产术"早几十年。他认为，不论学习知识或培养道德，都要建立在学生自觉需要的基础上，应充分发挥学生的主动性、积极性。他主张"不愤不启、不悱不发，举一隅不以三隅反，则不复也"，指出"由博返约"和"叩其两端"是训练学生思考的方法。

（3）学思行结合。"学而知之"是孔子进行教学的主导思想，学是求知的途径，也是求知的唯一手段；孔子提倡学习知识面要广泛，在学习的基础上认真深入地进行思考，把学习与思考结合起来。在论述学与思的关系时，他说"学而不思则罔，思而不学则殆"；孔子强调学习知识还要"学以致用"。由学而思进而行，这是孔子所探究和总结的学习过程，也就是教育过程，与人的一般认识过程基本符合。这一思想对后来的教学理论和实践产生了深远的影响。

（4）好学求是的态度。孔子认为，教学需要师生双方配合协作，学生端正学习态度，是教学成功的重要条件。首先要有好学、乐学的态度，其次要有不耻下问的态度，最后还要有实事求是的态度。

2. 简述我国二十世纪二三十年代的教育思潮。

【答案要点】

（1）平民教育运动。平民教育思潮的共同点，在于批判传统的"贵族主义"的等级教育，破除千百年来封建统治者独占教育的局面，使普通平民百姓享有教育权利，获得文化知识，改变生存状况。

（2）工读主义教育运动。工读主义教育思潮的基本主张有：以工兼学、勤工俭学、工人求学、学生做工、工学结合、工学并进，培养朴素工作和艰苦求学的精神，以求消除体脑差别。

（3）职业教育思潮。职业教育思潮是由清末民初的实利主义教育思想发展演变而来，且受到欧美职业教育思想传入中国的推波助澜。

（4）勤工俭学运动。1915年，蔡元培等人在法国创立"勤工俭学会"，以"勤于工作，俭于求学，以进劳动者之智识"为宗旨，并规定了留法勤工俭学的程序、费用、求学、工作等细目，创造了半工半读的教育形式。

（5）科学教育思潮。基本内涵为：一是"物质上之知识"的传授；二是应用科学方法于教育研究和对人的科学精神、科学态度的训练，而尤以后者为重。

（6）国家主义教育思潮。国家主义教育思潮是一种具有强烈资产阶级民族主义色彩的社会思潮，于20世纪初在中国兴起，是政治上的国家主义在教育领域的反映。

3. 简述夸美纽斯的泛智理论。

【答案要点】

（1）泛智主义教育观。

基于教育的崇高目的，夸美纽斯提出了"将一切事物教给一切人"的泛智主义教育观，并由此大力主张普及教育于全体儿童和民众。内容主要包括以下两个方面：

教育内容泛智化。把人们现世和来世所需要的一切事项，主要包括智力、道德和宗教信仰，全部纳入教育内容之中，这样的教育才是周全的教育，才能使人们"懂得科学，纯于德行，习于虔诚"。这是夸美纽斯针对科学革命所要求的学校教育内容扩充做出的反应。

教育对象普及化。要求学校向全体人敞开大门，一切城镇乡村的男女儿童，不论富贵贫贱，都应该进学校接受一切有用的教育。这体现出夸美纽斯教育思想的民主性，他把教育理论探讨的对象扩大到所有的人类，这是夸美纽斯超越前人之处。

（2）泛智学校。

夸美纽斯在自己的另一本著作《泛智学校》中提出了有关设立"泛智学校"的设想，他希望设立一种对儿童进行广博教育的新式"泛智学校"，设立七个年级，以学习将来所需要的一切学科。1650年，夸美纽斯受邀到匈牙利，受聘担任沙洛斯－波托克地方的长期教育顾问，并创建了一所"泛智学校"，以实验他的泛智教育思想，但只办成前三个年级，实验计划未能完全实现。

4. 简述《1944年教育法》。

【答案要点】

1944年，英国政府通过了以巴特勒为主席的教育委员会提出的教育改革方案，即《1944年教育法》。

主要内容：

（1）加强国家对教育的控制和领导。法案废除教育委员会，设立教育部，统一领导全国的教育。同时，设立中央教育咨询委员会，负责向教育部长提供咨询和建议。

（2）加强地方行政管理权限，设立由初等教育、中等教育和继续教育组成的公共教育系统。地方当局负责为本地区提供初等、中等和继续教育。其中，初等教育包括幼儿园、幼儿学校和初等学校。小学生毕业后根据11岁考试结果，按成绩、能力和性向分别进入文法中学、技术中学和现代中学。初等学校和中等学校实行董事会制。

（3）实施5~15岁的义务教育。父母有保证子女接受义务教育和在册学生正常上学的职责。地方教育当局应向义务教育超龄者提供全日制教育和业余教育。

（4）要求改革宗教教育、师范教育和高等教育等。

评价：

《1944年教育法》在英国现代教育发展中占据极其重要的地位。它结束了第二次世界大战前英国教育制度发展不平衡的状况，形成了初等教育、中等教育和继续教育相互衔接的公共教育制度，对以后英国教育的发展产生了重要影响。

三、分析论述题

1. 试论述人的发展的特点及其对教育的启示。

【答案要点】

（1）人的发展的含义。

人的发展有两种含义，一种是将它看成是人类的发展或进化的过程；另一种则将它看成是人类个体的成长变化过程，即个体发展。个体发展有广义和狭义之分。广义的个体发展指个人从胚胎到死亡的变化过程，其发展持续于人的一生。狭义的个体发展指个人从出生到成人的变化过程，主要指儿童的发展。

人的发展是整体性的发展，大体可分为生理发展、心理发展、社会性发展三个层面。这三个方面，既有一定的相对独立性，又密切地联系在一起，相互制约、相辅相成，有机地促进人的体、智、德、美和实践能力的全面发展。

（2）人的发展的特点及其教育意义。

①未完成性。人是未完成的动物，人的未完成性与人的非特定化密切相关。对儿童来说，他们不仅处于未完成状态，而且处于未成熟状态。儿童发展的未成熟性、未完成性，蕴含着人的发展的不确定性、可选择性、开放性和可塑性，潜藏着巨大的生命活力和发展的可能性，都充分说明了人的可教育性和需教育性。

②能动性。人的发展的能动性主要表现在两个方面：人的发展是一个具有社会性的能动发展过程，这是人的发展区别于动物发展的一个质的特性；人在其发展的过程中是自决的，人在发展过程中表现出的主动、自主、自觉、自决和自我塑造等能动性，是人的生长发展与动物生长发展最重要的不同，它为教育活动提供了科学依据，指明了努力方向。

2. 试论述直接经验和间接经验的关系。

【答案要点】

（1）学生认识的主要任务是学习间接经验。

儿童认识始于直接经验，并通过直接经验，不断扩大对世界的认识。但个人的活动范围是狭小的，无论个人如何努力，仅仅依靠直接经验来认识世界越来越不可能。学生要适应高度发展的文明社会，便必须以学习间接经验为主，便捷地掌握人类积累起来的基本科学文化知识。

（2）学习间接经验必须以学生个人的直接经验为基础。

学生要把书本知识转化为自己能理解的知识，就必须依靠个人已有的或现时获得的感性经验为基础。教学中要注重联系生活与实际，利用学生已有经验，并补充学生学习新知识所必须有的感性认识，以便学生能顺利地理解书本知识并运用所学知识于实际，获得比较完全的知识。

（3）防止只重书本知识传授或直接经验积累的偏向。

只重书本知识的传授或只重直接经验的积累都违反了教学的规律，割裂了间接经验与直接经验的内在联系，影响了教学质量的提高。

3. 试论述教师和人工智能的关系。

【答案要点】

（1）人工智能在采用多种模式增强学生的互动性方面效果明显，人工智能能够很快判断出学生对课堂的反应是积极还是消极的。但是，是否采用这种复杂的方式来判断学生，最终的决定权在于教师。因此，人工智能只是教师使用的一种工具，能带来发展动力但不能取代教师，教师应该根据学生的发展能力来选择工具，不能对每名学生采取同样的人工智能手段，教师在教学方法上应该有选择的自由度，而不能被人工智能牵着鼻子走。

（2）智能化教学情境下，教师将面临一个全新的工作环境，既要实现人机协同，提供个性化、多样性和适应性的教学，又要关注学生思维方式和核心素养的培养，而后者更加重要，只有当教师真正关注对学生信息技术素养、问题解决能力及创新能力的培养，才能用尽量少的课程达到培养复合型、创新型人才的目的，才能让学生真正有所收获。

（3）教师与人工智能交互产生新空间，一是物理世界与虚拟信息世界交互产生的新空间。受教育者的任务单式的学习、团队项目式的学习、多学科的交叉学习等都能变得更加便捷；二是教师与辅助教学智能机器交互产生的新空间。在这种空间范畴下，除了师生关系外，还存在教师与辅助教学智能机器的关系，辅助教学智能机器将部分扮演以往教师的角色；三是学生利用辅助学习智能机器交互产生的新空间。在未来，学生除了与教师进行教与学的互动外，更多的情况是与辅助学习智能机器共同学习、相互提高。

4. 问1：分析其原因。

问2：谈谈在教学中如何运用奖励。

【答案要点】

问1：材料中两组同学对所要完成的任务兴趣都很高，当对其中一组实施奖励时，学生没有继续学习，这是因为学生的学习动机发生了变化，由原来的"为兴趣而学"变成了"为完成任务而学"，学习的内部动机变成了外部动机，导致学生学习兴趣下降；而另一组即使没有奖励仍然继续学习，这是因为他们对学习有浓烈的兴趣，有无奖励对他们的作用不大。

问2：

（1）对奖励的成功运用取决于恰当的奖励时间和方式，教师要奖励个体的良好成绩和表现而非参与活动，奖励是对能力的认可。

（2）奖励要针对不感兴趣但需要完成的任务，奖励的内容要属于社会性的而非物质性的。

（3）奖励最好用于完成常规的任务而不是新任务；要用于具体的、有目的的学习任务，而不是偶然发现的学习任务；要多关注行为速度或者结果质量的任务，而不是创造性、艺术性的任务。

（4）最好把奖励作为促进学生达到行为技能标准的动力，如打字、拼写、数学运算，这些技能要求进行大量的练习，而不是作为进行重要研究或演示项目的动力。

（5）对于那些认为自己通过适当努力便有机会获奖的学生，奖励才具有有效性。所以教师要想为全班学生而非能力较高的学生创造学习动力的话，就必须保证每名学生都有平等合理的机会获得奖励。

（6）奖励必须充分考虑学生的个别差异，从而有的放矢，对症下药。一般来说，对于低年级学生，教师评价起的作用更大；对于少年期的学生，通过集体舆论进行评价效果更好；对于缺乏自信心的学生应给予更多表扬和鼓励；对于过于自信的学生，则应更多地提出严格要求；成绩一般的学生对奖励敏感，故宜多奖励；成绩好的学生往往对批评很敏感，故宜适当惩罚；对于女学生宜个别谈话，切忌当众严厉指责。

2019年 湖南师范大学 333 教育综合·真题解析

一、名词解释

监生历事制度

"监生历事"制度是明朝国子监在教学制度方面的主要特点，即在国子监学习到一定年限，分拨到政府各部门"先习吏事"，称为"监生历事"。除中央政府各部门之外，历事监生也被分派到州、县清理粮田或督修水利等。监生历事的时间各有不同，期满经考核，分为上、中、下三等，上等者依上等用，中等者不拘品级，随才任用，下等者回监读书。

中世纪大学

中世纪大学是12世纪左右兴起的一种自治的教授和学习中心。一般由一名或数名在某一领域有声望的学者和他的追随者自行组织起来，形成类似于行会的师生团体进行教学和知识交易。最早的中世纪大学包括萨莱诺大学、波隆那大学、巴黎大学等。

化农民和农民化

定县试验加强了知识分子和农民之间的沟通，在此基础上，晏阳初提出了"农民科学化，科学简单化"的平民教育目标，认为想要"化农民"必须先"农民化"。为此他号召知识分子深入农民，学习和了解农民生活，彻底地与广大农民打成一片，只有这样才能深切地了解农民和他们的需要，才能实实在在进行乡村改造。"化农民"和"农民化"是晏阳初进行乡村建设试验的目标和途径。

绅士教育

洛克认为教育的最高目的在于培养绅士。所谓绅士教育就是培养既具有封建贵族遗风，又具有新兴资产阶级特点的新式人才的教育。洛克主张把社会中上层家庭的子弟培养成为身体强健、举止优雅、有德行、智慧和实际才干的事业家。

上位学习

上位学习又称总括学习，是指学习者在已形成若干观念的基础上学习包摄程度更高的知识。如学生熟悉了胡萝卜、菠菜这些概念之后再学习蔬菜这一概念。

成就动机

成就动机是指一种努力克服障碍、施展才能、力求又快又好地解决某一问题的愿望或趋势。它是在人的成就需要的基础上产生的，是激励个体从事自己认为重要或有价值的工作，并力求获得成功的一种内在驱动力。

二、简答题

1. 简述《学记》的教育教学原则。

【答案要点】

（1）预防性原则。要求事先估计学生可能会产生的种种不良倾向，预先采取预防措施。

（2）及时施教原则。要求掌握学习的最佳时机，适时而学，适时而教。

（3）循序渐进原则。教学必须遵循一定的顺序，包括内容的顺序和年龄的顺序。

（4）学习观摩原则。学习要相互观摩，取长补短，同时，借助集体的力量进行学习。

（5）长善救失原则。要求教师要懂得并掌握教育的辩证法，坚持正面教育，善于因势利导，利用积极因素克服消极因素，将缺点转化为优点。

（6）启发诱导原则。君子的教育在于诱导学生，靠的是引导而不是强迫服从，是启发而不是全部讲解。只有这样才能调动学生学习和思考的积极性、主动性，使学生的思维能力得到锻炼和发展。

（7）藏息相辅原则。既有有计划的正课学习，又有课外活动和自习，有张有弛，让学生感到学习的乐趣，感受到老师、同学的可亲可爱，使学习成为学生的一种内在需要。

2. 简述杜威的教育目的观。

【答案要点】

（1）教育无目的论。

从教育本质论出发，杜威反对外在的、固定的、终极的教育目的，认为教育无目的。杜威所希求的是过程内的目的，这个目的就是"生长"。

杜威认为在非民主的社会里，教育目的是外在于并强加于教育过程的，包含权威与专制色彩。而在民主的社会里，教育目的应该内在于教育的过程之中，杜威主张以生长为教育的目的，其主要意图在于反对外在因素对儿童发展的压制，在于要求教育尊重儿童愿望和要求，使儿童从教育本身中、从生长过程中得到乐趣。

（2）教育的社会目的。

杜威强调过程内的目的不等于否定社会性的目的。杜威要求教育为社会进步服务，为民主制度的完善服务。他认为，教育是社会进步及社会改革的基本方法，学校是社会进步和改革的最基本和最有效的工具。在民主社会中，个人发展与社会进步是统一的。

教育要培养具有良好公民素质、民主思想和生活能力的人，要培养具有科学思想和精神，能解决实践问题的人，要培养具有道德品质和社会意识的人，要培养具有一定职业素养的人。

3. 简述斯宾塞的生活准备说。

【答案要点】

（1）斯宾塞主张教育的目的是为完满生活做准备。为实现此目的，教育应从当时古典主义的传统束缚中解放出来，应该切实适应社会生活与生产的需要。

（2）斯宾塞按照重要程度把人类活动分为五个部分：第一，直接有助于自我保全的活动；第二，从获得生活必需品而间接有助于自我保全的活动；第三，目的在于抚养和教育子女的活动；第四，与维持正常的社会和政治关系有关的活动；第五，在生活中的闲暇时间用于满足爱好和情感的各种活动。

为促使个人有能力从事上述五类活动，斯宾塞提出学校应开设以下五种类型的课程：

①生理学与解剖学。此类知识属于直接保全自己的知识，应成为合理教育中最为重要的部分。

②逻辑学、数学、力学、化学、天文学、地质学、生物学和社会科学，属于间接保全自己的知识，是文明生活得以维持的基础知识。

③生理学、心理学与教育学。此类知识能够保证父母们成功履行自己的责任，进而促使家庭稳定和睦，社会文明进步。

④历史学。历史知识有利于人们自己调节自己的行为，成功履行公民的职责。

⑤文学、艺术等。这类知识能够满足人们闲暇时休息与娱乐的需要。

4. 简述蔡元培对北大改革的主要措施。

【答案要点】

（1）抱定宗旨，改变校风。蔡元培明确大学的宗旨，认为大学应该成为"研究高尚学问之地"。

他改革北大的第一步就是要为师生创造研究高深学问的条件和氛围。具体措施有：改变学生的观念；整顿教师队伍，延聘积学热心的教员；发展研究所，广积图书，引导师生研究兴趣；砥砺德行，培养正当兴趣。

（2）贯彻"思想自由，兼容并包"的办学原则。蔡元培明确声明，在学术上"循'思想自由'原则，取兼容并包主义"，这是他办理北京大学的基本指导思想。该思想不仅体现在学术上，也体现在教师的聘任上。蔡元培以"学诣为主"，罗致各类学术人才，使北大教师队伍一时呈现出流派纷呈的局面。

（3）教授治校，民主管理。1912年由蔡元培主持制定的《大学令》中，确立了教授治校、民主管理的大学校务管理原则，规定大学设立评议会，各科设立教授会。蔡元培到任北大后，当年即组织了评议会。1919年，评议会通过学校内部组织章程，决定：第一，设立行政会议，作为全校最高的行政机构和执行机构，负责组织实施评议会议决的事项，下设各种委员会分管各类事务；第二，设立教务会议及教务处，由各系主任组成，并互相推选教务长一人，统一领导全校的教务工作；第三，设立总务处，主管全校的人事和事务工作。

（4）学科与教学体制改革。在学科与教学体制改革方面，蔡元培主要有三个措施：第一，扩充文理，改变"轻学而重术"的思想；第二，沟通文理，废科设系；第三，改年级制为选科制，发展学生个性。

三、分析论述题

1. 班集体是什么？论述培养班集体的主要方法。

【答案要点】

班集体是一个有一定人数规模的学生集体，是学校行政根据一定的任务、按照一定的规章制度组织起来的有目标、有计划地执行管理、教育职能的正式小群体。班集体不仅是学生在校生活的基本组织单位，而且也是促进学生成长的正式组织之一。

培养班集体的主要方法：

（1）确定集体的目标。

目标是集体的发展方向和动机。建构集体首先要使集体明确奋斗的目标。集体的目标应当由班主任同全班同学一道讨论确定，以便统一认识，调动大家的积极性。集体的目标一般包括近期的、中期的和远期的。目标的提出应当由易到难，不断推动集体向前发展。

（2）健全组织、培养干部以形成集体核心。

要注重健全班的组织与功能，关键是要做好班干部的选拔与培养，以形成集体核心，使班组织能正常开展工作。班主任应放手让班干部大胆工作，在实践中锻炼、培养、提高；要教育班干部谦虚谨慎，以身作则、严于律己，对他们不可偏爱和护短，以免导致干群对立和班级的不团结。

（3）有计划地开展集体活动。

班集体是通过开展集体活动逐步形成起来的，只有在为实现集体的共同目标而进行的系列活动中，全班学生才能充分交往、沟通、协作，紧密团结，形成集体的核心，调动全班同学的积极性；才能激发出学生的工作责任感和集体主义精神，使他们学会正确处理人与人、个人与集体、班级与学校及社会之间的关系，形成正确的舆论和班风。班主任应重视全面开展各种活动，让每个学生都能在活动中得到锻炼与提高，以推动班集体的蓬勃发展。

（4）培养正确的舆论和良好的班风。

班主任应经常注意组织学生学习政治理论、道德规范，以提高他们的认识；并注重表扬好人好事，批评不良思想行为，为形成正确舆论打下思想基础。特别是班主任要善于抓住重大偶发事件的处理，组织学生讨论，以分清是非，推动正确舆论的形成。

（5）做好个别教育工作。

个别教育十分重要，只有教育好每个学生，使每个学生都积极参与班级的各种活动，都关心班级、热爱班级，在参与班组的活动中发挥作用、获得提高，确保没有一个人掉队，才能真正带好一个班，把班级建设成为真正的集体。个别教育工作包括：第一，促进每个学生个性的全面发展；第二，做好后进生的思想转变工作；第三，做好偶发事件中的个别教育。

2.试述人的发展的规律，并就此论述如何进行教育。

【答案要点】

（1）顺序性。

①基本含义：在正常情况下，人的发展具有一定的方向性和顺序性，既不能逾越，也不能逆向发展。如个体动作的发展就遵循自上而下、由躯体中心向外围、从粗动作向细动作的发展规律性。就心理而言，儿童的发展总是从无意注意到有意注意，从机械记忆到意义记忆，从具体形象思维到抽象逻辑思维，从喜怒哀乐等一般情绪发展到道德感、理智感、美感等高级情感。

②教学指导：个体身心发展的顺序性，决定了教育教学工作的顺序性，在不同的发展阶段展开不同的教育活动，同时更应该按照发展的序列来施教，做到循序渐进。

（2）不平衡性。

①基本含义：人的发展不总是匀速直线前进的，不同的系统的发展速度、起始时间、达到的成熟水平是不同的；同一机能系统在发展的不同时期也有不同的发展速率。从总体发展来看，幼儿期出现第一个加速发展期；青春发育期出现第二个加速发展期。

②教学指导：人的发展的不平衡性要求教育要掌握和利用人的发展的成熟机制，抓住发展的关键期，促进学生健康地发展。

（3）阶段性。

①基本含义：人的发展变化既体现出量的积累，又表现出质的飞跃。当某些代表新质要素的量积累到一定程度时，就会导致质的飞跃，从而表现出发展的阶段性。个体的身心发展的阶段性表现为不同年龄阶段的个体具有不同的年龄特征及主要矛盾，面临着不同的发展任务。

②教学指导：人的发展的阶段性要求教育要从学生的实际出发，尊重不同年龄阶段学生的特点，并根据这些特点提出不同的发展任务，采用不同的教育内容和方法，进行有针对性的教育，以便有效地促进他们的个性发展。

（4）个别差异性。

①基本含义：人的发展的个体差异表现在身心发展的速度、水平、表现方式等方面。如在发展速度上，有的儿童早慧，有的儿童大器晚成。

②教学指导：人的发展的个别差异性要求教育要深入了解学生，针对学生不同的发展水平及不同的兴趣等因材施教，引导学生扬长避短、发展个性，促进学生自由发展。

（5）整体性。

①基本含义：人的生理、心理和社会性等方面的发展是密切联系在一起的，并在发展过程中相互作用，使人的发展表现出明显的整体性。

②教学指导：人的发展的整体性要求教育要把学生看作复杂的整体，促进学生在体、智、德、美、行等方面全面和谐地发展，把学生培养成完整和完善的人。

3. 问1：该材料中老师贯彻了什么德育原则？

问2：试述该德育原则的实施要求。

【答案要点】

问1：材料中的老师贯彻了长善救失的德育原则。长善救失原则是指进行德育要调动学生自我教育的积极性，依靠和发扬他们自身的积极因素去克服他们品德上的消极因素，促进学生的道德成长。该老师肯定了学生关爱他人的品质，这是该学生身上的优点，同时告诫该学生通过打架解决问题的方式是不对的，希望这个学生可以将正义和爱心以合理的方式呈现，并与自己的学习联系起来，也就是发扬学生的积极因素去克服消极因素，体现了长善救失的德育原则。

问2：

（1）"一分为二"地看待学生。正确了解和评价学生是正确教育学生的前提。对学生既要看到他积极的一面，也要看到他消极的一面；既要看他过去的表现，也要看他后来的变化和现时的表现；要看到优秀学生的不足之处，懂得"响鼓也要重锤敲"，还要善于发现后进学生身上的闪光点，以便长善救失，促进他们的转变。

（2）发扬积极因素，克服消极因素。全面而深入地了解学生，为教育学生打下了良好的基础，但要促进他们的品德发展，根本一点在于调动其积极性，引导他们自觉地巩固发扬自身的优点来抑制和克服自身的缺点，才能养成良好的品德，获得长足的进步。

（3）引导学生自觉评价自己，勇于自我教育。引导学生长善救失，固然需要教师起主导作用，但主要靠学生自我教育、自觉发扬优点来克服缺点。要帮助学生善于虚心听取父母、教师、同学各方面的意见，用于解剖和正确评价自己，能够对自己的思想与行为自觉地进行反省与反思，为自己的优点而自豪，为自己的缺点而自责、内疚，自觉地进行道德修养。

4. 学习策略教学过程中，应遵循的要求与原则有哪些？

【答案要点】

学习策略是指学习者为了提高学习的效果和效率，有目的、有意识地制定有关学习过程的复杂的方案，具有主动性、有效性、过程性和程序性四个特点。

在学习策略的训练指导中，教师应遵循以下基本原则和要求：

（1）特定性原则。学习策略一定要适于学习目标和学生的类型。同时，策略教学还要考虑学习策略的层次，必须给学生大量的策略，不仅要有一般的策略，而且还要有非常具体的策略。

（2）生成性原则。有效学习策略的最重要的原则之一就是要利用学习策略对学习的材料进行重新加工，产生某种新的东西。这就要求学生进行高度的心理加工。

（3）有效的监控。教学生何时、何地与为何使用策略非常重要。根据有效监控的原则，学生应当知道何时、如何应用他们的学习策略，以及当这些策略正在运作时能将它说出来。

（4）效能性原则。教师需要给学生提供一些机会使他们感觉到策略的效力。策略训练课程必须包括动机训练。教师要促进学生使用学习策略，进而学习就会有所收获。

2018年 湖南师范大学333教育综合·真题解析

一、名词解释

恩物

恩物是福禄培尔创制的一套供儿童使用的教学用品，其教育价值就在于它是帮助儿童认识自然及其内在规律的重要工具。恩物作为自然的象征，能帮助儿童由易到难、由简及繁、循序渐进地认识自然，发展儿童的想象力和创造力。

实科中学

实科中学是一种既具有普通教育性质，又具有职业教育性质的新型学校。它受经济和科学技术发展的影响，在18世纪的德国兴起并得到发展。它排除课程内容的纯古典主义的倾向，注重自然科学和实科知识的学习，适应了德国资本主义经济逐渐发展起来的需要。

教学做合一

"教学做合一"是生活教育理论的一个重要主张，是"生活即教育"在教学方法问题上的具体化。其涵义为：教的方法根据学的方法，学的方法根据做的方法。事怎样做便怎样学，怎样学便怎样教。教与学都以做为中心。

学在官府

西周在文化教育上的特征就是"学在官府"。为了国家管理的需要，西周奴隶主贵族制定法纪规章，并将其汇集成专书，由当官者来掌握。这种现象历史上称之为"学术官守"，并由此造成"学在官府"。"政教合一，官学一体"是"学在官府"的重要标志。

功能固着

功能固着是指一个人看到某个制品有一种惯常的用途后，就很难看出它的其他新用途。初次看到的制品的用途越重要，就越难看出它的其他用途。功能固着使我们倾向于以习惯的方式运用物品，从而妨碍以新的方式来解决问题。

概念同化

所谓概念同化是这样一种概念获得方式：利用学习者认知结构中原有的概念，以定义的方式直接给学习者提示概念的关键特征，从而使学习者获得概念。

二、简答题

1. 简述《中庸》的学习过程和学习内容的观点。

【答案要点】

（1）"尊德性"与"道问学"。

《中庸》开篇指出："天命之谓性，率性之谓道，修道之谓教。"意谓：天所赋予人的就叫作"性"，循性而行叫作"道"，修治此道叫作"教"。

由此可见，人们可以从两条途径得到完善：第一，发掘人的内在天性，进而达到对外部世界的体认，这就是"尊德性"或"自诚明，谓之性"；第二，通过向外部世界的求知，以达到人的内在本性的发扬，这就是"道问学"或"自明诚，谓之教"。无论是"尊德性"还是"道问学"，都说明人是通过向外求知以完善其本性和向内省察以助于求知来完善自身的。

（2）学问思辨行。

《中庸》把学习过程具体概括为学、问、思、辨、行五个先后相继的步骤，即"博学之，审问之，慎思之，明辨之，笃行之"。这一表述概括了知识获得过程的基本环节和顺序，是对从孔子到荀子先秦儒家学习过程思想——学、思、行的发挥和完整表述。《中庸》强调，这五个步骤是一个完整的过程，只有每个步骤的充分实现，才能有个人学习的进步。

2. 简述裴斯泰洛齐的要素教育思想。

【答案要点】

要素教育论的基本思想是：初等学校的各种教育都应该从最简单的要素开始，然后逐渐转到日益复杂的要素，循序渐进地促进人的和谐发展。要素教育既要求初等学校为每个人在德、智、体几方面都能受到基本的教育而得到和谐的发展，又要求在德育、智育、体育的每一个方面都通过"要素方法"获得均衡的发展。

（1）德育。道德教育最基本的要素是儿童对母亲的爱。随着孩子的成长，便由爱母亲发展到爱双亲，爱兄弟姐妹，爱周围的人。进入学校后，又把爱逐步扩大到爱所有人，爱全人类。

（2）智育。智育的基本要素是数目、形状和语言。教育就是在这些要素的基础上来进行教学和设计课程，从而促进儿童的心理发展。所对应的科目分别是算数、几何和语文。

（3）体育。体育的基本要素是关节活动。儿童的体育训练就是要从各种关节活动的训练开始，并随着年龄的增长逐渐进行较复杂的动作训练，以发展他们身体的力量和各种技能。

启示：要素教育论是裴斯泰洛齐基于教育心理学化理论对初等教育内容和方法的重要论述，也是他为初等教育改革所开展的开创性实践的结晶。裴斯泰洛齐要素教育论的提出，奠定了初等学校各科教学法的基础，对初等教育的发展与普及做出了很大的贡献。

3. 简述梁漱溟的乡农学校组织原则和教育内容。

【答案要点】

1933年，山东省政府将邹平、菏泽划为县政建设实验区，实验区将全县分成若干个区，各区成立乡农学校校董会，开办乡农学校。乡农学校由学长、学董、教员、学众组成。学长和学董是"乡村领袖"；教员是在乡村建设研究院受过专门训练的乡村建设者；学众则是乡村中的一切人，主要是成年农民。

（1）乡农学校的组织原则。

乡农学校分村学和乡学两级。从教育程度上分，文盲和半文盲入村学，识字的成年农民入乡学；从行政功能上分，村学是乡学的基础组织，乡学是村学的上层机构。其组织原则是：其一，"政教养卫合一"，"以教统政"，即乡农学校是教育机构和行政机构的合一，乡村建设的政治、经济措施都通过乡农学校来实施；其二，学校式教育与社会式教育融合，在乡农学校中成立儿童部、成人部、妇女部和高级部。

（2）乡农学校的教育内容。

乡农教育的课程分为两大类：一类是各校共有的课程，包括识字、唱歌等普通课程和精神讲话，尤重后者。第二类是各校根据自身生活环境需要而设置的课程，如匪患严重的乡村，可成立农民自卫武装组织，进行自卫训练等。

总之，乡农学校的所有教育内容强调服务于乡村建设，密切适合农村生产、生活的需要。

4. 简述 1870 年英国《初等教育法》的基本内容。

【答案要点】

1870 年《初等教育法》又称《福斯特法》，是英国政府在 1870 年颁布的关于推行普及义务教育的法令。主要内容有：

（1）国家对教育有补助权与监督权。

（2）将全国划分为数千个学区，设立学校委员会管理地方教育。

（3）对 5~12 岁儿童实施强迫的初等教育。

（4）在缺少学校的地区设公立学校，每周学费不得超过 9 便士，民办学校学费数额不受限制。

（5）学校中世俗科目与宗教科目分离。

这是英国第一个关于初等教育的法令，其中最有意义的是强迫初等教育，它标志着国民初等教育制度正式形成。该法颁布后，英国初等教育发展迅速，到 1900 年，基本普及了初等教育。

三、分析论述题

1. 维果茨基的"最近发展区"在教学中应该如何发挥作用？

【答案要点】

（1）最近发展区的主要观点。

维果茨基认为，在进行教学时，必须注意到儿童有两种发展水平：一种是儿童现有的发展水平，另一种是即将达到的发展水平，维果茨基把这两种水平之间的差异称为"最近发展区"，即独立解决问题的真实发展水平和在成人指导下或与其他儿童合作情况下解决问题的潜在发展水平之间的差距。

（2）教学应用。

①支架式教学。教学支架就是教学者给学生提供适当的指导和支持。这种指导和支持处于学生的最近发展区内，而且要随着儿童认知发展的变化进行调整。

②阐释了在相互作用情境下学习的机制。由于最近发展区是一个动态的区域，需要教师通过与学生的相互作用不断地获得学生发展的反馈，这种在最近发展区内的相互作用实质是教师与学生共同协作的认知活动，使学生和教师的认知结构得到精细加工和重新建构。交互式教学就体现了这种相互作用。

③对于合作学习有一定的指导作用。教师要尽量组织、安排能力水平不同的学生进行合作学习，接受能力较强的同伴的指导是促进儿童在最近发展区内发展的最有效的一种方式。

④情境认知理论及其教学模式的应用。任何学习都处在一定的社会或实际的有意义的背景里，这些背景尤其是社会性作用将通过不同途径影响学习的过程和结果。因此教师在教学过程中要引导学生从旁观者逐渐转变为教学活动的参与者，在社会性互动中获得知识和技能。

四、案例分析题

1. 回答下列问题：家庭教育的含义是什么？分析案例，简单说明怎样才是正常的家庭教育和学校教育的合作？

【答案要点】

（1）家庭教育的含义。

家庭教育的含义有广义和狭义之分，广义的家庭教育是指在家庭生活中，家庭构成人员之间的持续不断的一种教育和影响活动，它既包括家庭成员之间自觉的或非自觉的、经验的或意识的、有形的或无形的多重水平上的影响，又包括家庭的社会背景、家庭的生活方式和家庭环境因素对其成员产生的影响。狭义的家庭教育是指父母或者其他年长者在家庭中自觉地、有意识地对子女进行的教育，它是家庭生活的重要内容，是父母的一种永恒的社会义务和责任，它贯穿于日常生活之中，是一种有计划和无计划相结合的教育。

（2）正常的家校合作。

①树立正确的家校合作观。家校合作不应只局限于单一的学校倡导或者是禁锢于传统的"家庭为本"的模式和"学校为本"的模式中，合作应该渗透进日常的生活交往中。对于合作的内容和形式也应采取更为开放、多元的态度。彼此文化、价值观念、教育目标的独特性、异质性只有以共生、开放的态度对待和利用才能使合作更具实效。其次，家庭和学校的合作应建立在家校双方主体的前提下，只有相互尊重家校双方主体地位的平等性，使家校双方处于平等的对话状态，才能更好地达成合作共识，发挥各自最大的资源优势和教育合力。

②构建伙伴型家校合作关系。学会倾听、尝试理解，激发合作主体活力；开放心态、彼此信任，提高合作主体意愿。

③明确各自的教育责任担当。家长和教师都能够承担好各自教育者的责任，没有责任推脱，各自权责分明，在一定程度上才能使家校合作教育实现高效运行。

2. 回答下列问题：班主任权威是什么？分析案例，班主任应该如何对待学生的告状？

【答案要点】

班主任权威是其依据国家和社会赋予的权力，能够被学生认同，进而影响和改变学生行为和心理的威信。因此，权威既不等同于权力，也不单是威信，而是权力与威信二者的有机结合。权力是一种合理强制，威信是一种自觉认同，当今时代更需要由权力指向威信。

面对学生的告状，班主任应该：

（1）根据告状的活动类型采取相应的措施。

创设适宜的活动环境和精神环境。为了减少告状行为的次数，班主任必须明确规定上课期间不准与同伴进行交谈，在日常生活中班主任必须要及时纠正学生的不良用语，培养幼儿运用良好的日常用语的习惯，要学会具体问题具体分析，身体力行，为学生形成正确的价值观做引路人。

（2）树立正确的理念，采取科学的应对策略。

把握时机，教给学生正确解决问题的办法，提升学生独立解决问题的能力，有利于提高学生交往能力和引导其社会性在健康的轨道发展；要引导学生尝试自己解决问题，当学生做出解决方案时，要尊重学生所做的决定，当班主任判断问题比较棘手时，可以蹲下来和学生一起想办法，不必自己想办法一手包办，有时候学生想出的办法更加有趣和友好。

（3）根据不同年级学生告状行为的特点采取相应的措施。

（本题比较灵活，没有标准答案和唯一答案，也可自行发挥，言之有理即可。）

3. 问题：同样是教育公平的问题，人大附中校长与师范大学教授争论的原因是什么？你认为什么是教育公平？

【答案要点】

（1）人大附中校长和师范大学教授争论的原因是对教育公平的理解不同，人大附中校长认为教育公平就是提供相互平等的受教育机会和条件，而师范大学教授认为教育公平就是促进学生的个性发展。

（2）我认为教育公平是指国家对教育资源进行配置时所依据的合理性的规范或原则，它有三层含义：人人都有平等的受教育的权利和义务；相对平等的受教育机会和条件；教育成果机会和教育效果相对均等。

4. 北京市政府发布不允许在幼儿园里教儿童拼音和汉字，也不允许教儿童20以上的加减乘除等小学阶段的知识。请你评价其做法。

【答案要点】

我认为这种做法是正确的，因为这是尊重幼儿身心发展规律的表现。

（1）学前儿童是有特定年龄心理发展特点的学习者。"小学化"倾向的学前教育，之所以被定位为质量低下乃至需要被规范和治理的教育形式，恰恰在于没有确立起这一儿童观，没有看到幼儿园和小学两个学段之间儿童身心发展规律的内在区别，违背了这一质量评价的基本维度。当把本来适合小学生的课程内容、教学方式以及相应的教学要求，直接拿来用在学前儿童身上，就忽视了他们的身心发展规律，并由此会导致强迫式的死记硬背、机械性的重复训练等学习方式。

（2）学前儿童是对当下生活有着意义体验的生活者。作为整全的人，学前儿童首先是对自己当下生活有着意义体验的生活者。对他们来说，当下展开的生活是第一位的，学习与发展只是伴随生活而发生的，每个儿童都不会把自己割裂为一条条的发展规律和特点，并在日常教育活动中对象性地把自己按照这些规律或特点去发展某一种能力和品质，他们就是以全副的身心去体验和感受着当下每日的童年生活时光。童年时代就是儿童如其所是地生活、探究和理解世界的一段时期。

（3）学前儿童是有着后继学习与发展任务的成长者。幼儿园去"小学化"并不意味着也不可能去除幼儿园与小学之间在学制意义上的内在关联，从幼小衔接的角度看，幼儿园在去除了"小学化"做法，并回到其应有的教育方式之后，更应在幼儿园和小学之间的内在衔接上做更深入思考。幼儿园"小学化"的做法固然不足取，但也在一定程度上反映了幼儿园和家长很现实地看到了孩子的后继学习与发展，并希望孩子能更好地适应接下来的小学学习的主观诉求。对于这种主观诉求，"好的学前教育实践"是应该给予理性的对待并以更科学合理的方式加以满足的。

（开放性题目，言之有理即可。）

2017年 湖南师范大学333教育综合·真题解析

一、名词解释

庶、富、教

孔子认为教育对社会发展有重要作用，是立国治国的三大要素之一。教育事业的发展要建立在经济发展的基础上。治国的三个重要条件，首先是"庶"，要有较多的劳动力；其次是"富"，要使人民群众有丰足的物质生活；再次是"教"，要使人民受到政治伦理教育，知道如何安分守己。"庶"与"富"是实施教育的先决条件，只有在"庶"与"富"的基础上开展教育才会取得成效。

《理想国》

《理想国》是柏拉图的代表作，是一部讨论政治和教育的著作，被认为是西方教育史上最为重要和伟大的教育著作之一。在《理想国》中，柏拉图精心设计了一个他心目中理想的国家，在这个国家中，执政者即哲学王，军人、工农商服从各自的天性，各安其位，互不干扰，智慧、勇敢、节制、正义成为理想国的四大美德。他还为这个理想国家的实现，提出了完整的教育计划。

元认知

元认知就是对认知的认知，具体地说，是关于个人自己认知过程的知识和调节这些过程的能力，是对思维和学习活动的认知和控制。元认知具有两个独立但又相互联系的成分，即元认知知识和元认知控制。

顺向迁移

从迁移的方向而言，迁移可以分为顺向迁移和逆向迁移，顺向迁移即先前的学习对后来的学习的影响。当学习者面临新的学习情境和问题情境时，如果利用原有的知识或技能获得了新知识或解决了新问题，这种迁移就是顺向的迁移。

"五育"并举

1912年初，蔡元培发表《对教育方针之意见》一文，从"养成共和国民健全之人格"的观点出发，提出军国民教育、实利主义教育、公民道德教育、世界观教育和美感教育的"五育"并举教育思想，成为制定民国元年教育方针的理论基础。

道尔顿制

道尔顿制是美国进步主义教育家帕克赫斯特针对班级授课制的弊端在道尔顿中学实施的一种个别教学制度，也称"道尔顿计划"。其主要内容包括在学校废除课堂教学、课程表和年级制，代之以"公约"或"合同式"的学习；将教室改为作业室或实验室，用表格法来了解学生的学习进度等。

二、简答题

1. 简述朱子读书法。

【答案要点】

（1）循序渐进。朱熹主张读书要"循序渐进"，包含三个方面的意思：读书要按一定的次序，不要颠倒；应根据自己的实际情况和能力，安排读书计划，并切实遵守它；读书要扎扎实实打好基础，不可囫囵吞枣，急于求成。

（2）熟读精思。朱熹认为，读书既要熟读成诵，又要精于思考。熟读有利于理解，熟读的目的是为了精思。精思就是从无疑到有疑再到解疑的过程，即发现问题和解决问题的过程。

（3）虚心涵泳。所谓"虚心"是指读书时要虚怀若谷，静心思虑，仔细体会书中的意思，不要先入为主，牵强附会；所谓"涵泳"是指读书时要反复咀嚼，细心玩味。

（4）切己体察。强调读书不能仅仅停留在书本上和口头上，而必须要见之于自己的实际行动，要身体力行。他竭力反对只向书本上求义理，而不"体之于身"的读书方法，认为这样无益于学。

（5）着紧用力。包含两方面的意思：其一，必须抓紧时间，发愤忘食，反对悠悠然；其二，必须抖擞精神，勇猛奋发，反对松松垮垮。

（6）居敬持志。既是朱熹道德修养的重要方法，也是他最重要的读书法。"居敬"是读书时精神专一，注意力集中；"持志"是要树立远大的志向和高尚的目标，并要以顽强的毅力坚持下去。

2. 人文主义教育的特征。

【答案要点】

（1）人本主义。人文主义教育在培养目标上注重个性发展，在教育教学方法上反对禁欲主义，尊重儿童天性，坚信通过教育这种后天的力量可以重塑个人、改造社会和自然，这些都表现出人本主义内涵，人的力量、人的价值被充分肯定。

（2）古典主义。人文主义教育思想吸收了许多古人的见解，人文主义教育实践尤其是课程设置亦具有古典性质，但这种古典主义绝非纯粹的"复古"，实则含有古为今用、托古改制的内涵，这在当时是进步的。

（3）世俗性。不论从教育目的还是从课程设置等方面看，人文主义教育洋溢着浓厚的世俗精神，教育更关注今生而非来世，这是人文主义教育与中世纪教育的根本区别。

（4）宗教性。人文主义教育仍具有宗教性，几乎所有的人文主义教育家都信仰上帝，他们虽然抨击天主教会的弊端，但不反对宗教更不打算消灭宗教，他们希冀以世俗和人文精神改造中世纪陈腐专横的宗教性，以造就一种更富世俗色彩和人性色彩的宗教性。

（5）贵族性。这是由文艺复兴运动的性质所决定的。人文主义教育的对象主要是上层子弟，教育的形式多为宫廷教育和家庭教育而非大众教育，教育的目的主要是培养上层人物如君主、侍臣、绅士等。

3. 按教育机构划分，教育分为哪几种？

【答案要点】

依据教育的实施机构，教育可以分为学校教育、社会教育和家庭教育。

（1）学校教育是由专业人员承担的，在专门机构——学校中进行的目的明确、组织严密、系统完善、计划性强的以影响学生身心发展为直接目标的社会实践活动，也是狭义的教育。学校教育具有可控性，首先表现为学校教育的目的性，其次表现为学校教育的组织性和系统性；学校教育具有专门性；学校教育具有相对稳定性。

（2）社会教育是指除学校教育、家庭教育以外的一切社会文化机构或团体对社会成员进行的教育。具有对象的全民性、地点的广泛性、内容的实用性和实践的终身性等特点。

（3）家庭教育是指一个人在家庭这个特殊社会结构中所受的教育，一般是指一个人从出生到自己组成家庭之前所受到的来自家庭各方面的影响，包括有意识的知识传授、道德教育和有意识的家庭生活氛围的陶冶。家庭教育具有启蒙性、随机性、经验性和个别性。

4. 根据教育研究对象和任务，为什么必须对教育问题进行研究？

【答案要点】

（1）教育学的研究对象。

教育学是以教育活动为研究对象的学科，是通过研究教育现象和教育问题、探索教育规律、探讨教育价值、探寻教育艺术、指导教育实践的一门科学。它的核心是引导、培育和规范人的发展，解决培养什么人和怎样有效培养人的问题。

（2）教育学的研究任务。

①探索教育规律。教育规律是指不以人们意志为转移的教育内部诸因素之间、教育与其他事物之间具有本质性的联系，以及教育发展变化过程的规律性。

教育学的任务就是要在研究教育的现象与问题、总结教育经验的基础上去揭示教育的各种可验证的客观性规律，并阐明教育工作的原理、原则、方法与组织形式等的有效性问题，为教育工作者提供理论上和方法上的依据。

②探讨教育价值。教育学是一门探讨教育价值理念或教育应然状态的学科。人们在进行教育活动时，易将自己对人生意义与社会理想的选择和诉求作为出发点，形成教育价值观念，以引领和规范教育与人的发展。因而在从事教育工作、开展教育活动时，首先要认真探讨教育的价值问题，以选择正确的价值取向，制定合理的教育目的或要求。

③探寻教育艺术。教育是教育者与受教育者主体之间的互动。培养人的教育活动应是倡导循循善诱、沟通协调、自由创造的活动。在这一意义上，可以说教育是一种艺术，是最讲究教育方法与睿智，最注重关爱和调动学生内在向上的动力，最具创造性和个性的艺术。

④指导教育实践。教育学既要研究教育问题，揭示教育规律，也要能够回到教育实践中去，指导具体的教育实践，它应当在个体的身心和谐、全面发展方面产生具体的"发展效应"，也应当在经济、科技、文化发展方面产生直接的社会效益。此外，教育学还必须研究如何使教育理论迅速而有效地转化为实践运用的问题。

三、分析论述题

1. 教师职业的本质和特点，谈谈在实践中如何实现。

【答案要点】

（1）教师职业的本质。教师职业是一种专业性职业，教师是专业人员；教师是教育者，教师职业是促进个体社会化的职业；教师的神圣使命是教书育人。

（2）教师职业的特点：

①教师职业是一种专业性职业。教师职业是一种专门性职业，它需要经过专业的师范教育训练、掌握专门的知识和技能、通过培养人才为社会服务。

②教师职业是以教书育人为天职的创造性职业。有目的地培养人才是教育区别于其他社会领域的根本特征。教育人的工作是由多方面力量协调来完成的，教师是通过教书来育人的。教师应根据不同教育的对象、不同的教育内容和教育条件，运用自己的知识、经验，设计各式各样的教育教学方案和方法，形成不同的教育教学风格和特色。

③教师职业是需要持续专业化的职业。教师必须不断学习，及时更新自己的知识结构；必须善于研究，积累自己的教育智慧，才能适应学生发展的时代要求。培养教师的终身学习能力和研究能力是现代教师成长的重要条件。

2. 试述学习动机对学习效果的影响。

【答案要点】

动机是引起和维持个体活动，并使活动趋向一定的目标，以满足某种需要的一种内部心理动力状态。学习动机是动机在学习活动中的表现，是引起和维持个体进行学习活动，并使活动朝向一定的学习目标，以满足某种学习需要的一种内部心理状态。它的主要内容包括知识价值观、学习兴趣、学习效能感和成败归因。学习动机对学习效果的影响主要如下：

（1）动机具有加强学习的作用，高动机水平的学生其成就水平也高；反之，高成就水平也能导致高的动机水平。但是学习效率与学习动机强度并不完全成正比。过于强烈的学习动机往往使学生处于一种紧张的情绪状态中，注意和知觉范围变得狭窄，由此限制了学生正常的智力活动，降低了学习效率。

（2）耶克斯－多德森定律。

①学习效率随学习动机强度的增加而提高，直至达到最佳水平，之后则随学习动机强度的进一步增加而下降。

②学习动机强度与学习效果之间的这种关系因学习者的个性、课题性质、课题材料难易程度等因素而异，动机强度的最佳水平会随学习活动的难易程度而有所变化。一般来说，从事比较容易的学习活动，动机强度的最佳水平点会高一些，而从事比较困难的学习活动，动机强度的最佳水平会低一些。

③动机强度的最佳点因人而异，进行同样难度的学习活动对有的学生来说动机强度的最佳水平点高一些更为有利，但对于另一些学生来说则相反。

3. 试述夸美纽斯对历史的贡献。

【答案要点】

夸美纽斯是17世纪捷克伟大的爱国者、教育改革家和教育理论家，他继承了文艺复兴以来人文主义教育思想的成果，总结了自己丰富的教育实践经验，系统地论述了教育的理论和实际问题，代表作有《大教学论》《世界图解》《母育学校》等。

（1）教育的目的。第一，宗教性目的：认为人生的最终目的是为达到"永生"，教育的目的是使人为来世生活做好准备。第二，现实性目的：通过教育使人认识和研究世界上一切事物，培养和发展他们的各种能力、德行和信仰，以便享受现世的幸福，并为永生做好准备。

（2）教育的作用。夸美纽斯认为教育是改造社会、建设国家的手段。人都是有一定天赋的，而这些天赋发展得如何，关键在于教育。只要接受合理的教育，任何人的智力都能够得到发展。

（3）泛智主义教育观。基于教育的崇高目的，夸美纽斯提出了"将一切事物教给一切人"的泛智主义教育观，内容主要包括教育内容泛智化和教育对象普及化。

（4）普及教育。夸美纽斯认为普及教育就是"人人都可接受教育"，其核心是泛智论。夸美纽斯大力主张普及教育于全体儿童和民众。实现普及教育的可能性一方面在于人自身具有接受教育的先天条件，另一方面在于教育可以改进社会和塑造人，社会和人的进步离不开教育。

（5）统一学制。为了使国家便于管理全国的学校，使所有儿童都有上学的机会，夸美纽斯提出建立全国统一学制的主张。他把人的学习期划分为四个阶段，并按这种年龄分期设立相应的学校。各级学校均按照适应自然的原则，采取班级授课制和学年制开展工作，分别开设不同的课程来教育和培养儿童。

（6）管理实施。夸美纽斯强调国家对教育的管理职责，认为国家应该设立督学对全国的教育进行监督，以保证全国教育的统一发展。

（7）学年制。为改变当时学校教学活动缺乏统一安排的无序状况，夸美纽斯制定了学校教学活动的学年、学日制度。

（8）班级授课制。为实现普及教育、提高教学效率，改变教师只对学生进行个别教学和指导的状况，夸美纽斯总结新旧各教派学校中实行班级授课的经验，提出并全面系统地论述了班级授课制度。

（9）论教育和教学的基本原则。包括教育适应自然的原则、直观性原则、激发学生求知欲望原则、巩固性原则、量力性原则、系统性和循序渐进性原则、因材施教原则。

（10）夸美纽斯教育思想的评价。

夸美纽斯是教育史上第一位系统地总结教学原则的教育家，他的教育理论包含了大量宝贵的教学经验，在一定程度上反映了教学工作的客观规律性，具有普遍的指导意义。夸美纽斯是一位杰出的教育革新家，他的教育思想具有明显的民主主义、人文主义色彩。在继承前人经验的基础上，夸美纽斯提出了系统的教育思想。他论述了教育的作用，呼吁开展普及教育，试图使所有人都能接受普及教育。并详细制定了学年制度和班级授课制度，提出了各级学校课程设置，编写了许多教科书，且系统地阐述了教育的基本原则和方法等。

但夸美纽斯的教育思想中也存在着一些明显的缺陷。他的教育思想具有过分浓郁的宗教气息，对科学知识和教育科学的认识也不准确。这些缺陷既有他本人认识上的原因，也有时代本身的局限。

4. 试述晏阳初的四大教育和三大方式。

【答案要点】

晏阳初认为，农村建设的工作最重要的是必须有具体的方案，具体的方案又必须以事实为依据，必须靠有系统的精确调查。在定县乡村平民教育实验的基础上，晏阳初对于县范围内如何具体实施乡村教育总结了一套成功的经验。这集中体现为他所概括的"四大教育"和"三大方式"。

（1）四大教育。

晏阳初把中国农村的问题归结为"愚""穷""弱""私"四个方面，他认为，要解决这四点，就必须通过"四大教育"来进行。

①以文艺教育攻愚，培养知识力。具体做法是从文字及艺术教育着手，使人民认识基本文字，得到求知识的工具，以为接受一切建设事务的准备。其首要工作就是除净青年文盲，将农村优秀青年组成同学会，使他们成为农村建设的中坚分子。

②以生计教育攻穷，培养生产力。它从农业生产、农村经济、农村工业各方面着手，以达到农村建设的目标。

③以卫生教育攻弱，培养强健力。注重大众卫生和健康及科学医药的设施，使农民在他们现有经济状况下，能得到科学治疗的机会，以保证他们最低限度的健康。

④以公民教育攻私，培养团结力。通过激起人民的道德观念，施加良好的公民训练，使他们有公共心，团结力，有最低限度的公民常识，政治道德，以立地方自治的基础。晏阳初认为，四大教育中，公民教育是最根本的。

（2）"三大方式"。

在定县乡村平民教育实验中，针对过去教育与社会相脱节、与生活实际相背离的弊端，在强调发挥教育的整体功能作用时，晏阳初提出了在农村推行"四大教育"的"三大方式"。

①学校式教育。学校式教育以青少年为主要教育对象，包括初级平民学校、高级平民学校、生计巡回学校。

②家庭式教育。家庭式教育的目的在于：第一，解决家校矛盾，帮助年长的家庭妇女减少对青年妇女和儿童教育的阻挠或反对，增强学校教育的效益；第二，把学校课程的某一部分交由家庭承担，使家庭关心社区的利益，乐于承担社会责任。

③社会式教育。社会式教育是由平民学校毕业生从各个方面发挥示范作用，积极引导和帮助全村农民按照计划接受四大教育。

四、材料题

1. 就下列问题展开论述：

问1：根据材料，你怎么看待红花和绿叶？

问2：教育活动中应该如何处理学生中的红花和绿叶这个问题？

问3：教师应如何与家长沟通？

【答案要点】

问1：红花与绿叶两者之间关系紧密，谁也离不开谁，不存在谁陪衬谁的关系。在教学活动中，每个孩子都是独立的个体，各有其身心发展的阶段性和顺序性。

问2：良好师生关系的构建就是师生关系建立、调整和优化的过程。教师在师生关系建立与发展中占有重要地位，起着主导作用。要建立民主、和谐亲密、充满活力的师生关系，对教师来说，有以下几种策略：

（1）了解和研究学生。包括了解学生个体的思想意识、道德品质、兴趣、需要、知识水平、学习态度和方法、个性特点、身体状况和班集体的特点及其形成原因。

（2）树立正确的学生观。学生观就是教师对学生的基本看法，它影响着教师对学生的认识及其态度与行为，进而影响学生的发展。正确的学生观来自教师对学生的观察和了解，来自教师向学生的学习和对自我的反思。

（3）热爱、尊重学生，公平对待学生。热爱学生包括热爱所有学生，对学生充满爱心，经常走到学生之中，忌讳挖苦、讽刺学生、粗暴对待学生。尊重学生特别要尊重学生的人格，保护学生的自尊心，维护学生的合法权益，避免师生对立。教师处理问题必须公正无私，使学生心悦诚服。

（4）主动与学生沟通，善于与学生交往。要求教师掌握沟通与交往的主动性，经常与学生保持接触、交心；同时教师还要掌握与学生交往的策略和技巧，如寻找共同的兴趣或话题、一起参加活动等。

（5）努力提高自我修养，健全人格。教师要使师生关系和谐，就必须通过自己崇高的理想、科学的世界观、人生观、渊博的知识、严谨的治学态度、活泼开朗的性格、多方面的爱好与兴趣等来吸引学生。

问3：

（1）树立正确的角色意识。教师与家长是关系平等、相互信任、配合默契的合作者，教师不仅应明确与家长沟通的目的和意义，在沟通中树立自我正确的角色意识，另外，教师还扮演着沟通主导者的角色，教师可以通过向家长解释的方法，利用集体交流的时机向家长解释教师和家长之间应当是怎样的关系，介绍自己将会怎样开展工作，并具体地指出希望家长做出怎样的行动；家庭是学校重要的合作伙伴，家长应明确自身的角色定位，与教师之间是平等、合作的关系，家长与教师应相互理解，相互支持，主动参与教师的工作。

（2）掌握沟通技巧。包括预防和化解矛盾的技巧、促进家长支持配合的技巧、增进相互理解的技巧、谈论学生不足的技巧等。

（3）丰富和拓展沟通渠道。调查结果表明，幼儿教师与家长缺少深入、个别化的沟通，目前沟通方式以集体沟通方式为主，接送交流是少有的个别化的沟通方式，却只能简短交流，不能起到深入沟通的作用，可见沟通渠道有待拓展，需要增加幼儿教师与家长单独沟通的方式。

（4）完善现有沟通方式。各种沟通方式有自身特殊的优势，也有其不足，应针对其不足加以完善。家长会和家长开放日应适当增加开展的次数；针对家长委员会参与家长少的问题，家长委员会的成员应轮流担任，并调动其他家长的参与；家长园地应增加家园配合的内容，提供家长参与的平台，加强对家庭教育指导方面的内容等。

湖南师范大学 333 教育综合·真题解析

一、名词解释

自我效能感

自我效能感由班杜拉提出，是指个体对自己能否成功进行某一成就行为的主观判断。它影响着个体对行为的选择、付出多大努力以及坚持多久。班杜拉指出，人的行为受行为结果的影响，但行为的出现不是由于随后的强化，而是由于人认识了强化与行为之间的依赖关系后建立了对下一步强化的期望。

上位学习

上位学习又称总括学习，是指学习者在已形成若干观念的基础上学习包摄程度更高的知识。如学生熟悉了胡萝卜、菠菜这些概念之后再学习蔬菜这一概念。

"从做中学"

杜威以其经验论为基础，要求从做中学、从经验中学，要求以活动性、经验性的主动作业来取代传统书本式教材的统治地位。在杜威看来，这种活动性、经验性课程既能满足儿童的心理需要，又能满足社会性的需要，还能使儿童对事物的认识具有统一性和完整性。

《教育漫话》

《教育漫话》集中反映了欧洲文艺复兴时期新兴资产阶级的教育观。本书以"绅士教育"为主题，分为体育保健、道德教育、智育三个部分，阐明了如何才能培养出符合时代需要的、有理性、有德行、有才干的绅士或者有开拓精神的事业家。

"活教育"

活教育由陈鹤琴所倡导。陈鹤琴提出"活教育"的目的是"做人，做中国人，做现代中国人"；"大自然、大社会都是活教材"是陈鹤琴对"活教育"课程论的概括表述；"做中教，做中学，做中求进步"是"活教育"教学方法的基本原则。

《大学》

《大学》是《礼记》中的一篇，是儒家学者论述大学教育的一篇论文，它着重阐明"大学之道"，即大学教育的纲领，被认为是与论述大学教育之法的《学记》互为表里之作，对大学教育的目的、程序和要求做了完整、扼要和明确的概括。

二、简答题

1. 黄炎培职业教育的主要思想及其对现代教育的启示。

【答案要点】

（1）职业教育的作用与地位。

①作用：职业教育的功能就其理论价值而言，在于"谋个性之发展"；"为个人谋生之准备"；"为个人服务社会之准备"；"为国家及世界增进生产力之准备"。就其教育和社会影响而言，在于通过提高国民的职业素养，确立社会国家的基础。就其对当时中国社会的作用而言，在于有助于解决中国最大、最重要、最急需解决的人民生计的问题，消灭贫困，并进而使国家每一个公民享受到基本的自由权利。

②地位：职业教育在学校教育制度上的地位是一贯的、整个的和正统的。

（2）职业教育的目的。职业教育的最终目的为"使无业者有业，使有业者乐业"。

（3）职业教育的方针。第一，社会化。黄炎培强调职业教育必须适应社会需要。第二，科学化。科学化是指用科学来解决职业教育问题，开展职业教育需要遵循科学原则。

（4）职业教育的教学原则："手脑并用""做学合一""理论与实际并行""知识与技能并重"。

（5）职业道德教育。黄炎培把职业道德教育的基本要求概括为"敬业乐群"。"敬业"是指热爱自己的职业，做到尽职，有为所从事职业和全社会做出贡献的追求。"乐群"是指有高尚情操和群体合作精神，有服务和奉献精神。

2. 墨家教育思想的特征及其借鉴意义。

【答案要点】

（1）"素丝说"与教育作用。

教育对人的作用：墨子在人的教育方面提出"素丝说"。他认为人性不是先天所成，生来的人性如同待染的素丝，下什么色的染缸，就成什么样颜色的丝，即有什么样的环境与教育就造就什么样的人。

教育的社会作用：主张通过教育建立一个民众平等、互助的"兼爱"社会。

（2）以"兼士"为培养目标。"兼相爱，交相利"的社会理想决定了墨家的教育目的是培养实现这一理想的人，即"兼士"或"贤士"，通过他们去实现贤人政治或仁政政治。

（3）教育内容：政治和道德教育、科学和技术教育、文史教育、培养思维能力的教育。

（4）教育方法：主动说教、善述善作、合其志功、量力。

（5）借鉴意义：作为儒家教育思想对立面出现的以墨子为代表的墨家教育思想，包含不少合理的主张，尤其是科学技术知识和技能技巧的专门教育，是中国教育史上首先提出与实行的。这些都使墨家教育成为中国教育史上一份独特而有价值的遗产。理想主义、务实作风和主动精神是墨家教育值得后人汲取之处。而忽视人的内心情感，过分注重经验而轻视理性则是其缺陷，应引以为戒。

3. 谈谈你对苏格拉底"知识即美德"的理解。

【答案要点】

（1）内容。苏格拉底认为道德不是天生的，正确的行为基于正确的判断，做坏事的人按照错误的判断行事，没有人会明知故犯，所以教人道德就是教人智慧，教人辨别是非、善恶，正确地行事，智慧就是道德。正确行为基于正确认识，对人进行道德教育就是可能的，道德是可教的。

（2）评价。这个观点是近代教育性教学原则的雏形，"美德即知识"对于破除贵族阶级的道德天赋的理论，具有明显的进步意义。但是这一观念也是不完善的，它忽略了道德的其他方面，如情感、行为等。

4. 裴斯泰洛齐"教育心理学化"理论主要内容及影响。

【答案要点】

在西方乃至世界教育史上，裴斯泰洛齐是第一个明确提出"教育心理学化"的教育家。教育心理学化就是要把教育提高到科学的水平，将教育科学建立在人的心理活动规律的基础上。

（1）教育目的心理学化。要求将教育的目的和理论指导置于儿童本性发展的自然法则的基础上。只有认真探索和遵循儿童的心理活动和心理发展的规律性，才能有效地达到应有的教育目的。

（2）教学内容心理学化。必须使教学内容的选择和编制适合儿童的学习心理规律。裴斯泰洛齐力图从客观现象和人的心理过程探索教育和教育内容中普遍存在的基本要素，并以此为核心来组织各科课程和教学内容，提出"要素教育"理论。

（3）教学原则和教学方法的心理学化。教学要遵循自然的规律，要使教学程序与学生的认识过程相协调。在此原则下，提出了直观性教学原则、循序渐进原则。

（4）要让儿童成为他自己的教育者。教育者不仅要让儿童接受教育，还要使儿童成为教育中的动因，要适应儿童的心理时机，尽力调动儿童的能动性和积极性，使他们懂得自我教育。

虽然裴斯泰洛齐对人的心理理解是感性的，并不十分科学，但他关于教育心理学化的思想，不仅成为他关于人的和谐发展论、教育要素论、简化的教学方法和初等学校各科教学法的重要理论基础，而且对19世纪欧美一些国家教育研究和实践产生了重大影响。

三、分析论述题

1. 试分析错误观念及其对教学的启示。

【答案要点】

（1）错误概念或称为另类概念，指学习者持有的与当前科学理论对事物的理解相违背的概念。

从性质上看，错误概念不单是由理解偏差或遗忘造成的错误，它们常常与学习者的日常直觉经验联系在一起，植根于一个与科学理论不相容的概念体系。

（2）教学启示。概念转变就是认知冲突的引发和解决的过程，是个体原有的某种知识经验，由于受到与此不一致的新经验的影响，而发生的重大改变。错误概念的转变是新旧知识经验相互作用的集中体现，是新经验对已有经验的影响和改造。为概念转变而教的策略，对教学的启示有：

①创设开放的、相互接纳的课堂气氛。为了解学生的真正想法，促进错误概念的转变，教学中应该创设一种开放的、相互接纳的课堂气氛。不管是对是错，学生都可以表达自己真正的想法，所有的见解都应该得到尊重，而不是对不同意见的见解嗤之以鼻。只有这样，学习者才能大胆地面对不同观点、事实之间的冲突，才能理智地去思考、分析问题。

②倾听、洞察学生的经验世界。为了解、揭示学生真正的想法，教学中需要采用一些开放的、具有揭示力的探测性问题，让学生在推论、预测中表现自己的想法，而不是让学生去复述课本中的说法。

③引发认知冲突。引发认知冲突可以让学习者意识到与原有概念相对立的事实或观点，这是转变学生错误概念的基本途径。呈现对立性事实的基本方法是实验和观察。认知冲突是在学生积极的推理、预测等思维活动中产生的。因此，引导学生投入积极的思维活动，对当前问题进行分析、推理，是引发认知冲突的重要条件。

④鼓励学生交流讨论。在认知冲突的情境中，教师要进一步引导学生去思考其中的问题，在分析思考的过程中，教师应该组织学生进行讨论，交流各自的看法，不同观点的交锋能更好地引发学生积极的思维活动，促进学生对问题的深层理解。

2. 教育学理论建设的任务不是逻辑推理和思辨的科学，应该是怎么样的？如何根据教育学研究原则构建教育学逻辑体系？

【答案要点】

（1）批判和继承传统的教育理论，立足现实，构建面向未来的教育学逻辑体系。

传统教育学的研究对象在现代的教育研究中仍然在研究、扩展和深化，在今天都各自成为更专门、更细致的独立的子学科，但它们一方面是传统研究目的的继续，另一方面也是传统研究领域的扩张和更新，和传统有着密不可分的联系。因此，我们在教育学的研究过程中，应该对古今中外的各种重要的教育理论和流派进行系统分析，把其中合理的、有价值的东西加以改造，吸收到我们自己的体系中来，尝试进行新的解释和新的综合，并把它放到恰当的位置，成为我们体系中的有机成分。

（2）学习和消化西方教育学理论，构建有中国特色的教育理论体系。

近些年来，我们对西方教育理论的介绍取得了许多可喜的成果，但根据中国教育现状进行消化方面还做得不太成功。鉴于此，我们必须尽快构建一种具有中国特色的、中西方教育理论互补与融合的新的教育理论体系。

（3）学习相邻学科的研究成果和研究方法，建立科学的教育学理论体系。

各相邻学科的横向渗透，是当代教育理论发展的大趋势。这不仅是相邻学科许多新概念的运用，而且出现了许多新的教育学的边缘学科和交叉学科，如从文化学、人类学等角度研究教育学的许多尝试。

（4）总结和升华教育实践经验，为教育理论的发展提供坚实的实践基础。

科学的教育学逻辑体系不能凭空想象、抽象思辨，而必须是理论与实践相互推进，因为教育实践需要建立在雄厚的理论基础之上，而教育理论体系也需要把实践经验的研究当作发展自身的活力之一。因此，必须广泛搜集教育实践经验材料，然后经过认真分析综合，阐明教育活动中各个因素、环节、层次之间的关系，揭示教育活动的规律，最后以一定的概念、范畴加以表述，成为教育理论体系的一个部分，使经验上升到理论高度，组成一个客观表述教育活动实际过程的逻辑形式。

3.论述学校教育在人的身心发展中的特殊作用。根据教育改革，如何发挥学校教育的特殊作用？

【答案要点】

学校教育在人的身心发展中的作用：

（1）学校教育主要通过传承文化科学知识来培养人。

学校教育是教育者有意识地为儿童的身心发展精心设置的一种环境，它把经过选择的、重新组编的、人类长期积累起来的文化知识作为精神客体与儿童互动，以促进儿童的发展，使他们成人成才。文化知识蕴含着有利于人的发展的多方面价值，包括促进人的认识的发展、促进人的精神的发展、促进人的能力的发展和促进人的实践的发展。

（2）学校教育对提高人的现代性有显著的作用。

教育在人的现代化过程中起着重要作用，因为学生在学校里不仅学会了读、写、算等各个方面的基础知识与技巧，而且学到了与他们个人的发展和国家的未来有关的态度、价值和行为方式。人的现代化是社会现代化的重要基础和前提条件，我们应该自觉地优先发展教育，高度重视并充分发挥教育对人的现代化的促进作用。学校教育具有较强的目的性、系统性、选择性、专门性和基础性。从终身教育的角度看，各级各类学校教育都是在不同层面上为人一生的发展打基础，包括为一生的"做人"打基础。

教育发挥主导作用的条件：

（1）科学的学校教育。教育目的影响着教育的效果；教育物质条件影响着教育的速度和规模；教育活动影响着教育影响的深度；教师素质影响着教育的水平；教育管理水平影响着教育的功能。

（2）优化的家庭教育。学校教育在人的身心发展中的主导作用的发挥，还受学生家庭的经济状况、家长的文化水平、家庭的人际关系等家庭条件的影响。

（3）良好的社会状况。教育活动是在一定社会的条件和背景下进行的，并受到社会条件的制约。这些社会条件包括社会生产力发展水平、社会政治经济制度、文化传统等。

（4）受教育者自身的主观能动性。人的主观能动性是人的一种内在需要和动力。当受教育者具备了积极的求教动机时，环境和教育的外因才能发挥相应的作用。学习者的积极性越高，教育的作用就越大。

总之，教育的主导作用不是无条件产生的，它受到多方面因素的制约。教育如果能得到社会各方面条件的积极配合，就能充分发挥出教育的主导作用。

4.问1：中国和英国的基础教育都应该注意什么？

　　问2：这场教学比赛是一般的教学竞赛吗？请评价教学竞赛。

　　问3：中英教育应互相学习什么？

【答案要点】

问1：中国和英国的基础教育都应该注重学生基础知识与基本技能的掌握；注重学生情感态度与价值观的培养；尊重学生的主体性和教师的主导作用。

问2：这场教学比赛不是一般的教学竞赛，体现的是中英不同文化背景、不同教学模式的碰撞。这场教学比赛在一定程度上反映了中英教学的差异，具体表现在以下几个方面：

（1）教学大纲。

在中国，基础教育阶段的教学大纲是国家统一规定的，教师必须按照教学大纲开展教学活动，所有学生都要尽自己最大努力来达到这个统一标准。列入教学大纲的教材广度和深度，一般应是学生必须达到的最低标准；而英国则会根据学生的不同能力水平制定出不同的适合每个学生自身情况的教学大纲，以便最大限度地适应每个学生的发展需要。

教学大纲的差异主要原因则在于中国更关注整个群体的绝对性评价，试图使每一个学生都达到统一的标准；而英国则更关注个体内差异评价，它是对同一个体的不同方面或某方面的前后变化进行比较的评估，更加关注个体自身的发展。本试验的结果差异在一定程度上也体现出教师意识中教学大纲这一教学依据的印记。

（2）在校学习时间。

从纪录片中可以看到，"中国班"的学生每天早晨7点上课，晚上7点放学，在校时间长达12个小时，学生难以适应；"英国班"的学生则在下午3点放学。显然这两种教学模式的学习时间也存在较大差异。在一定程度上，中式教学是在用较长的学习时间来换取学习效果。

（3）教学方法。

"中国班"采用的教学方法是以教师为主体的"一言堂"讲授法为主，注重记忆，更加强调学生的接受性学习。学习内容通常是以定论形式教给学生，学生只需把教师的教学内容内化到自己的认知结构之内即可。而英国教师采用的是学生居于主体地位的能力分组教学方式，强调自我发现学习。与中式教学相比，学生内化到自己的认知结构中的学习内容是需先经过自己的"发现"这一环节。对比不同的教学方法，二者的差距在于英式教学基本由发现内容和内化内容两个环节构成；中式教学是直接内化内容。

（4）对权威的态度。

在教学过程中，中国教师说家长永远是对的，这立即引起学生的异议，有的学生说父母不可能永远都是对的，父母可能是种族主义者或者是恐同者，或者可能存在性别歧视。在中国，教师、家长在学生的心里占据着至高无上的地位，学生也能在很大程度上尊崇并认同他们的观点，这与中国教育自古以来就有尊师重教的优良传统分不开。然而在英国，学生对此观念却表现得大相径庭，英国学生敢于质疑和挑战权威，而非盲从权威。

（5）课堂表现。

在传统的中国课堂教学中，教师一般很少与学生"互动"，而学生也在边听讲边埋头做笔记，很少主动提问，课堂气氛较为沉闷；英国学生在课堂中则表现得更为活跃。可见课堂的活跃程度与教师的教学方式密切相关。中国式教学更多强调的是"接受学习"，学生在课上会紧跟教师的教学进度，大部分时间用在抄写富有条理和体系的板书。顾明远教授曾说把学生视作被动的接受教育的对象，看不到学生的积极主动性，也不注意培养学生的主动精神和独立能力，这种传统的教育观念已经严重地影响到我国的教育质量和人才培养。在英式教学中侧重"过程学习"与"发现学习"，在课上学生需要积极讨论、共同探讨，因此课堂上的活跃程度会相对较高。

问3："他山之石，可以攻玉"，相互借鉴、取长补短则是我们教育努力和改革的方向。中英两国的教育发端于各自的国情，存在着具体的社会背景差异。中国教育应看到英国教育中重视学生实践能力及能力分组的优势，特别是要改变过于死板的教学方式，积极与学生互动，根据学生的不同学习能力水平进行教学，满足不同学生的学习需要。在中国基础教育课程改革的变革性探索中，学校特别是基础教育的素质教育的办学定位需切实落到实处，要彻底扭转为高校输送人才"分数唯一"、培育精英人才的应试教育，转向关注人的发展、人的生活、人的生命的轨道上来，实现教育价值观念和行为方式的深刻变革，最终突破和超越传统不合理的教学观念和行为方式。

英国教育同样看到了中国教育尊师重教的优点，实验学校的校长表示中学生对教师的尊重是英国所需要的。在教学实践方面，英国也在一定程度上借鉴了中国教学。

湖南师范大学 333 教育综合·真题解析

一、名词解释

分斋教学

"苏湖教法"又称"分斋教学法",是胡瑗在主持湖州州学时创立的新的教学制度,在"庆历兴学"时被用于太学的教学。胡瑗一反当时盛行的重视诗赋声律的学风,提倡经世致用的实学,主张"明体达用",在学校内设立经义斋和治事斋,创立"分斋教学"制度。

生活教育

"生活教育"是陶行知教育思想的核心,集中反映了他在教育目的、内容和方法等方面的主张,反映了陶行知探索适合中国国情和时代需要的教育理论的努力。包括生活即教育、社会即学校和教学做合一等思想。

美德即知识

苏格拉底认为道德不是天生的,正确的行为基于正确的判断,做坏事的人按照错误的判断行事,没有人会明知故犯,所以教人道德就是教人智慧,教人辨别是非、善恶,正确地行事,智慧就是道德。正确行为基于正确认识,对人进行道德教育就是可能的,道德是可教的。

教育即经验的改造

杜威在论教育的本质问题上,提出教育即经验的改造。教育即经验的改造是指构成人的身心的各种因素在外部环境和人的主动经验过程中统一的全面改造、发展、生长的连续过程。

品德

品德或道德品质是指个人依据一定的道德行为准则行动时所形成和表现出来的某些稳固的特征。品德是一种个体心理现象,是社会道德在个体身上的反映,包括道德认知、道德情感和道德行为三种基本心理成分。

功能固着

功能固着是指一个人看到某个制品有一种惯常的用途后,就很难看出它的其他新用途。初次看到的制品的用途越重要,就越难看出它的其他用途。功能固着使我们倾向于以习惯的方式运用物品,从而妨碍以新的方式来解决问题。

二、简答题

1. 在现代和学校教育、家庭教育一样,社会教育也发展了起来,社会教育迅速发展起来的原因有哪些?

【答案要点】

(1)社会信息量的飞速增加,知识技术的不断更新,职业结构的迅速变化,对社会教育的发展提出了客观要求。

(2)终身教育思想成为社会教育蓬勃发展的重要理论基础。

(3)现代信息传递手段和新型教育技术的出现,以及公共教育设施的完善,为社会教育的发展提供了物质基础。

2. 简述文化对教育的作用。

【答案要点】

（1）传递文化。文化教化的前提是人类对文化的创造与传递。教育起着传递文化的作用。尤其是学校教育因其具有明确的目的性、计划性等特点，一直承担着传承文化的重任。

（2）选择文化。为了有效地传承文化，必须发挥教育对文化的选择功能。教育的选择功能十分重要，体现了教育对文化发展的积极引导和自觉规范。

（3）发展文化。文化的生命不仅在于它的保存和积累，更在于它的更新与创造。随着社会的日益开放化，学校在加强国际文化交流中的作用也日益明显。教育通过广泛的文化交流，不断地吸收其他民族的文化精华，补充、更新和发展本民族的文化，也是文化发展的一种重要方式。

三、分析论述题

1. 论述儒家和墨家教育思想的异同。

【答案要点】

儒家的代表人物主要有孔子、孟子和荀子等，其思想主要体现在孔子的教育思想中。具体表现在以下几个方面：

（1）教育的作用。教育对社会发展有重要作用，是立国治国的三大要素之一，教育事业的发展要建立在经济发展的基础上；对个人提出"性相近也，习相远也"的思想，认为教育在人的发展过程中起关键性作用。

（2）教育的对象。提倡"有教无类"作为办学方针，"有教无类"的本意是：不分贵贱贫富和种族，人人都可以入学受教育。

（3）教育的目标。"学而优则仕"，提出由平民中培养德才兼备的从政君子，这条培育人才的路线，可简称为"学而优则仕"。

（4）教育内容。孔子教学的"六艺"即其编撰的"六经"，其中作为对弟子普遍传授的主要教材是《诗》《书》《礼》《乐》四种。

（5）教学方法。提倡因材施教、启发诱导、学思行结合、好学与实事求是的态度的教学方法。

（6）道德教育。主张以"礼"为道德规范，以"仁"为最高道德准则。凡符合礼的道德行为，都要以仁的精神为指导。因此，"礼"与"仁"成为道德教育的主要内容。以仁的精神对待伦理关系时，孔子提出最重要的两项道德规范，即忠与孝。忠要求对人尽心竭力、诚实负责；孝要求尊敬和顺从父母。

（7）对教师的要求。要求教师要学而不厌、诲人不倦、温故知新、以身作则、爱护学生、教学相长。

墨家的教育思想：

（1）"素丝说"与教育作用。墨子提出"素丝说"，以素丝和染丝为喻，来说明人性及其在教育下的改变和形成。他认为人性不是先天所成，生来的人性如同待染的素丝，下什么色的染缸，就成什么样颜色的丝，也就是有什么样的环境与教育就造就什么样的人。

（2）以"兼士"为培养目标。墨家的教育目的是培养"兼士"或"贤士"。兼士或贤士的三条具体标准是"博乎道术""辩乎言谈""厚乎德行"，即知识技能的要求、思维论辩的要求和道德的要求。

（3）以科技知识和思维训练为特色的教育内容。包括政治和道德教育、科学和技术教育、文史教育和培养思维能力的教育。

（4）主动说教、善述善作、合其志功的教育方法。

二者的异同：

（1）在教育作用上。儒家认为教育的社会作用在于"庶、富、教"，教育的个人作用在于"性相近也，习相远也"；墨家认为教育的作用在于"素丝说"，主张通过教育建设一个民众平等、互助的"兼爱"社会。

（2）在教育目的上。儒家提出"学而优则仕"，确定了培养统治人才这一教育目的；墨家"兼相爱、交相利"的社会理想决定了墨家的教育目的就是培养"兼士"或"贤士"。

（3）在教学内容上。儒家以"六艺"为教育内容，教学的特点为偏重社会人事、偏重文事、轻视科技与生产劳动；墨家的教育内容以科技知识和思维训练为特色。

（4）在教学方法上。儒家主张因材施教、启发诱导、学思行结合和好学与实事求是的态度等教学方法；墨家主张主动说教、善述善作、合其志功的教学方法。

2. 论述卢梭的自然主义教育理论的基本内容。

【答案要点】

（1）自然教育的基本含义。

卢梭自然主义教育的核心是"回归自然"。一方面，善良的人性存在于纯洁的自然状态之中。只有"回归自然"、远离喧嚣社会的教育，才有利于保持人的善良天性。因此15岁之前的教育必须在远离城市的农村进行。另一方面，每个人都是由自然的教育、事物的教育、人为的教育三者培养起来，只有三种教育圆满地结合才能达到预期的目的。三者之中，应以自然的教育为基准，才能使教育回归自然达到应有的成效。

（2）自然教育的培养目标。

自然教育最终目的是培养"自然人"，即身心调和发达、体脑两健、能力强盛的新人，也就是摆脱封建羁绊的资产阶级新人。具有以下特征：第一，自然人是能独立自主的人，他能独自体现出自己的价值；第二，在自然的秩序中，所有的人都是平等的；第三，自然人又是自由的人，他是无所不宜、无所不能的；第四，自然人还是自食其力的人，可无须仰赖他人为生，这是独立自主的可靠保证。

（3）自然教育的方法原则。

卢梭猛烈抨击了当时向儿童强迫灌输旧的道德和知识、摧残儿童天性的做法，他提出以下几点原则和方法：第一，树立正确的儿童观，应当把成人看作成人，把孩子看作孩子。第二，对儿童实施消极教育。此外，让他们在同自然的接触中，体会到自己所犯的错误和过失带来的自然后果，使儿童服从于自然法则，结合具体事例让他们从自己的直接经验中受到教育。第三，根据儿童天性的个体差异，因材施教。

（4）自然主义教育的实施。

卢梭根据自然教育的原则，根据人的自然发展的进程和不同年龄时期身心的特点，把自然教育分为婴儿期、儿童期、少年期和青春期。婴儿期主要进行体育；儿童期主要进行感官训练和身体发育，这个时期的儿童不宜进行理性教育，不应强迫儿童读书；少年期主要进行智育和劳动教育；青春期主要接受道德教育，包括宗教教育、爱情教育和性教育。

影响：

卢梭是西方教育史上具有划时代意义的教育思想家，他对封建社会进行了猛烈的抨击，提出了反映新兴资产阶级利益的教育思想，是现代教育思想的重要来源。

（1）卢梭提出的自然主义教育思想是教育思想史上由教育适应自然向教育心理学化过渡的一个重要环节。在封建社会压制人性的情况下，提倡性善论，尊重儿童天性具有历史进步意义。他呼吁培养身心调和发展的自然人和自由人也反映了对人的发展的合理要求。

（2）卢梭论证了自然主义教育的内容和方法。如重视感觉教育的价值；反对古典主义和教条主义，要求人们学习真实有用的知识；反对向儿童灌输道德教条，要求养成符合自然发展的品德等。这些观点既是在前人的基础上的发展，也反映了近代教育的发展方向。

（3）卢梭的教育理论对欧美教育产生了深远影响。德国的泛爱教育运动、瑞士的裴斯泰洛齐的教育实验、美国进步主义教育运动等，无不受到卢梭自然教育理论的启发。

3. 制定德育目标的主要依据是什么？我国中小学德育目标的要求主要体现在哪些方面？

【答案要点】

制定德育目标的主要依据：

（1）时代与社会发展需要。在不同历史时期，社会对人们提出的政治、思想、道德要求是不同的，因而德育目标必然因时代与社会发展要求不同而做相应的调整和要求。

（2）国家的教育方针和教育目的。德育目标是教育目标的重要组成部分，是教育目标的具体化，它的确定离不开国家的教育方针和教育目的。

（3）民族文化及道德传统。在历史的发展进程中，为了社会的稳定，人与人之间的和睦相处，每个民族都形成了各自的民族文化特点、道德传统和道德理想，而道德理想是人类共同的追求目标，我们不能抛弃民族的、历史的优秀道德传统来制定德育目标，我们应该取其精华，去其糟粕，继往开来，开拓创新，使传统的道德要求赋予新的时代意义。

（4）受教育者思想品德形成发展的规律及心理特征。学生心理特征的年龄阶段性，要求德育目标层次化、结构化和序列化，阶段性与长期性、理想化与现实性相结合。德育目标的制定离不开学生的实际，必须有与其年龄特征相适应的层次递进的德育目标。

我国中小学德育目标的要求主要体现在以下几个方面：

（1）情感、态度、价值观方面。表现为热爱生命、自尊自信、乐观向上、意志坚强；亲近自然、爱护环境、勤俭节约、珍惜资源；孝敬父母、尊重他人、乐于助人、诚实可信；热爱劳动、注重实践、热爱科学、勇于创新；尊重规则、尊重权利、尊重法律、追求公正；热爱集体、具有责任感、竞争意识、团体合作和奉献精神；热爱社会主义祖国、热爱和平，具有全球视野。

（2）能力方面。表现在培养爱护自然、鉴赏自然、保护环境的能力；发展观察、感受、体验、参与社会公共生活的能力，培养同他人交往与沟通的能力；逐步认识和理解社会生活的复杂性，具有基本的道德判断和辨别是非的能力，能够负责任地做出选择；形成自我调适、自我控制的能力，能够理智地调控自己的情绪；初步掌握搜集、处理、运用社会信息的方法和技能，能够独立思考、提出疑问和进行反思；具备理解法律的规定及其意义，理解学校及社会生活中的必要规则、遵纪守法、寻求法律保护的能力。

（3）知识方面。了解和掌握我与他人、我与社会、我与自然的道德规范；掌握基本的法律知识，了解法律的基本作用和意义；了解我国的基本国情、基本路线、基本国策和世界概况；了解和掌握辩证唯物主义和历史唯物主义世界观。

四、材料题

1. 有人认为，高智商会有高创造力，有高创造力的一定是智商高的人，试从创造力和智商的关系来分析此观点。

【答案要点】

创造性与智力存在一定的关系，但并不呈线性正相关。其关系主要表现为：

（1）高创造力者，智商一定很高。

（2）低创造力者，智商可高可低。

（3）高智商者，创造力可高可低。

（4）低智商者，创造力一定低。

因此，在学校教育中，智力开发并不等同于创造力的培养。在智力开发的同时，也要重视对学生创造力的培养。

2.结合材料，谈谈教师交流轮岗制度对教师成长和教育质量提高的影响。

【答案要点】

教师轮岗制度是指各级各类教育行政部门对所属区域内的教师有计划地进行组织，在不同学校开展定期或不定期的任教交流，通过推行义务教育阶段教师合理、有序流动，来达到开阔教师视野、提高教学水平以及优化城市与农村、优质与薄弱学校的教师配置结构的目的，实现教育均衡发展的一种制度设计。

（1）对教师成长的影响：有利于促进教师自身的发展，避免职业倦怠。

一方面，教师轮岗制度能促进教师自身的发展，提高综合素质和适应能力，扩大教师的人际圈，开阔视野。如果教师只在一个地方教学，接触的老师、学生总是固定的，而教师轮岗制度的实行，使他们到一个新的圈子里，认识更多的优秀老师，接触更多的学生，面对不同的学生发展，有不同的教学问题，能快速体现教师教学的不足以便优化教师教学水平，提高教师教育质量，同时也能提升教师的教学机智与创新能力。

另一方面，教师由于长期待在一个地方，生活和学校教学工作一成不变，难免会产生职业倦怠，可能会逐渐成为一个只想传授旧知识的教师，而非创新性的研究型教师，从而衍生出一种"对未来发展一眼看到尽头"的消极情绪。而教师轮岗制度的实行，有利于减少教师的职业倦怠，带给教师不一样的体验和新鲜感，使其能够更有激情地投入自己的教学之中。

（2）对教育质量提高的影响：优化学校教育管理，提高学校教学质量。

对于学校，教师轮岗有利于学校之间交流创新，帮助学校汲取其他学校的办学理念，完善学校管理制度，调整学校教育管理结构，优化教师培训体制，促进校园校风建设，优秀的校长经轮换，使更多的学校管理大大改善。

不同的教师教学方式与观念带动学校教学模式的创新，改变一成不变的教学观念。尤其对于乡村学校，教师轮岗制更是一个福音，例如，在以前乡村学校缺乏师资力量，一个老师教多门科目，并且乡村地区的教师缺少培训机会，教育教学水平与经济发达地区的教师相比仍然有很大的差距，优秀教师轮岗到乡村可以把好的教育方法和理念带入乡村学校。师资对于一个学校至关重要，有了良好的师资队伍，学校的教育质量可以快速提升。

2014年 湖南师范大学333教育综合·真题解析

一、名词解释

中学为体，西学为用

中体西用是洋务派关于中西文化关系的核心命题，也是洋务教育的指导思想。在回答解决"西学"与中国固有文明之间的关系问题时，洋务派提出"中体西用"，认为在突出"中学"主导地位的前提下，应肯定"西学"的辅助作用和器用价值。1898年初，张之洞发表《劝学篇》，围绕"旧学为体，新学为用"的主旨集中阐述，形成了一个比较完整的思想体系。

附属内驱力

奥苏伯尔根据动机对学业成就的影响，将学习动机划分为认知内驱力、自我提高内驱力和附属内驱力。附属内驱力是个体为了保持长者们的赞许或认可而表现出来的把工作做好的一种需要。

顺向迁移

从迁移的方向而言，迁移可以分为顺向迁移和逆向迁移，顺向迁移即先前的学习对后来的学习的影响。当学习者面临新的学习情境和问题情境时，如果利用原有的知识或技能获得了新知识或解决了新问题，这种迁移就是顺向的迁移。

《理想国》

《理想国》是柏拉图的代表作，是一部讨论政治和教育的著作，被认为是西方教育史上最为重要和伟大的教育著作之一。在《理想国》中，柏拉图精心设计了一个他心目中理想的国家，在这个国家中，执政者即哲学王，军人、工农商服从各自的天性，各安其位，互不干扰，智慧、勇敢、节制、正义成为理想国的四大美德。他还为这个理想国家的实现，提出了完整的教育计划。

三舍法

"三舍法"是王安石在"熙宁兴学"期间改革太学最重要的措施。"三舍法"是严格的升舍考试制度，它将学生平时行艺和考试成绩相结合，学行优劣与任职使用相结合，这有利于调动学生学习的积极性，提高太学教育质量。同时又把上舍考试和科举考试结合起来，融养士与取士于太学，提高了太学地位。

终身教育

终身教育是人一生各阶段当中所受各种教育的总和，也是人所受的不同类型教育的综合。前者从纵向上讲，说明终身教育不仅仅是青少年的教育，而且涵盖了人的一生；后者从横向上讲，说明终身教育既包括正规教育，也包括非正规教育和非正式教育。

二、简答题

1. 学校教育产生的条件。

【答案要点】

（1）社会生产水平的提高。社会生产水平的提高是学校产生的物质基础。

（2）脑力劳动与体力劳动的分离。脑力劳动与体力劳动的分离为学校产生提供了专门从事教育活动的知识分子。

（3）文字的产生和知识的记载与整理达到了一定程度。

（4）国家机器的产生，需要专门的教育机构来培养官吏和知识分子。

2. 普通教育学的任务分为理论建设和实践应用两部分。试说明理论建设的任务（原则和要求）。

【答案要点】

（1）批判和继承传统的教育理论，立足现实，构建面向未来的教育学逻辑体系。

传统教育学的研究对象在现代的教育研究中仍然在研究、扩展和深化，在今天都各自成为更专门、更细致的独立的子学科，但它们一方面是传统研究目的的继续，另一方面也是传统研究领域的扩张和更新，和传统有着密不可分的联系。因此，我们在教育学的研究过程中，应该对古今中外的各种重要的教育理论和流派进行系统分析，把其中合理的、有价值的东西加以改造，吸收到我们自己的体系中来，尝试进行新的解释和新的综合，并把它放到恰当的位置，成为我们体系中的有机成分。

（2）学习和消化西方教育学理论，构建有中国特色的教育理论体系。

近些年来，我们对西方教育理论的介绍取得了许多可喜的成果，但根据中国教育现状进行消化方面还做得不太成功。鉴于此，我们必须尽快构建一种具有中国特色的、中西方教育理论互补与融合的新的教育理论体系。

（3）学习相邻学科的研究成果和研究方法，建立科学的教育学理论体系。

各相邻学科的横向渗透，是当代教育理论发展的大趋势。这不仅是相邻学科许多新概念的运用，而且出现了许多新的教育学的边缘学科和交叉学科，如从文化学、人类学等角度研究教育学的许多尝试。

（4）总结和升华教育实践经验，为教育理论的发展提供坚实的实践基础。

科学的教育学逻辑体系不能凭空想象，抽象思辨，而必须是理论与实践相互推进，因为教育实践需要建立在雄厚的理论基础之上，而教育理论体系也需要把实践经验的研究当作发展自身的活力之一。因此，必须广泛搜集教育实践经验材料，然后经过认真分析综合，阐明教育活动中各个因素、环节、层次之间的关系，揭示教育活动的规律，最后以一定的概念、范畴加以表述，成为教育理论体系的一个部分，使经验上升到理论高度，组成一个客观表述教育活动实际过程的逻辑形式。

三、分析论述题

1. 职业教育的"三大要旨"及对当今职业教育的借鉴意义。

【答案要点】

黄炎培认为职业教育的要旨有三："为个人谋生之准备""为个人服务社会之准备""为世界、国家增进生产力之准备"。

（1）职业教育的作用与地位。

作用。职业教育的功能就其理论价值而言，在于"谋个性之发展"，"为个人谋生之准备"，"为个人服务社会之准备"，"为国家及世界增进生产力之准备"。就其教育和社会影响而言，在于通过提高国民的职业素养，确立社会国家的基础。就其对当时中国社会的作用而言，在于有助于解决中国最大、最重要、最急需解决的人民生计的问题，消灭贫困，并进而使国家每一个公民享受到基本的自由权利。

地位。职业教育在学校教育制度上的地位是一贯的、整个的和正统的。"一贯的"，是指应建立起从初级到高级的职业教育系统。"整个的"，是指不仅在学校教育体系中要有一个独立的职业教育系统，其他各级各类教育也要与职业教育相互沟通。不仅普通教育要适应职业需要，职业教育也要防止偏执实用的片面。"正统的"，是指应破除以普通教育为正统，以职业教育为偏系的传统观念，平等地看待二者。

（2）职业教育的目的。

黄炎培对职业教育目的的认识和表述因不同历史时期和社会场合而有所不同，但他将职业教育的最终目的概括为"使无业者有业，使有业者乐业"。

"使无业者有业"，是指通过职业教育为资本主义工商业发展造就适用人才，同时解决社会失业问题，使人才不至浪费，使生计得以保障。

"使有业者乐业"，是指通过职业教育形成人的道德智能，使之能胜任和热爱自己的职业，进而能有所创造发明，造福于社会人类。

（3）职业教育的方针。

黄炎培在数十年的实践中，形成了社会化、科学化的职业教育办学方针。

社会化。黄炎培将社会化视为"职业教育机关唯一的生命"。他认为，办理职业教育，必须注意时代发展趋势与应行的途径，社会需要哪种人才，就办哪种学校。强调职业教育必须适应社会需要。

科学化。科学化是黄炎培办职业教育所坚持的另一条方针。科学化是指用科学来解决职业教育问题。开展职业教育需要的工作包括物质方面和人事方面，这两方面的工作都需要遵循科学原则。

（4）职业教育的教学原则。

黄炎培根据职业教育的特点总结出以往教育的经验，提出"手脑并用""做学合一""理论与实际并行""知识与技能并重"等主张，作为开展职业教育教学工作必须坚持的原则。

（5）职业道德教育。

黄炎培把职业道德教育的基本要求概括为"敬业乐群"。"敬业"是指热爱自己的职业，做到尽职，有为所从事职业和全社会做出贡献的追求。"乐群"是指有高尚情操和群体合作精神，有服务和奉献精神。"敬业乐群"的职业道德教育思想，贯穿于黄炎培职业教育的实践。这不仅在中华职业学校以之为校训，而且在教育和教学的每一个环节都努力体现。

评价：作为中国近现代职业教育的先行者，黄炎培及其职业教育思想开创和推进了中国的职业教育事业；其平民化、实用化、科学化和社会化特征，也丰富了中国的教育理论，并对20世纪二三十年代中国教育改革产生了巨大的影响。

2. 要素主义流派的主要观点。

【答案要点】

要素主义教育是20世纪30年代末作为实用主义教育和进步教育的对立面出现的。要素主义教育是现代欧美国家一种强调学校教育的任务主要是传授人类文化遗产共同要素的教育思潮。1938年在美国成立的"要素主义者促进美国教育委员会"，是要素主义教育形成的标志。代表人物有巴格莱、科南特等人。其主要观点包括以下几个方面：

（1）教育核心：传授给学生人类基本知识的要素或民族共同文化传统的要素。

（2）教育目的：强调人的心智或智力的发展，主张心智训练。

（3）教育内容：教授基础科目，开设以学科为中心的系统的学习科目。

（4）师生关系：教师中心，强调教师的权威地位。

（5）教育与社会的关系：教育要为社会服务。

（6）教育重心：基本技能和基础知识的学习。

要素主义教育对美国20世纪50—60年代的教育改革产生了重要的影响，所提出的教育主张和观点受到了政府的重视，有些主张和观点被采纳为国家的教育政策。但其也存在一些不足，如较少考虑到学生的个别差异和能力水平、忽视学生的动机和情感、所编的教材脱离学校教育实际等，因而受到一些社会和教育界人士的抨击。

3. 教学过程的特点及学生掌握知识的基本阶段。

【答案要点】

教学过程的特点：

（1）教学过程是一种特殊的认识过程。

教学过程作为特殊的认识过程，其特殊性在于它是学生个体的认识过程，具有不同于人类总体认识的显著特点：第一，间接性，主要以掌握人类长期积累起来的科学文化知识为中介，间接地认识现实世界；第二，引导性，需要在富有知识的教师引导下进行认识，而不能独立完成；第三，简捷性，走的是一条认识的捷径，是一种科学文化知识的再生产。

（2）教学过程是以认识过程为基础的学生全面发展的过程。

教学过程不只是要学生完成认识世界的任务，更重要的是在这个过程中促进学生的全面发展。学生的发展是教学过程的核心，教学过程的本质与社会发展需要相联系，要从生理和心理两个方面来看待学生的发展。

（3）教学过程是以交往为背景和手段的活动过程。

教学活动不是孤立的个体认识活动，它离不开师与生、生与生之间的交往、互动，离不开人们的共同生活。个体最初的学习与认识就是在共同生活与交往中发生与发展的。在教学过程中，教师不仅运用交往引导学生进行认知，而且通过交往对学生达致情感的沟通、同情与共鸣。

（4）教学过程也是一种促进学生身心发展、追寻与实现价值目标的过程。

在教学活动中，教师引导学生学习知识、开展交往、认识与作用世界，进行多方面的演练与实践，其实都是为了促进学生的身心发展，以追寻与实现使他们成人、成才的价值增值目标。从这方面看，教学过程又是一个促进学生身心发展及实现教育目标的过程。

学生掌握知识的基本阶段：

（1）传授-接受教学的学生掌握知识的基本阶段。

①传授-接受教学又称接受学习，是指教师主要通过语言传授、演示与示范使学生掌握基础知识、基本技能，并对他们进行思想情趣熏陶的教学。

②基本阶段：引起学习动机；感知教材；理解教材；巩固知识；运用知识；检查知识、技能和技巧。

③具体要求：要根据具体情况有创意地设计教学过程阶段；完成预计的教学阶段任务也不可机械死板，要根据情况变化，灵活机智地进行。

④优点：注重书本知识的授受，能充分发挥教师的主导作用，按学科的逻辑系统，循序渐进地教学，也能较好地调动学生个人的学习积极性，使他们掌握系统的科学知识与技能，获得自身智慧、品德、审美的发展。

⑤缺点：由于以书本知识学习为主，易脱离社会生活实际，使学生感到抽象、死板、难以理解；常常是教师讲得多，学生活动得少，容易出现注入式教学；注重面向集体，忽视个别指导，不易使每个学生都能理解，都能得到较好的发展；特易忽视教学民主、忽视学生主动性、创造性和独立思考能力的培育与发展。

（2）问题-探究教学的学生获取知识的基本阶段。

①问题-探究教学是指在教师引导下，学生主要通过积极参与对问题的分析、探索，主动地发现或建构新知，获得学习与探究的方法、能力与科学人文精神的教学。

②基本阶段：明确问题；深入探究；做出结论。

③具体要求：要根据具体情况创造性地运用；要善于将学生的好奇心引导到获取真知的探究目的上来。

④优点：注重引导学生对问题的探究，强调学生的学习主体性，注重激发学生的求知欲，调动学生的主动性、创造性；它注重让学生经历探究的艰难困苦，体验获取新知的乐趣和严格要求，尝到克服困难达到成功的兴奋和喜悦，不仅使他们获得的知识与能力更切实，而且使他们逐步掌握了思维与研究的方法，养成了大胆怀疑、小心验证、实事求是的科学精神。

⑤缺点：探究教学的工作量大，费时过多，而学生获得的知识量相对较少；若探究教学过多，可能影响教学任务的完成；若无高水平的教师引导，学生的主动性就难以发挥，容易出现自发与盲

目，迷失探究的方向，影响教学的质量。

总之，上述两种教学各有其独特功能与局限，我们应当依据不同的教学目的、任务、内容的需要来选用，以便两种学习模式在教学工作中相辅相成，充分发挥出其整体功能，以便全面提高教学质量。

四、案例分析题

1. 请问从班杜拉的学习理论出发，怎样消除以上案例中的不良影响？

【答案要点】

班杜拉通过赏罚控制实验提出了观察学习理论。观察学习是一种间接学习的形式，人类的大多数行为是通过观察而习得的，人们通过观察他人的行为及其后果，可获得榜样行为的符号表征和经验教训，并可引导观察者今后的行为。其基本过程如下：

（1）注意过程。注意过程影响观察者对榜样行为的探索和知觉过程，决定观察者的观察内容。影响注意过程的因素有：榜样行为的特性、榜样的特征和观察者的特征。

（2）保持过程。保持过程使观察者将示范行为以某种形式储存在头脑中以便今后可以指导操作。示范信息的保持主要依赖两种符号系统——表象系统和言语系统。影响保持过程的因素有：注意过程的效果、榜样呈现的方式和次数以及观察者自身记忆能力、动机等。

（3）复制过程。观察者以内部表征为指导，将榜样行为再现出来。影响复制过程的因素有：观察的有效性、从属反应的有效性、反馈的及时性和准确性以及自我效能感。

（4）动机过程。动机过程决定个体复现榜样行为的具体内容，换言之，决定哪一种经由观察习得的行为得以表现。动机过程存在着三种强化：第一，直接强化，指在模仿行为之后直接给出的强化，为学习者提供信息和诱因；第二，替代性强化，指观察者因看到榜样受强化而受到的强化；第三，自我强化，指观察者依照自己的标准对行为做出判断后而进行的强化。

2. 试用有关学生成长的教育理论对此案例进行分析。

【答案要点】

品德不良是指个体具有的不符合社会道德要求的道德品质与道德行为，表现为个体经常违反道德准则或犯有较严重的道德过错，有的甚至处在犯罪的边缘或已有轻微的犯罪行为。此案例该学生已经发生了违法行为。

品德不良的成因分析。

客观原因：

（1）家庭方面。主要有五种：第一，家庭成员的溺爱、迁就；第二，家庭对孩子要求过高、过严，又缺乏正确的教育方法；第三，家庭成员教育的不一致性；第四，家长缺乏表率作用；第五，家庭结构的剧变。

（2）学校方面。某些教育工作者存在某些错误观念或方法上的偏颇，如：片面追求升学率，忽视学生的品德教育；不了解学生真实的内心世界，不能自发地进行教育；教育方法不当，使得学生厌烦；对矫正品行不良学生缺乏信心、恒心和毅力。此外，学校教育和家庭教育不一致，相互脱节，也会削弱教育的力量。

（3）社会方面。影响个体的品德行为的有：长期封建社会遗留下来的某些腐朽思想；现实生活中的某些不正之风；思想不健康甚至低级趣味的文艺作品；朋友、邻居、社区，以及影响个体的各种社会活动。

主观原因：

（1）不正确的道德认识。儿童和青少年处于品德形成的过程中，他们的道德认识还不明确、不稳定，一些学生不理解或不能正确理解有关的道德要求和道德准则，缺乏独立的道德评价能力，常常不能明辨是非、分清善恶。

（2）异常的情感表现。品行不良的学生由于长期处于错误观念的支配下，常常造成情感上的异常状态，往往对真正关心他们的老师和家长怀有戒心，或处于对立情绪中。

（3）明显的意志薄弱。有些品行不良的学生并非在道德认识方面无知，而是因为意志薄弱导致正确的认知不能战胜不合理的欲望。"明知故犯"的学生常是意志薄弱者。

（4）不良习惯的支配。偶然的不良行为经过多次重复就会变成不良习惯，不良习惯又支配不良行为，如此恶性循环必然导致学生的品行不良。

（5）某些性格缺陷。学生某些性格上的缺陷会直接导致品德不良。比如执拗、任性、骄傲、自私等消极性格特点，很容易让个体表现出无视他人和集体的利益，为私利我行我素，甚至做出破坏集体纪律和违反社会公德的行为。

（6）某些需要未得到满足。当学生的需要没有通过正常途径得到满足，他们就可能会通过一些不正当的方法去满足自己的需要，从而沾染上不良行为。

2013年 湖南师范大学 333 教育综合·真题解析

一、名词解释

《论语》

《论语》是专门记录孔子及其弟子言行的书。《论语》是教育学萌芽时期的著作，其中零散地保存了很多具有教育价值的语录，供后人研究。其中着重记录了孔子的教育思想，如"学而不思则罔，思而不学则殆""学而不厌，诲人不倦"等。

中华职业教育社

1917年，黄炎培发起成立了中华职业教育社，这是中国近代第一个研究、倡导、实验和推行职业教育的专门机构，进一步从理论上探讨、在实践中推行职业教育，职业教育思潮由此达到高潮，并出现全国性的职业教育运动。

替代强化

班杜拉提出的观察学习理论中指出影响人的行为的强化有三种，包括直接强化、替代强化、自我强化，其中替代性强化是指观察者因看到榜样受强化而受到的强化。

终身教育思潮

终身教育思潮产生于20世纪50年代的法国，是现代欧美国家一种强调把教育贯穿人的一生的教育思潮，现已成为一种被视为未来教育战略的国际性教育思潮，代表人物是保罗·朗格朗。终身教育包括了教育的各个方面、各项内容，从一个人出生的那一刻起一直到生命终结时为止的不间断的发展，也包括了在教育发展过程中的各个阶段之间的内在联系。它并不是传统教育的简单延伸，而是包括一切正规教育、非正规教育以及非正式教育。其基本特点是具有连续性和整体性。

道尔顿制

道尔顿制是美国进步主义教育家帕克赫斯特针对班级授课制的弊端在道尔顿中学实施的一种个别教学制度，也称"道尔顿计划"。其主要内容包括在学校废除课堂教学、课程表和年级制，代之以"公约"或"合同式"的学习；将教室改为作业室或实验室，用表格法来了解学生的学习进度等。

二、简答题

1. 简述学生掌握知识的基本阶段。

【答案要点】

（1）传授－接受教学的学生掌握知识的基本阶段。

传授－接受教学又称接受学习，是指教师主要通过语言传授、演示与示范使学生掌握基础知识、基本技能，并对他们进行思想情趣熏陶的教学。

基本阶段：第一，引起学习动机；第二，感知教材；第三，理解教材；第四，巩固知识；第五，运用知识；第六，检查知识、技能和技巧。

具体要求：第一，要根据具体情况有创意地设计教学过程阶段；第二，完成预计的教学阶段任务也不可机械死板，要根据情况变化，灵活机智地进行。

（2）问题－探究教学的学生获取知识的基本阶段。

问题－探究教学是指在教师引导下，学生主要通过积极参与对问题的分析、探索，主动地发现或建构新知，获得学习与探究的方法、能力与科学人文精神的教学。

基本阶段：第一，明确问题；第二，深入探究；第三，做出结论。

具体要求：第一，要根据具体情况创造性地运用；第二，要善于将学生的好奇心引导到获取真知的探究目的上来。

2. 试述现代教育的基本特点。

【答案要点】

（1）学校教育逐步普及。由于资本主义生产尤其是机器大工业生产在欧洲兴起，因而西欧的资本主义国家最先提出普及教育的要求。1619年，德意志魏玛邦在宗教改革的影响下颁布了学校法令，规定父母送6~12岁男女儿童入学，这是普及教育的开端。

（2）教育的公共性日益突出。随着大工业生产发展的需要，随着工人阶级和其他劳动人民对教育权的争取，对受教育权的阶级垄断越来越不合时宜，受到来自被统治阶级和统治阶级两方面的批判。在此情形下，大力发展学校教育逐渐成为社会的公共事业和共同话题。

（3）教育的生产性不断增强。在现代社会，随着工业生产的发展和科学技术的进步，科技与教育在生产中的作用增强。现代教育与生产劳动的逐步结合，对提高社会生产效率和增加社会财富起着重要作用，日益成为经济发展的有力保证。

（4）教育制度逐步完善。随着学校数量的增加，学校教育的层次、种类及其运行和管理的复杂化，需要一定的教育宗旨、制度、要求等，以推动学校教育系统有条不紊地运行。教育制度化的实现，使得教育系统中的各级各类学校、各种教育机构和教育行政部门的工作均有制度可循，能排除来自内外部的干扰，使教育活动有序有效地开展，取得了良好效果。

三、分析论述题

1. 教学过程的性质决定教学特点，请论述教学的特点。

【答案要点】

（1）教学过程是一种特殊的认识过程。

教学过程作为特殊的认识过程，其特殊性在于它是学生个体的认识过程，具有不同于人类总体认识的显著特点：第一，间接性，主要以掌握人类长期积累起来的科学文化知识为中介，间接地认识现实世界；第二，引导性，需要在富有知识的教师引导下进行认识，而不能独立完成；第三，简捷性，走的是一条认识的捷径，是一种科学文化知识的再生产。

（2）教学过程是以认识过程为基础的学生全面发展的过程。

教学过程不只是要学生完成认识世界的任务，更重要的是在这个过程中促进学生的全面发展。学生的发展是教学过程的核心，教学过程的本质与社会发展需要相联系，要从生理和心理两个方面来看待学生的发展。

（3）教学过程是以交往为背景和手段的活动过程。

教学活动不是孤立的个体认识活动，它离不开师与生、生与生之间的交往、互动，离不开人们的共同生活。个体最初的学习与认识就是在共同生活与交往中发生与发展的。在教学过程中，教师不仅运用交往引导学生进行认知，而且通过交往对学生达致情感的沟通、同情与共鸣。

（4）教学过程也是一种促进学生身心发展、追寻与实现价值目标的过程。

在教学活动中，教师引导学生学习知识、开展交往、认识与作用世界，进行多方面的演练与实践，其实都是为了促进学生的身心发展，以追寻与实现使他们成人、成才的价值增值目标。从这方面看，教学过程又是一个促进学生身心发展及实现教育目标的过程。

2. 运用教育心理学的相关理论知识，谈谈在现实学生教育中应该如何对待奖励。

【答案要点】

（1）对奖励的成功运用取决于恰当的奖励时间和方式，教师要奖励个体的良好成绩和表现而非参与活动，奖励是对能力的认可。

（2）奖励要针对不感兴趣但需要完成的任务，奖励的内容要属于社会性的而非物质性的。

（3）奖励最好用于完成常规的任务而不是新任务；要用于具体的、有目的的学习任务，而不是偶然发现的学习任务；要多关注行为速度或者结果质量的任务，而不是创造性、艺术性的任务。

（4）最好把奖励作为促进学生达到行为技能标准的动力，如打字、拼写、数学运算，这些技能要求进行大量的练习，而不是作为进行重要研究或演示项目的动力。

（5）对于那些认为自己通过适当努力便有机会获奖的学生，奖励才具有有效性。所以教师要想为全班学生而非能力较高的学生创造学习动力的话，就必须保证每名学生都有平等合理的机会获得奖励。

（6）奖励必须充分考虑学生的个别差异，从而有的放矢，对症下药。一般来说，对于低年级学生，教师评价起的作用更大；对于少年期的学生，通过集体舆论进行评价效果更好；对于缺乏自信心的学生应给予更多表扬和鼓励；对于过于自信的学生，则应更多地提出严格要求；成绩一般的学生对奖励敏感，故宜多奖励；成绩好的学生往往对批评很敏感，故宜适当惩罚；对于女学生宜个别谈话，切忌当众严厉指责。

3. 请从教师专业的角度谈谈对这一案例的看法。

【答案要点】

（1）教师专业化发展是提高教育质量的关键。教师发展是提高教育质量的关键，教育工作主要是教师的工作，学校教育质量高低主要由教师来决定。

（2）教师专业化发展是教育改革的原动力。教育改革绝大多数是从上而下的，是一种政策，当教师的理念更新了，能力提高了，就认识到现行的教育方法的弊端，这时候，教育改革的原动力就是教师自己。

（3）教师专业化发展是提高学校凝聚力的核心要素。一个学校有没有凝聚力，有没有向心力，有没有向上的力量，教师是关键。而教师的力量从教师的发展上来。如果教师工作变成机械性的工作，每天上班面对学生，上课，批改作业，年复一年，到最后就会懈怠，就会丧失教学兴趣。而学校凝聚力的提高，让人觉得有朝气，使学生、教师不断地有新的目标，不断地有新的成绩，不断地有新鲜感，不断有成就感，不断地有向上的动力。这里所说的发展是一种事业感、成就感，是在教育岗位上的职业发展。教师发展是教师自身幸福感的源泉。

（4）教师专业化发展是学生发展的根本保障。中小学教育是为学生终身发展而奠基的，我们应该一切为了学生的发展。只有通过教师的发展才能促进学生的发展。没有教师的发展，就没有学生的发展。教师的专业化发展不仅有利于新课程的改革与发展，更有利于教师的不断学习与成长，有利于学生的发展与社会的进步。教师的专业化发展是一个必然的趋势。

4. 试述19世纪末20世纪初期欧美教育运动的异同点。

【答案要点】

（1）新教育运动。

新教育运动，亦称新学校运动，是指19世纪末20世纪初在欧洲兴起的教育改革运动，初期以建立不同于传统学校的新学校作为新教育的"实验室"为其特征。1889年，英国教育家雷迪在英格兰创办阿伯茨霍尔姆乡村寄宿学校，标志着新教育运动的开端。其内容包括梅伊曼、拉伊的实验教育学，凯兴斯泰纳的"公民教育"与"劳作学校"理论和蒙台梭利的教育思想等。著名实验包括阿博茨霍尔姆乡村寄宿学校、德国教育家利茨创办的德国第一所乡村教育之家、法国的社会学家和教育家德莫林创办的法国的第一所新学校——罗歇斯学校、比利时教育家德可乐利创办的生活学校等。

（2）进步教育运动。

进步主义教育运动是指产生于19世纪末并持续到20世纪50年代的美国的一种教育革新思潮，旨在反对工业社会的政治经济弊病。进步教育理论主要在美国的公立学校中进行。相对于欧洲的"新学校"来说，进步学校更关心普通民众的教育，更强调教育与生活的联系，更重视从做中学，更注意学校的民主化问题。进步教育运动的发展大致经历了兴起、成型、转折和衰落四个阶段。著名的实验包括昆西教学法、有机教育学校、葛雷制、道尔顿制、文纳特卡制和设计教学法等。

（3）二者的异同点：

不同：

①两种教育运动的具体操作方式不同。新教育运动始于欧洲，主要是在原有的新学校中进行一些教学改革和实验，且这些学校大多建立在乡村或者城市郊区。进步主义教育始于美国，其主要是通过建立一些新的学校来进行教学改革和实验的。

②两种教育运动的理论基础不同。新教育运动主要以梅伊曼、拉伊的实验教育学以及凯兴斯泰纳的相关理论进行指导。而进步主义教育运动的思想来源于卢梭、裴斯泰洛齐和福绿贝尔。理论基础不同也是两场运动非常重要的区别。

③两种教育运动的侧重点不同。相比较新教育运动来说，进步主义教育运动更强调与社会生活的联系，更加贴近生活实际。

④两种教育运动的教育对象不同。新教育运动主要面向上层社会群体，这和欧洲传统的双轨制不无关系。进步主义教育运动主要面向普通民众。

⑤两种教育运动的影响程度不同。发生在美国的进步主义教育运动的影响要更深远一些。

相同：

①都反映了第一次世界大战前后资本主义国家的政治、经济发展的需要。

②都反对传统教育，提倡儿童的自由发展。
③重视儿童培养儿童的"合作"精神。
④使用新的教学方法。
⑤都受实用主义教学理论的影响。

5. 谈谈洋务运动中的教育革新。

【答案要点】

洋务运动时期的中国教育仍以传统的封建教育为主体，但在传统教育主体中萌生了近代新教育的萌芽。洋务派举办的新式学堂和留学教育，开辟了传统教育之外的另一番天地。

（1）洋务学堂。洋务运动发生发展于19世纪60年代至90年代。兴办学堂是洋务运动的重要组成部分。其目的在于培养洋务活动所需要的翻译、外交、工程技术、水陆军事等多方面的专门人才，其教学内容以所谓"西文"与"西艺"为主。

（2）京师同文馆。京师同文馆设立于北京，目的在于培养清政府所需要的外事专业人才，是近代中国被动开放的产物。它是中国现代由官方设立的最早的外国语学校，也是我国最早的官办新式学校。同文馆的教师有外国人也有中国人，按职责可分为总教习、教习和副教习。同文馆的学生主要分为两种类型：一类为额内学生，享有津贴；另一类是额外学生，不享受津贴。学生有三种入学途径：咨传、招考和咨送。

（3）福建船政学堂。福建船政学堂又称"求是堂艺局"或"福州船政学堂"，是福建船政局的组成部分。福建船政局由左宗棠于1866年创办，是近代中国第一个，也是洋务运动时期最大的专门制造近代轮船的工厂。福州船政学堂由前学堂和后学堂两部分组成，学制五年。课程有基本课程和实践课程。

（4）幼童留美与派遣留欧。1872年出发的留美学生是近代中国政府派出的首批留学生，由我国早年留学美国的容宏指导。每年派遣幼童30名，分四年共120名，学习年限为15年。经费由海关洋税中指拨。留欧学生的派遣始于船政大臣沈葆桢的建议，并以福建船政学堂的学生为主。

2012年 湖南师范大学 333 教育综合·真题解析

一、名词解释

科举

科举制度即个人自愿报考，县州逐级考试筛选，全国举子定时集中到京都，按科命题，同场竞试，以文艺才能为标准，评定成绩，限量选优录取，是一种选官制度，以这种方式选拔国家官员。科举制度是由察举制演化而来的。隋炀帝大业二年（606年）"始建进士科"是科举考试制度确立的标志。它产生于隋朝，发展于唐朝。

苏湖教法

"苏湖教法"又称"分斋教学法"，是胡瑗在主持湖州州学时创立的新的教学制度，在"庆历兴学"时被用于太学的教学。胡瑗一反当时盛行的重视诗赋声律的学风，提倡经世致用的实学，主张"明体达用"，在学校内设立经义斋和治事斋，创立"分斋教学"制度。

苏格拉底

苏格拉底是古希腊著名的哲学家、教育家。在希腊哲学史上，苏格拉底是最早将对人的关注引入哲学领域的思想家之一，从而实现了从自然哲学向伦理哲学领域的转变。提出了教育的意义与目的、美德即知识和苏格拉底方法等理论。

导生制

导生制又称贝尔－兰开斯特制，其具体实施是：教师在学生中选择一些年龄较大、学习成绩较好的学生充任导生，教师先对导生进行教学，然后由他们去教其他学生。通过这种教学方式，学生的数额得以大大增加，也在一定程度上缓解了教师奇缺的压力，因而一度广受欢迎，但因其难以保证教育质量而最终被人们所抛弃。

算法式策略

算法式是将达到目标的各种可能的方法都列出来，具体化，逐一加以尝试。它通常与某一个特定的课题领域相联系，在解决某一个问题时，如果个体选择的算法合适，并且能正确地完成这种算法，那么他一定能够获得一个正确的答案。

成就动机

成就动机是指一种努力克服障碍、施展才能、力求又快又好地解决某一问题的愿望或趋势。它是在人的成就需要的基础上产生的，是激励个体从事自己认为重要或有价值的工作，并力求获得成功的一种内在驱动力。

二、简答题

1. 简述学校教育在人的发展中的重要作用。

【答案要点】

（1）学校教育主要通过传承文化科学知识来培养人。

学校教育是教育者有意识地为儿童的身心发展精心设置的一种环境，它把经过选择的、重新组编的、人类长期积累起来的文化知识作为精神客体与儿童互动，以促进儿童的发展，使他们成人成才。文化知识蕴含着有利于人的发展的多方面价值，包括促进人的认识的发展、促进人的精神的发展、促进人的能力的发展和促进人的实践的发展。

（2）学校教育对提高人的现代性有显著的作用。

教育在人的现代化过程中起着重要作用，因为学生在学校里不仅学会了读、写、算等各个方面的基础知识与技巧，而且学到了与他们个人的发展和国家的未来有关的态度、价值和行为方式。人的现代化是社会现代化的重要基础和前提条件，我们应该自觉地优先发展教育，高度重视并充分发挥教育对人的现代化的促进作用。学校教育具有较强的目的性、系统性、选择性、专门性和基础性。从终身教育的角度看，各级各类学校教育都是在不同层面上为人一生的发展打基础，包括为一生的"做人"打基础。

2. 简述教学过程的基本性质。

【答案要点】

（1）教学过程是一种特殊的认识过程。

教学过程作为特殊的认识过程，其特殊性在于它是学生个体的认识过程，具有不同于人类总体认识的显著特点：间接性、引导性、简捷性。

（2）教学过程是以认识过程为基础的学生全面发展的过程。

教学过程不只是要学生完成认识世界的任务,更重要的是在这个过程中促进学生的全面发展。学生的发展是教学过程的核心,教学过程的本质与社会发展需要相联系,要从生理和心理两个方面来看待学生的发展。

（3）教学过程是以交往为背景和手段的活动过程。

教学活动不是孤立的个体认识活动,它离不开师与生、生与生之间的交往、互动,离不开人们的共同生活。个体最初的学习与认识就是在共同生活与交往中发生与发展的。在教学过程中,教师不仅运用交往引导学生进行认知,而且通过交往对学生达致情感的沟通、同情与共鸣。

（4）教学过程也是一种促进学生身心发展、追寻与实现价值目标的过程。

在教学活动中,教师引导学生学习知识、开展交往、认识与作用世界,进行多方面的演练与实践,其实都是为了促进学生的身心发展,以追寻与实现使他们成人、成才的价值增值目标。从这方面看,教学过程又是一个促进学生身心发展及实现教育目标的过程。

三、分析论述题

1. 简要评述陈鹤琴"活教育"的目的论。

【答案要点】

陈鹤琴提出"活教育"的目的是"做人,做中国人,做现代中国人"。

（1）"做人"是"活教育"最为一般意义的目的。"活教育"提倡学习如何做人,如何求社会进步、人类发展。学会"做人",是个体参与社会生活,增进人类全体的幸福,同时也是个体幸福的基础。

（2）"做中国人"体现了"活教育"目的的民族特征,指要懂得爱护这块生养自己的土地,爱自己国家长期延续的光荣历史,爱与自己共命运的同胞。并且,应该与其他中国人团结起来共同谋国家发展。

（3）"做现代中国人"体现了时代精神,有五个具体方面的要求:要有健全的身体;要有建设的能力;要有创造的能力;要能够合作;要服务。

"活教育"目的论从普遍而抽象的人类情感和认识理性出发,逐层赋予教育以民族意识、国家观念、时代精神和现实需求等含义,使教育目标逐渐具体,表达了陈鹤琴对人的发展、教育与社会变革的追求。

2. 夸美纽斯的自然适应性原则。

【答案要点】

教育适应自然的原则是贯穿夸美纽斯整个教育理论体系的一条根本的指导性原则,他的"自然"包括两个方面的含义:

（1）自然界及其普遍法则。夸美纽斯认为在宇宙万物和人的活动中存在着一种"规则",它保证了宇宙万物的和谐发展。所以人的各种活动包括教育活动也都应该遵循这些自然的、普遍的规则。在此基础上,夸美纽斯提出要改革学校,要使学校教育符合自然的规则和秩序。

（2）人的与生俱来的天性。夸美纽斯认为,人是自然界的一部分,人的发展也有其本身的规则。据此,夸美纽斯提出要依据人的自然本性和儿童年龄特征进行教育,使每个人的智力都得到充分的发展。

3. 试析品德学习的过程及其条件。

【答案要点】

品德的学习过程是社会规范的接受和内化过程,这种内化大致经历了三个阶段:

（1）依从，即表面上接受规范，按照规范的要求来行动，但对规范的必要性或根据缺乏认识，甚至有抵触情绪。依从具有一定的盲目性和被动性，个体对规范所要求的行为缺乏足够的了解，只是迫于权威或环境的压力才遵从了规范。因此，依从水平上的规范是最不稳定的，一旦外部监控和压力消失了，相应的规范行为就可能会动摇和改变。依从是规范内化的初级阶段，也是进一步内化的基础。具有从众和服从两种类型。

（2）认同，比依从深入了一层，简单地说，它是对自己所认可、仰慕的榜样的遵从、模仿。认同具有自觉性和主动性，虽然学习者对规范必要性的认识还有不足，但他已有明确的行为意图，团体的规范对学习者具有一定的吸引力和感染力。相应地，认同水平的规范已经具有一定的稳定性，是规范内化的深入阶段。具有偶像认同和价值认同两种类型。

（3）内化，是社会规范接受的高级水平，是品德形成的最高阶段，指主体随着对规范认识的概括化与系统化，以及对规范体验的逐步累积与深化，最终形成一种价值信念作为个体规范行为的驱动力。具有高度自觉性、高度主动性和坚定性的特点。

影响品德学习的条件：

（1）外部因素。

①家庭环境。包括家庭结构和主要社会关系、家长职业类型和文化程度、家长自身品德观念、家长对子女的教养态度和期望、家长作风和家庭氛围。它对学生品德的形成和发展起着奠基的作用。

②学校集体。包括班集体、同辈、学校德育、校园文化、学校中的其他因素如教师领导方式、集体舆论、校风班风等的影响。

③社会环境。一方面，社会风气对儿童品德的形成和发展具有重要影响；另一方面，电视、书刊和网络等构成的大众传媒对儿童的成长产生了深刻的影响。

（2）内部因素。

①道德认识。人的行为总是受认识的支配，人的道德行为也受到道德认识的制约。作为独特的个体，学生在同化外界信息时呈现出不同的特点，受其不同认知特性的制约，每个人的道德认识会呈现出不同的水平与程度。

②个性品质。个性对品德发展的作用，主要体现为个性倾向性和个性心理特征对品德发展的影响。其中，个性倾向性在思维发展上起动力作用。

③适应能力。在社会化过程中，个体通过角色的不断变化来掌握相应的社会规范和行为模式，然后形成稳定的道德品质。包括自我教育能力、社会生活和工作能力两个方面。

④自身的智力水平。智力水平与品德之间的关系十分复杂。一般而言，低智商的犯罪者较多，但一个智力较高的人，并不见得就有积极的道德取向，并且一旦他们形成了不良的品德，高智力反而会促进其恶性发作。

4. 试论为什么要树立以人为本的教育观。

【答案要点】

（1）树立以人为本的教育观，意味着肯定教育的根本主旨在于促进人的全面发展，在生产力发展的基础上尽可能地满足大多数人的文化需要，尽可能地让每个人有公平的受教育机会，尽可能地开发每个人的发展潜能，启发每个人的能动性、创造性，引导每个人成为社会的主人、国家的公民，自觉地为人民服务，为社会主义现代化建功立业，在实现民族复兴梦中实现自我。

（2）树立以人为本的教育观，还意味着肯定人是自我教育、自我发展的主体。教育对人的个性素质的发展只是人的发展的外因，必须经过人的发展的内因，经过人的自我教育，才能转化为人的个性素质。教育必须尊重人在自我教育、自我发展中的主体地位。教育的艺术和教育的实效，取决于培养和发挥人的自我教育、自我发展的能动性。

5. 结合这些看法,谈谈你对教育与生活问题的看法。

【答案要点】

主张教育回归生活,首先应该对学生的生活世界进行理解。生活世界在日常的话语中,广义上是指人生活在其中的世界,狭义上是指人在工作、学习之外的自由支配时间中的生活世界。其次主张教育回归生活是为了改变旧教育中教育与社会的隔离状态。调整学校教育与社会的关系。

生活世界对于每个具体的个体来说都是不尽相同的,这是因为与人的精神、意识相关联的生存时空是具有场域性的,即不同人在不同或相同时间或地点里构成的场景不尽相同,不同场景构成的围绕着不同人而发生的生活世界也是有差异的。所以,从学校教育的角度理解"回归生活世界"这一命题,不是要把教育"放归"自发的生活,而是要使生活成为教育的有机构成,同时也成为教育学研究不得不关注的重要领域。

本题属于开放性题目,也可结合中外教育史相关教育家的思想回答,言之有理即可。

2011年 湖南师范大学333教育综合·真题解析

一、名词解释

学习迁移

学习迁移即知识迁移,是指已获得的知识、技能、态度或理解对新知识、新技能或态度的形成的影响。根据迁移发生的领域,可将迁移分为知识与技能的迁移、情感和态度的迁移;根据迁移的方向,可将迁移分为顺向迁移、逆向迁移。

元认知

元认知就是对认知的认知,具体地说,是关于个人自己认知过程的知识和调节这些过程的能力,是对思维和学习活动的认知和控制。元认知具有两个独立但又相互联系的成分,即元认知知识和元认知控制。

道尔顿制

道尔顿制是美国进步主义教育家帕克赫斯特针对班级授课制的弊端在道尔顿中学实施的一种个别教学制度,也称"道尔顿计划"。其主要内容包括在学校废除课堂教学、课程表和年级制,代之以"公约"或"合同式"的学习;将教室改为作业室或实验室,用表格法来了解学生的学习进度等。

四段教学法

赫尔巴特提出了教学形式阶段理论,即"四段教学法",包括明了、联合、系统和方法四个阶段,四段教学法在一定程度上揭示了教学过程方面的某些规律,反映了人类对教学过程和教学活动本质认识的发展,具有广泛的实践意义是值得充分肯定的;但是,该理论认为任何一堂课都必须遵循这样一个阶段,既限制了学生学习的积极主动性和创造精神,也束缚了教师教学的主动性和灵活性。

监生历事制

"监生历事"制度是明朝国子监在教学制度方面的主要特点,即国子监学习到一定年限,分拨到政府各部门"先习吏事",称为"监生历事"。除中央政府各部门之外,历事监生也被分派到州、县清理粮田或督修水利等。监生历事的时间各有不同,期满经考核,分为上、中、下三等,上等者依上等用,中等者不拘品级,随才任用,下等者回监读书。

六艺

西周的教育内容总称为"六艺"教育,它是西周教育的特征和标志。"六艺"即礼、乐、射、御、书、数。其中,"礼、乐、射、御"为"大艺",是大学的课程;"书、数"为"小艺",是小学的课程。

二、简答题

1. 简述现代教师的基本素养。

【答案要点】

(1)高尚的师德。包括热爱教育事业,富有献身精神和人文精神;热爱学生,诲人不倦;热爱集体,团结协作;严于律己,为人师表。

(2)先进、科学的教育理念。教育理念是教师在对教育工作本质理解的基础上形成的关于教育的观念和理性信念,它是以观念或信念的形式存在于教师头脑中的对教育现象和教育问题的看法。

(3)宽厚的文化素养。教师的主要任务是通过向学生传授科学文化知识,培养其能力,促进其个性生动活泼地发展。一个好教师的基本条件之一,就是要有比较渊博的知识和多方面的才能。

(4)专门的教育素养。教师的专门教育素养水平及其合理结构是教育教学任务得以完成的重要保证,它主要包括教育理论素养、教育能力素养和教育研究素养。

(5)健康的心理素质。教师的心理健康不仅会直接影响教育工作的优劣成败,而且会影响学生的心理健康水平。因此,教师应该注重提高自己的心理素质。

(6)强健的身体素质。教师的身体素质是指教师在教学活动中的自然力,是教师的身体健康状态和身体素质状态在教学中的表现。

2. 教学过程中应当处理好的基本关系是哪些?

【答案要点】

(1)间接经验与直接经验的关系。学生认识的主要任务是学习间接经验,学习间接经验必须以学生个人的直接经验为基础,防止只重书本知识传授或直接经验积累的偏向。

(2)掌握知识与发展智力的关系。智力的发展与知识的掌握二者相互依存,相互促进;生动活泼地理解和创造性地运用知识才能有效地发展智力;防止单纯抓知识教学或只重能力发展的片面性。

(3)掌握知识与进行教育的关系。进行教育性教学是现代教学的重要特性;只有使所学知识引发了学生情感、态度的积极变化,才能让他们的思想真正得到提高;防止单纯传授知识或脱离知识教学的思想教育的偏向。

(4)智力活动与非智力活动的关系。教学活动既要注重引导学生进行智力活动,也要重视调节学生的非智力活动;按教学需要调节学生的非智力活动,才能有成效地进行智力活动。

(5)教师主导作用与学生主动性的关系。发挥教师的主导作用是学生简捷有效地学习知识、发展身心的必要条件;尊重学生、调动学生的学习主动性是教师有效地教学的一个主要因素;防止忽视学生积极性和忽视教师主导作用的偏向。

三、分析论述题

1.试析奥苏伯尔的有意义学习及其对课堂教学的启示。

【答案要点】

有意义学习的实质和条件：

（1）有意义学习的实质。有意义学习就是符号所代表的新知识与学习者认知结构中已有的适当观念建立非任意的和实质性的联系。有意义学习的类型包括表征学习、概念学习和命题学习。非任意的联系是指新知识与认知结构中有关观念存在某种合理的或逻辑上的联系；实质性的联系是指新的符号或观念与学习者认知结构中已有的表象、已经有意义的符号、概念或命题的联系，是一种非字面的联系。

（2）有意义学习的条件。

①有意义学习的材料必须具有逻辑意义，这种逻辑意义指的是材料本身在人的学习能力范围内而且与有关观念能够建立非任意的和实质性的联系。

②学习者必须具有有意义学习的心向，也就是积极主动地把新知识与认知结构中原有的适当知识加以联系的倾向。

③学习者认知结构中必须具有适当的知识，以便与新知识进行联系。

④学习者必须积极主动地使这种具有潜在意义的新知识与他认知结构中有关的原有知识发生相互作用，导致原有知识得到改造，新知识获得实际意义，即心理意义。

对课堂教学的启示：

（1）在安排学习内容时，要注意渐进性。在低年级的教学中，要先传授给学生一些具体的材料，以便学生掌握；在高年级的教学中，要尽可能先传授学科中具有最大包摄性、概括性和最有说服力的概念与原理，以便学生能对学习内容加以组织与综合。在高年级教学中，为了使学生有效地进行有意义的学习，教学过程中应该遵循逐渐分化和整合协调的教学原则。

（2）讲解式教学。讲解式教学在实际教学进程中可以分为两个阶段。

第一阶段，提供先行组织者。教师有必要在讲授新的学习内容之前向学习者提供"先行组织者"。提供先行组织者的方式可以灵活多样，比如上新课之前先做口头的介绍，概括前后学习内容的异同或联系，也可以详细讲解一个作为先行组织者的一般性的原理或概念，再转入新知识的学习中。合理地使用先行组织者不仅可以促进知识的学习，也有利于知识的保持。

第二阶段，呈现学习材料。教师呈现教材的方式，可以以讲解为主，讨论电影、电视为辅，无论采取何种形式，教师必须随时引导学生注意，而在讲解时用语要清楚准确，不至于使学生难懂、误解或产生歧义。教师在讲解教材时，宜遵循两个原则，分别是逐渐分化和整合协调。

2.论述夸美纽斯在教育史上的地位。

【答案要点】

夸美纽斯是17世纪捷克伟大的爱国者、教育改革家和教育理论家，他继承了文艺复兴以来人文主义教育思想的成果，总结了自己丰富的教育实践经验，系统地论述了教育的理论和实际问题，代表作有《大教学论》《世界图解》《母育学校》等。

（1）教育的目的。第一，宗教性目的：认为人生的最终目的是为达到"永生"，教育的目的是使人为来世生活做好准备。第二，现实性目的：通过教育使人认识和研究世界上一切事物，培养和发展他们的各种能力、德行和信仰，以便享受现世的幸福，并为永生做好准备。

（2）教育的作用。夸美纽斯认为教育是改造社会、建设国家的手段。人都是有一定天赋的，而这些天赋发展得如何，关键在于教育。只要接受合理的教育，任何人的智力都能够得到发展。

（3）泛智主义教育观。基于教育的崇高目的，夸美纽斯提出了"将一切事物教给一切人"的泛智主义教育观，内容主要包括教育内容泛智化和教育对象普及化。

（4）普及教育。夸美纽斯认为普及教育就是"人人都可接受教育"，其核心是泛智论。夸美纽斯大力主张普及教育于全体儿童和民众。实现普及教育的可能性一方面在于人自身具有接受教育的先天条件，另一方面在于教育可以改进社会和塑造人，社会和人的进步离不开教育。

（5）统一学制。为了使国家便于管理全国的学校，使所有儿童都有上学的机会，夸美纽斯提出建立全国统一学制的主张。他把人的学习期划分为四个阶段，并按这种年龄分期设立相应的学校。各级学校均按照适应自然的原则，采取班级授课制和学年制开展工作，分别开设不同的课程来教育和培养儿童。

（6）管理实施。夸美纽斯强调国家对教育的管理职责，认为国家应该设立督学对全国的教育进行监督，以保证全国教育的统一发展。

（7）学年制。为改变当时学校教学活动缺乏统一安排的无序状况，夸美纽斯制定了学校教学活动的学年、学日制度。

（8）班级授课制。为实现普及教育、提高教学效率，改变教师只对学生进行个别教学和指导的状况，夸美纽斯总结新旧各教派学校中实行班级授课的经验，提出并全面系统地论述了班级授课制度。

（9）论教育和教学的基本原则。包括教育适应自然的原则、直观性原则、激发学生求知欲望原则、巩固性原则、量力性原则、系统性和循序渐进性原则、因材施教原则。

（10）夸美纽斯教育思想的评价。

夸美纽斯是教育史上第一位系统地总结教学原则的教育家，他的教育理论包含了大量宝贵的教学经验，在一定程度上反映了教学工作的客观规律性，具有普遍的指导意义。夸美纽斯是一位杰出的教育革新家，他的教育思想具有明显的民主主义、人文主义色彩。在继承前人经验的基础上，夸美纽斯提出了系统的教育思想。他论述了教育的作用，呼吁开展普及教育，试图使所有人都能接受普及教育。并详细制定了学年制度和班级授课制度，提出了各级学校课程设置，编写了许多教科书，且系统地阐述了教育的基本原则和方法等。

但夸美纽斯的教育思想中也存在着一些明显的缺陷。他的教育思想具有过分浓郁的宗教气息，对科学知识和教育科学的认识也不准确。这些缺陷既有他本人认识上的原因，也有时代本身的局限。

3. 简要比较儒墨两家教育思想的异同。

【答案要点】

儒家的代表人物主要有孔子、孟子和荀子等，其思想主要体现在孔子的教育思想中。具体表现在以下几个方面：

（1）教育的作用。对社会认为教育对社会发展有重要作用，是立国治国的三大要素之一，教育事业的发展要建立在经济发展的基础上；对个人提出"性相近也，习相远也"的思想，认为教育在人的发展过程中起关键性作用。

（2）教育的对象。提倡"有教无类"作为办学方针，"有教无类"的本意是：不分贵贱贫富和种族，人人都可以入学受教育。

（3）教育的目标。"学而优则仕"，提出由平民中培养德才兼备的从政君子，这条培育人才的路线，可简称为"学而优则仕"。

（4）教育内容。孔子教学的"六艺"即其编撰的"六经"，其中作为对弟子普遍传授的主要教材是《诗》《书》《礼》《乐》四种。

（5）教学方法。提倡因材施教、启发诱导、学思行结合、好学与实事求是的态度的教学方法。

(6) 道德教育。主张以"礼"为道德规范,以"仁"为最高道德准则。凡符合礼的道德行为,都要以仁的精神为指导。因此,"礼"与"仁"成为道德教育的主要内容。以仁的精神对待伦理关系时,孔子提出最重要的两项道德规范,即忠与孝。忠要求对人尽心竭力、诚实负责;孝要求尊敬和顺从父母。

(7) 对教师的要求。要求教师要学而不厌、诲人不倦、温故知新、以身作则、爱护学生、教学相长。

墨家的教育思想:

(1) "素丝说"与教育作用。墨子提出"素丝说",以素丝和染丝为喻,来说明人性及其在教育下的改变和形成。他认为人性不是先天所成,生来的人性如同待染的素丝,下什么色的染缸,就成什么样颜色的丝,也就是有什么样的环境与教育就造就什么样的人。

(2) 以"兼士"为培养目标。墨家的教育目的是培养"兼士"或"贤士"。兼士或贤士的三条具体标准是"博乎道术""辩乎言谈""厚乎德行",即知识技能的要求、思维论辩的要求和道德的要求。

(3) 以科技知识和思维训练为特色的教育内容。包括政治和道德教育、科学和技术教育、文史教育和培养思维能力的教育。

(4) 主动说教、善述善作、合其志功的教育方法。

二者的异同:

(1) 在教育作用上。儒家认为教育的社会作用在于"庶、富、教",教育的个人作用在于"性相近也,习相远也";墨家认为教育的作用在于"素丝说",主张通过教育建设一个民众平等、互助的"兼爱"社会。

(2) 在教育目的上。儒家提出"学而优则仕",确定了培养统治人才这一教育目的;墨家"兼相爱,交相利"的社会理想决定了墨家的教育目的就是培养"兼士"或"贤士"。

(3) 在教学内容上。儒家以"六艺"为教育内容,教学的特点为偏重社会人事、偏重文事、轻视科技与生产劳动;墨家的教育内容以科技知识和思维训练为特色。

(4) 在教学方法上。儒家主张因材施教、启发诱导、学思行结合和好学与实事求是的态度等教学方法;墨家主张主动说教、善述善作、合其志功的教学方法。

4. 请说说你的看法,并论述当前德育应该坚持什么样的原则。

【答案要点】

看法:我认为现在的青年是生气勃勃的、大有希望的一代。

(1) 从我国教育目的来看,国家对于年轻一代的培养是积极向上的。2015年新修订的《中华人民共和国教育法》规定:"教育必须为社会主义现代化建设服务,必须与生产劳动和社会实践相结合,培养德、智、体、美等方面全面发展的社会主义事业的建设者和接班人。"我国教育目的价值取向的出发点与归宿在于:培养体、智、德、美、劳全面发展,具有创新精神、实践能力和独立个性的社会主义现代化需要的各级各类人才。

(2) 从课程上来看,注重素质教育以及德、智、体、美、劳全面发展教育等。素质教育作为一种教育价值观念,扭转了应试教育观,把教育目的重新指向人本身,指向人的整体的、全面的素质。全面发展教育是对含有各方面素质培养功能的整体教育的一种概括,是对为使学习者多方面得到发展而实施培养的教育活动的总称,是由多种相互联系而又各具特点的教育所组成。关于全面发展教育的基本构成,学界论通常多以德育、智育、体育、美育等作为全面发展教育的构成主体。

(3) 从育人的角度来看,大力重视学生德育的培养。德育具有育德功能和社会功能。德育的育德功能就是培养学生对他人、他物、他事的态度,引导学生懂得为人处世的行为规则和行为方式。学校德育在青少年学生发展中的导向作用极其重要。学校德育的社会功能在于经过所培养的学生积极参与日常生活、人际交往和社会实践，对社会发展与改革发挥出巨大作用，这种作用也就是德育对社会的文化功能、经济功能和政治功能。

（4）从年轻一代的表现来看，疫情当前，一大批90后、00后冲上前线，他们表现出了大无畏、敢作为的责任担当精神。他们用行动践行了责任与使命，给我们树立了青年的榜样。

当前德育应该坚持的原则有以下几个方面：

（1）理论和生活相结合原则。指进行德育要注重引导学生把思想政治观念和社会道德规范的学习同参与生活实践结合起来，把提高道德认识与养成良好道德行为结合起来。

（2）疏导原则。指进行德育要循循善诱、以理服人，从提高学生认识入手，调动学生的主动性，使他们积极向上。

（3）长善救失原则。指进行德育要调动学生自我教育的积极性，依靠和发扬他们自身的积极因素去克服他们品德上的消极因素，促进学生的道德成长。

（4）严格要求与尊重学生相结合原则。指进行德育要把对学生的思想品行的严格要求与对他们个人的尊重信赖结合起来，使教育者的严格要求易于转化为学生主动的道德自律。

（5）因材施教原则。指进行德育要从学生品德发展的实际出发，根据他们的年龄特征和个性差异进行不同的教育，使每个学生的品德都能得到最优的发展。

（6）在集体中教育原则。指进行德育有赖于学生的社会交往、共同活动，注意依靠学生集体，通过集体活动进行教育，充分发挥学生集体在教育中的巨大作用。

（7）教育影响一致性和连贯性原则。指德育应当有目的、有计划地把来自各方面对学生的影响加以组织，使其优化为教育的合力前后连贯地进行，以获得最大的成效。

5. 请针对以上内容，结合当今的社会特点，论述教育所应培养的人才的基本要求。

【答案要点】

（1）我国的教育目的。2015年新修订的《中华人民共和国教育法》规定："教育必须为社会主义现代化建设服务，必须与生产劳动和社会实践相结合，培养德、智、体、美等方面全面发展的社会主义事业的建设者和接班人。"这是目前教育目的最规范的表述。

（2）我国教育目的表述虽几经变化，但其基本精神却是一致的，就是培养学生成为未来国家、社会发展的实践主体与主人。其基本点包括以下几个方面：

①培养"劳动者"或"社会主义建设人才"。我国当代教育目的在表述上不断发生变化，但培养"劳动者"或"社会主义建设人才"这一基本规定却始终没有变。教育目的的这个规定，明确了我国教育的社会主义方向，指明了培养出来的人的社会地位和价值，是社会主义的劳动者、建设人才，是国家的主人。

②坚持全面发展。受教育者的全面发展，教育界通行的说法是德、智、体、美、劳的发展。从人要处理的现实生活的关系分析，人的全面发展主要包括处理人与自然关系的能力、人与社会关系的能力和人与自我关系的能力的发展。如果一个人的发展在这三个方面都形成了健全的能力，那么这个人的发展就是全面发展。

③培养独立个性。培养受教育者的独立个性，是马克思人的全面发展学说的基本内涵和根本目的。追求人的个性发展，就是要使受教育者的自由个性得到保护、尊重和发展，要增强受教育者的主体意识、开拓精神、创造才能，要提高受教育者的个人价值。

综上所述，我国教育目的的价值取向的出发点与归宿在于：培养德、智、体、美、劳全面发展，具有创新精神、实践能力和独立个性的社会主义现代化需要的各级各类人才。

2010年 湖南师范大学333教育综合·真题解析

一、名词解释

学习定势

学习定势通常指先于一定的活动而又指向该活动的一种动力准备状态，也称为心向。定势对迁移的影响表现为促进和阻碍两种。

替代强化

班杜拉提出的观察学习理论中指出影响人的行为的强化有三种，包括直接强化、替代强化、自我强化，其中替代性强化是指观察者因看到榜样受强化而受到的强化。

文纳特卡计划

文纳特卡制是美国进步主义教育家华虚朋在芝加哥的文纳特卡镇所实施的个别教学实验，也称"文纳特卡计划"。主要内容包括重视使学校的功课适应儿童的个别差异。将个别学习和小组学习结合起来，个性发展与社会意识的培养相联系。将课程分为两个部分：共同知识或技能和创造性的、社会性的作业。前者主要按照学科进行，并以学生自学为主，教师适当进行个别辅导，以考试来检验学习成果；后者则以小组为单位展开活动或施教，不考试。

《国防教育法》

1958年美国总统批准颁布了《国防教育法》，内容包括加强普通学校的自然科学、数学和现代外语即"新三艺"的教学；加强职业技术教育；强调天才教育和增拨大量教育经费，作为对各级学校的财政支援。

有教无类

"有教无类"的本意是不分贵贱贫富和种族，人人都可以入学接受教育。孔子的教学实践切实地贯彻了这一办学方针，他的弟子来自各个诸侯国，分布地区广泛；弟子成分复杂，出身于不同的阶级和阶层，大多数出身于平民。

苏湖教法

"苏湖教法"又称"分斋教学法"，是胡瑗在主持湖州州学时创立的新的教学制度，在"庆历兴学"时被用于太学的教学。胡瑗一反当时盛行的重视诗赋声律的学风，提倡经世致用的实学，主张"明体达用"，在学校内设立经义斋和治事斋，创立"分斋教学"制度。

二、简答题

1. 简述影响人发展的基本要素。

【答案要点】

（1）遗传在人发展中的作用：遗传素质是人的发展的生理前提；遗传素质的成熟程度制约着人的发展过程及年龄特征；遗传素质的差异性对人的发展有一定的影响；遗传素质具有可塑性。

（2）环境在人的发展中的作用：环境是人的发展的外部条件；环境的给定性与主体的选择性。

（3）个体活动在人的发展中的作用：个体活动是人的发展的决定因素。个体活动制约着环境影响的内化与主体的自我建构；个体通过能动的活动选择、构建着自我的发展。

（4）教育对人的发展的作用：教育在人的发展中起引领作用；学校教育主要通过传承文化科学知识来培养人；学校教育对提高人的现代性有显著的作用。

2. 简述现代教师的基本素养。

【答案要点】

（1）高尚的师德。包括热爱教育事业，富有献身精神和人文精神；热爱学生，诲人不倦；热爱集体，团结协作；严于律己，为人师表。

（2）先进、科学的教育理念。教育理念是教师在对教育工作本质理解的基础上形成的关于教育的观念和理性信念，它是以观念或信念的形式存在于教师头脑中的对教育现象和教育问题的看法。

（3）宽厚的文化素养。教师的主要任务是通过向学生传授科学文化知识，培养其能力，促进其个性生动活泼地发展。一个好教师的基本条件之一，就是要有比较渊博的知识和多方面的才能。

（4）专门的教育素养。教师的专门教育素养水平及其合理结构是教育教学任务得以完成的重要保证，它主要包括教育理论素养、教育能力素养和教育研究素养。

（5）健康的心理素质。教师的心理健康不仅会直接影响教育工作的优劣成败，而且会影响学生的心理健康水平。因此，教师应该注重提高自己的心理素质。

（6）强健的身体素质。教师的身体素质是指教师在教学活动中的自然力，是教师的身体健康状态和身体素质状态在教学中的表现。

3. 简述教育目的的层次结构和内容结构。

【答案要点】

教育目的的层次结构：

（1）国家的教育目的：关于教育培养什么样的人的质量和规格的总的设想和规定，体现了国家对教育培养人的系列要求。它一般以成文的形式表现，通常是从哲学的高度提出，因而很难客观测量它。

（2）各级各类学校的培养目标：培养目标是各级各类学校依据国家教育目的和不同类型教育的性质与任务，对受教育者身心发展所提出的具体标准和要求。教育目的和培养目标是一般与特殊的关系：教育目的是制定培养目标的依据，培养目标是教育目的的具体化，即培养目标不能脱离教育目的，教育目的要体现、落实在培养目标之中。

（3）课程目标：即课程方案设置的各个教学科目所规定的教学应当达到的要求或标准。这个层次的目标是各级各类学校培养目标的具体化，通过课程目标的实现来完成培养目标。

（4）教师的教学目标：教育者在教学过程中，在完成某一阶段工作时，希望受教育者达到的要求或产生的变化结果。

教育目的的内容结构：

（1）就教育所要培养的人的身心素质作出的规定，具体而言是规定受教育者在德、智、体、美、劳方面究竟具有什么样的素质，这一部分标示出教育目的的内涵，是教育目的的核心部分。

（2）就教育所要培养的人的社会价值做出规定，这部分指明了教育所培养的人应当为什么样的社会服务，应当符合什么阶级的利益，也是教育目的的价值取向问题。

4. 例举中小学德育工作中五个方面的问题。

【答案要点】

（1）学校德育地位尴尬。长时间以来，我国学校德育处于"说起来重要，做起来次要，忙起来不要"的尴尬地位，存在着理论上的"德育首位"与实践上的"德育无位"的矛盾。

（2）学校德育目标偏离。我国学校德育目标在某种程度上存在假、大、空现象，只注重方向性，缺乏阶段性和层次性，未能考虑青少年的年龄特征和接受水平，使其在一定程度上缺乏具体性和可操作性。

（3）学校德育内容陈旧，脱离现实生活。现行学校德育和生活社会缺乏广泛的联系，严重脱离现实生活，不足以解释当前复杂的社会现象，也不能解决学生的实际思想问题。

（4）学校德育方法落后、呆板。德育方法必须是多种多样、各具特色的，在学校德育实施过程中，各种方法也必须有机配合，灵活运用。但当前我国学校德育实践中，大多数教师采用的德育方法依然是以说服教育为主，德育方法单一，强调灌输，偏重权威说教。

（5）学校德育环境封闭。我国现行学校德育环境呈现出典型的封闭性与限制性的特点，是一种"硬控"的、校内外由隔离带阻隔的环境。

（6）学校德育师资队伍不容乐观。一方面，部分中小学教师师德衰微；另一方面，部分德育教师缺乏现代德育理论素养，出现德育工作队伍数量庞大与理论水平低下的矛盾。

（7）学校德育评价低效。主要表现在德育评价滞后，随意性大，缺乏应有的激励和制约作用。

三、分析论述题

1. 联系实际，谈谈"动机与学习的关系"对教育的启示。

【答案要点】

动机是引起和维持个体活动，并使活动趋向一定的目标，以满足某种需要的一种内部心理动力状态。学习动机是动机在学习活动中的表现，是引起和维持个体进行学习活动，并使活动朝向一定的学习目标，以满足某种学习需要的一种内部心理状态。它的主要内容包括知识价值观、学习兴趣、学习效能感和成败归因。

（1）动机具有加强学习的作用，高动机水平的学生其成就水平也高；反之，高成就水平也能导致高的动机水平。但是学习效率与学习动机强度并不完全成正比。过于强烈的学习动机往往使学生处于一种紧张的情绪状态中，注意和知觉范围变得狭窄，由此限制了学生正常的智力活动，降低了学习效率。

（2）耶克斯－多德森定律。

①学习效率随学习动机强度的增加而提高，直至达到最佳水平，之后则随学习动机强度的进一步增加而下降。

②学习动机强度与学习效果之间的这种关系因学习者的个性、课题性质、课题材料难易程度等因素而异，动机强度的最佳水平会随学习活动的难易程度而有所变化。一般来说，从事比较容易的学习活动，动机强度的最佳水平点会高一些，而从事比较困难的学习活动，动机强度的最佳水平会低一些。

③动机强度的最佳点因人而异，进行同样难度的学习活动对有的学生来说动机强度的最佳水平点高一些更为有利，但对于另一些学生来说则相反。

（3）对教育的启示：

教师在教学过程中，要根据学习任务的不同难度，恰当控制学生学习的动机水平。在学习任务较容易时，则应尽量创造使学生集中注意力，使学生尽量紧张一点的学习氛围；而在学习较为复杂、困难的课题时，则应尽量创造轻松自由的课堂气氛；在学生遇到困难或出现问题时，要尽量心平气和地慢慢引导，以免学生过度紧张和焦虑。

2. 卢梭的自然主义教育理论及其影响。

【答案要点】

（1）自然教育的基本含义。

卢梭自然主义教育的核心是"回归自然"。一方面，善良的人性存在于纯洁的自然状态之中。只有"回归自然"、远离喧嚣社会的教育，才有利于保持人的善良天性。因此15岁之前的教育必须在远离城市的农村进行。另一方面，每个人都是由自然的教育、事物的教育、人为的教育三者培养起来，只有三种教育圆满地结合才能达到预期的目的。三者之中，应以自然的教育为基准，才能使教育回归自然达到应有的成效。

（2）自然教育的培养目标。

自然教育最终目的是培养"自然人"，即身心调和发达、体脑两健、能力强盛的新人，也就是摆脱封建羁绊的资产阶级新人。具有以下特征：第一，自然人是能独立自主的人，他能独自体现出自己的价值；第二，在自然的秩序中，所有的人都是平等的；第三，自然人又是自由的人，他是无所不宜、无所不能的；第四，自然人还是自食其力的人，可无须仰赖他人为生，这是独立自主的可靠保证。

（3）自然教育的方法原则。

卢梭猛烈抨击了当时向儿童强迫灌输旧的道德和知识、摧残儿童天性的做法，他提出以下几点原则和方法：第一，树立正确的儿童观，应当把成人看作成人，把孩子看作孩子。第二，对儿童实施消极教育。此外，让他们在同自然的接触中，体会到自己所犯的错误和过失带来的自然后果，使儿童服从于自然法则，结合具体事例让他们从自己的直接经验中受到教育。第三，根据儿童天性的个体差异，因材施教。

（4）自然主义教育的实施。

卢梭根据自然教育的原则，根据人的自然发展的进程和不同年龄时期身心的特点，把自然教育分为婴儿期、儿童期、少年期和青春期。婴儿期主要进行体育；儿童期主要进行感官训练和身体发育，这个时期的儿童不宜进行理性教育，不应强迫儿童读书；少年期主要进行智育和劳动教育；青春期主要接受道德教育，包括宗教教育、爱情教育和性教育。

影响：

卢梭是西方教育史上具有划时代意义的教育思想家，他对封建社会进行了猛烈的抨击，提出了反映新兴资产阶级利益的教育思想，是现代教育思想的重要来源。

（1）卢梭提出的自然主义教育思想是教育思想史上由教育适应自然向教育心理学化过渡的一个重要环节。在封建社会压制人性的情况下，提倡性善论，尊重儿童天性具有历史进步意义。他呼吁培养身心调和发展的自然人和自由人也反映了对人的发展的合理要求。

（2）卢梭论证了自然主义教育的内容和方法。如重视感觉教育的价值；反对古典主义和教条主义，要求人们学习真实有用的知识；反对向儿童灌输道德教条，要求养成符合自然发展的品德等。这些观点既是在前人的基础上的发展，也反映了近代教育的发展方向。

（3）卢梭的教育理论对欧美教育产生了深远影响。德国的泛爱教育运动、瑞士的裴斯泰洛齐的教育实验、美国进步主义教育运动等，无不受到卢梭自然教育理论的启发。

3. 简要论述我国学校教育发展的历史过程与值得借鉴的经验教训。

【答案要点】

（1）原始教育。

在原始社会里，生产力水平很低，人们积累的生活、生产和战斗经验不够丰富，不需要也不可能组织专门的教育活动。

（2）古代教育。

到了奴隶社会，随着生产力的发展，社会分工的逐步进行，剩余产品的出现，使社会上出现了脑力劳动与体力劳动的分工。逐渐出现了专门从事教育工作的教师，产生了学校，使学校教育从生活与生产中分化独立出来。主要特点是教育阶级性的出现并不断强化,学校教育与生产劳动相脱离。

(3)现代教育。

现代社会包括资本主义社会和社会主义社会,主要特点是:生产力发展加速,科学技术日益发达,工业化、信息化、国际化迅猛发展,专门人才的需求大量增长,从而大大提高了教育在社会发展中的地位与作用,推动了学校教育事业的迅捷发展。具体表现为:学校教育逐步普及;教育的公共性日益突出;教育的生产性不断增强;教育制度逐步完善。

(4)学校教育历史发展的经验教训。

学校教育应以培养全面发展的人为目标,同时还应该面向社会和国家,为社会建设培养需要的人才;在学校教育中,需要结合实际情况采纳班级授课制和个别教学的结合;在课程设置方面,还需注意学科课程与经验课程的并重,提高学生的实践能力。

(关于学校教育历史发展的经验教训,言之有理即可)

4.阅读下面的材料,根据你所看到的中小学的教学实际情况,结合所学的教学理论,概括出教学实践活动中存在的一个主要问题,分析其中两个方面的主要原因,并提出解决这一问题的思路或对策。

【答案要点】

(1)教学实践活动中存在的一个主要问题是传统的课堂教学既忽视了作为独立个体,处于不同状态的教师与学生,在课堂教学过程中的多种需要与潜在能力,又忽视了作为共同活动体的师生群体,在课堂教学活动中多边多重、多种形式的交互作用和创造能力。

(2)主要原因。

①班级授课制。班级授课制不利于照顾学生的个别差异;不利于培养学生的兴趣、特长和发展个性;不利于理论联系实际;不利于实现教学的灵活性。

②教学的实践性不足,主要是以教师传授知识为主,学生亲身参与实践与动手机会少。

(3)解决措施。

①针对班级授课制。根据学生年龄、学科性质等不同情况,对每节课的时间长度,做有弹性的不同规定;加强班级教学中的小组与个别指导活动;提高学生在教学活动中的主体地位与作用;注重到特定的实验室、作业室里上课,或在现场教学;将班级上课、分组学习、个别辅导恰当地结合起来;防止班的人数超限,逐步实现小班教学;允许成绩优异或有特长的学生跳级、选班或选课等。

②改革课程,增强课程内容的生活化、综合化。首先,加强课程与学生生活和现实社会的联系;其次,设置许多综合型学科,推进课程的综合化,对已有的课程结构进行改造;再次,各分科课程都在尝试综合化的改革,强调科学知识同生活世界的交汇,理性认识同感性经验的融合。

2022年 河南师范大学333教育综合·真题真练

一、名词解释
教育制度　教学　三纲领八条目　三舍法　公学　导生制

二、简答题
1. 简述现代教育特点。
2. 简述《学记》中的教育教学原则。
3. 简述新文化运动背景下的教育思潮。
4. 简述元认知策略的教学。

三、分析论述题
1. 论述裴斯泰洛齐的教育思想。
2. 论述德育过程是教师引导下学生能动的德育活动过程。
3. 论述班主任应该具有的素质。
4. 运用奥苏伯尔的先行组织者策略设计一节课。

2021年 河南师范大学333教育综合·真题真练

一、名词解释
教育的社会变迁功能　教学的形成性评价　《学记》　庚款兴学　《大教学论》　人文主义教育

二、简答题
1. 如何理解教育的质的规定性？
2. 简述孟子的教育思想。
3. 简述陈鹤琴的教育思想。
4. 简述青少年心理健康教育的主要方法（任意五个）。

三、分析论述题
1. 如何贯彻教育影响的一致性、连贯性原则？
2. 论述教育对人的发展的重大作用。
3. 论述卢梭的自然主义教育思想。
4. 如何对学生进行学业求助策略的教学？

2020年 河南师范大学 333 教育综合·真题真练

一、名词解释
终身教育　《福斯特法案》　四段教学法　中国人民抗日军事政治大学　活动课程　稷下学宫

二、简答题
1. 简述孔子关于教师的思想。
2. 简述陶行知的生活教育体系。
3. 简述学习动机的内部影响因素。
4. 简述如何培养班集体。

三、分析论述题
1. 试论述教育的政治功能。
2. 试论述品德不良的内部因素。
3. 试论述如何上好一节课。
4. 论述夸美纽斯的教育原则并结合实际谈谈其在中小学课堂教学中的影响。

2019年 河南师范大学 333 教育综合·真题真练

一、名词解释
教育目的　教学　京师同文馆　苏湖教法　《爱弥儿》《国防教育法》

二、简答题
1. 简述教育的文化功能。
2. 简述杜威的五步教学法。
3. 简述进步教育运动及其实验。
4. 简述加里培林的心智技能形成阶段。

三、分析论述题
1. 列举古今中外三种对教育的不同解释及其对教育本质的论述。
2. 结合国务院关于加强教师队伍建设的意见，谈谈如何加强师德师风建设。
3. 论述陈鹤琴的活教育思想。
4. 论述个体认知发展规律及如何运用这些规律进行教学。

2018年 河南师范大学 333 教育综合·真题真练

一、名词解释
学制　教学评价　"四书五经"　癸卯学制　"七艺"　恩物

二、简答题
1. 简述教育的生态功能。
2. 简述孔子的教育思想。
3. 简述蔡元培的大学教育主张。
4. 简述青少年心理健康教育的途径。

三、分析论述题
1. 结合实际论述我国教育目的的基本精神。
2. 结合十九大精神谈谈如何建设师德师风。
3. 论述赫尔巴特的教学形式阶段理论，并对其做简要评价。
4. 论述学习动力的需要层次理论及对教育的启示和意义。

2017年 河南师范大学 333 教育综合·真题真练

一、名词解释
教育制度　班级授课制　有教无类　《劝学篇》　骑士教育　昆西教学法

二、简答题
1. 教育学的产生和发展经历了哪几个阶段？并列举出每阶段的一本代表性著作。
2. 简述裴斯泰洛齐的教育心理学化理论的具体内容。
3. 简述要素主义的主要教育观点。
4. 影响问题解决的因素有哪些？

三、分析论述题
1. 结合实际说明德育过程是提高学生自我教育能力的过程。
2. 结合实际论述班集体有什么教育功能。
3. 试析壬戌学制的特点及意义。
4. 如何针对认知方式的差异进行教育？

2016年 河南师范大学 333 教育综合·真题真练

一、名词解释
教育学　教育目的　1912年的教育方针　《学记》　自然后果律　教育基本法

二、简答题
1. 简述教育的经济功能。
2. 简述晏阳初的"四大教育"和"三大方式"。
3. 简述古代书院教育的特点。
4. 简述有意义学习的条件。

三、分析论述题
1. 论述问题解决能力的培养措施。
2. 结合实际，谈谈德育过程就是教师指导下学生能动的学习过程。
3. 论述杜威的课程论及意义。
4. 列举从古代到现代对教育的三种不同的解释及对教育本质的论述。

2015年 河南师范大学 333 教育综合·真题真练

一、名词解释
终身教育　教学组织形式　"三纲领八条目"　东林书院　《费里教育法》　结构主义教育

二、简答题
1. 简述古代教育的特点。
2. 简述孔子的教学思想。
3. 简述黄炎培的职业教育思想。
4. 自我效能感的功能有哪些。

三、分析论述题
1. 结合实际说明社会变迁中教师角色发展的趋势。
2. 结合实际说明教育对人的发展的作用。
3. 试论卢梭的年龄分期及其教育。
4. 试述有效问题解决者的特征。

2014年 河南师范大学 333 教育综合·真题真练

一、名词解释
课程　德育过程　《大学》　科举制　学习化社会　设计教学法

二、简答题
1. 个体发展的规律性表现在哪些方面？
2. 简述斯宾塞的"教育预备说"。
3. 简述杜威的教育本质观。
4. 人格发展的一般规律有哪些？

三、分析论述题
1. 结合实际说明教学的意义。
2. 结合实际说明班主任应该具备哪些素质。
3. 论述蔡元培的主要教育主张。
4. 试述心智技能的培养方法。

2013年 河南师范大学 333 教育综合·真题真练

一、名词解释
教育的社会流动功能　长善救失原则　稷下学宫　"新学制"的标准　智者　《国防教育法》

二、简答题
1. 社会本位论的主要观点有哪些？
2. 简述孔子关于教师的主张。
3. 简述陈鹤琴的活教育体系。
4. 认知发展的一般规律有哪些？

三、分析论述题
1. 结合实际论述生产力对教育的制约作用。
2. 班级授课制的优点有哪些？
3. 试论斯宾塞的主要教育思想及其影响。
4. 试述学业求助策略教学的措施。

2012年 河南师范大学 333 教育综合·真题真练

一、名词解释
德育　学校教育制度　鸿都门学　癸卯学制　文雅教育　新教育运动

二、简答题
1. 我国教育目的的基本精神是什么？
2. 简述夸美纽斯在教育史上的主要贡献。
3. 杜威的"五步探究教学法"。
4. 影响自我效能感的因素有哪些？

三、分析论述题
1. 试述现代教育的特点。
2. 试述教育的生态功能。
3. 论述蔡元培的大学教育思想及现实意义。
4. 试述品德不良纠正和教育的措施。

2011年 河南师范大学 333 教育综合·真题真练

一、名词解释
受教育者　学校教育制度　有教无类　苏湖教法　自由教育　五步探究教学法

二、简答题
1. 教育的功能有哪些？
2. 赫尔巴特的教育心理学化思想有哪些？
3. 综合中学运动的特征有哪些？
4. 加里培林的心智技能形成阶段有哪些？

三、分析论述题
1. 结合实际，阐述教师主导作用与学生主动性的关系。
2. 试论述班集体的教育功能。
3. 试论陶行知的生活教育理论及其现实意义。
4. 试述影响问题解决的因素。

2010年 河南师范大学333教育综合·真题真练

一、名词解释
学校教育　活动课程　学在官府　小先生制　苏格拉底方法　新教育运动

二、简答题
1. 教育的经济功能有哪些？
2. 简述孔子对教育所做的主要贡献。
3. 简述蔡元培"思想自由，兼容并包"的办学方针。
4. 学生学习的特点有哪些？

三、分析论述题
1. 结合实际，阐述教师劳动的特点。
2. 试述教学过程的性质。
3. 试论裴斯泰洛齐的"教育心理学化"思想及其现实意义。
4. 试述创造性的培养措施。

河南师范大学 333 教育综合·真题解析

一、名词解释

教育制度

教育制度是指一个国家各级各类实施教育的机构体系及其组织运行的规则。它包括相互联系的两个方面：一是各级各类教育机构与组织；二是教育机构与组织赖以存在和运行的规则，如各种相关的教育法律、规则、条例等。具有客观性、规范性、历史性和强制性的特点。

教学

教学是在一定教育目的规范下，在教师有计划的引导下，学生能动地学习、掌握系统的课程预设的科学文化基础知识，发展自身的智能与体力，养成良好的品行与美感，逐步形成全面发展的个体素质的活动。

三纲领八条目

三纲领八条目是《大学》的教育目的和具体步骤。《大学》开篇即"大学之道，在明明德，在亲民，在止于至善"，"明明德""亲民"和"止于至善"被称为"三纲领"。八条目即格物、致知、诚意、正心、修身、齐家、治国、平天下。

三舍法

"三舍法"是王安石在"熙宁兴学"期间改革太学最重要的措施。"三舍法"是严格的升舍考试制度，它将学生平时行艺和考试成绩相结合，学行优劣与任职使用相结合，这有利于调动学生学习的积极性，提高太学教育质量。同时又把上舍考试和科举考试结合起来，融养士与取士于太学，提高了太学地位。

公学

公学是一种私立教学机构，相对于私人延聘家庭教师的教学而言，这种学校是由公众团体集资兴办，其教学目的是培养一般公职人员，其学生是在公开场所接受教育。它较之一般的文法学校师资及设施条件好、收费更高，是典型的贵族学校，被称为英国绅士的摇篮。

导生制

导生制又称贝尔－兰开斯特制，其具体实施是：教师在学生中选择一些年龄较大、学习成绩较好的学生充任导生，教师先对导生进行教学，然后由他们去教其他学生。通过这种教学方式，学生的数额得以大大增加，也在一定程度上缓解了教师奇缺的压力，因而一度广受欢迎，但因其难以保证教育质量而最终被人们所抛弃。

二、简答题

1.简述现代教育特点。

【答案要点】

（1）学校教育逐步普及。由于资本主义生产尤其是机器大工业生产在欧洲兴起，因而西欧的资本主义国家最先提出普及教育的要求。1619年，德意志魏玛邦在宗教改革的影响下颁布了学校法令，规定父母送6~12岁男女儿童入学，这是普及教育的开端。

（2）教育的公共性日益突出。随着大工业生产发展的需要，随着工人阶级和其他劳动人民对教育权的争取，对受教育权的阶级垄断越来越不合时宜，受到来自被统治阶级和统治阶级两方面的批判。在此情形下，大力发展学校教育逐渐成为社会的公共事业和共同话题。

（3）教育的生产性不断增强。在现代社会，随着工业生产的发展和科学技术的进步，科技与教育在生产中的作用增强。现代教育与生产劳动的逐步结合，对提高社会生产效率和增加社会财富起着重要作用，日益成为经济发展的有力保证。

（4）教育制度逐步完善。随着学校数量的增加，学校教育的层次、种类及其运行和管理的复杂化，需要一定的教育宗旨、制度、要求等，以推动学校教育系统有条不紊地运行。教育制度化的实现，使得教育系统中的各级各类学校、各种教育机构和教育行政部门的工作均有制度可循，能排除来自内外部的干扰，使教育活动有序有效地开展，取得了良好效果。

2. 简述《学记》中的教育教学原则。

【答案要点】

（1）预防性原则。要求事先估计学生可能会产生的种种不良倾向，预先采取预防措施。

（2）及时施教原则。要求掌握学习的最佳时机，适时而学，适时而教。

（3）循序渐进原则。教学必须遵循一定的顺序，包括内容的顺序和年龄的顺序。

（4）学习观摩原则。学习要相互观摩，取长补短，同时，借助集体的力量进行学习。

（5）长善救失原则。要求教师要懂得并掌握教育的辩证法，坚持正面教育，善于因势利导，利用积极因素克服消极因素，将缺点转化为优点。

（6）启发诱导原则。君子的教育在于诱导学生，靠的是引导而不是强迫服从，是启发而不是全部讲解。只有这样才能调动学生学习和思考的积极性、主动性，使学生的思维能力得到锻炼和发展。

（7）藏息相辅原则。既有有计划的正课学习，又有课外活动和自习，有张有弛，让学生感到学习的乐趣，感受到老师、同学的可亲可爱，使学习成为学生的一种内在需要。

3. 简述新文化运动背景下的教育思潮。

【答案要点】

（1）平民教育运动。平民教育思潮的共同点，在于批判传统的"贵族主义"的等级教育，破除千百年来封建统治者独占教育的局面，使普通平民百姓享有教育权利，获得文化知识，改变生存状况。

（2）工读主义教育运动。工读主义教育思潮的基本主张有：以工兼学、勤工俭学、工人求学、学生做工、工学结合、工学并进，培养朴素工作和艰苦求学的精神，以求消除体脑差别。

（3）职业教育思潮。职业教育思潮是由清末民初的实利主义教育思想发展演变而来，且受到欧美职业教育思想传入中国的推波助澜。

（4）勤工俭学运动。1915年，蔡元培等人在法国创立"勤工俭学会"，以"勤于工作，俭于求学，以进劳动者之智识"为宗旨，并规定了留法勤工俭学的程序、费用、求学、工作等细目，创造了半工半读的教育形式。

（5）科学教育思潮。基本内涵为：一是"物质上之知识"的传授；二是应用科学方法于教育研究和对人的科学精神、科学态度的训练，而尤以后者为重。

（6）国家主义教育思潮。国家主义教育思潮是一种具有强烈资产阶级民族主义色彩的社会思潮，于20世纪初在中国兴起，是政治上的国家主义在教育领域的反映。

4. 简述元认知策略的教学。

【答案要点】

（1）教给学生元认知知识。

（2）丰富学生的元认知体验，指导学生调节与监控自己的学习过程。

（3）经常给学生提供反馈的机会。

（4）指导学生调节和监控自己的学习过程。

三、分析论述题

1. 论述裴斯泰洛齐的教育思想。

【答案要点】

裴斯泰洛齐是19世纪瑞士著名的民主主义教育家。他一生热爱儿童和教育事业的奉献精神，对教育革新的执着追求和坚毅实践，在教育理论上的潜心探索和独创见解，对世界教育理论和实践的发展做出了重要贡献。主要著作有《林哈德与葛笃德》《天鹅之歌》等。

（1）论教育目的。

裴斯泰洛齐认为，教育的首要功能应是促进人的发展，尤其是人的能力的发展。教育的最终目的是发展各人天赋的内在力量，使其经过锻炼，使人能尽其才，能在社会上达到他应有的地位。

（2）论教育心理学化。

在西方乃至世界教育史上，裴斯泰洛齐是第一个明确提出"教育心理学化"的教育家。教育心理学化就是要把教育提高到科学的水平，将教育科学建立在人的心理活动规律的基础上。其基本内涵包括教育目的心理学化、教学内容心理学化、教学原则和教学方法的心理学化和要让儿童成为他自己的教育者。

（3）论要素教育。

要素教育论的基本思想是：初等学校的各种教育都应该从最简单的要素开始，然后逐渐转到日益复杂的要素，循序渐进地促进人的和谐发展。要素教育既要求初等学校为每个人在德、智、体几方面都能受到基本的教育而得到和谐的发展，又要求在德育、智育、体育的每一个方面都通过"要素方法"获得均衡的发展。

①德育最基本的要素是儿童对母亲的爱。随着孩子的成长，便由爱母亲发展到爱双亲，爱兄弟姐妹，爱周围的人。进入学校后，又把爱逐步扩大到爱所有人，爱全人类。

②智育的基本要素是数目、形状和语言。教育就是在这些要素的基础上来进行教学和设计课程，从而促进儿童的心理发展。所对应的科目分别是算数、几何和语文。

③体育的基本要素是关节活动。儿童的体育训练就是要从各种关节活动的训练开始，并随着年龄的增长逐渐进行较复杂的动作训练，以发展他们身体的力量和各种技能。

（4）初等学校各科教学法。

裴斯泰洛齐根据教学心理学化和要素教育的理念，具体地研究了初等学校各科教学法。裴斯泰洛齐是现代初等学校各科教学法的奠基人。

①语言教学。语言教学要从发音教学开始，先使儿童学会发音和听音；然后进行单词教学，扩大儿童的词汇；最后是严格意义上的语言教学。这就是裴斯泰洛齐提出的语言教学的三个阶段。

②算术教学。裴斯泰洛齐认为，数字"1"是数目的最简单要素，而计数是算术能力的要素。算术教学应该首先通过具体实物或直观教具使儿童产生"1"这个数字的概念，并从"1"开始，进行运算。

③测量教学。测量教学也称形状教学，其目的是发展儿童对事物形状的认识能力。裴斯泰洛齐认为测量教学应从构成各种形状最简单的要素——直线开始，先观察直线，然后认识角，再进而学习由直线组成的四边形、三角形及各种多边形。在此基础上，再学习曲线、圆形和椭圆形等。

④地理教学。裴斯泰洛齐主张地理教学应按照由近及远的原则进行，即从直接观察儿童所熟悉

的周围地区的自然环境开始，进而逐渐扩大到对本村、本县、本省、本国以至对全世界地理的了解。

（5）教育与生产劳动相结合。

裴斯泰洛齐是西方教育史上第一位将教育与生产劳动相结合付诸实践的教育家，并在自己的教育实践活动中，推动和发展了这一思想。

裴斯泰洛齐关于初等教育与生产劳动相结合的实践和有关论述，虽然受时代的限制，无法真正找到教育与生产劳动相结合的内在联系，更未能对两者之间的关系做出全面的历史分析，只是一种理想，但在西方教育史上依旧产生了重要影响，对19世纪初的空想社会主义者关于教育与生产劳动相结合的设想也有很大启示。

（6）裴斯泰洛齐教育思想的评价。

①裴斯泰洛齐的教育思想具有鲜明的民主性和革新性，反映了时代对教育的要求，反映了一定的教育自身的规律。

②他的教育实践和国民教育理论，对欧美国家的教育和19世纪上半期的许多著名教育家都产生了很大的影响。

③在他的教育思想体系中，也存在缺陷和不足。如，在他的基本教育观中，具有一定的唯心主义色彩；在论述要素主义以及教学原则、教学方法时，又表现出一些机械主义和形式主义。

2. 论述德育过程是教师引导下学生能动的德育活动过程。

【答案要点】

学生的思想道德认识和行为习惯不是与生俱来的，是学生在与社会环境的相互作用过程中，尤其是在教师有目的、有意识的教育引导下，逐步形成自己的思想认识，发展自己的道德素质的。包含以下三个方面：

（1）学生对环境影响的主动吸收。

学生在吸取社会和教育影响的活动中，不完全是被动、受动的教育客体，也是能动地选择、吸收环境与教育影响的主体。外界的影响只有通过学生自己的理解、选择、吸取与践行，才能内化成为他们自己的观点、立场，成长为他们的品德习性。

（2）教师对学生的积极教导。

教师的教导是学生品德健全发展的一个必不可少的指针与动力。教师应该在正确的政治、教育、心理等学科理念的指导下，通过课程、活动、师生互动等途径积极开展对学生的教育引导。

（3）外部活动与内部活动相互促进。

在德育过程中我们既要组织好学生的各种外显的实际活动，以启迪、激发和引导他们积极开展内部的心理活动，促进他们思想认识的提高、价值观念的明确、情感上的认同以及品德的发展；又要激发学生内部的思想、情感与意志活动，把他们的能动性引导到道德实践活动中去，进一步推动学生思想品德的发展与提升。

3. 论述班主任应该具有的素质。

【答案要点】

（1）为人师表的风范。

班主任是学生的教育者、引路人，是他们崇敬的老师，依靠的长者，学习的榜样。他应严于律己，他的为人处世、一言一行、性情作风等各方面均能为人师表，为学生示范。

（2）相信教育的力量。

相信每个学生都有自己的特点、优势和潜能，只要经过教育，都有美好的发展与前途。即使有严重缺点和错误的学生，只要真情关怀，耐心教育，切实帮助，也能转变好。只有确信教育的力量的班主任，才能不畏困难曲折，把学生转变好。

（3）要有家长的情怀。

班主任对待学生要像家长对待孩子一样，有深厚的情感，能无微不至地关怀，与学生彼此信赖。这样才能使学生更易亲近班主任，听班主任的话，才能使班主任工作顺利进行。

（4）较强的组织亲和力。

班主任要善于与人打交道，善于亲近学生、与学生打成一片，这样才便于组织学生开展活动。他还要善于在工作中表现出魄力，能令行禁止，坚定地引导学生沿着正确的方向，不断前进。

（5）能歌善舞、多才多艺。

每个学生都有自己的兴趣与爱好，因而需要展开各种各样、丰富多彩的活动。这就要求班主任也有广泛兴趣、多才多艺，易与学生打成一片，便于开展工作。

4. 运用奥苏伯尔的先行组织者策略设计一节课。

【答案要点】

先行组织者策略：

（1）含义。为了促进有意义学习的产生，奥苏伯尔提出了先行组织者策略。先行组织者是指先于学习任务本身呈现的一种引导性材料，它要比学习任务本身具有更高的抽象、概括和综合水平，并且能清晰地与认知结构中原有的观念和新的学习任务关联。

（2）目的。为新的学习任务提供观念上的固着点，增加新旧知识之间的可辨别性，以促进类属性的学习。通过呈现组织者，为学习者已知的知识与新知识之间架设一道桥梁，以便更好地学习新材料。

（3）分类。第一，陈述性组织者，旨在为新知识提供最适当的类属者，与新知识产生一种上位关系。如教师在教授"钢铁"之前，先提出"合金"的概念。第二，比较性组织者，用于比较熟悉的学习材料，旨在比较新材料与已有认知结构中相类似的材料，从而增强新旧知识之间的可辨别性。如学生学习了"动作技能"有关材料后再学习"智力技能"的新材料。

运用"先行组织者"教学策略的《减数分裂和受精作用》教学设计——第1课时：

（1）教材分析。

"减数分裂和受精作用"是高中生物必修二第二章第一节内容，这一节内容不仅是本章的核心内容，更是贯穿整个必修二的内容，它是在学习了孟德尔遗传规律的基础上，按照科学史的顺序，以前学过的细胞、染色体、有丝分裂、生殖种类等概念作为基本的知识，为后面学习生物的变异、生物的进化奠定了细胞学基础。

（2）本节课涉及的概念：减数分裂、联会、四分体、极体、姐妹染色单体、同源染色体。

（3）"先行组织者"的设计。

①回忆人教版高中必修一第五章《细胞的生命历程》中的"细胞增殖"这一节，提供一个"先行组织者"，即上位组织者。

②列举出"有丝分裂"这一材料，即比较性组织者来学习减数分裂的概念。

③展示视频、问题串作为"先行组织者"来学习减数分裂的过程中，"同源染色体""联会""四分体"等概念。

（4）教学目标。

①知识目标：概述减数分裂的概念；说出精子、卵子的形成过程。

②能力目标：尝试用对比的方法来获取新知识的能力。

③情感态度价值观：认同物质运动的规律性，树立辩证唯物主义世界观。

（5）教学重难点。重点：概述减数分裂的概念；难点：说出精子、卵子的形成过程。

（6）教学环节。

①呈现"先行组织者"。

呈现"细胞增殖"作为上位"先行组织者"。

教学活动：教师请同学们回忆必修一中关于细胞增殖的概念及细胞增殖的方式有哪些。

设计意图：首先唤起学生对"细胞增殖"这一概念的记忆，以"细胞增殖"作为上位组织者，组成概念体系，要使新的概念性知识与旧概念相联系，并且有助于将"减数分裂"概念的归类于"细胞增殖"。这是属于概念的形成阶段。

呈现"有丝分裂"作为比较性组织者。

教学活动：根据图示回忆细胞增殖的方式，教师引导，学生努力观察，并比对果蝇体细胞与配子的染色体图，提问：哺乳动物的生殖细胞是如何形成的？是有丝分裂吗？

设计意图：这里的"有丝分裂"作为比较性组织者有助于帮助学生在学习新概念时提供方向，并且可以将学生原有知识与新知识发生碰撞，有助于学生对"减数分裂"概念的同化教学。这是属于概念的冲突阶段。

呈现"生物学史"作为陈述性组织者。

教师活动：介绍生物学史相关信息，生物学家魏斯曼，从理论上预测：在精子成熟的过程中必然有一个特殊的过程使染色体数目减少一半。并且，这个预见被其他科学家的显微镜观察所证实。

设计意图：选择"生物学史"这一陈述性组织者，使学生了解"减数分裂"这一概念的来源，对于提高学生学习兴趣有很大的帮助。

②呈现学习材料。

以多媒体动画形式呈现细胞"减数分裂"的动态变化图这一新材料。

教学活动：多媒体动画展示精子形成中染色体的动态变化图，以问题的形式引导学生观察减数分裂中染色体的行为变化，并分析总结相关概念和特点。教师总结精子形成过程中各个时期的特点。

设计意图：选择多媒体动画采用声音、动态画面，作为"先行组织者"，真实展示染色体的行为特征，为学习本节课的"同源染色体""联会""四分体"等概念提供了引导材料，有助于学生对于分裂过程中对染色体的形态特征进行良好的辨认，有利于提高学生观察、分析、归纳的能力，提高课堂的效率。

教学活动：展示卵细胞形成的动画，要求学生比较归纳出卵细胞与精子形成过程的不同。提示学生从产生部位、过程、是否变形、细胞质的分配、分裂结果等方面加以比较。了解"极体"相关概念。通过比较，使学生对减数分裂有了一个完整的理解。

设计意图：将新学习的知识作为"先行组织者"中的并列组织者，与新概念知识作比较能够加深新学习的概念的印象，有助于更好地理解"减数分裂"这一概念。

③加强认识，形成认知结构。

重复播放"减数分裂"过程动画。

教学活动：最后，继续播放减数分裂过程的动画视频，让学生进行口述，简述减数分裂的整个过程、分别有哪些特点。教师总结呈现新知识"减数分裂"的概念。

设计意图：重复观看可以增加学生对于新学习概念的印象，加深记忆，促使学生产生学习兴趣，进而积极主动地接受学习，有利于学生完整获得概念。

习题巩固。

河南师范大学 333 教育综合·真题解析

一、名词解释

教育的社会变迁功能

教育的社会变迁功能是指教育通过开发人的潜能，提高人的素质，引导人的社会化，影响人的社会实践，推动社会的发展和变革。教育的社会变迁功能表现在社会生活的各个领域，包括教育的政治功能、教育的经济功能、教育的文化功能和教育的生态功能。

教学的形成性评价

形成性评价是指在教学进程中，对学生的知识掌握和能力发展所做的比较经常而及时的测评，包括对学生的提问、书面测验、作业批改等。其目的不注重于成绩的评定，而是使师与生都能及时获得反馈信息，更好地改进教与学，以促进教师和学生的发展、提高。

《学记》

《学记》是《礼记》的一篇，是中国古代最早的一篇专门论述教育、教学问题的论著，因此有人认为它是"教育学的雏形"。《学记》是先秦时期儒家教育和教学活动的理论总结，它主要论述教育的具体实施，偏重于说明教学过程的各种关系。

庚款兴学

为了美国的长远利益，1908 年，美国国会通过议案，决定从 1909 年起，将美国所得庚子赔款的一部分以"先赔后退"的形式退还给中国，用以发展中国的留美教育。美国的举动被后来其他国家效仿，形成所谓的"庚款兴学"。

《大教学论》

《大教学论》是夸美纽斯的教育代表作，标志着独立形态的教育学的开端，论述了教育的目的和任务、教育适应自然的原则、学校制度及各阶段的教育任务、班级授课制、教学原则和教学方法等，成为近代教育理论的奠基之作。

人文主义教育

人文主义教育首先在文艺复兴的发源地意大利展开，15 世纪末以后逐渐扩大到北欧。意大利的人文主义教育以个人为中心，主张世俗教育，重视智力培养，发展健全的体魄，向往人的全面发展。与其略有不同的是，北欧人文主义教育更加重视道德教育和宗教教育。

二、简答题

1. 如何理解教育的质的规定性？

【答案要点】

（1）有目的地培养人的活动。

教育是有目的地选择目标、组织内容及活动方式来培养人，促进人的发展。其首要任务是促进年轻一代体、智、德、美、行的全面发展，使他们从生物人逐步成长为社会人，进而成为适应与促进社会生活各个方面发展需要的人。

（2）教育者引导受教育者传承人类经验的互动活动。

年轻一代按自己的意愿和经验来获得自我的身心发展，其效果是极其低下的，难以符合社会的期望与要求，因而需要由有经验的父母、年长一代，或学有专长的教师有目的地引导年轻一代以及其他的受教育者来学习、传承、践行人类经验，并在生活、交往与实践中领悟经验的社会意义，才能有效地发展他们的智能和品行，把他们培养成为既能适应并能促进社会发展需要的人和各种专门人才。

（3）激励与教导受教育者自觉学习和自我教育的活动。

教育者与受教育者的教学互动是以激励学生学习为基础和动力的，旨在使青少年学生积极主动地成为自觉学习、自我教育的人。可以说，一切教育本质上都是自我教育。

2. 简述孟子的教育思想。

【答案要点】

（1）"性善论"与教育作用。

①"性善论"说明了人性是人类所独有的、区别于动物的本质属性。人之需要社会伦理与政治，这是为人的内在本质所决定了的。所以人性是一个类范畴，人相对于其他的类绝不相同，而同类之中却相似。

②人性本质上的平等观。孟子认为人性的善，即"我固有之"的仁、义、礼、智是人类学习的结果，不是由人的先天决定的，因此每个人都可以通过后天的学习达到理想的境界，即"人皆可以为尧舜"。

③"性善论"揭示了人之"故"。人之"故"就是"人性之善也"。人性表现为"四心"，即恻隐之心、羞恶之心、恭敬之心、是非之心，也叫"四端"，分别是仁、义、礼、智的基础。孟子肯定人性本善。

教育对人的作用是扩充"善性"，社会的作用是"得民心"。"得民心"是"仁政"的关键，教育是"得民心"最有效的措施。

（2）"明人伦"与教育目的。

孟子第一次明确地概括出中国古代学校教育的目的就是"明人伦"。"人伦"就是"人道"，具体来说就是五对关系："父子有亲，君臣有义，夫妇有别，长幼有序，朋友有信。"在"五伦"中，孟子尤重父子——孝，长幼——悌这两种关系，并以此为中心建立了一个道德规范体系——五常，即仁、义、礼、智、信。

（3）人格理想与修养学说。孟子提出"大丈夫"的理想人格，丰富了中国人的精神世界。他对"大丈夫"的理想人格做了描绘："富贵不能淫，贫贱不能移，威武不能屈。""大丈夫"的修养方法有持志养气、动心忍性、存心养性和反求诸己。

（4）教学思想。孟子提出因材施教、深造自得、盈科而进和专心致志的教学思想。

3. 简述陈鹤琴的教育思想。

【答案要点】

（1）"活教育"的目的论。陈鹤琴提出"活教育"的目的是"做人，做中国人，做现代中国人"。"做人"是"活教育"最为一般意义的目的。"活教育"提倡学习如何做人，如何求社会进步、人类发展。学会"做人"，是个体参与社会生活，增进人类全体幸福，同时也是个体幸福的基础。"做中国人"体现了"活教育"目的的民族特征，指要懂得爱护这块生养自己的土地，爱自己国家长期延续的光荣历史，爱与自己共命运的同胞。并且，应该与其他中国人团结起来共同谋国家发展。"做现代中国人"体现了时代精神，有五个具体方面的要求：要有健全的身体；要有建设的能力；要有创造的能力；要能够合作；要服务。

（2）"活教育"的课程论。

"大自然、大社会都是活教材"，是陈鹤琴对"活教育"课程论的概括表述。"活教材"是指取自大自然、大社会的"直接的书"，即让儿童在与自然、社会的直接接触中，在亲身观察中获取经验和知识。

（3）"活教育"的教学论。

"做中教，做中学，做中求进步"是活教育教学方法的基本原则。陈鹤琴认为，"做"是学生学习的基础，因此也是"活教育"教学论的出发点。它强调儿童在学习过程中的主体地位和在活动中直接经验的获取。

4. 简述青少年心理健康教育的主要方法（任意五个）。

【答案要点】

（1）认知法。通过调动学生的感知、记忆、想象、思维等心理过程来达到教学目标。它可以派生出阅读，听、讲故事，观看幻灯、图片、录像、电影，欣赏音乐、美术、舞蹈等艺术品，案例分析、判断和评价等形式。

（2）游戏法。竞赛性游戏能够调动学生参与活动的积极性，培养学生的竞争意识和团结合作精神；非竞赛性游戏可以缓解学生的紧张和焦虑程度，再现原有的生活体验，使学生获得新的体会与认识。

（3）测验法。通过智力、性格、态度、兴趣和适应性等各种问卷测验，帮助学生自我反省、自我分析，了解自己某方面心理素质的发展现状，形成正确的自我认识和自我评价。

（4）交流法。通过学生间的交流活动，各自介绍自己的心理优势或个体经验，促进其对训练策略的认同、领悟和掌握。

（5）讨论法。通过师生、生生间广泛、深入的思想交流，引导学生积极思考，步步深入，提高认识，转变思维方式和看问题的角度，掌握科学的行动步骤。讨论法可分为全班讨论、辩论、小组讨论、脑力激荡、配对交谈、行动方案研讨等多种形式。

（6）角色扮演法。教师提供一定的主体情境并讲明表演要求，让学生扮演某种人物角色，演绎某种行为方式、方法与态度，达到深化学生的认识、感受和评价"剧中人"的内心活动和情感的目的。

（7）行为改变法。通过奖惩等强化手段帮助学生建立某种良好的行为或矫正不良行为。此法有代币法、契约法、自我控制法等多种形式。

（8）实践操作法。让学生亲自动手，完成某种操作任务。常用于验证某种心理效应，达到加深学生的体验和增强认同感的目的。

三、分析论述题

1. 如何贯彻教育影响的一致性、连贯性原则？

【答案要点】

（1）含义：指德育应当有目的有计划地把来自各方面对学生的影响加以组织，使其优化为教育的合力前后连贯地进行，以获得最大的成效。

（2）基本要求。

①组建教师集体，使校内对学生的教育影响一致。

首先，全校教职员工应当明确对学生进行德育的目的、任务和学生应遵循的行为准则及要求，使对学生的德育工作步调一致地开展起来；其次，应当分工协作、互通情况，定期研究、协同一致地解决学生思想品德发展中存在的主要问题，以便切实有效、自觉主动地推进德育工作。这不仅有利于统一对学生的要求，而且有助于德育工作的及时总结、改进和教师素养的提高。

②做好衔接工作，使对学生的教育前后连贯和一致。

包括做好小学与初中、初中与高中以及学期之间的思想教育衔接工作；做好班主任和教师因工作调换而产生的衔接工作；这不仅要求后来的教育者应当了解前一阶段学生的教育情况，使学生的思想教育紧密衔接、前后一贯，并有所增强，而且每个教师都要防止德育中出现前紧后松、一曝十寒的现象，这会给学生品德的成长带来不良的后果。

③发挥学校教育的引领作用，使学校、家庭和社会对学生的教育得到整合、优化。

首先，学校应与家庭和社会的有关机关建立和保持联系，形成一定的教育协作制度。其次，要及时或定期地交流情况，制定互相配合的举措。再次，要分工负责，控制和消除环境中对学生不良的自发影响。最后，要引导学生在多种多样甚至互相冲突的影响中，学会独立思考、明辨是非，以锻炼和提升学生自我修养的能力。

2. 论述教育对人的发展的重大作用。

【答案要点】

（1）教育在人的发展中起引领作用。

教育在年轻一代的发展中起着引领作用主要体现在有意识地为年轻一代的成长选择、建构、调控良好的环境，对他们的生活、交往、学习与实践等活动进行正确的教导、示范和辅助，并注重尊重他们的主体地位和激发、引导他们内在的学习动力与自我发展的能动性和自主性，从各方面引领、关怀、维护他们的发展。

（2）学校教育主要通过传承文化科学知识来培养人。

学校教育是教育者有意识地为儿童的身心发展精心设置的一种环境，它把经过选择的、重新组编的、人类长期积累起来的文化知识作为精神客体与儿童互动，以促进儿童的发展，使他们成人成才。文化知识蕴含着有利于人的发展的多方面价值，包括促进人的认识的发展、促进人的精神的发展、促进人的能力的发展和促进人的实践的发展。

（3）学校教育对提高人的现代性有显著的作用。

教育在人的现代化过程中起着重要作用，因为学生在学校里不仅学会了读、写、算等各个方面的基础知识与技巧，而且学到了与他们个人的发展和国家的未来有关的态度、价值和行为方式。人的现代化是社会现代化的重要基础和前提条件，我们应该自觉地优先发展教育，高度重视并充分发挥教育对人的现代化的促进作用。学校教育的特点有以下几个方面：

①学校教育具有较强的目的性。学校是专门培养人的机构，其一切活动几乎都是围绕有目的地培养人而展开的。

②学校教育具有较强的系统性。人的培养是一个复杂的系统工程，因此学校教育必须要有较强的系统性，在总体上要避免教育影响的自发性、偶然性、随意性、片面性。

③学校教育具有较强的选择性。影响人的发展的因素是复杂多样的，这就需要学校教育对复杂多样的教育影响进行选择、整理和加工，避害趋利，去伪存真，尽可能为年轻一代的发展营造一个良好和谐的环境。

④学校教育具有较强的专门性。在所有的社会机构中，学校是培养人的最专门的场所，因而学校教育在培养人上最具有专门性。

⑤学校教育具有较强的基础性。从终身教育的角度看，各级各类学校教育都是在不同层面上为人一生的发展打基础，包括为一生的"做人"打基础。

3. 论述卢梭的自然主义教育思想。

【答案要点】

（1）自然教育的基本含义。

卢梭自然主义教育的核心是"回归自然"。一方面，善良的人性存在于纯洁的自然状态之中。只有"回归自然"、远离喧嚣社会的教育，才有利于保持人的善良天性。因此15岁之前的教育必须在远离城市的农村进行。另一方面，每个人都是由自然的教育、事物的教育、人为的教育三者培养起来，只有三种教育圆满地结合才能达到预期的目的。三者之中，应以自然的教育为基准，才能使教育回归自然达到应有的成效。

（2）自然教育的培养目标。

自然教育最终目的是培养"自然人"，即身心调和发达、体脑两健、能力强盛的新人，也就是摆脱封建羁绊的资产阶级新人。具有以下特征：第一，自然人是能独立自主的人，他能独自体现出自己的价值；第二，在自然的秩序中，所有的人都是平等的；第三，自然人又是自由的人，他是无所不宜、无所不能的；第四，自然人还是自食其力的人。可无须仰赖他人为生，这是独立自主的可靠保证。

（3）自然教育的方法原则。

卢梭猛烈抨击了当时向儿童强迫灌输旧的道德和知识、摧残儿童天性的做法，他提出以下几点原则和方法：第一，树立正确的儿童观，应当把成人看作成人，把孩子看作孩子；第二，对儿童实施消极教育。此外，让他们在同自然的接触中，体会到自己所犯的错误和过失带来的自然后果，使儿童服从于自然法则，结合具体事例让他们从自己的直接经验中受到教育；第三，根据儿童天性的个体差异，因材施教。

（4）自然主义教育的实施。

卢梭根据自然教育的原则，根据人的自然发展的进程和不同年龄时期身心的特点，把自然教育分为婴儿期、儿童期、少年期和青春期。婴儿期主要进行体育；儿童期主要进行感官训练和身体发育，这个时期的儿童不宜进行理性教育，不应强迫儿童读书；少年期主要进行智育和劳动教育；青春期主要接受道德教育，包括宗教教育、爱情教育和性教育。

评价：

卢梭是西方教育史上具有划时代意义的教育思想家，他对封建社会进行了猛烈的抨击，提出了反映新兴资产阶级利益的教育思想，是现代教育思想的重要来源。

（1）卢梭提出的自然主义教育思想是教育思想史上由教育适应自然向教育心理学化过渡的一个重要环节。在封建社会压制人性的情况下，提倡性善论、尊重儿童天性具有历史进步意义。他呼吁培养身心调和发展的自然人和自由人也反映了对人的发展的合理要求。

（2）卢梭论证了自然主义教育的内容和方法。如重视感觉教育的价值；反对古典主义和教条主义，要求人们学习真实有用的知识；反对向儿童灌输道德教条，要求养成符合自然发展的品德等。这些观点既是在前人的基础上的发展，也反映了近代教育的发展方向。

（3）卢梭的教育理论对欧美教育产生了深远影响。德国的泛爱教育运动、瑞士的裴斯泰洛齐的教育实验、美国进步主义教育运动等，无不受到卢梭自然教育理论的启发。

4. 如何对学生进行学业求助策略的教学？

【答案要点】

（1）学业求助策略指当学生在学习上遇到困难时向他人请求帮助的行为，是一种重要的社会支持管理策略。

（2）影响学业求助的因素。

①学业求助者的态度。学业求助者的态度与学习者的自我效能感有关。低自我效能水平的学生更有可能认为，如果求助就意味着低能，因此更少求助或回避求助；相反，高自我效能水平的学生遇到困难或失败时，他们不在乎别人是否把自己视为低能，因此更有可能寻求必要的帮助。

②学习者的归因。学习者常常根据是否独立完成任务来判断能力的高低，因此为了避免对自我构成威胁，常常回避求助。

③过去习得经验的影响。学生的求助经验会影响学生的求助行为，在鼓励求助的教师那里，学生的求助行为是积极的，在抑制求助的教师那里，学生的求助行为是消极的。

④难以识别该策略的运用条件。有些学生不知道在什么时候、什么条件下使用该策略，他们认为自己无须求助或认定求助无益。也有学生不知道该向何人求助，以及求助的方式等。

（3）学业求助策略的教学。

①教会学生正确看待学业求助。学业求助不是自身能力缺乏的标志，而是获取知识、增长能力的一种途径，是一种重要的学习策略。

②注意发展学生学业求助能力。教师要教会学生正确判断是否需要学业求助、向何人求助以及如何求助才能获得信息等学业求助策略，使学生在真正需要求助的时候能够运用所学达到解决问题、提高能力的目的。

③要求学生采用工具性求助。教师要让学生明白，学业求助关键在于求得别人的点拨和提示，而不是要求别人直接给出答案或者让别人直接解决问题。只有在遇到自己经过深思都不能解决的问题时才应寻求他人的帮助。

④注意营造一种良好的社会性学习环境。学业求助需要与他人的互动，没有一种和谐、相互关怀的师生和同学关系，学业求助会受到不必要的挫折。

⑤强调元认知策略。在学业求助过程中学习者是否意识到自己的学习状况、学习能力，是否需要求助他人，如何求助等，实质上反映了学生在问题情境中对自己学习的监控和调整。因此，教师要加强对学生元认知策略的训练。

2020年 河南师范大学 333 教育综合·真题解析

一、名词解释

终身教育

终身教育是人一生各阶段当中所受各种教育的总和，也是人所受的不同类型教育的综合。前者从纵向上讲，说明终身教育不仅仅是青少年的教育，而且涵盖了人的一生；后者从横向上讲，说明终身教育既包括正规教育，也包括非正规教育和非正式教育。

《福斯特法案》

《福斯特法案》又称1870年《初等教育法》，是英国政府在1870年颁布的关于推行普及义务教育的法令。主要内容包括国家对教育有补助权与监督权；将全国划分为数千个学区，设立学校委员会管理地方教育；对5~12岁儿童实施强迫的初等教育；在缺少学校的地区设公立学校，每周学费不得超过9便士，民办学校学费数额不受限制；学校中世俗科目与宗教科目分离。

四段教学法

赫尔巴特提出了教学形式阶段理论，即"四段教学法"，包括明了、联合、系统和方法四个阶段，四段教学法在一定程度上揭示了教学过程方面的某些规律，反映了人类对教学过程和教学活动本质认识的发展，具有广泛的实践意义是值得充分肯定的；但是，该理论认为任何一堂课都必须遵循这样一个阶段，既限制了学生学习的积极主动性和创造精神，也束缚了教师教学的主动性和灵活性。

中国人民抗日军事政治大学

中国人民抗日军事政治大学简称"抗大"，是在中国共产党和毛泽东直接领导和关心下创建和发展起来的。这是一所培养抗日军政干部的学校，是抗日民主根据地干部学校的典型。抗大的宗旨是训练抗日救国军政领导人才，抗大的校训是"团结、紧张、严肃、活泼"。

活动课程

活动课程又称经验课程、儿童中心课程，与学科课程相对立，它打破学科逻辑的界线，是以学生的兴趣、需要、经验和能力为基础，通过引导学生自己组织的有目的的活动系列而编制的课程。

稷下学宫

稷下学宫是战国时代齐国一所著名的高等学府，因其建立于齐国都城临淄的稷门附近而得名。它既是百家争鸣的中心与缩影，也是当时教育上的重要创造，稷下学宫对中国古代学术、文化和教育的发展产生过重大的历史影响。

二、简答题

1. 简述孔子关于教师的思想。

【答案要点】

（1）学而不厌。教师要尽自己的社会职责，应重视自身的学习修养，掌握广博的知识，具有高尚的品德，这是教人的前提条件。

（2）温故知新。"故"是古，指的是过去的政治历史知识；"新"是今，指的是现在的社会实际问题。教师既要了解掌握过去政治历史知识，又要借鉴有益的历史经验认识当代的社会问题，知道解决问题的办法。教师负有传递和发展文化知识的使命，既要注意继承，又要探索创新。

（3）诲人不倦。教师以教为业，也以教为乐，要树立"诲人不倦"的精神。诲人不倦不仅表现在毕生从事教育，还表现在以耐心说服的态度教育学生。

（4）以身作则。教师对学生进行教育的方式不仅有言教，还有身教。言教在说理，以提高道德认识；身教在示范，实际指导行为方法。教师身教的示范对学生有重大的感化作用，因此身教比言教更为重要。

（5）爱护学生。孔子爱护关怀学生表现在要学生们努力进德修业，成为具有从政才能的君子，为实现天下有道的政治目标而共同奋斗，对学生充满信心，对他们的发展抱有比较乐观的态度。

（6）教学相长。孔子认为，教学过程中，教师对学生不是单方面的知识传授，而是可以教学相长的。学生学习有疑难而请教，教师就答疑作说明，学生得到启发，思考问题更加有深度；教师于此反受启发，向学生学习而获益。

2. 简述陶行知的生活教育体系。

【答案要点】

（1）"生活即教育"。

"生活即教育"是陶行知生活教育理论的核心。其内涵包括：生活含有教育的意义；实际生活是教育的中心；生活决定教育，教育改造生活。

（2）"社会即学校"。

"社会即学校"是生活教育理论另一重要主张，是"生活即教育"思想在学校与社会关系问题上的具体化。"社会即学校"，是指"社会含有学校的意味"，或者说"以社会为学校"。由于到处是生活，到处都是教育，"整个的社会是生活的场所，亦即教育之场所"。

"社会即学校"，也指"学校含有社会的意味"。也就是说，学校通过与社会生活相结合，一方面运用社会的力量使学校进步，另一方面动员学校的力量帮助社会进步，使学校真正成为社会生活必不可少的组成部分。

（3）"教学做合一"。

"教学做合一"是生活教育理论的又一重要主张，是"生活即教育"在教学方法问题上的具体化。其含义为：教的方法根据学的方法，学的方法根据做的方法。事怎样做便怎样学，怎样学便怎样教。教与学都以做为中心。包括以下四个要点："教学做合一"要求在"劳力上劳心"；"教学做合一"是因为"行是知之始"；"教学做合一"要求"有教先学"和"有学有教"；"教学做合一"还是对注入式教学法的否定。

3. 简述学习动机的内部影响因素。

【答案要点】

（1）需要与目标结构。每个学生认知需要的强度不同，反映在学习动机上也有强度差异。学生的学习目标可分为两类，即掌握目标和成绩目标。掌握目标定向者倾向于把学习的成败归因于内部原因，成绩目标定向者倾向于把学习的成败归因于运气、能力和任务难度等外部原因。

（2）成熟与年龄特点。年幼儿童的动机主要是生理性动机，随着年龄的增长，社会性动机及其作用也日益增长。年幼儿童对生理安全过分关注，而中学生对社会影响比较关注。

（3）性格特征与个别差异。学生的兴趣爱好、好奇心、意志品质都影响着学习动机的形成。

（4）志向水平与价值观。学生的人生观、世界观、价值观所直接反映的理想情况或志向水平影响其学习动机和目标结构的形成。

（5）焦虑程度。焦虑程度会影响学习动机和学业成绩。大量研究表明，中等程度的焦虑对学习是有益的，焦虑程度过低或过高都会对学习产生不良影响。

4. 简述如何培养班集体。

【答案要点】

（1）确定集体的目标。建构集体首先要使集体明确奋斗的目标。集体的目标应当由班主任同全班同学一道讨论确定，以便统一认识，调动大家的积极性。

（2）健全组织、培养干部以形成集体核心。要做好班干部的选拔与培养，以形成集体核心，使班组织能正常开展工作。班主任应放手让班干部大胆工作，在实践中锻炼、培养、提高；要教育班干部谦虚谨慎、以身作则、严于律己，对他们不可偏爱和护短，以免导致干群对立和班级的不团结。

（3）有计划地开展集体活动。班主任应重视全面开展各种活动，让每个学生都能在活动中得到锻炼与提高，以推动班集体的蓬勃发展。

（4）培养正确的舆论和良好的班风。班主任应经常注意组织学生学习政治理论、道德规范，以提高他们的认识；并注重表扬好人好事，批评不良思想行为，为形成正确舆论打下思想基础。要善于抓住重大偶发事件的处理，组织学生讨论，以分清是非，推动正确舆论的形成。

（5）做好个别教育工作。只有教育好每个学生，使每个学生都积极参与班级的各种活动，都关心班级、热爱班级，在参与班组的活动中发挥作用、获得提高，确保没有一个人掉队，才能真正带好一个班，把班级建设成为真正的集体。个别教育工作包括：促进每个学生个性的全面发展；做好后进生的思想转变工作；做好偶发事件中的个别教育。

三、分析论述题

1. 试论述教育的政治功能。

【答案要点】

（1）教育通过传播一定的社会的政治意识，完成年轻一代的政治社会化。

人的社会化是人的发展的重要方面，而政治社会化又是人的社会化的重要方面。教育作为传递知识、训练思维与培养情感的活动，能向年轻一代传播一定的社会政治意识，促进他们的政治社会化，从而为一定社会政治秩序的稳定创造重要条件。

（2）教育通过造就政治管理人才，促进政治体制的变革与完善。

现代社会强调法治，使得教育更重视培养政治管理人才。由于科技向管理部门的全面渗透，社会越发展，国家对政治管理人才的素质要求越高，通过教育选拔、培养政治管理人才显得越重要。

（3）教育通过提高全民文化素质，推动国家的民主政治建设。

一个国家的政治是否民主，取决于政体和国民素质。普及教育的程度越高，国民的文化素质越高，其国民就越能认识到民主的价值，在政治生活和社会生活中就越能履行民主的权利。

（4）教育是形成社会舆论、影响政治时局的重要力量。

学校是知识分子和青少年集中的地方，他们有见解，勇于发表意见，通过教育者和受教育者的言论、演讲和社会活动等，来宣传思想，造就舆论，借以影响群众，为一定的政治、经济服务。

2. 试论述品德不良的内部因素。

【答案要点】

品德不良是指个体具有的不符合社会道德要求的道德品质与道德行为，表现为个体经常违反道德准则或犯有较严重的道德过错，有的甚至处在犯罪的边缘或已有轻微的犯罪行为。

影响品德不良的内部因素：

（1）不正确的道德认识。儿童和青少年处于品德形成的过程中，他们的道德认识还不明确、不稳定，一些学生不理解或不能正确理解有关的道德要求和道德准则，缺乏独立的道德评价能力，常常不能明辨是非、分清善恶。

（2）异常的情感表现。品行不良的学生由于长期处于错误观念的支配下，常常造成情感上的异常状态，往往对真正关心他们的老师和家长怀有戒心，或处于对立情绪中。

（3）明显的意志薄弱。有些品行不良的学生并非在道德认识方面无知，而是因为意志薄弱导致正确的认知不能战胜不合理的欲望。"明知故犯"的学生常是意志薄弱者。

（4）不良习惯的支配。偶然的不良行为经过多次重复就会变成不良习惯，不良习惯又支配不良行为，如此恶性循环必然导致学生的品行不良。

（5）某些性格缺陷。学生某些性格上的缺陷会直接导致品德不良。比如执拗、任性、骄傲、自私等消极性格特点，很容易让个体表现出无视他人和集体的利益，为私利我行我素，甚至做出破坏集体纪律和违反社会公德的行为。

（6）某些需要未得到满足。当学生的需要没有通过正常途径得到满足，他们就可能会通过一些不正当的方法去满足自己的需要，从而沾染上不良行为。

3. 试论述如何上好一节课。

【答案要点】

上好课，是提高教学质量的关键。应以现代教学理念为指导，遵循教学规律与原则，创造性地运用教学方法，并注重做到以下几点：

（1）明确教学目的。这是上好一堂课的前提。

（2）保证教学的科学性与思想性。这是上好一堂课的基本质量要求。

（3）调动学生的学习积极性。这是上好一堂课的内在动力。

（4）注重解惑纠错。这是上好一堂课的关键。

（5）组织好教学活动。这是上好一堂课的保障。

（6）布置好课外作业。

4. 论述夸美纽斯的教育原则并结合实际谈谈其在中小学课堂教学中的影响。

【答案要点】

夸美纽斯的教育原则：

（1）直观性原则。夸美纽斯认为应该把通过感官所获得的对外部世界的感觉经验作为教学的基础，教学应从观察实际事物开始；在不能进行直接观察时，可以使用图片或模型；在呈现直观教具时要将它们直接放到学生的眼前，放在合理的范围内；要让学生先看到实物或模型的整体，然后再分辨各个部分等。

（2）激发学生求知欲望原则。夸美纽斯提出应该用一切可能的方法去激发孩子的求知欲和主动学习的意愿，比如父母应当在子女面前赞扬学问与具有学问的人们；教师应该用温和的亲切的语言和循循善诱的态度去吸引学生，时常表扬用功的学生等。

（3）巩固性原则。夸美纽斯强调学生掌握并牢牢记住所学知识，认为只有巩固的知识储备才能帮助学生随时随地加以运用。此外，经常地练习和复习，把自己所掌握的知识教给别人等，都是巩固知识的有效方法。

（4）量力性原则。夸美纽斯从教育适应自然的理论出发，在教育史上首次提出量力性原则。夸美纽斯要求教学要适合儿童的年龄特征和学习能力，不应加给儿童过重的学习负担。

（5）系统性和循序渐进性原则。系统性的教学原则要求教材的组织具有系统性和逻辑性；教学的系统性原则必然要求教学过程的循序渐进，教学应遵循从已知到未知、从易到难等规则。

（6）因材施教原则。夸美纽斯认为教师在教学过程中应注意到学生的个别特征和个体差异，然后再有针对性地施教。

在中小学课堂教学中的影响：在课堂教学中，教师应该科学运用直观性、巩固性等教学原则，尊重学生的身心发展规律，因材施教，鼓励每个学生在他的天然倾向方面都得到发展。（言之有理即可）

2019年 河南师范大学333教育综合·真题解析

一、名词解释

教育目的

教育目的是对教育活动所要培养的人的个体素质的总的预期与设想，是对社会历史活动的主体的个体素质的规定。它体现一定社会对受教育者质量规格的界定和要求，也体现人自身发展所应该达到的水准和高度。

教学

教学是在一定教育目的规范下,在教师有计划的引导下,学生能动地学习、掌握系统的课程预设的科学文化基础知识,发展自身的智能与体力,养成良好的品行与美感,逐步形成全面发展的个体素质的活动。

京师同文馆

京师同文馆是中国近代由官方设立的最早的外国语学校,也是我国最早的官办新式学校。目的在于培养清政府所需要的外事专业人才,是近代中国被动开放的产物。1902年并入京师大学堂。

苏湖教法

"苏湖教法"又称"分斋教学法",是胡瑗在主持湖州州学时创立的新的教学制度,在"庆历兴学"时被用于太学的教学。胡瑗一反当时盛行的重视诗赋声律的学风,提倡经世致用的实学,主张"明体达用",在学校内设立经义斋和治事斋,创立"分斋教学"制度。

《爱弥儿》

《爱弥儿》是卢梭的教育哲理小说,通过论述主人公爱弥儿及其未婚妻苏菲的教育过程,批判了经院主义教育,提倡自然主义教育;认为人生来具有自由、理性和良心的秉赋,顺乎天性发展可以成为善良的人并达致善良社会,故教育应受天性指引,以培养"自然人"为目的;论述了儿童身心发展的四个时期的特点、教育内容和方法;论述了女子教育。该书反映了新兴资产阶级改革教育的要求,在西方教育史上首次系统提出新的儿童教育观,在教育史上掀起一场"哥白尼式的革命"。

《国防教育法》

1958年美国总统批准颁布了《国防教育法》,内容包括加强普通学校的自然科学、数学和现代外语即"新三艺"的教学;加强职业技术教育;强调天才教育和增拨大量教育经费,作为对各级学校的财政支援。

二、简答题

1. 简述教育的文化功能。

【答案要点】

(1)传递文化。文化教化的前提是人类对文化的创造与传递。教育起着传递文化的作用。尤其是学校教育因其具有明确的目的性、计划性等特点,一直承担着传承文化的重任。

(2)选择文化。为了有效地传承文化,必须发挥教育对文化的选择功能。教育的选择功能十分重要,体现了教育对文化发展的积极引导和自觉规范。

(3)发展文化。文化的生命不仅在于它的保存和积累,更在于它的更新与创造。随着社会的日益开放化,学校在加强国际文化交流中的作用也日益明显。教育通过广泛的文化交流,不断地吸收其他民族的文化精华,补充、更新和发展本民族的文化,也是文化发展的一种重要方式。

2. 简述杜威的五步教学法。

【答案要点】

杜威根据科学的实验主义探究方法和反省思维方式,提出了五步教学法,五个阶段的顺序并不固定,实际思维中,有时两个阶段可以合二为一。

(1)创设疑难的情境。学生要有一个真实的经验的情境,要有一个对活动本身感兴趣的连续的活动。

(2)确定疑难所在。在这个情境内部产生一个真实的问题,作为思维的刺激物。

（3）提出问题的种种假设。他要占有知识资料，从事必要的观察，对付这个问题。

（4）推断哪种假设能解决这个困难。他必须有条不紊地展开他所想出的解决问题的方法。

（5）验证这种假设。他要有机会和需要通过应用检验他的观念，使这个观念意义明确，并且让他自己发现它们是否有效。

3. 简述进步教育运动及其实验。

【答案要点】

进步主义教育运动是指19世纪80年代至20世纪50年代在美国出现的以杜威教育哲学为主要理论基础、以进步主义教育协会为组织中心、以改革美国学校教育为宗旨的教育革新思潮和实践活动。进步教育理论的"实验室"主要是美国的公立学校。著名实验有：

（1）昆西教学法。指帕克在昆西学校和芝加哥库克师范学校进行的教育改革实验所采取的新的教育方法和措施。

（2）有机教育学校。约翰逊是美国教育家、进步教育协会创始人之一，她在亚拉巴马州创办的费尔霍普学校以"有机教育学校"而闻名。其主要特征是"有机教育"。

（3）葛雷制。葛雷制也称"双校制""二部制"或"分团学制"，是美国教育家沃特推行的一种进步主义性质的教育制度。

（4）道尔顿制。道尔顿制是美国进步主义教育家帕克赫斯特针对班级授课制的弊端在道尔顿中学实施的一种个别教学制度，也称"道尔顿计划"。

（5）文纳特卡制。美国进步主义教育家华虚朋在芝加哥的文纳特卡镇所实施的个别教学实验，也称"文纳特卡计划"。

（6）设计教学法。美国进步主义教育家克伯屈提出的新的教育方法。他将设计教学法定义为在社会环境中进行有目的的活动，重视教学活动的社会的和道德的因素。强调有目的的活动是设计教学法的核心，儿童自动的、自发的、有目的的学习是设计教学法的本质。

4. 简述加里培林的心智技能形成阶段。

【答案要点】

（1）活动定向阶段。活动定向是让学生在头脑中形成对活动程序和活动结果的映像。教师需要根据学生的基础水平，将活动分解成学生能够理解，并且能够做到的操作程序，建立起学生对原型活动的定向预期。

（2）物质活动或物质化活动阶段。物质活动是指运用实物的教学活动，物质化活动则是指利用实物的模拟品进行的教学活动。这两者都是基本的直观形式，后者是前者的一种变形。

（3）有声的言语活动阶段。有声的言语活动指不直接依赖实物或模拟品，而是借助出声的外部言语活动来完成各个操作步骤。这是活动从外部形式向内部形式转化的开始。通过这种出声的言语活动，学生可抽象并简化各步动作，并促使活动定型化与自动化。教师需要指导学生运用言语确切地表达各步实际动作，也要对言语动作进行展开、概括和简化的不断改造。

（4）无声的外部言语活动阶段。无声的外部言语活动是指以词的声音表象、动觉表象为中介，进行智力活动。这种不出声的外部言语活动貌似是知识言语减去了声音，实际是动作向智力转向的开始。这种言语不出声的变化要求学生对言语机制进行很大的改造，需要学生重新学习，教师同样需要指导学生对无声的外部言语动作进行展开、概括和简化。

（5）内部言语活动阶段。内部言语活动是指凭借简化了的内部言语，似乎不需要多少意识参与就能自动化进行的智力活动。这一阶段是外部动作转化为内在智力的最后阶段。其特点之一是简缩，这是由于它是指向学习者自己的，不必考虑到外部言语作为交际手段的机能。其特点之二是自动化，这是由于它的进行基本上是学习者自己觉察不到的。

三、分析论述题

1. 列举古今中外三种对教育的不同解释及其对教育本质的论述。

【答案要点】

（1）陶行知是中国现代杰出的人民教育家，他提出了生活教育理论，认为生活即教育。

首先生活含有教育的意义，教育的根本意义是生活之变化。生活无时不变，即生活无时不含有教育的意义。因此，生活即教育。生活的矛盾无时无处不在，生活也就随时随地在发生教育的作用。其次，实际生活是教育的中心。陶行知始终把教育和社会生活联系起来进行考察，生活与教育是同一个过程，教育不能脱离生活。教育要通过生活来进行，无论教育的内容还是教育的方法，都要根据生活的需要。再次，生活决定教育，教育改造生活。一方面，生活决定教育，表现为教育的目的、原则、内容、方法都为生活所决定，是为了"生活所必需"。另一方面，教育又能改造生活，推动生活进步。

（2）苏霍姆林斯基是苏联著名的教育理论家和实践家，他提出了全面和谐教育理论。

苏霍姆林斯基认为，为了培养全面和谐发展的人，就必须深入地改善整个教育过程，实施和谐的教育。全面和谐的教育包含两层含义：一是要把学生认识和改造世界的活动和谐地结合起来，要求学生的体力劳动与智力活动结合、课堂教学与课外活动结合、教育与自我教育结合；二是要把德智体美劳诸育和谐地结合起来，强调的是诸育的相互渗透和交织，统一为一个完整的过程。

（3）杜威是20世纪美国著名的哲学家和教育家，他对于"什么是教育"的问题，给出的回答是：教育即生活、学校即社会、教育即生长、教育即经验的持续不断的改造。

①教育即生活。杜威认为教育是生活的过程，学校是社会生活的一种形式，那么学校生活也是生活的一种形式。学校生活应与儿童自己的生活相契合，学校生活应与学校以外的社会生活相契合，适应现代社会变化的趋势并成为推动社会发展的重要力量，校园不应是世外桃源而应积极参与社会生活。

②学校即社会。杜威"学校即社会"意在使学校生活成为一种经过选择的、净化的、理想的社会生活，使学校成为一个合乎儿童发展的雏形的社会。而要将此落于实处，就必须改革学校课程，从分科课程转变为活动课程。

③教育即生长。杜威针对当时教育无视儿童天性，消极对待儿童，不考虑儿童的需要和兴趣的现象，提出了"教育即生长"的观念。

④教育即经验的持续不断的改造。教育即经验的改造是指构成人的身心的各种因素在外部环境和人的主动经验过程中统一的全面改造、发展、生长的连续过程。

2. 结合国务院关于加强教师队伍建设的意见，谈谈如何加强师德师风建设。

【答案要点】

（1）全面加强教师队伍思想政治工作。

坚持思想铸魂，用习近平新时代中国特色社会主义思想武装教师头脑；坚持价值导向，引导教师带头践行社会主义核心价值观；坚持党建引领，充分发挥教师党支部和党员教师作用。

（2）大力提升教师职业道德素养。

①突出课堂育德，在教育教学中提升师德素养。充分发挥课堂主渠道作用，引导广大教师守好讲台主阵地，将立德树人放在首要位置，融入渗透到教育教学全过程，以心育心、以德育德、以人格育人格。把握学生身心发展规律，实现全员全过程全方位育人，增强育人的主动性、针对性、实

效性，避免重教书轻育人倾向。加强对新入职教师、青年教师的指导，通过老带新等机制，发挥传帮带作用，使其尽快熟悉教育规律、掌握教育方法，在育人实践中锤炼高尚道德情操。将师德师风教育贯穿师范生培养及教师生涯全过程，师范生必须修学师德教育课程，在职教师培训中要确保每学年有师德师风专题教育。

②突出典型树德，持续开展优秀教师选树宣传。大力宣传新时代广大教师阳光美丽、爱岗敬业、甘于奉献、改革创新的新形象。深入挖掘优秀教师典型，综合运用授予荣誉、事迹报告、媒体宣传、创作文艺作品等手段，充分发挥典型引领示范和辐射带动作用。开展多层次的优秀教师选树宣传活动，形成校校有典型、榜样在身边、人人可学可做的局面。组织教师中的"时代楷模"、全国教书育人楷模、国家教学名师、最美教师等开展师德宣讲。鼓励各地各校采取实践反思、情景教学等形式，把一线优秀教师请进课堂，用真人真事诠释师德内涵。

③突出规则立德，强化教师的法治和纪律教育。以学习《中华人民共和国教师法》、新时代教师职业行为十项准则系列文件等为重点，提高全体教师的法治素养、规则意识，提升依法执教、规范执教能力。制定教师法治教育大纲，将法治教育纳入各级各类教师培训体系。强化纪律建设，全面梳理教师在课堂教学、关爱学生、师生关系、学术研究、社会活动等方面的纪律要求，依法依规健全规范体系，开展系统化、常态化宣传教育。加强警示教育，引导广大教师时刻自重、自省、自警、自励，坚守师德底线。

（3）将师德师风建设要求贯穿教师管理全过程。

严格招聘引进，把好教师队伍入口；严格考核评价，落实师德第一标准；严格师德督导，建立多元监督体系；严格违规惩处，治理师德突出问题。

（4）着力营造全社会尊师重教氛围。

①强化地位提升，激发教师工作热情。制定教育改革发展和教师队伍建设重大决策、重要文件充分听取教师代表意见。各地重要节庆日活动，邀请优秀教师代表参加。做好优秀教师表彰奖励，依法依规在做出重大贡献、享有崇高声誉的教师中开展"人民教育家"荣誉称号评选授予工作，健全教书育人楷模、模范教师、优秀教师等多元的教师荣誉表彰体系。完善表彰奖励及管理办法，依法依规确定荣誉获得者享受的政治、生活待遇，加强对荣誉获得者后续支持服务。

②强化权利保护，维护教师职业尊严。维护教师依法执教的职业权利，推动完善相关法律法规，明确教师教育管理学生的合法职权，研究出台教师惩戒权办法。学校和相关部门依法保障教师履行教育职责，对无过错但客观上发生学生意外伤害的，教师依法不承担责任。教师尊严不可侵害，对发生学生、家长及其亲属等因为教师履职行为而对教师进行侮辱、谩骂、肢体侵害，或者通过网络对教师进行诽谤、恶意炒作等行为，有关部门要高度重视，从严处理，构成违法犯罪的，依法追究相应责任。学校及教育部门应为教师维护合法权益提供必要的法律等方面的支持。

③强化尊师教育，厚植校园师道文化。从幼儿园开始加强尊师教育，加快形成接续我国优秀传统、符合时代精神的尊师重教文化。推进尊师文化进教材、进课堂、进校园，通过尊师第一课、9月尊师主题月等形式，将尊师重教观念渗透进学生的价值体系。有条件的地方和学校可结合实际统筹有关资源，因地制宜安排一线教师特别是长期从教教师进行休养，重点向符合条件的班主任和乡村教师倾斜。做好教师荣休工作，礼敬退休教师，弘扬尊师风尚。建立健全教职工代表大会制度，保障教师参与学校决策的民主权利。加强家庭教育，健全家校联系制度，引导家长尊重学校教育安排，尊敬教师创造性发挥，配合学校做好学生的学习教育。

④强化各方联动，营造尊师重教氛围。加强展现新时代教师风貌的影视文学作品创作，善用微博、微信、微视频、微电影等新媒体形式，传递教师正能量，让全社会广泛了解教师工作的重要性和特殊性。支持鼓励行业企业在向社会公众提供服务时"教师优先"。鼓励图书馆、博物馆、科技馆、

体育场馆以及历史文化古迹和革命纪念馆等对教师实行优待。鼓励社会团体、企业、民间组织对教师出资奖励，或通过依法成立基金、设立项目等方式，支持教师提升能力素质、进行休养或予以奖励激励。

（5）推进师德师风建设任务落到实处加强工作保障，强化责任落实。

各地各校要把加强师德师风建设、弘扬尊师重教传统作为教师队伍建设的首要任务，夯实学校主体责任，压实学校主要负责人第一责任人责任。高校要强化党委教师工作部建设，明确将教师思想政治和师德师风建设作为其主要职责。各地各校要建立健全责任落实机制，坚持失责必问、问责必严。财政部门要坚持将教师队伍建设作为教育投入重点予以优先保障，按规定统筹现有资金渠道支持师德师风建设。依托现有资源，建设一批师德师风建设基地，加大工作支撑，提高师德师风建设工作的科学性、实效性。

3. 论述陈鹤琴的活教育思想。

【答案要点】

陈鹤琴是中国近代学前儿童教育理论和实践的开创者，通过对长子陈一鸣的追踪研究，力行观察、实验方法，探索中国儿童心理发展及教育规律；同时创办了中国第一所实验幼稚园——鼓楼幼稚园，进行中国化、科学化的幼儿园实验，总结并形成了系统的、有民族特色的学前教育思想。

（1）"活教育"的目的论。陈鹤琴提出"活教育"的目的是"做人，做中国人，做现代中国人"。

①"做人"是"活教育"最为一般意义的目的。"活教育"提倡学习如何做人，如何求社会进步、人类发展。学会"做人"，是个体参与社会生活，增进人类全体幸福，同时也是个体幸福的基础。

②"做中国人"体现了"活教育"目的的民族特征，指要懂得爱护这块生养自己的土地，爱自己国家长期延续的光荣历史，爱与自己共命运的同胞。并且，应该与其他中国人团结起来共谋国家发展。

③"做现代中国人"体现了时代精神，有五个具体方面的要求：要有健全的身体；要有建设的能力；要有创造的能力；要能够合作；要服务。

"活教育"目的论从普遍而抽象的人类情感和认识理性出发，逐层赋予教育以民族意识、国家观念、时代精神和现实需求等含义，使教育目标逐渐具体，表达了陈鹤琴对人的发展、教育与社会变革的追求。

（2）"活教育"的课程论。

"大自然、大社会都是活教材"，是陈鹤琴对"活教育"课程论的概括表述。"活教材"是指取自大自然、大社会的"直接的书"，即让儿童在与自然、社会的直接接触中，在亲身观察中获取经验和知识。既然"活教育"的课程内容应该来源于自然、社会和儿童的生活，其组织形式也必须符合儿童的活动和生活的方式，符合儿童与自然、社会环境的交往方式。

"活教育"的课程打破惯常按学科组织的体系，采取活动中心和活动单元的形式，即能体现儿童生活整体性和连贯性的"五指活动"形式。"五指活动"包括儿童健康活动、儿童社会活动、儿童科学活动、儿童艺术活动和儿童文学活动。

（3）"活教育"的教学论。

"做中教，做中学，做中求进步"是活教育教学方法的基本原则。陈鹤琴认为，"做"是学生学习的基础，因此也是"活教育"教学论的出发点。它强调儿童在学习过程中的主体地位和在活动中直接经验的获取。陈鹤琴提出了"活教育"的17条教学原则，这些教学原则体现出的特点有：

①强调以"做"为基础，确立学生在教学活动中的主体性。陈鹤琴认为，"做"是学生学习的基础，因此，凡儿童自己能够做的，就应当让他自己做。在教学中鼓励儿童自己去做、去思想、去发现，是激发学生主体性的最有效的手段。

②鼓励学生在"做"的同时，教师要进行有效的指导。但指导不是替代，更不是直接告知结果，而是运用各种心理学、教育学规律予以启发、诱导。

陈鹤琴还归纳出"活教育"教学的四个步骤：实验观察、阅读思考、创作发表和批评研讨。这四个步骤体现了以"做"为基础的学生主动学习。

（4）价值和启示。

"活教育"吸取了杜威实用主义教育的合理内核，即批判传统教育忽视儿童生活和主体性，力图去除以学校和课堂为中心而脱离社会生活、以书本知识为中心而脱离实际和实践、以教师为中心而漠视学生的存在等弊端，同时也充分考虑到中国的时代背景和国情。这是一种有吸收、有创造、有创新的教育思想。"活教育"是对中国现代教育产生过重要影响的教育思想，其精神至今都未过时，不少观点对当今的教育改革仍然富有启发。

4. 论述个体认知发展规律及如何运用这些规律进行教学。

【答案要点】

认知是个体获得知识、运用知识、加工信息的过程，包括感知觉、注意、记忆、思维、言语等。认知发展是指在个体与环境相互作用的过程中，其感知觉、注意、记忆、思维、言语等认知的功能系统不断发展，并趋于完善的变化过程。即认知发展是个体在心理上表征世界、思考世界的方式的发展。

（1）认知发展的规律。

①认知活动从简单、具体向复杂、抽象发展。

②认知活动从无意向有意发展。儿童最初的活动是不自觉的、无意识的，逐渐向有意识的心理活动发展，出现有意注意、有意记忆等。

③认知活动从笼统向分化发展。儿童认知活动的发展趋势是从笼统到分化和明确。

④认知活动具有顺序性、阶段性、差异性、连续性等特征。

（2）教学应用。

①教育目标应该是提高学生的认知能力。

②教学内容应适应学生的认知发展水平。

③教学在学生"最近发展区"开展最有效。

④教学应充分发挥学生的主动性和能动性。

2018年 河南师范大学333教育综合·真题解析

一、名词解释

学制

学制即学校教育制度，它是现代教育制度的核心部分。指的是一个国家各级各类学校的系统及其管理规则，它规定着各级各类学校的性质、任务、入学年限、修业年限以及它们之间的关系。

教学评价

教学评价是对教学工作质量所做的测量、分析和评定。它以参与教学活动的教师、学生、教学目标、内容、方法、教学设备、场地和时间等因素的优化组合的过程和效果为评价对象，是对教学活动的整体功能所做的评价。

"四书五经"

"四书五经"，是指"四书"与"五经"的合称，是历代儒客学子研学的核心书经，在中国的传统文化的诸多文学作品当中，"四书五经"占据着相当重要的位置。"四书五经"详细地记载了我国早期思想文化发展史上政治、军事、外交、文化等各个方面的史实资料以及孔孟等思想家的重要思想。"四书"包括《大学》《中庸》《论语》《孟子》四部作品；"五经"包括：《诗经》《尚书》《礼记》《周易》《春秋》五部作品。

癸卯学制

"癸卯学制"是中国近代由中央政府颁布并首次得到施行的全国性法定学制系统，较"壬寅学制"更为系统完备。学制主系列分为三段七级。第一阶段为初等教育，第二阶段为中等教育，第三阶段为高等教育，在主系列之外，还设有实业类和师范类的平行学堂。

"七艺"

"七艺"是西方教育史上对七种教学科目的总称，包含文法、修辞、辩证法、音乐、算术、几何、天文。西方教育史上沿用长达千年之久的"七艺"中的前"三艺"是由智者学派首先确定下来的。后来柏拉图将"四艺"作为教学科目详加论述，并认为"三艺"是高级课程，"四艺"是初级课程。三艺和四艺合称为"七艺"。

恩物

恩物是福禄培尔创制的一套供儿童使用的教学用品，其教育价值就在于它是帮助儿童认识自然及其内在规律的重要工具。恩物作为自然的象征，能帮助儿童由易到难、由简及繁、循序渐进地认识自然，发展儿童的想象力和创造力。

二、简答题

1. 简述教育的生态功能。

【答案要点】

（1）树立建设生态文明的理念。

通过在学校里和社会上加强生态文明的教育与宣传，让学生从小养成爱护自然、节约资源、保护生态环境的思想情感，从而逐步在全社会牢固树立建设生态文明的观念。

（2）普及生态文明知识，提高民族素质。

造成生态灾害与失衡的原因很多，大多都与人的素质不高相关。因此，我们应当有计划地普及生态文明知识，并注意指导与督促他们将知识运用于生活实践。只要从小普及生态文明知识，养成保护生态环境的行为习惯，最终就能提高民族的生态文明素质。

（3）引导建设生态文明的社会活动。

生态文明建设关涉社会的移风易俗，因此，学校的生态文明教育不应局限在校内，要组织学生参加到社区的生态文明建设中去。

2. 简述孔子的教育思想。

【答案要点】

（1）创办私学与编订"六经"。孔子创办的私学是春秋时期规模最大、持续时间最长、影响最深远的学校。孔子于晚年完成了《诗》《书》《礼》《乐》《易》《春秋》的编纂和校订工作，整理和保存了我国古代文化典籍，奠定了儒家教育内容的基础。

（2）"庶、富、教"：教育与社会发展。教育事业的发展要建立在经济发展的基础上。治国的三个重要条件，首先是"庶"，要有较多的劳动力；其次是"富"，要使人民群众有丰足的物质生活；再次是"教"，要使人民受到政治伦理教育，知道如何安分守己。

（3）"性相近也，习相远也"：教育与人的发展。"性"指的是先天素质，"习"指的是后天习染，包括教育与社会环境的影响。孔子认为人的先天素质没有多大差别，只是由于后天教育和社会环境的影响作用，才造成人的发展有重大的差别。

（4）"有教无类"与教育对象。"有教无类"的本意是不分贵贱贫富和种族，人人都可以入学接受教育。孔子的教学实践切实地贯彻了这一办学方针，他的弟子来自各个诸侯国，分布地区广泛；弟子成分复杂，出身于不同的阶级和阶层，大多数出身于平民。

（5）"学而优则仕"与教育目标。孔子提出由平民中培养德才兼备的从政君子，这条培育人才的路线可简括称之为"学而优则仕"。

（6）以"六艺"为教育内容。孔子继承西周贵族"六艺"教育传统，吸收采择了有用学科，又根据现实需要创设新学科，虽袭用"六艺"的名称，但对所传授的学科都做了调整，充实了内容。

（7）教学方法。主张因材施教、启发诱导、学思行结合和好学求是的态度。

（8）论道德教育。道德教育的内容是"礼"和"仁"，道德修养的原则与方法包括立志、克己、力行、中庸、内省、改过。

（9）论教师品格。包括学而不厌、温故知新、诲人不倦、以身作则、爱护学生和教学相长。

3. 简述蔡元培的大学教育主张。

【答案要点】

（1）抱定宗旨，改变校风。蔡元培明确大学的宗旨，认为大学应该成为"研究高尚学问之地"。他改革北大的第一步就是要为师生创造研究高深学问的条件和氛围。具体措施有：改变学生的观念；整顿教师队伍，延聘积学热心的教员；发展研究所，广积图书，引导师生研究兴趣；砥砺德行，培养正当兴趣。

（2）贯彻"思想自由，兼容并包"的办学原则。蔡元培明确声明，在学术上"循'思想自由'原则，取兼容并包主义"，这是他办理北京大学的基本指导思想。该思想不仅体现在学术上，也体现在教师的聘任上。蔡元培以"学诣为主"，罗致各类学术人才，使北大教师队伍一时呈现出流派纷呈的局面。

（3）教授治校，民主管理。1912年由蔡元培主持制定的《大学令》中，确立了教授治校、民主管理的大学校务管理原则，规定大学设立评议会，各科设立教授会。蔡元培到任北大后，当年即组织了评议会。1919年，评议会通过学校内部组织章程，决定：第一，设立行政会议，作为全校最高的行政机构和执行机构，负责组织实施评议会议决的事项，下设各种委员会分管各类事务；第二，设立教务会议及教务处，由各系主任组成，并互相推选教务长一人，统一领导全校的教务工作；第三，设立总务处，主管全校的人事和事务工作。

（4）学科与教学体制改革。在学科与教学体制改革方面，蔡元培主要有三个措施：第一，扩充文理，改变"轻学而重术"的思想；第二，沟通文理，废科设系；第三，改年级制为选科制，发展学生个性。

4. 简述青少年心理健康教育的途径。

【答案要点】

（1）专题训练。心理素质专题训练过程一般由"判断鉴别—训练策略—反思体验"三个彼此衔接的环节构成。

（2）心理辅导。心理辅导是一种心理上的助人活动，是指在一种新型的、建设性的人际关系中，辅导教师运用其专业知识和技能，给学生以合乎需要的心理上的协助与服务，以便他们在学习、工作与人际关系各个方面做出良好适应。

（3）学科渗透。教师在进行常规的学科教学时，自觉地、有意识地运用心理学的理论、方法和技术，让学生在掌握知识、形成能力的同时，完善各种心理品质，特别是诸如情感、意志、个性品质等方面。在学科教学、各项教育活动、班主任工作中，都应注重对学生心理健康的教育，这是心理健康教育的主要途径。

三、分析论述题

1. 结合实际论述我国教育目的的基本精神。

【答案要点】

（1）我国的教育目的。2015年新修订的《中华人民共和国教育法》规定："教育必须为社会主义现代化建设服务，必须与生产劳动和社会实践相结合，培养德、智、体、美等方面全面发展的社会主义事业的建设者和接班人。"这是目前教育目的最规范的表述。

（2）我国教育目的的表述虽几经变化，但其基本精神却是一致的，就是培养学生成为未来国家、社会发展的实践主体与主人。其基本点包括以下几个方面：

①培养"劳动者"或"社会主义建设人才"。我国当代教育目的在表述上不断发生变化，但培养"劳动者"或"社会主义建设人才"这一基本规定却始终没有变。教育目的的这个规定，明确了我国教育的社会主义方向，指明了培养出来的人的社会地位和价值，是社会主义的劳动者、建设人才，是国家的主人。

②坚持全面发展。受教育者的全面发展，教育界通行的说法是德、智、体、美、劳的发展。从人要处理的现实生活的关系分析，人的全面发展主要包括处理人与自然关系的能力、人与社会关系的能力和人与自我关系的能力的发展。如果一个人的发展在这三个方面都形成了健全的能力，那么这个人的发展就是全面发展。

③培养独立个性。培养受教育者的独立个性，是马克思人的全面发展学说的基本内涵和根本目的。追求人的个性发展，就是要使受教育者的自由个性得到保护、尊重和发展，要增强受教育者的主体意识、开拓精神、创造才能，要提高受教育者的个人价值。

综上所述，我国教育目的的价值取向的出发点与归宿在于：培养德、智、体、美、劳全面发展，具有创新精神、实践能力和独立个性的社会主义现代化需要的各级各类人才。

2. 结合十九大精神谈谈如何建设师德师风。

【答案要点】

（1）全面加强教师队伍思想政治工作。

坚持思想铸魂，用习近平新时代中国特色社会主义思想武装教师头脑；坚持价值导向，引导教师带头践行社会主义核心价值观；坚持党建引领，充分发挥教师党支部和党员教师作用。

（2）大力提升教师职业道德素养。

①突出课堂育德，在教育教学中提升师德素养。充分发挥课堂主渠道作用，引导广大教师守好讲台主阵地，将立德树人放在首要位置，融入渗透到教育教学全过程，以心育心、以德育德、以人格育人格。把握学生身心发展规律，实现全员全过程全方位育人，增强育人的主动性、针对性、实效性，避免重教书轻育人倾向。加强对新入职教师、青年教师的指导，通过老带新等机制，发挥传帮带作用，使其尽快熟悉教育规律、掌握教育方法，在育人实践中锤炼高尚道德情操。将师德师风教育贯穿师范生培养及教师生涯全过程，师范生必须修学师德教育课程，在职教师培训中要确保每

学年有师德师风专题教育。

②突出典型树德，持续开展优秀教师选树宣传。大力宣传新时代广大教师阳光美丽、爱岗敬业、甘于奉献、改革创新的新形象。深入挖掘优秀教师典型，综合运用授予荣誉、事迹报告、媒体宣传、创作文艺作品等手段，充分发挥典型引领示范和辐射带动作用。开展多层次的优秀教师选树宣传活动，形成校校有典型、榜样在身边、人人可学可做的局面。组织教师中的"时代楷模"、全国教书育人楷模、国家教学名师、最美教师等开展师德宣讲。鼓励各地各校采取实践反思、情景教学等形式，把一线优秀教师请进课堂，用真人真事诠释师德内涵。

③突出规则立德，强化教师的法治和纪律教育。以学习《中华人民共和国教师法》、新时代教师职业行为十项准则系列文件等为重点，提高全体教师的法治素养、规则意识，提升依法执教、规范执教能力。制定教师法治教育大纲，将法治教育纳入各级各类教师培训体系。强化纪律建设，全面梳理教师在课堂教学、关爱学生、师生关系、学术研究、社会活动等方面的纪律要求，依法依规健全规范体系，开展系统化、常态化宣传教育。加强警示教育，引导广大教师时刻自重、自省、自警、自励，坚守师德底线。

（3）将师德师风建设要求贯穿教师管理全过程。

严格招聘引进，把好教师队伍入口；严格考核评价，落实师德第一标准；严格师德督导，建立多元监督体系；严格违规惩处，治理师德突出问题。

（4）着力营造全社会尊师重教氛围。

①强化地位提升，激发教师工作热情。制定教育改革发展和教师队伍建设重大决策、重要文件充分听取教师代表意见。各地重要节庆日活动，邀请优秀教师代表参加。做好优秀教师表彰奖励，依法依规在做出重大贡献、享有崇高声誉的教师中开展"人民教育家"荣誉称号评选授予工作，健全教书育人楷模、模范教师、优秀教师等多元的教师荣誉表彰体系。完善表彰奖励及管理办法，依法依规确定荣誉获得者享受的政治、生活待遇，加强对荣誉获得者后续支持服务。

②强化权利保护，维护教师职业尊严。维护教师依法执教的职业权利，推动完善相关法律法规，明确教师教育管理学生的合法职权，研究出台教师惩戒权办法。学校和相关部门依法保障教师履行教育职责，对无过错但客观上发生学生意外伤害的，教师依法不承担责任。教师尊严不可侵害，对发生学生、家长及其亲属等因为教师履职行为而对教师进行侮辱、谩骂、肢体侵害，或者通过网络对教师进行诽谤、恶意炒作等行为，有关部门要高度重视，从严处理，构成违法犯罪的，依法追究相应责任。学校及教育部门应为教师维护合法权益提供必要的法律等方面的支持。

③强化尊师教育，厚植校园师道文化。从幼儿园开始加强尊师教育，加快形成接续我国优秀传统、符合时代精神的尊师重教文化。推进尊师文化进教材、进课堂、进校园，通过尊师第一课、9月尊师主题月等形式，将尊师重教观念渗透进学生的价值体系。有条件的地方和学校可结合实际统筹有关资源，因地制宜安排一线教师特别是长期从教教师进行休养，重点向符合条件的班主任和乡村教师倾斜。做好教师荣休工作，礼敬退休教师，弘扬尊师风尚。建立健全教职工代表大会制度，保障教师参与学校决策的民主权利。加强家庭教育，健全家校联系制度，引导家长尊重学校教育安排，尊敬教师创造发挥，配合学校做好学生的学习教育。

④强化各方联动，营造尊师重教氛围。加强展现新时代教师风貌的影视文学作品创作，善用微博、微信、微视频、微电影等新媒体形式，传递教师正能量，让全社会广泛了解教师工作的重要性和特殊性。支持鼓励行业企业在向社会公众提供服务时"教师优先"。鼓励图书馆、博物馆、科技馆、体育场馆以及历史文化古迹和革命纪念馆等对教师实行优待。鼓励社会团体、企业、民间组织对教师出资奖励，或通过依法成立基金、设立项目等方式，支持教师提升能力素质、进行休养或予以奖

励激励。

（5）推进师德师风建设任务落到实处加强工作保障，强化责任落实。

各地各校要把加强师德师风建设、弘扬尊师重教传统作为教师队伍建设的首要任务，夯实学校主体责任，压实学校主要负责人第一责任人责任。高校要强化党委教师工作部建设，明确将教师思想政治和师德师风建设作为其主要职责。各地各校要建立健全责任落实机制，坚持失责必问、问责必严。财政部门要坚持将教师队伍建设作为教育投入重点予以优先保障，按规定统筹现有资金渠道支持师德师风建设。依托现有资源，建设一批师德师风建设基地，加强工作支撑，提高师德师风建设工作的科学性、实效性。

3. 论述赫尔巴特的教学形式阶段理论，并对其做简要评价。

【答案要点】

赫尔巴特的教学形式阶段，实际上就是课堂教学的完整过程，是一个包括教学方法、教学形式等在内的规范化的教学程序。

他认为，兴趣活动可以划分为四个阶段：注意、期待、要求和行动。儿童在学习活动中的思维方式有两种：专心与审思。在此基础上，他提出了教学形式阶段理论，即"赫尔巴特四段教学法"。

（1）明了：当一个表象由自身的力量突出在感官前，兴趣活动对它产生注意；这时，学生处于静止的专心活动；教师通过运用直观教具和讲解的方法，进行明确的提示，使学生获得清晰的表象，以做好观念联合，即学习新知识的准备。

（2）联合：由于新表象的产生并进入意识，激起原有观念的活动，因而产生新旧观念的联合，但又尚未出现最后的结果；这时，兴趣活动处于获得新观念前的期待阶段；教师的主要任务是与学生进行无拘无束的谈话，运用分析的教学方法。

（3）系统：新旧观念最初形成的联系并不是十分有序的，因而需要对前一阶段由专心活动得到的结果进行审思；兴趣活动处于要求阶段；这时，需要采用综合的教学方法，使新旧观念间的联合系统化，从而获得新的概念。

（4）方法：新旧观念间的联合形成后需要进一步巩固和强化，这就要求学生自己进行活动，通过练习巩固新习得的知识。

赫尔巴特的阶段教学论，在一定程度上揭示了教学过程方面的某些规律，反映了人类对教学过程和教学活动本质认识的发展，具有广泛的实践意义是值得充分肯定的；但是，该理论认为任何一堂课都必须遵循这样一个阶段，既限制了学生学习的积极主动性和创造精神，也束缚了教师教学的主动性和灵活性。

4. 论述学习动力的需要层次理论及对教育的启示和意义。

【答案要点】

（1）人本主义心理学家马斯洛认为，个体的任何行为动机都是在需要发生的基础上被激发起来的。他把动机看作需要，认为动机是由多种不同性质的需要组成，各种需要之间又有先后顺序和高低层次之分，提出了动机的需要层次理论。

（2）马斯洛提出，人有7种基本需要，分别为：

①生理需要：维持生存和延续种族的需要。

②安全需要：受保护与免遭威胁、获得安全感的需要。

③归属与爱的需要：被人接纳、爱护、关注、鼓励、支持的需要。

④尊重的需要：希望被人认可、关爱、赞许等维护个人自尊心的需要。

⑤求知与理解的需要：个体对不理解的东西寻求理解的需要，学习动机来源于这种需要。

⑥审美的需要：欣赏、享受美好事物的需要。

⑦自我实现的需要：在精神上臻于真、善、美合一的至高人生境界的需要，即个人理想全部实现的需要。

（3）七种需要的分类。

马斯洛认为各种需要之间不但有高低之分，而且有先后顺序，低一层次需要获得满足或部分满足之后，高一层次需要才会产生。他将七种需要分为两类：缺失需要和成长需要。

①缺失需要，是我们生存所必需的，对生理和心理的健康是很重要的，必须得到一定程度的满足，一旦得到了满足，由它们产生的动机就会消失。

②成长需要，不是生存所必需，但对于适应社会有很重要的积极意义，很少能得到完全满足。

③二者关系。二者相互制约、相互影响。一方面，缺失需要是成长需要的基础，缺失需要若未能得到满足，成长需要就不会产生。另一方面，成长需要对缺失需要起引导作用，尤其是自我实现的需要对其他各层需要都有潜在影响力。

（4）教学应用。

家长和教师应注重为学生创设良好的成长环境，学生只有在各种缺失性需要都获得满足后才会不断成长，达到自我实现的理想境界。在现实的学校生活中，学生最主要的缺失性需要往往是爱和自尊，只有民主、公正、理解、爱护、尊重学生的教师才有可能使学生产生学习的热情、克服困难的意志和创造的欲望。

（5）评价。

需要层次理论将外部动机与内部动机结合起来考虑对学习行为的推动作用具有一定的科学意义，被心理学界誉为最完整、最系统的动机理论。但它忽略了个体本身的兴趣、好奇心等在学习中的始动作用。

2017年 河南师范大学 333 教育综合·真题解析

一、名词解释

教育制度

教育制度是指一个国家各级各类实施教育的机构体系及其组织运行的规则。它包括相互联系的两个方面：一是各级各类教育机构与组织；二是教育机构与组织赖以存在和运行的规则，如各种相关的教育法律、规则、条例等。具有客观性、规范性、历史性和强制性的特点。

班级授课制

班级授课制是一种集体教学形式。它把一定数量的学生按年龄与知识程度编成固定的班级，根据周课表和作息时间表，安排教师有计划地向全班学生上课，分别学习所设置的各门课程。

有教无类

"有教无类"的本意是不分贵贱贫富和种族，人人都可以入学接受教育。孔子的教学实践切实地贯彻了这一办学方针，他的弟子来自各个诸侯国，分布地区广泛；弟子成分复杂，出身于不同的阶级和阶层，大多数出身于平民。

《劝学篇》

张之洞的《劝学篇》是对洋务运动的理论总结，并试图为以后的中国改革提供理论模式。《劝学篇》分为内篇和外篇，内、外篇主旨分别为："内篇务本，以正人心；外篇务通，以开风气。"通篇主旨归为"中学为体，西学为用"。

骑士教育

骑士教育是中世纪世俗教育的一种主要形式，以培养当时封建制度中骑士阶层的成员为目的。它是一种特殊形式的家庭教育，并无专设的教育机构，也没有专职的教育人员。它在骑士生活和社交活动中进行。训练骑士的标准是剽悍勇猛、虔敬上帝、忠君爱国、宠媚贵妇。

昆西教学法

昆西教学法是指帕克在昆西学校和芝加哥库克师范学校进行的教育改革实验所采取的新的教育方法和措施。主要特征是强调儿童应处于学校教育的中心；重视学校的社会功能；主张学校课程应尽可能与实践活动相联系；强调培养儿童自我探索和创造的精神。

二、简答题

1. 教育学的产生和发展经历了哪几个阶段？并列举出每阶段的一本代表性著作。

【答案要点】

教育学的产生。

（1）萌芽。在人类历史上，最早出现专门论述教育问题的著作是我国的《学记》，比外国最早的教育著作、古罗马教育家昆体良写的《论演说家的培养》一书还早三百来年。

（2）独立形态阶段。随着近代生产和科学的发展，资产阶级为了培养所需要的人才，阐明他们的教育主张，革新了教育的举措与方法，系统总结了教育方面的经验，出现了体系比较完整的教育学。代表作有《普通教育学》等。

教育学的发展。

（1）实证主义教育学。代表人物是斯宾塞，著作有《教育论》。

主要观点：反对思辨，主张科学是对经验事实的描写和记录；提出教育任务是为完满生活做准备；主张启发学生学习的自觉性，反对形式教育，重视实科教育。

（2）实验教育学。代表人物是梅伊曼和拉伊，代表作《实验教育学》。

主要观点：第一，反对以赫尔巴特为代表的强调概念思辨的教育学；第二，提倡把实验心理学的研究成果和方法运用于教育研究；第三，把教育实验分为三个阶段：提出假设、实验计划、验证结论；第四，认为教育实验和心理实验的差别在于心理实验是在实验室里进行的，而教育实验则要在真正的学校环境和教学实践活动中进行；第五，主张用实验、统计和比较的方法探索儿童心理发展过程的特点及其智力发展水平，用实验数据作为改革学制、课程和教学方法的依据。

（3）文化教育学。代表人物是狄尔泰和斯普朗格，代表作《教育与文化》。

主要观点：第一，人是一种文化的存在，因此人类历史是一种文化的历史；第二，教育对象是人，教育是在一定社会历史背景下进行，因此教育的过程是一种历史文化过程；第三，教育研究既不能采用纯粹思辨，也不能依靠数量统计来进行，而是要采用精神科学或文化科学的方法，即理解与解释的方法进行；第四，教育的目的是培养完整的人格，通过"陶冶"与"唤醒"的途径，发挥教师和学生个体两方面的积极作用，建构和谐的对话的师生关系。

（4）实用主义教育学。代表人物是杜威和克伯屈，代表作《民主主义与教育》。

主要观点：第一，教育即生活，教育的过程与生活的过程是合一的，而不是为将来某种生活做准备的；第二，教育即学生个体经验持续不断的增长；第三，学校是一个雏形的社会，学生在其中要学习现实社会中所要求的基本态度、技能和知识；第四，课堂组织以学生经验为中心，而不是以学科知识体系为中心；第五，师生关系以儿童为中心，教师只是学生成长的帮助者，而非领导者；第六，教学过程应重视学生自己的独立发现、表现和体验，尊重学生发展的差异性。

（5）经验教育学。代表人物是涂尔干。代表作《教育学的本质与方法》。

主要内容：第一，主张用社会学方法建立教育科学；第二，教育科学以作为社会事实的教育现象的客观性、实证性研究为内容，描述和说明教育"是什么"或"曾经是什么"；第三，教育科学只描述教育事实，对教育不做任何的规定。

（6）马克思主义教育学。代表人物是克鲁普斯卡娅、凯洛夫、杨贤江等，代表作《新教育大纲》。

主要观点：第一，教育是一种社会历史现象，在阶级社会中具有鲜明的阶级性，不存在脱离社会影响的教育；第二，教育起源于生产劳动，劳动方式和性质的变化必然引起教育形式和内容的改变；第三，现代教育的根本目的是促进学生个体的全面发展；第四，现代教育与现代大生产劳动的结合不仅是发展社会生产力的重要方法，也是培养全面发展的人的唯一方法；第五，在教育与社会的政治、经济、文化的关系上，教育既受它们的制约，又具有相对独立性，促进其发展；第六，马克思主义唯物辩证法和历史唯物主义是教育科学研究的方法论基础。

（7）制度教育学。代表人物是乌里和瓦斯凯等。代表作《制度教育学》。

主要观点：第一，制度本身具有教育意义，教育学研究应该以教育制度为优先目标，阐明教育制度对于教育情境中的个体行为的影响；第二，"不说话的教育制度"并不是客观中立、不成问题的，它们都隐藏在学校的建筑、仪式、人际关系、教育观念、管理机构、课程与知识、教学方法和技术、组织形式、传统与习俗之中；第三，制度教育学首要任务在于进行制度分析、干预或批判。其方式主要有：制度干预或制度批判。

（8）批判教育学。代表人物是弗莱雷、鲍尔斯与金蒂斯等。代表作《被压迫者教育学》。

主要观点：第一，当代资本主义的学校教育是维护现实社会的不公平和不公正，是造成社会差别、歧视和对立的根源；第二，学校教育的功能就是再生产出占主导地位的社会政治意识形态、文化关系和经济结构；第三，人们对事实上的不公平和不公正丧失了"意识"；第四，批判教育学的目的是要揭示看似自然事实背后的利益关系，对教师和学生进行"启蒙"，以达到意识"解放"；第五，批判教育学认为，教育现象是充满利益纷争的，教育理论研究要采用实践批判的态度和方法，通过真实教育行动揭示具体教育生活中的利益关系，使之从无意识的层面上升到意识的层面。

2. 简述裴斯泰洛齐的教育心理学化理论的具体内容。

【答案要点】

在西方乃至世界教育史上，裴斯泰洛齐是第一个明确提出"教育心理学化"的教育家。教育心理学化就是要把教育提高到科学的水平，将教育科学建立在人的心理活动规律的基础上。

（1）教育目的的心理学化。要求将教育的目的和理论指导置于儿童本性发展的自然法则的基础上。只有认真探索和遵循儿童的心理活动和心理发展的规律性，才能有效地达到应有的教育目的。

（2）教学内容心理学化。必须使教学内容的选择和编制适合儿童的学习心理规律。裴斯泰洛齐力图从客观现象和人的心理过程探索教育和教育内容中普遍存在的基本要素，并以此为核心来组织各科课程和教学内容，提出"要素教育"理论。

（3）教学原则和教学方法的心理学化。教学要遵循自然的规律，要使教学程序与学生的认识过程相协调。在此原则下，提出了直观性教学原则、循序渐进原则。

（4）要让儿童成为他自己的教育者。教育者不仅要让儿童接受教育，还要使儿童成为教育中的动因，要适应儿童的心理时机，尽力调动儿童的能动性和积极性，使他们懂得自我教育。

3. 简述要素主义的主要教育观点。

【答案要点】

要素主义教育是20世纪30年代末作为实用主义教育和进步教育的对立面出现的。要素主义教育是现代欧美国家一种强调学校教育的任务主要是传授人类文化遗产共同要素的教育思潮。1938年在美国成立的"要素主义者促进美国教育委员会"，是要素主义教育形成的标志。代表人物有巴格莱、科南特等人。其主要观点包括以下几个方面：

（1）教育核心：传授给学生人类基本知识的要素或民族共同文化传统的要素。

（2）教育目的：强调人的心智或智力的发展，主张心智训练。

（3）教育内容：教授基础科目，开设以学科为中心的系统的学习科目。

（4）师生关系：教师中心，强调教师的权威地位。

（5）教育与社会的关系：教育要为社会服务。

（6）教育重心：基本技能和基础知识的学习。

4. 影响问题解决的因素有哪些？

【答案要点】

环境因素：

（1）问题情境：个体面临的刺激模式与其已有的知识结构所形成的差异。

（2）原型启发：通过从待解决的问题具有相似性的其他事物上发现问题解决的途径和方法，如鲁班由丝茅草得到启发发明锯子。

（3）人际关系：良好的人际关系有助于其解决面临的各类问题，如"一个好汉三个帮"。

个体因素：

（1）知识经验：任何问题解决都离不开一定的知识、策略和技能，知识经验不足常常是不能有效解决问题的重要原因。

（2）定势与功能固着：定势是指人在解决一些相似的问题之后会出现一种易以惯用的方式解决问题的倾向。功能固着是指一个人看到某个制品有一种惯常的用途后，就很难看出它的其他新用途。

（3）酝酿效应：在反复探索一个问题的解决而毫无结果时，如果把问题暂时搁置几个小时、几天或几周，然后再回过头来解决，这时常常就可以很快找到解决方法。

（4）情绪状态：情绪状态影响问题解决的效果。就情绪强度而言，在一定限度内，情绪强度与问题解决的效率成正比，但情绪过高或过低都会降低问题解决的效率，相对平和的心态有利于问题解决。同时，情绪的性质也影响到问题解决，一般来说，积极的情绪有利于问题解决，消极的情绪不利于问题解决。

三、分析论述题

1. 结合实际说明德育过程是提高学生自我教育能力的过程。

【答案要点】

在德育过程中，要引导学生积极参与社会学习、生活交往和道德践行，培养和提升他们的思想品德素质，均有赖于发挥学生个人的能动性和自我教育能力。

（1）自我教育能力培育的意义。

一方面，自我教育能力是德育的一个重要条件，只有注意培养与提高学生的这种能力，德育才能进行得更顺利、更有效。另一方面，学生的自我教育能力的形成又是学生思想道德发展过程的一个重要标志。

（2）自我教育能力的构成因素。自我教育能力主要由自我期望能力、自我评价能力、自我调控能力所构成。

①自我期望能力，是个体设定自我发展愿景的能力。它是自我教育的内在目的和动力。儿童自幼就有做"好孩子""好学生"的热切期望，这是学生自我期望能力发展的心理基础。

②自我评价能力，是个体对自我发展现状和趋势的评判能力。它是进行自我教育的认识基础。

③自我调控能力，是在自我评价的基础上建立起来的自觉调节、控制自己思想与行为的能力。它是进行自我教育的重要机制。

（3）学生自我教育能力的发展。

儿童自我意识与自我教育能力的发展是有规律的，大致是从"自我中心"发展到"他律"，又从"他律"发展到"自律"。教师应该依据这一规律，从实际出发，因势利导，有目的地培养学生的自我意识，提高学生的自我期望、自我评价和自我调控能力，形成和发展他们的自我教育能力，充分发挥他们在自身品德建构中的主体作用。

2. 结合实际论述班集体有什么教育功能。

【答案要点】

班集体是一个有一定人数规模的学生集体，是学校行政根据一定的任务、按照一定的规章制度组织起来的有目标、有计划地执行管理、教育职能的正式小群体。班集体不仅是学生在校生活的基本组织单位，而且也是促进学生成长的正式组织之一。

班集体的教育功能如下：

（1）班集体不仅是教育的对象，而且是教育的巨大力量。

进行班主任工作必先注意培养班集体。因为班集体一旦形成，它便能成为教育的主体，具有巨大的教育力量。它能向其他成员提出要求，指出努力方向，并通过班集体的活动、纪律与舆论来培养其成员的品德。它能紧密地配合班主任开展工作，成为班主任依靠的重要力量。

（2）班集体是促进学生个性发展的一个重要因素。

在班集体的各种活动中，一方面，每个学生通过自己的经历和感受，都会积累集体生活的经验，掌握丰富的道德规范，养成社会主义思想品德，更加社会化；另一方面，每个学生都能找到适合于自己的活动、工作和角色，不断发展自己特有的志趣与爱好，更加个性化。在班集体中，学生个人的社会化与个性化是相互促进的。

（3）班集体能培养学生的自我教育能力。

班集体毕竟是学生自己的集体，有它的组织机构，需要学生学会自己管理自己，自己教育自己，尤其是需要学生自主地制订集体的活动计划，积极地开展各种工作与活动。这无疑能有效锻炼和逐步提高学生的自我教育能力。

3. 试析壬戌学制的特点及意义。

【答案要点】

1921年，全国教育会联合会通过了新的"学制系统草案"。会后向全国广泛征求意见，反响十分强烈，并在全国掀起了研究学制改革的高潮。1922年，教育部在北京专门召开了学制会议。同年11月以大总统令公布了《学校系统改革案》。该学制又被称为"新学制"或"壬戌学制"，由于采用的是美国式的六三三分段法，又称"六三三学制"。

（1）"新学制"的标准和体系。

"新学制"的七项标准为：第一，适应社会进化之需要；第二，发扬平民教育精神；第三，谋个性之发展；第四，注意国民经济力；第五，注意生活教育；第六，使教育易于普及；第七，多留各地伸缩余地。这七项标准体现出来的主流是新文化运动以来所倡导的"民主"与"科学"的精神，尤其是实用主义的教育思想。它对其后民国一系列教育改革产生了深远的影响。

学制体系。初等教育。儿童满6周岁入学。小学教育6年，其中初级小学4年，为义务教育，可以单独设立；高级小学2年，可以根据地方具体情况，增加职业准备的课程；中等教育。中学教育为6年，分初、高中两级，各3年。初级中学为普通教育，可以单独设立。高级中学实行分科制，设普通科、农、工、商、师范、家事等科，普通科又可以分为文科和理科，主要目标是升学。新学制倡导综合中学模式，以方便学生根据个性和家庭情况选择升学或职业预备。高等教育分为专门学校和大学两种，专门学校的最低修业年限为三年，取消"壬子癸丑学制"的大学预科制。大学修业年限是4到6年，其中规定医科和法科大学应至少5年。

（2）"新学制"的特点。

①根据儿童身心发展规律划分教育阶段。这是1922年新学制最显著的特点，也是中国近代学制发展史上第一次将学制阶段的划分建立在对我国儿童身心发展阶段的研究上。

②初等教育阶段趋于合理，更加务实。它缩短了小学教育年限，改7年为6年，有利于初等教育的普及。另外，幼稚园也被纳入初等教育阶段，使幼、小教育得到衔接，确立了幼儿教育在中国教育史上的地位。

③中等教育阶段是改制的核心，是新学制中的精粹。第一，延长了中学年限，改善了中学与大学的衔接关系；第二，中学分成初、高中两级，给了地方办学伸缩的余地，也增加了学生选择的余地；第三，中学开始实行选科制和分科制，使学生有较大发展余地，适应不同学生的发展需要。

④建立了比较完善的职业教育系统。新学制建立了自成体系、从初级到高级的职业教育系统，用职业教育替代了清末民初的实业教育。这种改革既注意了普通教育与职业教育的沟通，又加重了职业教育在整个教育体制中的比重。

⑤改革师范教育制度。新学制突破了师范教育自成系统的框架，使师范教育种类增多、程度提高、设置灵活。

⑥缩短高等教育年限，取消大学预科。大学不再承担普通教育的任务，有利于大学进行专业教育和科学研究。此外，还有两条"附则"：一是注重天才教育，得变通修业年限及课程，使优异之智能尽量发展；二是注重特种教育。

积极影响：

（1）新学制虽借鉴了美国的六三三制，但并非盲从美制。它的产生是经过我国教育界的长期酝酿讨论，并经许多省市认真试行，最终集思广益的成果。

（2）新学制加强了中等教育和职业教育训练，有利于初级中等教育的普及，在一定程度上处理了升学和就业的矛盾，适应当时中国资本主义工商业发展的需求。

（3）新学制尽管受到进步主义教育思想和美国模式的影响，但有其内在的先进性和合理性，比较彻底地摆脱了封建传统教育的束缚，表现了教育重心下移、适应社会和个人需要等时代特点。

（4）该学制比较符合当时中国的情况，后来经多次修补，除了在某些方面有所改动外；总体框架一直沿用下来。这是中国教育界、文化界共同智慧的结晶，标志着中国近代以来国家学制体系建设的基本完成。

消极影响：

（1）实用主义教育学说对新学制的影响使得它忽视了我国各族人民教育界广大人士为制定新学制而付出的辛勤劳动，以及他们在制定新学制过程中所表现出来的才智。

（2）新学制在具体实施中存在不少问题，如缺乏师资、教材、设备等，不得不在其后对所开的综合中学增开大量的选科等做法进行调整。

4. 如何针对认知方式的差异进行教育？

【答案要点】

（1）认知水平的差异。

认知水平的差异主要表现为智力水平的差异，而智力水平的差异又表现为智力发展水平的差异和智力发展速度的差异。

①智力发展水平的差异。智力发展水平的高低是通过智力测验所得到的智商来体现的。智商是智力年龄与实足年龄之间的比值。智力按发展水平的高低，可以分为超常、正常和低常三种类型。一般认为，智商在 130 以上为超常，智商在 70 以下为低常，智商在 100 左右的为正常。一般来说，智力的发展是呈正态分布的，即智力超常和智力低常的人数极少，智力偏高和智力偏低的人次之，智力中等的人数最多。

②智力发展速度的差异。智力的发展有早晚的差异：有的人天生聪慧，在很小的时候就表现出较高的智力水平；有的则是大器晚成，在很大年龄才表现出较高的智力水平。

（2）认知类型的差异。

认知类型又叫认知风格，是人在信息加工的过程中所偏好的相对稳定的态度和方式。认知类型差异就是人们在感知、理解、记忆、思维等过程中采用的与众不同的方式。

①知觉类型的差异。根据知觉时分析和综合所占的比重，可分为分析型、综合型和分析－综合型；根据知觉受外界环境影响的程度，可分为场依存型与场独立型。

②记忆类型的差异。根据记忆过程中的知觉偏好，可分为视觉型、听觉型、动觉型和混合型。

③思维类型的差异。根据思维的概括性，可分为艺术型、思维型和中间型；根据学习策略的差异，可分为整体型和序列型；根据认知反应和情绪反应的速度，可分为冲动型和慎思型。

（3）针对认知方式差异的教育。

①教师必须帮助学生识别自己的认知类型。教师对学生认知方式的识别不仅仅在于调整自己的教学方法，还应帮助学生分析和认识自己的认知方式。

②教师要明确适应认知类型的两类教学策略，即匹配策略与失配策略。前者指与学习者认知风格一致的教学策略，后者指采取对学习者缺乏的认知风格进行弥补的教学策略。

③教师要调整自己的教学风格，提供多模式教学。学生认知方式的多样性要求教师必须改变自己单一的教学风格，采用各种教学方法，组织多样化的教学活动来满足和弥补不同学习者不同层次的需要。

④教师要针对学生在智力上的个别差异进行因材施教，采用按能力分组。对智力不同水平的学生设置不一样的教育目标，选择不同的教育方式。

2016年 河南师范大学 333 教育综合·真题解析

一、名词解释

教育学

教育学是以教育活动为研究对象的学科，是通过研究教育现象和教育问题、探索教育规律、探讨教育价值、探寻教育艺术、指导教育实践的一门科学。它的核心是引导、培育和规范人的发展，解决培养什么人和怎样有效培养人的问题。

教育目的

教育目的是对教育活动所要培养的人的个体素质的总的预期与设想，是对社会历史活动的主体的个体素质的规定。它体现一定社会对受教育者质量规格的界定和要求，也体现人自身发展所应该达到的水准和高度。

1912年的教育方针

1912年全国临时教育会议召开，会议讨论通过了民国教育方针，其内容为："注重道德教育，以实利教育、军国民教育辅之，更以美感教育完成其道德。"民国教育方针包含有德、智、体、美四育因素，体现了受教育者身心和谐发展的思想。以道德教育为核心，将培养受教育者具有共和国国民的健全人格作为首要任务。以军国民教育和实利教育引导体育和智育，寄希望于教育能在捍卫国家主权、抑制武人政治、振兴民族经济方面发挥基础作用。

《学记》

《学记》是《礼记》的一篇，是中国古代最早的一篇专门论述教育、教学问题的论著，因此有人认为它是"教育学的雏形"。《学记》是先秦时期儒家教育和教学活动的理论总结，它主要论述教育的具体实施，偏重于说明教学过程的各种关系。

自然后果律

自然后果律是指当儿童犯了错误和过失后，不必直接去制止或处罚他们，而让他们在同自然的接触中，体会到自己所犯的错误和过失带来的自然后果，使儿童服从于自然法则，结合具体事例让他们从自己的直接经验中受到教育。

教育基本法

1947年，日本国会公布了《教育基本法》和《学校教育法》，否定了战时军国主义教育政策，为"二战"后教育指明了发展方向。《教育基本法》的主要内容包括教育必须以陶冶人格为目标，培养和平的国家及社会的建设者；全体国民接受九年义务教育；尊重学术自由；政治教育是培养有理想的国民，不搞党派宣传；国立、公立学校禁止宗教教育；教育机会均等，男女同校；教师要完成自己的使命，应受到社会尊重，保证教师享有良好的待遇；家庭教育和社会教育应得到鼓励和发展。

二、简答题

1. 简述教育的经济功能。

【答案要点】

（1）教育是使可能的劳动力转变为现实的劳动力的基本途径。

劳动力是生产力中能动的要素。个体的生命的成长只构成了可能的劳动力，一个人只有经过教育和训练，掌握一定生产部门的劳动知识和技能，并能生产某种使用价值，他才能成为现实的生产力。

（2）现代教育是使知识形态的生产力转化为直接的生产力的重要途径。

科学技术是一种知识形态的生产力，要使其转化为现实的生产力，除了要通过科学研究、发明创造或革新实践外，其技术成果的推广、经验的总结与提升都需要教育与教学的紧密配合。

（3）现代教育是提高劳动生产率的重要因素。

现代生产有其显著特点，它的生产率提高依靠科学技术在生产中的应用、推广和不断革新，依靠提高劳动者受教育的程度与质量，依靠劳动者的素质、扩大脑力劳动者的比重、发挥劳动者在生产和改革中的创造性。

2. 简述晏阳初的"四大教育"和"三大方式"。

【答案要点】

四大教育：晏阳初把中国农村的问题归结为"愚""穷""弱""私"四个方面，他认为，要解决这四点，就必须通过"四大教育"来进行。

（1）以文艺教育攻愚，培养知识力。具体做法是从文字及艺术教育着手，使人民认识基本文字，得到求知识的工具，以为接受一切建设事务的准备。其首要工作就是除净青年文盲，将农村优秀青年组成同学会，使他们成为农村建设的中坚分子。

（2）以生计教育攻穷，培养生产力。它从农业生产、农村经济、农村工业各方面着手，以达到农村建设的目标。

（3）以卫生教育攻弱，培养强健力。注重大众卫生和健康及科学医药的设施，使农民在他们现有经济状况下，能得到科学治疗的机会，以保证他们最低限度的健康。

（4）以公民教育攻私，培养团结力。通过激起人民的道德观念，施加良好的公民训练，使他们有公共心、团结力，有最低限度的公民常识，政治道德，以立地方自治的基础。晏阳初认为，四大教育中，公民教育是最根本的。

"三大方式"：在定县乡村平民教育实验中，针对过去教育与社会相脱节、与生活实际相背离的弊端，在强调发挥教育的整体功能作用时，晏阳初提出了在农村推行"四大教育"的"三大方式"。

（1）学校式教育。学校式教育以青少年为主要教育对象。包括初级平民学校、高级平民学校、生计巡回学校。

（2）家庭式教育。家庭式教育的目的在于：第一，解决家校矛盾，帮助年长的家庭妇女减少对青年妇女和儿童教育的阻挠或反对，增强学校教育的效益；第二，把学校课程的某一部分交由家庭承担，使家庭关心社区的利益，乐于承担社会责任。

（3）社会式教育。社会式教育是由平民学校毕业生从各个方面发挥示范作用，积极引导和帮助全村农民按照计划接受四大教育。

3. 简述古代书院教育的特点。

【答案要点】

（1）书院精神。书院以自由讲学为主，注重讨论，学术风气浓厚，开辟了新的学风，推动了教育和学术的发展。

（2）书院功能。育才、研究和藏书。

（3）培养目标。注重人格修养，强调道德与学问并进，培养学生的学术志趣。

（4）管理形式。较为简单，管理人员少，强调学生遵照院规自我约束、自我管理为主。

（5）课程设置。灵活具有弹性，教学以学生自学、独立研究为主，师生、学生之间注重质疑问难与讨论。

（6）教学组织。教学与研究相结合，教学形式多样，注重讲明义理，躬亲实践。

（7）规章制度。书院作为一种教育制度得以确立，在教育目标、教学方法、教学顺序等方面用学规的形式加以阐明，最著名的是《白鹿洞书院揭示》，它说明南宋后书院已经制度化。

（8）师生关系。较之官学更为平等、学术切磋多于教训，学生来去自由，关系融洽、感情深厚。

（9）学术氛围。教学与学术研究并重，学术氛围自由宽松，人格教育与知识教育并重。

4. 简述有意义学习的条件。

【答案要点】

（1）有意义学习的材料必须具有逻辑意义，这种逻辑意义指的是材料本身在人的学习能力范围内而且与有关观念能够建立非任意的和实质性的联系。

（2）学习者必须具有有意义学习的心向，也就是积极主动地把新知识与认知结构中原有的适当知识加以联系的倾向。

（3）学习者认知结构中必须具有适当的知识，以便与新知识进行联系。

（4）学习者必须积极主动地使这种具有潜在意义的新知识与他认知结构中有关的原有知识发生相互作用，导致原有知识得到改造，新知识获得实际意义，即心理意义。

三、分析论述题

1. 论述问题解决能力的培养措施。

【答案要点】

在实际教学中，学生问题解决的能力可以结合各门学科的内容来进行训练和提高。教师要把重点放在课题的知识上，放在特定学科的问题解决的逻辑推理和策略上，放在有效解决问题的一般原理和原则上。

（1）鼓励质疑。教师要尽量从自己提出问题过渡到让学生质疑，从而培养学生主动质疑的内在动机，鼓励学生主动提问，形成一种自由探究的气氛。

（2）设置难度适当的问题。教师给学生的问题要可解，但也要有一定的难度。

（3）帮助学生正确表征问题。学生运用所学知识解释问题，或者画草图、列表、写方程式等，这对回忆相关信息都有很好的作用。

（4）帮助学生养成分析问题的习惯。教师要帮助学生发展系统考虑问题的方式和系统分析的习惯，既不能让学生盲目尝试错误练习，也不能过分热心，先把答案告诉学生。

（5）辅导学生从记忆中提取信息。教师需要帮助学生从记忆中迅速提取与解决问题有关的信息，并能很快找出可利用的信息，明确问题解决情境与想要达到的目的，迅速做出判断。

（6）训练学生陈述自己的假设及其步骤。教师要培养学生由跟从别人的言语指导转变到自行指导思考，然后再要求他们自己用言语把指导步骤表达出来。

（7）提供结构不良问题，培养实际解决问题的能力。通过对这些问题的解决，能让学生将解决问题的能力迁移到实际领域中去。

2. 结合实际，谈谈德育过程就是教师指导下学生能动的学习过程。

【答案要点】

学生的思想道德认识和行为习惯不是与生俱来的，是学生在与社会环境的相互作用过程中，尤其是在教师有目的、有意识的教育引导下，逐步形成自己的思想认识，发展自己的道德素质的，包含以下三个方面：

（1）学生对环境影响的主动吸收。

学生在吸取社会和教育影响的活动中，不完全是被动的教育客体，也是能动地选择、吸收环境与教育影响的主体。外界的影响只有通过学生自己的理解、选择、吸取与践行，才能内化成为他们自己的观点、立场，成长为他们的品德习性。

（2）教师对学生的积极教导。

教师的教导是学生品德健全发展的一个必不可少的指针与动力。教师应该在正确的政治、教育、心理等学科理念的指导下，通过课程、活动、师生互动等途径积极开展对学生的教育引导。

（3）外部活动与内部活动相互促进。

在德育过程中我们既要组织好学生的各种外显的实际活动，以启迪、激发和引导他们积极开展内部的心理活动，促进他们思想认识的提高、价值观念的明确、情感上的认同以及品德的发展；又要激发学生内部的思想、情感与意志活动，把他们的能动性引导到道德实践活动中去，进一步推动学生思想品德的发展与提升。

3. 论述杜威的课程论及意义。

【答案要点】

（1）对传统课程的批判。

①杜威认为传统教育的课程是由成人编就的，代表成年人的标准，不适合儿童的现有能力，超出了儿童已有的经验范围。

②儿童的生活和经验具有统一性和完整性，学校中多种多样的分门别类的学科割裂和肢解了儿童的世界，使儿童对世界的认识失去应有的全面性而流于片面。

③旧教材和课程社会精神匮乏。杜威要求教材不能只从本身出发，而应与社会生活相联系。

（2）从做中学。

①杜威以其经验论为基础，要求从做中学、从经验中学，要求以活动性、经验性的主动作业来取代传统书本式教材的统治地位。在杜威看来，这种活动性、经验性课程既能满足儿童的心理需要，又能满足社会性的需要，还能使儿童对事物的认识具有统一性和完整性。

②杜威并不反对间接经验本身，他反对的是传统教育中那种不顾儿童接受能力的直接灌输、生吞活剥式的获取间接经验的方式。学习的关键在于既要使儿童获得较为系统的知识，又能在学习过程中兼顾儿童的心理水平。

（3）教材心理学化。

杜威主张以"教材心理学化"来解决怎样使儿童最终获得较系统的知识而同时又能在学习过程中顾及儿童的心理水平。"教材心理学化"是指把各门学科的教材或知识各部分恢复到它所被抽象出来之前的原来的经验。这种心理化就是把间接经验转化为直接经验，即直接经验化。之后再将已经经验到的那些东西累进地发展为更充实、更丰富也更有组织的形式，即逐渐地接近提供给有技能的、成熟的人的那种教材形式。

（4）意义。

杜威奠定了儿童中心论，解决教育与儿童相脱离的问题，并通过学校与社会的统一、思维与经验的统一，解决教育与实践，学校与社会脱离的问题；提出了做中学这一建立在新哲学和心理学基础上的新方法，拓宽了教学形式和方法，提高了教学专业化水平。

4. 列举从古代到现代对教育的三种不同的解释及对教育本质的论述。

【答案要点】

（1）陶行知是中国现代杰出的人民教育家，他提出了生活教育理论，认为生活即教育。

首先生活含有教育的意义，教育的根本意义是生活之变化。生活无时不变，即生活无时不含有教育的意义。因此，生活即教育。生活的矛盾无时无处不在，生活也就随时随地在发生教育的作用。其次，实际生活是教育的中心。陶行知始终把教育和社会生活联系起来进行考察，生活与教育是同一个过程，教育不能脱离生活。教育要通过生活来进行，无论教育的内容还是教育的方法，都要根据生活的需要。再次，生活决定教育，教育改造生活。一方面，生活决定教育，表现为教育的目的、原则、内容、方法都为生活所决定，是为了"生活所必需"。另一方面，教育又能改造生活，推动生活进步。

（2）苏霍姆林斯基是苏联著名的教育理论家和实践家，他提出了全面和谐教育理论。

苏霍姆林斯基认为，为了培养全面和谐发展的人，就必须深入地改善整个教育过程，实施和谐的教育。全面和谐的教育包含两层含义：一是要把学生认识和改造世界的活动和谐地结合起来，要求学生的体力劳动与智力活动结合、课堂教学与课外活动结合、教育与自我教育结合；二是要把德、智、体、美、劳诸育和谐地结合起来，强调的是诸育的相互渗透和交织，统一为一个完整的过程。

（3）杜威是20世纪美国著名的哲学家和教育家，他对于"什么是教育"的问题，给出的回答是：教育即生活、学校即社会、教育即生长、教育即经验的持续不断的改造。

①教育即生活。杜威认为教育是生活的过程，学校是社会生活的一种形式，那么学校生活也是生活的一种形式。学校生活应与儿童自己的生活相契合，学校生活应与学校以外的社会生活相契合，适应现代社会变化的趋势并成为推动社会发展的重要力量，校园不应是世外桃源而应积极参与社会生活。

②学校即社会。杜威"学校即社会"意在使学校生活成为一种经过选择的、净化的、理想的社会生活，使学校成为一个合乎儿童发展的雏形的社会。而要将此落于实处，就必须改革学校课程，从分科课程转变为活动课程。

③教育即生长。杜威针对当时教育无视儿童天性，消极对待儿童，不考虑儿童的需要和兴趣的现象，提出了"教育即生长"的观念。

④教育即经验的持续不断的改造。教育即经验的改造是指构成人的身心的各种因素在外部环境和人的主动经验过程中统一的全面改造、发展、生长的连续过程。

2015年 河南师范大学333教育综合·真题解析

一、名词解释

终身教育

终身教育是人一生各阶段当中所受各种教育的总和，也是人所受的不同类型教育的综合。前者从纵向上讲，说明终身教育不仅仅是青少年的教育，而且涵盖了人的一生；后者从横向上讲，说明终身教育既包括正规教育，也包括非正规教育和非正式教育。

教学组织形式

教学组织形式是指为完成特定的教学任务，教师和学生按一定要求组合起来进行活动的结构。教学组织形式不是固定不变的，它随着社会政治经济和科学文化的发展，对所培养人才要求的提高也会不断改进。目前常见的教学组织形式有个别教学制、班级授课制、分组教学制和走班制。

"三纲领八条目"

三纲领八条目是《大学》的教育目的和具体步骤。《大学》开篇即"大学之道，在明明德，在亲民，在止于至善"，"明明德""亲民"和"止于至善"被称为"三纲领"。八条目即格物、致知、诚意、正心、修身、齐家、治国、平天下。

东林书院

东林书院在江苏无锡城东南，原为北宋理学家杨时讲学之所，后在该地建书院。明朝万历年间顾宪成及其弟顾允成重新修复并讲学其中，形成著名的"东林学派"。书院是当时一个重要的文化学术中心，形成了一套完备的讲会制度，密切关注社会政治，将讲学活动与政治斗争紧密结合起来。

《费里教育法》

1881年和1882年先后颁布的《第一费里法案》和《第二费里法案》，不但确立了国民教育义务、免费、世俗化三大原则，而且把这些原则的贯彻实施予以具体化。主要内容：6~13岁为法定义务教育阶段，接受家庭教育的儿童须自第三年起每年到学校接受一次考试检查。对不送儿童入校学习的家长予以罚款；免除公立幼儿园及初等学校的学杂费，免除师范学校的学费、膳食与住宿费用；废除教会监督学校及牧师担任教师的特权，取消公立学校的宗教课，改设道德课与公民教育课。

结构主义教育

结构主义教育产生于20世纪50年代末，是现代欧美国家一种强调认知结构的研究和认知能力的发展的教育思潮。它以结构主义心理学为理论基础，侧重研究课程教学改革问题，代表人物有皮亚杰、布鲁纳等。

二、简答题

1. 简述古代教育的特点。

【答案要点】

古代教育的主要特点是：生产技术低下，积累的经验不够丰富，社会逐步分化演变为阶级社会，阶级之间和国家之间尖锐对立，总的来说社会发展比较缓慢、分散、封闭、保守。

（1）原始的教育状况。在原始社会里，生产力水平很低，人们积累的生活、生产和战斗经验不够丰富，不需要也不可能组织专门的教育活动。

（2）古代学校教育的产生。到了奴隶社会，随着生产力的发展，社会分工的逐步进行，剩余产品的出现，使社会上出现了脑力劳动与体力劳动的分工。逐渐出现了专门从事教育工作的教师，产生了学校，使学校教育从生活与生产中分化出来，成为独立的形态。

（3）教育阶级性的出现并不断强化。在奴隶社会，由于奴隶主占有生产资料和生产者，掌管了国家，因而学校教育也被奴隶主阶级所独占。教育的阶级性不仅体现在教育权和受教育权上，而且体现在教育目的、教育内容、教育方法、教师选择与任用等方面。

（4）学校教育与生产劳动相脱离。奴隶社会、封建社会中体力劳动与脑力劳动分离与对立状况，反映在教育上就表现为学校教育与生产劳动的脱离。

2. 简述孔子的教学思想。

【答案要点】

（1）因材施教。孔子是我国历史上首倡因材施教的教育家。实行因材施教的前提条件是承认学生间的个体差异，并了解学生特点。孔子了解学生最常用的方法是谈话和个别观察，主张在了解学生的基础上，根据学生的具体情况，有针对性地进行教育。

（2）启发诱导。孔子是世界上最早提出启发式教学的教育家，比苏格拉底的"助产术"早几十年。他认为，不论学习知识或培养道德，都要建立在学生自觉需要的基础上，应充分发挥学生的主动性、积极性。他主张"不愤不启、不悱不发，举一隅不以三隅反，则不复也"，指出"由博返约"和"叩其两端"是训练学生思考的方法。

（3）学思行结合。"学而知之"是孔子进行教学的主导思想，学是求知的途径，也是求知的唯一手段；孔子提倡学习知识面要广泛，在学习的基础上认真深入地进行思考，把学习与思考结合起来。在论述学与思的关系时，他说"学而不思则罔，思而不学则殆"；孔子强调学习知识还要"学以致用"。由学而思进而行，这是孔子所探究和总结的学习过程，也就是教育过程，与人的一般认识过程基本符合。这一思想对后来的教学理论和实践产生了深远的影响。

（4）好学求是的态度。孔子认为，教学需要师生双方配合协作，学生端正学习态度，是教学成功的重要条件。首先，要有好学、乐学的态度；其次，要有不耻下问的态度；最后，还要有实事求是的态度。

3. 简述黄炎培的职业教育思想。

【答案要点】

（1）职业教育的作用与地位。

①作用：职业教育的功能就其理论价值而言，在于"谋个性之发展"，"为个人谋生之准备"，"为个人服务社会之准备"，"为国家及世界增进生产力之准备"。就其教育和社会影响而言，在于通过提高国民的职业素养，确立社会国家的基础。就其对当时中国社会的作用而言，在于有助于解决中国最大、最重要、最急需解决的人民生计的问题，消灭贫困，并进而使国家每一个公民享受到基本的自由权利。

②地位：职业教育在学校教育制度上的地位是一贯的、整个的和正统的。

（2）职业教育的目的。职业教育的最终目的为"使无业者有业，使有业者乐业"。

（3）职业教育的方针。第一，社会化。黄炎培强调职业教育必须适应社会需要。第二，科学化。科学化是指用科学来解决职业教育问题，开展职业教育需要遵循科学原则。

（4）职业教育的教学原则："手脑并用""做学合一""理论与实际并行""知识与技能并重"。

（5）职业道德教育。黄炎培把职业道德教育的基本要求概括为"敬业乐群"。"敬业"是指热爱自己的职业，做到尽职，有为所从事职业和全社会做出贡献的追求。"乐群"是指有高尚情操和群体合作精神，有服务和奉献精神。

4. 自我效能感的功能有哪些？

【答案要点】

（1）影响对活动的选择和坚持。人倾向于选择并做完自认为能胜任的工作，而回避自认为不能胜任的任务。

（2）影响在困难面前的态度。自我效能感高者有信心克服困难，更加努力，低者则信心不足，甚至放弃努力。

（3）影响新行为的获得和习得行为的表现。自我效能感高者表现自如，低者则畏手畏脚。

（4）影响活动时的情绪。自我效能感高者能够承受压力，情绪饱满，轻松；低者则感到紧张、焦虑。

三、分析论述题

1. 结合实际说明社会变迁中教师角色发展的趋势。

【答案要点】

教师角色丛是指与教师特定的社会职业和地位相关的所有角色的集合。仅就教师与学生的关系而言，教师就要扮演多重角色。主要有"家长代理人"和"朋友、知己者"的角色；"传道、授业、解惑者"的角色；"管理者"的角色；"心理调节者"的角色；"研究者"的角色。

社会变迁中教师角色的发展趋势：

（1）在教学过程中更多地履行多样化的职能，更多地承担组织教学的责任。

（2）从强调知识的传授转向着重组织学生的学习。

（3）注重学习的个性化，改进师生关系。

（4）实现教师之间更为广泛的合作，改进教师与教师的关系。

（5）更广泛地利用现代教育技术，掌握必需的知识与技能。

（6）更密切地与家长和其他社区成员合作，更经常地参与社会生活。

（7）更广泛地参加校内服务和课外活动。

（8）削弱加之于孩子们身上——特别是大龄孩子及其家长身上的传统权威。

教师角色的这些转换，不仅意味着学校教育功能的某些变化，而且对教师素养的要求以及相应的师资培训问题也提出了更高的要求。

2.结合实际说明教育对人的发展的作用。

【答案要点】

（1）教育在人的发展中起引领作用。

教育在年轻一代的发展中起着引领作用主要体现在有意识地为年轻一代的成长选择、建构、调控良好的环境，对他们的生活、交往、学习与实践等活动进行正确的教导、示范和辅助，并注重尊重他们的主体地位和激发、引导他们内在的学习动力与自我发展的能动性和自主性，从各方面引领、关怀、维护他们的发展。

（2）学校教育主要通过传承文化科学知识来培养人。

学校教育是教育者有意识地为儿童的身心发展精心设置的一种环境，它把经过选择的、重新组编的、人类长期积累起来的文化知识作为精神客体与儿童互动，以促进儿童的发展，使他们成人成才。文化知识蕴含着有利于人的发展的多方面价值，包括促进人的认识的发展、促进人的精神的发展、促进人的能力的发展和促进人的实践的发展。

（3）学校教育对提高人的现代性有显著的作用。

教育在人的现代化过程中起着重要作用，因为学生在学校里不仅学会了读、写、算等各个方面的基础知识与技巧，而且学到了与他们个人的发展和国家的未来有关的态度、价值和行为方式。人的现代化是社会现代化的重要基础和前提条件，我们应该自觉地优先发展教育，高度重视并充分发挥教育对人的现代化的促进作用。学校教育的特点有以下几个方面：

①学校教育具有较强的目的性。学校是专门培养人的机构，其一切活动几乎都是围绕有目的地培养人而展开的。

②学校教育具有较强的系统性。人的培养是一个复杂的系统工程，因此学校教育必须要有较强的系统性，在总体上要避免教育影响的自发性、偶然性、随意性、片面性。

③学校教育具有较强的选择性。影响人的发展的因素是复杂多样的，这就需要学校教育对复杂多样的教育影响进行选择、整理和加工，避害趋利，去伪存真，尽可能为年轻一代的发展营造一个良好和谐的环境。

④学校教育具有较强的专门性。在所有的社会机构中，学校是培养人的最专门的场所，因而学校教育在培养人上最具有专门性。

⑤学校教育具有较强的基础性。从终身教育的角度看，各级各类学校教育都是在不同层面上为人一生的发展打基础，包括为一生的"做人"打基础。

3. 试论卢梭的年龄分期及其教育。

【答案要点】

卢梭根据自然教育的原则，根据人的自然发展的进程和不同年龄时期身心的特点，把自然教育分为婴儿期、儿童期、少年期和青春期。

（1）婴儿期（0~2岁）：主要进行体育，其任务在于通过身体的养护和锻炼，促进儿童身体的健康发展，增强儿童的体质。婴儿期的体育应该顺应自然，通过合理的饮食、衣着、睡眠和游戏，实施正确的教育。

（2）儿童期（2~12岁）：又称儿童的"理性睡眠期"，主要进行感官训练和身体发育，使他们通过感觉器官的运用获得丰富的感性经验，并要掌握一些道德观念。这个时期的儿童不宜进行理性教育，不应强迫儿童读书。

（3）少年期（12~15岁）：主要进行智育和劳动教育。智育的任务在于发展他们的智力，培养他们的学习兴趣和掌握学习研究的方法。卢梭重视劳动教育，认为儿童必须学会劳动，学会从事一种职业。劳动不仅可以谋生，还能促进理性的成长，并直接影响人的道德品质和人格发展。

（4）青春期（15~20岁）：主要接受道德教育，包括宗教教育、爱情教育和性教育，激发青年自然涌现的善良情感，发展他们的理性，使其在行为中接受道德的磨炼。

4. 试述有效问题解决者的特征。

【答案要点】

问题解决是指个体在面临问题情境而没有现成方法可以利用时，将已知情境转化为目标情境的认知过程。当常规或自动化的反应不适用于当前的情境时，问题解决者需要超越对过去所学规则的简单应用，对所学规则进行一定的组合，产生一个解答，达到问题解决的目的。它涉及认知、情感和行为活动成分。

有效问题解决者的特征：

（1）在擅长的领域表现突出。专家在解决自己擅长领域的问题时比较出色。

（2）以较大的单元加工信息。专家能更有效地组织信息，因为他们能够将信息转换成为更大的、可以利用的单元，善于将当前有意义的信息加工为自己熟悉的图式。

（3）能迅速处理有意义的信息。专家能更有效地搜索和表征问题，因为他们以前解决过大量类似的问题，积累起来的经验能使专家轻而易举地确认相关信息并选择恰当策略。

（4）能在短时记忆和长时记忆中保持大量信息。专家在解决问题时观念和行动都是高度自动化的。这种自动化使得专家能够以更有效的方式利用自己的短时记忆。

（5）能以深层方式表征问题。专家通常将自己的注意力放在问题的基本结构上，而不是问题的表面特征上。

（6）愿意花费时间分析问题。专家会花费更多的时间来确认和表征问题，一旦问题得到了理解，在选择策略时耗时会少一些。

（7）能很好地监视自己的操作。专家在问题解决的各个阶段能始终保持反思，给自己提出恰当的疑问，较好地监督自己的问题解决过程。

2014年 河南师范大学 333 教育综合·真题解析

一、名词解释

课程

课程是由一定的育人目标、特定的知识经验和预期的学习活动方式构成的一种蕴涵着丰富、基本而又有创造性与潜质的一套计划与设定。

德育过程

德育过程是学生在教师的引导下,主动积极地进行道德认识和道德实践,逐步提高自我修养能力,形成个人品德的过程,其特殊性在于它是教师教导下学生思想品德的自主建构的过程,是知情意行整体和谐发展的过程,是学生自我教育能力不断提高的过程。

《大学》

《大学》是《礼记》中的一篇,是儒家学者论述大学教育的一篇论文,它着重阐明"大学之道",即大学教育的纲领,被认为是与论述大学教育之法的《学记》互为表里之作,对大学教育的目的、程序和要求做了完整、扼要和明确的概括。

科举制

科举制度即个人自愿报考,县州逐级考试筛选,全国举子定时集中到京都,按科命题,同场竞试,以文艺才能为标准,评定成绩,限量选优录取,是一种选官制度,以这种方式选拔国家官员。科举制度是由察举制演化而来的。隋炀帝大业二年(606年)"始建进士科"是科举考试制度确立的标志。它产生于隋朝,发展于唐朝。

学习化社会

学习化社会是在终身教育概念的基础上形成和发展起来的,学习化社会不光是对所有成人男女随时提供定时制的成人教育,而且是以学习和完善人为目的,以所有的制度指向于该目的的实现而成功地完成了其价值的转换的社会。

设计教学法

设计教学法是由克伯屈依据杜威问题教学法和桑代克行为主义心理学而创造的一种方法,主张由学生自发地决定自己的学习目的和内容,在学生自己设计、自己实行的单元活动中获得有关的知识和形成解决实际问题的能力。它主张从实际生活中获取学习材料,打破教学科目的界限,摒弃教科书;强调教师的责任在于利用环境去引发学生的学习动机,并帮助学生选择活动所需要的材料。其一般程序为:确定目的、制订计划、实施完成、检查评价。

二、简答题

1.个体发展的规律性表现在哪些方面?

【答案要点】

(1)顺序性。在正常情况下,人的发展具有一定的方向性和顺序性,既不能逾越,也不能逆向发展。如个体动作的发展就遵循自上而下、由躯体中心向外围、从粗动作向细动作的发展规律性。就心理而言,儿童的发展总是从无意注意到有意注意,从机械记忆到意义记忆,从具体形象思维到抽象逻辑思维，从喜怒哀乐等一般情绪发展到道德感、理智感、美感等高级情感。

（2）不平衡性。人的发展不总是匀速直线前进的，不同系统的发展速度、起始时间、达到的成熟水平是不同的；同一机能系统在发展的不同时期也有不同的发展速率。从总体发展来看，幼儿期出现第一个加速发展期，青春发育期出现第二个加速发展期。

（3）阶段性。人的发展变化既体现出量的积累，又表现出质的飞跃。当某些代表新质要素的量积累到一定程度时，就会导致质的飞跃，从而表现出发展的阶段性。个体的身心发展的阶段性表现为不同年龄阶段的个体具有不同的年龄特征及主要矛盾，面临着不同的发展任务。

（4）个别差异性。人的发展的个体差异表现在身心发展的速度、水平、表现方式等方面。如在发展速度上，有的儿童早慧，有的儿童大器晚成。

（5）整体性。人的生理、心理和社会性等方面的发展是密切联系在一起的，并在发展过程中相互作用，使人的发展表现出明显的整体性。

2. 简述斯宾塞的"教育预备说"。

【答案要点】

（1）斯宾塞主张教育的目的是为完满生活做准备。为实现此目的，教育应从当时古典主义的传统束缚中解放出来，应该切实适应社会生活与生产的需要。

（2）斯宾塞按照重要程度把人类活动分为五个部分：第一，直接有助于自我保全的活动；第二，从获得生活必需品而间接有助于自我保全的活动；第三，目的在于抚养和教育子女的活动；第四，与维持正常的社会和政治关系有关的活动；第五，在生活中的闲暇时间用于满足爱好和情感的各种活动。

为促使个人有能力从事上述五类活动，斯宾塞提出学校应开设以下五种类型的课程：

①生理学与解剖学。此类知识属于直接保全自己的知识，应成为合理教育中最为重要的部分。

②逻辑学、数学、力学、化学、天文学、地质学、生物学和社会科学，属于间接保全自己的知识，是文明生活得以维持的基础知识。

③生理学、心理学与教育学。此类知识能够保证父母们成功履行自己的责任，进而促使家庭稳定和睦，社会文明进步。

④历史学。历史知识有利于人们自己调节自己的行为，成功履行公民的职责。

⑤文学、艺术等。这类知识能够满足人们闲暇时休息与娱乐的需要。

3. 简述杜威的教育本质观。

【答案要点】

（1）教育即生活。

杜威认为教育是生活的过程，学校是社会生活的一种形式，那么学校生活也是生活的一种形式。学校生活应与儿童自己的生活相契合，满足儿童的需要和兴趣，使校园成为儿童的乐园，使儿童在现实的学校生活中得到乐趣。学校生活应与学校以外的社会生活相契合，适应现代社会变化的趋势并成为推动社会发展的重要力量，校园不应是世外桃源而应积极参与社会生活。

杜威要做的就是改造不合时宜的学校教育和学校生活，使之更富活力，更有乐趣，更具实效，更有益于儿童发展和社会改造。

（2）学校即社会。

杜威"学校即社会"意在使学校生活成为一种经过选择的、净化的、理想的社会生活，使学校成为一个合乎儿童发展的雏形的社会。而要将此落于实处，就必须改革学校课程，从分科课程转变为活动课程。

"学校即社会"是对"教育即生活"这一命题的进一步引申,代表社会生活的活动性课程的引入是使学校与社会生活相联系的基本保证。杜威坚信教育是社会进步及社会改革的基本方法,希望通过教育改造社会生活,使之更完善、更美好。

(3)教育即生长。杜威针对当时教育无视儿童天性,消极对待儿童,不考虑儿童的需要和兴趣的现象,提出了"教育即生长"的观念。

杜威要求摒除压抑、阻碍儿童自由发展之物,使教育和教学适应儿童的心理发展水平和兴趣、需要的要求。他所理解的生长是机体与外部环境、内在条件与外部条件交互作用的结果,是一个持续不断的社会化的过程。杜威要求尊重儿童但不同意放纵儿童,这也是杜威与进步主义教育实践的一个重要区别。

(4)教育即经验的持续不断的改造。

教育即经验的改造是指构成人的身心的各种因素在外部环境和人的主动经验过程中统一的全面改造、发展、生长的连续过程,包含四个方面:

①经验是一种行为,涵盖认识的、情感的、意志的等理性、非理性因素,成为儿童各方面发展和生长的载体。在经验过程中,儿童不仅获得知识,而且形成能力、养成品德。

②经验是有机体与环境相互作用的过程,机体不仅受环境的塑造,同时也对环境加以改变。经验的过程就是一个实验探究的过程、运用智慧的过程、理性的过程。

③经验的过程是一个主动的过程,有机体既接受着环境塑造,也主动改造着环境。

④经验是一个连续发展的过程,不存在终极目的的发展过程,因此教育就是个人经验的不断生长。

4. 人格发展的一般规律有哪些?

【答案要点】

(1)连续性和阶段性并存。从人的一生来看,个体人格的发展是连续不断的。但是,在不同的阶段又有不同的表现,体现阶段性的特点。

(2)发展具有定向性和顺序性。个体人格发展指向一定的方向并遵循一定的先后顺序,这种顺序是不可逆,也不可逾越的。

(3)发展表现出不平衡性。同一个体内,个体人格在不同时间段发展的快慢不同;同一时间段,个体人格的不同方面,发展的快慢也不同。

(4)共同性和差异性。个体人格发展表现出一些共有的特点,但是每个个体又都有自己的独特性,世界上完全没有完全相同的两个人。

三、分析论述题

1. 结合实际说明教学的意义。

【答案要点】

教学在传承文化,促进学生个性全面发展上具有不可替代的重大价值,在学校工作中居于主要地位。教学的意义主要表现在以下几个方面:

(1)教学是促进学生全面发展的基本途径。学生的全面发展是指学生在德、智、体、美、劳等方面都获得充分发的个性化的发展。通过教学,学生可以获得知识、形成技能、发展智力、涵养情感等,获得全面发展。

①教学有助于学生道德品德的培养。一个人的世界观、人生观、价值观等是建立在已有的生活体验基础之上的。青少年的社会生活、人际关系等方面的实践经验还不丰富,通过教学活动,可以提高他们自身的认识能力和价值判断能力。

②教学有助于学生智力的培养。智力是解决问题所表现出来的个性心理特征。学生智力的培养,

需要凭借一定的内容或载体来完成,教学为学生实现短时间掌握文化科学知识提供了重要途径,学生在学习文化科学知识的过程中,智力可以得到快速发展。

③教学有助于学生身体的发展。身体是人类从事各种活动的物质准备,为了提高自己的身体素质,学生必须获得必备的身心发展知识。为此,学校开设了部分与学生身体直接或间接相关的课程,如体育等,这些课程的实施主要通过教师的教学来实现。

(2)教学是提高学校教育质量的有效途径。

衡量学校办学水平高低的一个主要指标是高质量人才的培养。高质量人才培养的基础是知识的掌握。教学是目前用时最少、掌握知识最快捷的一种活动,但不能把教学认定为学校教育唯一的活动,从而忽视或否定其他非教学活动。只有将教学活动和非教学活动结合起来,才能最大限度地提高学校教育质量。

(3)教学是推动社会发展的重要手段。

教学乃至教育体系的发展都是受社会发展影响的。反过来,社会的发展也需要教学的推动。教学是解决个体经验和社会历史经验之间矛盾的一种重要途径,人类社会积累下来的那些宝贵经验、知识、科学技术等若不通过教学,青少年就需要从头做起或重新体验,这样势必会影响甚至延缓社会的发展,只有通过教学。年轻一代才能快速地掌握人类社会积累的宝贵知识,推动社会不断向前发展。

2. 结合实际说明班主任应该具备哪些素质。

【答案要点】

(1)为人师表的风范。

班主任是学生的教育者、引路人,是他们崇敬的老师,依靠的长者,学习的榜样。他应严于律己,他的为人处世、一言一行、性情作风等各方面均能为人师表,为学生示范。

(2)相信教育的力量。

相信每个学生都有自己的特点、优势和潜能,只要经过教育,都有美好的发展与前途。即使有严重缺点和错误的学生,只要真情关怀,耐心教育,切实帮助,也能转变好。只有确信教育的力量的班主任,才能不畏困难曲折,把学生转变好。

(3)要有家长的情怀。

班主任对待学生要像家长对待孩子一样,有深厚的情感,能无微不至地关怀,与学生彼此信赖。这样才能使学生更易亲近班主任,听班主任的话,才能使班主任工作顺利进行。

(4)较强的组织亲和力。

班主任要善于与人打交道,善于亲近学生、与学生打成一片,这样才便于组织学生开展活动。他还要善于在工作中表现出魄力,能令行禁止,坚定地引导学生沿着正确的方向,不断前进。

(5)能歌善舞、多才多艺。

每个学生都有自己的兴趣与爱好,因而需要展开各种各样、丰富多彩的活动。这就要求班主任也有广泛兴趣、多才多艺,易与学生打成一片,便于开展工作。

3. 论述蔡元培的主要教育主张。

【答案要点】

(1)"五育"并举的教育方针。

蔡元培是中国近代著名的资产阶级革命家和民主主义教育家。1912年初,蔡元培发表《对教育方针之意见》一文,从"养成共和国民健全之人格"的观点出发,提出军国民教育、实利主义教育、公民道德教育、世界观教育和美感教育的"五育"并举教育思想，成为制定民国元年教育方针的理论基础。

①军国民教育。指将军事教育引入到学校和社会教育之中，让学生和民众受到一定的军事教育和训练。在学校教育中，强调学生生活的军事化，特别是体育的军事化。

②实利主义教育。即密切教育与国民经济生活的关系，加强职业技能的培训，使教育能发挥提高国家经济能力和改善人民生活水平的作用。

③公民道德教育。蔡元培认为，公民道德的基本内容不外乎法国资产阶级革命所标榜的自由、平等、博爱，虽然与封建道德的专制等级性不相容，但他明确指出中国传统伦理特别是儒家伦理中的一些基本范畴，其内涵是与自由、平等、博爱的精神相通的。蔡元培尊重文化的继承性和发展性的统一。因此他在摒弃封建道德专制性和等级性的同时，汲取其中有利于资产阶级道德建设的养分。

④世界观教育。是蔡元培独创并被作为教育的最高境界。世界观教育就是要培养人们立足于现象世界但又超脱现象世界而贴近实体世界的观念和精神境界。

⑤美感教育。美感教育与世界观教育紧密联系。蔡元培认为，美感介于现象世界和实体世界之间，是两者之间的桥梁。世界观教育是引导人们具有实体世界的观念，但不是靠简单的说教可以实现的，其有效的方式是通过美感教育，利用美感这种超越利害关系、人我之分界的特性去破除现象世界的意识，陶冶、净化人的心灵。

（2）改革北京大学的教育实践。

民国成立后，京师大学堂改称北京大学。当时北大校政腐败、制度混乱、学生求官心切、学术空气淡薄，封建文化泛滥。为了改变这种风气，蔡元培赴任北大校长，对北大进行全面改革。

①抱定宗旨，改变校风。蔡元培明确大学的宗旨，认为大学应该成为"研究高尚学问之地"。他改革北大的第一步就是要为师生创造研究高深学问的条件和氛围。具体措施有：改变学生的观念；整顿教师队伍，延聘积学热心的教员；发展研究所，广积图书，引导师生研究兴趣；砥砺德行，培养正当兴趣。

②贯彻"思想自由，兼容并包"的办学原则。蔡元培明确声明，在学术上"循'思想自由'原则，取兼容并包主义"，这是他办理北京大学的基本指导思想。该思想不仅体现在学术上，也体现在教师的聘任上。蔡元培以"学诣为主"，罗致各类学术人才，使北大教师队伍一时呈现出流派纷呈的局面。

③教授治校，民主管理。1912年由蔡元培主持制定的《大学令》中，确立了教授治校、民主管理的大学校务管理原则，规定大学设立评议会，各科设立教授会。

④学科与教学体制改革。在学科与教学体制改革方面，蔡元培主要有三个措施：第一，扩充文理，改变"轻学而重术"的思想；第二，沟通文理，废科设系；第三，改年级制为选科制，发展学生个性。

（3）教育独立思想及对收回教育权的推进。

1922年，蔡元培发表《教育独立议案》，阐明教育独立的基本观点和方法，成为教育独立思潮中的重要篇章。教育独立的基本要求可以大致归结为：教育经费独立、教育行政独立、教育学术和内容独立、教育脱离宗教而独立。

（4）蔡元培对近代中国教育发展的贡献和影响。

蔡元培在民国历史的几个关键时期被委以教育要职，对民国教育的大政方针和宏观布局有重大影响。他的教育思想贯穿着对民主、科学、自由、个性的追求，充满了爱国主义激情。他在教育实践中表现出不屈从压力、锐意改革、坚守信念的品质。他在民国初期改革封建教育，建立资产阶级民主教育制度，反映的是新时代对教育的要求；20年代提倡教育独立是在教育面临深重危机下的一次无奈抗争；他对北京大学的改革，包容博大，规模恢宏，影响深远，凸显了他作为杰出教育改革家的远大理想和个性品质。

4.试述心智技能的培养方法。

【答案要点】

（1）心智技能的原型模拟。

苏联心理学家兰达最早使用了心理模拟法来分析心智活动的实践模式，主要原理是模拟人的心理功能系统的运行法则，找出能与心理关键特征一一对应的物质系统。用心理模拟法建立智力活动的实践模式需要经过两个步骤：确立模型和检验修正模型。

（2）心智技能的培养方法。

①遵循智力活动按阶段形成的理论。心智技能按阶段形成的理论，充分体现了心智技能形成的一般规律。因此，在培养学生形成心智技能时应遵循这一理论，积极创造条件，帮助他们从外部的物质活动向内部的智力活动转化。

②根据心智技能的种类选择方法。心智技能与动作技能一样也有简单和复杂之分，要根据其不同的复杂程度而采取不同的途径。

③积极创造应用心智技能的机会。学生的实践活动是心智技能形成和发展的基础。要想促进学生心智技能的形成和发展，使之达到熟练掌握和灵活运用的水平，教师必须积极创设问题情境，让他们的心智技能在解决问题的练习中得到锻炼。

④注重思维训练。学生心智技能的核心心理成分是思维。为此，教师在教学过程中要重视学生的思维训练，培养他们思维的独立性与批判性、敏捷性与灵活性、流畅性与逻辑性以及敏感性等良好品质，使他们养成认真思考的习惯。

2013年 河南师范大学333教育综合·真题解析

一、名词解释

教育的社会流动功能

教育的社会流动功能是指社会成员通过教育的培养、筛选和提高，能够在不同的社会区域、社会层次、职业岗位、科层组织之间转换、调整和变动，以充分发挥其个人的智慧才能，实现其人生价值。它包括横向流动功能和纵向流动功能。

长善救失原则

长善救失是德育原则之一，指进行德育要调动学生自我教育的积极性，依靠和发扬他们自身的积极因素去克服他们品德上的消极因素，促进学生的道德成长。

稷下学宫

稷下学宫是战国时代齐国一所著名的高等学府，因其建立于齐国都城临淄的稷门附近而得名。它既是百家争鸣的中心与缩影，也是当时教育上的重要创造，稷下学宫对中国古代学术、文化和教育的发展产生过重大的历史影响。

"新学制"的标准

"新学制"的七项标准为：适应社会进化之需要；发扬平民教育精神；谋个性之发展；注意国民经济力；注意生活教育；使教育易于普及；多留各地伸缩余地。这七项标准体现出来的主流是新文化运动以来所倡导的"民主"与"科学"的精神，尤其是实用主义的教育思想。它对其后民国一系列教育改革产生了深远的影响。

智者

"智者"又称诡辩家，在荷马时代，是指某种精神方面的能力和技巧，以及拥有这些能力和技巧的人。后来各行各业具有专门知识和技艺的人也被称为"智者"。到前5世纪后期，"智者"被用来专指以收费授徒为职业的巡回教师。这些人云游各地，积极参加城邦的政治和文化生活，以传播和传授知识获得报酬。

《国防教育法》

1958年美国总统批准颁布了《国防教育法》，内容包括加强普通学校的自然科学、数学和现代外语即"新三艺"的教学；加强职业技术教育；强调天才教育和增拨大量教育经费，作为对各级学校的财政支援。

二、简答题

1. 社会本位论的主要观点有哪些？

【答案要点】

（1）代表人物：德国哲学家那托尔普、法国思想家涂尔干、德国教育家凯兴斯泰纳等。

（2）主要观点：第一，个人的一切发展都有赖于社会，都受社会的制约，人的一切发展也是为了满足社会的需要；第二，教育除了满足社会需要以外并无其他目的；第三，教育结果的好坏是以其社会功能发挥的程度来衡量的，离开了社会，就无法对教育的结果做出衡量。

（3）评价。社会本位论者从社会需要出发来选择教育目的的价值取向，无疑是看到了教育的社会作用，在今天这样生产高度社会化的时代，也具有一定的借鉴价值；但只是站在社会的立场看教育而抹杀了个人在选择教育目的过程中的作用，并以此来排斥教育满足个人发展的需要，则是片面的、不正确的。

2. 简述孔子关于教师的主张。

【答案要点】

（1）学而不厌。教师要尽自己的社会职责，应重视自身的学习修养，掌握广博的知识，具有高尚的品德，这是教人的前提条件。

（2）温故知新。"故"是古，指的是过去的政治历史知识；"新"是今，指的是现在的社会实际问题。教师既要了解掌握过去政治历史知识，又要借鉴有益的历史经验认识当代的社会问题，知道解决问题的办法。教师负有传递和发展文化知识的使命，既要注意继承，又要探索创新。

（3）诲人不倦。教师以教为业，也以教为乐，要树立"诲人不倦"的精神。诲人不倦不仅表现在毕生从事教育，还表现在以耐心说服的态度教育学生。

（4）以身作则。教师对学生进行教育的方式不仅有言教，还有身教。言教在说理，以提高道德认识；身教在示范，实际指导行为方法。教师身教的示范对学生有重大的感化作用，因此身教比言教更为重要。

（5）爱护学生。孔子爱护关怀学生表现在要学生们努力进德修业，成为具有从政才能的君子，为实现天下有道的政治目标而共同奋斗。对学生充满信心，对他们的发展抱有比较乐观的态度。

（6）教学相长。孔子认为，教学过程中，教师对学生不是单方面的知识传授，而是可以教学相长的。学生学习有疑难而请教，教师就答疑做说明，学生得到启发，思考问题更加有深度；教师于此反受启发，向学生学习而获益。

3. 简述陈鹤琴的活教育体系。

【答案要点】

（1）"活教育"的目的论。陈鹤琴提出"活教育"的目的是"做人，做中国人，做现代中国人"。"做人"是"活教育"最为一般意义的目的。"活教育"提倡学习如何做人，如何求社会进步、人类发展。学会"做人"，是个体参与社会生活，增进人类全体幸福，同时也是个体幸福的基础。"做中国人"体现了"活教育"目的的民族特征，指要懂得爱护这块生养自己的土地，爱自己国家长期延续的光荣历史，爱与自己共命运的同胞。并且，应该与其他中国人团结起来共同谋国家发展。"做现代中国人"体现了时代精神，有五个具体方面的要求：要有健全的身体；要有建设的能力；要有创造的能力；要能够合作；要服务。

（2）"活教育"的课程论。

"大自然、大社会都是活教材"，是陈鹤琴对"活教育"课程论的概括表述。"活教材"是指取自大自然、大社会的"直接的书"，即让儿童在与自然、社会的直接接触中，在亲身观察中获取经验和知识。

（3）"活教育"的教学论。

"做中教，做中学，做中求进步"是活教育教学方法的基本原则。陈鹤琴认为，"做"是学生学习的基础，因此也是"活教育"教学论的出发点。它强调儿童在学习过程中的主体地位和在活动中直接经验的获取。

4. 认知发展的一般规律有哪些？

【答案要点】

（1）认知发展的含义。

认知是个体获得知识、运用知识、加工信息的过程，包括感知觉、注意、记忆、思维、言语等。认知发展是指在个体与环境相互作用的过程中，其感知觉、注意、记忆、思维、言语等认知的功能系统不断发展，并趋于完善的变化过程。即认知发展是个体在心理上表征世界、思考世界的方式的发展。

（2）认知发展的一般规律。

①认知活动从简单、具体向复杂、抽象发展。

②认知活动从无意向有意发展。儿童最初的活动是不自觉的、无意识的，逐渐向有意识的心理活动发展，出现有意注意、有意记忆等。

③认知活动从笼统向分化发展。儿童认知活动的发展趋势是从笼统到分化和明确。

④认知活动具有顺序性、阶段性、差异性、连续性等特征。

三、分析论述题

1. 结合实际论述生产力对教育的制约作用。

【答案要点】

（1）生产力的发展制约教育事业发展的规模和速度。

物质资料的生产是社会存在与发展的基础。教育事业发展的规模和速度，归根结底是由生产力发展的水平和状况决定的，一定的教育必须与一定的生产力发展相适应，这是学校教育发展必须遵循的规律。

（2）生产力的发展水平制约人才的培养规格和教育结构。

不同的生产力发展水平，对教育所培养的人提出了不同层次的要求。生产力的发展与分工，也必然引起教育结构的变化。因此学校教育结构必须反映经济的技术结构和产业结构的发展变革。这样教育为生产培养的人才在总量、类型和质量上才能满足生产力发展的需求。

（3）生产力的发展制约教学内容、教学方法和教学组织形式的发展和改革。

生产力的发展推动了科学技术的发展，也必然促进教学内容的发展与更新。教学方法和教学组织形式的变革也是一样，如班级教学组织形式的产生与改进、多媒体教学等现代方法的运用，都是与生产力的发展和科学技术的运用紧密相关的。

2. 班级授课制的优点有哪些？

【答案要点】

班级授课制是一种集体教学形式。它把一定数量的学生按年龄与知识程度编成固定的班级，根据周课表和作息时间表，安排教师有计划地给全班学生上课，分别学习所设置的各门课程。其优点主要如下：

（1）形成了严格的教学制度。如按年龄、知识编班、分级制度，每班人数以40~50名为建制；实行学年、学期、学周制度；制定招生、考试、升留级、毕业制度；建立作息制度和课堂常规等。它使教学科学化、标准化、现代化，保证教学活动正常运转，达到一定质量。

（2）以课为单位科学地组织教学。以45分钟左右为一节课，以周课表方式，分年级、分班科学地安排各科教学活动。每节课必须完成一定质量的知识技能教学，上完一节课，休息约10分钟，再进行下一节课，劳逸结合。这样使一个班乃至全校的各科教学都能按周课表、作息时间表有条不紊地进行下去，符合学生身心发展规律，保证学生能精力旺盛地学习。

（3）能充分发挥教师的主导作用。各国教学实践反复证明，班级上课制最能充分发挥教师在教学中的主导作用。它不仅能够有效地使学生掌握系统的科学知识与技能，而且能通过加强因材施教、个别指导和学生独立作业，以弥补其难以照顾学生个别差异的缺陷。

（4）能促进学生的社会化与个性化。班级上课使一个班的学生，长期在一起学习、交往、生活，形成了互爱、互尊、互助、民主平等、和谐亲密的人际关系，过着既丰富多彩又制度化的班组生活，有力地促进学生的社会化，这已被世人所公认。而且，班级授课制也能使他们更好地个性化，学生只有在班级的学习与交往中，才能使学生各自的个性与特长得到最充分的历练与发展。

（5）便于传授系统的科学知识。班级授课制能以周课表方式科学地安排各科教学，使之有条不紊地交错进行，确保学生循序渐进地学习和掌握各学科的系统科学知识，完成预定的教学计划。这也有力地促进了教师专业化的发展。

3. 试论斯宾塞的主要教育思想及其影响。

【答案要点】

斯宾塞是19世纪英国著名哲学家、社会学家和教育家，是近代英国科学教育思想的主要代表人物。主要著作是《教育论》。

（1）生活准备说与知识价值论。

斯宾塞主张教育的目的是为完满生活做准备。为实现此目的，教育应从当时古典主义的传统束缚中解放出来，应该切实适应社会生活与生产的需要。

斯宾塞提出了"什么知识最有价值"这一问题，并将评价知识价值的标准定义为对生活、生产和个人发展的作用，知识对生活的作用越大则价值越大。

（2）科学教育论。

斯宾塞的教育理论主张以科学知识为中心，兼顾个人和社会生活的双重需要，是教育思想上的一次变革。斯宾塞及其他提倡科学教育的思想家们不仅对英国中学和大学冲破古典教育传统的禁锢产生了深刻的影响，而且影响到欧美其他国家，极大地推动了科学教育的发展。但是，他的教育观也带有明显的时代局限性，他的课程论反映了资产阶级利益，带有个人主义、功利主义的色彩。

（3）课程论。

斯宾塞按照重要程度把人类活动分为五个部分：第一，直接有助于自我保全的活动；第二，从获得生活必需品而间接有助于自我保全的活动；第三，目的在于抚养和教育子女的活动；第四，与维持正常的社会和政治关系有关的活动；第五，在生活中的闲暇时间用于满足爱好和情感的各种活动。为促使个人有能力从事上述五类活动，斯宾塞提出学校应开设以下五种类型的课程：

①生理学与解剖学。此类知识属于直接保全自己的知识，应成为合理教育中最为重要的部分。

②逻辑学、数学、力学、化学、天文学、地质学、生物学和社会科学，属于间接保全自己的知识，是文明生活得以维持的基础知识。

③生理学、心理学与教育学。此类知识能够保证父母们成功履行自己的责任，进而促使家庭稳定和睦，社会文明进步。

④历史学。历史知识有利于人们自己调节自己的行为，成功履行公民的职责。

⑤文学、艺术等。这类知识能够满足人们闲暇时休息与娱乐的需要。

（4）斯宾塞教育思想的评价。

斯宾塞的教育思想突破了英国传统的古典人文主义的教学内容，使其与现实的社会生活密切联系。

他强调自然教育和自我教育，反对注入式、压制儿童智慧活动的旧教学，在道德教育和体育方面也提出了一些有价值的意见。

斯宾塞向古典主义教育的挑战和对科学教育的论证，为各国中高等教育改革提供了依据，推动了近代实科教育的发展。

但他忽视人文科学的功利主义倾向也受到人们的批判。

4. 试述学业求助策略教学的措施。

【答案要点】

（1）学业求助策略指当学生在学习上遇到困难时向他人请求帮助的行为，是一种重要的社会支持管理策略。

（2）影响学业求助的因素。

①学业求助者的态度。学业求助者的态度与学习者的自我效能感有关。低自我效能水平的学生更有可能认为，如果求助就意味着低能，因此更少求助或回避求助；相反，高自我效能水平的学生遇到困难或失败时，他们不在乎别人是否把自己视为低能，因此更有可能寻求必要的帮助。

②学习者的归因。学习者常常根据是否独立完成任务来判断能力的高低，因此为了避免对自我构成威胁，常常回避求助。

③过去习得经验的影响。学生的求助经验会影响学生的求助行为，在鼓励求助的教师那里，学生的求助行为是积极的，在抑制求助的教师那里，学生的求助行为是消极的。

④难以识别该策略的运用条件。有些学生不知道在什么时候、什么条件下使用该策略，他们认

为自己无须求助或认定求助无益。也有学生不知道该向何人求助，以及求助的方式等。

（3）学业求助策略的教学。

①教会学生正确看待学业求助。学业求助不是自身能力缺乏的标志，而是获取知识、增长能力的一种途径，是一种重要的学习策略。

②注意发展学生学业求助能力。教师要教会学生正确判断是否需要学业求助、向何人求助以及如何求助才能获得信息等学业求助策略，使学生在真正需要求助的时候能够运用所学达到解决问题、提高能力的目的。

③要求学生采用工具性求助。教师要让学生明白，学业求助关键在于求得别人的点拨和提示，而不是要求别人直接给出答案或者让别人直接解决问题。只有在遇到自己经过深思都不能解决的问题时才应寻求他人的帮助。

④注意营造一种良好的社会性学习环境。学业求助需要与他人的互动，没有一种和谐、相互关怀的师生和同学关系，学业求助会受到不必要的挫折。

⑤强调元认知策略。在学业求助过程中学习者是否意识到自己的学习状况、学习能力，是否需要求助他人，如何求助等，实质上反映了学生在问题情境中对自己学习的监控和调整。因此，教师要加强对学生元认知策略的训练。

2012年 河南师范大学333教育综合·真题解析

一、名词解释

德育

德育即道德教育。一般来说，学校德育是指学生在教师的引导下，以学习活动、社会实践、日常生活、人际交往为基础，同经过选择的人类文化，特别是一定的道德观念、政治意识、处世准则、行为规范相互作用，经过自己的观察、感受、判断、践行和改善，以形成行为习惯、道德品质、人生价值和社会理想的教育。简言之，德育是培养学生思想品德的教育。

学校教育制度

学校教育制度即学制，它是现代教育制度的核心部分。指的是一个国家各级各类学校的系统及其管理规则，它规定着各级各类学校的性质、任务、入学年限、修业年限以及它们之间的关系。

鸿都门学

鸿都门学创办于东汉灵帝时期，因校址位于洛阳的鸿都门而得名。鸿都门学在性质上属于一种研究文学艺术的专门学校，规模曾发展到千人以上。鸿都门学的创办是统治集团内部各派政治力量的较量在教育上的反映，同时也与汉灵帝的个人爱好有密切关系。

癸卯学制

"癸卯学制"是中国近代由中央政府颁布并首次得到施行的全国性法定学制系统，较"壬寅学制"更为系统完备。学制主系列分为三段七级。第一阶段为初等教育，第二阶段为中等教育，第三阶段为高等教育，在主系列之外，还设有实业类和师范类的平行学堂。

文雅教育

文雅教育即自由教育，是亚里士多德总结的古希腊教育传统。它是指对自由公民所施行的，强调通过自由技艺的学习进行非功利的思辨和求知，从而免除无知愚昧，获得各种能力全面完美的发展以及身心和谐自由状态的教育。

新教育运动

新教育运动，也称新学校运动，是指19世纪末20世纪初在欧洲兴起的教育改革运动，初期以建立不同于传统学校的新学校作为新教育的"实验室"为其特征。第二次世界大战以后，新教育运动逐步走向衰落。

二、简答题

1. 我国教育目的的基本精神是什么？

【答案要点】

（1）培养"劳动者"或"社会主义建设人才"。我国当代教育目的在表述上不断发生变化，但培养"劳动者"或"社会主义建设人才"这一基本规定却始终没有变。教育目的的这个规定，明确了我国教育的社会主义方向，指明了培养出来的人的社会地位和价值，是社会主义的劳动者、建设人才，是国家的主人。

（2）坚持全面发展。受教育者的全面发展，教育界通行的说法是德、智、体、美、劳的发展。从人要处理的现实生活的关系分析，人的全面发展主要包括处理人与自然关系的能力、人与社会关系的能力和人与自我关系的能力的发展。如果一个人的发展在这三个方面都形成了健全的能力，那么这个人的发展就是全面发展。

（3）培养独立个性。培养受教育者的独立个性，是马克思人的全面发展学说的基本内涵和根本目的。追求人的个性发展，就是要使受教育者的自由个性得到保护、尊重和发展，要增强受教育者的主体意识、开拓精神、创造才能，要提高受教育者的个人价值。

综上所述，我国教育目的的价值取向的出发点与归宿在于：培养德、智、体、美、劳全面发展，具有创新精神、实践能力和独立个性的社会主义现代化需要的各级各类人才。

2. 简述夸美纽斯在教育史上的主要贡献。

【答案要点】

（1）教育的目的。第一，宗教性目的：认为人生的最终目的是为达到"永生"，教育的目的是使人为来世生活做好准备。第二，现实性目的：通过教育使人认识和研究世界上一切事物，培养和发展他们的各种能力、德行和信仰，以便享受现世的幸福，并为永生做好准备。

（2）教育的作用。夸美纽斯认为教育是改造社会、建设国家的手段。人都是有一定天赋的，而这些天赋发展得如何，关键在于教育。只要接受合理的教育，任何人的智力都能够得到发展。

（3）泛智主义教育观。基于教育的崇高目的，夸美纽斯提出了"将一切事物教给一切人"的泛智主义教育观，内容主要包括教育内容泛智化和教育对象普及化。

（4）普及教育。夸美纽斯认为普及教育就是"人人都可接受教育"，其核心是泛智论。夸美纽斯大力主张普及教育于全体儿童和民众。实现普及教育的可能性一方面在于人自身具有接受教育的先天条件，另一方面在于教育可以改进社会和塑造人，社会和人的进步离不开教育。

（5）统一学制。为了使国家便于管理全国的学校，使所有儿童都有上学的机会，夸美纽斯提出建立全国统一学制的主张。他把人的学习期划分为四个阶段，并按这种年龄分期设立相应的学校。

各级学校均按照适应自然的原则，采取班级授课制和学年制开展工作，分别开设不同的课程来教育和培养儿童。

（6）管理实施。夸美纽斯强调国家对教育的管理职责，认为国家应该设立督学对全国的教育进行监督，以保证全国教育的统一发展。

（7）学年制。为改变当时学校教学活动缺乏统一安排的无序状况，夸美纽斯制定了学校教学活动的学年、学日制度。

（8）班级授课制。为实现普及教育、提高教学效率，改变教师只对学生进行个别教学和指导的状况，夸美纽斯总结新旧各教派学校中实行班级授课的经验，提出并全面系统地论述了班级授课制度。

（9）论教育和教学的基本原则。包括教育适应自然的原则、直观性原则、激发学生求知欲望原则、巩固性原则、量力性原则、系统性和循序渐进性原则、因材施教原则。

3. 杜威的"五步探究教学法"。

【答案要点】

杜威根据科学的实验主义探究方法和反省思维方式，提出了五步教学法。五个阶段的顺序并不固定，实际思维中，有时两个阶段可以合二为一。

（1）创设疑难的情境。学生要有一个真实的经验的情境，要有一个对活动本身感兴趣的连续的活动。

（2）确定疑难所在。在这个情境内部产生一个真实的问题，作为思维的刺激物。

（3）提出问题的种种假设。他要占有知识资料，从事必要的观察，对付这个问题。

（4）推断哪种假设能解决这个困难。他必须有条不紊地展开他所想出的解决问题的方法。

（5）验证这种假设。他要有机会和需要通过应用检验他的观念，使这个观念意义明确，并且让他自己发现它们是否有效。

4. 影响自我效能感的因素有哪些？

【答案要点】

（1）直接经验。学习者的亲身经验对自我效能感的影响是最大的。成功的经验会提高人的自我效能感，多次失败的经验会降低人的自我效能感。

（2）替代性经验。学习者通过观察榜样的行为而获得的间接经验对自我效能感的形成也有重要的影响。当学习者看到与自己水平差不多的人取得了成功时就会增强自我效能感，反之就会降低自我效能感。

（3）言语说服。他人的建议、劝告和解释以及对自我的引导也有助于改变个体的自我效能感，但不持久，一旦面临令人困惑或难于处理的情境就会消失。

（4）情绪唤起和身心状况。情绪和生理状态也影响自我效能的形成。在充满紧张、危险的场合或认知负荷较大的情况下，情绪易于唤起，而高度的情绪唤起和紧张的生理状态会妨碍行为操作，降低个体对成功的预期水准。

三、分析论述题

1. 试述现代教育的特点。

【答案要点】

现代社会包括资本主义社会和社会主义社会。其主要特点是：生产力发展加速，科技日益发达，促进了各国工业化、信息化、国际化的发展，引发了对专门人才的大量需求，从而提高了教育在社会发展中的地位与作用，推动了学校教育事业的发展。具体表现如下：

（1）学校教育逐步普及。由于资本主义生产尤其是机器大工业生产在欧洲兴起，因而西欧的资本主义国家最先提出普及教育的要求。1619年，德意志魏玛邦在宗教改革的影响下颁布了学校法令，规定父母送6~12岁男女儿童入学，这是普及教育的开端。

（2）教育的公共性日益突出。随着大工业生产发展的需要，随着工人阶级和其他劳动人民对教育权的争取，对受教育权的阶级垄断越来越不合时宜，受到来自被统治阶级和统治阶级两方面的批判。在此情形下，大力发展学校教育逐渐成为社会的公共事业和共同话题。

（3）教育的生产性不断增强。在现代社会，随着工业生产的发展和科学技术的进步，科技与教育在生产中的作用增强。现代教育与生产劳动的逐步结合，对提高社会生产效率和增加社会财富起着重要作用，日益成为经济发展的有力保证。

（4）教育制度逐步完善。随着学校数量的增加，学校教育的层次、种类及其运行和管理的复杂化，需要一定的教育宗旨、制度、要求等，以推动学校教育系统有条不紊地运行。教育制度化的实现，使得教育系统中的各级各类学校、各种教育机构和教育行政部门的工作均有制度可循，能排除来自内外部的干扰，使教育活动有序有效地开展，取得了良好效果。

2. 试述教育的生态功能。

【答案要点】

（1）树立建设生态文明的理念。

通过在学校里和社会上加强生态文明的教育与宣传，让学生从小养成爱护自然、节约资源、保护生态环境的思想情感，从而逐步在全社会牢固树立建设生态文明的观念。

（2）普及生态文明知识，提高民族素质。

造成生态灾害与失衡的原因很多，大多都与人的素质不高相关。因此，我们应当有计划地普及生态文明知识，并注意指导与督促他们将知识运用于生活实践。只要从小普及生态文明知识，养成保护生态环境的行为习惯，最终就能提高民族的生态文明素质。

（3）引导建设生态文明的社会活动。

生态文明建设关涉社会的移风易俗，因此，学校的生态文明教育不应局限在校内，要组织学生参加到社区的生态文明建设中去。

3. 论述蔡元培的大学教育思想及现实意义。

【答案要点】

民国成立后，京师大学堂改称北京大学。当时北大校政腐败、制度混乱、学生求官心切、学术空气淡薄，封建文化泛滥。为了改变这种风气，蔡元培赴任北大校长，对北大进行全面改革。

（1）抱定宗旨，改变校风。蔡元培明确大学的宗旨，认为大学应该成为"研究高尚学问之地"。他改革北大的第一步就是要为师生创造研究高深学问的条件和氛围。具体措施有：改变学生的观念；整顿教师队伍，延聘积学热心的教员；发展研究所，广积图书，引导师生研究兴趣；砥砺德行，培养正当兴趣。

（2）贯彻"思想自由，兼容并包"的办学原则。蔡元培明确声明，在学术上"循'思想自由'原则，取兼容并包主义"，这是他办理北京大学的基本指导思想。该思想不仅体现在学术上，也体现在教师的聘任上。蔡元培以"学诣为主"，罗致各类学术人才，使北大教师队伍一时呈现出流派纷呈的局面。

（3）教授治校，民主管理。1912年由蔡元培主持制定的《大学令》中，确立了教授治校、民主管理的大学校务管理原则，规定大学设立评议会，各科设立教授会。蔡元培到任北大后，当年即组织了评议会。1919年，评议会通过学校内部组织章程，决定：第一，设立行政会议，作为全校最高的行政机构和执行机构，负责组织实施评议会议决的事项，下设各种委员会分管各类事务；第二，设立教务会议及教务处，由各系主任组成，并互相推选教务长一人，统一领导全校的教务工作；第三，设立总务处，主管全校的人事和事务工作。

（4）学科与教学体制改革。在学科与教学体制改革方面，蔡元培主要有三个措施：第一，扩充文理，改变"轻学而重术"的思想；第二，沟通文理，废科设系；第三，改年级制为选科制，发展学生个性。

北京大学的改革不仅仅使自身改变了面貌，也是我国高等教育近代化发展中的一个里程碑。这次改革的灵魂是"思想自由，兼容并包"，其中"兼容并包"不仅包容不同的学术和学说流派、不同的人物和主张，也在男生之外包容女生，在正式生之外包容旁听生。北大因此成为新文化运动和马克思主义的传播中心、五四运动的策源地，其影响远远超出了教育领域。

4.试述品德不良纠正和教育的措施。

【答案要点】

品德不良是指个体具有的不符合社会道德要求的道德品质与道德行为，表现为个体经常违反道德准则或犯有较严重的道德过错，有的甚至处在犯罪的边缘或已有轻微的犯罪行为。

通过借鉴西方现代三大学习理论的精髓思想，矫正学生品行不良的方法主要有以下几种：

（1）运用行为主义学习理论培养个体的良好行为方式。在教育中适当运用渐进强化的原理，可以有效地塑造学生的良好行为方式或矫正学生的偏差行为方式。

（2）直接从自我观察学习入手培养人的自律行为。自律是个人根据自己的价值标准评判自己的行为，从而规范自己去做自己认为应该做的事情，或避免自己认为不应该做的事。

（3）提高道德认识法。"美德即知识"的命题启示人们，在很多时候丰富人的道德认识的确可以使人少犯错误，尤其是一些低级错误。这样，妥善采取常用的说理法、故事启发法、小组讨论法或价值澄清法等方法以提高人们的道德认知水平，往往是防治品行不端的有效之举。

（4）改过迁善法。指要求犯错者纠正自己的不良品德，以使自己朝着善的方向发展的方法。该方法由两部分组成：一是消除一个或几个错误的地方；二是通过一定的练习，使自己的行为朝着与原来不良行为相反的或不相容的方向发展。

（5）防范协约法。指以书面形式在教育者与被教育者之间建立和实施一种监督关系的矫正不良行为的方法。

对学生的不良行为要及早矫正，在矫正时要以正面教育和疏导为主，工作要有诚心、细心和耐心。在着手工作时，要注意以下几点：培养深厚的师生感情，消除疑惧心理和对立情绪；培养正确的道德观念，提高明辨是非的能力；保护和利用学生的自尊心，培养集体荣誉感；锻炼同不良诱因做斗争的意志力，巩固新的行为习惯；针对学生的个别差异，采取灵活多样的教育措施。

2011年 河南师范大学 333 教育综合·真题解析

一、名词解释

受教育者

受教育者是指参与教育活动、与教育者在教学与教导上互动，以期自身获得发展的人，主要是学生。受教育者是既是教育的对象，也是学习的主体。

学校教育制度

学校教育制度即学制，它是现代教育制度的核心部分。指的是一个国家各级各类学校的系统及其管理规则，它规定着各级各类学校的性质、任务、入学年限、修业年限以及它们之间的关系。

有教无类

"有教无类"的本意是不分贵贱贫富和种族，人人都可以入学接受教育。孔子的教学实践切实地贯彻了这一办学方针，他的弟子来自各个诸侯国，分布地区广泛；弟子成分复杂，出身于不同的阶级和阶层，大多数出身于平民。

苏湖教法

"苏湖教法"又称"分斋教学法"，是胡瑗在主持湖州州学时创立的新的教学制度，在"庆历兴学"时被用于太学的教学。胡瑗一反当时盛行的重视诗赋声律的学风，提倡经世致用的实学，主张"明体达用"，在学校内设立经义斋和治事斋，创立"分斋教学"制度。

自由教育

自由教育即文雅教育，是亚里士多德总结的古希腊教育传统。它是指对自由公民所施行的，强调通过自由技艺的学习进行非功利的思辨和求知，从而免除无知愚昧，获得各种能力全面完美的发展以及身心和谐自由状态的教育。

五步探究教学法

杜威根据科学的实验主义探究方法和反省思维方式，提出了五步教学法。五个阶段的顺序并不固定，实际思维中，有时两个阶段可以合二为一。包括创设疑难的情境、确定疑难所在、提出问题的种种假设、推断哪种假设能解决这个困难、验证这种假设五个步骤。

二、简答题

1. 教育的功能有哪些？

【答案要点】

教育功能就是教育对人的发展和社会发展所能够起到的影响和作用，尤指积极的促进作用，具有客观性、社会性、多样性、整体性和条件性。从对象上将教育功能分为个体功能与社会功能。

（1）教育的个体功能。

教育的个体功能是教育对个体的生存和发展所产生的作用和影响，由于促进个体发展的功能是教育固有的功能，因此也被称为教育的本体功能。教育的个体功能表现为个体社会化功能和个体个性化功能。

个性化是个体在社会生活中追求独特性、主体性、创造性的过程。教育促进人的主体意识的形成和主体能力的发展；教育促进个性差异的充分发展，形成人的独特性；教育开发人的创造性，促进个体价值的实现。

社会化是个体由一个"自然人"变成"社会人"的过程。教育促进个体思想意识的社会化；教育促进个体行为的社会化；教育促进角色和职业的社会化。

（2）教育的社会功能。

社会功能是教育对社会的稳定、运行和发展所产生的影响，它的发挥必须通过培养人来实现，因此也被称为教育的派生功能。

2. 赫尔巴特的教育心理学化思想有哪些？

【答案要点】

虽然裴斯泰洛齐首先提出了教育心理学化的口号，但他并没有将其丰富的实践经验上升到系统理论的高度。但他的设想对赫尔巴特产生了很大的影响。赫尔巴特的教育心理学化思想主要体现在：

（1）教学过程应以"统觉"原理为基础。

（2）兴趣是形成统觉的条件，并赋予统觉以主动性。

（3）设置广泛课程，培养儿童多方面兴趣。

（4）儿童的管理、教学和训育应遵循儿童心理发展规划。

3. 综合中学运动的特征有哪些？

【答案要点】

（1）广泛性。综合中学运动本身具有广泛性，综合中学运动作为教育发展到一定阶段的必然趋势，是各个国家都必须经历的过程；综合中学运动所面对的教育对象的广泛性，作为追求平等民主的教育运动，它所涉及的教育对象是全体国民；综合中学运动所带来的影响的广泛性，无论发达国家还是发展中国家都会受到该运动的影响。

（2）综合性。综合中学运动试图建立一种能进行全面教育的教育机构，因此，在教育机构外部排列或内部构成，以及教育内容和课程编排上，这一运动都体现了一种全面、综合、优化选择的特性。

（3）平等性。综合中学运动总体而言是为了打破西方国家传统中等教育中的不平等的双轨制或三轨制，试图通过消除中等教育机构之间的地位差别，以及建立新的平等的教育机构，达到教育平等的目的，因此它具有平等主义的色彩和通过教育制度的平等促进社会平等的作用。

（4）科学性。综合中学运动是建立在心理学、社会学和经济学等学科的科学研究结果之上的，另外，在综合制改组的过程中，各种分组形式以及定向准备和指导阶段的设置等都体现了追求平等过程中的公平性和科学性。

（5）民主性。综合中学运动体现了民主社会发展的特性，也是教育民主化的重要表现。通过综合中学运动，教育体系不仅自身实现了民主，也培养了现实民主社会的公民。

（6）社会功利性。综合中学运动的一个重要目的是如何解决传统教育制度与社会经济发展所需技术人才之间的矛盾，从而促进国家和社会的发展，因此，形成一种能最大限度地培养大量既有教育素养又有技术才能的劳动力的教育组织形式、改变各国制约经济发展的教育体制就成为解决这一问题的重要途径。从这些角度来看，该运动具有明显的社会功利性色彩。

4. 加里培林的心智技能形成阶段有哪些？

【答案要点】

（1）活动定向阶段。活动定向是让学生在头脑中形成对活动程序和活动结果的映像。教师需要根据学生的基础水平，将活动分解成学生能够理解，并且能够做到的操作程序，建立起学生对原型活动的定向预期。

（2）物质活动或物质化活动阶段。物质活动是指运用实物的教学活动，物质化活动则是指利用实物的模拟品进行的教学活动。这两者都是基本的直观形式，后者是前者的一种变形。

（3）有声的言语活动阶段。有声的言语活动指不直接依赖实物或模拟品，而是借助出声的外部言语活动来完成各个操作步骤。这是活动从外部形式向内部形式转化的开始。通过这种出声的言语活动，学生可抽象并简化各步动作，并促使活动定型化与自动化。教师需要指导学生运用言语确切地表达各步实际动作，也要对言语动作进行展开、概括和简化的不断改造。

（4）无声的外部言语活动阶段。无声的外部言语活动是指以词的声音表象、动觉表象为中介，进行智力活动。这种不出声的外部言语活动貌似是知识言语减去了声音，实际是动作向智力转向的开始。这种言语不出声的变化要求学生对言语机制进行很大的改造，需要学生重新学习，教师同样需要指导学生对无声的外部言语动作进行展开、概括和简化。

（5）内部言语活动阶段。内部言语活动是指凭借简化了的内部言语，似乎不需要多少意识参与就能自动化进行的智力活动。这一阶段是外部动作转化为内在智力的最后阶段。其特点之一是简缩，这是由于它是指向学习者自己的，不必考虑到外部言语作为交际手段的机能。其特点之二是自动化，这是由于它的进行基本上是学习者自己觉察不到的。

三、分析论述题

1. 结合实际，阐述教师主导作用与学生主动性的关系。

【答案要点】

（1）发挥教师的主导作用是学生简捷有效地学习知识、发展身心的必要条件。

在教学过程中，教师的教一般是矛盾的主导方面。教师主导作用是针对能否引导学生积极学习与上进而言的。因而学生的主动性、反思性、创造性发挥得怎样，学习的效果怎样，又是衡量教师主导作用发挥得好坏的根本标志。教学中一切不民主的强迫灌输和独断专横的做法，都有悖于教师的主导作用。

（2）尊重学生、调动学生的学习主动性是教师有效地教学的一个主要因素。

学生是有能动性的人，他们不只是教学的对象，而且是学习主体与发展主体。学生的学习主动性、积极性发挥得怎样，直接影响并最终决定着学生个人的学习质量、成效和身心发展的方向与水平。

（3）防止忽视学生积极性和忽视教师主导作用的偏向。

过于突出教师或者过于强调学生在教学中的主体地位与作用都是片面的。最可靠的措施是普遍提高教师的修养和水平，加强对学生的了解、沟通，提高教师的责任感与创造性，这样才能实现师生之间的民主平等、尊师爱生、教学相长地互动与合作，使师、生两方面主动性都能得到弘扬，在教学互动的过程中达到动态的平衡和相得益彰。

2. 试论述班集体的教育功能。

【答案要点】

班集体是一个有一定人数规模的学生集体，是学校行政根据一定的任务、按照一定的规章制度组织起来的有目标、有计划地执行管理、教育职能的正式小群体。班集体不仅是学生在校生活的基本组织单位，而且也是促进学生成长的正式组织之一。班集体的教育功能如下：

（1）班集体不仅是教育的对象，而且是教育的巨大力量。

进行班主任工作必先注意培养班集体。因为班集体一旦形成，它便能成为教育的主体，具有巨大的教育力量。它能向其他成员提出要求，指出努力方向，并通过班集体的活动、纪律与舆论来培养其成员的品德。它能紧密地配合班主任开展工作，成为班主任依靠的重要力量。

（2）班集体是促进学生个性发展的一个重要因素。

在班集体的各种活动中，一方面，每个学生通过自己的经历和感受，都会积累集体生活的经验，掌握丰富的道德规范，养成社会主义思想品德，更加社会化；另一方面，每个学生都能找到适合于自己的活动、工作和角色，不断发展自己特有的志趣与爱好，更加个性化。在班集体中，学生个人的社会化与个性化是相互促进的。

（3）班集体能培养学生的自我教育能力。

班集体毕竟是学生自己的集体，有它的组织机构，需要学生学会自己管理自己，自己教育自己，尤其是需要学生自主地制订集体的活动计划，积极地开展各种工作与活动。这无疑能有效锻炼和逐步提高学生的自我教育能力。

3. 试论陶行知的生活教育理论及其现实意义。

【答案要点】

（1）"生活即教育"。

"生活即教育"是陶行知生活教育理论的核心。其内涵包括：生活含有教育的意义；实际生活是教育的中心；生活决定教育，教育改造生活。

"生活即教育"所强调的是教育以生活为中心，所反对的是传统教育脱离生活而以书本为中心。尽管它在生活与教育的区别和系统的知识传授方面有所忽视，但在破除传统教育脱离民众、脱离社会生活的弊端方面，有十分重要的意义。

（2）"社会即学校"。

"社会即学校"是生活教育理论另一重要主张，是"生活即教育"思想在学校与社会关系问题上的具体化。"社会即学校"，是指"社会含有学校的意味"，或者说"以社会为学校"。由于到处是生活，到处都是教育，"整个的社会是生活的场所，亦即教育之场所"。

"社会即学校"，也指"学校含有社会的意味"。也就是说，学校通过与社会生活相结合，一方面运用社会的力量使学校进步，另一方面动员学校的力量帮助社会进步，使学校真正成为社会生活必不可少的组成部分。

"社会即学校"扩大了学校教育的内涵和作用，对于传统的学校观、教育观有所改变。传统学校与社会生活脱节，学生孤陋寡闻，而以社会为学校，使得教育的材料、教育的方法、教育的工具、教育的环境可以大大地增加，有利于拓展学生的知识，增强学生的能力。"社会即学校"，还可以使被传统学校拒之门外的劳苦大众能够受到起码的教育，贯穿了普及民众教育的苦心，同样也值得肯定。

（3）"教学做合一"。

"教学做合一"是生活教育理论的又一重要主张，是"生活即教育"在教学方法问题上的具体化。其含义为：教的方法根据学的方法；学的方法根据做的方法。事怎样做便怎样学，怎样学便怎样教。教与学都以做为中心。包括以下四个要点："教学做合一"要求在"劳力上劳心"；"教学做合一"是因为"行是知之始"；"教学做合一"要求"有教先学"和"有学有教"；"教学做合一"还是对注入式教学法的否定。

（4）现实意义。

陶行知的生活教育理论是一种大众的、为人民大众服务的教育理论，且还是一种不断进取创造，旨在探索具有中国民族特色的教育道路的理论。

生活教育理论还在教育观念的改变方面颇有建树，无论是强调学校教育与社会生活、生产劳动相结合，还是要求手脑并用、在劳力上劳心，都是对学校与社会割裂、书本与生活脱节、劳心与劳力分离的传统教育的反动，显示出强烈的时代气息，至今都富于启示。

陶行知的生活教育理论是我国民族教育理论宝库中十分可贵的遗产，值得我们珍惜并认真研究借鉴。

4. 试述影响问题解决的因素。

【答案要点】

问题解决是指个体在面临问题情境而没有现成方法可以利用时，将已知情境转化为目标情境的认知过程。当常规或自动化的反应不适用于当前的情境时，问题解决者需要超越对过去所学规则的简单应用，对所学规则进行一定的组合，产生一个解答，达到问题解决的目的。它涉及认知、情感和行为活动成分。

影响问题解决的因素：

（1）环境因素。

①问题情境：个体面临的刺激模式与其已有的知识结构所形成的差异。

②原型启发：通过从与待解决的问题具有相似性的其他事物上发现问题解决的途径和方法，如鲁班由丝茅草得到启发发明锯子。

③人际关系：良好的人际关系有助于其解决面临的各类问题，如"一个好汉三个帮"。

（2）个体因素。

①知识经验：任何问题解决都离不开一定的知识、策略和技能，知识经验不足常常是不能有效解决问题的重要原因。

②定势与功能固着：定势是指人在解决一些相似的问题之后会出现一种易以惯用的方式解决问题的倾向。功能固着是指一个人看到某个制品有一种惯常的用途后，就很难看出它的其他新用途。

③酝酿效应：在反复探索一个问题的解决而毫无结果时，如果把问题暂时搁置几个小时、几天或几周，然后再回过头来解决，这时常常就可以很快找到解决方法。

④情绪状态：情绪状态影响问题解决的效果。就情绪强度而言，在一定限度内，情绪强度与问题解决的效率成正比，但情绪过高或过低都会降低问题解决的效率，相对平和的心态有利于问题解决。同时，情绪的性质也影响到问题解决，一般来说，积极的情绪有利于问题解决，消极的情绪不利于问题解决。

2010年 河南师范大学 333 教育综合·真题解析

一、名词解释

学校教育

学校教育是狭义的教育，指一种专门组织的不断趋向规范化、制度化、体系化的教育。它是根据一定的社会现实和未来需要，遵循受教育者身心发展的规律，有目的、有计划、有组织地对受教育者身心施加影响，把他们培养成为一定社会或阶级所需要的人的活动。

活动课程

活动课程又称经验课程、儿童中心课程，与学科课程相对立，它打破学科逻辑的界限，是以学生的兴趣、需要、经验和能力为基础，通过引导学生自己组织的有目的的系列活动而编制的课程。

学在官府

西周在文化教育上的特征就是"学在官府"。为了国家管理的需要，西周奴隶主贵族制定法纪规章，并将其汇集成专书，由当官者来掌握。这种现象历史上称之为"学术官守"，并由此造成"学在官府"。"政教合一，官学一体"是"学在官府"的重要标志。

小先生制

"小先生制"是指人人都要将自己认识的字和学到的文化随时随地教给别人，而儿童是这一传授过程的主要承担者。尤其重要的是"小先生"的责任不止在教人识字学文化，而是在"教自己的学生做小先生"，由此将文化知识不断推广。

苏格拉底方法

苏格拉底法也称"问答法""产婆术"，是由讥讽、助产术、归纳和定义四个步骤组成的独特的方法。这是苏格拉底探讨伦理哲学的研究方法，也是他的教学方法。

新教育运动

新教育运动，也称新学校运动，是指19世纪末20世纪初在欧洲兴起的教育改革运动，初期以建立不同于传统学校的新学校作为新教育的"实验室"为其特征。第二次世界大战以后，新教育运动逐步走向衰落。

二、简答题

1. 教育的经济功能有哪些？

【答案要点】

（1）教育是使可能的劳动力转变为现实的劳动力的基本途径。

劳动力是生产力中能动的要素。个体的生命的成长只构成了可能的劳动力，一个人只有经过教育和训练，掌握一定生产部门的劳动知识和技能，并能生产某种使用价值，他才能成为现实的生产力。

（2）现代教育是使知识形态的生产力转化为直接的生产力的重要途径。

科学技术是一种知识形态的生产力，要使其转化为现实的生产力，除了要通过科学研究、发明创造或革新实践外，其技术成果的推广、经验的总结与提升都需要教育与教学的紧密配合。

（3）现代教育是提高劳动生产率的重要因素。

现代生产有其显著特点，它的生产率提高依靠科学技术在生产中的应用、推广和不断革新，依靠提高劳动者受教育的程度与质量，依靠劳动者的素质、扩大脑力劳动者的比重、发挥劳动者在生产和改革中的创造性。

2. 简述孔子对教育所做的主要贡献。

【答案要点】

（1）创办私学与编订"六经"。孔子创办的私学是春秋时期规模最大、持续时间最长、影响最深远的学校。孔子于晚年完成了《诗》《书》《礼》《乐》《易》《春秋》的编纂和校订工作，整理和保存了我国古代文化典籍，奠定了儒家教育内容的基础。

（2）"庶、富、教"：教育与社会发展。教育事业的发展要建立在经济发展的基础上。治国的三个重要条件，首先是"庶"，要有较多的劳动力；其次是"富"，要使人民群众有丰足的物质生活；再次是"教"，要使人民受到政治伦理教育，知道如何安分守己。"庶"与"富"是实施教育的先决条件，只有在"庶"与"富"的基础上开展教育才会取得成效。

（3）"性相近也，习相远也"：教育与人的发展。"性"指的是先天素质，"习"指的是后天习染，包括教育与社会环境的影响。孔子认为人的先天素质没有多大差别，只是由于后天教育和社会环境的影响作用，才造成人的发展有重大的差别。

（4）"有教无类"与教育对象。"有教无类"的本意是不分贵贱贫富和种族，人人都可以入学接受教育。孔子的教学实践切实地贯彻了这一办学方针，他的弟子来自各个诸侯国，分布地区广泛；弟子成分复杂，出身于不同的阶级和阶层，大多数出身于平民。

（5）"学而优则仕"与教育目标。孔子提出由平民中培养德才兼备的从政君子，这条培育人才的路线可简括称之为"学而优则仕"。

（6）以"六艺"为教育内容。孔子继承西周贵族"六艺"教育传统，吸收采择了有用学科，又根据现实需要创设新学科，虽袭用"六艺"的名称，但对所传授的学科都做了调整，充实了内容。

（7）教学方法。主张因材施教、启发诱导、学思行结合和好学求是的态度。

（8）论道德教育。道德教育的内容是"礼"和"仁"，道德修养的原则与方法包括立志、克己、力行、中庸、内省、改过。

（9）论教师品格。包括学而不厌、温故知新、诲人不倦、以身作则、爱护学生和教学相长。

3. 简述蔡元培"思想自由，兼容并包"的办学方针。

【答案要点】

蔡元培明确声明，在学术上"循'思想自由'原则，取兼容并包主义"，这是他办理北京大学的基本指导思想。大学的宗旨是研究高深学问，但它不是研究某一家、某一派的学问，更不是研究被某些人指定的学问。"大学者，囊括大典，网罗众家之学府也。"

该思想不仅体现在学术上，也体现在教师的聘任上。蔡元培以"学诣为主"，罗致各类学术人才，使北大教师队伍一时呈现出流派纷呈的局面。

4. 学生学习的特点有哪些？

【答案要点】

（1）接受学习是学习的主要形式。学生的学习是在教师的指导下有目的、有计划、有组织、有系统地进行的，是在较短时间内接受前人所积累的文化科学知识，并以此促进自己发展和完善的过程。

（2）学习过程是主动构建过程。学生的学习必须通过一系列的主动构建活动来接受信息，形成经验结构或心理结构，这意味着学习是主动构建意义的自主活动，而不是被动地接受刺激。

（3）学习内容的间接性。在经验传递系统中，学生主要是接受前人的经验，而不是亲自去发现经验，因此，所获得的经验具有间接性。

（4）学习的连续性。学生的学习是一个连续的过程，这表现在前后学习相互关联。当前的学习与过去的学习有关，同时也将影响以后的学习。

（5）学习目标的全面性。学生的学习不但要掌握知识经验和技能，还要发展智能，以及形成行为习惯、培养道德品质、促进人格发展。

（6）学习过程的互动性。学生的学习是相互作用的过程。师与生、生与生之间的互动质量对学习质量有十分明显的影响。

三、分析论述题

1. 结合实际，阐述教师劳动的特点。

【答案要点】

（1）教师劳动的复杂性。

教师劳动的复杂性主要受以下三方面的影响：学生状况的复杂性决定着教师劳动的复杂性；教

师任务的多样性制约着教师劳动的复杂性；影响学生发展因素的广泛性制约着教师劳动的复杂性。

（2）教师劳动的示范性。

教育是教师引导、培养学生的活动，它要求教师以身作则，具有示范性。教师的劳动对象是处在发展过程中的青少年学生，他们具有尊敬教师、乐于接受教师的教导、以教师为表率的所谓"向师性"的特点。因此，教师必须严格要求自己，以身作则，通过示范的方式去影响学生，以便取得最佳教育效果。

（3）教师劳动的创造性。

①教师劳动创造性的最重要特征之一是他的工作对象——儿童经常在发生变化，永远是新的，今天同昨天就不一样。

②教师劳动的创造性表现在因材施教上。教师不仅要针对学生集体的特点，而且还要针对学生个体的特点有的放矢地进行教育，创造性地开展工作，才能收到良好的效果。

③教师劳动的创造性，也表现在对教育、教学的原则、方法、内容的运用、选择和处理上。

④教师劳动的创造性，还表现在教育教学过程中，教师对各种突发情况做出及时反应、妥善处理的应变能力上，即教育机智。

⑤教师劳动的创造性，并不意味着它会自动产生。一位教师要创造性地开展教育工作，必须经历艰苦的劳动和长期的积累，善于反思与探究，机智地开展工作，才能涌现创造性。

（4）教师劳动的专业性。

1966年，国际劳工组织、联合国教科文组织在《关于教师地位的建议》中提出："教育工作应被视为专门职业，这种职业是一种要求教员具备经过严格而持续不断的研究才能获得并维持专业知识及专门技能的公共业务；要求对所辖学生的教育和福利具有个人的及共同的责任感。"1993年颁布的《中华人民共和国教师法》也明确规定"教师是履行教育教学职责的专业人员"。这从根本上肯定了教师劳动的专业性。

教师劳动的专业性突出表现在教师对育人的崇高敬业精神和道德修养上，对教育教学专门化知识和技能的掌握与教育活动的自主权上。

2.试述教学过程的性质。

【答案要点】

（1）教学过程是一种特殊的认识过程。

教学过程作为特殊的认识过程，其特殊性在于它是学生个体的认识过程，具有不同于人类总体认识的显著特点：第一，间接性，主要以掌握人类长期积累起来的科学文化知识为中介，间接地认识现实世界；第二，引导性，需要在富有知识的教师引导下进行认识，而不能独立完成；第三，简捷性，走的是一条认识的捷径，是一种科学文化知识的再生产。

（2）教学过程是以认识过程为基础的学生全面发展的过程。

教学过程不只是要学生完成认识世界的任务，更重要的是在这个过程中促进学生的全面发展。学生的发展是教学过程的核心，教学过程的本质与社会发展需要相联系，要从生理和心理两个方面来看待学生的发展。

（3）教学过程是以交往为背景和手段的活动过程。

教学活动不是孤立的个体认识活动，它离不开师与生、生与生之间的交往、互动，离不开人们的共同生活。个体最初的学习与认识就是在共同生活与交往中发生与发展的。在教学过程中，教师不仅运用交往引导学生进行认知，而且通过交往对学生达致情感的沟通、同情与共鸣。

（4）教学过程也是一种促进学生身心发展、追寻与实现价值目标的过程在教学活动中，教师引导学生学习知识、开展交往、认识与作用世界，进行多方面的演练与实践，其实都是为了促进学生的身心发展，以追寻与实现使他们成人、成才的价值增值目标。从这方面看，教学过程又是一个促进学生身心发展及实现教育目标的过程。

3. 试论裴斯泰洛齐的"教育心理学化"思想及其现实意义。

【答案要点】

在西方乃至世界教育史上，裴斯泰洛齐是第一个明确提出"教育心理学化"的教育家。教育心理学化就是要把教育提高到科学的水平，将教育科学建立在人的心理活动规律的基础上。

（1）教育目的心理学化。要求将教育的目的和理论指导置于儿童本性发展的自然法则的基础上。只有认真探索和遵循儿童的心理活动和心理发展的规律性，才能有效地达到应有的教育目的。

（2）教学内容心理学化。必须使教学内容的选择和编制适合儿童的学习心理规律。裴斯泰洛齐力图从客观现象和人的心理过程探索教育和教育内容中普遍存在的基本要素，并以此为核心来组织各科课程和教学内容，提出"要素教育"理论。

（3）教学原则和教学方法的心理学化。教学要遵循自然的规律，要使教学程序与学生的认识过程相协调。在此原则下，提出了直观性教学原则、循序渐进原则。

（4）要让儿童成为他自己的教育者。教育者不仅要让儿童接受教育，还要使儿童成为教育中的动因，要适应儿童的心理时机，尽力调动儿童的能动性和积极性，使他们懂得自我教育。

现实意义：虽然裴斯泰洛齐对人的心理理解是感性的，并不十分科学，但他关于教育心理学化的思想，不仅成为他关于人的和谐发展论、教育要素论、简化的教学方法和初等学校各科教学法的重要理论基础，而且对19世纪欧美一些国家教育研究和实践产生了重大影响。

4. 试述创造性的培养措施。

【答案要点】

创造性是个体利用一定内外条件，产生新颖、独特、有社会和个人价值产品的心理特性。这种心理品质是综合的、多维的，它包括与创造活动密切联系的认知品质、人格品质和适应性品质。创造性表现于创造活动之中，其结果以"产品"为标志，其水平以产品的"价值"为标准。

创造性的培养措施：

（1）营造鼓励创造的环境。这是促进学生创造性发展的必要条件。首先，应倡导民主式的教育和管理。其次，应改革考试制度，为学生创造宽松的学习环境。再次，应增加自主选择课程的机会和有针对性的课程设计。最后，应为学生提供创造性人物的榜样。

（2）培养创造性的教师队伍。首先，要转变教师的教育教学观念，使教师形成理解并鼓励学生的创造；其次，要教给教师必要的创造技法和思维策略；再次，为教师提供明晰的、具有实用价值的有关创造性的知识及相应的教学策略和技能；最后，教师应不断学习关于创造性的心理学知识，用心理学的理论指导自己的实践。

（3）培育创造意识，激发创造动机。只有当个人具有自觉的创造意识、强烈的创造动机，才易产生新思想、新方法、新观点。需要做到：树立学生创新的自信心；激发学生创造的热情；磨砺学生创造的意志；培养学生创造的勇气。

（4）发展和培养创造性思维。创造性思维是创造性的核心。创造性思维的培养应注意以下几个方面：加大思维的"前进跨度"，培养思维的跳跃能力；加大思维的"联想跨度"，使学生敢于把习惯上认为毫不相干的、表面上看来微不足道的问题联系起来或进行移植；加大"转换跨度"，引导学生敢于否定原来的设想，善于打破固有的思路；给学生大胆探索与推测的体会。

（5）开设创造课程，教给创造技法。教学是培养学生创造性的重要途径。因此，开设创造性课程已成为国内外开发创造性的有效途径。在创造性课程的教学中，注重教给学生基本的创造技巧与方法是培养创造性的有效措施。促进创造性发展的主要创造技法有：头脑风暴法、系统探求法、联想类比法、组合创新法、对立思考法、转换思考法。

（6）塑造创造性人格。创造性人格是创造性的重要组成部分，培养学生的创造性人格是培养创造性的重要内容。主要方法有：保护好奇心；解除对错误的恐惧心理；鼓励独创性与多样性。此外，自信与乐观、忍耐与有恒心、合作、严谨等也是创造性人格培养的重要方面。

2022年 华南师范大学 333 教育综合·真题真练

一、名词解释
教育规律　教育制度　教学　陶冶　人格　迁移

二、简答题
1. 简述教育的社会流动功能在当代的重要意义。
2. 简述学生非正式群体特点。
3. 简述科举制度与学校教育的关系。
4. 简述有机教育学校思想。

三、分析论述题
1. 论述学校管理的发展趋势。
2. 论述陶行知"生活教育"思想体系。
3. 论述结构主义教育思潮。
4. 论述有效问题解决者的特征。

2021年 华南师范大学 333 教育综合·真题真练

一、名词解释
教育学　研究法　活动课程　长善救失　心智技能　最近发展区

二、简答题
1. 简述教育目的的层次结构和内容结构。
2. 简述教学评价的原则和方法。
3. 简述稷下学宫的办学特点。
4. 简述加尔文教育思想的特点。

三、分析论述题
1. 论述我国现行学校教育制度的演变。
2. 论述杨贤江"全人生指导"教育理论。
3. 论述赞可夫发展性教学理论。
4. 论述加涅学习阶段及教学设计理论。

2020年 华南师范大学 333 教育综合·真题真练

一、名词解释
教育者　科教兴国　活动课程　班级授课制　有意义学习　记忆

二、简答题
1. 简述"五育"之间的相互关系。
2. 简述教师主导作用与学生主动性的关系。
3. 简述梁启超的教育思想。
4. 简述《国防教育法》。

三、分析论述题
1. 论述培养和提高教师素养的主要途径。
2. 论述朱子读书法的内容及意义。
3. 论述苏格拉底方法的内容及意义。
4. 论述科尔伯格的道德发展理论。

2019年 华南师范大学 333 教育综合·真题真练

一、名词解释
课程　教学评价　校长负责制　创造性　自我效能感　学校教育制度

二、简答题
1. 我国教育目的的基本精神。
2. 教师的素养。
3. 法家的教育思想。
4. 明治维新的教育改革。

三、分析论述题
1. 论述教育社会流动功能和意义。
2. 梁漱溟的乡村教育建设思想。
3. 现代人文主义教育思潮。
4. 社会规范学习的心理过程。

2018年 华南师范大学 333 教育综合·真题真练

一、名词解释
广义教育　德育　教学　学校管理　心理发展　品德不良

二、简答题
1. 生产力对教育的制约。
2. 简述苏格拉底的教育思想。
3. 教师的义务。
4. 中体西用思想的历史价值与局限。

三、分析论述题
1. 科举制的影响。
2. 班主任的工作主要任务。
3. 杜威的教育思想。
4. 影响学习动机的因素。

2017年 华南师范大学 333 教育综合·真题真练

一、名词解释
知识　德育　教育目的　教科书　狭义教育　学习动机

二、简答题
1. 影响个体发展的因素。
2. 卢梭的自然教育理论。
3. 教师劳动的特点。
4. 孔子的教学方法。

三、分析论述题
1. 论述教学工作的基本环节及意义。
2. 蔡元培的教育实践与思想。
3. 马克思和恩格斯的教育思想。
4. 品德不良的成因与纠正。

2016年 华南师范大学 333 教育综合·真题真练

一、名词解释
广义教育　教育目的　教学　德育　学习动机　知识

二、简答题
1. 现代教育的特点。
2. 班主任素质。
3. 科举影响。
4. 洛克白板说。

三、分析论述题
1. 处理教学中的几种关系。
2. 陶行知的生活教育。
3. 杜威的教育影响。
4. 心理健康教育目标和内容。

2015年 华南师范大学 333 教育综合·真题真练

一、名词解释
广义教育　教育目的　德育　心理发展　学校管理　品德不良

二、简答题
1. 简述教育在我国社会主义建设中的地位和作用。
2. 简述孔子教育思想的历史影响。
3. 简述教学工作的基本环节。
4. 卢梭的自然教育思想。

三、分析论述题
1. 培养和提高教师素质的途径。
2. "中体西用"思想的历史作用和局限。
3. 基督教育的特点。
4. 影响学生学习动机的因素。

2014年 华南师范大学 333 教育综合·真题真练

一、名词解释
设计教学法　导生制　教育制度　心理健康　社会规范学习　人的全面发展

二、简答题
1. 教育影响的一致性与连贯性原则与要求。
2. 简述"朱子读书法"的主要内容。
3. 奥苏伯尔的有意义学习的实质和条件的主要观点。
4. 创造性的心理结构。

三、分析论述题
1. 论述教育的相对独立性原理的主要内容，并在此基础上对"教育的发展应当先于经济的发展"（简述"教育先行"）的观点进行分析。
2. 学校教育的特征及对人发展的影响。
3. 比较杜威与赫尔巴特的教育过程理论。
4. 论述科举制度对中国的主要影响。

2013年 华南师范大学 333 教育综合·真题真练

一、名词解释
受教育者　教育目的　教学方法　道德教育　学习策略　心理健康

二、简答题
1. 现代教育的特点是什么？
2. 简述"长善救失"的德育原则。
3. 简述蔡元培的独立教育思想。
4. 简述基督教教育的特点。

三、分析论述题
1. 我国基础教育课程改革和发展的趋势。
2. 论述陶行知的"生活教育"思想。
3. 论述美国的《国家在危机中的报告》中的教育改革建议。
4. 人格和行为在性格上的差异。

2012年 华南师范大学 333 教育综合·真题真练

一、名词解释
学校管理　学校教育　心理发展　人的发展　课程　学习动机

二、简答题
1. 教师劳动的特点。
2. 简述教育的社会制约性。
3. 简述人文主义教育的特征。
4. 简述科举制度的影响。

三、分析论述题
1. 中国古代书院的特点。
2. 赫尔巴特的道德教育理论。
3. 学生品德不良的成因分析。
4. 如何推进"依法治校"的工作。

2011年 华南师范大学 333 教育综合·真题真练

一、名词解释
广义教育　教学　校长负责制　智力多因素论　经典条件反射　教育制度

二、简答题
1. 我国教育目的的基本精神是什么？
2. 孔子有教无类思想的价值。
3. 教学过程中有哪些原则？
4. 斯巴达教育的特点。

三、分析论述题
1. 教育的社会流动功能及其意义。
2. 中体西用的历史意义和局限性。
3. 杜威教育思想的影响。
4. 如何培养和激发学习动机？

华南师范大学 333 教育综合·真题解析

一、名词解释

教育规律

教育规律是指不以人们意志为转移的教育内部诸因素之间、教育与其他事物之间具有本质性的联系，以及教育发展变化过程的规律性。

教育制度

教育制度是指一个国家各级各类实施教育的机构体系及其组织运行的规则。它包括相互联系的两个方面：一是各级各类教育机构与组织；二是教育机构与组织赖以存在和运行的规则，如各种相关的教育法律、规则、条例等。具有客观性、规范性、历史性和强制性的特点。

教学

教学是在一定教育目的规范下，在教师有计划的引导下，学生能动地学习、掌握系统的课程预设的科学文化基础知识，发展自身的智能与体力，养成良好的品行与美感，逐步形成全面发展的个体素质的活动。

陶冶

陶冶是指通过创设良好的教育情境，潜移默化地培养学生品德的方法。它利用暗示原理，让学生通过无意识的心理活动来接受某种影响。包括人格感化、环境陶冶和艺术陶冶等。

人格

人格是指人所具有的与他人相区别的独特而稳定的思维方式和行为风格，也指一个人整体的精神面貌，是具有一定倾向性的和比较稳定的心理特征的总和，包括需要、动机、兴趣、情感、意志力等方面。

迁移

迁移是在一种情境中技能、知识和理解的获得或态度的形成对另一种情境中的技能、知识和理解的获得或态度的形成的影响，或者说是一种学习对另一种学习的影响。

二、简答题

1. 简述教育的社会流动功能在当代的重要意义。

【答案要点】

教育的社会流动功能是指社会成员通过教育的培养、筛选和提高，能够在不同的社会区域、社会层次、职业岗位、科层组织之间转换、调整和变动，以充分发挥其个人的智慧才能，实现其人生价值。它包括横向流动功能和纵向流动功能。前者指改变其环境而不提升其社会层级地位，后者指改变其社会层级地位及作用。

教育的社会流动功能在当代的重要意义：

（1）教育是个人社会流动的基础。如今，不管从事什么行业，要在社会上生存与流动，就要有一定的文化知识和能力，必须接受一定的教育。它使享受这一教育的人能够选择自己将要从事的职业，参与建设集体的未来和继续学习。

（2）教育是现代社会流动的主要通道。今天，我国农村的年轻一代要成功地进行社会流动，尤其是向上流动，必须经过教育，甚至只有经过优质的高等教育才能实现。

（3）教育深刻影响社会公平。教育的社会流动，实质上涉及教育机会均等与社会公平问题。到近代，人们才逐步提出普及教育与入学机会人人均等的要求。如今，各国纷纷实行普及义务教育制度，注重教育公平，这是教育发展的趋势。

2. 简述学生非正式群体特点。

【答案要点】

（1）含义。非正式群体是指学生自发形成或要求成立的。它包括因兴趣爱好相同，感情融洽，或是邻居、亲友、同学关系而形成的各种学生群体。

（2）特点。第一，大都自愿结合，三五成群，人数不等，一般偏小；第二，有共同的需要，或性情相近、志趣相投，或利害相关，结为一体；第三，强者领头，活动频繁，有活力；第四，没有明确的目的和系统的活动计划；第五，成员不稳定，易受外部或内部情况的变化而变化；第六，主要成员的变化易导致群体的解体、重组及其性质的变化。

班主任应公正、热情地对待学生的各种非正式群体。不可偏爱正式群体，歧视和打击非正式群体，而要关怀它和尊重它，看到它的积极一面。

3. 简述科举制度与学校教育的关系。

【答案要点】

（1）学校教育制度是培养人才的制度，成为国家社会人才的重要来源，学校不断输送人才供科举考试选拔，是科举赖以发展的基础；科举考试是国家选拔人才的重要渠道，也为学校培养的人才开辟了政治出路。

（2）科举考试受重视，居于主导地位，学校教育受轻视，居于次要地位。学校教育要适应科举考试的需要，成为科举的附庸，学校作为考试的预备场所，一切都受到科举考试的直接支配。科举考试对学校教育发挥着导向调控的作用，直接影响着学校教育。

4. 简述有机教育学校思想。

【答案要点】

（1）教育目标：发展人的整个机能，包括培养感觉、体力、智力和社会生活能力，以改善生活和文化。

（2）教育方法：遵循学生的自然生长，是"有机的"。学校的目的在于为儿童提供每个发展阶段所必需的作业和活动。

（3）组织形式：根据学生的年龄来分组，称作"生活班"，而不叫年级。

（4）课程设置：以活动为主，儿童根据需要和兴趣主动地从事探索。凭着儿童自己求知的愿望，再把他们引导到读、写、算、地理等正规课程的学习。

（5）制度：强迫的作业、指定的课文和通常的考试都被取消。

（6）培养理念：第一重视社会意识的培养，认为发展合适的社会关系应是学校最重要的任务之一，主张培养学生无私、坦率、合作等品质，以及提出建设性建议的能力。第二，反对放纵儿童，认为纪律是必要的。

三、分析论述题

1. 论述学校管理的发展趋势。

【答案要点】

（1）学校管理法治化。

依法治校可分为两个方面：政府及教育行政部门依法管理学校；学校管理者依法管理学校。为推进依法治校工作，学校管理者应采取以下措施：

第一，转变行政管理职能，切实依法行政；第二，加强制度建设，依法加强管理；第三，推进民主建设，完善民主监督；第四，加强法制教育，提高法律素质；第五，严格教师管理，维护教师权益；第六，完善学校保护机制，依法保护学生权益。

（2）学校管理人性化。

人性化管理是指学校管理工作要以人为本，关注人的情感、满足人的需要、崇尚人的价值、尊重人的主体人格和地位。为推进学校管理人性化，学校管理者应采取以下措施：

第一，考虑人的因素，一切要从人的实际出发；第二，考虑个体差异，懂得每个人都有自己的思想、情感、兴趣和爱好；第三，强调人的内在价值，把满足需要作为工作的起点，通过激励的方式来提高工作效率；第四，努力构建充满尊重、理解和信任的人际环境，增强教职工和学生的集体归属感；第五，加强校园文化环境建设，充分发挥校园文化的管理和育人功能；第六，转变管理观念和方式，贯彻管理即育人、管理即服务的思想。

（3）学校管理民主化。

民主管理以对个体价值的肯定为基础，以个体才能的充分发挥和潜能挖掘为前提，积极吸引全员参与管理活动，集思广益，共同参与，以取得最优的管理效益。实施民主管理应做好以下工作：第一，学校管理者应充分肯定个体价值，树立"以人为本"的管理理念；第二，广大教职员工要不断提高自身素质，积极参与民主管理；第三，管理体制上要充分保障教职员工的民主参与权利。

（4）学校管理信息化。

在信息化时代，学校管理呈现出信息化的新特点。它表现在两个方面：①学校对信息技术的开发和使用，把计算机、网络、多媒体等现代技术运用到管理上，以提高学校管理的实效；②学校管理方式的信息化，实行"人－机"管理，即注重对有关信息资源的管理。为推进学校管理信息化，学校管理者应采取以下措施：

第一，实现信息化管理，要加强硬件投入与软件开发，打好学校管理信息化的物质基础；第二，提高学校教职员工的信息管理素养，以保障信息化管理的运行；第三，改进培训内容和方式，使其具有针对性，满足教师需求；第四，完善学校信息化管理规章制度，以提升学校信息化管理有效性。

（5）学校管理校本化。

校本管理是指学校在教育方针与法规的指引下，可以根据自己的实际情况和需要自主确定发展的目标与任务，进行管理工作。简言之，校本管理即以学校为本位的自主管理。实施校本管理应注意做好以下工作：第一，教育行政部门要简政放权；第二，倡导集体参与、共同决策；第三，开展校本研究，提高学校管理者决策能力。

2. 论述陶行知"生活教育"思想体系。

【答案要点】

（1）"生活即教育"。

"生活即教育"是陶行知生活教育理论的核心。其内涵包括：生活含有教育的意义；实际生活是教育的中心；生活决定教育，教育改造生活。

"生活即教育"所强调的是教育以生活为中心，所反对的是传统教育脱离生活而以书本为中心。尽管它在生活与教育的区别和系统的知识传授方面有所忽视，但在破除传统教育脱离民众、脱离社会生活的弊端方面，有十分重要的意义。

（2）"社会即学校"。

"社会即学校"是生活教育理论另一重要主张，是"生活即教育"思想在学校与社会关系问题上的具体化。"社会即学校",是指"社会含有学校的意味",或者说"以社会为学校"。由于到处是生活,到处都是教育,"整个的社会是生活的场所,亦即教育之场所"。

"社会即学校",也指"学校含有社会的意味"。也就是说,学校通过与社会生活相结合,一方面运用社会的力量使学校进步,另一方面动员学校的力量帮助社会进步,使学校真正成为社会生活必不可少的组成部分。

"社会即学校"扩大了学校教育的内涵和作用,对于传统的学校观、教育观有所改变。传统学校与社会生活脱节,学生孤陋寡闻,而以社会为学校,使得教育的材料、教育的方法、教育的工具、教育的环境可以大大地增加,有利于拓展学生的知识,增强学生的能力。"社会即学校",还可以使被传统学校拒之门外的劳苦大众能够受到起码的教育,贯穿了普及民众教育的苦心,同样也值得肯定。

(3)"教学做合一"。

"教学做合一"是生活教育理论的又一重要主张,是"生活即教育"在教学方法问题上的具体化。其含义为:教的方法根据学的方法;学的方法根据做的方法。事怎样做便怎样学,怎样学便怎样教。教与学都以做为中心。包括以下四个要点:"教学做合一"要求在"劳力上劳心";"教学做合一"是因为"行是知之始";"教学做合一"要求"有教先学"和"有学有教";"教学做合一"还是对注入式教学法的否定。

(4)评价。

陶行知的生活教育理论是一种大众的、为人民大众服务的教育理论,且还是一种不断进取创造,旨在探索具有中国民族特色的教育道路的理论。

生活教育理论还在教育观念的改变方面颇有建树,无论是强调学校教育与社会生活、生产劳动相结合,还是要求手脑并用、在劳力上劳心,都是对学校与社会割裂、书本与生活脱节、劳心与劳力分离的传统教育的反动,显示出强烈的时代气息,至今都富于启示。

陶行知的生活教育理论是我国民族教育理论宝库中十分可贵的遗产,值得我们珍惜并认真研究借鉴。

3. 论述结构主义教育思潮。

【答案要点】

结构主义教育产生于20世纪50年代末,是现代欧美国家一种强调认知结构的研究和认知能力的发展的教育思潮。它以结构主义心理学为理论基础,侧重研究课程教学改革问题,代表人物有皮亚杰、布鲁纳等。其主要观点包括以下几个方面:

(1)教育和教学应重视学生的认知能力发展。教育是教育者引导学习者实现知识的转化,并使学习活动内化的构造过程。其主要任务就是促使学生的认知能力得到发展。

(2)注重掌握各门学科的基本结构。学科的基本结构是指一门学科的基本概念、定义、原理、原则和方法。掌握学科的基本结构有助于理解和把握整个学科的内容。

(3)主张学科基础的早期学习。任何一门学科的基础知识都能以一定的形式教给任何阶段的任何儿童,因此,尽早让儿童掌握学科的基本结构是有效和便捷地进行教学的主要途径。

(4)倡导发现法和发现学习。发现学习就是引导儿童从事物表面现象去探索具有规律性的潜在结构的一种学习途径。

(5)认为教师是结构教学中的主要辅导者。教师应从儿童的心理能力出发,考虑一门学科的基本结构在学习中的作用以及如何使学生理解和掌握该门学科的基本结构。

结构主义教育思想为心理学研究和教育研究的相互协作提供了一个范例,对现代西方课程论影响很大,并成为20世纪60年代美国课程改革的指导思想。但是结构主义教育有些观点过于天真和理想化，导致课程教材改革的难度偏大，引起了人们不同的评论和争议。

4. 论述有效问题解决者的特征。

【答案要点】

问题解决是指个体在面临问题情境而没有现成方法可以利用时，将已知情境转化为目标情境的认知过程。当常规或自动化的反应不适用于当前的情境时，问题解决者需要超越对过去所学规则的简单应用，对所学规则进行一定的组合，产生一个解答，达到问题解决的目的。它涉及认知、情感和行为活动成分。

有效问题解决者的特征：

（1）在擅长的领域表现突出。专家在解决自己擅长领域的问题时比较出色。

（2）以较大的单元加工信息。专家能更有效地组织信息，因为他们能够将信息转换成为更大的、可以利用的单元，善于将当前有意义的信息加工为自己熟悉的图式。

（3）能迅速处理有意义的信息。专家能更有效地搜索和表征问题，因为他们以前解决过大量类似的问题，积累起来的经验能使专家轻而易举地确认相关信息并选择恰当策略。

（4）能在短时记忆和长时记忆中保持大量信息。专家在解决问题时观念和行动都是高度自动化的。这种自动化使得专家能够以更有效的方式利用自己的短时记忆。

（5）能以深层方式表征问题。专家通常将自己的注意力放在问题的基本结构上，而不是问题的表面特征上。

（6）愿意花费时间分析问题。专家会花费更多的时间来确认和表征问题，一旦问题得到了理解，在选择策略时耗时会少一些。

（7）能很好地监视自己的操作。专家在问题解决的各个阶段能始终保持反思，给自己提出恰当的疑问，较好地监督自己的问题解决过程。

2021年 华南师范大学 333 教育综合·真题解析

一、名词解释

教育学

教育学是以教育活动为研究对象的学科，是通过研究教育现象和教育问题、探索教育规律、探讨教育价值、探寻教育艺术、指导教育实践的一门科学。它的核心是引导、培育和规范人的发展，解决培养什么人和怎样有效培养人的问题。

研究法

研究法是指学生在教师的指导下通过独立的探索，创造性地解决问题，获取知识和发展科研能力的方法。基本要求包括正确选定研究课题、提供必要的条件、让学生独立思考与探索、循序渐进、因材施教。

活动课程

活动课程又称经验课程、儿童中心课程，与学科课程相对立，它打破学科逻辑的界限，是以学生的兴趣、需要、经验和能力为基础，通过引导学生自己组织的有目的的活动系列而编制的课程。

4. 长善救失

长善救失是德育原则之一，指进行德育要调动学生自我教育的积极性，依靠和发扬他们自身的积极因素去克服他们品德上的消极因素，促进学生的道德成长。

5. 心智技能

心智技能是指一种借助于内部语言在人脑中进行的认知活动方式，如默读、心算、写作和分析等技能。根据适用范围的不同，心智技能可以分为专门心智技能和一般心智技能。其特点是动作对象的观念性、动作执行的内潜性和动作结构的简缩性。

6. 最近发展区

维果茨基认为，在进行教学时必须注意到儿童的两种水平，一种是儿童现有的发展水平，另一种是即将达到的发展水平，维果茨基把这两种水平之间的差距称为最近发展区，即独立解决问题的真实发展水平和在成人指导下或与其他儿童合作情况下解决问题的潜在发展水平之间的差距。

二、简答题

1. 简述教育目的的层次结构和内容结构。

【答案要点】

教育目的的层次结构：

（1）国家的教育目的：关于教育培养什么样的人的质量和规格的总的设想和规定，体现了国家对教育培养人的系列要求。它一般以成文的形式表现，通常是从哲学的高度提出，因而很难客观测量它。

（2）各级各类学校的培养目标：培养目标是各级各类学校依据国家教育目的和不同类型教育的性质与任务，对受教育者身心发展所提出的具体标准和要求。教育目的和培养目标是一般与特殊的关系：教育目的是制定培养目标的依据，培养目标是教育目的的具体化，即培养目标不能脱离教育目的，教育目的要体现、落实在培养目标之中。

（3）课程目标：即课程方案设置的各个教学科目所规定的教学应当达到的要求或标准。这个层次的目标是各级各类学校培养目标的具体化，通过课程目标的实现来完成培养目标。

（4）教师的教学目标：教育者在教学过程中，在完成某一阶段工作时，希望受教育者达到的要求或产生的变化结果。

教育目的的内容结构：

（1）就教育所要培养的人的身心素质作出的规定，具体而言是规定受教育者在德、智、体、美、劳方面究竟具有什么样的素质，这一部分标示出教育目的的内涵，是教育目的的核心部分。

（2）就教育所要培养的人的社会价值做出规定，这部分指明了教育所培养的人应当为什么样的社会服务，应当符合什么阶级的利益，也是教育目的的价值取向问题。

2. 简述教学评价的原则和方法。

【答案要点】

教学评价的原则：

（1）客观性原则。教学评价要客观公正、科学合理，切实反映教师的教学质量和学生的学业水平，不能掺杂个人情感，不能主观臆断，这样才能使人信服。

（2）发展性原则。教学评价应着眼于学生的学习成绩的进步与能力的发展，其目的在于激励学生的积极性和创造性，而不是压抑和扭曲学生的发展。

（3）指导性原则。教学评价应在指出师生的长处与不足的基础上提出建设性意见，以便他们扬长避短，不断前进。

（4）计划性原则。教学评价应当全面规划，使每门学科都能依据制度与教学进程的要求，有计划、规范地进行教学评价，以确保其效果和质量。

教学评价的方法：

（1）观察法。这是直接认知被评价者行为的最好方法。它适用于在教学中评价那些不易量化的行为表现和技艺性的成绩。

（2）测验法。测验主要以笔试进行，是考核、测定学生成绩的基本方法。它适用于对学生学习文化科学知识的成绩评定。

（3）调查法。调查是收集有关学生成绩评定的资料以探明他们学习的真实情况及原因的方法。一般通过问卷、交谈进行。

（4）自我评价法。自我评价可以帮助学生明确教学目标，自觉改进学习。具体方法有：运用标准答案；运用核对表；运用录音机、录像机。

（5）档案袋评价法。又称成长记录袋，是一种新的评价方法，属于质性评价的范畴，主要是指有目的地收集学生学习表现的一些信息，包括考试成绩、作业、作品、照片、录音带等放进个人的文件夹中，并附有教师评语、同伴互评、学生自评及家长评语，以展示学生学习的历程及意义。

3. 简述稷下学宫的办学特点。

【答案要点】

（1）学术自由。这是稷下学宫的基本特点。容纳百家是学术自由的一种表现，来者不拒，包容百家是稷下学宫的办学方针。各家各派的学术地位平等，相互争鸣与吸取是学术自由的又一种表现。

（2）待遇优厚。"不治而议论"是齐国君主给予学者们很高的政治待遇，因为学者所看重的是自己的思想主张能否被接受，人格是否受尊重；在物质待遇上也很丰厚，对稷下先生优越的物质待遇甚至惠及其弟子，这是稷下学宫能长期兴盛的重要原因之一。

（3）管理规范。在学生管理上，稷下学宫制定了历史上第一个学生守则——《弟子职》。

4. 简述加尔文教育思想的特点。

【答案要点】

（1）强调教育对个人生活、社会生活和宗教生活的意义。他认为：人与生俱来带有"原罪"，需接受教育才能不致堕落；人为了信仰，为了能直接阅读《圣经》，也须受教；人的知识和能力在社会生活中具有重要价值，应不断追求新知，不断完善自身，这也须受教；为具备一个真正的基督徒所具有的勤奋、俭朴、效率、责任感等道德品质，人也须受教。

（2）提出普及、免费的教育的主张。他要求国家开办公立学校，实行免费教育，使所有儿童都有机会受到教育，学习基督教教义和日常生活所必须的知识技能。

（3）重视人文学科的价值，将宗教科目与人文科目结合起来。

（4）学习古典文科中学的管理模式，并创立了相对完整的教育体系以及日内瓦学院，影响了西方高等教育发展。

三、分析论述题

1. 论述我国现行学校教育制度的演变。

【答案要点】

（1）新中国成立前的学制改革。

1902年，清政府颁布"壬寅学制"，这是我国正式颁布的第一个学制，但未实施。

1904年，清政府颁布"癸卯学制"，这是我国正式实施的第一个学制。

1912年，临时政府教育部颁布"壬子癸丑学制"，这是我国第一个资产阶级性质的学制。

1922年，国民政府颁布"壬戌学制"，也称"六三三制"，它是以美国学制为蓝本制定的，反映了当时社会政治经济的需要。

（2）中华人民共和国成立以后至改革开放前的学制改革。

1951年，中央人民政府政务院颁布《关于改革学制的决定》，明确规定了中华人民共和国的新学制，这是我国学制发展的一个新阶段。

1958年，中共中央、国务院颁布《关于教育工作的指示》，明确指出："现行的学制是需要积极地妥当地加以改革。"

1961年，开始贯彻"调整、巩固、充实、提高"的方针，制定大、中、小学工作条例。

1976年，恢复和新建学制系统，使我国学制逐步向合理和完善的方向发展。

（3）改革开放以来的学制改革。

1985年，《中共中央关于教育体制改革的决定》提出：第一，加强基础教育，有步骤地实施九年义务教育；第二，调整中等教育结构，大力发展职业技术教育；第三，改革高等教育招生与分配制度，扩大高校办学的自主权；第四，对学校教育实行分级管理。

1993年，《中国教育改革和发展纲要》，确定了20世纪末教育发展的总目标：第一，基本普及九年义务教育，基本扫除青壮年文盲；第二，全面贯彻党的方针，全面提高教育质量；第三，建设好一批重点学校和一批重点学科。

1999年，《面向21世纪教育振兴行动计划》提出的目标是：第一，到2000年，全国基本普及九年义务教育，基本扫除青壮年文盲，大力推进素质教育；第二，完成职业教育培训和继续教育制度；第三，积极稳步发展高等教育；第四，深化改革，建立教育新体制的框架，以适应社会经济发展。

2010年，《国家中长期教育改革和发展规划纲要（2010—2020年）》所确立的目标是：到2020年，基本实现教育现代化，基本形成学习型社会，进入人力资源强国行列。

2. 论述杨贤江"全人生指导"教育理论。

【答案要点】

杨贤江的青年教育体现在两方面，一是对青年问题的分析，二是对青年进行"全人生的指导"。

（1）对青年问题的分析。

杨贤江认为，青年期是人的身心发展显著而重要变化的时期，对个体发展极其关键，或向上，或堕落，人生很大程度取决于此时。同时，青年问题也不仅是个体身心问题，更是社会问题最集中、最尖锐的反映。青年问题的产生是正常现象，只要正确教育和指导，完全可以将青年引上正途。

所谓青年问题，就是青年生活上所发生的困难或变态。杨贤江考察了当时青年中存在的问题，发现主要有：人生观、政治见解、求学、生活态度、职业、社交、家庭、经济、婚姻、生理和常识方面的问题等。

（2）对青年进行"全人生的指导"。

"全人生指导"就是对青年进行全面关心、教育和引导，即不仅关心他们的文化知识学习，同时对他们生活中各种实际问题给以正确的指点和疏导，使之在德、智、体诸方面都得以健康成长，成为一个"完成的人"，以适社会改进之所用。具体体现在：第一，指导青年树立正确的人生观，这是杨贤江青年教育思想的核心；第二，旗帜鲜明地主张青年要干预政治，投身革命；第三，强调青年必须学习，这是青年的权利与义务；第四，对青年的生活也提出了指导性意见。

（3）评价。

与同时代教育家相比，杨贤江的独特建树表现在两方面：其一，他致力于中国的马克思主义教育理论建设，创造性地阐述了教育本质问题，并贡献出像《教育史ABC》《新教育大纲》这样的名著；其二，他致力于中国的青年教育，提出了"全人生指导"的青年教育思想，对当时一代青年的健康成长影响非常大。

3. 论述赞可夫发展性教学理论。

【答案要点】

赞科夫是20世纪60—70年代苏联著名的心理学家和教育家，他的教学理论主要处理的是教育与人的发展关系问题。通过多年的实验，赞科夫形成了他的发展性教学理论。主要著作有《论小学教育》《和教师的谈话》《教学与发展》等。

（1）发展性教学理论。

赞科夫认为，教学的核心是要使学生的一般发展取得成效。具体含义包括：一般发展是指儿童心理的一般发展。指的是个性的所有方面的进步；一般发展不同于特殊发展。一般发展在学习任何学科、任何情境中都会表现出来；一般发展不同于全面发展。这里的一般发展指的是发展的心理学和教育学方面；一般发展有别于智力发展。不仅发展学生的智力，还包括情感、意志、品质、性格等方面；一般发展还包括身体发展和心理发展。但赞科夫主要研究的是教学与儿童心理一般发展的关系。

（2）五项教学论体系的新原则。

①以高难度进行教学的原则。这一原则在实验教学论体系中起决定性作用。难度的含义是要求学生通过努力克服障碍。但高难度并不意味着越难越好，困难的程度要控制在学生的"最近发展区"的范围内。

②以高速度进行教学的原则。这一原则要求教学不断地向前运动，以各方面内容丰富的知识来充实学生的头脑，为学生深入地理解所学知识创造有利的条件。要克服多余的重复烦琐的讲解以及机械的练习，以节约时间、加快进度。要善于利用一切手段提高学习质量。

③理论知识起主导作用的原则。这一原则不贬低学龄初期儿童掌握技巧的重大意义，而是要求学生在一般发展的基础上，尽可能深入领会有关概念和规律性的知识。

④使学生理解学习过程的原则。实验教学不仅要求学生会背，而且要求学生学会分析、比较、综合、归纳，了解所学知识之间的联系，等等。这样做有利于发展学生的思维能力，提高他们学习的主动性与创造性，教会他们学习。

⑤使班上所有的学生都得到一般发展的原则。这条原则的本质在于让优、中、差三类学生都以自己现有的智力水平为起点，按照自己最大的可能性得到理想的一般发展。

（3）赞科夫教育思想的评价。

赞科夫的教育理论对苏联教育理论与实践的发展影响较大。他的发展性教学理论的一些观点为苏联教育理论界所接受，并被吸收到20世纪70—80年代出版的教育著作和教科书中。但其理论也存在一定的局限性，他的研究主要从儿童心理的角度进行，很少考虑教学过程的社会政治与道德要求，过分强调认知方面的智育。此外，对待传统教学理论的全盘否定态度是不科学的。

4. 论述加涅学习阶段及教学设计理论。

【答案要点】

加涅是美国著名的教育心理学家，他根据现代信息加工理论对学习的实质、过程、条件以及教学做出了系统的论述，致力于将行为主义的刺激-反应学习模式和认知心理学的学习分类模式相结合，形成了自己的学习理论。

（1）学习的信息加工模式。

①信息的三级加工。学习者的环境中的刺激作用于感受器，并通过感觉登记器进入神经系统。信息最初在感觉登记器中进行编码，最初的刺激以映像的形式保持在感觉登记器中，保留0.25~2秒，一部分信息就遗忘了，一部分信息通过注意或选择性知觉机制进入短时记忆。经过复述和组块化策略对信息进行编码，经过编码的信息归类进入长时记忆。当需要使用信息时要经过检索提取信息，被提取的信息既可以直接通向反应发生器产生反应，也可以再回到短时记忆进行编码后再到反应发生器。

②期望事项和执行控制。期望事项是指学生期望达到的目标，即学习的动机。执行控制是指加涅学习分类中的认知策略，执行控制决定哪些信息从感觉登记器进入短时记忆，如何进行编码，用何种提取策略等。

（2）学习阶段及教学设计。

从学习的信息加工模式中可以看到，学习是学生与环境之间相互作用的结果。学习过程是由一系列事件构成的。加涅将学习过程分解成八个阶段：

①动机阶段：学习者被告知学习目标，形成对学习结果的期望，激起学习兴趣。

②领会阶段：依据其动机和预期对信息进行选择，只注意那些与学习目标有关的刺激。

③习得阶段：对信息进行编码和储存。

④保持阶段：将已编码的信息存入长时记忆。

⑤回忆阶段：根据线索对信息进行检索和回忆。

⑥概括阶段：利用所学知识对知识进行概括，将知识迁移到新的情境中。

⑦操作阶段：利用所学知识，对各种形式的作业进行反应。

⑧反馈阶段：通过操作活动的结果认识到学习是否达到了预定目标，从而在内心得到强化，使学习活动告一段落。

总之，加涅认为教师是教学活动的设计者和管理者，也是学生学习效果的评定者。一个完整的学习过程是由上述八个阶段组成的。有效的教学要求教师根据学生的内部学习条件，创设或安排适当的外部条件，促进学生有效地学习，以实现预期的教学目标。

2020年 华南师范大学333教育综合·真题解析

一、名词解释

教育者

教育者是指参与教育活动、与受教育者在教学或教导上互动，对受教育者体、智、德、美、行等方面产生影响的人，主要指教师。他们在教育活动中处于领导者、设计者、引导者的地位。

科教兴国

"科教兴国"指全面落实科学技术是第一生产力的思想，坚持教育为本，把科技和教育摆在经济、社会发展的重要位置，增强国家的科技实力及向现实生产力转化的能力，提高全民族的科技文化素质，加速实现国家的繁荣强盛。实现科教兴国，前提是国兴科技，关键在国兴教育，教育为本。

活动课程

活动课程又称经验课程、儿童中心课程，与学科课程相对立，它打破学科逻辑的界线，是以学生的兴趣、需要、经验和能力为基础，通过引导学生自己组织的有目的的活动系列而编制的课程。

班级授课制

班级授课制是一种集体教学形式。它把一定数量的学生按年龄与知识程度编成固定的班级，根据周课表和作息时间表，安排教师有计划地给全班学生上课，分别学习所设置的各门课程。

有意义学习

有意义学习就是符号所代表的新知识与学习者认知结构中已有的适当观念建立非任意的和实质性的联系。有意义学习的类型包括表征学习、概念学习和命题学习。

记忆

记忆是个体通过对知识的识记、保持、再现等方式，在头脑中积累和保存个体经验的心理过程。从信息加工阶段的观点来看，记忆相应的是指人脑对外界输入的信息进行编码、存储和提取的过程。

二、简答题

1. 简述"五育"之间的相互关系。

【答案要点】

（1）体育。授予学生健身知识、技能，发展学生体力、增强学生体质的教育。普通中学在体育方面的要求主要是：向学生传授基本的运动知识、技能，培养他们锻炼身体和讲究卫生的良好习惯，促进他们身体的正常发育和机能的成熟，增强他们的活动能力和身体素质。

（2）智育。授予学生系统的科学文化知识、技能和发展他们智力的教育。普通中学在智育方面的要求主要是：帮助学生在小学教育的基础上进一步系统地学习科学文化基础知识，掌握相应的基本技能和技巧，拓宽文化视野，发展思维能力、想象力和创造力，养成良好的自学能力、兴趣和习惯。

（3）德育。引导学生领悟社会主义思想和道德规范，组织和指导学生的道德实践，培养学生的社会主义品德的教育。普通中学在德育方面的要求主要是：教育学生初步了解马克思主义，热爱中国共产党和社会主义祖国，热爱劳动、学习等；帮助学生提高主体意识、心理承受力、应变力等。

（4）美育。培养学生正确的审美观，发展他们鉴赏美、创造美的能力，培养其高尚情操和文明素质的教育。普通中学在美育方面的要求主要是：通过音乐、美术、文学教育等审美活动，充实学生的精神生活，培养他们感受美、欣赏美和创造美的能力，养成审美情趣和高尚情操。

（5）劳动技术教育。传授基本的生产技术知识和生产技能，培养劳动观点和劳动习惯的教育。劳动技术教育包括劳动教育和技术教育两个方面，有利于促进学生的全面发展。劳动技术教育方面的要求主要是：通过科学技术知识的教学和劳动实践，使学生了解物质生产的基本技术知识，掌握一定的职业技术知识和技能，提高动脑和动手能力，养成良好的劳动态度和劳动习惯。

"五育"之间的关系：

对于普通中小学学生的全面发展来说，上述五个组成部分，既相对独立、各有特点、规律和功能，缺一不可；同时，又相互制约、相互促进，组成统一的教育过程。因此，我们必须考虑到人的发展的全面性和整体性，坚持五育并举，处理好它们之间的关系，使其相辅相成，发挥其整体功能。

2. 简述教师主导作用与学生主动性的关系。

【答案要点】

（1）发挥教师的主导作用是学生简捷有效地学习知识、发展身心的必要条件。

在教学过程中，教师的教一般是矛盾的主导方面。教师主导作用是针对能否引导学生积极学习与上进而言的。因而学生的主动性、反思性、创造性发挥得怎样，学习的效果怎样，又是衡量教师主导作用发挥得好坏的根本标志。教学中一切不民主的强迫灌输和独断专横的做法，都有悖于教师的主导作用。

（2）尊重学生、调动学生的学习主动性是教师有效地教学的一个主要因素。

学生是有能动性的人，他们不只是教学的对象，而且是学习主体与发展主体。学生的学习主动性、积极性发挥得怎么样，直接影响并最终决定着学生个人的学习质量、成效和身心发展的方向与水平。

（3）防止忽视学生积极性和忽视教师主导作用的偏向。

过于突出教师或者过于强调学生在教学中的主体地位与作用都是片面的。最可靠的措施是普遍提高教师的修养和水平，加强对学生的了解、沟通，提高教师的责任感与创造性，这样才能实现师生之间的民主平等、尊师爱生、教学相长地互动与合作，使师、生两方面主动性都能得到弘扬，在教学互动的过程中达到动态的平衡和相得益彰。

3. 简述梁启超的教育思想。

【答案要点】

（1）"开民智"与"兴民权"。梁启超思想的突出之点是在维新变法期间明确地将"开民智"与"兴民权"联系起来，为"兴民权"而"开民智"。

（2）培养"新民"的教育目的。"新民"必须具有新道德、新思想、新精神、新的特性和品质，这种"新民"是具有资产阶级政治信仰、思想观念、道德修养和适应资本主义生活的知识技能的新国民。

（3）倡导师范教育、女子教育和儿童教育。梁启超积极倡导设计师范学校，培养符合时代要求的教师；在女子教育方面，他认为接受教育是女子的天赋权利，并参与了中国第一所女学的筹办；他还倡导对中国儿童教育进行改革。

（4）论述近代学校制度。梁启超列出了一份《教育期区分表》，将受教育者分为四个年龄阶段，认为应该根据学生身心发展的阶段性特征来确定学制的不同阶段和年限。

4. 简述《国防教育法》。

【答案要点】

1957年，苏联卫星上天后，美国朝野震惊，开始反思自身的教育问题，并将教育提高到保卫国家国防的高度，要求对教育进行改革。在此背景下，1958年美国总统批准颁布了《国防教育法》。

（1）主要内容。

①加强普通学校的自然科学、数学和现代外语即"新三艺"的教学。

②加强职业技术教育。要求各地区设立职业技术教育领导机构，有计划地开展职业技术训练。

③强调"天才教育"。鼓励有才能的学生完成中等教育，攻读考入高等教育机构所必需的课程并升入该类机构，以便培养拔尖人才。

④增拨大量教育经费。作为对各级学校的财政援助。

（2）评价。

《国防教育法》是作为改革美国教育、加快人才培养的紧急措施推出的，其颁布与实施，为第二次世界大战后美国教育改革提供了坚实的法律保障，促进了美国教育事业的发展，有利于教育质量的提高和科技人才的培养。

三、分析论述题

1. 论述培养和提高教师素养的主要途径。

【答案要点】

（1）加强和改革师范教育。

要发展师范教育，切实提高教师队伍的质量，第一，必须采取有效的政策性措施，鼓励和吸引大批优秀学生报考师范院校。第二，努力提高教师的社会地位和物质待遇，增强师范教育的吸引力。第三，联系现时代对教师作用和职能的新要求，使未来教师能获得与之相应的专业训练，尤其要树立师范生先进的教育理念。第四，吸收除正规教师以外的各种可能参与教育过程的人，并为其从教提供必要的职业帮助。

（2）实施教师资格考察制度。

实施教师资格考察制度，不仅有利于加强教师质量的管理与考核，而且为非师范专业毕业的大学生谋求教师职业开辟了道路，从而切实有效地充实了教师队伍。该制度包括三层含义：第一，教师资格制度是国家实行的一种职业资格制度；第二，教师资格制度是法律规定的，必须依法实施；第三，教师资格是教师职业许可。

（3）加强教师在职提高。教师在职提高的主要途径包括教学反思、校本培训、校外支援与合作等形式。

①教学反思是指教师把自己放到研究者、反思者的位置，通过对教育、教学日常工作中出现的某些疑难问题的观察、分析、反思与解决，提升自己的专业理论水平和专业实践的智慧与能力。

②校本培训是指以教师任职的学校为组织单位，以提高教师专业素质为主要目标，通过教育、教学实践和教育科研活动等形式，对全体教师进行的全员性在职培训。

③校外专业支援与合作的主要形式有：跨校合作，包括学校与学校，学校与大学或师范院校的合作；专家指导，包括专家讲座、报告等；政府教育部门和教研机构组织的各类专业培训，包括短期培训、脱产进修、业余进修等。

2. 论述朱子读书法的内容及意义。

【答案要点】

朱熹一生酷爱读书，对于如何读书有深切的体会，并提出了许多精辟的见解。他的弟子将其概括为"朱子读书法"六条。

主要内容：

（1）循序渐进。朱熹主张读书要"循序渐进"，包含三个方面的意思：读书要按一定的次序，不要颠倒；应根据自己的实际情况和能力，安排读书计划，并切实遵守它；读书要扎扎实实打好基础，不可囫囵吞枣，急于求成。

（2）熟读精思。朱熹认为，读书既要熟读成诵，又要精于思考。熟读有利于理解，熟读的目的是为了精思。精思就是从无疑到有疑再到解疑的过程，即发现问题和解决问题的过程。

（3）虚心涵泳。所谓"虚心"是指读书时要虚怀若谷，静心思虑，仔细体会书中的意思，不要先入为主，牵强附会；所谓"涵泳"是指读书时要反复咀嚼，细心玩味。

（4）切己体察。强调读书不能仅仅停留在书本上和口头上，而必须要见之于自己的实际行动，要身体力行。他竭力反对只向书本上求义理，而不"体之于身"的读书方法，认为这样无益于学。

（5）着紧用力。包含两方面的意思：其一，必须抓紧时间，发愤忘食，反对悠悠然；其二，必须抖擞精神，勇猛奋发，反对松松垮垮。

（6）居敬持志。既是朱熹道德修养的重要方法，也是他最重要的读书法。"居敬"是读书时精神专一，注意力集中；"持志"是要树立远大的志向和高尚的目标，并要以顽强的毅力坚持下去。

评价：

（1）进步性。朱熹的读书法是他自己和前人长期的读书经验的概括和总结，比较集中地反映了我国古代对于读书方法研究的成果，朱子读书法反映了读书学习的基本规律和要求，在今天仍具有一定的参考价值和借鉴作用。

（2）局限性。朱子读书法也不可避免地存在时代和阶级的局限性，突出表现为：朱熹所提倡读的书主要是宣传封建伦理道德的"圣贤之书"；他的读书法主要是强调如何学习书本知识，而未曾注意到与实际知识之间的联系。

3. 论述苏格拉底方法的内容及意义。

【答案要点】

（1）主要内容。

苏格拉底法也称"问答法""产婆术"，是由讥讽、助产术、归纳和定义四个步骤组成的独特的方法。这是苏格拉底探讨伦理哲学的研究方法，也是他的教学方法。

①讥讽。指就对方的发言不断提出追问，迫使对方自陷矛盾，最终承认自己的无知。

②助产术。指帮助对方自己得到问题的答案。

③归纳。从各种具体事物中找到事物的共性或本质，通过对具体事物的比较寻求"一般"。

④定义。指把个别事物归入一般概念，得到关于事物的普遍概念。

（2）评价。

①优点：第一，这种教学方法不将现成的结论硬性灌输或强加于对方，而是与对方共同讨论，通过不断提问诱导对方认识并承认自己的错误，自然而然地得到正确的结论。第二，这种方法遵循从具体到抽象、从个别到一般、从已知到未知的规则，为后世的教学法所吸取。

②局限：但是这种原始的教学方法是在当时没有成熟的教材和没有正规课堂教学制度的特定历史条件下的产物，它不是万能的教学方法，只能在一定条件下和适度范围内作为参照。

4. 论述科尔伯格的道德发展理论。

【答案要点】

美国心理学家科尔伯格认为儿童道德的发展是分阶段的，他在研究中发现道德发展不是只有两个水平，而应该有多个水平，提出了著名的"三水平六阶段"的道德发展阶段论。

理论内容：

（1）前习俗水平。大约出现在幼儿园及小学低中年级阶段。该时期的特征是儿童遵守规范，但尚未形成自己的主见，着眼于人物行为的具体结果，关心自身的利害。包括惩罚和服从的定向阶段和工具性的相对主义定向阶段。

（2）习俗水平。在小学中年级以上出现，一直到青年、成年。该时期的特征是个人逐渐认识到团体的行为规范，进而接受并付诸实践。包括人际协调的定向阶段和维护权威或秩序的定向阶段。

（3）后习俗水平。该阶段已经发展到超越现实道德规范的约束，达到完全自律的境界，这个水平是理想的境界，成人也只有少数人才能达到。包括社会契约定向阶段和普遍的道德原则定向阶段。

教育启示：

（1）形成了一个研究个体品德发展阶段的重要模式，有助于将品德发展的理论运用到学校道德教育中去，实施道德教育。

（2）道德教育的首要任务是提高儿童的道德判断能力，培养他们明辨是非的能力。教育者的主要任务就是帮助被教育者注意到真正的道德冲突，思考用于解决这种冲突的理由是否恰当，发现解决这种冲突的新的思想方法。

（3）儿童的道德发展是有阶段性的、渐进的，因此，在对儿童进行道德教育时，应随时了解儿童所达到的发展阶段，根据儿童道德发展阶段的特点，循循善诱地促进他们的发展。

（4）社会环境对人们道德发展有着巨大作用，因此在学校中要树立良好公正的群体气氛，这是道德教育必要的条件。科尔伯格是现代道德认知发展理论的创立者。这一革命性的发现，从根本上改变了道德仅仅是社会道德灌输教育结果的传统观点。

2019年 华南师范大学 333 教育综合·真题解析

一、名词解释

课程

课程是由一定的育人目标、特定的知识经验和预期的学习活动方式构成的一种蕴含着丰富、基本而又有创造性与潜质的一套计划与设定。从育人目标角度看，课程是一种培养人的蓝图；从课程内容角度看，课程是一种适合学生身心发展规律的、连接学生直接经验和间接经验的、引导学生个性全面发展的知识体系及其获取的路径。广义的课程指所有学科的总和，狭义的课程指一门学科。

教学评价

教学评价是对教学工作质量所做的测量、分析和评定。它以参与教学活动的教师、学生、教学目标、内容、方法、教学设备、场地和时间等因素的优化组合的过程和效果为评价对象，是对教学活动的整体功能所做的评价。

校长负责制

校长负责制指校长受上级政府主管部门的委托，在党支部和教代会的监督下，对学校进行全面领导和负责的制度。在这一体制中，校长是学校行政系统的最高决策者和指挥者，是学校的法人代表，他对外代表学校，对内全面领导和管理学校的教育、教学、科研和行政工作。

创造性

创造性是个体利用一定内外条件，产生新颖、独特、有社会和个人价值产品的心理特性。这种心理品质是综合的、多维的，它包括与创造活动密切联系的认知品质、人格品质和适应性品质。创造性表现与创造活动或过程之中，其结果以"产品"为标志，其水平以产品的"价值"为标准。

自我效能感

自我效能感由班杜拉提出，是指个体对自己能否成功进行某一成就行为的主观判断。它影响着个体对行为的选择、付出多大努力以及坚持多久。班杜拉指出，人的行为受行为结果的影响，但行为的出现不是由于随后的强化，而是由于人认识了强化与行为之间的依赖关系后建立了对下一步强化的期望。

学校教育制度

学校教育制度即学制，它是现代教育制度的核心部分。指的是一个国家各级各类学校的系统及其管理规则，它规定着各级各类学校的性质、任务、入学年限、修业年限以及它们之间的关系。

二、简答题

1. 我国教育目的的基本精神。

【答案要点】

（1）培养"劳动者"或"社会主义建设人才"。我国当代教育目的在表述上不断发生变化，但培养"劳动者"或"社会主义建设人才"这一基本规定却始终没有变。教育目的的这个规定，明确了我国教育的社会主义方向，指明了培养出来的人的社会地位和价值，是社会主义的劳动者、建设人才，是国家的主人。

（2）坚持全面发展。受教育者的全面发展，教育界通行的说法是德、智、体、美、劳的发展。从人要处理的现实生活的关系分析，人的全面发展主要包括处理人与自然关系的能力、人与社会关系的能力和人与自我关系的能力的发展。如果一个人的发展在这三个方面都形成了健全的能力，那么这个人的发展就是全面发展。

（3）培养独立个性。培养受教育者的独立个性，是马克思人的全面发展学说的基本内涵和根本目的。追求人的个性发展，就是要使受教育者的自由个性得到保护、尊重和发展，要增强受教育者的主体意识、开拓精神、创造才能，要提高受教育者的个人价值。

综上所述，我国教育目的的价值取向的出发点与归宿在于：培养德、智、体、美、劳全面发展，具有创新精神、实践能力和独立个性的社会主义现代化需要的各级各类人才。

2. 教师的素养。

【答案要点】

（1）高尚的师德。包括热爱教育事业，富有献身精神和人文精神；热爱学生，诲人不倦；热爱集体，团结协作；严于律己，为人师表。

（2）先进、科学的教育理念。教育理念是教师在对教育工作本质理解的基础上形成的关于教育的观念和理性信念，它是以观念或信念的形式存在于教师头脑中的对教育现象和教育问题的看法。

（3）宽厚的文化素养。教师的主要任务是通过向学生传授科学文化知识，培养其能力，促进其个性生动活泼地发展。一个好教师的基本条件之一，就是要有比较渊博的知识和多方面的才能。

（4）专门的教育素养。教师的专门教育素养水平及其合理结构是教育教学任务得以完成的重要保证，它主要包括教育理论素养、教育能力素养和教育研究素养。

（5）健康的心理素质。教师的心理健康不仅会直接影响教育工作的优劣成败，而且会影响学生的心理健康水平。因此，教师应该注重提高自己的心理素质。

（6）强健的身体素质。教师的身体素质是指教师在教学活动中的自然力，是教师的身体健康状态和身体素质状态在教学中的表现。

3. 法家的教育思想。

【答案要点】

（1）"人性利己说"与教育作用。

法家的人性观表现为绝对的"性恶论"。法家认为人性是自私的，趋利避害是人的本性。基于此，法家强调治国必须靠高压政治、法制手段，无须用温情脉脉的教育感化。

法家强调法制对改造人的自私品质的作用，主张严格要求，有一定的道理，但是法家忽视了自我道德教育的必要性，否认了教育存在的价值，其结果必然走向惩罚主义。

（2）禁私学。

法家认为，私家学派的存在造成思想的纷乱和不统一，导致了"乱上反世"。韩非将私家学派称为"二心私学"，并立法废除私学，对易于导致"二心"的私学和学派就应"禁其行""破其群""散其党"。为了达到政治强权、实现国家富强进而实现统一各国的愿望，法家采取的一大措施就是不准人思想和禁止人说话，而定法家思想于一尊。法家这种禁"杂反"之学、学术思想择一的做法，也开拓了中国封建社会思想统治的先河。

（3）"以法为教"，"以吏为师"。

韩非子提出的"以法为教""以吏为师"的教育主张，是法家教育思想和教育实践的一个基本概括。

推行法治教育的内容：以法为教。法是一种依据或准则，有了法，就使人的行为有规矩可循。它要求对社会实行普遍的法治教育，使维护封建统治的政治、经济、思想、文教等法令妇孺皆知，深入人心。

推行法治教育的手段：以吏为师。即为了实行法治，选择那些知法的官吏来担任法令的解释者和宣传者。因此，法家所谓"师"并非教师意义上的"师"。"以吏为师"还包含一层意思：理想的国家和社会是不需要许多人来从事文化、知识和教育工作的，这样的人一多，就会破坏社会秩序。妥善的做法，就是"以吏为师"。

4. 明治维新的教育改革。

【答案要点】

（1）建立中央集权式的教育管理体制。1871年，明治政府在中央设立文部省，统一管理全国的文化教育事业并兼管宗教事务。1872年颁布的《学制令》，在确立教育领导体制的基础上，建立全国的学校教育体制。规定实行中央集权式的大学区制。

（2）初等教育的发展。1886年颁布的《小学令》规定初等教育年限为8年，分两个阶段实施。前4年为寻常小学阶段，实施义务教育；后4年为高等小学阶段，实施收费制。

（3）中等教育的发展。1886年颁布的《中学校令》规定，中学承担实业教育及为学生升入高等学校做准备的基础教育两大任务；中学类型分为寻常中学与高等中学两类，前者修业5年，由地方设置及管理，每府县设立一所，属普通教育学校；后者修业2年，每学区设一所，属大学预科性质，直接接受文部大臣的领导。

（4）高等教育的发展。日本近代高等教育的发展始于明治维新时期的教育改革，这一改革既吸取借鉴了欧美发展高等教育的经验，同时又较好地利用了本国已有的教育基础。新大学的创办以1877年东京大学的成立为肇端。1886年颁布《帝国大学令》，改东京大学为帝国大学，明确其任务为适应国家发展需要，讲授学术及技术理论，研究学术及技术的奥秘，培养大批管理干部及科技人才。

（5）师范教育的发展。明治时期大规模教育改革的推行及学校的兴办，尤其是初等义务教育运动的开展，客观上要求充分发展师范教育以提供必要的师资保障。1886年颁布的《师范学校令》为日本师范教育的规范发展提供了政策支撑。《师范学校令》将师范学校分为寻常师范学校与高等师范学校两类。寻常师范学校由地方设立，招收小学毕业生，主要为公立小学培养教师和校长；高等师范学校由国家设立，招收寻常师范学校的毕业生，主要为寻常师范学校培养教师和校长。

三、分析论述题

1. 论述教育社会流动功能和意义。

【答案要点】

（1）教育的社会流动功能的含义。

教育的社会流动功能是指社会成员通过教育的培养、筛选和提高，能够在不同的社会区域、社会层次、职业岗位、科层组织之间转换、调整和变动，以充分发挥其个人的智慧才能，实现其人生价值。它包括横向流动功能和纵向流动功能。前者指改变其环境而不提升其社会层级地位；后者指改变其社会层级地位及作用。

（2）教育的社会流动功能在当代的重要意义。

①教育是个人社会流动的基础。如今，不管从事什么行业，要在社会上生存与流动，就要有一定的文化知识和能力，必须接受一定的教育。它使享受这一教育的人能够选择自己将要从事的职业，参与建设集体的未来和继续学习。

②教育是现代社会流动的主要通道。今天，我国农村的年轻一代要成功地进行社会流动，尤其是向上流动，必须经过教育，甚至只有经过优质的高等教育才能实现。

③教育深刻影响社会公平。教育的社会流动，实质上涉及教育机会均等与社会公平问题。到近代，人们才逐步提出普及教育与入学机会人人均等的要求。如今，各国纷纷实行普及义务教育制度，注重教育公平，这是教育发展的趋势。

2. 梁漱溟的乡村教育建设思想。

【答案要点】

（1）立足于文化传统的乡村建设实验。

梁漱溟对近代中国教育的贡献，在于他的乡村教育理论和实践，他的乡村建设理论是从寻找中国问题的病因入手的。他认为晏阳初提出的中国农村四大问题只是中国社会的表面病象，中国的深层问题在于极严重的文化失调，因此，中国问题的解决只有从自身固有文化中寻找出路。

乡村建设，是一种力图在保存既有社会关系的基础上，通过乡村教育的方法，由乡村建设引发社会工商业发展，实现经济改造和社会改良。梁漱溟认为解决中国问题唯一的道路就是乡村建设。其原因在于：首先，中国80%以上的人民生活在乡村；其次，中国传统文化的根在乡村，而理性的胚芽也只能在乡村慢慢培养起来；最后，当时中国的乡村经济近乎破产，中国要想从头建设，必须从乡村建设起。

（2）乡村建设和乡村教育理论。

乡村建设和乡村教育是一个问题的两个方面，乡村建设应以乡村教育为方法，而乡村教育需以乡村建设为目标，建设和教育二者不可分离。

梁漱溟认为，要解决中国文化失调的问题和重新整理、建设中国固有的文化，必须借助教育的手段来实现。教育是比暴力革命更为有效的社会改造手段。中国社会的改造其实是一个巨大的教育工程，所以，建设必须寓于教育，乡村的进步，社会的改造都离不开教育。在乡村建设中，学校必然成为社会的中心，教员必然成为社会的指导者，乡村建设把社会运动纳于教育之中，通过教育来完成社会改造。

（3）乡村教育的实施。

1931年，梁漱溟到山东邹平开办了山东乡村建设研究院，研究乡村建设问题，培养乡村建设人员，规划和指导实验区的乡农教育，为寻求民族自救之路做了艰苦的探索。

乡农学校的设立：乡农学校分村学和乡学两级。从教育程度上分，文盲和半文盲入村学，识字的成年农民入乡学；从行政功能上分，村学是乡学的基础组织，乡学是村学的上层机构。其组织原则是：其一，"政教养卫合一"，"以教统政"，即乡农学校是教育机构和行政机构的合一，乡村建设的政治、经济措施都通过乡农学校来实施；其二，学校式教育与社会式教育融合，在乡农学校中成立儿童部、成人部、妇女部和高级部。

乡农学校的教育内容：课程分为两大类：一类是各校共有的课程，包括识字、唱歌等普通课程和精神讲话，尤重后者。第二类是各校根据自身生活环境需要而设置的课程，如匪患严重的乡村，可成立农民自卫武装组织，进行自卫训练等。总之，乡农学校的所有教育内容强调服务于乡村建设，密切适合农村生产、生活的需要。

（4）评价。

梁漱溟的乡村建设理论和乡村教育思想，本质上是一种中国知识分子通过改造中国农村来改良中国社会的理想，是在探索拯救中国的"第三条道路"。他力图在伦理本位基础上重建中国社会的新秩序，提出"伦理本位，职业分途"的假说，无视中国社会当时客观存在的阶级冲突和阶级斗争，对中国共产党领导的农村土地革命持反对态度，其问题和错误不言而喻，因此，乡村建设是一场并不成功的实践。

但是，梁漱溟的乡村建设实验对后人有一定的启示。他认识到中国的问题是农村的问题，并立足于文化传统来思考中国社会的改造，是有识之见；认为中国教育应该到农村去办，并身体力行地去到农村，践行理论，发扬了五四以来的优良传统，精神可嘉；并且，他通过自身工作为农村建设做出了实际贡献。梁漱溟的实践虽然不足以改变中国农村面貌，但却做出了有益的探索，在中国现代教育史上具有一定的意义。

3. 现代人文主义教育思潮。

【答案要点】

现代人文主义教育思潮于20世纪60—70年代盛行于美国，是现代欧美国家一种以人本主义心理学为基础、突出"以人为本"理念、以培养自我实现和完整的人为教育目的的教育思潮，代表人物有马斯洛、罗杰斯和弗洛姆等。其主要观点包括以下几个方面：

（1）教育的目的是培养自我实现的人。教育的目的就是人的自我实现、完美人生的形成以及人的潜能的充分发展。

（2）主张构建人本课程，即"课程人本化"。不仅要注意课程内容的人本主义，而且要注意强调情感在知识教育中的作用。

（3）强调学校应创设自由学习和发展的氛围。教育的作用就是为学习者创造最佳的学习条件，即创造一种积极的学习环境。

现代人文主义教育不仅对西方教育理论和实践产生了重要的影响，而且对发展方向具有牵引的作用；但它过分强调主体性及个人的价值观和个人的自我实现，简单地把个体的潜能实现与个体的社会价值画上等号，也受到了批评。

4. 社会规范学习的心理过程。

【答案要点】

社会规范学习是指个体接受社会规范，内化社会价值，将外在的行为要求内化为自己的行为需要，从而建构主体内部的社会行为调节机制的过程，即社会规范的内化过程。其目的在于使个体适应社会生活。

心理过程：

（1）社会规范的依从。

即表面上接受规范，按照规范的要求来行动，但对规范的必要性或根据缺乏认识，甚至有抵触情绪。依从具有一定的盲目性和被动性，个体对规范所要求的行为缺乏足够的了解，只是迫于权威或环境的压力才遵从了规范。因此，依从水平上的规范是最不稳定的，一旦外部监控和压力消失了，相应的规范行为就可能会动摇和改变。依从是规范内化的初级阶段，也是进一步内化的基础。类型有从众和服从，具有盲目性、被动性、工具性和情境性。

（2）社会规范的认同。

认同比依从深入了一层，简单地说，它是对自己所认可、仰慕的榜样的遵从、模仿。认同具有自觉性和主动性，虽然学习者对规范必要性的认识还有不足，但他已有明确的行为意图，团体的规范对学习者具有一定的吸引力和感染力。相应地，认同水平的规范已经具有一定的稳定性，是规范内化的深入阶段。类型有偶像认同和价值认同。具有自觉性、主动性、稳定性。

（3）社会规范的内化。

社会规范的内化是社会规范接受的高级水平，是品德形成的最高阶段，指主体随着对规范认识的概括化与系统化，以及对规范体验的逐步累积与深化，最终形成一种价值信念作为个体规范行为的驱动力。具有高度自觉性、高度主动性和坚定性。

2018年 华南师范大学333教育综合·真题解析

一、名词解释

广义教育

广义教育是指凡是有目的地增进人的知识技能、影响人的思想品德、增强人的体质的活动都是教育，包括人们在家庭中、学校里、亲友间、社会上所受到的各种有目的的影响。

德育

德育即道德教育。一般来说，学校德育是指学生在教师的引导下，以学习活动、社会实践、日常生活、人际交往为基础，同经过选择的人类文化，特别是一定的道德观念、政治意识、处世准则、行为规范相互作用，经过自己的观察、感受、判断、践行和改善，以形成行为习惯、道德品质、人生价值和社会理想的教育。简言之，德育是培养学生思想品德的教育。

教学

教学是在一定教育目的规范下，在教师有计划的引导下，学生能动地学习、掌握系统的课程预设的科学文化基础知识，发展自身的智能与体力，养成良好的品行与美感，逐步形成全面发展的个体素质的活动。

学校管理

学校管理是学校管理者在一定的社会历史条件下，通过一定的组织机构和制度，采用一定的方法和手段，带领师生员工，充分发挥学校人、财、物、时、空和信息等资源的最佳整体功能，实现学校工作目标的组织活动。

心理发展

心理发展是指个体从胚胎经由出生、成熟、衰老一直到死亡的整个生命过程中所发生的持续而稳定的内在心理变化过程，主要包括认知发展、人格发展和社会性发展三个方面。

品德不良

品德不良是指个体具有的不符合社会道德要求的道德品质与道德行为，表现为个体经常违反道德准则或犯有较严重的道德过错，有的甚至处在犯罪的边缘或已有轻微的犯罪行为。

二、简答题

1. 生产力对教育的制约。

【答案要点】

（1）生产力的发展制约教育事业发展的规模和速度。

物质资料的生产是社会存在与发展的基础。教育事业发展的规模和速度，归根结底是由生产力发展的水平和状况决定的，一定的教育必须与一定的生产力发展相适应，这是学校教育发展必须遵循的规律。

（2）生产力的发展水平制约人才的培养规格和教育结构。

不同的生产力发展水平，对教育所培养的人提出了不同层次的要求。生产力的发展与分工，也必然引起教育结构的变化。因此学校教育结构必须反映经济的技术结构和产业结构的发展变革。这样教育为生产培养的人才在总量、类型和质量上才能满足生产力发展的需求。

（3）生产力的发展制约教学内容、教学方法和教学组织形式的发展和改革。

生产力的发展推动了科学技术的发展，也必然促进教学内容的发展与更新。教学方法和教学组织形式的变革也是一样，如班级教学组织形式的产生与改进、多媒体教学等现代方法的运用，都是与生产力的发展和科学技术的运用紧密相关的。

2. 简述苏格拉底的教育思想。

【答案要点】

（1）教育的意义与目的。

苏格拉底认为，人天生是有区别的。但不管这种区别有多大，教育能使人得到改进。不论是天资比较聪明的人还是天资比较鲁钝的人，都必须勤学苦练。苏格拉底认为教育的目的是培养治国人才，治国者必须有德有才，深明事理，具有各种实际知识。

（2）美德即知识。

苏格拉底认为道德不是天生的，正确的行为基于正确的判断，做坏事的人按照错误的判断行事，没有人会明知故犯，所以教人道德就是教人智慧，教人辨别是非、善恶，正确地行事，智慧就是道德。正确行为基于正确认识，对人进行道德教育就是可能的，道德是可教的。

（3）苏格拉底方法。

苏格拉底法也称"问答法""产婆术"，是由讥讽、助产术、归纳和定义四个步骤组成的独特的方法。这是苏格拉底探讨伦理哲学的研究方法，也是他的教学方法。

①讥讽。指就对方的发言不断提出追问，迫使对方自陷矛盾，最终承认自己的无知。

②助产术。指帮助对方自己得到问题的答案。

③归纳。从各种具体事物中找到事物的共性或本质，通过对具体事物的比较寻求"一般"。

④定义。指把个别事物归入一般概念，得到关于事物的普遍概念。

3. 教师的义务。

【答案要点】

教师的义务是指教师依法应当承担的各种职责。《中华人民共和国教师法》规定，教师除了必须承担国家宪法规定的公民的一般义务外，还必须履行如下基本职责：

（1）遵守宪法、法律和职业道德，为人师表。

（2）贯彻国家的教育方针，遵守规章制度，执行学校的教学计划，履行教师聘约，完成教育教学工作任务。

（3）对学生进行宪法所确定的基本原则的教育和爱国主义、民族团结的教育，法制教育以及思想品德、文化、科学技术教育，组织、带领学生开展有益的社会活动。

（4）关心、爱护全体学生，尊重学生人格，促进学生在品德、智力、体质等方面全面发展。

（5）制止有害于学生的行为或者其他侵害学生合法权益的行为，批评和抵制有害于学生健康成长的现象。

（6）不断提高思想政治觉悟和教育教学业务水平。

4. 中体西用思想的历史价值与局限。

【答案要点】

历史价值：

（1）洋务派提出"中体西用"，在不危及"中体"的前提下侧重强调采纳西学，既体现了洋务派的文化教育观，也是洋务派应对守旧派的策略。

（2）在"中体西用"形式下，"西学"教育的规模不断扩大。两次鸦片战争中，"中体西用"的内涵被不断调整，"西用"的范围不断延伸，逐渐纳入新的成分。

（3）洋务运动时期，"中体西用"理论为"西学"教育的合理性进行了有效论证，促进了资本主义文化在中国的传播。在此原则下实施的留学教育和举办的新式学堂给僵化的封建教育体制打开了缺口，改变了单一的传统教育结构。

历史局限：

（1）"中体西用"思想本质上还是为了维护封建专制统治，阻碍了后来维新思想的广泛传播，不利于近代刚刚开始的思想启蒙运动。

（2）"中体西用"作为一种文化整合方案和教育宗旨来说是粗糙的。它是在没有克服中西文化固有矛盾情况下的直接嫁接，必然会引起两者之间的排异反应。

三、分析论述题

1. 科举制的影响。

【答案要点】

科举制度即个人自愿报考，县州逐级考试筛选，全国举子定时集中到京都，按科命题，同场竞试，以文艺才能为标准，评定成绩，限量选优录取，是一种选官制度，以这种方式选拔国家官员。

积极影响：

（1）扩大了统治基础，有利于加强中央集权。通过科举考试，平民及中小地主阶层获得了参政的机会，打破了门阀士族地主垄断统治权力的局面，扩大了封建统治的统治基础。同时，通过科举考试，朝廷将选士大权收归于中央政府，强化了中央集权的统治。

（2）使选士与育士紧密结合。促进人们的思想统一于儒学，成为实施儒家"学而优则仕"原则的途径。刺激学校教育的发展，有利于教育的普及。

（3）使选拔人才较为客观公正。隋唐科举考试在发展的过程中逐步建立了较为完备的考试制度，同时逐步建立了一系列的考试防范措施，加强了考试管理。

消极影响：

（1）国家只重科举取士，而忽略了学校教育。学校成为科举考试的预备机构，一切教学活动都围绕着科举考试来进行，学校失去了相对独立的地位和作用。

（2）束缚思想，败坏学风。学校教学安排围绕科举进行，导致学校教育中重文辞少实学，重记诵而不求义理，形成了教条主义、形式主义的学习风气。在科举制的影响下，读书的目的不是求知求真，而是为了功名利禄，具有强烈的功利色彩。

（3）科举考试内容的狭隘也阻碍了中国文化的和谐发展，特别是科技文化的发展。

2. 班主任的工作主要任务。

【答案要点】

（1）了解和研究学生。

了解学生，包括个人和集体两方面。了解学生个人情况，包括个人德、智、体的发展，他的情趣、特长、习性、诉求，家庭状况和交往情况。了解学生集体情况，是在了解学生个人情况的基础上汇集而成，包括全班学生的年龄、性别、家庭等一般情况；学生德、智、体发展的一般水平和有特殊才能的学生情况，班风与传统等。了解和研究学生的主要方法有观察、谈话、分析书面材料和调查研究等。

（2）教导学生学好功课。

学好功课是学生的主要任务也是班主任的一项经常性的重要任务。有成效地完成这一任务，主要靠各科教师，但班主任的作用不可忽视。班主任应做到：注意学习目的与态度的教育；加强学习纪律的教育；指导学生改进学习的方法和习惯。

（3）组织班会活动。

班会是向学生进行思想教育的一个重要阵地。有计划地组织班会活动是班主任的一项重要任务。

组织班会活动应注意：班会的内容与形式应当多样化；组织班会活动要有计划。

（4）组织课外活动、校外活动和指导课余生活。

课外活动与校外活动对培养学生的志趣、才能，丰富和活跃他们的生活，促进他们德、智、体全面发展有重要意义。在开展课外与校外活动方面，班主任主要负责动员和组织工作。

对课余活动，班主任的责任是经常关心、了解、给予必要的指导。要尊重学生个性与兴趣爱好，不要干预太多，同时严格要求他们遵守学校规章制度和纪律，自觉抵制不良思想风气的侵蚀。

（5）组织学生劳动。

学生的劳动内容很广，主要有生产劳动、建校劳动和各种公益劳动。每学期开学之初，学校应当根据情况对各班学生的劳动做出统一的计划和安排。班主任则应按学校的安排与要求，有目的有计划地组织好本校学生的劳动。

（6）协调各方面对学生的要求。

调节和统一校内外各方面对学生的要求，这是有成效地教育学生的重要条件，也是班主任工作的一项重要内容。这项工作包括统一校内教育者对学生的要求以及统一学校与家庭对学生的要求。

（7）评定学生操行。

操行是指学生的思想品德表现。操行评定是对学生一学期或一学年以来的思想品德发展变化情况的评价。操行评定，一般采用评语，有的还要评定等级。

（8）做好班主任工作的计划与总结。

为了能够较自觉地做好班主任工作，一要加强计划性，使工作有条不紊地进行；二要注意总结工作经验，以便不断改进和提高。二者是互为基础、相互促进的。

3. 杜威的教育思想。

【答案要点】

杜威是20世纪美国著名的哲学家和教育家，他以实用主义哲学、民主主义政治理想和机能心理学为基础，通过批判地继承前人的思想，构建起庞大的教育哲学体系，成为现代教育的代表人物。主要著作有《民主主义与教育》《我的教育信条》等。

（1）论教育的本质。

杜威对于"什么是教育"的问题，给出的回答是：教育即生活、学校即社会、教育即生长、教育即经验的持续不断的改造。

（2）论教育的目的。

教育无目的论。从教育本质论出发，杜威反对外在的、固定的、终极的教育目的，认为教育无目的。杜威所希求的是过程内的目的，这个目的就是"生长"。

教育的社会目的。杜威强调过程内的目的不等于否定社会性的目的。杜威要求教育为社会进步服务，为民主制度的完善服务。他认为教育是社会进步及社会改革的基本方法，学校是社会进步和改革的最基本和最有效的工具。在民主社会中，个人发展与社会进步是统一的。

（3）论课程与教材。

从做中学。杜威以其经验论为基础，要求从做中学、从经验中学，要求以活动性、经验性的主动作业来取代传统书本式教材的统治地位。在杜威看来，这种活动性、经验性课程既能满足儿童的心理需要，又能满足社会性的需要，还能使儿童对事物的认识具有统一性和完整性。

教材心理学化。杜威主张以"教材心理学化"来解决怎样使儿童最终获得较系统的知识而同时又能在学习过程中顾及儿童的心理水平。"教材心理学化"是指把各门学科的教材或知识各部分恢复到它所被抽象出来之前的原来的经验。这种心理化就是把间接经验转化为直接经验，即直接经验化。之后再将已经经验到的那些东西累进地发展为更充实、更丰富也更有组织的形式，即逐渐地接近提供给有技能的、成熟的人的那种教材形式。

（4）论思维与教学方法。

反省思维。杜威所力倡的反省思维是指对某个经验情境中的问题进行反复的、严肃的、持续不断的思考，其功能在于求得一个新情境，把困难解决、疑虑排除、问题解答。

五步教学法。杜威根据科学的实验主义探究方法和反省思维方式，提出了五步教学法，即创设疑难的情境、确定疑难所在、提出问题的种种假设、推断哪种假设能解决这个困难、验证这种假设。

（5）论道德教育。

杜威认为道德教育的主要任务是协调个人与社会的关系。他认为个人的充分发展是社会进步的必要条件，社会的进步又可以为个人的发展提供更好的基础。他反对过分强调个人自由和竞争的旧个人主义，而提倡强调人与人之间的合作，强调社会责任和理智作用的新个人主义。

教育的道德性和教育的社会性是相通的，道德教育应在社会性的情境中进行而不能只停留于口头说教；要求学校生活、教材、教法皆应渗透社会精神，视学校生活、教材、教法为"学校道德三位一体"，这三者都是道德教育的重要途径。

（6）杜威教育思想的影响。

①杜威是西方现代教育派的理论代表。他对传统教育的整个理论体系发起挑战，奠定了现代教育的理论大厦的基石。

②杜威是新教育的思想旗手，他的教育理论突破以往建立在主客体两分之上的传统教育的弊端，将知行合一，使教学中死的知识变为活的知识，突破了内发论和外铄论，将教育看作人与环境的交互过程中经验的观点具有很高的创造性。

③杜威奠定了儿童中心论，解决教育与儿童相脱离的问题，并通过学校与社会的统一、思维与经验的统一，解决教育与实践、学校与社会脱离的问题。

④杜威提出了做中学这一建立在新哲学和心理学基础上的新方法，拓宽了教学形式和方法，提高了教学专业化水平。

⑤杜威的教育理论对世界教育进程发挥巨大作用，对日本、中国、苏联等国具有直接的影响。

⑥杜威的理论偏重儿童、活动、经验三中心而使得教育实践忽视了系统知识的传授以致引发了自由与纪律、教师与学生关系等诸多矛盾。另外根据经验和教材心理化原则编写新型教材的设想过于理想化，难以实现。

4. 影响学习动机的因素。

【答案要点】

学习动机是动机在学习活动中的表现，是引起和维持个体进行学习活动，并使活动朝向一定的学习目标，以满足某种学习需要的一种内部心理状态。它的主要内容包括知识价值观、学习兴趣、学习效能感和成败归因。

影响学习动机的因素：

内部因素：

（1）需要与目标结构。每个学生认知需要的强度不同，反映在学习动机上也有强度差异。学生的学习目标可分为两类，即掌握目标和成绩目标。掌握目标定向者倾向于把学习的成败归因于内部原因，成绩目标定向者倾向于把学习的成败归因于运气、能力和任务难度等外部原因。

（2）成熟与年龄特点。年幼儿童的动机主要是生理性动机，随着年龄的增长，社会性动机及其作用也日益增长。年幼儿童对生理安全过分关注，而中学生对社会影响比较关注。

（3）性格特征与个别差异。学生的兴趣爱好、好奇心、意志品质都影响着学习动机的形成。

（4）志向水平与价值观。学生的人生观、世界观、价值观所直接反映的理想情况或志向水平影响其学习动机和目标结构的形成。

（5）焦虑程度。焦虑程度会影响学习动机和学业成绩。大量研究表明，中等程度的焦虑对学习是有益的，焦虑程度过低或过高都会对学习产生不良影响。

外部因素：

（1）家庭环境与社会舆论。第一，社会要求通过家庭对学生的动机起影响作用；第二，在学生动机形成过程中，家庭文化背景、精神面貌也起着极其重要的作用。

（2）教师的榜样作用。第一，教师是学生学习动机的榜样；第二，教师的期望也会对学生的动机和行为产生不同的影响；第三，教师还是沟通社会、学校的要求与学生的成长，形成正确动机的纽带，要善于把各种外部因素与学生的内部因素结合起来。

2017年 华南师范大学 333 教育综合·真题解析

一、名词解释

知识

从认识的本质上讲，知识是人对事物属性与联系的能动反映，是通过人与客观事物的相互作用形成的。人在与外界相互作用的实践活动中，获得来自客体的各种信息，用一定方式对这些信息进行加工和组织，形成对事物的理解，从而形成知识。

德育

德育即道德教育。一般来说，学校德育是指学生在教师的引导下，以学习活动、社会实践、日常生活、人际交往为基础，同经过选择的人类文化，特别是一定的道德观念、政治意识、处世准则、行为规范相互作用，经过自己的观察、感受、判断、践行和改善，以形成行为习惯、道德品质、人生价值和社会理想的教育。简言之，德育是培养学生思想品德的教育。

教育目的

教育目的是对教育活动所要培养的人的个体素质的总的预期与设想，是对社会历史活动的主体的个体素质的规定。它体现一定社会对受教育者质量规格的界定和要求，也体现人自身发展所应该达到的水准和高度。

教科书

教科书也称课本，是依据课程标准编制的教学规范用书。它以准确的语言和鲜明的图表，明晰而系统地按教学科目分别编写的教学规范知识，是学生在学校循序渐进地学习以获得系统的基础知识的主要资源和工具，也是教师进行教学的主要依据。

狭义教育

狭义的教育是指学校教育，指一种专门组织的不断趋向规范化、制度化、体系化的教育。它是根据一定的社会现实和未来需要，遵循受教育者身心发展的规律，有目的、有计划、有组织地对受教育者身心施加影响，把他们培养成为一定社会或阶级所需要的人的活动。

学习动机

学习动机是动机在学习活动中的表现，是引起和维持个体进行学习活动，并使活动朝向一定的学习目标，以满足某种学习需要的一种内部心理状态。它的主要内容包括知识价值观、学习兴趣、学习效能感和成败归因。

二、简答题

1. 影响个体发展的因素。

【答案要点】

（1）遗传在人发展中的作用：遗传素质是人的发展的生理前提；遗传素质的成熟程度制约着人的发展过程及年龄特征；遗传素质的差异性对人的发展有一定的影响；遗传素质具有可塑性。

（2）环境在人的发展中的作用：环境是人的发展的外部条件；环境的给定性与主体的选择性。

（3）个体活动在人的发展中的作用：个体活动是人的发展的决定因素。个体活动制约着环境影响的内化与主体的自我建构；个体通过能动的活动选择、构建着自我的发展。

（4）教育对人的发展的作用：教育在人的发展中起引领作用；学校教育主要通过传承文化科学知识来培养人；学校教育对提高人的现代性有显著的作用。

2. 卢梭的自然教育理论。

【答案要点】

（1）卢梭自然主义教育的核心是"回归自然"。自然教育最终目的是培养"自然人"，即身心调和发达、体脑两健、能力强盛的新人，也就是摆脱封建羁绊的资产阶级新人。

（2）自然教育的方法原则：树立正确的儿童观、消极教育、自然后果律、根据儿童天性的个体差异因材施教。

（3）自然教育的实施：卢梭根据自然教育的原则，根据人的自然发展的进程和不同年龄时期身心的特点，把自然教育分为婴儿期、儿童期、少年期和青春期。

3. 教师劳动的特点。

【答案要点】

（1）教师劳动的复杂性。

学生状况的复杂性决定着教师劳动的复杂性；教师任务的多样性制约着教师劳动的复杂性；影

响学生发展因素的广泛性制约着教师劳动的复杂性。

（2）教师劳动的示范性。

教育是教师引导、培养学生的活动，它要求教师以身作则，具有示范性。教师的劳动对象是处在发展过程中的青少年学生，他们具有尊敬教师、乐于接受教师的教导、以教师为表率的所谓"向师性"的特点。因此，教师必须严格要求自己，以身作则，通过示范的方式去影响学生，以便取得最佳教育效果。

（3）教师劳动的创造性。

①教师劳动创造性的最重要特征之一是他的工作对象——儿童经常在发生变化，永远是新的，今天同昨天就不一样。

②教师劳动的创造性表现在因材施教上。教师不仅要针对学生集体的特点，而且还要针对学生个体的特点有的放矢地进行教育，创造性地开展工作，才能收到良好的效果。

③教师劳动的创造性，也表现在对教育、教学的原则、方法、内容的运用、选择和处理上。

④教师劳动的创造性，还表现在教育教学过程中，教师对各种突发情况做出及时反应、妥善处理的应变能力上，即教育机智。

⑤教师劳动的创造性，并不意味着它会自动产生。一位教师要创造性地开展教育工作，必须经历艰苦的劳动和长期的积累，善于反思与探究，机智地开展工作，才能涌现创造性。

（4）教师劳动的专业性。

教师劳动的专业性突出表现在教师对育人的崇高敬业精神和道德修养上，对教育教学专门化知识和技能的掌握与教育活动的自主权上。

4. 孔子的教学方法。

【答案要点】

（1）因材施教。孔子是我国历史上首倡因材施教的教育家。实行因材施教的前提条件是承认学生间的个体差异，并了解学生特点。孔子了解学生最常用的方法是谈话和个别观察，主张在了解学生的基础上，根据学生的具体情况，有针对性地进行教育。

（2）启发诱导。孔子是世界上最早提出启发式教学的教育家，比苏格拉底的"助产术"早几十年。他认为，不论学习知识或培养道德，都要建立在学生自觉需要的基础上，应充分发挥学生的主动性、积极性。他主张"不愤不启、不悱不发，举一隅不以三隅反，则不复也"，指出"由博返约"和"叩其两端"是训练学生思考的方法。

（3）学思行结合。"学而知之"是孔子进行教学的主导思想，学是求知的途径，也是求知的唯一手段；孔子提倡学习知识面要广泛，在学习的基础上认真深入地进行思考，把学习与思考结合起来。在论述学与思的关系时，他说"学而不思则罔，思而不学则殆"；孔子强调学习知识还要"学以致用"。由学而思进而行，这是孔子所探究和总结的学习过程，也就是教育过程，与人的一般认识过程基本符合。这一思想对后来的教学理论和实践产生了深远的影响。

（4）好学求是的态度。孔子认为，教学需要师生双方配合协作，学生端正学习态度，是教学成功的重要条件。首先要有好学、乐学的态度，其次要有不耻下问的态度，最后还要有实事求是的态度。

三、分析论述题

1. 论述教学工作的基本环节及意义。

【答案要点】

教学工作的基本环节：

（1）备课。

备好课是上好课的先决条件。上课前，教师必须备好课，编制出学期教学进度计划，写出课题计划与课时计划。备课应做好的工作有：第一，钻研教材；第二，了解学生；第三，设计教学。

（2）上课。

上好课，是提高教学质量的关键。应以现代教学理念为指导，遵循教学规律与原则，创造性地运用教学方法，并注重做到以下几点：

第一，明确教学目的。这是上好一堂课的前提。第二，保证教学的科学性与思想性。这是上好一堂课的基本质量要求。第三，调动学生的学习积极性。这是上好一堂课的内在动力。第四，注重解惑纠错。这是上好一堂课的关键。第五，组织好教学活动。这是上好一堂课的保障。第六，布置好课外作业。

（3）布置与批改作业。

含义。作业是深化对知识的理解和巩固知识的有效手段，是课堂教学的延续，是教学活动的有机组成部分，主要包括三类：口头作业、书面作业、活动型作业。

要求：第一，注意布置作业的内容和分量；第二，对作业进行必要的指导，明确作业的目的、内容、形式、完成时间和步骤；第三，教师要认真、及时批改并讲评作业。

（4）课外辅导。

含义。课外辅导是课堂教学的一种必要补充，是适应个别差异、实施因材施教的重要举措。主要分为集体辅导和个别辅导。

要求：第一，从实际出发，具体分析，做到因材施教；第二，明确目的，充分调动学生的积极性；第三，注意态度，师生平等相处，让学生有问题可以问；第四，加强思想教育和学习方法的指导，提高辅导效果。

（5）学业成绩评定。评定学生成绩的方式主要有考查和考试。

意义：总之要上好一堂课，必须明确教学任务与目的，在教学过程中处理好间接经验与直接经验的关系；掌握知识与发展智力的关系；掌握知识与进行教育的关系；智力活动与非智力活动的关系；教师主导作用与学生主动性的关系。遵循启发性原则、理论与实践相结合原则、直观性原则和循序渐进原则等教学原则。运用合适的教学方法和教学组织形式，对学生进行正确的评价，促进学生身心发展。

2. 蔡元培的教育实践与思想。

【答案要点】

（1）"五育"并举的教育方针。

蔡元培是中国近代著名的资产阶级革命家和民主主义教育家。1912年初，蔡元培发表《对教育方针之意见》一文，从"养成共和国民健全之人格"的观点出发，提出军国民教育、实利主义教育、公民道德教育、世界观教育和美感教育的"五育"并举教育思想，成为制定民国元年教育方针的理论基础。

①军国民教育。指将军事教育引入到学校和社会教育之中，让学生和民众受到一定的军事教育和训练。在学校教育中，强调学生生活的军事化，特别是体育的军事化。

②实利主义教育。即密切教育与国民经济生活的关系，加强职业技能的培训，使教育能发挥提高国家经济能力和改善人民生活水平的作用。

③公民道德教育。蔡元培认为，公民道德的基本内容不外乎法国资产阶级革命所标榜的自由、平等、博爱，虽然与封建道德的专制等级性不相容，但他明确指出中国传统伦理特别是儒家伦理中的一些基本范畴，其内涵是与自由、平等、博爱的精神相通的。蔡元培尊重文化的继承性和发展性的统一。因此他在摒弃封建道德专制性和等级性的同时，汲取其中有利于资产阶级道德建设的养分。

④世界观教育。是蔡元培独创并被作为教育的最高境界。世界观教育就是要培养人们立足于现象世界但又超脱现象世界而贴近实体世界的观念和精神境界。

⑤美感教育。美感教育与世界观教育紧密联系。蔡元培认为，美感介于现象世界和实体世界之间，是两者之间的桥梁。世界观教育是引导人们具有实体世界的观念，但不是靠简单的说教可以实现的，其有效的方式是通过美感教育，利用美感这种超越利害关系、人我之分界的特性去破除现象世界的意识，陶冶、净化人的心灵。

（2）改革北京大学的教育实践。

民国成立后，京师大学堂改称北京大学。当时北大校政腐败、制度混乱、学生求官心切、学术空气淡薄，封建文化泛滥。为了改变这种风气，蔡元培赴任北大校长，对北大进行全面改革。

①抱定宗旨，改变校风。蔡元培明确大学的宗旨，认为大学应该成为"研究高尚学问之地"。他改革北大的第一步就是要为师生创造研究高深学问的条件和氛围。具体措施有：改变学生的观念；整顿教师队伍，延聘积学热心的教员；发展研究所，广积图书，引导师生研究兴趣；砥砺德行，培养正当兴趣。

②贯彻"思想自由，兼容并包"的办学原则。蔡元培明确声明，在学术上"循'思想自由'原则，取兼容并包主义"，这是他办理北京大学的基本指导思想。该思想不仅体现在学术上，也体现在教师的聘任上。蔡元培以"学诣为主"，罗致各类学术人才，使北大教师队伍一时呈现出流派纷呈的局面。

③教授治校，民主管理。1912年由蔡元培主持制定的《大学令》中，确立了教授治校、民主管理的大学校务管理原则，规定大学设立评议会，各科设立教授会。

④学科与教学体制改革。在学科与教学体制改革方面，蔡元培主要有三个措施：第一，扩充文理，改变"轻学而重术"的思想；第二，沟通文理，废科设系；第三，改年级制为选科制，发展学生个性。

（3）教育独立思想及对收回教育权的推进。

1922年，蔡元培发表《教育独立议案》，阐明教育独立的基本观点和方法，成为教育独立思潮中的重要篇章。教育独立的基本要求可以大致归结为：教育经费独立、教育行政独立、教育学术和内容独立、教育脱离宗教而独立。

（4）蔡元培对近代中国教育发展的贡献和影响。

蔡元培在民国历史的几个关键时期被委以教育要职，对民国教育的大政方针和宏观布局有重大影响。他的教育思想贯穿着对民主、科学、自由、个性的追求，充满了爱国主义激情。他在教育实践中表现出不屈从压力、锐意改革、坚守信念的品质。他在民国初期改革封建教育，建立资产阶级民主教育制度，反映的是新时代对教育的要求；20世纪20年代提倡教育独立是在教育面临深重危机下的一次无奈抗争；他对北京大学的改革，包容博大，规模恢宏，影响深远，凸显了他作为杰出教育改革家的远大理想和个性品质。

3. 马克思和恩格斯的教育思想。

【答案要点】

马克思和恩格斯凭借他们创立的辩证唯物主义和历史唯物主义世界观与方法论，基于对人类社会发展规律的综合考察，紧密结合无产阶级革命的理念与实践，论述了一些重要的教育问题，从而形成一种独特的教育观。

（1）对空想社会主义教育思想的批判继承。

①对资本主义社会教育的批判。空想社会主义者批判资本主义社会的教育违反儿童的本性，教育方法单一，压抑儿童的需求和兴趣，理论脱离实际，使儿童成为片面发展的人。马克思、恩格斯

继承了这种批判，并深入地揭示这种批判背后的社会根源和资产阶级本质，为解决教育问题指明了方向。

②环境和教育对人的发展的影响。空想社会主义者反对"先天决定论"，强调人的发展的社会制约性，重视教育作用。马克思、恩格斯既批判其重蹈了旧唯物主义的错误，将人视为完全是环境的消极产物，忽视了人的主观能动性，但又肯定这一学说强调人的发展的社会制约性和高度重视教育的作用。

③关于人的全面发展。空想社会主义者批判资本主义社会的教育造成人的片面发展，提出了全面发展的理想。马克思、恩格斯扬弃了其中人性论的观点，从现代工业生产的本性对劳动者的要求以及社会向共产主义发展的必然趋势和人的彻底解放之间的内在联系，对人的全面发展做了详细的论述。

④关于教育与生产劳动相结合。空想社会主义者提出了教育与生产劳动相结合的主张。马克思、恩格斯在此基础上，揭示了教育与生产劳动相结合的客观规律性，科学地论证了教育与生产劳动相结合的历史必然性和重大意义。

（2）论人的全面发展与教育的关系。

①人的全面发展的内涵。人的全面发展，既意味着劳动者智力和体力两方面，以及智力和体育的各方面都得到发展，达到体力劳动和脑力劳动相结合，这是人的全面发展的基础。从更深层次来看，人的全面发展也是指一个人在志趣、道德、个性等方面的发展，即作为一个真正完整的、全面性的人的发展，而且是每个社会成员得到自由的、充分的发展，即人的彻底解放。

②人的全面发展的实现。人的全面发展及其实现只能依据现实的社会条件。根本变革资本主义方式，废除生产资料的私有制，消灭阶级划分，全面占有生产力，是实现人的全面发展的前提条件。必须向全体社会成员施以普遍的全面教育，包括智育、综合技术教育、体育和德育，以及实行教育与真正自由的生产劳动相结合。马克思、恩格斯指出，实现每个人的全面发展，是一个历史发展过程。实现人的全面发展和彻底消灭私有制、建立共产主义社会是互为条件的。

（3）论教育与生产劳动相结合的重大意义。

①教育与生产劳动相结合不仅是提高社会生产力的一种方法，而且是造就全面发展的人的唯一方法，是改造现代社会的最强有力的手段之一。

②由于大工业的本性需要尽可能多方面发展的工人，于是客观上一方面要求将生产劳动与教育结合起来，使工人尽可能受到适应劳动职能变更的教育，另一方面要求将教育与生产劳动相结合，以培养能多方面发展的劳动者。

③由于机器大工业生产是建立在现代科学技术基础上的，这就为通过科学这一中介，将教育与生产劳动有机地相结合提供了基础。

④综合技术劳动使儿童和少年了解生产各个过程的基本原理，同时使他们获得运用各种生产最简单工具的技能的现代教育内容，为教育与生产劳动相结合提供了重要的纽带。

教育与生产劳动相结合尽管是现代社会发展的客观要求，但在资本主义社会，这种"结合"会受到资本主义基本经济规律的制约。因此，只有彻底变革旧的生产方式，在合理的社会制度下，才能实现教育与生产劳动相结合，实现人的全面发展。

（4）马克思、恩格斯教育思想的评价。

①马克思、恩格斯批判地继承了历史上有价值的教育思想遗产。

②以无产阶级和全体劳动人民的根本利益为着眼点，同当时工人运动中各种错误的教育思想进行了争论。

③从对教育同社会生产和社会关系的考察中，揭示了教育的社会本质及其职能。

④从实践的观点阐明了遗传因素、环境、教育和革命实践对人的发展以及教育对社会发展的作用。

⑤从对现代生产、现代科学与现代教育的内在联系以及人类社会未来发展的分析中，论述了教育与生产劳动相结合以及人的全面发展的必然性和必要性。

⑥马克思、恩格斯的教育学说，为揭示近代教育的基本特征，为建立社会主义教育体系，提供了科学的、基本的理论基础。

4. 品德不良的成因与纠正。

【答案要点】

品德不良是指个体具有的不符合社会道德要求的道德品质与道德行为，表现为个体经常违反道德准则或犯有较严重的道德过错，有的甚至处在犯罪的边缘或已有轻微的犯罪行为。

品德不良的成因分析：

客观原因：

（1）家庭方面。第一，家庭成员的溺爱、迁就；第二，家庭对孩子要求过高、过严，又缺乏正确的教育方法；第三，家庭成员教育的不一致性；第四，家长缺乏表率作用；第五，家庭结构的剧变。

（2）学校方面。某些教育工作者存在某些错误观念或方法上的偏颇，如：片面追求升学率，忽视学生的品德教育；不了解学生真实的内心世界，不能自发地进行教育；教育方法不当，使得学生厌烦；对矫正品行不良学生缺乏信心、恒心和毅力。此外，学校教育和家庭教育不一致，相互脱节，也会削弱教育的力量。

（3）社会方面。影响个体的品德行为的有：长期封建社会遗留下来的某些腐朽思想；现实生活中的某些不正之风；思想不健康甚至低级趣味的文艺作品；朋友、邻居、社区，以及影响个体的各种社会活动。

主观原因：

（1）不正确的道德认识。儿童和青少年处于品德形成的过程中，他们的道德认识还不明确、不稳定，一些学生不理解或不能正确理解有关的道德要求和道德准则，缺乏独立的道德评价能力，常常不能明辨是非、分清善恶。

（2）异常的情感表现。品行不良的学生由于长期处于错误观念的支配下，常常造成情感上的异常状态，往往对真正关心他们的老师和家长怀有戒心，或处于对立情绪中。

（3）明显的意志薄弱。有些品行不良的学生并非在道德认识方面无知，而是因为意志薄弱导致正确的认知不能战胜不合理的欲望。"明知故犯"的学生常是意志薄弱者。

（4）不良习惯的支配。偶然的不良行为经过多次重复就会变成不良习惯，不良习惯又支配不良行为，如此恶性循环必然导致学生的品行不良。

（5）某些性格缺陷。学生某些性格上的缺陷会直接导致品德不良。比如执拗、任性、骄傲、自私等消极性格特点，很容易让个体表现出无视他人和集体的利益，为私利我行我素，甚至做出破坏集体纪律和违反社会公德的行为。

（6）某些需要未得到满足。当学生的需要没有通过正常途径得到满足，他们就可能会通过一些不正当的方法去满足自己的需要，从而沾染上不良行为。

品德不良的矫正策略：

（1）运用行为主义学习理论培养个体的良好行为方式。在教育中适当运用渐进强化的原理，可以有效地塑造学生的良好行为方式或矫正学生的偏差行为方式。

（2）直接从自我观察学习入手培养人的自律行为。自律是个人根据自己的价值标准评判自己的行为，从而规范自己去做自己认为应该做的事情，或避免自己认为不应该做的事。

（3）提高道德认识法。"美德即知识"的命题启示人们，在很多时候丰富人的道德认识的确可以使人少犯错误，尤其是一些低级错误。这样，妥善采取常用的说理法、故事启发法、小组讨论法或价值澄清法等方法以提高人们的道德认知水平，往往是防治品行不端的有效之举。

（4）改过迁善法。指要求犯错者纠正自己的不良品德，以使自己朝着善的方向发展的方法。该方法由两部分组成：一是消除一个或几个错误的地方；二是通过一定的练习，使自己的行为朝着与原来不良行为相反的或不相容的方向发展。

（5）防范协约法。指以书面形式在教育者与被教育者之间建立和实施一种监督关系的矫正不良行为的方法。

对学生的不良行为要及早矫正，在矫正时要以正面教育和疏导为主，工作要有诚心、细心和耐心。在着手工作时，要注意以下几点：培养深厚的师生感情，消除疑惧心理和对立情绪；培养正确的道德观念，提高明辨是非的能力；保护和利用学生的自尊心，培养集体荣誉感；锻炼同不良诱因做斗争的意志力，巩固新的行为习惯；针对学生的个别差异，采取灵活多样的教育措施。

2016年 华南师范大学333教育综合·真题解析

一、名词解释

广义教育

广义教育是指凡是有目的地增进人的知识技能、影响人的思想品德、增强人的体质的活动都是教育，包括人们在家庭中、学校里、亲友间、社会上所受到的各种有目的的影响。

教育目的

教育目的是对教育活动所要培养的人的个体素质的总的预期与设想，是对社会历史活动的主体的个体素质的规定。它体现一定社会对受教育者质量规格的界定和要求，也体现人自身发展所应该达到的水准和高度。

教学

教学是在一定教育目的规范下，在教师有计划的引导下，学生能动地学习、掌握系统的课程预设的科学文化基础知识，发展自身的智能与体力，养成良好的品行与美感，逐步形成全面发展的个体素质的活动。

德育

德育即道德教育。一般来说，学校德育是指学生在教师的引导下，以学习活动、社会实践、日常生活、人际交往为基础，同经过选择的人类文化，特别是一定的道德观念、政治意识、处世准则、行为规范相互作用，经过自己的观察、感受、判断、践行和改善，以形成行为习惯、道德品质、人生价值和社会理想的教育。简言之，德育是培养学生思想品德的教育。

学习动机

学习动机是动机在学习活动中的表现，是引起和维持个体进行学习活动，并使活动朝向一定的学习目标，以满足某种学习需要的一种内部心理状态。它的主要内容包括知识价值观、学习兴趣、学习效能感和成败归因。

知识

从认识的本质上讲，知识是人对事物属性与联系的能动反映，是通过人与客观事物的相互作用形成的。人在与外界相互作用的实践活动中，获得来自客体的各种信息，用一定方式对这些信息进行加工和组织，形成对事物的理解，从而形成知识。

二、简答题

1. 现代教育的特点。

【答案要点】

（1）学校教育逐步普及。由于资本主义生产尤其是机器大工业生产在欧洲兴起，因而西欧的资本主义国家最先提出普及教育的要求。1619年，德意志魏玛邦在宗教改革的影响下颁布了学校法令，规定父母送6~12岁男女儿童入学，这是普及教育的开端。

（2）教育的公共性日益突出。随着大工业生产发展的需要，随着工人阶级和其他劳动人民对教育权的争取，对受教育权的阶级垄断越来越不合时宜，受到来自被统治阶级和统治阶级两方面的批判。在此情形下，大力发展学校教育逐渐成为社会的公共事业和共同话题。

（3）教育的生产性不断增强。在现代社会，随着工业生产的发展和科学技术的进步，科技与教育在生产中的作用增强。现代教育与生产劳动的逐步结合，对提高社会生产效率和增加社会财富起着重要作用，日益成为经济发展的有力保证。

（4）教育制度逐步完善。随着学校数量的增加，学校教育的层次、种类及其运行和管理的复杂化，需要一定的教育宗旨、制度、要求等，以推动学校教育系统有条不紊地运行。教育制度化的实现，使得教育系统中的各级各类学校、各种教育机构和教育行政部门的工作均有制度可循，能排除来自内外部的干扰，使教育活动有序有效地开展，取得了良好效果。

2. 班主任素质。

【答案要点】

（1）为人师表的风范。

班主任是学生的教育者、引路人，是他们崇敬的老师，依靠的长者，学习的榜样。他应严于律己，他的为人处世、一言一行、性情作风等各方面均能为人师表，为学生示范。

（2）相信教育的力量。

相信每个学生都有自己的特点、优势和潜能，只要经过教育，都有美好的发展与前途。即使有严重缺点和错误的学生，只要真情关怀，耐心教育，切实帮助，也能转变好。只有确信教育的力量的班主任，才能不畏困难曲折，把学生转变好。

（3）要有家长的情怀。

班主任对待学生要像家长对待孩子一样，有深厚的情感，能无微不至地关怀，与学生彼此信赖。这样才能使学生更易亲近班主任，听班主任的话，才能使班主任工作顺利进行。

（4）较强的组织亲和力。

班主任要善于与人打交道，善于亲近学生、与学生打成一片，这样才便于组织学生开展活动。他还要善于在工作中表现出魄力，能令行禁止，坚定地引导学生沿着正确的方向，不断前进。

（5）能歌善舞、多才多艺。

每个学生都有自己的兴趣与爱好，因而需要展开各种各样、丰富多彩的活动。这就要求班主任也有广泛兴趣、多才多艺，易与学生打成一片，便于开展工作。

3. 科举影响。

【答案要点】

积极影响：

（1）扩大了统治基础，有利于加强中央集权。通过科举考试，平民及中小地主阶层获得了参政的机会，打破了门阀士族地主垄断统治权力的局面，扩大了封建统治的统治基础。同时，通过科举考试，朝廷将选士大权收归于中央政府，强化了中央集权的统治。

（2）使选士与育士紧密结合。促进人们的思想统一于儒学，成为实施儒家"学而优则仕"原则的途径。刺激学校教育的发展，有利于教育的普及。

（3）使选拔人才较为客观公正。隋唐科举考试在发展的过程中逐步建立了较为完备的考试制度，同时逐步建立了一系列的考试防范措施，加强考试管理。

消极影响：

（1）国家只重科举取士，而忽略了学校教育。学校成为科举考试的预备机构，一切教学活动都围绕着科举考试来进行，学校失去了相对独立的地位和作用。

（2）束缚思想，败坏学风。学校教学安排围绕科举进行，导致学校教育中重文辞少实学，重记诵而不求义理，形成了教条主义、形式主义的学习风气。在科举制的影响下，读书的目的不是求知求真，而是为了功名利禄，具有强烈的功利色彩。

（3）科举考试内容的狭隘也阻碍了中国文化的和谐发展，特别是科技文化的发展。

4. 洛克白板说

【答案要点】

（1）含义。洛克反对"天赋观念"论，认为人出生后心灵如同一块白板，一切知识是建立在由外部而来的感官经验之上的。

（2）评价。"白板说"是洛克教育思想的主要理论基础，他高度评价教育在人的形成中的作用，认为人之好坏，"十分之九都是由他们的教育所决定"。教育的社会意义在于它关系到国家的幸福与繁荣。不过洛克更注重的是教育对个人幸福、事业、前途的影响，显示出鲜明的功利主义和个人主义色彩。

三、分析论述题

1. 处理教学中的几种关系。

【答案要点】

（1）间接经验与直接经验的关系。学生认识的主要任务是学习间接经验，学习间接经验必须以学生个人的直接经验为基础，防止只重书本知识传授或直接经验积累的偏向。

（2）掌握知识与发展智力的关系。智力的发展与知识的掌握二者相互依存，相互促进；生动活泼地理解和创造性地运用知识才能有效地发展智力；防止单纯抓知识教学或只重能力发展的片面性。

（3）掌握知识与进行教育的关系。进行教育性教学是现代教学的重要特性；只有使所学知识引发了学生情感、态度的积极变化，才能让他们的思想真正得到提高；防止单纯传授知识或脱离知识教学的思想教育的偏向。

（4）智力活动与非智力活动的关系。教学活动既要注重引导学生进行智力活动，也要重视调节学生的非智力活动；按教学需要调节学生的非智力活动，才能有成效地进行智力活动。

（5）教师主导作用与学生主动性的关系。发挥教师的主导作用是学生简捷有效地学习知识、发展身心的必要条件；尊重学生、调动学生的学习主动性是教师有效地教学的一个主要因素；防止忽视学生积极性和忽视教师主导作用的偏向。

2. 陶行知的生活教育。

【答案要点】

（1）"生活即教育"。

"生活即教育"是陶行知生活教育理论的核心。其内涵包括：生活含有教育的意义；实际生活是教育的中心；生活决定教育，教育改造生活。

"生活即教育"所强调的是教育以生活为中心，所反对的是传统教育脱离生活而以书本为中心。尽管它在生活与教育的区别和系统的知识传授方面有所忽视，但在破除传统教育脱离民众、脱离社会生活的弊端方面，有十分重要的意义。

（2）"社会即学校"。

"社会即学校"是生活教育理论另一重要主张，是"生活即教育"思想在学校与社会关系问题上的具体化。"社会即学校"，是指"社会含有学校的意味"，或者说"以社会为学校"。由于到处是生活，到处都是教育，"整个的社会是生活的场所，亦即教育之场所"。

"社会即学校"，也指"学校含有社会的意味"。也就是说，学校通过与社会生活相结合，一方面运用社会的力量使学校进步，另一方面动员学校的力量帮助社会进步，使学校真正成为社会生活必不可少的组成部分。

"社会即学校"扩大了学校教育的内涵和作用，对于传统的学校观、教育观有所改变。传统学校与社会生活脱节，学生孤陋寡闻，而以社会为学校，使得教育的材料、教育的方法、教育的工具、教育的环境可以大大地增加，有利于拓展学生的知识，增强学生的能力。"社会即学校"，还可以使被传统学校拒之门外的劳苦大众能够受到起码的教育，贯穿了普及民众教育的苦心，同样也值得肯定。

（3）"教学做合一"。

"教学做合一"是生活教育理论的又一重要主张，是"生活即教育"在教学方法问题上的具体化。其含义为：教的方法根据学的方法，学的方法根据做的方法。事怎样做便怎样学，怎样学便怎样教。教与学都以做为中心。包括以下四个要点："教学做合一"要求在"劳力上劳心"；"教学做合一"是因为"行是知之始"；"教学做合一"要求"有教先学"和"有学有教"；"教学做合一"还是对注入式教学法的否定。

（4）评价。

陶行知的生活教育理论是一种大众的、为人民大众服务的教育理论，且还是一种不断进取创造，旨在探索具有中国民族特色的教育道路的理论。

生活教育理论还在教育观念的改变方面颇有建树，无论是强调学校教育与社会生活、生产劳动相结合，还是要求手脑并用、在劳力上劳心，都是对学校与社会割裂、书本与生活脱节、劳心与劳力分离的传统教育的反动，显示出强烈的时代气息，至今都富于启示。

陶行知的生活教育理论是我国民族教育理论宝库中十分可贵的遗产，值得我们珍惜并认真研究借鉴。

3. 杜威的教育影响。

【答案要点】

杜威是20世纪美国著名的哲学家和教育家，他以实用主义哲学、民主主义政治理想和机能心理学为基础，通过批判地继承前人的思想，构建起庞大的教育哲学体系，成为现代教育的代表人物。主要著作有《民主主义与教育》《我的教育信条》等。

（1）论教育的本质。

杜威对于"什么是教育"的问题，给出的回答是：教育即生活、学校即社会、教育即生长、教育即经验的持续不断的改造。

（2）论教育的目的。

教育无目的论。从教育本质论出发，杜威反对外在的、固定的、终极的教育目的，认为教育无目的。杜威所希求的是过程内的目的，这个目的就是"生长"。

教育的社会目的。杜威强调过程内的目的不等于否定社会性的目的。杜威要求教育为社会进步服务，为民主制度的完善服务。他认为教育是社会进步及社会改革的基本方法，学校是社会进步和改革的最基本和最有效的工具。在民主社会中，个人发展与社会进步是统一的。

（3）论课程与教材。

从做中学。杜威以其经验论为基础，要求从做中学、从经验中学，要求以活动性、经验性的主动作业来取代传统书本式教材的统治地位。在杜威看来，这种活动性、经验性课程既能满足儿童的心理需要，又能满足社会性的需要，还能使儿童对事物的认识具有统一性和完整性。

教材心理学化。杜威主张以"教材心理学化"来解决怎样使儿童最终获得较系统的知识而同时又能在学习过程中顾及儿童的心理水平。"教材心理学化"是指把各门学科的教材或知识各部分恢复到它所被抽象出来之前的原来的经验。这种心理化就是把间接经验转化为直接经验，即直接经验化。之后再将已经经验到的那些东西累进地发展为更充实、更丰富也更有组织的形式，即逐渐地接近提供给有技能的、成熟的人的那种教材形式。

（4）论思维与教学方法。

反省思维。杜威所力倡的反省思维是指对某个经验情境中的问题进行反复的、严肃的、持续不断的思考，其功能在于求得一个新情境，把困难解决、疑虑排除、问题解答。

五步教学法。杜威根据科学的实验主义探究方法和反省思维方式，提出了五步教学法，即创设疑难的情境、确定疑难所在、提出问题的种种假设、推断哪种假设能解决这个困难、验证这种假设。

（5）论道德教育。

杜威认为道德教育的主要任务是协调个人与社会的关系。他认为个人的充分发展是社会进步的必要条件，社会的进步又可以为个人的发展提供更好的基础。他反对过分强调个人自由和竞争的旧个人主义，而提倡强调人与人之间的合作，强调社会责任和理智作用的新个人主义。

教育的道德性和教育的社会性是相通的，道德教育应在社会性的情境中进行而不能只停留于口头说教；要求学校生活、教材、教法皆应渗透社会精神，视学校生活、教材、教法为"学校道德三位一体"，这三者都是道德教育的重要途径。

（6）杜威教育思想的影响。

①杜威是西方现代教育派的理论代表。他对传统教育的整个理论体系发起挑战，奠定了现代教育的理论大厦的基石。

②杜威是新教育的思想旗手，他的教育理论突破以往建立在主客体两分之上的传统教育的弊端，将知行合一，使教学中死的知识变为活的知识，突破了内发论和外铄论，将教育看作人与环境的交互过程中经验的观点具有很高的创造性。

③杜威奠定了儿童中心论，解决教育与儿童相脱离的问题，并通过学校与社会的统一、思维与经验的统一，解决教育与实践、学校与社会脱离的问题。

④杜威提出了做中学这一建立在新哲学和心理学基础上的新方法，拓宽了教学形式和方法，提高了教学专业化水平。

⑤杜威的教育理论对世界教育进程发挥巨大作用，对日本、中国、苏联等国具有直接的影响。

⑥杜威的理论偏重儿童、活动、经验三中心而使得教育实践忽视了系统知识的传授以致引发了自由与纪律、教师与学生关系等诸多矛盾。另外根据经验和教材心理化原则编写新型教材的设想过于理想化，难以实现。

4. 心理健康教育目标和内容。

【答案要点】

（1）青少年心理健康教育的目标。

总目标：培养学生健全的心理素质，使学生心理素质的各成分都得到健康的发展，使其形成正常的智能、完善的人格和良好的适应能力，为促进学生整体素质的发展奠定良好的心理基础。

基本目标：促进和维护学生心理健康；开发智力，促进能力发展；提高德性修养，培养良好品德；培养主体意识，形成完善人格；养成良好行为习惯，提高社会适应能力。

（2）青少年心理健康教育的内容。

心理健康教育的主要内容包括：普及心理健康基本知识，树立心理健康意识，了解心理调节方法，认识心理异常现象，以及让青少年初步掌握心理保健常识，其重点是学会学习、人际交往、升学择业以及生活和社会适应等方面的常识。具体阶段及内容如下：

①小学低年级：帮助学生适应新的环境、新的集体、新的学习生活与感受学习知识的喜悦；乐与老师、同学交往，在谦让、友善的环境中体验友情。

②小学中、高年级：帮助学生在学习生活中品尝解决困难的快乐，调整学习心态，提高学习兴趣与自信心，正确对待自己的学习成绩，克服厌学心理，体验学习成功的喜悦，培养面临毕业升学的进取态度；培养集体意识，在班级活动中，善于与更多的同学交往，健全开朗、合群、乐学、自立的健康人格，培养自主自动参与活动的能力。

③初中：帮助学生适应中学的学习环境和学习要求，培养正确的学习观念，发展其学习能力，改善学习方法；把握升学选择的方向；了解自己，学会克服青春期的烦恼，逐步学会调节和控制自己的情绪，抑制自己的冲动行为；加强自我认识，客观地评价自己，积极与同学、教师和家长进行有效的沟通；逐步适应生活和社会的各种变化，培养对挫折的耐受能力。

④高中：帮助学生适应高中学习环境，发展创造性思维，充分开发学习的潜能，在克服困难取得成绩的学习生活中获得情感体验；在了解自己的能力、特长、兴趣和社会就业条件的基础上，确立自己的职业志向，进行职业的选择和准备；正确认识自己人际关系的状况，正确对待和异性伙伴的交往，建立对他人的积极情感反应和体验；提高承受挫折和应对挫折的能力，形成良好的意志品质。

2015年 华南师范大学333教育综合·真题解析

一、名词解释

广义教育

广义教育是指凡是有目的地增进人的知识技能、影响人的思想品德、增强人的体质的活动都是教育，包括人们在家庭中、学校里、亲友间、社会上所受到的各种有目的的影响。

教育目的

教育目的是对教育活动所要培养的人的个体素质的总的预期与设想，是对社会历史活动的主体的个体素质的规定。它体现一定社会对受教育者质量规格的界定和要求，也体现人自身发展所应该达到的水准和高度。

德育

德育即道德教育。一般来说，学校德育是指学生在教师的引导下，以学习活动、社会实践、日常生活、人际交往为基础，同经过选择的人类文化，特别是一定的道德观念、政治意识、处世准则、行为规范相互作用，经过自己的观察、感受、判断、践行和改善，以形成行为习惯、道德品质、人生价值和社会理想的教育。简言之，德育是培养学生思想品德的教育。

心理发展

心理发展是指个体从胚胎经由出生、成熟、衰老一直到死亡的整个生命过程中所发生的持续而稳定的内在心理变化过程，主要包括认知发展、人格发展和社会性发展三个方面。

学校管理

学校管理是学校管理者在一定的社会历史条件下，通过一定的组织机构和制度，采用一定的方法和手段，带领师生员工，充分发挥学校人、财、物、时、空和信息等资源的最佳整体功能，实现学校工作目标的组织活动。

品德不良

品德不良是指个体具有的不符合社会道德要求的道德品质与道德行为，表现为个体经常违反道德准则或犯有较严重的道德过错，有的甚至处在犯罪的边缘或已有轻微的犯罪行为。

二、简答题

1. 简述教育在我国社会主义建设中的地位和作用。

【答案要点】

建设有中国特色社会主义必须以科学发展观为指导。科学发展观的核心是以人为本。科学发展观是指我国各项事业发展的世界观和方法论，对以培养人为特点的教育来说，有特殊的重要意义。

（1）树立以人为本的教育观。

①树立以人为本的教育观，意味着肯定教育的根本主旨在于促进人的全面发展，在生产力发展的基础上尽可能地满足大多数人的文化需要，尽可能地让每个人有公平的受教育机会，尽可能地开发每个人的发展潜能，启发每个人的能动性、创造性，引导每个人成为社会的主人、国家的公民，自觉地为人民服务，为社会主义现代化建功立业，在实现民族复兴梦中实现自我。

②树立以人为本的教育观，还意味着肯定人是自我教育、自我发展的主体。教育对人的个性素质的发展只是人的发展的外因，必须经过人的发展的内因，经过人的自我教育，才能转化为人的个性素质。教育必须尊重人在自我教育、自我发展中的主体地位。教育的艺术和教育的实效，取决于培养和发挥人的自我教育、自我发展的能动性。

（2）把教育摆在优先发展的战略地位。

"百年大计，教育为本。"教育在我国社会主义现代化建设中具有基础性、先导性、全局性意义。落实科学发展观，实现科教兴国战略和人才兴国战略，就必然要求把教育摆在优先发展的地位。

①教育的基础性，指人的素质在社会主义现代化建设中的基础性。教育对人的个体素质全面发展的促进，既是个人为人处世的基础，也是社会稳定发展的基础。

②教育的先导性，指教育的发展对社会主义现代化建设具有引领作用。要使经济社会可持续发展，关键在于知识创新，掌握核心技术，这要依靠教育传播最新知识技术，培养创新性人才。教育的先导性不仅表现在经济发展方面，还表现在对科学技术的引领与文化价值观念方面。

③教育的全局性，指教育的发展关乎社会主义现代化建设的方方面面，具有全局性的影响。我

们应当全面发挥教育的功能，促进人的全面发展和社会的全面进步。

2. 简述孔子教育思想的历史影响。

【答案要点】

孔子是全世界公认的伟大的思想家和教育家，他毕生从事教育活动，建树了丰功伟绩。他在实践基础上提出的一些首创的教育学说，为中国古代教育奠定了理论基础。孔子在教育史上的贡献是多方面的，主要表现在：

（1）首先提出教育在社会发展和人的发展中的重要作用，强调重视教育。

（2）创办规模较大的私学，开创私人讲学之风，改变"学在官府"的局面，成为百家争鸣的先驱。

（3）实行"有教无类"的方针，扩大受教育的范围，使文化教育下移到平民。

（4）培养从政君子，提倡"学而优则仕"，为封建官僚体制的政治改革准备了条件。

（5）重视古代文化的继承和整理，编纂《六经》作为教材，保存了中国古代文化。

（6）总结教育实践经验，对教学方法有新的创造，强调学思行结合的教学理论。

（7）首创启发式教学，发展学生的思维能力；实行因材施教，发挥个人专长，造就各类人才。

（8）重视道德教育，以仁为最高的道德准则，鼓励人们提高道德水平，提出道德修养应遵循的重要原则。

（9）要求教师具有良好的职业道德，学而不厌，诲人不倦，以身作则。

3. 简述教学工作的基本环节。

【答案要点】

（1）备课。备好课是上好课的先决条件。上课前，教师必须备好课，编制出学期教学进度计划，写出课题计划与课时计划。

（2）上课。上好课，是提高教学质量的关键。应以现代教学理念为指导，遵循教学规律与原则，创造性地运用教学方法。

（3）布置与批改作业。作业是深化对知识的理解和巩固知识的有效手段，是课堂教学的延续，是教学活动的有机组成部分。

（4）课外辅导。课外辅导是课堂教学的一种必要补充，是适应个别差异、实施因材施教的重要举措。主要分为集体辅导和个别辅导。

（5）学业成绩评定。评定学生成绩的方式主要有考查和考试。

4. 卢梭的自然教育思想。

【答案要点】

（1）卢梭自然主义教育的核心是"回归自然"。自然教育最终目的是培养"自然人"，即身心调和发达、体脑两健、能力强盛的新人，也就是摆脱封建羁绊的资产阶级新人。

（2）自然教育的方法原则：树立正确的儿童观、消极教育、自然后果律、根据儿童天性的个体差异因材施教。

（3）自然教育的实施：卢梭根据自然教育的原则，根据人的自然发展的进程和不同年龄时期身心的特点，把自然教育分为婴儿期、儿童期、少年期和青春期。

三、分析论述题

1. 培养和提高教师素质的途径。

【答案要点】

（1）加强和改革师范教育。

要发展师范教育，切实提高教师队伍的质量，第一，必须采取有效的政策性措施，鼓励和吸引大批优秀学生报考师范院校。第二，努力提高教师的社会地位和物质待遇，增强师范教育的吸引力。第三，联系现时代对教师作用和职能的新要求，使未来教师能获得与之相应的专业训练，尤其要树立师范生先进的教育理念。第四，吸收除正规教师以外的各种可能参与教育过程的人，并为其从教提供必要的职业帮助。

（2）实施教师资格考察制度。

实施教师资格考察制度，不仅有利于加强教师质量的管理与考核，而且为非师范专业毕业的大学生谋求教师职业开辟了道路，从而切实有效地充实了教师队伍。该制度包括三层含义：第一，教师资格制度是国家实行的一种职业资格制度；第二，教师资格制度是法律规定的，必须依法实施；第三，教师资格是教师职业许可。

（3）加强教师在职提高。

教师在职提高的主要途径包括教学反思、校本培训、校外支援与合作等形式。

①教学反思是指教师把自己放到研究者、反思者的位置，通过对教育、教学日常工作中出现的某些疑难问题的观察、分析、反思与解决，提升自己的专业理论水平和专业实践的智慧与能力。

②校本培训是指以教师任职的学校为组织单位，以提高教师专业素质为主要目标，通过教育、教学实践和教育科研活动等形式，对全体教师进行的全员性在职培训。

③校外专业支援与合作的主要形式有：跨校合作，包括学校与学校、学校与大学或师范院校的合作；专家指导，包括专家讲座、报告等；政府教育部门和教研机构组织的各类专业培训，包括短期培训、脱产进修、业余进修等。

2. "中体西用"思想的历史作用和局限。

【答案要点】

（1）主要思想。

①"中学为体，西学为用"是洋务派关于中西文化关系的核心命题，也是洋务教育的指导思想。洋务运动的过程实质上是一场对近代西方文明成果的移植过程，由此引发了一个核心问题：引入的西学与中国固有文化之间是怎样的关系？对此，洋务派提出的典型方案就是"中体西用"，认为在突出"中学"主导地位的前提下，应该肯定"西学"的辅助作用和器用价值。

② 1898年初，张之洞发表《劝学篇》，围绕"旧学为体，新学为用"的主旨集中阐述，形成了一个比较完整的思想体系。《劝学篇》是对洋务运动的理论总结，并试图为以后的中国改革提供理论模式，通篇主旨归为"中学为体，西学为用"。

③"中学"包括四书五经、中国史事、政书、地图等。张之洞认为对"中学"的各方面都要通其大概，尤其是纲常名教。"西学"包括西政、西艺、西史，其中，张之洞着重强调西政和西艺。西政是指西方有关文教制度、工商财政、军事建制和法律行政等管理层面的文化；西艺即近代西方科技。对于中、西学的关系，可以概括为"旧学为体、新学为用，不使偏废"。

（2）历史作用：

①洋务派提出"中体西用"，在不危及"中体"的前提下侧重强调采纳西学，既体现了洋务派的文化教育观，也是洋务派应对守旧派的策略。

②在"中体西用"形式下，"西学"教育的规模不断扩大。两次鸦片战争中，"中体西用"的内涵被不断调整，"西用"的范围不断延伸，逐渐纳入新的成分。

③洋务运动时期，"中体西用"理论为"西学"教育的合理性进行了有效论证，促进了资本主义文化在中国的传播。在此原则下实施的留学教育和举办的新式学堂给僵化的封建教育体制打开了缺口，改变了单一的传统教育结构。

（3）历史局限：

①"中体西用"思想本质上还是为了维护封建专制统治，阻碍了后来维新思想的广泛传播，不利于近代刚刚开始的思想启蒙运动。

②"中体西用"作为一种文化整合方案和教育宗旨来说是粗糙的。它是在没有克服中西文化固有矛盾情况下的直接嫁接，必然会引起两者之间的排异反应。

3. 基督教育的特点。

【答案要点】

中世纪时期，教会学校一直是基督教教育的主要机构，教会学校有三种：

（1）修道院学校。又称僧院学校或隐修院学校，最早是教徒集体修行的场所，后发展成为培养神职人员和为普通世俗人士传授文化知识的机构，是中世纪基督教主要的教育机构之一。

（2）主教学校。因设在主教座堂所在地，又叫座堂学校，主教学校性质和水平与僧院学校差不多。

（3）教区学校。因办在堂区教士所在村落或教堂里面，也叫堂区学校，是由教会举办的面向一般世俗群众的普通学校，12世纪成为中世纪欧洲最普遍的学校教育形式。

基督教育的特点如下：

（1）教育目的宗教化。主要是为了培养教会人才，扩大教会势力，巩固封建统治。

（2）教学内容神学化。主要课程是神学和"七艺"。神学包括《圣经》、祈祷文、教会的礼仪等；"七艺"是从古希腊内容演变而来的，经基督教改造，为神学服务。

（3）教育方法原始、机械、烦琐。为了维护教会、神学的绝对权威，教会学校强迫学生服从《圣经》和教师，学校个别施教，纪律严格，体罚盛行。

总的来说，基督教教育在培养僧侣和其他为教会服务人员的同时，向群众宣传宗教，使劳动群众服从教会和封建统治。因此，西方教育发展中一个重要主题是教会和学校的分离，即教育的世俗化和国家化。但是，在中世纪早期世俗学校普遍消亡、文化衰落的情况下，教会教育在保持、传播古代文化、发展封建文化方面，客观上起了一定的作用。

4. 影响学生学习动机的因素。

【答案要点】

学习动机是动机在学习活动中的表现，是引起和维持个体进行学习活动，并使活动朝向一定的学习目标，以满足某种学习需要的一种内部心理状态。它的主要内容包括知识价值观、学习兴趣、学习效能感和成败归因。

影响学习动机的因素：

内部因素：

（1）需要与目标结构。每个学生认知需要的强度不同，反映在学习动机上也有强度差异。学生的学习目标可分为两类，即掌握目标和成绩目标。掌握目标定向者倾向于把学习的成败归因于内部原因，成绩目标定向者倾向于把学习的成败归因于运气、能力和任务难度等外部原因。

（2）成熟与年龄特点。年幼儿童的动机主要是生理性动机，随着年龄的增长，社会性动机及其作用也日益增长。年幼儿童对生理安全过分关注，而中学生对社会影响比较关注。

（3）性格特征与个别差异。学生的兴趣爱好、好奇心、意志品质都影响着学习动机的形成。

（4）志向水平与价值观。学生的人生观、世界观、价值观所直接反映的理想情况或志向水平影响其学习动机和目标结构的形成。

（5）焦虑程度。焦虑程度会影响学习动机和学业成绩。大量研究表明，中等程度的焦虑对学习是有益的，焦虑程度过低或过高都会对学习产生不良影响。

外部因素：

（1）家庭环境与社会舆论。第一，社会要求通过家庭对学生的动机起影响作用；第二，在学生动机形成过程中，家庭文化背景、精神面貌也起着极其重要的作用。

（2）教师的榜样作用。第一，教师是学生学习动机的榜样；第二，教师的期望也会对学生的动机和行为产生不同的影响；第三，教师还是沟通社会、学校的要求与学生的成长，形成正确动机的纽带，要善于把各种外部因素与学生的内部因素结合起来。

2014年 华南师范大学333教育综合·真题解析

一、名词解释

设计教学法

设计教学法是由克伯屈依据杜威问题教学法和桑代克行为主义心理学而创造的一种方法，主张由学生自发地决定自己的学习目的和内容，在学生自己设计、自己实行的单元活动中获得有关的知识和形成解决实际问题的能力。

导生制

导生制又称贝尔－兰开斯特制，其具体实施是：教师在学生中选择一些年龄较大、学习成绩较好的学生充任导生，教师先对导生进行教学，然后由他们去教其他学生。通过这种教学方式，学生的数额得以大大增加，也在一定程度上缓解了教师奇缺的压力，因而一度广受欢迎，但因其难以保证教育质量而最终被人们所抛弃。

教育制度

教育制度是指一个国家各级各类实施教育的机构体系及其组织运行的规则。它包括相互联系的两个方面：一是各级各类教育机构与组织；二是教育机构与组织赖以存在和运行的规则，如各种相关的教育法律、规则、条例等。具有客观性、规范性、历史性和强制性的特点。

心理健康

心理健康是个体一种良好而持续的心理状态，表现为个人具有生命的活力、积极的内心体验、良好的社会适应，并能有效地发挥个人的身心潜能和积极的社会功能。

社会规范学习

社会规范学习是指个体接受社会规范，内化社会价值，将外在的行为要求内化为自己的行为需要，从而建构主体内部的社会行为调节机制的过程，即社会规范的内化过程。其目的在于使个体适应社会生活。

人的全面发展

人的全面发展是指在人的劳动能力全面发展的基础上包括人的社会关系、体力、智力、道德精神面貌、意志、情感、个性及审美意识和实践能力等各方面的和谐统一发展。人的全面发展过程是人不断走向自由和解放的过程，是人类历史追求的真正目的。

二、简答题

1. 教育影响的一致性与连贯性原则与要求。

【答案要点】

（1）内涵。

教育影响的一致性和连贯性原则指德育应当有目的有计划地把来自各方面对学生的影响加以组织，使其优化为教育的合力前后连贯地进行，以获得最大的成效。

（2）基本要求。

①组建教师集体，使校内对学生的教育影响一致。为了提高德育工作的效率和效果，使全体教师对学生的影响与要求一致起来，有必要组建相应的教师集体。

②做好衔接工作，使对学生的教育前后连贯和一致。德育要做好衔接工作，包括小学与初中、初中与高中以及学期之间的思想教育衔接工作；做好教师因工作调换而产生的衔接工作。

③发挥学校教育的引领作用，使学校、家庭和社会对学生的教育得到整合、优化。学校应与家庭和社会的有关机构建立和保持联系，形成一定的教育协作制度；要及时、定期地交流情况；要分工负责；要引导学生提升自我修养。

2. 简述"朱子读书法"的主要内容。

【答案要点】

（1）循序渐进。朱熹主张读书要"循序渐进"，包含三个方面的意思：读书要按一定的次序，不要颠倒；应根据自己的实际情况和能力，安排读书计划，并切实遵守它；读书要扎扎实实打好基础，不可囫囵吞枣，急于求成。

（2）熟读精思。朱熹认为，读书既要熟读成诵，又要精于思考。熟读有利于理解，熟读的目的是为了精思。精思就是从无疑到有疑再到解疑的过程，即发现问题和解决问题的过程。

（3）虚心涵泳。所谓"虚心"是指读书时要虚怀若谷，静心思虑，仔细体会书中的意思，不要先入为主，牵强附会；所谓"涵泳"是指读书时要反复咀嚼，细心玩味。

（4）切己体察。强调读书不能仅仅停留在书本上和口头上，而必须要见之于自己的实际行动，要身体力行。他竭力反对只向书本上求义理，而不"体之于身"的读书方法，认为这样无益于学。

（5）着紧用力。包含两方面的意思：其一，必须抓紧时间，发愤忘食，反对悠悠然；其二，必须抖擞精神，勇猛奋发，反对松松垮垮。

（6）居敬持志。既是朱熹道德修养的重要方法，也是他最重要的读书法。"居敬"是读书时精神专一，注意力集中；"持志"是要树立远大的志向和高尚的目标，并要以顽强的毅力坚持下去。

3. 奥苏伯尔的有意义学习的实质和条件的主要观点。

【答案要点】

（1）有意义学习的实质。

有意义学习就是符号所代表的新知识与学习者认知结构中已有的适当观念建立非任意的和实质性的联系。非任意的联系是指新知识与认知结构中有关观念存在某种合理的或逻辑上的联系；实质性的联系是指新的符号或观念与学习者认知结构中已有的表象、已经有意义的符号、概念或命题的联系，是一种非字面的联系。

（2）有意义学习的条件。

①有意义学习的材料必须具有逻辑意义，这种逻辑意义指的是材料本身在人的学习能力范围内而且与有关观念能够建立非任意的和实质性的联系。

②学习者必须具有有意义学习的心向，也就是积极主动地把新知识与认知结构中原有的适当知

识加以联系的倾向。

③学习者认知结构中必须具有适当的知识，以便与新知识进行联系。

④学习者必须积极主动地使这种具有潜在意义的新知识与他认知结构中有关的原有知识发生相互作用，导致原有知识得到改造，新知识获得实际意义，即心理意义。

4.创造性的心理结构。

【答案要点】

创造性是由多种心理因素构成的复合体，其心理结构具有多维性。张大均等认为创造性是由多种心理品质有机结合构成的心理结构系统，主要包括创造性认知品质、创造性人格品质和创造性适应品质三个子系统。

（1）创造性认知品质。创造性认知品质是指创造性心理结构中与认知加工有关的部分，它是创造性心理活动的核心。创造性认知品质主要包括创造性想象、创造性思维、创造性认知策略三个方面。

（2）创造性人格品质。创造性人格品质是有创造性的人所具有的个性特点。创造性人格品质包括创造性动力特征、创造性情意特征、创造性人格特质等。

（3）创造性适应品质。指个体在其创造性认知品质和创造性人格品质的基础上，在自己特定年龄阶段所规定的社会生活背景中，通过与社会生活环境的相互作用，所表现出来的对外在社会环境进行创造性的操作应对，对内在创造过程进行调适所表现出来的创造性行为倾向，具体表现为创造行为习惯、创造策略和创造技法的掌握运用等。

三、分析论述题

1.论述教育的相对独立性原理的主要内容，并在此基础上对"教育的发展应当先于经济的发展"（简述"教育先行"）的观点进行分析。

【答案要点】

教育的相对独立性是指作为社会一个子系统的教育，它对社会的能动作用具有自身的特点和规律性，它的历史发展也有其独特连续性和继承性。主要表现为以下几方面：

（1）教育是培养人的活动，通过所培养的人作用于社会。教育尤其是学校教育，是有意识地影响人、培育人、塑造人的社会活动。它主要通过引导和促进年轻一代社会化、个性化，成为社会活动的参与者和继承者，以保证并促进社会的生存、延续与发展。

（2）教育具有自身的活动特点、规律及原理。教育是培养人的活动，而人具有特殊的身心发展和成熟的规律。教育教学及其相关活动必须认识、遵循和创造性地运用这些基本特点与规律，才能有效地培养人才。此外，还应重视和遵循前人的宝贵经验，并在此基础上继续发展、前进。

（3）教育具有自身发展的传统与连续性。由于教育有自身的规律和特有的社会功能，它一经产生、发展便将形成和强化其相对独立性，具有发展的连续性、继承性和惯性。因此，无论是发展教育事业，还是进行教育改革，都要重视与借鉴教育的历史经验，都应在原有的基础上积极改进、稳步前行。

教育先行是一种发展战略，就是要求教育要面向未来，使教育在适应现存生产力和政治经济发展水平的基础上，适当超前于社会生产力和政治经济的发展。具体表现在：一是教育投资增长速度应当超过经济增长速度；二是在人才培养上要兼顾社会主义现代化建设近期与远期的需要，目标、内容等方面适当超前。

"百年大计，教育为本。"教育在我国社会主义现代化建设中具有基础性、先导性、全局性意义。落实科学发展观，实现科教兴国战略和人才兴国战略，就必然要求把教育摆在优先发展的地位。

（1）教育的基础性，指人的素质在社会主义现代化建设中的基础性。教育对人的个体素质全面发展的促进，既是个人为人处世的基础，也是社会稳定发展的基础。

（2）教育的先导性，指教育的发展对社会主义现代化建设具有引领作用。要使经济社会可持续发展，关键在于知识创新，掌握核心技术，这要依靠教育传播最新知识技术，培养创新性人才。教育的先导性不仅表现在经济发展方面，还表现在对科学技术的引领与文化价值观念方面。

（3）教育的全局性，指教育的发展关乎社会主义现代化建设的方方面面，具有全局性的影响。我们应当全面发挥教育的功能，促进人的全面发展和社会的全面进步。

2. 学校教育的特征及对人发展的影响。

【答案要点】

（1）学校教育主要通过传承文化科学知识来培养人。

学校教育是教育者有意识地为儿童的身心发展精心设置的一种环境，它把经过选择的、重新组编的、人类长期积累起来的文化知识作为精神客体与儿童互动，以促进儿童的发展，使他们成人成才。文化知识蕴含着有利于人的发展的多方面价值，包括促进人的认识的发展、促进人的精神的发展、促进人的能力的发展和促进人的实践的发展。

（2）学校教育对提高人的现代性有显著的作用。

教育在人的现代化过程中起着重要作用，因为学生在学校里不仅学会了读、写、算等各个方面的基础知识与技巧，而且学到了与他们个人的发展和国家的未来有关的态度、价值和行为方式。人的现代化是社会现代化的重要基础和前提条件，我们应该自觉地优先发展教育，高度重视并充分发挥教育对人的现代化的促进作用。学校教育的特点有以下几个方面：

①学校教育具有较强的目的性。学校是专门培养人的机构，其一切活动几乎都是围绕有目的地培养人而展开的。

②学校教育具有较强的系统性。人的培养是一个复杂的系统工程，因此学校教育必须要有较强的系统性，在总体上要避免教育影响的自发性、偶然性、随意性、片面性。

③学校教育具有较强的选择性。影响人的发展的因素是复杂多样的，这就需要学校教育对复杂多样的教育影响进行选择、整理和加工，避害趋利，去伪存真，尽可能为年轻一代的发展营造一个良好和谐的环境。

④学校教育具有较强的专门性。在所有的社会机构中，学校是培养人的最专门的场所，因而学校教育在培养人上最具有专门性。

⑤学校教育具有较强的基础性。从终身教育的角度看，各级各类学校教育都是在不同层面上为人一生的发展打基础，包括为一生的"做人"打基础。

3. 比较杜威与赫尔巴特的教育过程理论。

【答案要点】

（1）杜威的教学过程理论。

杜威根据科学的实验主义探究方法和反省思维方式，提出了五步教学法，五个阶段的顺序并不固定，实际思维中，有时两个阶段可以合二为一。

①创设疑难的情境。学生要有一个真实的经验的情境，要有一个对活动本身感兴趣的连续的活动。

②确定疑难所在。在这个情境内部产生一个真实的问题，作为思维的刺激物。

③提出问题的种种假设。他要占有知识资料，从事必要的观察，对付这个问题。

④推断哪种假设能解决这个困难。他必须有条不紊地展开他所想出的解决问题的方法。

⑤验证这种假设。他要有机会和需要通过应用检验他的观念，使这个观念意义明确，并且让他自己发现它们是否有效。

（2）赫尔巴特的教学过程理论。

赫尔巴特的教学形式阶段，实际上就是课堂教学的完整过程，是一个包括教学方法、教学形式等内在的规范化的教学程序。他认为，兴趣活动可以划分为四个阶段：注意、期待、要求和行动。儿童在学习活动中的思维方式有两种：专心与审思。在此基础上，他提出了教学形式阶段理论，即"赫尔巴特四段教学法"。

①明了：当一个表象由自身的力量突出在感官前，兴趣活动对它产生注意；这时，学生处于静止的专心活动；教师通过运用直观教具和讲解的方法，进行明确的提示，使学生获得清晰的表象，以做好观念联合，即学习新知识的准备。

②联合：由于新表象的产生并进入意识，激起原有观念的活动，因而产生新旧观念的联合，但又尚未出现最后的结果；这时，兴趣活动处于获得新观念前的期待阶段；教师的主要任务是与学生进行无拘无束的谈话，运用分析的教学方法。

③系统：新旧观念最初形成的联系并不是十分有序的，因而需要对前一阶段由专心活动得到的结果进行审思；兴趣活动处于要求阶段；这时，需要采用综合的教学方法，使新旧观念间的联合系统化，从而获得新的概念。

④方法：新旧观念间的联合形成后需要进一步巩固和强化，这就要求学生自己进行活动，通过练习巩固新习得的知识。

（3）比较。

相同点：

①都重视兴趣在学习和教学中的作用。

赫尔巴特认为只有学生对学习产生兴趣，教学才能有效地进行，课程内容的选择与编制必须与儿童的经验兴趣一致。杜威认为兴趣是影响教学的重要因素，秉承"教育即生活，学校即社会、教育即生长，教育即经验的持续不断的改组改造"的本质论，他认为个体的发展是一个自动自发的过程，而儿童的兴趣其发展的内在动力。课程的设置，教材的编制，教学法的选择是要以儿童的兴趣为基础的。

②在不同师生观的基础上，都重视学生在教学中的地位。

赫尔巴特在统觉和兴趣的基础上，制定了一套完整的教学过程，主张教育教学应以学生为出发点，关注学生的未来生活和发展。杜威认为学校实施的一切教育活动都应该以儿童的需要和兴趣为基础，儿童是教育教学的出发点。两者在不同程度上都肯定了学生在教学中的地位。

不同点：

①时代背景不同。

赫尔巴特教育思想形成于封建社会向资本主义社会过渡时期，赫尔巴特经历了整个过程，其思想也由进步性转变为妥协性。杜威教育思想是在变化的历史背景中形成的，变化是当时美国社会显著的特征，形成了以娴习于自治、崇尚自由、笃信民主制度为特征的社会思想。

②理论基础不同。

赫尔巴特认识论属反映论。他认为人的认识是后天形成的，是人脑对客观现实的反映。反映的基本因素是主体和客体，且主体依赖客体，客体制约主体。学生的学习过程就是对知识的反映过程，就是理解、接受知识，因此，教学任务是认识知识。杜威认识论属经验论，是反映论的否定。他指出了"变化"是任何事物发展共有的特点。主、客体是一体的，并统一于"经验"之中，可见"由于对人的主观作用的不同看法，赫尔巴特与杜威演化出接受与改造两种不同的学习过程观"，从而产生了认识论的根本差异。

4. 论述科举制度对中国的主要影响。

【答案要点】

科举制度即个人自愿报考，县州逐级考试筛选，全国举子定时集中到京都，按科命题，同场竞试，以文艺才能为标准，评定成绩，限量选优录取，是一种选官制度，以这种方式选拔国家官员。

积极影响：

（1）扩大了统治基础，有利于加强中央集权。通过科举考试，平民及中小地主阶层获得了参政的机会，打破了门阀士族地主垄断统治权力的局面，扩大了封建统治的统治基础。同时，通过科举考试，朝廷将选士大权收归于中央政府，强化了中央集权的统治。

（2）使选士与育士紧密结合。促进人们的思想统一于儒学，成为实施儒家"学而优则仕"原则的途径。刺激学校教育的发展，有利于教育的普及。

（3）使选拔人才较为客观公正。隋唐科举考试在发展的过程中逐步建立了较为完备的考试制度，同时逐步建立了一系列的考试防范措施，加强考试管理。

消极影响：

（1）国家只重科举取士，而忽略了学校教育。学校成为科举考试的预备机构，一切教学活动都围绕着科举考试来进行，学校失去了相对独立的地位和作用。

（2）束缚思想，败坏学风。学校教学安排围绕科举进行，导致学校教育中重文辞少实学，重记诵而不求义理，形成了教条主义、形式主义的学习风气。在科举制的影响下，读书的目的不是求知求真，而是为了功名利禄，具有强烈的功利色彩。

（3）科举考试内容的狭隘也阻碍了中国文化的和谐发展，特别是科技文化的发展。

华南师范大学 333 教育综合·真题解析

一、名词解释

受教育者

受教育者是指参与教育活动、与教育者在教学与教导上互动，以期自身获得发展的人，主要是学生。受教育者是既是教育的对象，也是学习的主体。

教育目的

教育目的是对教育活动所要培养的人的个体素质的总的预期与设想，是对社会历史活动的主体的个体素质的规定。它体现一定社会对受教育者质量规格的界定和要求，也体现人自身发展所应该达到的水准和高度。

教学方法

教学方法是指为完成教学任务而采用的方法，包括教师教的方法和学生学的方法，是教师引导学生探讨与掌握知识技能、获得身心发展而共同活动的方法。

道德教育

道德教育即德育。一般来说，学校德育是指学生在教师的引导下，以学习活动、社会实践、日常生活、人际交往为基础，同经过选择的人类文化，特别是一定的道德观念、政治意识、处世准则、行为规范相互作用，经过自己的观察、感受、判断、践行和改善，以形成行为习惯、道德品质、人生价值和社会理想的教育。简言之，德育是培养学生思想品德的教育。

学习策略

学习策略是指学习者为了提高学习的效果和效率，有目的、有意识地制定的有关学习过程的复杂的方案。具有主动性、有效性、过程性和程序性四个特征。

心理健康

心理健康是个体一种良好而持续的心理状态，表现为个人具有生命的活力、积极的内心体验、良好的社会适应，并能有效地发挥个人的身心潜能和积极的社会功能。

二、简答题

1. 现代教育的特点是什么？

【答案要点】

（1）学校教育逐步普及。由于资本主义生产尤其是机器大工业生产在欧洲兴起，因而西欧的资本主义国家最先提出普及教育的要求。1619年，德意志魏玛邦在宗教改革的影响下颁布了学校法令，规定父母送6~12岁男女儿童入学，这是普及教育的开端。

（2）教育的公共性日益突出。随着大工业生产发展的需要，随着工人阶级和其他劳动人民对教育权的争取，对受教育权的阶级垄断越来越不合时宜，受到来自被统治阶级和统治阶级两方面的批判。在此情形下，大力发展学校教育逐渐成为社会的公共事业和共同话题。

（3）教育的生产性不断增强。在现代社会，随着工业生产的发展和科学技术的进步，科技与教育在生产中的作用增强。现代教育与生产劳动的逐步结合，对提高社会生产效率和增加社会财富起着重要作用，日益成为经济发展的有力保证。

（4）教育制度逐步完善。随着学校数量的增加，学校教育的层次、种类及其运行和管理的复杂化，需要一定的教育宗旨、制度、要求等，以推动学校教育系统有条不紊地运行。教育制度化的实现，使得教育系统中的各级各类学校、各种教育机构和教育行政部门的工作均有制度可循，能排除来自内外部的干扰，使教育活动有序有效地开展，取得了良好效果。

2. 简述"长善救失"的德育原则。

【答案要点】

长善救失的德育原则是指进行德育要调动学生自我教育的积极性，依靠和发扬他们自身的积极因素去克服他们品德上的消极因素，促进学生的道德成长。

贯彻长善救失原则的基本要求如下：

（1）"一分为二"地看待学生。对学生既要看到他积极的一面，也要看到他消极的一面；既要看他过去的表现，也要看他后来的变化和现时的表现；要看到优秀学生的不足之处，懂得"响鼓也要重锤敲"，还要善于发现后进生身上的闪光点，以便长善救失，促进他们的转变。

（2）发扬积极因素，克服消极因素。全面而深入地了解学生，为教育学生打下了良好的基础，但要促进他们的品德发展，根本的一点在于调动其积极性，引导他们自觉地巩固发扬自身的优点来抑制和克服自身的缺点，才能养成良好的品德，获得长足的进步。

（3）引导学生自觉评价自己，勇于自我教育。要帮助学生善于虚心听取父母、教师、同学等各方面的意见，勇于解剖和正确评价自己，能够对自己的思想与行为自觉地进行反省与反思，为自己的优点而自豪，为自己的缺点而自责、内疚，自觉地进行道德修养。

3. 简述蔡元培的独立教育思想。

【答案要点】

1922年，蔡元培发表《教育独立议案》，阐明教育独立的基本观点和方法，成为教育独立思潮中的重要篇章。教育独立的基本要求可以大致归结为：

（1）教育经费独立。政府指定固定的款项，专作教育经费，不能移作他用。建立独立的教育会计制度等。

（2）教育行政独立。设立专管教育的行政机构，不附设于政府部门，由懂教育的专业人士主持。教育总长不得因政局的变动而频繁变动。

（3）教育学术和内容独立。教育方针应保持稳定，不受政治的干扰。能自由编辑、出版、选用教科书。

（4）教育脱离宗教而独立。教育独立思想在推进收回教育权运动、抵制殖民教育方面起到了积极作用。

蔡元培关于教育脱离政治、脱离政党的主张，是一种历史唯心主义的观点，但反映了他反对军阀分子控制教育，希望按照教育规律办好教育事业的美好愿望；教育脱离宗教的主张更含有反对帝国主义文化侵略的革命意义。

4. 简述基督教教育的特点。

【答案要点】

（1）教育目的宗教化。主要是为了培养教会人才，扩大教会势力，巩固封建统治。

（2）教学内容神学化。主要课程是神学和"七艺"。神学包括《圣经》、祈祷文、教会的礼仪等；"七艺"是从古希腊内容演变而来的，经基督教改造，为神学服务。

（3）教育方法原始、机械、烦琐。为了维护教会、神学的绝对权威，教会学校强迫学生服从《圣经》和教师，学校个别施教，纪律严格，体罚盛行。

总的来说，基督教教育在培养僧侣和其他为教会服务人员的同时，向群众宣传宗教，使劳动群众服从教会和封建统治。因此，西方教育发展中一个重要主题是教会和学校的分离，即教育的世俗化和国家化。但是，在中世纪早期世俗学校普遍消亡、文化衰落的情况下，教会教育在保持、传播古代文化、发展封建文化方面，客观上起了一定的作用。

三、分析论述题

1. 我国基础教育课程改革和发展的趋势。

【答案要点】

（1）我国基础教育的课程改革。

指导思想：基础教育课程改革要以教育要面向现代化、面向世界、面向未来和习近平新时代中国特色社会主义思想为指导，全面贯彻党的教育方针，全面推进素质教育。

具体目标：新一轮基础教育课程改革的具体目标有六个方面：

①转变课程功能。改变课程过于注重知识传授的倾向，强调形成积极主动的学习态度，使获得基础知识与基本技能的过程同时成为学会学习和形成正确价值观的过程。

②优化课程结构。改变课程结构过于强调学科本位、科目过多和缺乏整合的现状，整体设置九年一贯的课程门类和课时比例，体现课程结构的均衡性、综合性和选择性。

③更新课程内容。改变课程内容"繁、难、偏、旧"和过于注重书本知识的现状，加强课程内

容与学生生活以及现代社会和科技发展的联系，关注学生的学习兴趣和经验，精选终身学习必备的基础知识和技能。

④转变学习方式。改变课程实施过于强调接受学习、死记硬背、机械训练的现状，倡导学生主动参与、乐于探究、勤于动手，培养学生搜集处理信息的能力、获取新知识的能力、分析和解决问题的能力以及交流与合作的能力。

⑤改革课程评价。改变课程评价过分强调甄别与选拔的功能，发挥评价促进学生发展、教师提高和改进教学实践的功能。

⑥深化课程管理体系改革。改变课程管理过于集中的状况，实行国家、地方、学校三级课程管理，增强课程对地方、学校及学生的适应性。

新课程改革的基本理念：

①倡导个性化的知识生成方式。新课程旨在扭转以"知识传授"为特征的教学局面，把转变学生的学习方式作为重要的着眼点，以尊重学生学习方式的独特性和个性化作为基本信条，从而使教、学、师生关系等概念获得了新的含义。

②增强课程内容的生活化、综合化。首先，加强课程与学生生活和现实社会的联系；其次，设置许多综合型学科，推进课程的综合化，对已有的课程结构进行改造；再次，各分科课程都在尝试综合化的改革，强调科学知识同生活世界的交汇，理性认识同感性经验的融合。

（2）课程改革发展的趋势。

①追求卓越的整体性课程目标。当前各国在课程改革中倾向于培养学生公民的责任感和创新精神，社会交往能力和团队精神，灵活处理各种信息、适应急剧变化的社会环境和创造性地进行工作的能力，并注重国际理解教育，要求使学生具有国际视野，尊重文化差异。

②注重课程编制的时代性、基础性、综合性和选择性。面对全球化、信息时代、知识经济等新的世界背景，各国基础教育课程改革都强调把握课程内容的时代性，既要反映科学发展的新趋势，又要关注时代发展对人生存方式及其必备素质的新要求，注重处理基础知识与学科发展的关系，增强课程对学生的适应性，大量开设选修、综合、实践课程，满足学生个性发展的需要。

③讲究学习方式的多样化。信息化社会、知识社会、学习化社会引起了教育教学方式的变革。通过课程改革，创设以"学"为中心的课程，创造以"学"为中心的教学，真正使教学过程成为和事物对话、和他人对话、和自身对话的活动过程，从而超越单一的知识接受性教学，创造一种活动性的、合作性的、反思性的学习，已成为世界各国课程改革的共同选择。

2. 论述陶行知的"生活教育"思想。

【答案要点】

（1）"生活即教育"。

"生活即教育"是陶行知生活教育理论的核心。其内涵包括：生活含有教育的意义；实际生活是教育的中心；生活决定教育，教育改造生活。

"生活即教育"所强调的是教育以生活为中心，所反对的是传统教育脱离生活而以书本为中心。尽管它在生活与教育的区别和系统的知识传授方面有所忽视，但在破除传统教育脱离民众、脱离社会生活的弊端方面，有十分重要的意义。

（2）"社会即学校"。

"社会即学校"是生活教育理论另一重要主张，是"生活即教育"思想在学校与社会关系问题上的具体化。"社会即学校"，是指"社会含有学校的意味"，或者说"以社会为学校"。由于到处是生活，到处都是教育，"整个的社会是生活的场所，亦即教育之场所"。

"社会即学校"，也指"学校含有社会的意味"。也就是说，学校通过与社会生活相结合，一方面运用社会的力量使学校进步，另一方面动员学校的力量帮助社会进步，使学校真正成为社会生活必不可少的组成部分。

"社会即学校"扩大了学校教育的内涵和作用，对于传统的学校观、教育观有所改变。传统学校与社会生活脱节，学生孤陋寡闻，而以社会为学校，使得教育的材料、教育的方法、教育的工具、教育的环境可以大大地增加，有利于拓展学生的知识，增强学生的能力。"社会即学校"，还可以使被传统学校拒之门外的劳苦大众能够受到起码的教育，贯穿了普及民众教育的苦心，同样也值得肯定。

（3）"教学做合一"。

"教学做合一"是生活教育理论的又一重要主张，是"生活即教育"在教学方法问题上的具体化。其含义为：教的方法根据学的方法；学的方法根据做的方法。事怎样做便怎样学，怎样学便怎样教。教与学都以做为中心。包括以下四个要点："教学做合一"要求在"劳力上劳心"；"教学做合一"是因为"行是知之始"；"教学做合一"要求"有教先学"和"有学有教"；"教学做合一"还是对注入式教学法的否定。

（4）评价。

陶行知的生活教育理论是一种大众的、为人民大众服务的教育理论，且还是一种不断进取创造，旨在探索具有中国民族特色的教育道路的理论。

生活教育理论还在教育观念的改变方面颇有建树，无论是强调学校教育与社会生活、生产劳动相结合，还是要求手脑并用、在劳力上劳心，都是对学校与社会割裂、书本与生活脱节、劳心与劳力分离的传统教育的反动，显示出强烈的时代气息，至今都富于启示。

陶行知的生活教育理论是我国民族教育理论宝库中十分可贵的遗产，值得我们珍惜并认真研究借鉴。

3. 论述美国的《国家在危机中的报告》中的教育改革建议。

【答案要点】

20世纪80年代初期，美国中小学教育质量问题成为社会关注的中心。1983年，美国中小学教育质量调查委员会提出《国家在危机中：教育改革势在必行》的报告。该报告成了美国80年代中期开始的教育改革的纲领性文件，改革的中心是提高教育质量。

主要内容：

（1）加强中学五门"新基础课"的教育。中学必须开设数学、英语、自然科学、社会科学、计算机课程。这些课程构成了现代课程的核心。

（2）提高教育标准和要求。小学、中学、学院和大学都要对学生的学业成绩和行为表现采取更严格的和可测量的标准。

（3）改进师资培养。提高职前教师教育的专业标准和执教能力，使他们既有从教的倾向，又具备从教的专业素质和专业能力，同时提高他们的社会地位和物质待遇。

（4）联邦政府、州和地方官员以及学校校长和学监，都必须发挥领导作用，负责领导教育改革的实施。各级政府、学生家长以及全体公民都要为实现教育改革的目标提供必要的财政资助。

评价：虽然有人批评美国在重视教育质量的同时，又出现了忽视灵活性、忽视情感培养等问题，但总体而言，《国家在危机中：教育改革势在必行》产生的效应是积极的。

4. 人格和行为在性格上的差异。

【答案要点】

人格和行为在性格上的差异：

（1）性格特征。小学阶段男女学生的性格特征并无显著的性别差异，但到了中学阶段，学生逐渐形成了对现实的稳固的态度和习惯了的行为方式，并表现出性别差异。

（2）学习兴趣。一般来说，小学男生对数学、体育和美术的兴趣超过女生；女生对语文、英语和音乐的兴趣超过男生。中学男生对数学、物理、化学等理科的兴趣超过女生，女生对语文、外语、政治、历史等文科的兴趣超过男生。

（3）学习动机。小学阶段，女生在成就性动机、认知性动机上都显著高于男生；男生在附属性动机上显著高于女生。中学阶段，男生成就性动机显著高于女生，女生的成功性因素、认知性动机中的获取知识因素显著高于男生；威信性动机和班级威信因素女生略高于男生，他人尊重、社会影响因素男生略高于女生，附属性动机和执行教师要求、挣大钱因素男生显著高于女生。

（4）学习归因。一般来说女生比男生更容易把失败的原因归结为自己内部的因素，如努力程度不够、自己的学习能力较低等。男生则更多地归结为外部环境的因素，如学习内容太困难、学习任务重、教师教学方法有问题等。

依据性别差异的教育：

（1）改变不同性别学生的性格局限，培养积极兴趣，提高多种能力。男女生的性格，各有所长，各有所短，要教育他们以人之长，补己之短，发扬优点，弥补缺点。

（2）改变传统观念，对男女学生一视同仁，彻底改变男尊女卑的思想。对女生的进步要注意表扬，增强其自信心和自尊心，对女生应热心指导，帮助她们与男生并驾齐驱。

2012年 华南师范大学333教育综合·真题解析

一、名词解释

学校管理

学校管理是学校管理者在一定的社会历史条件下，通过一定的组织机构和制度，采用一定的方法和手段，带领师生员工，充分发挥学校人、财、物、时、空和信息等资源的最佳整体功能，实现学校工作目标的组织活动。

学校教育

学校教育是狭义的教育，指一种专门组织的不断趋向规范化、制度化、体系化的教育。它是根据一定的社会现实和未来需要，遵循受教育者身心发展的规律，有目的、有计划、有组织地对受教育者身心施加影响，把他们培养成为一定社会或阶级所需要的人的活动。

心理发展

心理发展是指个体从胚胎经由出生、成熟、衰老一直到死亡的整个生命过程中所发生的持续而稳定的内在心理变化过程，主要包括认知发展、人格发展和社会性发展三个方面。

人的发展

人的发展有两种含义，一种是将它看成是人类的发展或进化的过程；另一种则将它看成是人类个体的成长变化过程，即个体发展。个体发展有广义和狭义之分。广义的个体发展指个人从胚胎到死亡的变化过程，其发展持续于人的一生。狭义的个体发展指个人从出生到成人的变化过程，主要指儿童的发展。

课程

课程是由一定的育人目标、特定的知识经验和预期的学习活动方式构成的一种蕴含着丰富、基本而又有创造性与潜质的一套计划与设定。从育人目标角度看，课程是一种培养人的蓝图；从课程内容角度看，课程是一种适合学生身心发展规律的、连接学生直接经验和间接经验的、引导学生个性全面发展的知识体系及其获取的路径。广义的课程指所有学科的总和；狭义的课程指一门学科。

学习动机

学习动机是动机在学习活动中的表现，是引起和维持个体进行学习活动，并使活动朝向一定的学习目标，以满足某种学习需要的一种内部心理状态。它的主要内容包括知识价值观、学习兴趣、学习效能感和成败归因。

二、简答题

1. 教师劳动的特点。

【答案要点】

（1）教师劳动的复杂性。

学生状况的复杂性决定着教师劳动的复杂性；教师任务的多样性制约着教师劳动的复杂性；影响学生发展因素的广泛性制约着教师劳动的复杂性。

（2）教师劳动的示范性。

教育是教师引导、培养学生的活动，它要求教师以身作则，具有示范性。教师的劳动对象是处在发展过程中的青少年学生，他们具有尊敬教师、乐于接受教师的教导、以教师为表率的所谓"向师性"的特点。因此，教师必须严格要求自己，以身作则，通过示范的方式去影响学生，以便取得最佳教育效果。

（3）教师劳动的创造性。

①教师劳动创造性的最重要特征之一是他的工作对象——儿童经常在发生变化，永远是新的，今天同昨天就不一样。

②教师劳动的创造性表现在因材施教上。教师不仅要针对学生集体的特点，而且还要针对学生个体的特点有的放矢地进行教育，创造性地开展工作，才能收到良好的效果。

③教师劳动的创造性，也表现在对教育、教学的原则、方法、内容的运用、选择和处理上。

④教师劳动的创造性，还表现在教育教学过程中，教师对各种突发情况做出及时反应、妥善处理的应变能力上，即教育机智。

⑤教师劳动的创造性，并不意味着它会自动产生。一位教师要创造性地开展教育工作，必须经历艰苦的劳动和长期的积累，善于反思与探究，机智地开展工作，才能涌现创造性。

（4）教师劳动的专业性。

教师劳动的专业性突出表现在教师对育人的崇高敬业精神和道德修养上，对教育教学专门化知识和技能的掌握与教育活动的自主权上。

2. 简述教育的社会制约性。

【答案要点】

教育的社会制约性是指，在社会历史发展的过程中，教育的目的与制度、内容与方法、规模与速度，都受到一定社会的生产力、经济政治与文化等因素的制约。

（1）生产力对教育的制约。生产力的发展制约教育事业发展的规模和速度；生产力的发展水平制约人才的培养规格和教育结构；生产力的发展制约教学内容、教学方法和教学组织形式的发展和改革。

（2）社会经济政治制度对教育的制约。社会经济政治制度制约教育的性质；社会经济政治制度制约教育的宗旨和目的；社会经济政治制度制约教育的领导权；社会经济政治制度制约受教育权；社会经济政治制度制约教育内容、教育结构和教育管理体制。

（3）文化对教育的制约。文化知识制约教育的内容与水平；文化模式制约教育的背景与模式；文化传统制约教育传统的特性。

3. 简述人文主义教育的特征。

【答案要点】

（1）人本主义。人文主义教育在培养目标上注重个性发展，在教育教学方法上反对禁欲主义，尊重儿童天性，坚信通过教育这种后天的力量可以重塑个人、改造社会和自然，这些都表现出人本主义内涵，人的力量、人的价值被充分肯定。

（2）古典主义。人文主义教育思想吸收了许多古人的见解，人文主义教育实践尤其是课程设置亦具有古典性质，但这种古典主义绝非纯粹的"复古"，实则含有古为今用、托古改制的内涵，这在当时是进步的。

（3）世俗性。不论从教育目的还是从课程设置等方面看，人文主义教育洋溢着浓厚的世俗精神，教育更关注今生而非来世，这是人文主义教育与中世纪教育的根本区别。

（4）宗教性。人文主义教育仍具有宗教性，几乎所有的人文主义教育家都信仰上帝，他们虽然抨击天主教会的弊端，但不反对宗教更不打算消灭宗教，他们希冀以世俗和人文精神改造中世纪陈腐专横的宗教性，以造就一种更富世俗色彩和人性色彩的宗教性。

（5）贵族性。这是由文艺复兴运动的性质所决定的。人文主义教育的对象主要是上层子弟，教育的形式多为宫廷教育和家庭教育而非大众教育，教育的目的主要是培养上层人物如君主、侍臣、绅士等。

4. 简述科举制度的影响。

【答案要点】

积极影响：

（1）扩大了统治基础，有利于加强中央集权。通过科举考试，平民及中小地主阶层获得了参政的机会，打破了门阀士族地主垄断统治权力的局面，扩大了封建统治的统治基础。同时，通过科举考试，朝廷将选士大权收归于中央政府，强化了中央集权的统治。

（2）使选士与育士紧密结合。促进人们的思想统一于儒学，成为实施儒家"学而优则仕"原则的途径。刺激学校教育的发展，有利于教育的普及。

（3）使选拔人才较为客观公正。隋唐科举考试在发展的过程中逐步建立了较为完备的考试制度，同时逐步建立了一系列的考试防范措施，加强考试管理。

消极影响：

（1）国家只重科举取士，而忽略了学校教育。学校成为科举考试的预备机构，一切教学活动都围绕着科举考试来进行，学校失去了相对独立的地位和作用。

（2）束缚思想，败坏学风。学校教学安排围绕科举进行，导致学校教育中重文辞少实学，重记诵而不求义理，形成了教条主义、形式主义的学习风气。在科举制的影响下，读书的目的不是求知求真，而是为了功名利禄，具有强烈的功利色彩。

（3）科举考试内容的狭隘也阻碍了中国文化的和谐发展，特别是科技文化的发展。

三、分析论述题

1. 中国古代书院的特点。

【答案要点】

书院最初属于私学性质,尽管在发展的过程中有官学化倾向,但在培养目标、管理形式、课程设置、教学方法以及师生关系等方面都表现出与官学不同的特点。

(1)书院精神。书院以自由讲学为主,注重讨论,学术风气浓厚,开辟了新的学风,推动了教育和学术的发展。

(2)书院功能。育才、研究和藏书。

(3)培养目标。注重人格修养,强调道德与学问并进,培养学生的学术志趣。

(4)管理形式。较为简单,管理人员少,强调学生遵照院规自我约束、自我管理为主。

(5)课程设置。灵活具有弹性,教学以学生自学、独立研究为主,师生、学生之间注重质疑问难与讨论。

(6)教学组织。教学与研究相结合,教学形式多样,注重讲明义理,躬亲实践。

(7)规章制度。书院作为一种教育制度得以确立,在教育目标、教学方法、教学顺序等方面用学规的形式加以阐明,最著名的是《白鹿洞书院揭示》,它说明南宋后书院已经制度化。

(8)师生关系。较之官学更为平等、学术切磋多于教训,学生来去自由,关系融洽、感情深厚。

(9)学术氛围。教学与学术研究并重,学术氛围自由宽松,人格教育与知识教育并重。

总之,书院既是集藏书、教育和学术活动于一体的机构,又是学者以文会友的场所,具有较广泛的社会文化教育功能。

2. 赫尔巴特的道德教育理论。

【答案要点】

(1)教育目的论。

赫尔巴特认为,教育的基本目的可以区分为两种,即"可能的目的"和"必要的目的"。

可能的目的:指与儿童未来所从事的职业有关的目的。这种目的是多方面的,教育的目的就是要发展这种多方面的兴趣,使人的各种能力得到和谐发展,即兴趣的多方面性。

必要的目的:指教育所要达到的最高和最为基本的目的。即要养成内心自由、完善、仁慈、正义和公平五种道德观念。

(2)教育性教学原则。

内涵:教育性教学原则是指以教学来进行教育的原则。赫尔巴特指出,不存在"无教学的教育",也不存在"无教育的教学"。即教育是通过教学,而且只有通过教学才能真正产生实际作用,教学是道德教育的基本途径。

措施:首先要求教学的目的与整个教育的目的保持一致。因此教学工作的最高目的在于养成德行。为了实现这个最终目的,教学还必须为自己设立一个近期的、较为直接的目的,即"多方面的兴趣"。

评价:赫尔巴特的突出贡献在于,运用其心理学的研究成果,具体阐明了教育与教学之间存在的内在的本质联系,使道德教育获得了坚实的基础;但他把教学完全从属于教育,把教育和教学完全等同起来,也是一种机械论的倾向。

(3)儿童的管理与训育。

儿童的管理。赫尔巴特认为,"儿童管理"是一种道德教育,主要目的在于创造秩序,预防某些恶行,为随后进行的教学创造必要的条件。

训育。训育是指有目的地进行培养，其目的在于形成性格的道德力量，是为了美德的形成。四个阶段是道德判断、道德热情、道德决定和道德自制。具体措施有维持的训育；起决定作用的训育；调节的训育；抑制的训育；道德的训育；提醒的训育。

3. 学生品德不良的成因分析。

【答案要点】

品德不良是指个体具有的不符合社会道德要求的道德品质与道德行为，表现为个体经常违反道德准则或犯有较严重的道德过错，有的甚至处在犯罪的边缘或已有轻微的犯罪行为。学生品德不良的成因包括以下几个方面：

客观原因：

（1）家庭方面。第一，家庭成员的溺爱、迁就；第二，家庭对孩子要求过高、过严，又缺乏正确的教育方法；第三，家庭成员教育的不一致性；第四，家长缺乏表率作用；第五，家庭结构的剧变。

（2）学校方面。某些教育工作者存在某些错误观念或方法上的偏颇，如：片面追求升学率，忽视学生的品德教育；不了解学生真实的内心世界，不能自发地进行教育；教育方法不当，使得学生厌烦；对矫正品行不良学生缺乏信心、恒心和毅力。此外，学校教育和家庭教育不一致，相互脱节，也会削弱教育的力量。

（3）社会方面。影响个体的品德行为的有：长期封建社会遗留下来的某些腐朽思想；现实生活中的某些不正之风；思想不健康甚至低级趣味的文艺作品；朋友、邻居、社区，以及影响个体的各种社会活动。

主观原因：

（1）不正确的道德认识。儿童和青少年处于品德形成的过程中，他们的道德认识还不明确、不稳定，一些学生不理解或不能正确理解有关的道德要求和道德准则，缺乏独立的道德评价能力，常常不能明辨是非、分清善恶。

（2）异常的情感表现。品行不良的学生由于长期处于错误观念的支配下，常常造成情感上的异常状态，往往对真正关心他们的老师和家长怀有戒心，或处于对立情绪中。

（3）明显的意志薄弱。有些品行不良的学生并非在道德认识方面无知，而是因为意志薄弱导致正确的认知不能战胜不合理的欲望。"明知故犯"的学生常是意志薄弱者。

（4）不良习惯的支配。偶然的不良行为经过多次重复就会变成不良习惯，不良习惯又支配不良行为，如此恶性循环必然导致学生的品行不良。

（5）某些性格缺陷。学生某些性格上的缺陷会直接导致品德不良。比如执拗、任性、骄傲、自私等消极性格特点，很容易让个体表现出无视他人和集体的利益，为私利我行我素，甚至做出破坏集体纪律和违反社会公德的行为。

（6）某些需要未得到满足。当学生的需要没有通过正常途径得到满足，他们就可能会通过一些不正当的方法去满足自己的需要，从而沾染上不良行为。

4. 如何推进"依法治校"的工作。

【答案要点】

随着科教兴国战略的实施和依法治国方略的确立，依法治教已成为党和政府管理教育的基本方针，而依法治校是依法治教的重要组成部分，将成为21世纪学校管理的必然选择。依法治校可分为两个方面：政府及教育行政部门依法管理学校；学校管理者依法管理学校。

为推进依法治校工作，学校管理者应采取以下措施：

（1）转变行政管理职能，切实依法行政。

依法行政是依法治校的前提和保障,因此,要求教育行政部门严格依据法律规定的职责对学校进行管理,维护学校办学自主权;要探索综合执法机制和监督机制,依法监督办学活动,维护学校教育的正常秩序;要依法建立和规范申诉制度,建立面向社会的举报制度,及时办理教师和学生申诉案件,发现和纠正学校的违法行为,特别是教师侵犯学生权益的违法行为;要积极配合有关部门开展校园及周边环境的治理工作,保护学校的合法权益。

(2)加强制度建设,依法加强管理。

学校要依据法律法规制定和完善学校章程,经主管教育行政部门审核后,作为学校管理的重要制度;要建立健全学校教育教学制度;保障国家教育方针的贯彻落实;要建立健全学校行政制度,完善校长决策程序,发挥学校党组织的政治保障作用;要完善学校财务和资产管理制度,依法收费,依法管理好学校财物。

(3)推进民主建设,完善民主监督。

要进一步完善教职工代表大会制度,切实保障教职工参与学校民主管理和民主监督的权利;要全面实行校务公开制度,学校改革与发展的重大决策、学校的财务收支情况以及教职工的福利待遇和其他权益,应及时向教职工公布;学校的招生规定和收费项目与标准,应向学生、家长和社会公开;还要建立家长委员会和推动社区参与学校管理与监督,学校涉及学生权益的重要决策要充分听取社区和家长委员会的意见。

(4)加强法制教育,提高法律素质。

依法治校的关键在于转变观念,学校要多采用学生喜闻乐见的方式,开展生动活泼的法治教育,提高师生员工的法律素养;学校领导与教师要带头学习法律知识,增强法治观念;要把具有遵纪守法素质作为考评校长、教师的重要内容。

(5)严格教师管理,维护教师权益。

学校要依法聘任合格教师,明确双方的权利与责任,尊重教师的权益,保障教师的待遇;要建立校内教师申诉渠道,维护教师合法权益;要加强对教师的教育与管理,做到奖惩分明,严厉惩处教师侵犯学生人身权的违法犯罪行为。

(6)完善学校保护机制,依法保护学生权益。

要注重保护学生的人身和财产安全,建立与完善安全管理制度,以预防和减少学生伤害事故;要建立应对各类突发事件的工作预案,增强预防和妥善处理事故的能力;要健全学籍管理制度,依法保护学生的受教育权;中小学一般不得开除学生,对学生处分要做到公正、恰当,重在教育。

华南师范大学 333 教育综合·真题解析

一、名词解释

广义教育

广义教育是指凡是有目的地增进人的知识技能、影响人的思想品德、增强人的体质的活动都是教育,包括人们在家庭中、学校里、亲友间、社会上所受到的各种有目的的影响。

教学

教学是在一定教育目的规范下，在教师有计划的引导下，学生能动地学习、掌握系统的课程预设的科学文化基础知识，发展自身的智能与体力，养成良好的品行与美感，逐步形成全面发展的个体素质的活动。

校长负责制

校长负责制指校长受上级政府主管部门的委托，在党支部和教代会的监督下，对学校进行全面领导和负责的制度。在这一体制中，校长是学校行政系统的最高决策者和指挥者，是学校的法人代表，他对外代表学校，对内全面领导和管理学校的教育、教学、科研和行政工作。

智力多因素论

不同于桑代克提出的独立因素理论，持智力多因素理论观点的学者认为，人的智力是由两种或两种以上因素构成的。智力多因素理论主要包括斯皮尔曼提出的二因素理论、卡特尔提出的流体智力和晶体智力理论、瑟斯顿提出的群因素理论等。

经典条件反射

巴浦洛夫通过对动物的实验研究最早提出了经典性条件作用。一个原是中性的刺激与一个原来就能引起某种反应的刺激相结合，而使动物学会对那个中性刺激做出反应。这就是经典性条件作用，即一个新刺激替代另一个刺激与一个自发的生理或情绪反应建立联系。

教育制度

教育制度是指一个国家各级各类实施教育的机构体系及其组织运行的规则。它包括相互联系的两个方面：一是各级各类教育机构与组织；二是教育机构与组织赖以存在和运行的规则，如各种相关的教育法律、规则、条例等。具有客观性、规范性、历史性和强制性的特点。

二、简答题

1. 我国教育目的的基本精神是什么？

【答案要点】

（1）培养"劳动者"或"社会主义建设人才"。我国当代教育目的在表述上不断发生变化，但培养"劳动者"或"社会主义建设人才"这一基本规定却始终没有变。教育目的的这个规定，明确了我国教育的社会主义方向，指明了培养出来的人的社会地位和价值，是社会主义的劳动者、建设人才，是国家的主人。

（2）坚持全面发展。受教育者的全面发展，教育界通行的说法是德、智、体、美、劳的发展。从人要处理的现实生活的关系分析，人的全面发展主要包括处理人与自然关系的能力、人与社会关系的能力和人与自我关系的能力的发展。如果一个人的发展在这三个方面都形成了健全的能力，那么这个人的发展就是全面发展。

（3）培养独立个性。培养受教育者的独立个性，是马克思人的全面发展学说的基本内涵和根本目的。追求人的个性发展，就是要使受教育者的自由个性得到保护、尊重和发展，要增强受教育者的主体意识、开拓精神、创造才能，要提高受教育者的个人价值。

综上所述，我国教育目的的价值取向的出发点与归宿在于：培养德、智、体、美、劳全面发展，具有创新精神、实践能力和独立个性的社会主义现代化需要的各级各类人才。

2. 孔子有教无类思想的价值。

【答案要点】

（1）含义："有教无类"的本意是不分贵贱贫富和种族，人人都可以入学接受教育。孔子的教学实践切实地贯彻了这一办学方针，他的弟子来自各个诸侯国，分布地区广泛；弟子成分复杂，出身于不同的阶级和阶层，大多数出身于平民。

（2）意义："有教无类"作为私学的办学方针与官学的办学方针相对立，打破贵贱、贫富和种族的界限，把受教育的范围扩大到平民，这是历史的进步。

3. 教学过程中有哪些原则？

【答案要点】

（1）启发性原则。指在教学中教师要激发学生的学习主体性，引导他们经过积极思考与探究自觉地掌握科学知识，学会分析问题和解决问题，树立求真意识和人文情怀。也称探究性原则或启发与探究相结合原则。

（2）理论与实践相结合原则。指教学要以学习基础知识为主导，将理论运用于解释和解决实际问题，学以致用，发展动脑、动手能力，并理解知识的含义，领悟知识的价值。

（3）科学性和思想性统一原则。指教学要以马克思主义为指导，授予学生以科学知识，并结合知识教学对学生进行社会主义品德和核心价值观教育。

（4）直观性原则。指在教学中通过引导学生观察所学事物或图像，聆听教师用语言对所学对象的形象描绘，形成有关事物具体而清晰的表象，以便理解所学知识。

（5）循序渐进原则。指教学要按照学科的逻辑系统和学生认识的顺序逐步进行，使学生系统地掌握基础知识、基本技能，形成严密的逻辑思维能力。也称系统性原则。

（6）巩固性原则。指教学要引导学生在理解的基础上牢固地掌握知识和技能，长久地保持在记忆中，能够根据需要迅速再现，有效地运用。

（7）发展性原则。指教学的内容、方法和进度，既要适合学生已有的发展水平，又要有一定的难度，激励他们经过努力才能掌握，以便有效地促进学生的身心发展。

（8）因材施教原则。指教师要从学生的实际情况与个性特点出发，有的放矢地进行有区别的教学，使每个学生都能扬长避短、长善救失，获得最佳发展。

4. 斯巴达教育的特点。

【答案要点】

（1）教育目的与教育任务。斯巴达的教育完全由国家控制。在斯巴达的教育体制中，培养英勇果敢的战士是教育的唯一目的。教育的任务是要使每一个斯巴达人在经过长期而严肃的训练后，成为一个坚韧不拔的战士和绝对服从的公民。

（2）教育过程和内容。

①斯巴达人为保证种族在体质上的"优越性"，为培养体格强壮的战士打下基础，实行严格的体检制度。公民子女出生后，由长老代表国家检查新生儿的体质情况，只抚养健康的新生儿。

②在7岁以前，公民子女在家中接受母亲的养育。

③从7岁至18岁，儿童进入国家的教育机构，开始军营生活。此阶段教育的主要任务是通过严格的军事体育训练和道德训练，使儿童养成健康的体魄、顽强的意志以及勇敢、坚忍、顺从、爱国等品质。教育的主要内容是"五项竞技"、神话和传说。此外，儿童也参加祭神、竞技和各种仪式。

④从18岁起，公民子弟进入高一级的教育机构——青年军事训练团，接受直接由军事首领组织的为期两年的强化军事训练。

⑤年满20岁的青年开始服兵役，同时承担着对少年儿童的训练任务，到30岁时正式取得公民资格，此后至60岁一直在军队中服役。

（3）女子教育。斯巴达人非常重视女子教育。女子通常和男子接受同样的军事、体育训练，其目的是造就体格强壮的母亲，以生育健康的子女；当男子出征时，妇女能担任防守本土的职责。

三、分析论述题

1. 教育的社会流动功能及其意义。

【答案要点】

（1）教育的社会流动功能的含义。

教育的社会流动功能是指社会成员通过教育的培养、筛选和提高，能够在不同的社会区域、社会层次、职业岗位、科层组织之间转换、调整和变动，以充分发挥其个人的智慧才能，实现其人生价值。它包括横向流动功能和纵向流动功能。前者指改变其环境而不提升其社会层级地位；后者指改变其社会层级地位及作用。

（2）教育的社会流动功能在当代的重要意义。

①教育是个人社会流动的基础。如今，不管从事什么行业，要在社会上生存与流动，就要有一定的文化知识和能力，必须接受一定的教育。它使享受这一教育的人能够选择自己将要从事的职业，参与建设集体的未来和继续学习。

②教育是现代社会流动的主要通道。今天，我国农村的年轻一代要成功地进行社会流动，尤其是向上流动，必须经过教育，甚至只有经过优质的高等教育才能实现。

③教育深刻影响社会公平。教育的社会流动，实质上涉及教育机会均等与社会公平问题。到近代，人们才逐步提出普及教育与入学机会人人均等的要求。如今，各国纷纷实行普及义务教育制度，注重教育公平，这是教育发展的趋势。

2. 中体西用的历史意义和局限性。

【答案要点】

（1）主要思想。

①"中学为体，西学为用"是洋务派关于中西文化关系的核心命题，也是洋务教育的指导思想。洋务运动的过程实质上是一场对近代西方文明成果的移植过程，由此引发了一个核心问题：引入的西学与中国固有文化之间是怎样的关系？对此，洋务派提出的典型方案就是"中体西用"，认为在突出"中学"主导地位的前提下，应该肯定"西学"的辅助作用和器用价值。

②1898年初，张之洞发表《劝学篇》，围绕"旧学为体，新学为用"的主旨集中阐述，形成了一个比较完整的思想体系。《劝学篇》是对洋务运动的理论总结，并试图为以后的中国改革提供理论模式，通篇主旨归为"中学为体，西学为用"。

③"中学"包括四书五经、中国史事、政书、地图等。张之洞认为对"中学"的各方面都要通其大概，尤其是纲常名教。"西学"包括西政、西艺、西史，其中，张之洞着重强调西政和西艺。西政是指西方有关文教制度、工商财政、军事建制和法律行政等管理层面的文化；西艺即近代西方科技。对于中、西学的关系，可以概括为"旧学为体、新学为用，不使偏废"。

（2）历史作用：

①洋务派提出"中体西用"，在不危及"中体"的前提下侧重强调采纳西学，既体现了洋务派的文化教育观，也是洋务派应对守旧派的策略。

②在"中体西用"形式下，"西学"教育的规模不断扩大。两次鸦片战争中，"中体西用"的内涵被不断调整，"西用"的范围不断延伸，逐渐纳入新的成分。

③洋务运动时期,"中体西用"理论为"西学"教育的合理性进行了有效论证,促进了资本主义文化在中国的传播。在此原则下实施的留学教育和举办的新式学堂给僵化的封建教育体制打开了缺口,改变了单一的传统教育结构。

(3)历史局限:

①"中体西用"思想本质上还是为了维护封建专制统治,阻碍了后来维新思想的广泛传播,不利于近代刚刚开始的思想启蒙运动。

②"中体西用"作为一种文化整合方案和教育宗旨来说是粗糙的。它是在没有克服中西文化固有矛盾情况下的直接嫁接,必然会引起两者之间的排异反应。

3. 杜威教育思想的影响。

【答案要点】

杜威是20世纪美国著名的哲学家和教育家,他以实用主义哲学、民主主义政治理想和机能心理学为基础,通过批判地继承前人的思想,构建起庞大的教育哲学体系,成为现代教育的代表人物。主要著作有《民主主义与教育》《我的教育信条》等。

(1)论教育的本质。

杜威对于"什么是教育"的问题,给出的回答是:教育即生活、教育即生长、教育即经验的持续不断的改造。

(2)论教育的目的。

教育无目的论。从教育本质论出发,杜威反对外在的、固定的、终极的教育目的,认为教育无目的。杜威所希求的是过程内的目的,这个目的就是"生长"。

教育的社会目的。杜威强调过程内的目的不等于否定社会性的目的。杜威要求教育为社会进步服务,为民主制度的完善服务。他认为教育是社会进步及社会改革的基本方法,学校是社会进步和改革的最基本和最有效的工具。在民主社会中,个人发展与社会进步是统一的。

(3)论课程与教材。

从做中学。杜威以其经验论为基础,要求从做中学、从经验中学,要求以活动性、经验性的主动作业来取代传统书本式教材的统治地位。在杜威看来,这种活动性、经验性课程既能满足儿童的心理需要,又能满足社会性的需要,还能使儿童对事物的认识具有统一性和完整性。

教材心理学化。杜威主张以"教材心理学化"来解决怎样使儿童最终获得较系统的知识而同时又能在学习过程中顾及儿童的心理水平。"教材心理学化"是指把各门学科的教材或知识各部分恢复到它所被抽象出来之前的原来的经验。这种心理化就是把间接经验转化为直接经验,即直接经验化。之后再将已经经验到的那些东西累进地发展为更充实、更丰富也更有组织的形式,即逐渐地接近提供给有技能的、成熟的人的那种教材形式。

(4)论思维与教学方法。

反省思维。杜威所力倡的反省思维是指对某个经验情境中的问题进行反复的、严肃的、持续不断的思考,其功能在于求得一个新情境,把困难解决、疑虑排除、问题解答。

五步教学法。杜威根据科学的实验主义探究方法和反省思维方式,提出了五步教学法,即创设疑难的情境、确定疑难所在、提出问题的种种假设、推断哪种假设能解决这个困难、验证这种假设。

(5)论道德教育。

杜威认为道德教育的主要任务是协调个人与社会的关系。他认为个人的充分发展是社会进步的必要条件,社会的进步又可以为个人的发展提供更好的基础。他反对过分强调个人自由和竞争的旧个人主义,而提倡强调人与人之间的合作,强调社会责任和理智作用的新个人主义。

教育的道德性和教育的社会性是相通的,道德教育应在社会性的情境中进行而不能只停留于口头说教；要求学校生活、教材、教法皆应渗透社会精神，视学校生活、教材、教法为"学校道德三位一体"，这三者都是道德教育的重要途径。

（6）杜威教育思想的影响。

①杜威是西方现代教育派的理论代表。他对传统教育的整个理论体系发起挑战，奠定了现代教育的理论大厦的基石。

②杜威是新教育的思想旗手，他的教育理论突破以往建立在主客体两分之上的传统教育的弊端，将知行合一，使教学中死的知识变为活的知识，突破了内发论和外铄论，将教育看作人与环境的交互过程中经验的观点具有很高的创造性。

③杜威奠定了儿童中心论，解决教育与儿童相脱离的问题，并通过学校与社会的统一、思维与经验的统一，解决教育与实践、学校与社会脱离的问题。

④杜威提出了做中学这一建立在新哲学和心理学基础上的新方法，拓宽了教学形式和方法，提高了教学专业化水平。

⑤杜威的教育理论对世界教育进程发挥巨大作用，对日本、中国、苏联等国具有直接的影响。

⑥杜威的理论偏重儿童、活动、经验三中心而使得教育实践忽视了系统知识的传授以致引发了自由与纪律、教师与学生关系等诸多矛盾。另外根据经验和教材心理化原则编写新型教材的设想过于理想化，难以实现。

4. 如何培养和激发学习动机？

【答案要点】

（1）创设问题情境，实施启发式教学。想要实施启发式教学，关键在于创设问题情境。所谓问题情境，指的是一种适度的疑难情境。在学习过程中，仅仅让学生简单地重复已经学过或者过难的东西，学生都不会感兴趣。只有在学习那些"似懂非懂""似会非会"的东西时，学生才感兴趣而且迫切希望掌握它。

（2）根据作业难度，恰当控制动机水平。教师在教学时，要根据学习任务的不同难度，恰当控制学生学习的动机水平。在学习较简单的课题时，应尽量使学生集中注意力；在学习较复杂的课题时，则应尽量创造轻松自由的课堂气氛；在学生遇到困难或出现问题时，要尽量心平气和地耐心引导，以免学生过度紧张和焦虑。

（3）充分利用反馈信息，给予恰当的评定。心理学研究表明，来自学习结果的种种反馈信息，对学习效果有明显影响。一方面学习者可以根据反馈信息调整学习活动，改进学习策略，另一方面学习者为了取得更好的成绩或避免再犯错误而增加了学习动机，从而保持了学习的主动性和积极性。

（4）妥善进行奖惩，维护内部学习动机。在对学生进行评价时，奖励和惩罚对于学习动机的激发具有不同的作用。一般而言，表扬与奖励比批评与指责能更有效地激发学生的学习动机，因为前者能使学生获得成就感，增强自信心。但过多使用表扬和奖励，或者使用不当，也会产生消极作用。

（5）合理设置课堂环境，妥善处理竞争和合作。学生的学习主要是在课堂上进行的，课堂的合作与竞争环境无疑是影响学习动机的一个重要的外部因素。在教学活动中，合作与竞争都是必要的，应该强调竞争与合作的相互补充和合理运用。极端的竞争会对学生的学习行为和集体团结产生消极影响。适量与适度的竞争与合作的恰当结合，会有效激励学生的学习动机。

（6）适当进行归因训练，促使学生继续努力。在学生完成某一学习任务后，教师应指导学生进行成败归因。一方面，要引导学生找出成功或失败的真正原因，即进行正确归因；另一方面，教师也应根据每个学生过去一贯的成绩的优劣差异，从有利于今后学习的角度进行积极归因。

（7）培养自我效能感，增强学生成功的自信心。自我效能感影响学生的自我评价和自信心，进而影响学习成绩。尤其是学业不良的学生，由于对自己的学习能力持怀疑态度，表现出很低的自我效能感。因此，教师在教学中要通过一定的方法提高他们的自我效能感。

（8）维护学生自我价值，警惕自我妨碍策略。自我价值理论指出，学生有保护和表现自我价值的需要，这是个人追求成功的内在动力。教师要理解和尊重学生的这种需要，引导他们把自我价值的实现方式与正向、积极的学习行为相联系，避免学生不断从环境中体验到对自我价值的威胁感，从而采取各种自我妨碍的逃避策略。

（9）维护内在需要，促进外部动机内化。兴趣、好奇心、探索欲，是人类学习的最早动力。源于内部需要的学习动机具有更多的坚持性和抗干扰性。然而，不是每个孩子都对教育中涉及的所有内容充满好奇和兴趣。因此，教师要帮助学生将外部调控的学习动机不断内化，形成相对自主调控的学习动机。

2022年 广西师范大学 333 教育综合·真题真练

一、名词解释
教育　稷下学宫　道尔顿制　知识

二、简答题
1. 简述奥苏伯尔的有意义学习的实质和条件。
2. 简述夸美纽斯的教育思想。
3. 简述教师劳动的特点。
4. 简述自我效能感的影响因素。
5. 简述晏阳初的四大教育。
6. 简述教育目的的"个人本位论"和"社会本位论"。

三、分析论述题
1. 比较赫尔巴特和杜威的教育思想。
2. 结合教育与人的发展关系谈谈对"双减"政策的看法。
3. 结合教育和社会的发展关系谈谈对"双减"政策的看法。
4. 谈谈"双减"如何落实。

2021年 广西师范大学 333 教育综合·真题真练

一、名词解释
活动课程　《新教育大纲》　学习动机

二、简答题
1. 简述启发性教学原则。
2. 简述裴斯泰洛齐的教育思想。
3. 简述"中体西用"的教育思想。
4. 简述同化性迁移、顺应性迁移、重组性迁移。
5. 简述班杜拉观察学习的四个过程。

三、分析论述题
1. 结合教育的三大要素谈谈智能时代的教育发展。
2. 论述陈鹤琴的"活教育"思想及对当代教育的价值和启示。

2020年 广西师范大学 333 教育综合·真题真练

一、名词解释

有教无类　教学环境　同化　图式

二、简答题

1. 简述宋代书院在教学和管理方面的特点。
2. 简述自然主义教育理论。
3. 简述教育起源的几种理论。
4. 简述美国《国防教育法》的主要内容。
5. 简述心智技能与运动技能的关系。

三、分析论述题

1. 结合实际论述教育的社会功能。
2. 论述教育心理学化运动的形成、发展与影响。

2019年 广西师范大学 333 教育综合·真题真练

一、名词解释

德育　教师期待效应　"三纲领八条目"

二、简答题

1. 简述我国中小学的教学原则。
2. 简述孔子的教学思想。
3. 简述皮亚杰的认知发展理论。
4. 简述赫尔巴特的教学思想。
5. 简述陶行知教学思想和杜威教学思想的比较。

三、分析论述题

1. 论述教育学的产生和发展。
2. 论述蔡元培的教育思想和实践对中国近代教育的贡献和影响。

2018年 广西师范大学 333 教育综合·真题真练

一、名词解释

微课　教学效能感　讲授法

二、简答题

1. 简述影响学生发展的因素。
2. 简述朱子读书法。
3. 简述斯宾塞的科学教育思想。
4. 简述教师权威的构成和来源。

三、分析论述题

1. 根据记忆遗忘规律论述促进记忆和保持知识的方法。
2. 根据法律法规和教育理论,分析未成年人保护应遵循的原则。

2017年 广西师范大学 333 教育综合·真题真练

一、简答题

1. 简述夸美纽斯的教育思想。
2. 简述黄炎培的职业教育。
3. 简述文化对教育的影响。
4. 简述教育的生态功能。
5. 影响知识理解的因素。

二、分析论述题

1. 论述教育的本质特点。
2. 论述认知方式的差异及其教育含义。

2016年 广西师范大学 333 教育综合·真题真练

一、名词解释
教育的社会流动功能 "六艺" 遗传

二、简答题
1. 简述智力因素与非智力因素的关系。
2. 简述夸美纽斯的教育思想。
3. 简述布鲁纳的认知—发现说。
4. 简述建构主义。

三、分析论述题
1. 论述个人本位论。
2. 论述人格差异与教育。
3. 论述陈鹤琴的活教育。

2015年 广西师范大学 333 教育综合·真题真练

一、简答题
1. 教育的生态功能。
2. 教育目的的"个人本位论"。
3. 陶行知的生活教育理论。
4. 苏格拉底的"产婆术"。
5. 奥苏伯尔的有意义学习理论。

二、分析论述题
1. 联系实际教学，阐述学生学习动机的培养。
2. 联系实际教学，论述问题解决能力的培养。

2014年 广西师范大学333教育综合·真题真练

一、简答题

1. 简述人本主义教学理论。
2. 简述皮亚杰的认知发展阶段理论。
3. 简述多元智力理论的教育意义。
4. 简述生活教育理论的基本内容。

二、分析论述题

1. 分析基础教育课程改革面临的瓶颈及其对策。
2. 评述杜威的教育本质观。

2013年 广西师范大学333教育综合·真题真练

一、名词解释

教学目标　教学模式　课程标准　发散思维　高原现象

二、简答题

1. 简述教学过程的基本环节。
2. 简述教育的文化功能。
3. 说明智力因素和非智力因素的关系。
4. 简述反馈的作用。

三、分析论述题

1. 论述我国基础教育课程改革的目标。
2. 分析影响能力形成的原因和条件。

2012年 广西师范大学 333 教育综合·真题真练

一、名词解释
教育的负向功能　培养目标　教学设计　课程内容　有意义学习　陈述性知识

二、简答题
1. 在信息时代,如何认识学校教育的主导作用?
2. 如何理解发展智力与掌握知识的关系?
3. 加德纳的多元智力发展理论。
4. 建构主义理论的核心观点。

三、分析论述题
1. 论述分科课程与综合课程的关系及其对我国基础教育课程改革的启示。
2. 论述创造性思维的培养方法。

2011年 广西师范大学 333 教育综合·真题真练

一、名词解释
教学过程　课程标准　苏格拉底法　发现学习　心智技能　《学记》

二、简答题
1. 简述教师的基本素养。
2. 简述陶行知的生活教育思想。
3. 简述卢梭的自然教育理论。
4. 简述马斯洛的需要层次理论。

三、分析论述题
1. 试述教育的社会流动功能及其意义。
2. 试述文艺复兴时期人文主义教育的特征。
3. 试述加德纳的多元智力理论及其启示。
4. 试述掌握知识与发展智力的关系。

2010年 广西师范大学 333 教育综合·真题真练

一、名词解释
教育活动的基本要素　教育目的的价值取向　特朗普制　动机　气质

二、简答题
1. 怎样理解教学过程是一种特殊的认识过程？
2. 简述学科课程论的基本观点。
3. 说明学生掌握知识的基本阶段。
4. 教师如何激发学生的内在学习动机？

三、分析论述题
1. 简述人本主义学习观及其对教学改革的意义。
2. 联系实际谈谈如何培养学生问题解决的能力。

2022年 广西师范大学 333 教育综合·真题解析

一、名词解释

教育

教育是人的发展与社会发展的中介活动，其主旨在于以人为本、育人成人，培养人成为他所生存的那个时代的社会实践主体，引导人和社会的持续发展。其概念有广义和狭义之分。广义教育指凡是有目的地增进人的知识技能、影响人的思想品德、增强人的体质的活动都是教育，包括人们在家庭中、学校里、亲友间、社会上所受到的各种有目的的影响。狭义教育主要指学校教育。

稷下学宫

稷下学宫是战国时代齐国一所著名的高等学府，因其建立于齐国都城临淄的稷门附近而得名。它既是百家争鸣的中心与缩影，也是当时教育上的重要创造，稷下学宫对中国古代学术、文化和教育的发展产生过重大的历史影响。

道尔顿制

道尔顿制是美国进步主义教育家帕克赫斯特针对班级授课制的弊端在道尔顿中学实施的一种个别教学制度，也称"道尔顿计划"。其主要内容包括在学校废除课堂教学、课程表和年级制，代之以"公约"或"合同式"的学习；将教室改为作业室或实验室，用表格法来了解学生的学习进度等。

知识

从认识的本质上讲，知识是人对事物属性与联系的能动反映，是通过人与客观事物的相互作用形成的。人在与外界相互作用的实践活动中，获得来自客体的各种信息，用一定方式对这些信息进行加工和组织，形成对事物的理解，从而形成知识。

二、简答题

1.简述奥苏伯尔的有意义学习的实质和条件。

【答案要点】

（1）有意义学习的实质。

有意义学习就是符号所代表的新知识与学习者认知结构中已有的适当观念建立非任意的和实质性的联系。非任意的联系是指新知识与认知结构中有关观念存在某种合理的或逻辑上的联系；实质性的联系是指新的符号或观念与学习者认知结构中已有的表象、已经有意义的符号、概念或命题的联系，是一种非字面的联系。

（2）有意义学习的条件。

①有意义学习的材料必须具有逻辑意义，这种逻辑意义指的是材料本身在人的学习能力范围内而且与有关观念能够建立非任意的和实质性的联系。

②学习者必须具有有意义学习的心向，也就是积极主动地把新知识与认知结构中原有的适当知识加以联系的倾向。

③学习者认知结构中必须具有适当的知识，以便与新知识进行联系。

④学习者必须积极主动地使这种具有潜在意义的新知识与他认知结构中有关的原有知识发生相

互作用，导致原有知识得到改造，新知识获得实际意义，即心理意义。

2. 简述夸美纽斯的教育思想。

【答案要点】

（1）教育的目的。第一，宗教性目的：认为人生的最终目的是为达到"永生"，教育的目的是使人为来世生活做好准备。第二，现实性目的：通过教育使人认识和研究世界上一切事物，培养和发展他们的各种能力、德行和信仰，以便享受现世的幸福，并为永生做好准备。

（2）教育的作用。夸美纽斯认为教育是改造社会、建设国家的手段。人都是有一定天赋的，而这些天赋发展得如何，关键在于教育。只要接受合理的教育，任何人的智力都能够得到发展。

（3）泛智主义教育观。基于教育的崇高目的，夸美纽斯提出了"将一切事物教给一切人"的泛智主义教育观，内容主要包括教育内容泛智化和教育对象普及化。

（4）普及教育。夸美纽斯认为普及教育就是"人人都可接受教育"，其核心是泛智论。夸美纽斯大力主张普及教育于全体儿童和民众。实现普及教育的可能性一方面在于人自身具有接受教育的先天条件，另一方面在于教育可以改进社会和塑造人，社会和人的进步离不开教育。

（5）统一学制。为了使国家便于管理全国的学校，使所有儿童都有上学的机会，夸美纽斯提出建立全国统一学制的主张。他把人的学习期划分为四个阶段，并按这种年龄分期设立相应的学校。各级学校均按照适应自然的原则，采取班级授课制和学年制开展工作，分别开设不同的课程来教育和培养儿童。

（6）管理实施。夸美纽斯强调国家对教育的管理职责，认为国家应该设立督学对全国的教育进行监督，以保证全国教育的统一发展。

（7）学年制。为改变当时学校教学活动缺乏统一安排的无序状况，夸美纽斯制定了学校教学活动的学年、学日制度。

（8）班级授课制。为实现普及教育、提高教学效率，改变教师只对学生进行个别教学和指导的状况，夸美纽斯总结新旧各教派学校中实行班级授课的经验，提出并全面系统地论述了班级授课制度。

（9）论教育和教学的基本原则。包括教育适应自然的原则、直观性原则、激发学生求知欲望原则、巩固性原则、量力性原则、系统性和循序渐进性原则、因材施教原则。

3. 简述教师劳动的特点。

【答案要点】

（1）教师劳动的复杂性。学生状况的复杂性决定着教师劳动的复杂性；教师任务的多样性制约着教师劳动的复杂性；影响学生发展因素的广泛性制约着教师劳动的复杂性。

（2）教师劳动的示范性。教育是教师引导、培养学生的活动，它要求教师以身作则，具有示范性。教师的劳动对象是处在发展过程中的青少年学生，他们具有尊敬教师、乐于接受教师的教导、以教师为表率的所谓"向师性"的特点。因此，教师必须严格要求自己，以身作则，通过示范的方式去影响学生，以便取得最佳教育效果。

（3）教师劳动的创造性。

①教师劳动创造性的最重要特征之一是他的工作对象——儿童经常在发生变化，永远是新的，今天同昨天就不一样。

②教师劳动的创造性表现在因材施教上。教师不仅要针对学生集体的特点，而且还要针对学生个体的特点有的放矢地进行教育，创造性地开展工作，才能收到良好的效果。

③教师劳动的创造性，也表现在对教育、教学的原则、方法、内容的运用、选择和处理上。

④教师劳动的创造性，还表现在教育教学过程中，教师对各种突发情况做出及时反应、妥善处理的应变能力上，即教育机智。

⑤教师劳动的创造性，并不意味着它会自动产生。一位教师要创造性地开展教育工作，必须经历艰苦的劳动和长期的积累，善于反思与探究，机智地开展工作，才能涌现创造性。

（4）教师劳动的专业性。教师劳动的专业性突出表现在教师对育人的崇高敬业精神和道德修养上，对教育教学专门化知识和技能的掌握与教育活动的自主权上。

4. 简述自我效能感的影响因素。

【答案要点】

（1）直接经验。学习者的亲身经验对自我效能感的影响是最大的。成功的经验会提高人的自我效能感，多次失败的经验会降低人的自我效能感。

（2）替代性经验。学习者通过观察榜样的行为而获得的间接经验对自我效能感的形成也有重要的影响。当学习者看到与自己水平差不多的人取得了成功时就会增强自我效能感，反之就会降低自我效能感。

（3）言语说服。他人的建议、劝告和解释以及对自我的引导也有助于改变个体的自我效能感，但不持久，一旦面临令人困惑或难于处理的情境就会消失。

（4）情绪唤起和身心状况。情绪和生理状态也影响自我效能的形成。在充满紧张、危险的场合或认知负荷较大的情况下，情绪易于唤起，而高度的情绪唤起和紧张的生理状态会妨碍行为操作，降低个体对成功的预期水准。

5. 简述晏阳初的四大教育。

【答案要点】

晏阳初把中国农村的问题归结为"愚""穷""弱""私"四个方面，他认为，要解决这四点，就必须通过"四大教育"来进行。

（1）以文艺教育攻愚，培养知识力。具体做法是从文字及艺术教育着手，使人民认识基本文字，得到求知识的工具，以为接受一切建设事务的准备。其首要工作就是除净青年文盲，将农村优秀青年组成同学会，使他们成为农村建设的中坚分子。

（2）以生计教育攻穷，培养生产力。它从农业生产、农村经济、农村工业各方面着手，以达到农村建设的目标。

（3）以卫生教育攻弱，培养强健力。注重大众卫生和健康及科学医药的设施，使农民在他们现有经济状况下，能得到科学治疗的机会，以保证他们最低限度的健康。

（4）以公民教育攻私，培养团结力。通过激起人民的道德观念，施加良好的公民训练，使他们有公共心，团结力，有最低限度的公民常识，政治道德，以立地方自治的基础。晏阳初认为，四大教育中，公民教育是最根本的。

6. 简述教育目的的"个人本位论"和"社会本位论"。

【答案要点】

（1）个人本位论。代表人物有卢梭、裴斯泰洛齐、福禄培尔等。主要观点：

①教育目的是根据个人发展的需要制定的，而不是根据社会的需要制定的。

②个人价值高于社会价值。社会价值只有在有助于个人发展时才有价值，应由个人来决定社会，个人价值恒久高于社会价值。

③人生来就有健全的潜在本能，教育的基本职能就在于使这种潜能得到发展。

（2）社会本位论。代表人物：德国哲学家那托尔普、法国思想家涂尔干、德国教育家凯兴斯泰纳等。主要观点：

①个人的一切发展都有赖于社会，都受社会的制约，人的一切发展也是为了满足社会的需要。

②教育除了满足社会需要以外并无其他目的。

③教育结果的好坏是以其社会功能发挥的程度来衡量的，离开了社会，就无法对教育的结果做出衡量。

三、分析论述题

1. 比较赫尔巴特和杜威的教育思想。

【答案要点】

赫尔巴特与杜威教育思想的差异性：

（1）心理学基础的差异性。

①赫尔巴特心理学是统觉理论。统觉就是新表象为旧有的表象所同化、吸收的过程。从对心理过程的理解出发，将心理学与教育紧密结合，并认为教育的起点是人的个性，其本质与直接目标是以各种观念丰富学生心灵，因此从原则上讲人具有可塑性，这为人接受教育提供了可能。

②杜威心理学思想是机能心理学。反射弧是一个连续的整合活动，不能把反射弧简单地还原为感觉和运动元素；反射之间是相连的，不能孤立开来理解。该理论成为实用主义教育学的根基。

（2）教育目的的差异性。

①赫尔巴特的教育目的是培养道德高尚的人。精英教育，必须具有最高的善即五种道德观念，为最高目的。符合社会要求，具有进步性。兴趣不仅是学习某些技能和本领的基础，更是为了强化道德人格，这才是教育的最终目标。

②杜威的教育无目的论即儿童生长、生活的过程就是教育的过程，教育过程本身就是目的。大众化教育，须有面对变化社会的适应能力；情景与经验上，教育自身的情境和经验的成长本身都是教育目的；目的与手段上，每一个手段没有做到以前都是暂时的目的，所以无教育过程之外的外在目的，他将教育目的与教育活动密切联系起来，主张真正有效的教育目的是而且必须是内在于教育的，体现并反映了教育活动主体的自觉性和能动性。

（3）课程论的差异性。

赫尔巴特强调以课程为中心，杜威强调以直接经验为中心。课程地位发展现状。课程是学问和智慧的代表。内容选择：强调知识的一致性，理论与实用相结合，促进智力活动；课程设置："赫尔巴特在重视人文学科教学的同时，并没有轻视自然学科在教育上的意义"。权威认为课程是生命经验的东西，学生的参与、体验、生成、收获就是课程本身，课程的目的就是为了生成、成长、发展；强调学生中心，课程应根据新的问题和兴趣来确定。课程开发须考虑学生的兴趣、需要及原有经验发展的程度；将学生、学科知识、社会相统一，从而实现课程与教学一体化。

（4）教学论思想的差异。

教学过程的环节上，四个阶段与五个阶段；理论基础上，哲学、心理学与哲学、心理学、社会学；关注学生上，统觉团与经验；教学方法上，讲授法与课堂讨论法；兴趣理解上，学习的基本条件与促进生长、发展；师生关系上，教师中心与学生中心；教师和学生上，教师中心、激发兴趣与学生中心；对待学生上，被动服从与以其为中心；教学活动中，被动吸收课程、头脑依赖他人与发展好奇心、激发兴趣；教学组织形式上，课堂纪律为教学中心与学生活动为教学中心。

赫尔巴特与杜威教育思想的相同点：

（1）在道德教育目的上他们都特别重视将个人的道德培养与社会的发展有机结合起来。

（2）都重视思维教学。由不同的认识论和心理学理论，产生了各异的教学组织形式，其核心都是以思维为主线，追求学生思维能力的养成，而思维能力是学习的核心。他们都是重视通过对学生的"经验"积累，来发展思维能力。

（3）兴趣培养是教学的核心。赫尔巴特认为兴趣既是教学的目的，又是教学的手段。教学的根本任务就是激发学生的兴趣，因此开设多种课程，满足兴趣激发的需要。杜威认为"兴趣具有统一性、冲动性、发展性的特点；以这种兴趣观为基础的课程应该基于儿童本能，源于儿童生活，而教学应该成为含有理智努力的活动"。在激发学生主动兴趣问题上也表现了鲜明的一致性。

（4）建立良好师生关系是教学顺利进行的前提。赫尔巴特和杜威都认为建立良好师生关系是教学顺利进行的前提。他们认为只有当教师能够以尊重、关爱的态度与学生交往、从而使师生情感相通时，教育的作用才能充分发挥出来，师生之间才有可能建立起良好的关系。同时还强调教育者要为学生着想，尊重学生个性和兴趣的发展；重视发挥教师在教学过程中的指导作用；强调尊重和爱在师生关系中的基础性作用。

2. 结合教育与人的发展关系谈谈对"双减"政策的看法。

【答案要点】

教育对人的发展的作用：

（1）教育在人的发展中起引领作用。教育在年轻一代的发展中起着引领作用主要体现在有意识地为年轻一代的成长选择、建构、调控良好的环境，对他们的生活、交往、学习与实践等活动进行正确的教导、示范和辅助，并注重尊重他们的主体地位和激发、引导他们内在的学习动力与自我发展的能动性和自主性，从各方面引领、关怀、维护他们的发展。

（2）学校教育主要通过传承文化科学知识来培养人。学校教育是教育者有意识地为儿童的身心发展精心设置的一种环境，它把经过选择的、重新组编的、人类长期积累起来的文化知识作为精神客体与儿童互动，以促进儿童的发展，使他们成人成才。

（3）学校教育对提高人的现代性有显著的作用。教育在人的现代化过程中起着重要作用，因为学生在学校里不仅学会了读、写、算等各个方面的基础知识与技巧，而且学到了与他们个人的发展和国家的未来有关的态度、价值和行为方式。人的现代化是社会现代化的重要基础和前提条件，我们应该自觉地优先发展教育，高度重视并充分发挥教育对人的现代化的促进作用。

对"双减"政策的看法："双减"政策的宗旨就是要充分发挥学校教书育人的主体功能，强化学校教育的主阵地作用，因而对于学校教育教学改革的意义非常明显。

（1）全面提高学校教育质量。"双减"政策将对教育质量提出挑战，学校要积极应对。在学校的课程设置上，要体现德、智、体、美、劳的全面培养要求，加强传统的短板弱项，如体、美、劳相关课程，特别是劳动教育课程；充实和提升各门课程的内涵质量，重新认识并加强建设一些传统学科，如理、化、生等学科的实验教学，义务教育的道德与法治，高中思想政治课程，传统体育，艺术教育中戏剧、舞蹈、影视等方面；要创建师资队伍建设的时代标准，全面优化教学方式，提升课堂教学效果，锐意教学改革探索。

（2）推进作业设计改革。学生作业负担是"双减"政策直接指向的问题之一。学校在压减了作业总量，总体降低考试压力的前提下，还要从规范作业来源、科学设计作业、合理布置作业、统筹作业总量、强化作业批改、加强作业分析反馈和课后辅导等方面，推进作业系统改革，其中的关键是进行作业设计改革以及作业类型结构的改革。

（3）完善校内课后服务。在提高教育教学质量、推进作业设计改革、规范校外培训之后，校内课后服务成为落实"双减"的焦点之一，特别是课后服务的内容受到广大家长和教师的关注。学校可根据学生年龄特点、学段要求和学校实际，因地制宜，分年级、分层次设置课后服务"项目菜单"，供学生和家长自主选择，最大限度满足学生的多样化需求。开展丰富多彩、形式多样的红色文化教育、科普、文体、艺术、劳动、阅读、兴趣小组及社团活动。

（此题属于开放性题目，没有标准答案，可结合"教育与人的发展关系"论述，言之有理即可）

3. 结合教育和社会的发展关系谈谈对"双减"政策的看法。

【答案要点】

教育受社会发展的制约：

（1）生产力对教育的制约。生产力的发展制约教育事业发展的规模和速度；生产力的发展水平制约人才的培养规格和教育结构；生产力的发展制约教学内容、教学方法和教学组织形式的发展和改革。

（2）社会经济政治制度对教育的制约。社会经济政治制度制约教育的性质；社会经济政治制度制约教育的宗旨和目的；社会经济政治制度制约教育的领导权；社会经济政治制度制约受教育权；社会经济政治制度制约教育内容、教育结构和教育管理体制。

（3）文化对教育的制约。文化知识制约教育的内容与水平；文化模式制约教育的背景与模式；文化传统制约教育传统的特性。

教育被社会发展所制约，但教育也能动地反作用于社会，具有推动社会发展的功能。教育的社会功能主要有：教育的社会变迁功能、教育的社会流动功能。

教育的社会变迁功能是指教育通过开发人的潜能，提高人的素质，引导人的社会化，影响人的社会实践，推动社会的发展和变革。教育的社会变迁功能表现在社会生活的各个领域。

（1）教育的经济功能。教育是使可能的劳动力转变为现实的劳动力的基本途径；现代教育是使知识形态的生产力转化为直接的生产力的重要途径；现代教育是提高劳动生产率的重要因素。

（2）教育的政治功能。教育通过传播一定的社会的政治意识，完成年轻一代的政治社会化；教育通过造就政治管理人才，促进政治体制的变革与完善；教育通过提高全民文化素质，推动国家的民主政治建设。

（3）教育的文化功能。教育具有传递文化、选择文化、发展文化的功能。

（4）教育的生态功能。树立建设生态文明的理念；普及生态文明知识，提高民族素质；引导建设生态文明的社会活动。

教育的社会流动功能是指社会成员通过教育的培养、筛选和提高，能够在不同的社会区域、社会层次、职业岗位、科层组织之间转换、调整和变动，以充分发挥其个人的智慧才能，实现其人生价值。它包括横向流动功能和纵向流动功能。前者指改变其环境而不提升其社会层级地位，后者指改变其社会层级地位及作用。

对"双减"政策的看法：根据教育与社会发展的关系，实施双减政策在一定程度上可以减少家长的经济开支，但是也会让一部分培训老师失业。（此题属于开放性题目，没有标准答案，可结合"教育与社会的发展"论述，言之有理即可）

4. 谈谈"双减"如何落实。

【答案要点】

（1）组织政策学习，压实学校"双减"主体责任。

学校要及时组织全体教职工深度学习"双减"政策，充分认识和理解"双减"政策的内容、含义以及重要性，要从思想上重视支持，从行动上严格落实。学校要强化落实"双减"政策的主体责任，实行校长负责制，成立以校长为组长，跨部门联运的领导小组，建立教师的多层监督与学生的多元评价机制，完善学校"双减"管理架构，为有效落实"双减"政策保驾护航。

（2）坚持学生为本，注重源头治理强化学校主阵地。

教育本身是一种慢的过程，太过功利化、急切化，就会违背教育的发展规律以及学生的身心发展规律。"双减"政策的全面实施，学校要时刻树立以生为本、立德树人的教育理念，强化学校主阵地的作用，打造均衡分班，严格遵守考试规定等。学校应着力提升课堂教学质量并将其纳入质量评价体系，运用现代化的信息技术手段打造"云课堂""名师讲堂"等网络平台，将前沿先进的教育教学资源免费提供给教师和学生，加强教师的教科研活动和校外培训，充实教师队伍建设，加速课堂教学的深化变革。

（3）推进课后服务，助力"双减"政策全面落地。

推进课后服务是实现"双减"工作目标的重要举措。在提升学校课后服务方面，针对教师来说，学校应该把教师课后服务需要补助的经费列入学校专项支出，从根本上解决教师的后顾之忧；针对课后服务配备齐全的硬件设施、师资力量，明确课后服务时间；落实安排好教师的课后服务排班制度、弹性上下班制度等，从多方面为课后服务提供有力的保障和支持。

（4）家校协同共育，确保"双减"工作落到实处。

双减政策的目的就是让学校教育和家庭教育回归各自的角色。作为学生教育不可或缺的重要环节，家庭教育在"双减"政策中占据了很重要的地位。在落实"双减"政策过程中，学校要将家校共育作为一项重点工作来抓，需要付出更多的耐心和时间，帮助家长更新教育理念，得到家长的认可、支持和配合。学校可以通过召开针对家长的教育讲座、家长会等一系列形式加大宣传力度，帮助家长及时地全方位了解"双减"政策的重要意义和实施细则，缓解家长担心学生掉队、"输在起跑线上"的焦虑，杜绝屡屡发生的"学校作业减负、家庭作业增负"的现象，并切实引导家长履行监护责任、教育责任，与国家、学校一起为学生的健康成长和全面发展正确发力、共抓共管，让学生重新拥有快乐又多彩的童年。

2021年 广西师范大学 333 教育综合·真题解析

一、名词解释

活动课程

活动课程又称经验课程、儿童中心课程，与学科课程相对立，它打破学科逻辑的界限，是以学生的兴趣、需要、经验和能力为基础，通过引导学生自己组织的有目的的活动系列而编制的课程。

《新教育大纲》

《新教育大纲》是杨贤江的代表著作，在《新教育大纲》中，杨贤江对"教育是什么"这个关乎教育本质的问题做了开宗明义的说明，他认为教育为观念形态的劳动领域之一，即社会的上层建筑之一。它与法律、政治、宗教、艺术、哲学等观念形态的领域一样，建立于经济基础之上，取决于经济基础，又反作用于经济基础。本著作奠定了其作为马克思主义教育理论家的地位。

学习动机

学习动机是动机在学习活动中的表现，是引起和维持个体进行学习活动，并使活动朝向一定的学习目标，以满足某种学习需要的一种内部心理状态。它的主要内容包括知识价值观、学习兴趣、学习效能感和成败归因。

二、简答题

1. 简述启发性教学原则。

【答案要点】

（1）含义：指在教学中教师要激发学生的学习主体性，引导他们经过积极思考与探究自觉地掌握科学知识，学会分析问题和解决问题，树立求真意识和人文情怀。也称探究性原则或启发与探究相结合原则。

（2）基本要求。

①调动学生学习的主动性。在激发学生的学习主动性上，教师要发挥个人的创造性，善于运用发人深思的提问、令人心动的讲述，充分显示教学内容的吸引力，以便激起学生的求知欲和积极性，全神贯注地投入学习。

②善于提问激疑，引导教学步步深入。在启发过程中，教师要有耐心，给学生以思考时间；要有重点，问题不能多，不能启而不发；要善于与学生探讨，引导学生一步步去获取新知识和领悟人生的价值。

③注重通过解决实际问题启发学生获取知识。接触实际问题对学生更具诱惑力和挑战性，会使他们更积极主动地进行学习和完成任务。

④引导学生反思学习过程。教学要引导学生反思学习过程，了解学习过程，分析学习过程中的顺利与障碍、长处与缺点，寻找原因，克服失误，使学习程序简捷、有效，注重积淀适合自己的学习方式，学会学习。

⑤发扬教学民主。要创造宽松、和谐、民主、平等、坦率、活跃的课堂教学氛围，这是启发教学的重要条件。

2. 简述裴斯泰洛齐的教育思想。

【答案要点】

（1）论教育目的。裴斯泰洛齐认为，教育的首要功能应是促进人的发展，尤其是人的能力的发展。教育的最终目的是发展各人天赋的内在力量，使其经过锻炼，能人尽其才，在社会上达到他应有的地位。

（2）论教育心理学化。教育心理学化就是要把教育提高到科学的水平，将教育科学建立在人的心理活动规律的基础上。包括教育目的的心理学化、教学内容心理学化、教学原则、教学方法的心理学化和要让儿童成为他自己的教育者。

（3）论要素教育。要素教育论的基本思想是：初等学校的各种教育都应该从最简单的要素开始，然后逐渐转到日益复杂的要素，循序渐进地促进人的和谐发展。要素教育既要求初等学校为每个人在德、智、体几方面都能受到基本的教育而得到和谐的发展，又要求在德育、智育、体育的每一个方面都通过"要素方法"获得均衡的发展。

（4）初等学校各科教学法。

裴斯泰洛齐根据教学心理学化和要素教育的理念，具体地研究了初等学校各科教学法。裴斯泰洛齐是现代初等学校各科教学法的奠基人。

（5）教育与生产劳动相结合。裴斯泰洛齐是西方教育史上第一位将教育与生产劳动相结合付诸实践的教育家，并在自己的教育实践活动中，推动和发展了这一思想。

3. 简述"中体西用"的教育思想。

【答案要点】

（1）"中学为体，西学为用"是洋务派关于中西文化关系的核心命题，也是洋务教育的指导思想。

其含义为在突出"中学"主导地位的前提下，应该肯定"西学"的辅助作用和器用价值。

（2）"中学"也称"旧学"，包括四书五经、中国史事、政书、地图等。张之洞认为对"中学"的各方面都要通其大概，尤其是纲常名教。"西学"又称"新学"，包括西政、西艺、西史，其中，张之洞着重强调西政和西艺。西政是指西方有关文教制度、工商财政、军事建制和法律行政等管理层面的文化；西艺即近代西方科技。

（3）在办理教育和个人学习时，应该根据具体情况分出西政与西艺的轻重缓急，张之洞认为西艺难学，适合年少者，着眼于长远；西政相对易学，适合年长者，着眼于当前急需。对于中、西学的关系，可以概括为"旧学为体、新学为用，不使偏废"。

4. 简述同化性迁移、顺应性迁移、重组性迁移。

【答案要点】

（1）同化性迁移。同化是指不改变原有的经验结构，直接将原有的经验应用到本质特征相同的一类事物中去，以揭示新事物的意义和作用，或将新事物纳入原有经验结构中去。这种经验的整合过程即同化性迁移过程。其特点是自上而下。

（2）顺应性迁移。顺应指将原有经验应用于新情境中时所发生的一种适应性变化。当原有经验结构不能将新事物纳入其结构时，需要调整原有的经验或对新旧经验加以概括，形成一种能包容新旧经验的更高一级的经验结构，以适应外界的变化。这种经验的整合过程即顺应性迁移，其根本特点是自下而上。

（3）重组性迁移。重组指重新组合原有经验系统中某些构成要素或成分，调整各成分间的关系或建立新的联系，从而应用于新情境。这种经验的整合过程即重组性迁移。

5. 简述班杜拉观察学习的四个过程。

【答案要点】

观察学习是一种间接学习的形式，人类的大多数行为是通过观察而习得的，人们通过观察他人的行为及其后果，可获得榜样行为的符号表征和经验教训，并可引导观察者今后的行为。其基本过程如下：

（1）注意过程。注意过程影响观察者对榜样行为的探索和知觉过程，决定观察者的观察内容。影响注意过程的因素有：榜样行为的特性、榜样的特征和观察者的特征。

（2）保持过程。保持过程使观察者将示范行为以某种形式储存在头脑中以便今后可以指导操作。示范信息的保持主要依赖两种符号系统——表象系统和言语系统。影响保持过程的因素有：注意过程的效果、榜样呈现的方式和次数以及观察者自身记忆能力、动机等。

（3）复制过程。观察者以内部表征为指导，将榜样行为再现出来。影响复制过程的因素有：观察的有效性、从属反应的有效性、反馈的及时性和准确性以及自我效能感。

（4）动机过程。动机过程决定个体复现榜样行为的具体内容，换言之，决定哪一种经由观察习得的行为得以表现。动机过程存在着直接强化、替代性强化和自我强化三种强化方式。

三、分析论述题

1. 结合教育的三大要素谈谈智能时代的教育发展。

【答案要点】

教育的三大要素是教育者、受教育者和教育中介系统。

（1）教育者。是指参与教育活动、与受教育者在教学或教导上互动，对受教育者体、智、德、美、行等方面产生影响的人，主要指教师。他们在教育活动中处于领导者、设计者、引导者的地位。

教育者的作用在于有目的、有计划地教导受教育者学习与领悟文化科学知识及其蕴含的社会意义，以获得智能、品德、审美与体魄等方面的发展，成为社会所需要的人，保障社会的延续和发展。所以，教育者是教育活动的主体，是有意识地启动、调整和有效地完成教育活动的一个基本要素。

（2）受教育者。是指参与教育活动、与教育者在教学与教导上互动，以期自身获得发展的人，主要是学生。受教育者是既是教育的对象，也是学习的主体。教育活动的实际效果必须落实到受教育者的自愿学习、自我建构和自我实现上。随着受教育者的学习自觉性和知识、能力的不断增长，他们的能动性在教育活动中起的作用将日益加大，逐步趋向自觉、自为、自律与自主。

（3）教育中介系统。是教育者与受教育者联系与互动的纽带，是开展教育活动的内容和方式。教育内容是教育者用来作用于受教育者的影响物，它是根据教育目的、经过挑选和加工的、最有教育价值的和适合受教育者身心发展水平的人类科学文化成果的结晶，主要体现在课程、教科书、教学参考书或其他形式的信息载体中；教育活动方式是指教育者引导受教育者学习教育内容所选用的交互活动方式，是教育者、受教育者与教育内容三者形成一个有目的地培养人的教育活动的中介和纽带。教师引导学生学习的教育内容需要经过教育活动的中介作用才能转化为个体素质。

智能时代三大要素的变革：

（1）智能时代教师角色的变革。在人工智能时代，教师角色应该从传统的教育活动的组织者转变为学生成长数据的分析师、深度学习的引导者、智能教育的实施者、心理与情感的呵护者、价值与信仰的引路人等角色。

（2）学习者学习方式的变革。表现为学习资源海量化、学习对象多样化和学习文化多元化三个特征，变革方向是深层次学习、无边界学习、混合式学习和共同体学习。

（3）学习内容的信息化。人工智能进一步丰富了教育教学内容，在中小学阶段设置人工智能相关课程，逐步推广编程教育等，同时人工智能正倒逼教学内容体系的重构，创新思维和协作能力的课程内容将得到加强，推行跨学科内容整合成为必然趋势，比如STEAM教育等已经呈现出这方面的典型特征。

2. 论述陈鹤琴的"活教育"思想及对当代教育的价值和启示。

【答案要点】

陈鹤琴是中国近代学前儿童教育理论和实践的开创者，通过对长子陈一鸣的追踪研究，力行观察、实验方法，探索中国儿童心理发展及教育规律；同时创办了中国第一所实验幼稚园——鼓楼幼稚园，进行中国化、科学化的幼儿园实验，总结并形成了系统的、有民族特色的学前教育思想。

（1）"活教育"的目的论。陈鹤琴提出"活教育"的目的是"做人，做中国人，做现代中国人"。

①"做人"是"活教育"最为一般意义的目的。"活教育"提倡学习如何做人，如何求社会进步、人类发展。学会"做人"，是个体参与社会生活，增进人类全体幸福，同时也是个体幸福的基础。

②"做中国人"体现了"活教育"目的的民族特征，指要懂得爱护这块生养自己的土地，爱自己国家长期延续的光荣历史，爱与自己共命运的同胞。并且，应该与其他中国人团结起来共同谋国家发展。

③"做现代中国人"体现了时代精神，有五个具体方面的要求：要有健全的身体；要有建设的能力；要有创造的能力；要能够合作；要服务。

"活教育"目的论从普遍而抽象的人类情感和认识理性出发，逐层赋予教育以民族意识、国家观念、时代精神和现实需求等含义，使教育目标逐渐具体，表达了陈鹤琴对人的发展、教育与社会变革的追求。

（2）"活教育"的课程论。

"大自然、大社会都是活教材"，是陈鹤琴对"活教育"课程论的概括表述。"活教材"是指取自大自然、大社会的"直接的书"，即让儿童在与自然、社会的直接接触中，在亲身观察中获取经验和知识。既然"活教育"的课程内容应该来源于自然、社会和儿童的生活，其组织形式也必须符合儿童的活动和生活的方式，符合儿童与自然、社会环境的交往方式。

"活教育"的课程打破惯常按学科组织的体系，采取活动中心和活动单元的形式，即能体现儿童生活整体性和连贯性的"五指活动"形式。"五指活动"包括儿童健康活动、儿童社会活动、儿童科学活动、儿童艺术活动和儿童文学活动。

（3）"活教育"的教学论。

"做中教，做中学，做中求进步"是活教育教学方法的基本原则。陈鹤琴认为，"做"是学生学习的基础，因此也是"活教育"教学论的出发点。它强调儿童在学习过程中的主体地位和在活动中直接经验的获取。陈鹤琴提出了"活教育"的17条教学原则，这些教学原则体现出的特点有：

①强调以"做"为基础，确立学生在教学活动中的主体性。陈鹤琴认为，"做"是学生学习的基础，因此，凡儿童自己能够做的，就应当让他自己做。在教学中鼓励儿童自己去做、去思想、去发现，是激发学生主体性的最有效的手段。

②鼓励学生在"做"的同时，教师要进行有效的指导。但指导不是替代，更不是直接告知结果，而是运用各种心理学、教育学规律予以启发、诱导。

陈鹤琴还归纳出"活教育"教学的四个步骤：实验观察、阅读思考、创作发表和批评研讨。这四个步骤体现了以"做"为基础的学生主动学习。

（4）价值和启示。

"活教育"吸取了杜威实用主义教育的合理内核，即批判传统教育忽视儿童生活和主体性，力图去除以学校和课堂为中心而脱离社会生活、以书本知识为中心而脱离实际和实践、以教师为中心而漠视学生的存在等弊端，同时也充分考虑到中国的时代背景和国情。这是一种有吸收、有创造、有创新的教育思想。"活教育"是对中国现代教育产生过重要影响的教育思想，其精神至今都未过时，不少观点对当今的教育改革仍然富有启发。

广西师范大学 333 教育综合·真题解析

一、名词解释

有教无类

"有教无类"的本意是不分贵贱贫富和种族，人人都可以入学接受教育。孔子的教学实践切实地贯彻了这一办学方针，他的弟子来自各个诸侯国，分布地区广泛，弟子成分复杂，出身于不同的阶级和阶层，大多数出身于平民。

教学环境

教学环境是指由影响人的教学因素组成的总体，包括教学自然环境、教学物质环境、教学人际环境、教学观念环境、班级教学环境和社会教学环境。

同化

同化是指儿童把新的刺激物纳入已有图式中的认知过程。同化是图式发生量变的过程，它不能引起图式的质变，但影响图式的生长。

图式

图式是指儿童用来适应环境的认知结构。从发展的角度来看，儿童最初的图式是遗传所带来的一些本能反射行为，如吸吮反射等。

二、简答题

1. 简述宋代书院在教学和管理方面的特点。

【答案要点】

（1）书院精神。书院以自由讲学为主，注重讨论，学术风气浓厚，开辟了新的学风，推动了教育和学术的发展。

（2）书院功能。育才、研究和藏书。

（3）培养目标。注重人格修养，强调道德与学问并进，培养学生的学术志趣。

（4）管理形式。较为简单，管理人员少，强调学生遵照院规自我约束、自我管理为主。

（5）课程设置。灵活具有弹性，教学以学生自学、独立研究为主，师生、学生之间注重质疑问难与讨论。

（6）教学组织。教学与研究相结合，教学形式多样，注重讲明义理，躬亲实践。

（7）规章制度。书院作为一种教育制度得以确立，在教育目标、教学方法、教学顺序等方面用学规的形式加以阐明，最著名的是《白鹿洞书院揭示》，它说明南宋后书院已经制度化。

（8）师生关系。较之官学更为平等、学术切磋多于教训，学生来去自由，关系融洽、感情深厚。

（9）学术氛围。教学与学术研究并重，学术氛围自由宽松，人格教育与知识教育并重。

2. 简述自然主义教育理论。

【答案要点】

（1）卢梭自然主义教育的核心是"回归自然"。自然教育最终目的是培养"自然人"，即身心调和发达、体脑两健、能力强盛的新人，也就是摆脱封建羁绊的资产阶级新人。

（2）自然教育的方法原则：树立正确的儿童观、消极教育、自然后果律、根据儿童天性的个体差异因材施教。

（3）自然教育的实施：卢梭根据自然教育的原则，根据人的自然发展的进程和不同年龄时期身心的特点，把自然教育分为婴儿期、儿童期、少年期和青春期。

3. 简述教育起源的几种理论。

【答案要点】

（1）神话起源说。教育与其他事物一样，都是由上帝或天所创造的，教育的目的就是体现神或天的意志，使人皈依于神或顺从于天。

（2）生物起源说。代表人物是法国哲学家利托尔诺、英国教育学家沛西·能。认为教育活动不仅存在于人类社会中，也存在于人类社会之外，甚至存在于动物界。教育的产生完全来自动物的本能，是种族发展的需要。

（3）心理起源说。代表人物是美国教育家孟禄。认为原始教育的形式和方法主要是日常生活中儿童对成人的无意识模仿。

（4）劳动起源说。代表人物主要集中在苏联和我国的教育学家。认为生产劳动是人类最基本的实践活动；教育起源于生产劳动过程中经验的传递；生产劳动过程中的口耳相传和简单模仿是最原始和最基本的教育形式；生产劳动的变革是推动人类教育变革最深厚的动力。

4. 简述美国《国防教育法》的主要内容。

【答案要点】

1957年，苏联卫星上天后，美国朝野震惊，开始反思自身的教育问题，并将教育提高到保卫国家国防的高度，要求对教育进行改革。在此背景下，1958年美国总统批准颁布了《国防教育法》。

（1）主要内容。

①加强普通学校的自然科学、数学和现代外语即"新三艺"的教学。

②加强职业技术教育。要求各地区设立职业技术教育领导机构，有计划地开展职业技术训练。

③强调"天才教育"。鼓励有才能的学生完成中等教育，攻读考入高等教育机构所必需的课程并升入该类机构，以便培养拔尖人才。

④增拨大量教育经费。作为对各级学校的财政援助。

（2）评价。

《国防教育法》是作为改革美国教育、加快人才培养的紧急措施推出的，其颁布与实施，为第二次世界大战后美国教育改革提供了坚实的法律保障，促进了美国教育事业的发展，有利于教育质量的提高和科技人才的培养。

5. 简述心智技能与运动技能的关系。

【答案要点】

心智技能是指一种借助于内部语言在人脑中进行的认知活动方式，如默读、心算、写作和分析等技能；动作技能是指由一系列的外部动作以合理的程序组成的操作活动方式，如书写、体操、骑自行车等技能。

（1）区别：动作技能具有物质性、外显性和扩展性等特点，而心智技能则具有观念性、内隐性和简缩性等特点。前者主要表现为外显的肌肉骨骼的操作活动，后者主要为内隐的思维操作活动。

（2）联系：动作技能是心智技能形成的最初依据和外部体现的标志，心智技能是动作技能的调节者和必要的组成部分。两者相辅相成、互相制约、互相促进。

三、分析论述题

1. 结合实际论述教育的社会功能。

【答案要点】

教育被社会发展所制约，但教育也能动地反作用于社会，具有推动社会发展的功能。教育的社会功能主要有：教育的社会变迁功能、教育的社会流动功能。

（1）教育的社会变迁功能。

教育的社会变迁功能是指教育通过开发人的潜能，提高人的素质，引导人的社会化，影响人的社会实践，推动社会的发展和变革。教育的社会变迁功能表现在社会生活的各个领域。

①教育的经济功能。教育是使可能的劳动力转变为现实的劳动力的基本途径；现代教育是使知识形态的生产力转化为直接的生产力的重要途径；现代教育是提高劳动生产率的重要因素。

②教育的政治功能。教育通过传播一定的社会的政治意识，完成年轻一代的政治社会化；教育通过造就政治管理人才，促进政治体制的变革与完善；教育通过提高全民文化素质，推动国家的民主政治建设；教育是形成社会舆论、影响政治时局的重要力量。

③教育的文化功能。教育具有传递文化、选择文化和发展文化的功能。

④教育的生态功能。表现在树立建设生态文明的理念；普及生态文明知识，提高民族素质；引导建设生态文明的社会活动。

（2）教育的社会流动功能。

教育的社会流动功能是指社会成员通过教育的培养、筛选和提高，能够在不同的社会区域、社会层次、职业岗位、科层组织之间转换、调整和变动，以充分发挥其个人的智慧才能，实现其人生价值。它包括横向流动功能和纵向流动功能。前者指改变其环境而不提升其社会层级地位；后者指改变其社会层级地位及作用。

教育的社会流动功能在当代的重要意义：

①教育是个人社会流动的基础。如今，不管从事什么行业，要在社会上生存与流动，就要有一定的文化知识和能力，必须接受一定的教育。它使享受这一教育的人能够选择自己将要从事的职业，参与建设集体的未来和继续学习。

②教育是现代社会流动的主要通道。今天，我国农村的年轻一代要成功地进行社会流动，尤其是向上流动，必须经过教育，甚至只有经过优质的高等教育才能实现。

③教育深刻影响社会公平。教育的社会流动，实质上涉及教育机会均等与社会公平问题。到近代，人们才逐步提出普及教育与入学机会人人均等的要求。如今，各国纷纷实行普及义务教育制度，注重教育公平，这是教育发展的趋势。

2. 论述教育心理学化运动的形成、发展与影响。

【答案要点】

（1）教育心理学化运动的形成。

教育心理学化运动形成于18世纪末19世纪初，并于19世纪前期达到鼎盛。19世纪初，科学的发展进入了崭新的历史时期，迎来了科学时代，这些不同领域的科学发展以不同的方式作用于教育心理学化思想的演进，出现了教育心理学化运动。

（2）教育心理学化运动的发展。

①裴斯泰洛齐的教育心理学化思想。裴斯泰洛齐首次提出了教育心理学化的思想，认为教育应遵循自然法则，了解人的本性的发展进程；教育内容的选择和编排要适合儿童的学习心理规律。

②赫尔巴特的教育心理学化思想。赫尔巴特认为教育学作为一门科学必须以心理学为基础，提出教学过程应以"统觉"原理为基础，兴趣是形成统觉的条件，并赋予统觉以主动性；设置广泛的课程，培养儿童多方面的兴趣；儿童的管理、教学和训育应遵循儿童心理发展规律。

③福禄培尔的教育心理学化思想。德国教育学家福禄培尔是教育适应自然的倡导者之一，也是教育心理学化思想的促进者。他提出教育必须重视儿童个性的发展，人的心理不是固定和静止的，总是由一个阶段向另一个阶段前进，儿童心理发展具有"自动性"。

④第斯多惠的教育心理学化思想。第斯多惠深受卢梭和裴斯泰洛齐教育思想的影响，明确提出把心理学作为教育科学的基础，并力图运用当时心理学的研究成果深入揭示人的自然本性及其发展规律。首先，儿童的发展乃是他潜在的自然本性和力量的开展；其次，儿童心理的发展顺序潜存于天性之中，随着生理的成熟而自然地表现出来。

（3）教育心理学化运动的影响。

教育心理学化思想是自然主义教育思想的具体化，它成为人的和谐发展论、要素教育论、简化教学方法和初等教育各科教学法的理论基础，使教育家开始自觉地把教育教学建立在心理学基础之上。它不但在19世纪欧洲一些国家逐渐发展成一种思潮，也为教育科学化提供了理论依据。

2019年 广西师范大学 333 教育综合·真题解析

一、名词解释

德育

德育即道德教育。一般来说，学校德育是指学生在教师的引导下，以学习活动、社会实践、日常生活、人际交往为基础，同经过选择的人类文化，特别是一定的道德观念、政治意识、处世准则、行为规范相互作用，经过自己的观察、感受、判断、践行和改善，以形成行为习惯、道德品质、人生价值和社会理想的教育。简言之，德育是培养学生思想品德的教育。

教师期待效应

教师期待效应又称罗森塔尔效应或皮格马利翁效应，指人们基于某种情境的知觉而形成的期望或预言，会使该情境产生适应这一期望或预言的效应。

"三纲领八条目"

三纲领八条目是《大学》的教育目的和具体步骤。《大学》开篇即"大学之道，在明明德，在亲民，在止于至善"，"明明德""亲民"和"止于至善"被称为"三纲领"。八条目即格物、致知、诚意、正心、修身、齐家、治国、平天下。

二、简答题

1.简述我国中小学的教学原则。

【答案要点】

（1）启发性原则。指在教学中教师要激发学生的学习主体性，引导他们经过积极思考与探究自觉地掌握科学知识，学会分析问题和解决问题，树立求真意识和人文情怀。也称探究性原则或启发与探究相结合原则。

（2）理论与实践相结合原则。指教学要以学习基础知识为主导，将理论运用于解释和解决实际问题，学以致用，发展动脑、动手能力，并理解知识的含义，领悟知识的价值。

（3）科学性和思想性统一原则。指教学要以马克思主义为指导，授予学生以科学知识，并结合知识教学对学生进行社会主义品德和核心价值观教育。

（4）直观性原则。指在教学中通过引导学生观察所学事物或图像，聆听教师用语言对所学对象的形象描绘，形成有关事物具体而清晰的表象，以便理解所学知识。

（5）循序渐进原则。指教学要按照学科的逻辑系统和学生认识的顺序逐步进行，使学生系统地掌握基础知识、基本技能，形成严密的逻辑思维能力。也称系统性原则。

（6）巩固性原则。指教学要引导学生在理解的基础上牢固地掌握知识和技能，长久地保持在记忆中，能够根据需要迅速再现，有效地运用。

（7）发展性原则。指教学的内容、方法和进度，既要适合学生已有的发展水平，又要有一定的难度，激励他们经过努力才能掌握，以便有效地促进学生的身心发展。

（8）因材施教原则。指教师要从学生的实际情况与个性特点出发，有的放矢地进行有区别的教学，使每个学生都能扬长避短、长善救失，获得最佳发展。

2. 简述孔子的教学思想。

【答案要点】

（1）因材施教。孔子是我国历史上首倡因材施教的教育家。实行因材施教的前提条件是承认学生间的个体差异，并了解学生特点。孔子了解学生最常用的方法是谈话和个别观察，主张在了解学生的基础上，根据学生的具体情况，有针对性地进行教育。

（2）启发诱导。孔子是世界上最早提出启发式教学的教育家，比苏格拉底的"助产术"早几十年。他认为，不论学习知识或培养道德，都要建立在学生自觉需要的基础上，应充分发挥学生的主动性、积极性。他主张"不愤不启、不悱不发，举一隅不以三隅反，则不复也"，指出"由博返约"和"叩其两端"是训练学生思考的方法。

（3）学思行结合。"学而知之"是孔子进行教学的主导思想，学是求知的途径，也是求知的唯一手段；孔子提倡学习知识面要广泛，在学习的基础上认真深入地进行思考，把学习与思考结合起来。在论述学与思的关系时，他说"学而不思则罔，思而不学则殆"；孔子强调学习知识还要"学以致用"。由学而思进而行，这是孔子所探究和总结的学习过程，也就是教育过程，与人的一般认识过程基本符合。这一思想对后来的教学理论和实践产生了深远的影响。

（4）好学求是的态度。孔子认为，教学需要师生双方配合协作，学生端正学习态度，是教学成功的重要条件。首先要有好学、乐学的态度，其次要有不耻下问的态度，最后还要有实事求是的态度。

3. 简述皮亚杰的认知发展理论。

【答案要点】

（1）0~2岁：感知运动阶段。

这一时期为儿童思维的萌芽期。在这一阶段，儿童主要通过探索感知觉与运动之间的关系来获得动作经验，其中，手的抓取、嘴的吮吸是他们探索世界的主要手段。这个阶段的一个显著标志是儿童渐渐获得了客体永久性，即当某一客体从儿童的视野中消失时，儿童知道该客体并非不存在。

（2）2~7岁：前运算阶段。

这一时期是儿童表象思维阶段。在这一阶段，儿童能运用语言或较为抽象的符号来代表他们经历过的事物，凭借表象思维，他们可以进行各种象征性活动或游戏、延缓性模仿以及绘画活动等。这一阶段的儿童在认知方面具有具体形象性、泛灵论、自我中心主义、集体的独白、思维的不可逆性和刻板性、尚未获得物体守恒的概念和集中化等特点。

（3）7~11/12岁：具体运算阶段。

这一阶段相当于小学阶段。此阶段儿童的认知结构已经发生了重组和改善，思维具有一定的弹性，可以逆转，已经获得长度、体积、质量和面积等的守恒，能凭借具体事物或从具体事物中获得的表象进行逻辑思维和群集运算，但其思维仍然需要具体事物的支持。这一阶段的儿童在认知方面具有去集中化、去自我中心、刻板地遵守规则、逻辑思维和群集运算等特点。

（4）11岁至成年：形式运算阶段。

此阶段儿童的思维已经超越了对具体的可感知的事物的依赖，能以命题的形式进行，并能发现命题之间的关系，能理解符号的意义，能进行一定的概括。思维已经接近成人的水平。这一阶段的儿童在认知方面具有抽象思维获得发展和青春期自我中心等特点。

4. 简述赫尔巴特的教学思想。

【答案要点】

（1）教学进程理论。统觉过程的完成大体上具有三个环节：感官的刺激、新旧观念的分析和联合、统觉团的形成。与此相应，赫尔巴特提出了三种不同的教学方法：单纯提示的教学、分析教学和综合教学。这三种教学方法的联系，就产生了所谓的"教学进程"。

（2）教学形式阶段理论。赫尔巴特的教学形式阶段，实际上就是课堂教学的完整过程，是一个包括教学方法、教学形式等内在的规范化的教学程序。他认为，兴趣活动可以划分为四个阶段：注意、期待、要求和行动。儿童在学习活动中的思维方式有两种：专心与审思。在此基础上，他提出了教学形式阶段理论，即"赫尔巴特四段教学法"，四个阶段分别是明了、联合、系统、方法。

5. 简述陶行知教学思想和杜威教学思想的比较。

【答案要点】

相同点：

（1）都强调教育与生活的联系、学校与社会的联系。

（2）都对传统的学校观和教育观有所改变，都有利于拓展学生的知识，增强学生的能力。

（3）两者都强调做的重要性，都重视教学中学生的"做"。

不同点：

（1）理论的社会背景和历史影响不同。

（2）对"生活"的理解不同，杜威强调体现社会精神的学校生活和儿童生活，陶行知强调现实社会生活。

（3）对教育的理解不同，杜威强调的是学校教育，陶行知强调的是社会意义上的教育。

（4）杜威认为社会的改造要依靠教育的改造，他希冀通过教育改造社会生活，使之更完善、更美好；陶行知的主张贯穿了普及民众教育的苦心，使得被传统学校拒之门外的劳苦大众能够受到起码的教育。

（5）杜威只强调了在做中学，而陶行知强调了教学做三者的结合。

三、分析论述题

1. 论述教育学的产生和发展。

【答案要点】

教育学的产生：

（1）萌芽。在人类历史上，最早出现专门论述教育问题的著作是我国的《学记》，比外国最早的教育著作、古罗马教育家昆体良写的《论演说家的培养》一书还早三百来年。

（2）独立形态阶段。随着近代生产和科学的发展，资产阶级为了培养所需要的人才，阐明他们的教育主张，革新了教育的举措与方法，系统总结了教育方面的经验，出现了体系比较完整的教育学。

教育学的发展：

（1）实证主义教育学。代表人物是斯宾塞。

主要观点：第一，反对思辨，主张科学是对经验事实的描写和记录；第二，提出教育任务是为完满生活做准备；第三，主张启发学生学习的自觉性，反对形式教育，重视实科教育。

评价：斯宾塞重视实证教育的思想，反映了19世纪资本主义大工业生产对教育的要求，有明显的功利主义色彩。

（2）实验教育学。代表人物是梅伊曼和拉伊。

主要观点：第一，反对以赫尔巴特为代表的强调概念思辨的教育学；第二，提倡把实验心理学的研究成果和方法运用于教育研究；第三，把教育实验分为三个阶段：提出假设、实验计划、验证结论；第四，认为教育实验和心理实验的差别在于心理实验是在实验室里进行的，而教育实验则要在真正的学校环境和教学实践活动中进行；第五，主张用实验、统计和比较的方法探索儿童心理发展过程的特点及其智力发展水平，用实验数据作为改革学制、课程和教学方法的依据。

评价：实验教育学所强调的定量研究成为20世纪教育学研究的一个基本范式，并极大地推动了教育科学的发展；但当他们把实验方法夸大为教育研究唯一有效的方法时，就使教育学陷入了"唯科学主义"的迷途。

（3）文化教育学。代表人物是狄尔泰和斯普朗格。

主要观点：第一，人是一种文化的存在，因此人类历史是一种文化的历史；第二，教育对象是人，教育是在一定社会历史背景下进行，因此教育的过程是一种历史文化过程；第三，教育研究既不能采用纯粹思辨，也不能依靠数量统计来进行，而是要采用精神科学或文化科学的方法，即理解与解释的方法进行；第四，教育的目的是培养完整的人格，通过"陶冶"与"唤醒"的途径，发挥教师和学生个体两方面的积极作用，建构和谐的对话的师生关系。

评价：文化教育学作为实验教育学和赫尔巴特式教育学的对立面而存在与发展，在教育的本质、目的、师生关系以及教育学性质等方面都能给人以许多启发；但其思辨气息较浓，有很强的哲学色彩，在解决现实的教育问题上很难提出有针对性和可操作性的建议，许多理论缺乏彻底性。

（4）实用主义教育学。代表人物是杜威和克伯屈。

主要观点：第一，教育即生活，教育的过程与生活的过程是合一的，而不是为将来某种生活做准备的；第二，教育即学生个体经验持续不断的增长；第三，学校是一个雏形的社会，学生在其中要学习现实社会中所要求的基本态度、技能和知识；第四，课堂组织以学生经验为中心，而不是以学科知识体系为中心；第五，师生关系以儿童为中心，教师只是学生成长的帮助者，而非领导者；第六，教学过程应重视学生自己的独立发现、表现和体验，尊重学生发展的差异性。

评价：实用主义教育学以实用主义文化为基础，对以赫尔巴特为代表的理性主义教育理念进行了深刻的批判，推动了教育学的发展；但其在一定程度上忽视了系统知识的学习、弱化了教师在教育教学过程中的主导作用，模糊了学校的特质，并因此受到批判。

（5）经验教育学。代表人物是涂尔干。

主要内容：第一，主张用社会学方法建立教育科学；第二，教育科学以作为社会事实的教育现象的客观性、实证性研究为内容，描述和说明教育"是什么"或"曾经是什么"；第三，教育科学只描述教育事实，对教育不做任何的规定。

（6）马克思主义教育学。代表人物是克鲁普斯卡娅、凯洛夫、杨贤江等。

主要观点：第一，教育是一种社会历史现象，在阶级社会中具有鲜明的阶级性，不存在脱离社会影响的教育；第二，教育起源于生产劳动，劳动方式和性质的变化必然引起教育形式和内容的改变；第三，现代教育的根本目的是促进学生个体的全面发展；第四，现代教育与现代大生产劳动的结合不仅是发展社会生产力的重要方法，也是培养全面发展的人的唯一方法；第五，在教育与社会的政治、经济、文化的关系上，教育既受它们的制约，又具有相对独立性，促进其发展；第六，马克思主义唯物辩证法和历史唯物主义是教育科学研究的方法论基础。

评价：马克思主义的产生为教育学的发展奠定了科学的方法论基础。但在实际研究过程中，人们没能很好地理解和运用马克思主义理论，出现了简单化、机械化的问题。

（7）制度教育学。代表人物是乌里和瓦斯凯等。

主要观点：第一，制度本身具有教育意义，教育学研究应该以教育制度为优先目标，阐明教育制度对于教育情境中的个体行为的影响；第二，"不说话的教育制度"并不是客观中立、不成问题的，它们都隐藏在学校的建筑、仪式、人际关系、教育观念、管理机构、课程与知识、教学方法和技术、组织形式、传统与习俗之中；第三，制度教育学首要任务在于进行制度分析、干预或批判。其方式主要有：制度干预或制度批判。

评价：制度教育学侧重对学校中各种教育制度的分析，引起人们对教育制度的高度关注，促进了教育社会学的发展；但其过分依赖精神分析理论来分析教育制度与个体行为之间的关系，显得不够科学。

（8）批判教育学。代表人物是弗莱雷、鲍尔斯与金蒂斯等。

主要观点：第一，当代资本主义的学校教育是维护现实社会的不公平和不公正，是造成社会差别、歧视和对立的根源；第二，学校教育的功能就是再生产出占主导地位的社会政治意识形态、文化关系和经济结构；第三，人们对事实上的不公平和不公正丧失了"意识"；第四，批判教育学的目的是要揭示看似自然事实背后的利益关系，对教师和学生进行"启蒙"，以达到意识"解放"；第五，批判教育学认为，教育现象是充满利益纷争的，教育理论研究要采用实践批判的态度和方法，通过真实教育行动揭示具体教育生活中的利益关系，使之从无意识的层面上升到意识的层面。

评价：批判教育学仍在发展中，将继续对西方教育理论乃至我国教育理论产生广泛的影响，值得学者们积极关注。

2. 论述蔡元培的教育思想和实践对中国近代教育的贡献和影响。

【答案要点】

（1）"五育"并举的教育方针。

蔡元培是中国近代著名的资产阶级革命家和民主主义教育家。1912年初，蔡元培发表《对教育方针之意见》一文，从"养成共和国民健全之人格"的观点出发，提出军国民教育、实利主义教育、公民道德教育、世界观教育和美感教育的"五育"并举教育思想，成为制定民国元年教育方针的理论基础。

①军国民教育。指将军事教育引入到学校和社会教育之中，让学生和民众受到一定的军事教育和训练。在学校教育中，强调学生生活的军事化，特别是体育的军事化。

②实利主义教育。即密切教育与国民经济生活的关系，加强职业技能的培训，使教育能发挥提高国家经济能力和改善人民生活水平的作用。

③公民道德教育。蔡元培认为，公民道德的基本内容不外乎法国资产阶级革命所标榜的自由、平等、博爱，虽然与封建道德的专制等级性不相容，但他明确指出中国传统伦理特别是儒家伦理中的一些基本范畴，其内涵是与自由、平等、博爱的精神相通的。蔡元培尊重文化的继承性和发展性的统一。因此他在摒弃封建道德专制性和等级性的同时，汲取其中有利于资产阶级道德建设的养分。

④世界观教育。是蔡元培独创并被作为教育的最高境界。世界观教育就是要培养人们立足于现象世界但又超脱现象世界而贴近实体世界的观念和精神境界。

⑤美感教育。美感教育与世界观教育紧密联系。蔡元培认为，美感介于现象世界和实体世界之间，是两者之间的桥梁。世界观教育是引导人们具有实体世界的观念，但不是靠简单的说教可以实现的，其有效的方式是通过美感教育，利用美感这种超越利害关系、人我之分界的特性去破除现象世界的意识，陶冶、净化人的心灵。

（2）改革北京大学的教育实践。

民国成立后，京师大学堂改称北京大学。当时北大校政腐败、制度混乱、学生求官心切、学术空气淡薄，封建文化泛滥。为了改变这种风气，蔡元培赴任北大校长，对北大进行全面改革。

①抱定宗旨，改变校风。蔡元培明确大学的宗旨，认为大学应该成为"研究高尚学问之地"。他改革北大的第一步就是要为师生创造研究高深学问的条件和氛围。具体措施有：改变学生的观念；整顿教师队伍，延聘积学热心的教员；发展研究所，广积图书，引导师生研究兴趣；砥砺德行，培养正当兴趣。

②贯彻"思想自由，兼容并包"的办学原则。蔡元培明确声明，在学术上"循'思想自由'原则，取兼容并包主义"，这是他办理北京大学的基本指导思想。该思想不仅体现在学术上，也体现在教师的聘任上。蔡元培以"学诣为主"，罗致各类学术人才，使北大教师队伍一时呈现出流派纷呈的局面。

③教授治校，民主管理。1912年由蔡元培主持制定的《大学令》中，确立了教授治校、民主管理的大学校务管理原则，规定大学设立评议会，各科设立教授会。

④学科与教学体制改革。在学科与教学体制改革方面，蔡元培主要有三个措施：第一，扩充文理，改变"轻学而重术"的思想；第二，沟通文理，废科设系；第三，改年级制为选科制，发展学生个性。

（3）教育独立思想及对收回教育权的推进。

1922年，蔡元培发表《教育独立议案》，阐明教育独立的基本观点和方法，成为教育独立思潮中的重要篇章。教育独立的基本要求可以大致归结为：教育经费独立、教育行政独立、教育学术和内容独立、教育脱离宗教而独立。

（4）蔡元培对近代中国教育发展的贡献和影响。

蔡元培在民国历史的几个关键时期被委以教育要职，对民国教育的大政方针和宏观布局有重大影响。他的教育思想贯穿着对民主、科学、自由、个性的追求，充满了爱国主义激情。他在教育实践中表现出不屈从压力、锐意改革、坚守信念的品质。他在民国初期改革封建教育，建立资产阶级民主教育制度，反映的是新时代对教育的要求；20世纪20年代提倡教育独立是在教育面临深重危机下的一次无奈抗争；他对北京大学的改革，包容博大，规模恢宏，影响深远，凸显了他作为杰出教育改革家的远大理想和个性品质。

2018年 广西师范大学333教育综合·真题解析

一、名词解释

微课

微课是指运用信息技术按照认知规律呈现碎片化学习内容、过程及扩展素材的结构化数字资源。核心组成内容是教学视频，即课程片段，同时还包含与该教学主题相关的教学设计、素材课件、教学反思、练习测试及学生反馈、教师点评等辅助性教学资源，它们以一定的组织关系和呈现方式共同营造了一个半结构化、主题式的资源单元应用"小环境"。

教学效能感

所谓教学效能感是指教师对自己影响学生学习行为和学习成绩的能力的主观判断，这种判断会影响教师对学生的期待、对学生的指导等行为，从而影响教师的工作效率。

讲授法

讲授法是指教师通过语言系统地向学生传授科学文化知识、思想理念，并促进他们的智能与品德发展的方法。可分为讲读、讲述、讲解和讲演四种。

二、简答题

1. 简述影响学生发展的因素。

【答案要点】

（1）遗传在人发展中的作用：遗传素质是人的发展的生理前提；遗传素质的成熟程度制约着人的发展过程及年龄特征；遗传素质的差异性对人的发展有一定的影响；遗传素质具有可塑性。

（2）环境在人的发展中的作用：环境是人的发展的外部条件；环境的给定性与主体的选择性。

（3）个体活动在人的发展中的作用：个体活动是人的发展的决定因素。个体活动制约着环境影响的内化与主体的自我建构；个体通过能动的活动选择、构建着自我的发展。

（4）教育对人的发展的作用：教育在人的发展中起引领作用；学校教育主要通过传承文化科学知识来培养人；学校教育对提高人的现代性有显著的作用。

2. 简述朱子读书法。

【答案要点】

（1）循序渐进。朱熹主张读书要"循序渐进"，包含三个方面的意思：读书要按一定的次序，不要颠倒；应根据自己的实际情况和能力，安排读书计划，并切实遵守它；读书要扎扎实实打好基础，不可囫囵吞枣，急于求成。

（2）熟读精思。朱熹认为，读书既要熟读成诵，又要精于思考。熟读有利于理解，熟读的目的是为了精思。精思就是从无疑到有疑再到解疑的过程，即发现问题和解决问题的过程。

（3）虚心涵泳。所谓"虚心"是指读书时要虚怀若谷，静心思虑，仔细体会书中的意思，不要先入为主，牵强附会；所谓"涵泳"是指读书时要反复咀嚼，细心玩味。

（4）切己体察。强调读书不能仅仅停留在书本上和口头上，而必须要见之于自己的实际行动，要身体力行。他竭力反对只向书本上求义理，而不"体之于身"的读书方法，认为这样无益于学。

（5）着紧用力。包含两方面的意思：其一，必须抓紧时间，发愤忘食，反对悠悠然；其二，必须抖擞精神，勇猛奋发，反对松松垮垮。

（6）居敬持志。既是朱熹道德修养的重要方法，也是他最重要的读书法。"居敬"是读书时精神专一，注意力集中；"持志"是要树立远大的志向和高尚的目标，并要以顽强的毅力坚持下去。

3. 简述斯宾塞的科学教育思想。

【答案要点】

（1）科学教育的必要性。斯宾塞在外国教育史上第一次明确提出了"教育预备说"的观点，主张教育的目的是为完满生活做准备。为实现此目的，教育应从当时古典主义的传统束缚中解放出来，应该切实适应社会生活与生产的需要。

（2）科学知识的价值。斯宾塞提出了"什么知识最有价值"这一问题，并将评价知识价值的标准定义为对生活、生产和个人发展的作用，知识对生活的作用越大则价值越大，认为科学知识最有价值。

（3）以科学知识为核心的课程体系。斯宾塞按照重要程度把人类活动分为五个部分：第一，直接有助于自我保全的活动；第二，获得生活必需品而间接有助于自我保全的活动；第三，目的在于抚养和教育子女的活动；第四，与维持正常的社会和政治关系有关的活动；第五，在生活中的闲暇时间用于满足爱好和情感的各种活动。为此斯宾塞提出学校应开设以下五种类型的课程：生理学与解剖学；逻辑学、数学等；生理学、心理学与教育学；历史学；文学、艺术等。

4. 简述教师权威的构成和来源。

【答案要点】

教师权威可以认为是教师个体凭借国家和社会所赋予的外在的教育权力，以及个体自身内在因素而产生的被尊重和被认同的一种持续的教育影响力，具体表现为在教育教学活动过程中，学生对教师的信任、依赖和遵从。

（1）制度化权威。这是社会制度赋予教师的"合法权威"与文化传统赋予教师的"传统权威"联合作用的一种权威类型。

（2）学识化权威。对于教师在教育教学过程中所拥有学识广度和深度的应然状况，社会、家长和学生历来都有较高的期望，希望教师在知识方面有权威的地位，这对教学取得良好效能至关重要。

（3）人格化权威。教师人格上的魅力足以使钦佩他的学生成为教学有益的合作者。教师在教学中，以自己的人格作为手段去影响学生，学生在教师人格魅力的感召下，最大可能地在自由空间中发展。

三、分析论述题

1. 根据记忆遗忘规律论述促进记忆和保持知识的方法。

【答案要点】

记忆保持的最大变化是遗忘，遗忘和保持是矛盾的两面。对于遗忘的进程，德国心理学家艾宾浩斯最早进行了系统的研究。其后该实验被绘制成艾宾浩斯遗忘曲线。

艾宾浩斯遗忘曲线说明：遗忘在学习之后立即开始，而且遗忘的进程是最初很快，以后逐渐缓慢；过了相当的时间后，几乎不再遗忘。这一研究表明，遗忘的发展是不均衡的，其规律是先快后慢，呈负加速型。

复习是巩固所学知识的最基本方法，为了促进知识的保持，避免知识的遗忘，必须注意合理地组织复习。进行复习的策略有：

（1）复习时机要得当。由于遗忘的发展开始很快，所以必须在遗忘还没有发生以前及时进行复习，这样才能节省学习时间。为此，在教学上必须遵守"及时复习"的原则。由于遗忘存在着先快后慢的趋势，因此在教学上还必须遵守"间隔复习"的原则。此外，教学上也应该遵守"循环复习"的原则，对于所学的重要的、基本的材料应经常复习，做到"温故而知新"。

（2）复习的方法要合理。合理分配复习时间，可以尝试分散复习和集中复习两种复习形式；阅读与尝试背诵相结合；综合使用整体复习与部分复习。

（3）复习次数要适宜。一般来说，复习次数越多，识记和保持的效果越好；反之，则遗忘发生越快。据此，心理学家肯定了"过度学习"的必要性。所谓过度学习，指在学习达到刚好成诵以后的附加学习。但是过度学习并不意味着复习次数越多越好。研究表明：学习的熟练程度达到150%时，记忆效果最好；超过150%时，效果并不递增，很可能引起厌倦、疲劳等而成为无效劳动。

2. 根据法律法规和教育理论，分析未成年人保护应遵循的原则。

【答案要点】

未成年人保护工作的基本原则，也是未成年人法律保护的原则，是指在未成年人保护工作中起着指导作用的准则。根据新修订的《未成年人保护法》第四条的规定，保护未成年人工作应遵循的基本原则包括：尊重未成年人的人格尊严、适应未成年人身心发展的规律和特点、教育与保护相结合。

（1）尊重未成年人的人格尊严。

人格尊严也就是人格权，尊重未成年人的人格尊严，不仅是从保护未成年人的人格权的角度讲的，更多的是从尊重未成年人独立的人格尊严，使未成年人的自尊心不受伤害、个人价值不被贬低的角度讲的。法律确认每一公民都具有同等的人格权，公民的人格尊严依法应当受到尊重。未成年人在成长发育期要不断树立人的自尊、自立、自信、自强的品格，这就要求社会与成人把孩子当成朋友对待，改变孩子是父母的私有物的旧观念。尊重未成年人的人格尊严，是法律规定的义务。尤其是对违法犯罪的未成年人，更需要尊重他们的人格，以正确的方法，通过耐心细致的工作教育、感化他们。

（2）适应未成年人身心发展的规律和特点。

未成年人的身心发展包括身体的发展和心理的发展。未成年人正处于成长中，在生理、心理上与成年人有着本质的不同。未成年人的身心发展有着自己的规律和特点。未成年人的身心发展要遵循这些共同的规律，这些规律制约着教育工作。遵循和利用这些规律，可以使教育工作取得好的效果。反之，则可能事倍功半，甚至挫伤学生的学习热情，降低教育的效能。为此，新修订的《未成年人保护法》总则中规定了未成年人保护工作应遵循适应未成年人身心发展规律和特点的原则。

（3）教育与保护相结合。

教育和保护是未成年人保护工作的两个主旋律，相互结合，相辅相成，不能只讲保护，忽视教育，也不能忽视保护，只讲教育。未成年人身心正处于发展过程之中，容易接受新事物，是受教育的最佳阶段。必须通过教育才能使其成为社会所需要的人才，并且通过对未成年人的教育，可以使未成年人的身心得到发展，促使其完善，大大增强抵御外界侵害的能力，实现自我保护。从这个意义上讲，教育对未成年人具有保护作用。但是教育不等于对未成年人的保护，也不能取代对未成年人的保护。因此，在对未成年人进行教育的同时，还需要全社会给予未成年人保护。要把保护措施和教育措施有机地结合起来，融保护于教育之中，在保护中加强教育，切实贯彻教育与保护相结合的原则。

2017年 广西师范大学 333 教育综合·真题解析

一、简答题

1. 简述夸美纽斯的教育思想。

【答案要点】

（1）教育的目的。第一，宗教性目的：认为人生的最终目的是为达到"永生"，教育的目的是使人为来世生活做好准备。第二，现实性目的：通过教育使人认识和研究世界上一切事物，培养和发展他们的各种能力、德行和信仰，以便享受现世的幸福，并为永生做好准备。

（2）教育的作用。夸美纽斯认为教育是改造社会、建设国家的手段。人都是有一定天赋的，而这些天赋发展得如何，关键在于教育。只要接受合理的教育，任何人的智力都能够得到发展。

（3）泛智主义教育观。基于教育的崇高目的，夸美纽斯提出了"将一切事物教给一切人"的泛智主义教育观，内容主要包括教育内容泛智化和教育对象普及化。

（4）普及教育。夸美纽斯认为普及教育就是"人人都可接受教育"，其核心是泛智论。夸美纽斯大力主张普及教育于全体儿童和民众。实现普及教育的可能性一方面在于人自身具有接受教育的先天条件，另一方面在于教育可以改进社会和塑造人，社会和人的进步离不开教育。

（5）统一学制。为了使国家便于管理全国的学校，使所有儿童都有上学的机会，夸美纽斯提出建立全国统一学制的主张。他把人的学习期划分为四个阶段，并按这种年龄分期设立相应的学校。

各级学校均按照适应自然的原则，采取班级授课制和学年制开展工作，分别开设不同的课程来教育和培养儿童。

（6）管理实施。夸美纽斯强调国家对教育的管理职责，认为国家应该设立督学对全国的教育进行监督，以保证全国教育的统一发展。

（7）学年制。为改变当时学校教学活动缺乏统一安排的无序状况，夸美纽斯制定了学校教学活动的学年、学日制度。

（8）班级授课制。为实现普及教育、提高教学效率，改变教师只对学生进行个别教学和指导的状况，夸美纽斯总结新旧各教派学校中实行班级授课的经验，提出并全面系统地论述了班级授课制度。

（9）论教育和教学的基本原则。包括教育适应自然的原则、直观性原则、激发学生求知欲望原则、巩固性原则、量力性原则、系统性和循序渐进性原则、因材施教原则。

2. 简述黄炎培的职业教育。

【答案要点】

（1）职业教育的作用与地位。

①作用：职业教育的功能就其理论价值而言，在于"谋个性之发展"，"为个人谋生之准备"，"为个人服务社会之准备"，"为国家及世界增进生产力之准备"。就其教育和社会影响而言，在于通过提高国民的职业素养，确立社会国家的基础。就其对当时中国社会的作用而言，在于有助于解决中国最大、最重要、最急需解决的人民生计的问题，消灭贫困，并进而使国家每一个公民享受到基本的自由权利。

②地位：职业教育在学校教育制度上的地位是一贯的、整个的和正统的。

（2）职业教育的目的。职业教育的最终目的为"使无业者有业，使有业者乐业"。

（3）职业教育的方针。第一，社会化。黄炎培强调职业教育必须适应社会需要；第二，科学化。科学化是指用科学来解决职业教育问题，开展职业教育需要遵循科学原则。

（4）职业教育的教学原则："手脑并用""做学合一""理论与实际并行""知识与技能并重"。

（5）职业道德教育。黄炎培把职业道德教育的基本要求概括为"敬业乐群"。"敬业"是指热爱自己的职业，做到尽职，有为所从事职业和全社会做出贡献的追求。"乐群"是指有高尚情操和群体合作精神，有服务和奉献精神。

3. 简述文化对教育的影响。

【答案要点】

（1）文化知识制约教育的内容与水平。

文化是教育的基础，教育的本质是通过传承和创新文化来培养人才。学校教育的一个重要任务就是传授系统的文化知识。因此，文化是教育的主要资源，文化知识的发展特性与水平制约着教育的发展特性与水平。

（2）文化模式制约教育的背景与模式。

首先，文化模式为教育提供了特定的背景；其次，文化模式还从多方面制约教育的模式。不同文化模式影响的教育模式，在教育目的、内容与方式等各方面也有明显的差异。

（3）文化传统制约教育传统的特性。

文化传统越久，对教育传统的制约性越大。我们在教育改革中遇到的许多阻力，究其根源，都与文化传统的消极因素有一定的关系。正确认识文化传统与教育传统的制约关系，对于指导我们今天的教育改革具有重大现实意义。

4. 简述教育的生态功能。

【答案要点】

（1）树立建设生态文明的理念。

通过在学校里和社会上加强生态文明的教育与宣传，让学生从小养成爱护自然、节约资源、保护生态环境的思想情感，从而逐步在全社会牢固树立建设生态文明的观念。

（2）普及生态文明知识，提高民族素质。

造成生态灾害与失衡的原因很多，大多都与人的素质不高相关。因此，我们应当有计划地普及生态文明知识，并注意指导与督促他们将知识运用于生活实践。只要从小普及生态文明知识，养成保护生态环境的行为习惯，最终就能提高民族的生态文明素质。

（3）引导建设生态文明的社会活动。

生态文明建设关涉社会的移风易俗，因此，学校的生态文明教育不应局限在校内，要组织学生参加到社区的生态文明建设中去。

5. 影响知识理解的因素。

【答案要点】

客观因素：

（1）学习材料的内容。学习材料的意义性、学习材料内容的具体程度和学习材料的相对复杂性和难度都会影响学生对知识的理解。

（2）学习材料的形式。采用直观的方式如实物、模型和言语等可以为抽象的内容提供具体感性信息的支持，影响学生对知识的理解；当所教的内容较为复杂时，多媒体和虚拟现实技术等计算机技术则会起到很好的教学辅助作用。

（3）教师言语的提示和指导。教师在不同教学阶段的言语提示对学生的学习有直接的影响。在教学中，教师言语的作用不应仅仅局限于对某一具体知识的描述和解释，重要的是用言语引导学生进行主动建构。

主观因素：

（1）原有的知识经验背景。学生对新信息的理解会受到原有知识经验背景的制约，这种知识背景有着丰富而广泛的含义，它包括来源不同的、以不同的表征方式存在的知识经验，是一个动态的、整合的认知结构。

（2）学生的能力水平。学生的认知发展水平和学生的语言能力直接影响知识的理解。

（3）主动理解的意识与方法。学生要有主动理解的意识倾向和主动理解的策略与方法。

二、分析论述题

1. 论述教育的本质特点。

【答案要点】

教育是一种有目的地培养人的社会活动，是人类社会生活不可或缺的重要组成部分。教育有其相对稳定的质的特点，表现在以下三个方面：

（1）有目的地培养人的活动。

教育是有目的地选择目标、组织内容及活动方式来培养人，促进人的发展。其首要任务是促进年轻一代体、智、德、美、行的全面发展，使他们从生物人逐步成长为社会人，进而成为适应与促进社会生活各个方面发展需要的人。

（2）教育者引导受教育者传承人类经验的互动活动。

年轻一代按自己的意愿和经验来获得自我的身心发展，其效果是极其低下的，难以符合社会的期望与要求，因而需要由有经验的父母、年长一代，或学有专长的教师有目的地引导年轻一代以及其他的受教育者来学习、传承、践行人类经验，并在生活、交往与实践中领悟经验的社会意义，才能有效地发展他们的智能和品行，把他们培养成为既能适应又能促进社会发展需要的人和各种专门人才。

（3）激励与教导受教育者自觉学习和自我教育的活动。

教育者与受教育者的教学互动是以激励学生学习为基础和动力的，旨在使青少年学生积极主动地成为自觉学习、自我教育的人。可以说，一切教育本质上都是自我教育。

总之，教育是有目的地引导受教育者能动地学习与自我教育以促进其身心发展的活动。

2. 论述认知方式的差异及其教育含义。

【答案要点】

（1）认知水平的差异。

认知水平的差异主要表现为智力水平的差异，而智力水平的差异又表现为智力发展水平的差异和智力发展速度的差异。

①智力发展水平的差异。智力发展水平的高低是通过智力测验所得到的智商来体现的。智商是智力年龄与实足年龄之间的比值。智力按发展水平的高低，可以分为超常、正常和低常三种类型。一般认为，智商在130以上为超常，智商在70以下为低常，智商在100左右的为正常。一般来说，智力的发展是呈正态分布的，即智力超常和智力低常的人数极少，智力偏高和智力偏低的人次之，智力中等的人数最多。

②智力发展速度的差异。智力的发展有早晚的差异：有的人天生聪慧，在很小的时候就表现出较高的智力水平；有的则是大器晚成，在很大年龄才表现出较高的智力水平。

（2）认知类型的差异。

认知类型又叫认知风格，是人在信息加工的过程中所偏好的相对稳定的态度和方式。认知类型差异就是人们在感知、理解、记忆、思维等过程中采用的与众不同的方式。

①知觉类型的差异。根据知觉时分析和综合所占的比重，可分为分析型、综合型和分析-综合型；根据知觉受外界环境影响的程度，可分为场依存型与场独立型。

②记忆类型的差异。根据记忆过程中的知觉偏好，可分为视觉型、听觉型、动觉型和混合型。

③思维类型的差异。根据思维的概括性，可分为艺术型、思维型和中间型；根据学习策略的差异，可分为整体型和序列型；根据认知反应和情绪反应的速度，可分为冲动型和慎思型。

（3）针对认知方式差异的教育。

①教师必须帮助学生识别自己的认知类型。教师对学生认知方式的识别不仅仅在于调整自己的教学方法，还应帮助学生分析和认识自己的认知方式。

②教师要明确适应认知类型的两类教学策略，即匹配策略与失配策略。前者指与学习者认知风格一致的教学策略，后者指采取对学习者缺乏的认知风格进行弥补的教学策略。

③教师要调整自己的教学风格，提供多模式教学。学生认知方式的多样性要求教师必须改变自己单一的教学风格，采用各种教学方法，组织多样化的教学活动来满足和弥补不同学习者不同层次的需要。

④教师要针对学生在智力上的个别差异进行因材施教，采用按能力分组。对智力不同水平的学生设置不一样的教育目标，选择不同的教育方式。

2016年 广西师范大学 333 教育综合·真题解析

一、名词解释

教育的社会流动功能

教育的社会流动功能是指社会成员通过教育的培养、筛选和提高，能够在不同的社会区域、社会层次、职业岗位、科层组织之间转换、调整和变动，以充分发挥其个人的智慧才能，实现其人生价值。它包括横向流动功能和纵向流动功能。

"六艺"

西周的教育内容总称为"六艺"教育，它是西周教育的特征和标志。"六艺"即礼、乐、射、御、书、数。其中，"礼、乐、射、御"为大艺，是大学的课程，"书、数"为小艺，是小学的课程。

遗传

遗传是指人从上代继承下来的生命机体及其解剖上的特点，这些遗传的生理特点，也叫遗传素质，是人的发展的自然的或生理的前提条件，为人的发展提供可能。

二、简答题

1. 简述智力因素与非智力因素的关系。

【答案要点】

（1）教学活动既要注重引导学生进行智力活动，也要重视调节学生的非智力活动。

学生的智力活动，主要指为认知事物、掌握知识而进行的感知、观察、思维等心理因素的活动，它是进行学习、认识世界的工具。学生的非智力活动，主要指在认知事物、掌握知识过程中诱发的好奇、欲求、情趣等心理因素的活动，它是学生进行学习、研究与实践的内在动力。在教学过程中，学生的智力活动与非智力活动同在，各有特点与功能，二者相互依存，相互作用。只有正确地发挥其整体功能，才能提高学生的学习效能和教学的质量。

（2）按教学需要调节学生的非智力活动，才能有成效地进行智力活动。

在教学中，调节非智力活动需要注重两个方面。一方面，要改进教学本身，使教学的内容和过程都富有知识性、趣味性、启发性、吸引力，以便激发、保持学生的求知欲和学习兴趣，使他们能够生气勃勃地主动学习。另一方面，要提高学生的自我教育能力，让他们能够逐步按教学要求自觉加强学习的注意力、毅力、责任感等，以提高学习效率。

2. 简述夸美纽斯的教育思想。

【答案要点】

（1）教育的目的。第一，宗教性目的：认为人生的最终目的是为达到"永生"，教育的目的是使人为来世生活做好准备。第二，现实性目的：通过教育使人认识和研究世界上一切事物，培养和发展他们的各种能力、德行和信仰，以便享受现世的幸福，并为永生做好准备。

（2）教育的作用。夸美纽斯认为教育是改造社会、建设国家的手段。人都是有一定天赋的，而这些天赋发展得如何，关键在于教育。只要接受合理的教育，任何人的智力都能够得到发展。

（3）泛智主义教育观。基于教育的崇高目的，夸美纽斯提出了"将一切事物教给一切人"的泛智主义教育观，内容主要包括教育内容泛智化和教育对象普及化。

（4）普及教育。夸美纽斯认为普及教育就是"人人都可接受教育"，其核心是泛智论。夸美纽斯大力主张普及教育于全体儿童和民众。实现普及教育的可能性一方面在于人自身具有接受教育的先天条件，另一方面在于教育可以改进社会和塑造人，社会和人的进步离不开教育。

（5）统一学制。为了使国家便于管理全国的学校，使所有儿童都有上学的机会，夸美纽斯提出建立全国统一学制的主张。他把人的学习期划分为四个阶段，并按这种年龄分期设立相应的学校。各级学校均按照适应自然的原则，采取班级授课制和学年制开展工作，分别开设不同的课程来教育和培养儿童。

（6）管理实施。夸美纽斯强调国家对教育的管理职责，认为国家应该设立督学对全国的教育进行监督，以保证全国教育的统一发展。

（7）学年制。为改变当时学校教学活动缺乏统一安排的无序状况，夸美纽斯制定了学校教学活动的学年、学日制度。

（8）班级授课制。为实现普及教育、提高教学效率，改变教师只对学生进行个别教学和指导的状况，夸美纽斯总结新旧各教派学校中实行班级授课的经验，提出并全面系统地论述了班级授课制度。

（9）论教育和教学的基本原则。包括教育适应自然的原则、直观性原则、激发学生求知欲望原则、巩固性原则、量力性原则、系统性和循序渐进性原则、因材施教原则。

3. 简述布鲁纳的认知-发现说。

【答案要点】

（1）认知学习观。

①认知表征系统：布鲁纳把智慧生长看作形成表征系统的过程，他认为人类的智慧生长经历了三种表征系统阶段：动作表征、映象表征、符号表征。

②学习的实质：学习的实质是主动形成认知结构。

③学习的过程：获得、转化和评价。

（2）结构教学观。

①教学的目的在于理解学科的基本结构。

②发现学习的准备性：布鲁纳认为任何一门学科最基本的观念是既简单又强有力的，他提出任何学科的基础都可以用某种适当的形式教给任何年龄的任何人，主张向儿童提供具有挑战性但又合适的机会使其发展步步向前，引导儿童智慧发展。

③培养直觉思维：布鲁纳认为直觉思维、预感的训练是正式的学术学科和日常生活中创造性思维的重要特征。

④激发内在动机：布鲁纳强调学习是一个主动的过程，主张教师要使学生主动地参加到学习中去，并且体验到有能力掌控他的外部世界，以此来激发学生的内在学习动机。

⑤学科基本结构的教学原则：动机原则、结构原则、程序原则、强化原则。

（3）发现学习。

①概念：发现学习是指学生在学习情境中，经过自己探索寻找，从而获得问题答案的一种学习方式，布鲁纳所说的发现不只限于寻求人类尚未知晓的事物的行为，也包括用自己的头脑亲自获取知识的一切形式。

②教学阶段：提出问题、做出假设、验证假设、形成结论。

4. 简述建构主义。

【答案要点】

（1）知识观。建构主义者质疑知识的客观性和确定性，强调知识的动态性。具体体现在以下几方面：知识的动态性、知识的情境性、知识学习的主动建构性。

（2）学生观。建构主义认为，学生并不是被动接受教师传授的知识，而总是以自己的经验背景或自己的经验来建构对事物的理解。具体表现在以下几方面：建构主义者强调学生经验世界的丰富性和差异性；学生基于相关的经验，依靠推理和判断能力，形成对问题的某种解释；教学要引导儿童从原有的知识经验中"生长"出新的知识经验；教学要增进学生之间的合作。

（3）学习观。建构主义认为，学习是学习者主动地赋予信息以意义，建构自己的知识经验的过程，具有三个重要特征：主动建构性、社会互动性、情境性。

（4）教学观。教学要激活学生原有的相关知识经验，促进知识经验的"生长"，促进学生的知识建构活动，培养学生的求知欲和探究能力；教学要为学生创设理想的学习情境，同时给学生提供丰富支持，促进他们自身建构意义以及解决问题的活动。

三、分析论述题

1. 论述个人本位论。

【答案要点】

（1）代表人物：卢梭、裴斯泰洛齐、福禄培尔等。

（2）主要观点。

①教育目的是根据个人发展的需要制定的，而不是根据社会的需要制定的。教育的真谛在于使个人的发展的潜在可能与倾向得到完善的发展，除此之外没有其他目的。

②个人价值高于社会价值。社会价值只有在有助于个人发展时才有价值，否则，单纯地关注社会价值的实现就会压抑和排斥个人价值。应由个人来决定社会，个人价值恒久高于社会价值。

③人生来就有健全的潜在本能，教育的基本职能就在于使这种潜能得到发展。如果按照社会的要求去要求个人，就会阻碍个人潜能的健全发展。

（3）评价。个人本位论把个人的自身的需要作为制定教育目的的依据，在一定的历史条件下具有一定的进步意义；但如果只强调个人的需求与个性的发展，而一味贬低和反对满足社会发展的需要，则是片面的、错误的。

2. 论述人格差异与教育。

【答案要点】

人格差异又称个性差异，是指个人在稳定的心理特征方面的差异，反映的是人格特征在个体之间所形成的不同品质。

（1）性格差异。

主要表现为性格类型的差异，是指在某一类人身上共同具有的某些性格特质的组合，主要有以下两种：

①根据心理活动的倾向，可分为外向型和内向型。外向型的学生爱交朋友，乐于助人，对新鲜事物比较敏感，社会适应能力强；内向型的学生爱安静，不善交际，对新事物反应迟缓，社会适应力差。

②根据个人独立性的程度，可分为独立型和顺从型。独立型的人不容易受别人的暗示和环境的影响，独立能力强，有主见；顺从型的人容易受环境的影响，独立性差，无主见。

（2）气质差异。

气质就是平常所说的脾气秉性，是表现在心理活动的强度、速度、灵活性与指向性的一种稳定的心理特征。心理学家把人的气质分为多血质、胆汁质、抑郁质和黏液质四种类型。一般认为，气质无好坏之分，每种气质都有其长处和短处。

（3）针对人格差异的教育。

①根据学生的性格类型进行因材施教。

②发挥集体的作用，学校中的校风、班风、学风等对学生的性格形成起着直接的促进作用。

③引导学生进行自我教育，性格教育要从被动向主动转变，让学生通过自我教育和自我调节将外在的教育影响转换为内在品质。

④学生的气质类型存在很大的差异，因此，教师要充分考虑学生的气质类型进行因材施教，发挥其气质中的积极方面，克服消极方面。

3. 论述陈鹤琴的活教育。

【答案要点】

陈鹤琴是中国近代学前儿童教育理论和实践的开创者，通过对长子陈一鸣的追踪研究，力行观察、实验方法，探索中国儿童心理发展及教育规律；同时创办了中国第一所实验幼稚园——鼓楼幼稚园，进行中国化、科学化的幼儿园实验，总结并形成了系统的、有民族特色的学前教育思想。

（1）"活教育"的目的论。陈鹤琴提出"活教育"的目的是"做人，做中国人，做现代中国人"。

①"做人"是"活教育"最为一般意义的目的。"活教育"提倡学习如何做人，如何求社会进步、人类发展。学会"做人"，是个体参与社会生活，增进人类全体幸福，同时也是个体幸福的基础。

②"做中国人"体现了"活教育"目的的民族特征，指要懂得爱护这块生养自己的土地，爱自己国家长期延续的光荣历史，爱与自己共命运的同胞。并且，应该与其他中国人团结起来共同谋国家发展。

③"做现代中国人"体现了时代精神，有五个具体方面的要求：要有健全的身体；要有建设的能力；要有创造的能力；要能够合作；要服务。

"活教育"目的论从普遍而抽象的人类情感和认识理性出发，逐层赋予教育以民族意识、国家观念、时代精神和现实需求等含义，使教育目标逐渐具体，表达了陈鹤琴对人的发展、教育与社会变革的追求。

（2）"活教育"的课程论。

"大自然、大社会都是活教材"，是陈鹤琴对"活教育"课程论的概括表述。"活教材"是指取自大自然、大社会的"直接的书"，即让儿童在与自然、社会的直接接触中，在亲身观察中获取经验和知识。既然"活教育"的课程内容应该来源于自然、社会和儿童的生活，其组织形式也必须符合儿童的活动和生活的方式，符合儿童与自然、社会环境的交往方式。

"活教育"的课程打破惯常按学科组织的体系，采取活动中心和活动单元的形式，即能体现儿童生活整体性和连贯性的"五指活动"形式。"五指活动"包括儿童健康活动、儿童社会活动、儿童科学活动、儿童艺术活动和儿童文学活动。

（3）"活教育"的教学论。

"做中教，做中学，做中求进步"是活教育教学方法的基本原则。陈鹤琴认为，"做"是学生学习的基础，因此也是"活教育"教学论的出发点。它强调儿童在学习过程中的主体地位和在活动中直接经验的获取。陈鹤琴提出了"活教育"的17条教学原则，这些教学原则体现出的特点有：

①强调以"做"为基础，确立学生在教学活动中的主体性。陈鹤琴认为，"做"是学生学习的基础，因此，凡儿童自己能够做的，就应当让他自己做。在教学中鼓励儿童自己去做、去思想、去发现，是激发学生主体性的最有效的手段。

②鼓励学生在"做"的同时，教师要进行有效的指导。但指导不是替代，更不是直接告知结果，而是运用各种心理学、教育学规律予以启发、诱导。

③陈鹤琴还归纳出"活教育"教学的四个步骤：实验观察、阅读思考、创作发表和批评研讨。这四个步骤体现了以"做"为基础的学生主动学习。

（4）价值和启示：

"活教育"吸取了杜威实用主义教育的合理内核，即批判传统教育忽视儿童生活和主体性，力图去除以学校和课堂为中心而脱离社会生活、以书本知识为中心而脱离实际和实践、以教师为中心而漠视学生的存在等弊端，同时也充分考虑到中国的时代背景和国情。这是一种有吸收、有创造、有创新的教育思想。"活教育"是对中国现代教育产生过重要影响的教育思想，其精神至今都未过时，不少观点对当今的教育改革仍然富有启发。

2015年 广西师范大学333教育综合·真题解析

一、简答题

1. 教育的生态功能。

【答案要点】

（1）树立建设生态文明的理念。

通过在学校里和社会上加强生态文明的教育与宣传，让学生从小养成爱护自然、节约资源、保护生态环境的思想情感，从而逐步在全社会牢固树立建设生态文明的观念。

（2）普及生态文明知识，提高民族素质。

造成生态灾害与失衡的原因很多，大多都与人的素质不高相关。因此，我们应当有计划地普及生态文明知识，并注意指导与督促他们将知识运用于生活实践。只要从小普及生态文明知识，养成保护生态环境的行为习惯，最终就能提高民族的生态文明素质。

（3）引导建设生态文明的社会活动。

生态文明建设关涉社会的移风易俗，因此，学校的生态文明教育不应局限在校内，要组织学生参加到社区的生态文明建设中去。

2. 教育目的的"个人本位论"。

【答案要点】

（1）代表人物：卢梭、裴斯泰洛齐、福禄培尔等。

（2）主要观点：①教育目的是根据个人发展的需要制定的，而不是根据社会的需要制定的；②个人价值高于社会价值。社会价值只有在有助于个人发展时才有价值，应由个人来决定社会，个人价值恒久高于社会价值；③人生来就有健全的潜在本能，教育的基本职能就在于使这种潜能得到发展。

（3）评价。个人本位论把个人的自身的需要作为制定教育目的的依据，在一定的历史条件下具有一定的进步意义；但如果只强调个人的需求与个性的发展，而一味贬低和反对满足社会发展的需要，则是片面的、错误的。

3. 陶行知的生活教育理论。

【答案要点】

（1）"生活即教育"。

"生活即教育"是陶行知生活教育理论的核心。其内涵包括：生活含有教育的意义；实际生活是教育的中心；生活决定教育，教育改造生活。

（2）"社会即学校"。

"社会即学校"是生活教育理论另一重要主张，是"生活即教育"思想在学校与社会关系问题上的具体化。"社会即学校"，是指"社会含有学校的意味"，或者说"以社会为学校"。由于到处是生活，到处都是教育，"整个的社会是生活的场所，亦即教育之场所"。

"社会即学校"，也指"学校含有社会的意味"。也就是说，学校通过与社会生活相结合，一方面运用社会的力量使学校进步，另一方面动员学校的力量帮助社会进步，使学校真正成为社会生活必不可少的组成部分。

（3）"教学做合一"。

"教学做合一"是生活教育理论的又一重要主张，是"生活即教育"在教学方法问题上的具体化。其含义为：教的方法根据学的方法；学的方法根据做的方法。事怎样做便怎样学，怎样学便怎样教。教与学都以做为中心。包括以下四个要点："教学做合一"要求在"劳力上劳心"；"教学做合一"是因为"行是知之始"；"教学做合一"要求"有教先学"和"有学有教"；"教学做合一"还是对注入式教学法的否定。

4. 苏格拉底的"产婆术"。

【答案要点】

（1）苏格拉底法也称"问答法""产婆术"，是由讥讽、助产术、归纳和定义四个步骤组成的独特的方法。这是苏格拉底探讨伦理哲学的研究方法，也是他的教学方法。

①讥讽。指就对方的发言不断提出追问，迫使对方自陷矛盾，最终承认自己的无知。

②助产术。指帮助对方自己得到问题的答案。

③归纳。从各种具体事物中找到事物的共性或本质，通过对具体事物的比较寻求"一般"。

④定义。指把个别事物归入一般概念，得到关于事物的普遍概念。

（2）评价。

优点：第一，这种教学方法不将现成的结论硬性灌输或强加于对方，而是与对方共同讨论，通过不断提问诱导对方认识并承认自己的错误，自然而然地得到正确的结论。第二，这种方法遵循从具体到抽象、从个别到一般、从已知到未知的规则，为后世的教学法所吸取。

局限：这种原始的教学方法是在当时没有成熟的教材和没有正规课堂教学制度的特定历史条件下的产物，它不是万能的教学方法，只能在一定条件下和适度范围内作为参照。

5. 奥苏伯尔的有意义学习理论。

【答案要点】

（1）有意义学习的实质。

有意义学习就是符号所代表的新知识与学习者认知结构中已有的适当观念建立非任意的和实质性的联系。非任意的联系是指新知识与认知结构中有关观念存在某种合理的或逻辑上的联系；实质性的联系是指新的符号或观念与学习者认知结构中已有的表象、已经有意义的符号、概念或命题的联系，是一种非字面的联系。

（2）有意义学习的条件。

①有意义学习的材料必须具有逻辑意义，这种逻辑意义指的是材料本身在人的学习能力范围内而且与有关观念能够建立非任意的和实质性的联系。

②学习者必须具有有意义学习的心向，也就是积极主动地把新知识与认知结构中原有的适当知识加以联系的倾向。

③学习者认知结构中必须具有适当的知识，以便与新知识进行联系。

④学习者必须积极主动地使这种具有潜在意义的新知识与他认知结构中有关的原有知识发生相互作用，导致原有知识得到改造，新知识获得实际意义，即心理意义。

二、分析论述题

1. 联系实际教学，阐述学生学习动机的培养。

【答案要点】

（1）创设问题情境，实施启发式教学。

想要实施启发式教学，关键在于创设问题情境。所谓问题情境，指的是一种适度的疑难情境。在学习过程中，仅仅让学生简单地重复已经学过或者过难的东西，学生都不会感兴趣。只有在学习那些"似懂非懂""似会非会"的东西时，学生才感兴趣而且迫切希望掌握它。

（2）根据作业难度，恰当控制动机水平。

教师在教学时，要根据学习任务的不同难度，恰当控制学生学习的动机水平。在学习较简单的课题时，应尽量使学生集中注意力；在学习较复杂的课题时，则应尽量创造轻松自由的课堂气氛；在学生遇到困难或出现问题时，要尽量心平气和地耐心引导，以免学生过度紧张和焦虑。

（3）充分利用反馈信息，给予恰当的评定。

心理学研究表明，来自学习结果的种种反馈信息，对学习效果有明显影响。一方面学习者可以根据反馈信息调整学习活动，改进学习策略，另一方面学习者为了取得更好的成绩或避免再犯错误而增加了学习动机，从而保持了学习的主动性和积极性。

（4）妥善进行奖惩，维护内部学习动机。

在对学生进行评价时，奖励和惩罚对于学习动机的激发具有不同的作用。一般而言，表扬与奖励比批评与指责能更有效地激发学生的学习动机，因为前者能使学生获得成就感，增强自信心。但过多使用表扬和奖励，或者使用不当，也会产生消极作用。

（5）合理设置课堂环境，妥善处理竞争和合作。

学生的学习主要是在课堂上进行的，课堂的合作与竞争环境无疑是影响学习动机的一个重要的外部因素。在教学活动中，合作与竞争都是必要的，应该强调竞争与合作的相互补充和合理运用。极端的竞争会对学生的学习行为和集体团结产生消极影响。适量与适度的竞争与合作的恰当结合，会有效激励学生的学习动机。

（6）适当进行归因训练，促使学生继续努力。

在学生完成某一学习任务后，教师应指导学生进行成败归因。一方面，要引导学生找出成功或失败的真正原因，即进行正确归因；另一方面，教师也应根据每个学生过去一贯的成绩的优劣差异，从有利于今后学习的角度进行积极归因。

（7）培养自我效能感，增强学生成功的自信心。

自我效能感影响学生的自我评价和自信心，进而影响学习成绩。尤其是学业不良的学生，由于对自己的学习能力持怀疑态度，表现出很低的自我效能感。因此，教师在教学中要通过一定的方法提高他们的自我效能感。

（8）维护学生自我价值，警惕自我妨碍策略。

自我价值理论指出，学生有保护和表现自我价值的需要，这是个人追求成功的内在动力。教师要理解和尊重学生的这种需要，引导他们把自我价值的实现方式与正向、积极的学习行为相联系，避免学生不断从环境中体验到对自我价值的威胁感，从而采取各种自我妨碍的逃避策略。

（9）维护内在需要，促进外部动机内化。

兴趣、好奇心、探索欲，是人类学习的最早动力。源于内部需要的学习动机具有更多的坚持性和抗干扰性。然而，不是每个孩子都对教育中涉及的所有内容充满好奇和兴趣。因此，教师要帮助学生将外部调控的学习动机不断内化，形成相对自主调控的学习动机。

2. 联系实际教学，论述问题解决能力的培养。

【答案要点】

在实际教学中，学生问题解决的能力可以结合各门学科的内容来进行训练和提高。教师要把重点放在课题的知识上，放在特定学科的问题解决的逻辑推理和策略上，放在有效解决问题的一般原理和原则上。

（1）鼓励质疑。教师要尽量从自己提出问题过渡到让学生质疑，从而培养学生主动质疑的内在动机，鼓励学生主动提问，形成一种自由探究的气氛。

（2）设置难度适当的问题。教师给学生的问题要可解，但也要有一定的难度。

（3）帮助学生正确表征问题。学生运用所学知识解释问题，或者画草图、列表、写方程式等，这对回忆相关信息都有很好的作用。

（4）帮助学生养成分析问题的习惯。教师要帮助学生发展系统考虑问题的方式和系统分析的习惯，既不能让学生盲目尝试错误练习，也不能过分热心，先把答案告诉学生。

（5）辅导学生从记忆中提取信息。教师需要帮助学生从记忆中迅速提取与解决问题有关的信息，并能很快找出可利用的信息，明确问题解决情境与想要达到的目的，迅速做出判断。

（6）训练学生陈述自己的假设及其步骤。教师要培养学生由跟从别人的言语指导转变到自行指导思考，然后再要求他们自己用言语把指导步骤表达出来。

（7）提供结构不良问题，培养实际解决问题的能力。通过对这些问题的解决，能让学生将解决问题的能力迁移到实际领域中去。

2014年
广西师范大学 333 教育综合·真题解析

一、简答题

1. 简述人本主义教学理论。

【答案要点】

人本主义的教学理论主要是指罗杰斯的学生中心的教学观。

（1）对传统教学方式的批判。

罗杰斯对传统教育的师生关系进行了猛烈的批判，认为在传统教育中教师是知识的拥有者，而学生只是被动的接受者，主张废除教师这一角色，代之以"学习的促进者"。教师的任务不是教学生学习知识，也不是教学生如何学习，而是为学生提供各种学习资源和促进学习的气氛，让学生自己决定如何学习。

（2）促进学习的心理气氛因素。

①真诚一致。学习的促进者是一个表里如一、真诚、完整而真实的人。

②无条件积极关注。学习的促进者关心学习者的方方面面，尊重其情感和意见。

③同理心。学习的促进者能了解学习者的内在反应，了解其学习过程，为其设身处地，使其感同身受。

（3）非指导性教学策略。

"以学生为中心"教学模式的基本特征包括三点：第一，教学过程无固定结构；第二，教学无固定的内容；第三，教师不做任何指导。这种模式又称为"非指导性教学"。

2. 简述皮亚杰的认知发展阶段理论。

【答案要点】

（1）0~2岁：感知运动阶段。

这一时期为儿童思维的萌芽期。在这一阶段，儿童主要通过探索感知觉与运动之间的关系来获得动作经验，其中，手的抓取、嘴的吮吸是他们探索世界的主要手段。这个阶段的一个显著标志是儿童渐渐获得了客体永久性，即当某一客体从儿童的视野中消失时，儿童知道该客体并非不存在。

（2）2~7岁：前运算阶段。

这一时期是儿童表象思维阶段。在这一阶段，儿童能运用语言或较为抽象的符号来代表他们经历过的事物，凭借表象思维，他们可以进行各种象征性活动或游戏、延缓性模仿以及绘画活动等。这一阶段的儿童在认知方面具有具体形象性、泛灵论、自我中心主义、集体的独白、思维的不可逆性和刻板性、尚未获得物体守恒的概念和集中化等特点。

（3）7~11/12岁：具体运算阶段。

这一阶段相当于小学阶段。此阶段儿童的认知结构已经发生了重组和改善，思维具有一定的弹性，可以逆转，已经获得长度、体积、质量和面积等的守恒，能凭借具体事物或从具体事物中获得的表象进行逻辑思维和群集运算，但其思维仍然需要具体事物的支持。这一阶段的儿童在认知方面具有去集中化、去自我中心、刻板地遵守规则、逻辑思维和群集运算等特点。

（4）11岁至成年：形式运算阶段。

此阶段儿童的思维已经超越了对具体的可感知的事物的依赖，能以命题的形式进行，并能发现命题之间的关系，能理解符号的意义，能进行一定的概括。思维已经接近成人的水平。这一阶段的儿童在认知方面具有抽象思维获得发展和青春期自我中心等特点。

3. 简述多元智力理论的教育意义。

【答案要点】

（1）多元智力理论认为，不存在单纯的某种智力和达到目标的唯一方法，每个人都会用自己的方式来发掘各自的大脑资源，这种为达到目的所发挥的各种个人才智才是真正的智力，造就了人与人之间的不同。人的智力可以分为八种，即逻辑数学智力、语言智力、音乐智力、空间智力、身体运动智力、人际关系智力、内省智力和自然智力。

（2）教育意义。加德纳认为用学校的标准化考试来区分儿童智力高低和考察学校教育的效果，是片面的，这种做法过分强调语言智力和逻辑数学智力，否认了学生的其他潜能；他提出了"以个人为中心的教育"。强调每个学生都具备这八种智能，但所擅长的智能各不相同，教育要以学生的智能为基础，同时要培养学生的特长智能；多元智能理论还指导教师从多种智能途径增进学生对学科内容的理解。

4. 简述生活教育理论的基本内容。

【答案要点】

（1）"生活即教育"。

"生活即教育"是陶行知生活教育理论的核心。其内涵包括：生活含有教育的意义；实际生活是教育的中心；生活决定教育，教育改造生活。

（2）"社会即学校"。

"社会即学校"是生活教育理论另一重要主张，是"生活即教育"思想在学校与社会关系问题上的具体化。"社会即学校"，是指"社会含有学校的意味"，或者说"以社会为学校"。由于到处是生活，到处都是教育，"整个的社会是生活的场所，亦即教育之场所"。

"社会即学校"，也指"学校含有社会的意味"。也就是说，学校通过与社会生活相结合，一方面运用社会的力量使学校进步，另一方面动员学校的力量帮助社会进步，使学校真正成为社会生活必不可少的组成部分。

（3）"教学做合一"。

"教学做合一"是生活教育理论的又一重要主张，是"生活即教育"在教学方法问题上的具体化。其含义为：教的方法根据学的方法，学的方法根据做的方法。事怎样做便怎样学，怎样学便怎样教。教与学都以做为中心。包括以下四个要点："教学做合一"要求在"劳力上劳心"；"教学做合一"是因为"行是知之始"；"教学做合一"要求"有教先学"和"有学有教"；"教学做合一"还是对注入式教学法的否定。

二、分析论述题

1. 分析基础教育课程改革面临的瓶颈及其对策。

【答案要点】

当前中小学新课程改革存在的主要问题和困难有以下几个方面：

（1）学校、教师和学生的积极性不高。

任何改革最重要的是要调动群众的积极性，只有调动起了群众的积极性才能得到最广泛的响应，教育改革也是如此。因此当前我们应该想方设法调动起基础人员的积极性，从而使我们的新课改顺利推进。

（2）班级学生人数过多。

新课程要求教师教学方式和学生学习方式都要有一个很大的改变，在观念上从应试教育转向素质教育。但目前我国大部分地区班级人数众多，教学方式的转变不是一朝一夕就能转换的，还需要老师和学生长久的努力。

（3）实验条件难以满足。

新课程对实验教学提出了更高的要求，尤其是实验地区的学校，现有的实验条件无论从数量上还是质量上都不能满足教学需要。

（4）理论与实践脱节。

实现教育教学现代化就必须通过教育科研来指导教师的教育教学行为，然而目前我国许多一线教师都是"经验型""辛苦型"的，"研究型""创造型"的教师比较少，而很多的专家学者则致力于闭门造车研究他们的理论。因此理论和实践没有很好地有机结合起来。

改进建议：

（1）尽快制定切实可行的评价制度。

当前要促进课程改革，国家亟需出台与新课程理念相应的考试政策进行考试改革。目前最重要的是解决在考试的目标上如何体现多元性即兼顾学生的基础知识、基本能力、思想情感、价值观等的全面评价，在考试的方式上如何体现多样性，突破原有的纸笔考试，将笔试与口试等多种方式结合。

（2）新课程呼唤新的教师培训形式。

随着新课程改革不断纵深推进，不少教师特别是农村学校教师感到很不适应，有的出现了许多难以消解的困惑，必须开展与新课程改革相适应的新的教师培训方式，来逐步提高教师的专业发展水平。

（3）加大课改的培训力度，为新课程实验提供优质的人力资源。

首先要加大中小学校长培训的力度。校长培训是课改的关键，要加强以校为本的培训力度，首先应从校长培训出发，通过校长培训从而促进教师的全员培训，使整个学校从上到下形成一股良好的课改之风。另外培训学校的同时也要做好家长的培训工作，学生在学校学习方式的转变本来就很不容易，如果家庭教育观念没有变化，学校和家庭在理念上出现很大分歧，反而会造成学生对学习的困惑，这样不仅不利于课改的发展，更不利于学生自身的发展。只有家庭与学校的教育观念都得到更新，这样推进课程改革才会达到事半功倍的效果。

（4）课改调研和教材编写要面向基层学校。

各级调查组要深入基层学校特别是农村中小学，弄清课改实际现状，获取课改真实资料。建议各级教科所和教研室都要到基层中小学校定点帮助学校搞好课程改革，同时搜集第一手鲜活的实验材料做出科学的分析和决策。

（5）各级政府要切实保证教育经费的按时足额发放，制定保证教师权益的相关措施。

有些地方长期拖欠教育经费，地方学校硬件设施得不到改善，政府应该设立专项教育经费去改变落后的教育条件，加大对现代教学设备的投入，从而使新课改得到物质上的保障。

2. 评述杜威的教育本质观。

[答案要点]

杜威对于"什么是教育"的问题，给出的回答是：教育即生活、学校即社会、教育即生长、教育即经验的持续不断的改造。

（1）教育即生活。

杜威认为教育是生活的过程，学校是社会生活的一种形式，那么学校生活也是生活的一种形式。

学校生活应与儿童自己的生活相契合，满足儿童的需要和兴趣，使校园成为儿童的乐园，使儿童在现实的学校生活中得到乐趣。学校生活应与学校以外的社会生活相契合，适应现代社会变化的趋势并成为推动社会发展的重要力量，校园不应是世外桃源而应积极参与社会生活。

杜威要做的就是改造不合时宜的学校教育和学校生活，使之更富活力，更有乐趣，更具实效，更有益于儿童发展和社会改造。

（2）学校即社会。

杜威"学校即社会"意在使学校生活成为一种经过选择的、净化的、理想的社会生活，使学校成为一个合乎儿童发展的雏形的社会。而要将此落于实处，就必须改革学校课程，从分科课程转变为活动课程。

"学校即社会"是对"教育即生活"这一命题的进一步引申，代表社会生活的活动性课程的引入是使学校与社会生活相联系的基本保证。杜威坚信教育是社会进步及社会改革的基本方法，希望通过教育改造社会生活，使之更完善、更美好。

（3）教育即生长。

杜威针对当时教育无视儿童天性，消极对待儿童，不考虑儿童的需要和兴趣的现象，提出了"教育即生长"的观念。

杜威要求摒除压抑、阻碍儿童自由发展之物，使教育和教学适应儿童的心理发展水平和兴趣、需要的要求。他所理解的生长是机体与外部环境、内在条件与外部条件交互作用的结果，是一个持续不断的社会化的过程。杜威要求尊重儿童但不同意放纵儿童，这也是杜威与进步主义教育实践的一个重要区别。

（4）教育即经验的持续不断的改造。

教育即经验的改造是指构成人的身心的各种因素在外部环境和人的主动经验过程中统一的全面改造、发展、生长的连续过程，包含四个方面：

①经验是一种行为，涵盖认识的、情感的、意志的等理性、非理性因素，成为儿童各方面发展和生长的载体。在经验过程中，儿童不仅获得知识，而且形成能力、养成品德。

②经验是有机体与环境相互作用的过程，机体不仅受环境的塑造，同时也对环境加以改变。经验的过程就是一个实验探究的过程、运用智慧的过程、理性的过程。

③经验的过程是一个主动的过程，有机体既接受着环境塑造，也主动改造着环境。

④经验是一个连续发展的过程，不存在终极目的的发展过程，因此教育就是个人经验的不断生长。

（5）评价。

积极性。杜威关于教育本质的这四个论点具有重要的意义：第一，这些观点是杜威改革旧教育的纲领，他的意图是要使教育为缓和社会矛盾、完善美国社会制度服务，对于推动当时的教育改革有积极意义；第二，杜威关于教育本质的观点是他的教育哲学的四个主要命题，内涵丰富并具有启发意义；第三，杜威力图把教育的社会功能与个体发展功能统一起来，并把社会活动视为使两者得以协调的重要手段或中介。

局限性。杜威对于教育本质的表述不够科学。如"教育即生长"给人以重视个体的生物性而回避社会性的印象，并且生长有方向、方式之异，有好坏优劣之别，所以仅说"教育即生长"是不严谨的；又如"教育即生活"的口号表述过于简要，也易使人不得要领，从而在理解上产生歧义；"学校即社会"的提法也存在着片面性，它忽视社会与个体发展的各自的相对独立性，进而导致抹杀学校与社会的本质区别。

2013年 广西师范大学 333 教育综合·真题解析

一、名词解释

教学目标

教学目标是教育者在教学过程中，在完成某一阶段，如一节课、一个单元或一个学期工作时，希望受教育者达到的要求或产生的变化结果。

教学模式

教学模式是指在一定教学理论指导下为设计和组织教学而在实践中建立起来的各种类型教学活动的基本结构或者是一整套开展教学活动的方法论体系。

课程标准

课程标准是指在一定课程理论指导下，依据培养目标和课程方案以纲要形式编制的关于课程的性质与价值、目标与内容、教学实施建议以及课程资源开发等方面的指导性文件，一般由说明、课程目标、课程内容标准和课程实施建议等部分组成。

发散思维

发散思维是指人们沿着不同的方向思考，重新组织当前的信息和记忆系统中储存的信息，产生出大量独特的新思想。这种思维方式在解决问题时可以产生多种答案、结论或假说，但哪种答案最好则需要不断验证。

高原现象

在学生动作技能的形成中，练习到一定阶段往往会出现进步暂时停顿的现象，称为高原现象。它表现为练习曲线保持在一定的水平而不再上升，甚至有所下降。但是，高原期后，练习曲线又会上升，即表现为练习成绩又可以有所进步。

二、简答题

1. 简述教学过程的基本环节。

【答案要点】

（1）备课。备好课是上好课的先决条件。上课前，教师必须备好课，编制出学期教学进度计划，写出课题计划与课时计划。

（2）上课。上好课，是提高教学质量的关键。应以现代教学理念为指导，遵循教学规律与原则，创造性地运用教学方法。

（3）布置与批改作业。作业是深化对知识的理解和巩固知识的有效手段，是课堂教学的延续，是教学活动的有机组成部分。

（4）课外辅导。课外辅导是课堂教学的一种必要补充，是适应个别差异、实施因材施教的重要举措。主要分为集体辅导和个别辅导。

（5）学业成绩评定。评定学生成绩的方式主要有考查和考试。

2. 简述教育的文化功能。

【答案要点】

（1）传递文化。文化教化的前提是人类对文化的创造与传递。教育起着传递文化的作用。尤其是学校教育因其具有明确的目的性、计划性等特点，一直承担着传承文化的重任。

（2）选择文化。为了有效地传承文化，必须发挥教育对文化的选择功能。教育的选择功能十分重要，体现了教育对文化发展的积极引导和自觉规范。

（3）发展文化。文化的生命不仅在于它的保存和积累，更在于它的更新与创造。随着社会的日益开放化，学校在加强国际文化交流中的作用也日益明显。教育通过广泛的文化交流，不断地吸收其他民族的文化精华，补充、更新和发展本民族的文化，也是文化发展的一种重要方式。

3. 说明智力因素和非智力因素的关系。

【答案要点】

（1）教学活动既要注重引导学生进行智力活动，也要重视调节学生的非智力活动。

学生的智力活动，主要指为认知事物、掌握知识而进行的感知、观察、思维等心理因素的活动，它是进行学习、认识世界的工具。学生的非智力活动，主要指在认知事物、掌握知识过程中诱发的好奇、欲求、情趣等心理因素的活动，它是学生进行学习、研究与实践的内在动力。在教学过程中，学生的智力活动与非智力活动同在，各有特点与功能，二者相互依存，相互作用。只有正确地发挥其整体功能，才能提高学生的学习效能和教学的质量。

（2）按教学需要调节学生的非智力活动，才能有成效地进行智力活动。

在教学中，调节非智力活动需要注重两个方面。一方面，要改进教学本身，使教学的内容和过程都富有知识性、趣味性、启发性、吸引力，以便激发、保持学生的求知欲和学习兴趣，使他们能够生气勃勃地主动学习。另一方面，要提高学生的自我教育能力，让他们能逐步按教学要求自觉加强学习的注意力、毅力、责任感等，以提高学习效率。

4. 简述反馈的作用。

【答案要点】

在技能的练习中，让学生及时地了解自己的练习结果，有利于提高练习效率。具体来说，如果学生在运动技能练习时能够及时掌握练习的情况，如知道自己的成绩和错误、优点和不足等，就可以把符合要求的动作保留下来，把不符合要求的动作抛弃掉，这样才能有助于迅速地提高练习质量。可见，在练习中给学生提供反馈信息是提高练习效果的有效措施。

三、分析论述题

1. 论述我国基础教育课程改革的目标。

【答案要点】

新一轮基础教育课程改革的具体目标有六个方面：

（1）转变课程功能。改变课程过于注重知识传授的倾向，强调形成积极主动的学习态度，使获得基础知识与基本技能的过程同时成为学会学习和形成正确价值观的过程。

（2）优化课程结构。改变课程结构过于强调学科本位、科目过多和缺乏整合的现状，整体设置九年一贯的课程门类和课时比例，体现课程结构的均衡性、综合性和选择性。

（3）更新课程内容。改变课程内容"繁、难、偏、旧"和过于注重书本知识的现状，加强课程内容与学生生活以及现代社会和科技发展的联系，关注学生的学习兴趣和经验，精选终身学习必备的基础知识和技能。

（4）转变学习方式。改变课程实施过于强调接受学习、死记硬背、机械训练的现状，倡导学生主动参与、乐于探究、勤于动手，培养学生搜集处理信息的能力、获取新知识的能力、分析和解决问题的能力以及交流与合作的能力。

（5）改革课程评价。改变课程评价过分强调甄别与选拔的功能，发挥评价促进学生发展、教师提高和改进教学实践的功能。

（6）深化课程管理体系改革。改变课程管理过于集中的状况，实行国家、地方、学校三级课程管理，增强课程对地方、学校及学生的适应性。

2. 分析影响能力形成的原因和条件。

【答案要点】

（1）能力是影响活动效率并使活动得以顺利完成的个性心理特征。首先，能力是和活动紧密相连的，一方面，能力在活动中形成与发展，另一方面，能力在活动中得以表现；其次能力是直接影响活动效率的心理特征。

（2）能力形成的原因和条件。

①遗传的影响。遗传对智力的影响主要表现在身体素质上，如感官的特征、四肢及运动器官的特征、脑的形态和结构的特征等。身体素质是能力发展的自然前提，对能力的发展有重要的影响；感官的特性、神经系统的特性对能力的发展也有作用。但是身体素质不等于能力本身，具有相同身

体素质的人可能发展多种不同的能力；而良好的素质如果没有得到必要的培养和训练，能力也可能得不到应有的发展。

②环境和教育对能力形成的影响。产前环境的影响包括母亲的怀孕年龄、母亲服药、患病等因素；早期经验的作用对能力发展也至关重要，丰富的环境刺激有利于能力的发展，同时，缺乏母亲抚爱的婴儿可能出现智力发展的问题；学校教育能够对年轻一代施加有目的、有计划、有组织的影响，学生通过系统地接受教育，不仅要掌握知识和技能，而且要发展能力和其他心理品质。

③实践活动的影响。人的各种能力是在社会实践活动中最终形成起来的，离开了实践活动，即使有良好的素质、环境和教育，能力也难以形成和发展起来。

④人的主观能动性的影响。能力的提高离不开人的主观努力，即人的自觉能动性。一个人刻苦努力、积极向上，具有广泛的兴趣和强烈的求知欲，他的能力就可能得到发展，相反，一个人饱食终日、无所用心，工作上没要求，事业上无大志，对周围的一切事物态度冷淡、没兴趣，他的能力就不可能有较好的发展。因此，人的能力发展是与其他心理品质的发展分不开的。

能力的形成与发展依赖于多种因素的交互作用，虽然各种影响因素在决定能力高低与发展历程中所占比重无法精确估算，但有一点是不可否定的，即遗传、环境和主观努力在能力发展中的作用是缺一不可的。

2012年 广西师范大学 333 教育综合·真题解析

一、名词解释

教育的负向功能

从作用的方向看，教育功能可以分为正向功能和负向功能。教育的负向功能是指教育的效果是消极的，对人的发展和社会进步的影响是负向的。

培养目标

培养目标是各级各类学校依据国家教育目的和不同类型教育的性质与任务，对受教育者身心发展所提出的具体标准和要求。教育目的和培养目标是一般与特殊的关系：教育目的是制定培养目标的依据，培养目标是教育目的的具体化，即培养目标不能脱离教育目的，教育目的要体现、落实在培养目标之中。

教学设计

教学设计是指研究教学系统、教学过程和制订教学计划的系统方法。它是教师在备课过程中，以传播理论和学习理论等为基础，应用系统论的观点和方法，分析教学中的问题和需求，确定教学目标，设计解决问题的步骤，选择相应的教学策略和教学媒体，形成教学方案，分析评价其结果并修改方案的过程。

课程内容

课程内容是课程的核心要素，是根据课程目标从人类的经验体系中选择出来，并按照一定的学科逻辑序列和儿童心理发展需求组织编排而成的知识体系和经验体系。它以学科文化知识为核心，主要包括间接经验，但也包括设计一定的实践－交往活动要求学生获取的直接经验，以及预期的学习活动方式。

有意义学习

有意义学习就是符号所代表的新知识与学习者认知结构中已有的适当观念建立非任意的和实质性的联系。有意义学习的类型包括表征学习、概念学习和命题学习。

陈述性知识

陈述性知识是关于"是什么"的知识，是对事实、定义、规则和原理等的描述。容易被人意识到，并且人能够明确地用词汇或者其他符号将其系统地表述出来。

二、简答题

1. 在信息时代，如何认识学校教育的主导作用？

【答案要点】

教育在人的现代化过程中起着重要作用，因为学生在学校里不仅学会了读、写、算等各个方面的基础知识与技巧，而且学到了与他们个人的发展和国家的未来有关的态度、价值和行为方式。人的现代化是社会现代化的重要基础和前提条件，我们应该自觉地优先发展教育，高度重视并充分发挥教育对人的现代化的促进作用。学校教育的主导作用主要体现在以下几个方面：

（1）学校教育具有较强的目的性。学校是专门培养人的机构，其一切活动几乎都是围绕有目的地培养人而展开的。

（2）学校教育具有较强的系统性。人的培养是一个复杂的系统工程，因此学校教育必须要有较强的系统性，在总体上要避免教育影响的自发性、偶然性、随意性、片面性。

（3）学校教育具有较强的选择性。影响人的发展的因素是复杂多样的，这就需要学校教育对复杂多样的教育影响进行选择、整理和加工，避害趋利，去伪存真，尽可能为年轻一代的发展营造一个良好和谐的环境。

（4）学校教育具有较强的专门性。在所有的社会机构中，学校是培养人的最专门的场所，因而学校教育在培养人上最具有专门性。

（5）学校教育具有较强的基础性。从终身教育的角度看，各级各类学校教育都是在不同层面上为人一生的发展打基础，包括为一生的"做人"打基础。

2. 如何理解发展智力与掌握知识的关系？

【答案要点】

（1）智力的发展与知识的掌握二者相互依存，相互促进。

在教学过程中，学生智力的发展依赖于他们知识的掌握，对学生来说，掌握、运用知识及其反思、改进的过程，也就是他们运用和发展智力的过程；同时，学生对知识的掌握又依赖于他们的智力发展，只有那些智力发展好的学生，他们的接受能力才强、学习效率才高，而智力发展较差的学生在学习中则有较多的困难。

（2）生动活泼地理解和创造性地运用知识才能有效地发展智力。

通过传授知识发展学生智力是教学的一个重要任务，然而知识不等于智力，一个学生知识的多少并不一定能标志他的智力发展的高低。因此，在教学中不仅要教给学生知识，而且要引导学生通过生动活泼的教学活动，透彻地理解知识原理，了解获取知识的过程与方法，学会独立思考、推理与论证，创造性地解决实际问题，这样才能使学生的智力获得高水平的发展。

（3）防止单纯抓知识教学或只重能力发展的片面性。

在教学实践中，有的认为"双基"教学抓好了，学生的智力就自然地发展了，却忽视引导学生通过探究、反思有意识地锻炼自己的智力；有的则只注重学生自主探究、反思，却忽视通过系统知识和原理的学习与运用来发展智力。这两者都不利于提高教学质量。

3. 加德纳的多元智力发展理论。

【答案要点】

多元智力理论认为，不存在单纯的某种智力和达到目标的唯一方法，每个人都会用自己的方式来发掘各自的大脑资源，这种为达到目的所发挥的各种个人才智才是真正的智力，造就了人与人之间的不同。人的智力可以分为八种。

（1）逻辑数学智力：运算和推理等科学或数学的一般能力，以及处理较长推理、识别秩序、发现模型和建立因果模型的能力。

（2）语言智力：运用语言达到各种目的的能力以及对声音、韵律、语意、语序和灵活操纵语言的敏感能力，包括听、说、读和写的能力。

（3）音乐智力：感受、辨别、记忆、理解、评价、改变和表达音乐的能力。

（4）空间智力：准确感受视觉－空间世界的能力，包括感受、辨别、记忆、再造、转换以及修改物体的空间关系，并借此表达思想和情感的能力。

（5）身体运动智力：控制自己身体运动和技术性地处理目标的能力。

（6）人际关系智力：与人相处和交往的能力，表现为觉察他人情绪、情感、气质、意图和需求的能力并据此做出适当反应的能力。

（7）内省智力：认识、洞察和反省自身的能力，并在正确的自我意识和自我评价的基础上形成自尊、自律和自制的能力。

（8）自然智力：认识物质世界的相似和相异性及动物、植物和自然环境其他事物的能力。

4. 建构主义理论的核心观点。

【答案要点】

（1）知识观。建构主义者质疑知识的客观性和确定性，强调知识的动态性，具体体现在以下几方面：知识的动态性、知识的情境性、知识学习的主动建构性。

（2）学生观。建构主义认为，学生并不是被动接受教师传授的知识，而总是以自己的经验背景或自己的经验来建构对事物的理解。具体表现在以下几方面：建构主义者强调学生经验世界的丰富性和差异性；学生基于相关的经验，依靠推理和判断能力，形成对问题的某种解释；教学要引导儿童从原有的知识经验中"生长"出新的知识经验；教学要增进学生之间的合作。

（3）学习观。建构主义认为，学习是学习者主动地赋予信息以意义，建构自己的知识经验的过程，具有三个重要特征：主动建构性、社会互动性、情境性。

（4）教学观。教学要激活学生原有的相关知识经验，促进知识经验的"生长"，促进学生的知识建构活动，培养学生的求知欲和探究能力；教学要为学生创设理想的学习情境，同时给学生提供丰富支持，促进他们自身建构意义以及解决问题的活动。

三、分析论述题

1. 论述分科课程与综合课程的关系及其对我国基础教育课程改革的启示。

【答案要点】

（1）分科课程是指根据学校培养目标和科学发展，分门别类地从各门科学中选择适合学生年龄特征与发展水平的知识所组成的教学科目。

①特点：重视成人生活的分析及对儿童为适应未来社会生活需要所做准备的要求，有明确的目

的与目标；能够按照人类整理的科学文化知识的逻辑系统，结合学生身心发展的特点进行教学；强调课程与教材内在的伦理精神价值和智能训练价值。

②优点：符合学生认识特点，便于在短时间内掌握人类长期积累起来的科学文化知识与基本技能。

③缺点：往往忽视儿童现实的兴趣与欲求，易与学生的生活和经验脱节，使学生被动、消极，造成死记硬背等弊端。

（2）综合课程又称"广域课程""统合课程"或"合成课程"。它采取合并相关学科的办法，减少教学科目，把几门学科的教学内容组织在一门综合学科之中，根本目的是克服学科课程分科过细的缺点。

①优点：比较容易贴近社会现实和实际生活，通过把多种学科的相关内容融合在一起，构成新的课程。

②缺点：教材的编写：通晓各门学科的人才较少，聘请教师来编写综合课程的教材会有一定的难度；师资问题：过去培养的师资专业划分过细，那些只受过单一学科训练的教师难以胜任综合课程的教学。

（3）分科课程与综合课程的关系：从课程组织形式来看，分科课程与综合课程是两类不同且相对应的课程。

①分科课程是一种单学科的课程组织形式。它是从分门别类的学科知识中选取相应内容，按照各学科知识的自身逻辑组成不同学科的课程，如语文、数学等。它强调不同学科门类之间的相对独立性，强调一门学科逻辑体系的完整性。

②综合课程是一种多学科课程组织形式。它是出于对现实生活和实际问题复杂性的认识，试图用两种或两种以上学科的知识和方法，探究和解决同一项目主题或问题的课程形式。它强调项目主题或问题本身的复杂性和重要性，强调不同学科之间的关联性、统一性和内在联系，弱化学科之间的界限。

（4）对我国基础教育课程改革的启示。

①倡导个性化的知识生成方式。新课程旨在扭转以"知识传授"为特征的教学局面，把转变学生的学习方式作为重要的着眼点，以尊重学生学习方式的独特性和个性化作为基本信条，从而使教、学、师生关系等概念获得了新的含义。

②增强课程内容的生活化、综合化。首先，加强课程与学生生活和现实社会的联系；其次，设置许多综合性学科，推进课程的综合化，对已有的课程结构进行改造；再次，各分科课程都在尝试综合化的改革，强调科学知识同生活世界的交汇，理性认识同感性经验的融合。

2. 论述创造性思维的培养方法。

【答案要点】

创造性思维是思维活动的高级过程，是个人在已有经验的基础上，发现新事物、创造新方法、解决新问题的思维过程，具有流畅性、灵活性和独特性三个特征。

创造性思维的训练方法：

（1）脑激励法。又称大脑风暴法，核心思想就是把产生想法和评价想法区分开来，基本做法是教师先提出问题，然后鼓励学生寻找尽可能多的答案，不必考虑该答案是否正确，教师也不做评论，一直到所有可能想到的答案都提出来了为止。

（2）分合法。本义是原本不相同的、不相关的元素加以整合，包括两种心理运作过程，即使熟悉的事物变得新奇和使新奇的事物变得熟悉。分合法主要运用类比和隐喻的技术来帮助学生分析问题，形成不同的观点。

（3）联想技术。包括定向联想和自由联想两种。定向联想是指对联想的方向给出了规定，是有限制的联想方法，自由联想技术即教师提供一个刺激，让学生以不同的方式自由反应。学生从已学知识、已有经验出发，运用联想技巧去寻找并建立事物间新奇而富有意义的联系。教师对于学生所提的看法或意见不给予建议或批评，完全让学生依据自己的方式自由提出各种不同的想法及观念。当学生提出独特的、少有的构想时，教师则进行鼓励。

2011年 广西师范大学 333 教育综合·真题解析

一、名词解释

教学过程

教学过程是教师根据教学目的、任务和学生身心发展的特点，通过指导学生有目的、有计划地掌握系统的文化科学知识和基本技能，发展学生智力和体力，形成科学的世界观及培养道德品质、发展个性的过程。

课程标准

课程标准是指在一定课程理论指导下，依据培养目标和课程方案以纲要形式编制的关于课程的性质与价值、目标与内容、教学实施建议以及课程资源开发等方面的指导性文件，一般由说明、课程目标、课程内容标准和课程实施建议等部分组成。

苏格拉底法

苏格拉底法也称"问答法""产婆术"，是由讥讽、助产术、归纳和定义四个步骤组成的独特的方法。这是苏格拉底探讨伦理哲学的研究方法，也是他的教学方法。

发现学习

发现学习是指学生在学习情境中，经过自己探索寻找，从而获得问题答案的一种学习方式，布鲁纳所说的发现不只限于寻求人类尚未知晓的事物的行为，也包括用自己的头脑亲自获取知识的一切形式。

心智技能

心智技能是指一种借助于内部语言在人脑中进行的认知活动方式，如默读、心算、写作和分析等技能。根据适用范围的不同，心智技能可以分为专门心智技能和一般心智技能。其特点是动作对象的观念性、动作执行的内潜性和动作结构的简缩性。

《学记》

《学记》是《礼记》的一篇，是中国古代最早的一篇专门论述教育、教学问题的论著，因此有人认为它是"教育学的雏形"。《学记》是先秦时期儒家教育和教学活动的理论总结，它主要论述教育的具体实施，偏重于说明教学过程的各种关系。

二、简答题

1. 简述教师的基本素养。

【答案要点】

（1）高尚的师德。包括热爱教育事业，富有献身精神和人文精神；热爱学生，诲人不倦；热爱集体，团结协作；严于律己，为人师表。

（2）先进、科学的教育理念。教育理念是教师在对教育工作本质理解的基础上形成的关于教育的观念和理性信念，它是以观念或信念的形式存在于教师头脑中的对教育现象和教育问题的看法。

（3）宽厚的文化素养。教师的主要任务是通过向学生传授科学文化知识，培养其能力，促进其个性生动活泼地发展。一个好教师的基本条件之一，就是要有比较渊博的知识和多方面的才能。

（4）专门的教育素养。教师的专门教育素养水平及其合理结构是教育教学任务得以完成的重要保证，它主要包括教育理论素养、教育能力素养和教育研究素养。

（5）健康的心理素质。教师的心理健康不仅会直接影响教育工作的优劣成败，而且会影响学生的心理健康水平。因此，教师应该注重提高自己的心理素质。

（6）强健的身体素质。教师的身体素质是指教师在教学活动中的自然力，是教师的身体健康状态和身体素质状态在教学中的表现。

2. 简述陶行知的生活教育思想。

【答案要点】

（1）"生活即教育"。

"生活即教育"是陶行知生活教育理论的核心。其内涵包括：生活含有教育的意义；实际生活是教育的中心；生活决定教育，教育改造生活。

（2）"社会即学校"。

"社会即学校"是生活教育理论另一重要主张，是"生活即教育"思想在学校与社会关系问题上的具体化。"社会即学校"，是指"社会含有学校的意味"，或者说"以社会为学校"。由于到处是生活，到处都是教育，"整个的社会是生活的场所，亦即教育之场所"。

"社会即学校"，也指"学校含有社会的意味"。也就是说，学校通过与社会生活相结合，一方面运用社会的力量使学校进步，另一方面动员学校的力量帮助社会进步，使学校真正成为社会生活必不可少的组成部分。

（3）"教学做合一"。

"教学做合一"是生活教育理论的又一重要主张，是"生活即教育"在教学方法问题上的具体化。其含义为：教的方法根据学的方法，学的方法根据做的方法。事怎样做便怎样学，怎样学便怎样教。教与学都以做为中心。包括以下四个要点："教学做合一"要求在"劳力上劳心"；"教学做合一"是因为"行是知之始"；"教学做合一"要求"有教先学"和"有学有教"；"教学做合一"还是对注入式教学法的否定。

3. 简述卢梭的自然教育理论。

【答案要点】

（1）卢梭自然主义教育的核心是"回归自然"。自然教育最终目的是培养"自然人"，即身心调和发达、体脑两健、能力强盛的新人，也就是摆脱封建羁绊的资产阶级新人。

（2）自然教育的方法原则：树立正确的儿童观、消极教育、自然后果律、根据儿童天性的个体差异因材施教。

（3）自然教育的实施：卢梭根据自然教育的原则，根据人的自然发展的进程和不同年龄时期身心的特点，把自然教育分为婴儿期、儿童期、少年期和青春期。

4. 简述马斯洛的需要层次理论。

【答案要点】

人本主义心理学家马斯洛认为，个体的任何行为动机都是在需要发生的基础上被激发起来的。他把动机看作需要，认为动机是由多种不同性质的需要组成，各种需要之间又有先后顺序和高低层次之分，提出了动机的需要层次理论。

（1）七种需要。分别为生理需要、安全需要、归属与爱的需要、尊重的需要、求知与理解的需要、审美的需要和自我实现的需要。

（2）七种需要的分类。马斯洛认为各种需要之间不但有高低之分，而且有先后顺序，低一层次需要获得满足或部分满足之后，高一层次需要才会产生。他将七种需要分为缺失需要即前四种和成长需要即后三种。缺失需要是我们生存所必需的，对生理和心理的健康是很重要的，必须得到一定程度的满足，一旦得到了满足，由它们产生的动机就会消失；成长需要不是生存所必需，但对于适应社会有很重要的积极意义，很少能得到完全满足。

三、分析论述题

1. 试述教育的社会流动功能及其意义。

【答案要点】

（1）教育的社会流动功能的含义。

教育的社会流动功能是指社会成员通过教育的培养、筛选和提高，能够在不同的社会区域、社会层次、职业岗位、科层组织之间转换、调整和变动，以充分发挥其个人的智慧才能，实现其人生价值。它包括横向流动功能和纵向流动功能。前者指改变其环境而不提升其社会层级地位；后者指改变其社会层级地位及作用。

（2）教育的社会流动功能在当代的重要意义。

①教育是个人社会流动的基础。如今，不管从事什么行业，要在社会上生存与流动，就要有一定的文化知识和能力，必须接受一定的教育。它使享受这一教育的人能够选择自己将要从事的职业，参与建设集体的未来和继续学习。

②教育是现代社会流动的主要通道。今天，我国农村的年轻一代要成功地进行社会流动，尤其是向上流动，必须经过教育，甚至只有经过优质的高等教育才能实现。

③教育深刻影响社会公平。教育的社会流动，实质上涉及教育机会均等与社会公平问题。到近代，人们才逐步提出普及教育与入学机会人人均等的要求。如今，各国纷纷实行普及义务教育制度，注重教育公平，这是教育发展的趋势。

2. 试述文艺复兴时期人文主义教育的特征。

【答案要点】

（1）人本主义。

人文主义教育在培养目标上注重个性发展，在教育教学方法上反对禁欲主义，尊重儿童天性，坚信通过教育这种后天的力量可以重塑个人、改造社会和自然，这些都表现出人本主义内涵，人的力量、人的价值被充分肯定。

（2）古典主义。

人文主义教育思想吸收了许多古人的见解，人文主义教育实践尤其是课程设置亦具有古典性质，但这种古典主义绝非纯粹的"复古"，实则含有古为今用、托古改制的内涵，这在当时是进步的。

（3）世俗性。

不论从教育目的还是从课程设置等方面看，人文主义教育洋溢着浓厚的世俗精神，教育更关注今生而非来世，这是人文主义教育与中世纪教育的根本区别。

（4）宗教性。

人文主义教育仍具有宗教性，几乎所有的人文主义教育家都信仰上帝，他们虽然抨击天主教会的弊端，但不反对宗教更不打算消灭宗教，他们希冀以世俗和人文精神改造中世纪陈腐专横的宗教性，以造就一种更富世俗色彩和人性色彩的宗教性。

（5）贵族性。

这是由文艺复兴运动的性质所决定的。人文主义教育的对象主要是上层子弟，教育的形式多为宫廷教育和家庭教育而非大众教育，教育的目的主要是培养上层人物如君主、侍臣、绅士等。

综上可见，人文主义教育具有两重性，进步性与落后性并存，尽管它有不足之处，但它涤荡了中世纪教育的阴霾，展露出新时代教育的灿烂曙光，开了欧洲近代教育之先河。

3. 试述加德纳的多元智力理论及其启示。

【答案要点】

（1）理论内容。

多元智力理论认为，不存在单纯的某种智力和达到目标的唯一方法，每个人都会用自己的方式来发掘各自的大脑资源，这种为达到目的所发挥的各种个人才智才是真正的智力，造就了人与人之间的不同。人的智力可以分为八种。

①逻辑数学智力：运算和推理等科学或数学的一般能力，以及处理较长推理、识别秩序、发现模型和建立因果模型的能力。

②语言智力：运用语言达到各种目的的能力以及对声音、韵律、语意、语序和灵活操纵语言的敏感能力，包括听、说、读和写的能力。

③音乐智力：感受、辨别、记忆、理解、评价、改变和表达音乐的能力。

④空间智力：准确感受视觉－空间世界的能力。包括感受、辨别、记忆、再造、转换以及修改物体的空间关系，并借此表达思想和情感的能力。

⑤身体运动智力：控制自己身体运动和技术性地处理目标的能力。

⑥人际关系智力：与人相处和交往的能力，表现为觉察他人情绪、情感、气质、意图和需求的能力并据此做出适当反应的能力。

⑦内省智力：认识、洞察和反省自身的能力，并在正确的自我意识和自我评价的基础上形成自尊、自律和自制的能力。

⑧自然智力：认识物质世界的相似和相异性及动物、植物和自然环境其他事物的能力。

（2）加德纳多元智能理论的启示。

①加德纳认为用学校的标准化考试来区分儿童智力高低和考察学校教育的效果，是片面的，这种做法过分强调语言智力和逻辑数学智力，否认了学生的其他潜能。

②他提出了"以个人为中心的教育"。强调每个学生都具备这八种智能，但所擅长的智能各不相同，教育要以学生的智能为基础，同时要培养学生的特长智能。

③多元智能理论还指导教师从多种智能途径增进学生对学科内容的理解。

4. 试述掌握知识与发展智力的关系。

【答案要点】

（1）智力的发展与知识的掌握二者相互依存，相互促进。

在教学过程中，学生智力的发展依赖于他们知识的掌握，对学生来说，掌握、运用知识及其反思、改进的过程，也就是他们运用和发展智力的过程；同时，学生对知识的掌握又依赖于他们的智力发展，只有那些智力发展好的学生，他们的接受能力才强、学习效率才高，而智力发展较差的学生在学习中则有较多的困难。

（2）生动活泼地理解和创造性地运用知识才能有效地发展智力。

通过传授知识发展学生智力是教学的一个重要任务，然而知识不等于智力，一个学生知识的多少并不一定能标志他的智力发展的高低。因此，在教学中不仅要教给学生知识，而且要引导学生通过生动活泼的教学活动，透彻地理解知识原理，了解获取知识的过程与方法，学会独立思考、推理与论证，创造性地解决实际问题，这样才能使学生的智力获得高水平的发展。

（3）防止单纯抓知识教学或只重能力发展的片面性。

在教学实践中，有的认为"双基"教学抓好了，学生的智力就自然地发展了，却忽视引导学生通过探究、反思有意识地锻炼自己的智力；有的则只注重学生自主探究、反思，却忽视通过系统知识和原理的学习与运用来发展学生的智力。这两者都不利于提高教学质量。

2010年 广西师范大学 333 教育综合·真题解析

一、名词解释

教育活动的基本要素

教育活动的基本要素就是指构成教育活动最基本的成分，从宏观角度看，教育活动由教育主体、教育目标、教育内容、教育手段、教育环境、教育途径六个基本要素构成，从微观角度看，教育活动由教育者、受教育者、教育内容和教育活动方式四个基本要素构成。

教育目的的价值取向

教育目的的价值取向是指教育目的的提出者或从事教育活动的主体，依据自身对人和社会发展需要的理解而对教育价值做出选择时所持有的一种倾向。构成教育目的的选择上的两种典型的价值取向是个人本位论和社会本位论。

特朗普制

特朗普制也被称为"灵活的课程表"，出现于20世纪50年代的美国。其基本做法是：将大班上课、小班讨论、个人独立研究结合在一起，这三种形式穿插进行，分别占有的时间大约是40%、20%、40%；采用灵活的时间单位代替固定划一的上课时间，以大约二十分钟为计算课时的单位。

动机

动机是指激发、引导、维持并使行为指向特定目的的一种力量，它可用来解释个体行为的原因。动机的产生依赖需要和诱因两大因素。个体的行为取决于需要和诱因的相互作用。需要和诱因相互结合才能成为实际活动的动机。

气质

气质就是平常所说的脾气秉性，是表现在心理活动的强度、速度、灵活性与指向性的一种稳定的心理特征。心理学家把人的气质分为多血质、胆汁质、抑郁质和黏液质四种类型。一般认为，气质无好坏之分，每种气质都有其长处和短处。

二、简答题

1. 怎样理解教学过程是一种特殊的认识过程？

【答案要点】

（1）引导学生循序渐进地学习和运用知识的认识活动是贯彻教学过程始终的基本而特有的活动；教学中的交往活动是围绕认识活动进行的；教学中的促进学生身心发展，并使其符合社会进步目标的价值活动则是在相关的认识与交往活动基础上进行的。

（2）教学过程要受认识过程的一般规律所制约：首先，要明确学生是能动的生命体、学习主体，教学应激发学生主动性、创造性；其次，要遵循"从生动的直观到抽象的思维，并从抽象的思维到实践"这个认识真理、认识客观实在的辩证的途径；最后，要重视认识是个体的经验改造和建构的过程，也是群体交互作用的过程。

（3）教学过程也要注重学生认识过程的特性：首先是间接性，主要以学习人类积累的科学文化知识为中介，间接地认识现实世界；其次是引导性，需要在教师引导下进行认识，而不能独立完成；最后是简捷性，走的是一条认识的捷径，是一种科学文化知识的再生产。

（4）教学过程只有既遵循认识的一般规律，又注重学生的认识特性，才能卓有成效。

2. 简述学科课程论的基本观点。

【答案要点】

学科课程论主张分科教学，是一种以传递各科学科知识为中心任务的课程观。20世纪流行的"要素主义课程论"和"结构主义课程论"是学科课程论在当时的反映。

（1）代表人物：斯宾塞、赫尔巴特和布鲁纳等。

（2）基本内容：第一，以学科知识或文化的发展作为课程目标的基本来源，根据知识的逻辑体系将所选知识组织成为学科；第二，学科课程论的目的是使学生系统地学习各门学科，最终把握人类的文化遗产，为未来的生活做准备；第三，学科课程的编制者一般都是科学家或学科专家，主要关心社会的需要。

3. 说明学生掌握知识的基本阶段。

【答案要点】

（1）传授－接受教学的学生掌握知识的基本阶段。

①传授－接受教学又称接受学习，是指教师主要通过语言传授、演示与示范使学生掌握基础知识、基本技能，并对他们进行思想情趣熏陶的教学。

②基本阶段：引起学习动机；感知教材；理解教材；巩固知识；运用知识；检查知识、技能和技巧。

③具体要求：要根据具体情况有创意地设计教学过程阶段；完成预计的教学阶段任务也不可机械死板，要根据情况变化，灵活机智地进行。

（2）问题－探究教学的学生获取知识的基本阶段。

①问题－探究教学是指在教师引导下，学生主要通过积极参与对问题的分析、探索，主动地发现或建构新知，获得学习与探究的方法、能力与科学人文精神的教学。

②基本阶段：明确问题；深入探究；做出结论。

③具体要求：要根据具体情况创造性地运用；要善于将学生的好奇心引导到获取真知的探究目的上来。

4. 教师如何激发学生的内在学习动机？

【答案要点】

（1）创设问题情境。引起认知矛盾，使学生产生特殊的好奇心是激发内部动机的有效途径。有效的教学应该创设一种似懂非懂，一知半解的问题情境，让学生产生疑惑、矛盾等心理状态，以引起求知欲望和学习兴趣，激起学习的主动性。

（2）竞赛与合作。在竞赛中学生的成就动机更强烈，并能提高学习兴趣，增强克服困难的毅力，表现出更高的学习积极性。近年来的研究表明，合作的学习环境比竞争的学习环境更容易使学生产生成功经验及内部学习动机，使学生努力追求掌握目标。因此要努力创设一种既有竞争又有合作的学习环境。

（3）学习动机的迁移。是指把其他活动的动机转移到学习上来，或把对某一学科的学习动机转移到另一学科的学习中去。学生内部学习动机的激发关键在于教师要让学生体验到成功的愉悦，培养学生对学习的兴趣，使学生产生自我效能感和自我决定感。

三、分析论述题

1. 简述人本主义学习观及其对教学改革的意义。

【答案要点】

（1）罗杰斯的自由学习观。

①知情统一的教学目标。教育应该要培养"躯体、心智、情感、精神、心力融汇一体"的人，即既用情感的方式也用认知的方式行事的情知合一的人，这种情知融为一体的人为"全人"或"功能完善者"。

②有意义学习与自由学习。有意义学习是一种与个人各部分经验都融合在一起，使个人的行为、态度、个性以及在未来选择行动方针时发生重大变化的学习。自由学习就是教师要信任学生、信任学生的学习潜能，为学生提供各种学习的资源和一种促进学习的气氛，让学生自己决定如何学习，使其在交往中形成适应自己风格的、促进学习的最佳方法。

（2）对教学改革的意义。

①在教育目标上，人本主义学习理论强调发展人性，注重创造潜能的启发，引导认知与经验的结合，注重人的理性与情感的均衡发展，使学生肯定自己，并进而促进自我实现。

②在教育方法上，它重视自由创造、经验的学习、主动探索与角色扮演。

③在课程设计上，注重师生共同设计、问题解决并从行动中加以学习。

④教学思想和实践上，主张以自我发展为导向，适用学生的需要，帮助学生发展。

2. 联系实际谈谈如何培养学生问题解决的能力。

【答案要点】

（1）鼓励质疑。教师要尽量从自己提出问题过渡到让学生质疑，从而培养学生主动质疑的内在动机，鼓励学生主动提问，形成一种自由探究的气氛。

（2）设置难度适当的问题。教师给学生的问题要可解，但也要有一定的难度。

（3）帮助学生正确表征问题。学生运用所学知识解释问题，或者画草图、列表、写方程式等，这对回忆相关信息都有很好的作用。

（4）帮助学生养成分析问题的习惯。教师要帮助学生发展系统考虑问题的方式和系统分析的习惯，既不能让学生盲目尝试错误练习，也不能过分热心，先把答案告诉学生。

（5）辅导学生从记忆中提取信息。教师需要帮助学生从记忆中迅速提取与解决问题有关的信息，并能很快找出可利用的信息，明确问题解决情境与想要达到的目的，迅速做出判断。

（6）训练学生陈述自己的假设及其步骤。教师要培养学生由跟从别人的言语指导转变到自行指导思考，然后再要求他们自己用言语把指导步骤表达出来。

（7）提供结构不良问题，培养实际解决问题的能力。通过对这些问题的解决，能让学生将解决问题的能力迁移到实际领域中去。

2022年 海南师范大学 333 教育综合·真题真练

一、名词解释
学制　个人本位论　三纲领八条目　朱子读书法　泛智论　国防教育法

二、简答题
1. 简述《学记》的教学原则。
2. 简述蔡元培"五育并举"的教育思想。
3. 简述罗杰斯自由学习的促进方法。
4. 简述综合实践活动的本质特征。

三、分析论述题
1. 论述教学过程中应该处理好的几种关系。
2. 结合例子论述德育过程中的基本规律。
3. 论述科尔伯格的道德认知发展理论及教育启示。
4. 论述存在主义教育理论的主要观点及影响。

2021年 海南师范大学 333 教育综合·真题真练

一、名词解释
非智力因素　发散思维　百家争鸣　最近发展区　道尔顿制　隐性课程

二、简答题
1. 简述结构主义教育。
2. 隋唐的科举制度的影响和作用。
3. 卢梭的自然主义。
4. 中世纪大学的特征。

三、分析论述题
1. 孔子的教育思想。
2. 杜威的教育思想。
3. 师生关系。
4. 影响人身心发展的因素。

2020年 海南师范大学 333 教育综合·真题真练

一、名词解释
长善救失　课程标准　新教育运动　发现学习　苏格拉底法　元认知

二、简答题
1. 简述当前基础教育课程改革的具体目标。
2. 张之洞中体西用的作用和局限。
3. 简述知识迁移与应用的措施。
4. 简述建构主义学习理论的基本观点。

三、分析论述题
1. 教学中应处理的几种关系。
2. 教育目的价值取向和评价。
3. 陶行知生活教育理论和启示。
4. 中世纪大学的地位和作用。

2019年 海南师范大学 333 教育综合·真题真练

一、名词解释
教育目的　太学　元认知　课程　绅士教育　生活教育

二、简答题
1. 中世纪大学的特征。
2. 教学过程中要处理的关系。
3. 书院教育的特点。
4. 影响知识理解的因素。

三、分析论述题
1. 学校管理的趋势。
2. 人文主义教育的特点、影响和贡献。
3. 陶行知生活教育理论和实践。
4. 如何促进学生不良品德的转化。

2018年 海南师范大学 333 教育综合·真题真练

一、名词解释
多元智力　国防教育法　导生制　教育目的　课程标准　学习策略

二、简答题
1. 简述马克思主义人的全面发展和教育的关系。
2. 简述苏格拉底法。
3. 影响人的发展的因素。
4. 教育在社会主义中的地位和作用。

三、分析论述题
1. 教育过程中应该处理好的关系。
2. 同伴关系的培养和措施。
3. 蔡元培的五育并举。
4. 陶行知生活教育的现实意义。

2017年 海南师范大学 333 教育综合·真题真练

一、名词解释
班主任　学制　活动课程　理想国　洛克　目标游离评价

二、简答题
1. 简述建构主义的主要思想。
2. 张之洞的"中体西用"。
3. 班主任的基本任务。
4. 遗传在人发展中的作用。

三、分析论述题
1. 孟子和荀子的教育思想的异同。
2. 杜威的教育思想及评析。
3. 学校德育工作开展的途径与效果。
4. 最近发展区的主要观点与教学应用。

2016年 海南师范大学 333 教育综合·真题真练

一、名词解释
教育学　课程目标　有意义学习　骑士教育　六艺　双轨学制

二、简答题
1. 简述教学组织形式。
2. 简述人的身心发展规律。
3. 简述教育的经济功能。
4. 简述皮亚杰认知发展阶段理论。

三、分析论述题
1. 请比较斯巴达教育与雅典教育的区别。
2. 陶行知的"生活教育"思想。
3. 认知发展的一般规律。
4. 教师劳动的特点。

2015年 海南师范大学 333 教育综合·真题真练

一、名词解释
替代强化　认知结构　教育　遗传素质　教育方针　学制

二、简答题
1. 简述秦朝的文教政策。
2. 简述古代雅典的教育制度。
3. 简述教育与生产力的关系。
4. 简述德育原则。

三、分析论述题
1. 述评现代迁移理论的基本观点，并分析学习理论和迁移理论之间的关系。
2. 述评蔡元培"五育并举"的教育方针。
3. 述评杜威和赫尔巴特的课程与教学理论。
4. 你认为应该怎样促进教师专业发展。

2014年 海南师范大学333教育综合·真题真练

一、名词解释
教育 "苏格拉底方法" 心理发展 "致良知" 1922年"新学制" 1944年《教育法》

二、简答题
1. 试述创造性的心理结构及培养途径。
2. 试述教学的任务与过程。
3. 试述新课程改革的基本内容与特点。
4. 试述德育的内容与过程。

三、分析论述题
1. 试论述教师素养的构成、教师专业发展的过程及途径。
2. 试评述孔子的教育实践与思想。
3. 试评述建构主义学习理论。

2013年 海南师范大学333教育综合·真题真练

一、名词解释
教育目的 教学 教育制度 学校管理 最近发展区 精细加工策略

二、简答题
1. 简要回答《大学》中"三纲领、八条目"的内容及其含义。
2. 简述人文主义教育的主要特征。
3. 简述问题解决的过程。
4. 简要分析罗杰斯的学习理论。

三、分析论述题
1. 有人认为"近墨者黑",有人认为"近墨者未必黑"。请联系相关理论和个体实践谈谈你对个问题的看法。
2. 中国当前的教育不公平主要表现在哪几个方面?请你选择某一方面并分析其产生的原因,尝试提出解决的对策。
3. 试论述陶行知"生活教育"理论的主要内容。
4. 试评述杜威的教育本质论。

2012年 海南师范大学 333 教育综合·真题真练

一、名词解释
教育目的 "双轨制" 京师同文馆 "活教育" 骑士教育 《莫雷尔法案》

二、简答题
1. 举例说明螺旋式课程内容组织及其依据和适用性。
2. 何谓发展性教学原则？在教学中遵循发展性教育原则有哪些基本要求？
3. 举例说明学校实施德育的途径。
4. 简述埃里克森人格发展理论的教育意义。

三、分析论述题
1. 试分析学校转型性变革背景下教师的基本素养。
2. 阅读以下材料，分析和评论其中的教育思想：

虽有嘉肴，弗食不知其旨也；虽有至道，弗学不知其善也。是故，学然后知不足，教然后知困。知不足，然后能自反也；知困，然后能自强也。故曰：教学相长也。《兑命》曰：教学半。其此之谓乎？

3. 试述永恒主义教育理论及其对当代世界教育实践的影响。
4. 结合学习实例，论述问题解决过程中各阶段的主要策略。

2011年 海南师范大学 333 教育综合·真题真练

一、名词解释
人的发展 教育的社会流动功能 终身教育 元认知 骑士教育 有教无类

二、简答题
1. 教师角色的冲突有哪些？如何解决？
2. 比较孟子和荀子人性观及他们对教育的作用的认识。
3. 学生认知的差异有哪些表现？为此，教学应注意哪些方面？
4. 简述卢梭的自然教育思想。

三、分析论述题
1. 教育的相对独立性表现在哪些方面？并就此谈谈你对教育与社会发展的关系的认识。
2. 试论隋唐科举制与学校教育的关系，并分析其在历史上的影响。
3. 论述皮亚杰的道德认知发展理论，并联系实际加以评价。
4. 论述文艺复兴时期人文主义教育的主要特征、影响及其贡献。

2010年 海南师范大学 333 教育综合·真题真练

一、名词解释
教育学　教学评价　有教无类　学在官府　骑士教育　加德纳的多元智力理论

二、简答题
1. 简析班级授课制的优势与局限。
2. 简析《学记》中的"道而弗牵、强而弗抑、开而弗达"的思想。
3. 简述孔子学思结合的教育思想。
4. 简述建构主义学习理论的基本观点。

三、分析论述题
1. 怎样认识义务教育的先导性、全局性、基础性地位。
2. 分析间接经验与直接经验的关系。
3. 试论杜威的教育本质观。
4. 学生品德不良的成因分析及其矫正策略。

海南师范大学 333 教育综合·真题解析

一、名词解释

学制

学制即学校教育制度,它是现代教育制度的核心部分。指的是一个国家各级各类学校的系统及其管理规则,它规定着各级各类学校的性质、任务、入学年限、修业年限以及它们之间的关系。

个人本位论

个人本位论认为教育目的是根据个人发展的需要制定的,而不是根据社会的需要制定的,个人价值高于社会价值,人生来就有健全的潜在本能,教育的基本职能就在于使这种潜能得到发展。代表人物有卢梭、裴斯泰洛齐等。

三纲领八条目

三纲领八条目是《大学》的教育目的和具体步骤。《大学》开篇即"大学之道,在明明德,在亲民,在止于至善","明明德""亲民"和"止于至善"被称为"三纲领"。八条目即格物、致知、诚意、正心、修身、齐家、治国、平天下。

朱子读书法

朱子一生酷爱读书,对于如何读书有深切的体会,并提出了许多精辟的见解。他的弟子将其概括为"朱子读书法"六条,包括循序渐进、熟读精思、虚心涵泳、切己体察、着紧用力、居敬持志。

泛智论

基于教育的崇高目的,夸美纽斯提出了"将一切事物教给一切人"的泛智主义教育观,并由此大力主张普及教育于全体儿童和民众。内容主要包括教育内容的泛智化和教育对象的普及化两个方面。

国防教育法

1958 年美国总统批准颁布了《国防教育法》,内容包括加强普通学校的自然科学、数学和现代外语即"新三艺"的教学;加强职业技术教育;强调天才教育和增拨大量教育经费,作为对各级学校的财政支援。

二、简答题

1. 简述《学记》的教学原则。

【答案要点】

(1)预防性原则。要求事先估计学生可能会产生的种种不良倾向,预先采取预防措施。

(2)及时施教原则。要求掌握学习的最佳时机,适时而学,适时而教。

(3)循序渐进原则。教学必须遵循一定的顺序,包括内容的顺序和年龄的顺序。

(4)学习观摩原则。学习要相互观摩,取长补短,同时,借助集体的力量进行学习。

(5)长善救失原则。要求教师要懂得并掌握教育的辩证法,坚持正面教育,善于因势利导,利用积极因素克服消极因素,将缺点转化为优点。

(6)启发诱导原则。君子的教育在于诱导学生,靠的是引导而不是强迫服从,是启发而不是全部讲解。只有这样才能调动学生学习和思考的积极性、主动性，使学生的思维能力得到锻炼和发展。

（7）藏息相辅原则。既有有计划的正课学习，又有课外活动和自习，有张有弛，让学生感到学习的乐趣，感受到老师、同学的可亲可爱，使学习成为学生的一种内在需要。

2. 简述蔡元培"五育并举"的教育思想。

【答案要点】

（1）军国民教育。指将军事教育引入到学校和社会教育之中，让学生和民众受到一定的军事教育和训练。在学校教育中强调学生生活的军事化，特别是体育的军事化。

（2）实利主义教育。即密切教育与国民经济生活的联系，加强职业技能的培训，使教育能发挥提高国家经济能力和改善人民生活水平的作用。

（3）公民道德教育。蔡元培认为公民道德的基本内容不外乎法国资产阶级革命所标榜的自由、平等、博爱，虽然与封建道德的专制等级性不相容，但他明确指出中国传统伦理特别是儒家伦理中的一些基本范畴，其内涵是与自由、平等、博爱的精神相通的。

（4）世界观教育。是蔡元培独创并被作为教育的最高境界。世界观教育就是要培养人们立足于现象世界但又超脱现象世界而贴近实体世界的观念和精神境界。

（5）美感教育。美感教育与世界观教育紧密联系，美感介于现象世界和实体世界之间，是两者之间的桥梁。利用美感这种超越利害关系、人我之分界的特性去破除现象世界的意识，陶冶、净化人的心灵。美感教育是世界观教育的主要途径。

3. 简述罗杰斯自由学习的促进方法。

【答案要点】

自由学习就是教师要信任学生、信任学生的学习潜能，为学生提供各种学习的资源和一种促进学习的气氛，让学生自己决定如何学习，使其在交往中形成适应自己风格的、促进学习的最佳方法。

促进自由学习的方法：

（1）个人参与。学习者的情感和认知两方面都投入学习活动。

（2）自动自发。即便在推动力或刺激来自外界时也要求发现、获得、掌握和领会的感觉是来自内部的。

（3）全面发展。学习者的行为、态度、人格等获得全面发展。

（4）自我评价。学习者评估自己的学习需求、学习目标是否完成。

4. 简述综合实践活动的本质特征。

【答案要点】

（1）实践性。综合实践活动是以社会生活和学生的实践活动为基础来开发、设计与利用课程资源的，并非在学科知识的逻辑序列中构建课程和实施课程，实践性是其首要的基本特性。

（2）综合性。综合性源于实践性，因为学生的生活与社会实践活动就是由个人、社会、自然等方面的多种要素综合构成的彼此交融的整体。综合实践活动具有超越严格的知识体系与学科界限和着眼于学生全面发展的综合性特点。

（3）开放性。综合实践活动是一种面向社会生活和实践活动的课程，具有开放性，需要紧密保持同学生生活的紧密联系，面向每个学生的个性发展，满足他们融入社会生活和发展综合实践能力的需要。其课程目标、课程内容、活动方式都有开放性的特点。

（4）生成性。综合实践活动注重学生的积极参与和亲身经历，让学生在活动过程中不断地形成自身良好的思想意识、情感、态度、价值观和品行，不断地发展动手能力、综合实践能力和创造性，因此综合实践活动具有生成性，富有生成性的教育价值。

（5）自主性。综合实践活动充分尊重学生的兴趣、爱好，为学生的自主性的充分发挥开辟了广阔的空间，综合实践活动的主体、活动方式、活动过程都是学生在教师的指导下，从他们的现实生活情境中自主确定和设计的，具有鲜明的自主性。

三、分析论述题

1. 论述教学过程中应该处理好的几种关系。

【答案要点】

（1）间接经验与直接经验的关系。

①学生认识的主要任务是学习间接经验。学生要适应高度发展的文明社会，便必须以学习间接经验为主，便捷地掌握人类积累起来的基本科学文化知识。

②学习间接经验必须以学生个人的直接经验为基础。学生要把书本知识转化为自己能理解的知识，就必须以个人已有的或现时获得的感性经验为基础。

③防止只重书本知识传授或直接经验积累的偏向。只重书本知识的传授或只重直接经验的积累都违反了教学的规律，割裂了间接经验与直接经验的内在联系，影响了教学质量的提高。

（2）掌握知识与发展智力的关系。

①智力的发展与知识的掌握二者相互依存，相互促进。对学生来说，掌握、运用知识及反思、改进的过程，也是他们运用和发展智力的过程；同时，学生对知识的掌握又依赖于他们的智力发展。

②生动活泼地理解和创造性地运用知识才能有效地发展智力。在教学中要引导学生通过生动活泼的教学活动，透彻地理解知识原理，了解获取知识的过程与方法，学会独立思考、推理与论证，创造性地解决实际问题。

③防止单纯抓知识教学或只重能力发展的片面性。在教学实践中，有的教师忽视引导学生通过探究、反思有意识地锻炼自己的智力，有的教师忽视通过系统知识和原理的学习与运用来发展学生的智力。这两者都不利于提高教学质量。

（3）掌握知识与进行教育的关系。

①进行教育性教学是现代教学的重要特性。教育性教学主要通过引导学生掌握知识及其蕴含的丰富而深刻的社会意义来实现。

②只有使所学知识引发了学生情感、态度的积极变化，才能让他们的思想真正得到提高。要使教学中传授的知识能给学生以深刻的影响，就要让他们感受到它的巨大意义或深远影响，引起他们思想情感深处的共鸣，在态度和价值追求上发生积极的变化，这样才能推动学生发展。

③防止单纯传授知识或脱离知识教学的思想教育的偏向。在教学中要防止两种偏向：一种是单纯传授知识、忽视思想教育的偏向；另一种是脱离知识教学，另搞一套思想教育的偏向。

（4）智力活动与非智力活动的关系。

①教学活动既要注重引导学生进行智力活动，也要重视调节学生的非智力活动。在教学过程中，学生的智力活动与非智力活动同在，各有特点与功能，二者相互依存，相互作用。

②按教学需要调节学生的非智力活动，才能有成效地进行智力活动。一方面，要改进教学本身，使教学的内容和过程都富有知识性、趣味性、启发性、吸引力。另一方面，要提高学生的自我教育能力。

（5）教师主导作用与学生主动性的关系。

①发挥教师的主导作用是学生简捷有效地学习知识、发展身心的必要条件。学生的主动性、反思性、创造性发挥得怎样，学习的效果怎样，又是衡量教师主导作用发挥得好坏的根本标志。

②尊重学生、调动学生的学习主动性是教师有效地教学的一个主要因素。学生的学习主动性、

积极性发挥得怎么样，直接影响并最终决定着学生个人的学习质量、成效和身心发展的方向与水平。

③防止忽视学生积极性和忽视教师主导作用的偏向。通过普遍提高教师的修养和水平，加强对学生的了解、沟通，提高教师的责任感与创造性，这样才能实现师生之间民主平等、尊师爱生、教学相长的互动与合作。

2. 结合例子论述德育过程中的基本规律。

【答案要点】

德育过程是学生在教师的引导下，主动积极地进行道德认识和道德实践，逐步提高自我修养能力，形成个人品德的过程。具体表现在以下几个方面：

（1）德育过程是学生在教师教导下的个体品德的自主建构过程。

学生的思想道德认识和行为习惯不是与生俱来的，是学生在与社会环境的相互作用过程中，尤其是在教师有目的有意识的教育引导下，逐步形成自己的思想认识，发展自己的道德素质的。包含以下三个方面：学生对环境影响的主动吸收；教师对学生的积极引导；外部活动与内部活动相互促进。

（2）德育过程是培养学生知情意行整体和谐的发展过程。

学生的品德包含知、情、意、行四个要素，所以德育过程也是培养学生思想品德的知、情、意、行整体和谐的发展过程，包含以下三个方面的含义：思想道德发展的整体性；德育过程有多种开端；德育实践的针对性。

（3）德育过程是提高学生自我教育能力的过程。

在德育过程中，要引导学生积极参与社会学习、生活交往和道德践行，培养和提升他们的思想品德素质，均有赖于发挥学生个人的能动性和自我教育能力，包含三个方面的含义：自我教育能力培育的意义；自我教育能力的构成因素；学生自我教育能力的发展。

3. 论述科尔伯格的道德认知发展理论及教育启示。

【答案要点】

美国心理学家科尔伯格认为儿童道德的发展是分阶段的，他在研究中发现道德发展不是只有两个水平，而应该有多个水平，提出了著名的"三水平六阶段"的道德发展阶段论。

理论内容：

（1）前习俗水平。大约出现在幼儿园及小学低中年级阶段。该时期的特征是儿童遵守规范，但尚未形成自己的主见，着眼于人物行为的具体结果，关心自身的利害。包括惩罚和服从的定向阶段和工具性的相对主义定向阶段。

（2）习俗水平。在小学中年级以上出现，一直到青年、成年。该时期的特征是个人逐渐认识到团体的行为规范，进而接受并付诸实践。包括人际协调的定向阶段和维护权威或秩序的定向阶段。

（3）后习俗水平。该阶段已经发展到超越现实道德规范的约束，达到完全自律的境界，这个水平是理想的境界，成人也只有少数人才能达到。包括社会契约定向阶段和普遍的道德原则定向阶段。

教育启示：

（1）形成了一个研究个体品德发展阶段的重要模式，有助于将品德发展的理论运用到学校道德教育中去，实施道德教育。

（2）道德教育的首要任务是提高儿童的道德判断能力，培养他们明辨是非的能力。教育者的主要任务就是帮助被教育者注意到真正的道德冲突，思考用于解决这种冲突的理由是否恰当，发现解决这种冲突的新的思想方法。

（3）儿童的道德发展是有阶段性的、渐进的，因此，在对儿童进行道德教育时，应随时了解儿童所达到的发展阶段，根据儿童道德发展阶段的特点，循循善诱地促进他们的发展。

（4）社会环境对人们道德发展有着巨大作用，因此在学校中要树立良好、公正的群体气氛，这是道德教育必要的条件。科尔伯格是现代道德认知发展理论的创立者。这一革命性的发现，从根本上改变了道德仅仅是社会道德灌输教育结果的传统观点。

4. 论述存在主义教育理论的主要观点及影响。

【答案要点】

存在主义教育是现代欧美国家一种以存在主义哲学为价值取向的教育思潮。它以"人的存在"为研究的对象，强调品德教育的重要性，并提倡个人自由选择，代表人物有海德格尔、雅斯贝尔斯等。

主要观点：

（1）教育的目的在于使学生实现自我完成。存在主义教育家认为，教育的目的就是使每一个人都认识到自己的存在，并达到"自我完成"。教育的具体目标是发展个人的意识，包括发展自我认识和自我责任感，为自由的、合乎道德的选择提供基础。

（2）品格教育在人的自我发展中具有重要作用。知识不是外在于人的因素，而是人实现自由的工具，所以，学校不能将知识作为教育的中心，更不能将教育变成某种职业训练。其主要任务是形成学生的品格。

（3）学生应该能自由选择道德标准。道德教育的基础应该是让享有充分自由的学生有权自己选择道德标准，并承受自己行动的后果，而不是去接受一些永恒的道德原则。道德教育的任务主要是使学生具有独立意识、自尊心，养成自主、自律的精神。真正的道德教育就是帮助学生学会自由选择，让学生在自由活动中去自觉地感受社会责任感的约束，培养个人的道德判断力和行为抉择能力。

（4）采用个别教育的方法。存在主义教育家在教学组织形式上重视个别教学，在教育方式上提倡师生对话。他们强调教学应是一种师生之间的真正的对话。

（5）教师是学生自我实现的影响者和激励者。存在主义视教师为对学生自我实现的影响者，即认为教师的作用是利用他自己的人格和知识，引导学生认识"自我"和发展"自我"。在教育和教学的过程中，教师既要尊重学生的主观性，又要维护自身的主观性，和学生之间形成一种相互信任的、民主的平等关系。

影响：存在主义教育对于当时的教育制度进行了激烈的批判，提出一些具有积极意义的教育观点。但其过分强调个人意志和自我选择，以及本身存在的其他消极因素，致使其教育主张客观上带有偏激性和片面性，在教育工作实践中的影响甚为有限。

2021年 海南师范大学 333 教育综合·真题解析

一、名词解释

非智力因素

非智力因素主要指在认知事物、掌握知识过程中诱发的好奇、欲求、情趣等心理因素的因素，它是学生进行学习、研究与实践的内在动力。在教学过程中，学生的智力因素和非智力因素同在，各有特点与功能，二者相互依存，相互作用。

发散思维

发散思维是指人们沿着不同的方向思考，重新组织当前的信息和记忆系统中储存的信息，产生出大量独特的新思想。这种思维方式在解决问题时可以产生多种答案、结论或假说，但究竟哪种答案最好，则需要不断验证。

百家争鸣

百家争鸣发端于春秋战国之际的儒墨之争，"百家"是虚指，形容学派之多，在诸多学派中，教育领域影响最大的是儒、墨、道、法四家。

最近发展区

维果茨基认为，在进行教学时必须注意到儿童的两种水平，一种是儿童现有的发展水平，另一种是即将达到的发展水平，维果茨基把这两种水平之间的差距称为最近发展区，即独立解决问题的真实发展水平和在成人指导下或与其他儿童合作情况下解决问题的潜在发展水平之间的差距。

道尔顿制

道尔顿制是美国进步主义教育家帕克赫斯特针对班级授课制的弊端在道尔顿中学实施的一种个别教学制度，也称"道尔顿计划"。其主要内容包括在学校废除课堂教学、课程表和年级制，代之以"公约"或"合同式"的学习；将教室改为作业室或实验室，用表格法来了解学生的学习进度等。

隐性课程

隐性课程也称潜在课程、隐蔽课程，是以内隐的、间接的方式呈现的课程，是学生在显性课程以外所获得的所有学校教育的经验，不作为获得特定教育学历或资格证书的必备条件。主要表现形式有观念性隐形课程、物质性隐形课程、制度性隐形课程和心理性隐形课程。

二、简答题

1. 简述结构主义教育。

【答案要点】

结构主义教育产生于20世纪50年代末，是现代欧美国家一种强调认知结构的研究和认知能力的发展的教育思潮。主要观点包括以下几个方面：

（1）教育和教学应该重视学生的认知能力发展。教育是教育者引导学习者实现知识的转化，并使学习活动内化的构造过程。其主要任务就是促使学生的认知能力得到发展。

（2）注重掌握各门学科的基本结构。学科的基本结构是指一门学科的基本概念、定义、原理、原则和方法。掌握学科的基本结构有助于理解和把握整个学科的内容。

（3）主张学科基础的早期学习。任何一门学科的基础知识都能以一定的形式教给任何阶段的任何儿童，因此，尽早让儿童掌握学科的基本结构是有效和便捷地进行教学的主要途径。

（4）倡导发现法和发现学习。发现学习就是引导儿童从事物表面现象去探索具有规律性的潜在结构的一种学习途径。

（5）认为教师是结构教学中的主要辅导者。教师应从儿童的心理能力出发，考虑一门学科的基本结构在学习中的作用以及如何使学生理解和掌握改门学科的基本结构。

2. 隋唐的科举制度的影响和作用。

【答案要点】

（1）积极影响：扩大了统治基础，有利于加强中央集权；使选士与育士紧密结合；使选拔人才较为客观公正。

（2）消极影响：国家只重视科举考试，而忽略了学校教育；束缚思想，败坏学风；科举考试内容的狭隘阻碍了中国文化的和谐发展。

（3）作用：科举考试制度是选拔人才的制度，科举考试成为国家政权选拔优秀人才的重要渠道，科举在选拔人才以充实官员队伍的同时也为学校培养的人才开辟了政治道路。"学而优则仕"的教育传统让科举成为联通学校教育与从政为官的桥梁。

3. 卢梭的自然主义。

【答案要点】

（1）卢梭自然主义教育的核心是"回归自然"。自然教育最终目的是培养"自然人"，即身心调和发达、体脑两健、能力强盛的新人，也就是摆脱封建羁绊的资产阶级新人。

（2）自然教育的方法原则：树立正确的儿童观、消极教育、自然后果律、根据儿童天性的个体差异因材施教。

（3）自然教育的实施：卢梭根据自然教育的原则，根据人的自然发展的进程和不同年龄时期身心的特点，把自然教育分为婴儿期、儿童期、少年期和青春期。

4. 中世纪大学的特征。

【答案要点】

（1）教育目的。中世纪大学的基本目的是进行职业训练，培养社会所需要的专业人才。因此大学教育往往分文、法、神、医等专业学院来进行。

（2）领导体制。中世纪大学按领导体制分为两种，一种为"学生"大学，一种为"先生"大学。前者由学生主管校务，教授的选聘、学费的数额、学期的时限和授课时数等，均由学生决定；后者由教师掌管校务，学校诸事均由教师决定。

（3）课程设置。大学的课程开始并不固定，各大学甚至各教师自己规定开设的课程。13世纪以后，课程趋向统一。文学院属大学预科，一般课程6年。学生结束学习后分别进入法学院、神学院、医学院，学习有关专业课程。

（4）教学方法。中世纪大学最常用的教学方法是演讲，由阅读、评注和介绍作业等部分构成，同时穿插不同程度的讨论。此外，还采用辩论的方法。

（5）学位制度。中世纪大学已经有了学位制度。学生学习3~7年，修完规定的课程，考试及格便可以获得"硕士""博士"学位。最初这两种学位并无程度上的差别，以后分化成表示不同学术水平的独立学位。

三、分析论述题

1. 孔子的教育思想。

【答案要点】

孔子名丘，字仲尼，鲁国人，中国古代伟大的思想家、教育家，儒家学派的创始者，儒学教育理论的奠基人。

（1）创办私学与编订"六经"。

孔子大约在他30岁正式招生办学，开始他的教育生涯。他创办的私学产生了广泛的社会影响，是春秋时期规模最大、持续时间最长、影响最深远的学校。

孔子于晚年完成了《诗》《书》《礼》《乐》《易》《春秋》的编纂和校订工作，整理和保存了我国古代文化典籍，奠定了儒家教育内容的基础。后世将其称为"六经"。

（2）"庶、富、教"：教育与社会发展。

孔子认为教育对社会发展有重要作用，是立国治国的三大要素之一。教育事业的发展要建立在经济发展的基础上。治国的三个重要条件，首先是"庶"，要有较多的劳动力；其次是"富"，要使人民群众有丰足的物质生活；再次是"教"，要使人民受到政治伦理教育，知道如何安分守己。"庶"与"富"是实施教育的先决条件，只有在"庶"与"富"的基础上开展教育才会取得成效。

（3）"性相近也，习相远也"：教育与人的发展。

孔子对教育在人的发展过程中起关键性作用持肯定态度。他在中国历史上首次提出"性相近也，习相远也"。"性"指的是先天素质，"习"指的是后天习染，包括教育与社会环境的影响。孔子认为人的先天素质没有多大差别，只是由于后天教育和社会环境的影响作用，才造成人的发展有重大的差别。从"习相远"的观点出发，孔子认为人要发展，教育条件是很重要的，认为人的生活环境应当受到重视，要争取积极因素的影响，排除消极因素的影响。

（4）"有教无类"与教育对象。

"有教无类"的本意是不分贵贱贫富和种族，人人都可以入学接受教育。孔子的教学实践切实地贯彻了这一办学方针，他的弟子来自各个诸侯国，分布地区广泛；弟子成分复杂，出身于不同的阶级和阶层，大多数出身于平民。

（5）"学而优则仕"与教育目标。

孔子提出由平民中培养德才兼备的从政君子，这条培育人才的路线可简括称之为"学而优则仕"。"学而优则仕"包含多方面的意思，学习是通往做官的途径，培养官员是教育最主要的政治目的，而学习成绩优良是做官的重要条件；如果不学习或虽经学习而成绩不优良，也就没有做官的资格。

（6）以"六艺"为教育内容。

孔子继承西周贵族"六艺"教育传统，吸收采择了有用学科，又根据现实需要创设新学科，虽袭用"六艺"的名称，但对所传授的学科都做了调整，充实了内容。孔子教学的"六艺"即其编撰的"六经"。

（7）教学方法。主要有因材施教、启发诱导、学思行结合、好学求是的态度。

（8）论道德教育。

孔子的教育目的是培养从政的君子，而成为君子的主要条件是具有道德品质修养，因此，道德教育居首要地位。孔子主张以"礼"为道德规范，以"仁"为最高道德准则。凡符合"礼"的道德行为都要以"仁"的精神为指导，因此，"礼"和"仁"成为道德教育的主要内容。道德修养的原则与方法：立志、克己、力行、中庸、内省和改过。

（9）论教师品格。教师要学而不厌、温故知新、诲人不倦、以身作则、爱护学生、教学相长。

（10）深远的历史影响。孔子是全世界公认伟大的思想家和教育家，他毕生从事教育活动，建树了丰功伟绩。他在实践基础上提出的一些首创的教育学说，为中国古代教育奠定了理论基础。

2. 杜威的教育思想。

【答案要点】

杜威是20世纪美国著名的哲学家和教育家，他以实用主义哲学、民主主义政治理想和机能心理学为基础，通过批判地继承前人的思想，构建起庞大的教育哲学体系，成为现代教育的代表人物。主要著作有《民主主义与教育》《我的教育信条》等。

（1）论教育的本质。杜威对于"什么是教育"的问题，给出的回答是：教育即生活、学校即社会、教育即生长、教育即经验的持续不断的改造。

（2）论教育的目的。

教育无目的论。从教育本质论出发，杜威反对外在的、固定的、终极的教育目的，认为教育无目的。杜威所希求的是过程内的目的，这个目的就是"生长"。

教育的社会目的。杜威强调过程内的目的不等于否定社会性的目的。杜威要求教育为社会进步服务，为民主制度的完善服务。他认为教育是社会进步及社会改革的基本方法，学校是社会进步和改革的最基本和最有效的工具。在民主社会中，个人发展与社会进步是统一的。

（3）论课程与教材。

从做中学。杜威以其经验论为基础，要求从做中学、从经验中学，要求以活动性、经验性的主动作业来取代传统书本式教材的统治地位。在杜威看来，这种活动性、经验性课程既能满足儿童的心理需要，又能满足社会性的需要，还能使儿童对事物的认识具有统一性和完整性。

教材心理学化。杜威主张以"教材心理学化"来解决怎样使儿童最终获得较系统的知识而同时又能在学习过程中顾及儿童的心理水平。"教材心理学化"是指把各门学科的教材或知识各部分恢复到它所被抽象出来之前的原来的经验。这种心理化就是把间接经验转化为直接经验，即直接经验化。之后再将已经经验到的那些东西累进地发展为更充实、更丰富也更有组织的形式，即逐渐地接近提供给有技能的、成熟的人的那种教材形式。

（4）论思维与教学方法。

反省思维。杜威所力倡的反省思维是指对某个经验情境中的问题进行反复的、严肃的、持续不断的思考，其功能在于求得一个新情境，把困难解决、疑虑排除、问题解答。

五步教学法。杜威根据科学的实验主义探究方法和反省思维方式，提出了五步教学法，即创设疑难的情境、确定疑难所在、提出问题的种种假设、推断哪种假设能解决这个困难、验证这种假设。

（5）论道德教育。

杜威认为道德教育的主要任务是协调个人与社会的关系。他认为个人的充分发展是社会进步的必要条件，社会的进步又可以为个人的发展提供更好的基础。他反对过分强调个人自由和竞争的旧个人主义，而提倡强调人与人之间的合作，强调社会责任和理智作用的新个人主义。

教育的道德性和教育的社会性是相通的，道德教育应在社会性的情境中进行而不能只停留于口头说教；要求学校生活、教材、教法皆应渗透社会精神，视学校生活、教材、教法为"学校道德三位一体"，这三者都是道德教育的重要途径。

（6）杜威教育思想的影响。

①杜威是西方现代教育派的理论代表。他对传统教育的整个理论体系发起挑战，奠定了现代教育的理论大厦的基石。

②杜威是新教育的思想旗手，他的教育理论突破以往建立在主客体两分之上的传统教育的弊端，将知行合一，使教学中死的知识变为活的知识，突破了内发论和外铄论，将教育看作人与环境的交互过程中经验的观点具有很高的创造性。

③杜威奠定了儿童中心论，解决教育与儿童相脱离的问题，并通过学校与社会的统一、思维与经验的统一，解决教育与实践，学校与社会脱离的问题。

④杜威提出了做中学这一建立在新哲学和心理学基础上的新方法，拓宽了教学形式和方法，提高了教学专业化水平。

⑤杜威的教育理论对世界教育进程发挥了巨大作用，对日本、中国、苏联等国具有直接的影响。

⑥杜威的理论偏重儿童、活动、经验三中心而使得教育实践忽视了系统知识的传授以致引发了自由与纪律、教师与学生关系等诸多矛盾。另外根据经验和教材心理化原则编写新型教材的设想过于理想化，难以实现。

3. 师生关系。

【答案要点】

（1）师生关系的含义。师生关系是指教师和学生在教育教学过程中结成的相互关系，包括彼此所处的地位、作用和相互对待的态度等。良好的师生关系不仅是顺利完成教学任务的必要手段，而且是师生在教育教学活动中的价值、生命意义的具体体现。

（2）师生关系的类型。从对师生关系的意义及稳定性等的综合分析，师生关系主要表现为以年轻一代成长为目标的社会关系、以直接促进学生发展为目标的教育关系、以维持和发展教育关系为目标的心理关系。

（3）师生关系的模式。放任型、专制型和民主型。

（4）师生关系的调节方式。社会调节、学校调节和教师调节。

（5）影响师生关系的因素。教师方面：教师对学生的态度；教师的领导方式；教师的智慧；教师的人格因素。学生方面：学生受师生关系影响的主要因素是学生对教师的认识。环境方面：包括学校的人际关系环境和课堂的组织环境。

（6）理想师生关系的基本特征。尊师爱生，相互配合；民主平等，和谐亲密；共享共创，教学相长。

（7）良好师生关系构建的基本策略。

①了解和研究学生。包括了解学生个体的思想意识、道德品质、兴趣、需要、知识水平、学习态度和方法、个性特点、身体状况和班集体的特点及其形成原因。

②树立正确的学生观。学生观就是教师对学生的基本看法，它影响着教师对学生的认识及其态度与行为，进而影响学生的发展。正确的学生观来自教师对学生的观察和了解，来自教师向学生的学习和对自我的反思。

③热爱、尊重学生，公平对待学生。热爱学生包括热爱所有学生，对学生充满爱心，经常走到学生之中，忌讳挖苦、讽刺学生、粗暴对待学生。尊重学生特别要尊重学生的人格，保护学生的自尊心，维护学生的合法权益，避免师生对立。教师处理问题必须公正无私，使学生心悦诚服。

④主动与学生沟通，善于与学生交往。要求教师掌握沟通与交往的主动性，经常与学生保持接触、交心；同时教师还要掌握与学生交往的策略和技巧，如寻找共同的兴趣或话题、一起参加活动等。

⑤努力提高自我修养，健全人格。教师要使师生关系和谐，就必须通过自己崇高的理想，科学的世界观、人生观，渊博的知识，严谨的治学态度，活泼开朗的性格，多方面的爱好与兴趣等来吸引学生。

4. 影响人身心发展的因素。

【答案要点】

（1）遗传在人发展中的作用。

遗传素质是人的发展的生理前提；遗传素质的成熟程度制约着人的发展过程及年龄特特征；遗传素质的差异性对人的发展有一定的影响；遗传素质具有可塑性。

（2）环境在人的发展中的作用。

环境是人的发展的外部条件。环境的给定性与主体的选择性：环境的给定性指的是由自然与社会、历史遗产与他人为儿童个体所创设的环境，它对于儿童来说是客观的、先在的、给定的。儿童无法抗拒或摆脱环境的影响与限制，只有适应环境，以获得自身的生存与发展。

主体的选择性是指人是具有能动性的主体，他对环境变化的刺激做出的回应是可以由主体内在的意愿来选择和决定的。环境对人的发展的制约作用离不开人对环境的能动活动，环境的给定性不会限制人的选择性，反而能激发人的能动性、创造性。

（3）个体活动在人的发展中的作用。

个体活动是人的发展的决定因素；个体活动制约着环境影响的内化与主体的自我建构；个体通

过能动的活动选择、构建着自我的发展。

（4）教育对人的发展的作用。

教育在人的发展中起引领作用。主要体现在有意识地为年轻一代的成长选择、建构、调控良好的环境，对他们的生活、交往、学习与实践等活动进行正确的教导、示范和辅助，并注重尊重他们的主体地位和激发、引导他们内在的学习动力与自我发展的能动性和自主性，从各方面引领、关怀、维护他们的发展。

学校教育主要通过传承文化科学知识来培养人。学校教育是教育者有意识地为儿童的身心发展精心设置的一种环境，它把经过选择的、重新组编的、人类长期积累起来的文化知识作为精神客体与儿童互动，以促进儿童的发展，使他们成人成才。

学校教育对提高人的现代性有显著的作用，主要体现在学校教育具有较强的目的性、系统性、选择性、专门性和基础性。

2020年 海南师范大学333教育综合·真题解析

一、名词解释

长善救失

长善救失是德育原则之一，指进行德育要调动学生自我教育的积极性，依靠和发扬他们自身的积极因素去克服他们品德上的消极因素，促进学生的道德成长。

课程标准

课程标准是指在一定课程理论指导下，依据培养目标和课程方案以纲要形式编制的关于课程的性质与价值、目标与内容、教学实施建议以及课程资源开发等方面的指导性文件，一般由说明、课程目标、课程内容标准和课程实施建议等部分组成。

新教育运动

新教育运动，也称新学校运动，是指19世纪末20世纪初在欧洲兴起的教育改革运动，初期以建立不同于传统学校的新学校作为新教育的"实验室"为其特征。第二次世界大战以后，新教育运动逐步走向衰落。

发现学习

发现学习是指学生在学习情境中，经过自己探索寻找，从而获得问题答案的一种学习方式，布鲁纳所说的发现不只限于寻求人类尚未知晓的事物的行为，也包括用自己的头脑亲自获取知识的一切形式。

苏格拉底法

苏格拉底法也称"问答法""产婆术"，是由讥讽、助产术、归纳和定义四个步骤组成的独特的方法。这是苏格拉底探讨伦理哲学的研究方法，也是他的教学方法。

元认知

元认知就是对认知的认知，具体地说，是关于个人自己认知过程的知识和调节这些过程的能力，是对思维和学习活动的认知和控制。元认知具有两个独立但又相互联系的成分，即元认知知识和元认知控制。

二、简答题

1. 简述当前基础教育课程改革的具体目标。

【答案要点】

新一轮基础教育课程改革的具体目标有六个方面：

（1）转变课程功能。改变课程过于注重知识传授的倾向，强调形成积极主动的学习态度，使获得基础知识与基本技能的过程同时成为学会学习和形成正确价值观的过程。

（2）优化课程结构。改变课程结构过于强调学科本位、科目过多和缺乏整合的现状，整体设置九年一贯的课程门类和课时比例，体现课程结构的均衡性、综合性和选择性。

（3）更新课程内容。改变课程内容"繁、难、偏、旧"和过于注重书本知识的现状，加强课程内容与学生生活以及现代社会和科技发展的联系，关注学生的学习兴趣和经验，精选终身学习必备的基础知识和技能。

（4）转变学习方式。改变课程实施过于强调接受学习、死记硬背、机械训练的现状，倡导学生主动参与、乐于探究、勤于动手，培养学生搜集处理信息的能力、获取新知识的能力、分析和解决问题的能力以及交流与合作的能力。

（5）改革课程评价。改变课程评价过分强调甄别与选拔的功能，发挥评价促进学生发展、教师提高和改进教学实践的功能。

（6）深化课程管理体系改革。改变课程管理过于集中的状况，实行国家、地方、学校三级课程管理，增强课程对地方、学校及学生的适应性。

2. 张之洞中体西用的作用和局限。

【答案要点】

历史作用：

（1）洋务派提出"中体西用"，在不危及"中体"的前提下侧重强调采纳西学，既体现了洋务派的文化教育观，也是洋务派应对守旧派的策略。

（2）在"中体西用"形式下，"西学"教育的规模不断扩大。两次鸦片战争中，"中体西用"的内涵被不断调整，"西用"的范围不断延伸，逐渐纳入新的成分。

（3）洋务运动时期，"中体西用"理论为"西学"教育的合理性进行了有效论证，促进了资本主义文化在中国的传播。在此原则下实施的留学教育和举办的新式学堂给僵化的封建教育体制打开了缺口，改变了单一的传统教育结构。

历史局限：

（1）"中体西用"思想本质上还是为了维护封建专制统治，阻碍了后来维新思想的广泛传播，不利于近代刚刚开始的思想启蒙运动。

（2）"中体西用"作为一种文化整合方案和教育宗旨来说是粗糙的。它是在没有克服中西文化固有矛盾情况下的直接嫁接，必然会引起两者之间的排异反应。

3. 简述知识迁移与应用的措施。

【答案要点】

（1）整合学科内容。教师要注意把各个独立的教学内容整合起来，鼓励学生把在某一门学科中学到的知识运用到其他学科中去。

（2）加强知识联系。教师要重视简单的知识技能与复杂的知识技能、新旧知识技能之间的联系。

教师要促使学生把已学过的内容迁移到新的学习内容中去。

（3）强调概括总结。教师在教学中要注意启发学生对所学内容进行概括总结。一方面在教学中，教师要引导学生自己对原理进行概括，培养和提高其概括总结的能力，充分利用原理的迁移；另一方面，在讲解原理时，教师要在最大范围内列举各种变式，使学生正确把握其内涵和外延。

（4）重视学习策略。教师应有意识地教学生学会如何学习，帮他们掌握概括化的认知策略和元认知策略，从而促进学习的迁移。

（5）培养迁移意识。教师可以通过反馈和归因控制等方式使学生形成关于学习和学校的积极态度。教师要注意对学生的反馈，当学生用其他学科的知识来解决某一学科的问题时应给予鼓励。

4. 简述建构主义学习理论的基本观点。

【答案要点】

（1）知识观。建构主义者质疑知识的客观性和确定性，强调知识的动态性。具体体现在以下几方面：知识的动态性、知识的情境性、知识学习的主动建构性。

（2）学生观。建构主义认为，学生并不是被动接受教师传授的知识，而总是以自己的经验背景或自己的经验来建构对事物的理解。具体表现在以下几方面：建构主义者强调学生经验世界的丰富性和差异性；学生基于相关的经验，依靠推理和判断能力，形成对问题的某种解释；教学要引导儿童从原有的知识经验中"生长"出新的知识经验；教学要增进学生之间的合作。

（3）学习观。建构主义认为，学习是学习者主动地赋予信息以意义，建构自己的知识经验的过程，具有三个重要特征：主动建构性、社会互动性、情境性。

（4）教学观。教学要激活学生原有的相关知识经验，促进知识经验的"生长"，促进学生的知识建构活动，培养学生的求知欲和探究能力；教学要为学生创设理想的学习情境，同时给学生提供丰富支持，促进他们自身建构意义以及解决问题的活动。

三、分析论述题

1. 教学中应处理的几种关系。

【答案要点】

（1）间接经验与直接经验的关系。

①学生认识的主要任务是学习间接经验。学生要适应高度发展的文明社会，便必须以学习间接经验为主，便捷地掌握人类积累起来的基本科学文化知识。

②学习间接经验必须以学生个人的直接经验为基础。学生要把书本知识转化为自己能理解的知识，就必须以个人已有的或现时获得的感性经验为基础。

③防止只重书本知识传授或直接经验积累的偏向。只重书本知识的传授或只重直接经验的积累都违反了教学的规律，割裂了间接经验与直接经验的内在联系，影响了教学质量的提高。

（2）掌握知识与发展智力的关系。

①智力的发展与知识的掌握二者相互依存，相互促进。对学生来说，掌握、运用知识及反思、改进的过程，也是他们运用和发展智力的过程；同时，学生对知识的掌握又依赖于他们的智力发展。

②生动活泼地理解和创造性地运用知识才能有效地发展智力。在教学中要引导学生通过生动活泼的教学活动，透彻地理解知识原理，了解获取知识的过程与方法，学会独立思考、推理与论证，创造性地解决实际问题。

③防止单纯抓知识教学或只重能力发展的片面性。在教学实践中，有的教师忽视引导学生通过探究、反思有意识地锻炼自己的智力，有的教师忽视通过系统知识和原理的学习与运用来发展学生的智力。这两者都不利于提高教学质量。

（3）掌握知识与进行教育的关系。

①进行教育性教学是现代教学的重要特性。教育性教学主要通过引导学生掌握知识及其蕴含的丰富而深刻的社会意义来实现。

②只有使所学知识引发了学生情感、态度的积极变化，才能让他们的思想真正得到提高。要使教学中传授的知识能给学生以深刻的影响，就要让他们感受到它的巨大意义或深远影响，引起他们思想情感深处的共鸣，在态度和价值追求上发生积极的变化，这样才能推动学生发展。

③防止单纯传授知识或脱离知识教学的思想教育的偏向。在教学中要防止两种偏向：一种是单纯传授知识、忽视思想教育的偏向。另一种是脱离知识教学，另搞一套思想教育的偏向。

（4）智力活动与非智力活动的关系。

①教学活动既要注重引导学生进行智力活动，也要重视调节学生的非智力活动。在教学过程中，学生的智力活动与非智力活动同在，各有特点与功能，二者相互依存，相互作用。

②按教学需要调节学生的非智力活动，才能有成效地进行智力活动。一方面，要改进教学本身，使教学的内容和过程都富有知识性、趣味性、启发性、吸引力。另一方面，要提高学生的自我教育能力。

（5）教师主导作用与学生主动性的关系。

①发挥教师的主导作用是学生简捷有效地学习知识、发展身心的必要条件。学生的主动性、反思性、创造性发挥得怎样，学习的效果怎样，又是衡量教师主导作用发挥得好坏的根本标志。

②尊重学生、调动学生的学习主动性是教师有效地教学的一个主要因素。学生的学习主动性、积极性发挥得怎么样，直接影响并最终决定着学生个人的学习质量、成效和身心发展的方向与水平。

③防止忽视学生积极性和忽视教师主导作用的偏向。通过普遍提高教师的修养和水平，加强对学生的了解、沟通，提高教师的责任感与创造性，这样才能实现师生之间的民主平等、尊师爱生、教学相长地互动与合作。

2. 教育目的的价值取向和评价。

【答案要点】

教育目的的价值取向，是指教育目的的提出者或从事教育活动的主体，依据自身对人和社会发展需要的理解而对教育价值做出选择时所持有的一种倾向。包括个人本位论和社会本位论。

（1）个人本位论。代表人物有卢梭、裴斯泰洛齐、福禄培尔等。主要观点：

①教育目的是根据个人发展的需要制定的，而不是根据社会的需要制定的。

②个人价值高于社会价值。社会价值只有在有助于个人发展时才有价值，应由个人来决定社会，个人价值恒久高于社会价值。

③人生来就有健全的潜在本能，教育的基本职能就在于使这种潜能得到发展。

评价：个人本位论把个人的自身的需要作为制定教育目的的依据，在一定的历史条件下具有一定的进步意义；但如果只强调个人的需求与个性的发展，而一味贬低和反对满足社会发展的需要，则是片面的、错误的。

（2）社会本位论。代表人物：德国哲学家那托尔普、法国思想家涂尔干、德国教育家凯兴斯泰纳等。主要观点：

①个人的一切发展都有赖于社会，都受社会的制约，人的一切发展也是为了满足社会的需要。

②教育除了满足社会需要以外并无其他目的。

③教育结果的好坏是以其社会功能发挥的程度来衡量的，离开了社会，就无法对教育的结果做出衡量。

评价：社会本位论者从社会需要出发来选择教育目的的价值取向，无疑是看到了教育的社会作用,在今天这样生产高度社会化的时代,也具有一定的借鉴价值;但只是站在社会的立场看教育而抹杀了个人在选择教育目的过程中的作用,并以此来排斥教育满足个人发展的需要,则是片面的、不正确的。

3. 陶行知生活教育理论和启示。

【答案要点】

(1)"生活即教育"。

"生活即教育"是陶行知生活教育理论的核心。其内涵包括:生活含有教育的意义;实际生活是教育的中心;生活决定教育,教育改造生活。

"生活即教育"所强调的是教育以生活为中心,所反对的是传统教育脱离生活而以书本为中心。尽管它在生活与教育的区别和系统的知识传授方面有所忽视,但在破除传统教育脱离民众、脱离社会生活的弊端方面,有十分重要的意义。

(2)"社会即学校"。

"社会即学校"是生活教育理论另一重要主张,是"生活即教育"思想在学校与社会关系问题上的具体化。"社会即学校",是指"社会含有学校的意味",或者说"以社会为学校"。由于到处是生活,到处都是教育,"整个的社会是生活的场所,亦即教育之场所"。

"社会即学校",也指"学校含有社会的意味"。也就是说,学校通过与社会生活相结合,一方面运用社会的力量使学校进步,另一方面动员学校的力量帮助社会进步,使学校真正成为社会生活必不可少的组成部分。

"社会即学校"扩大了学校教育的内涵和作用,对于传统的学校观、教育观有所改变。传统学校与社会生活脱节,学生孤陋寡闻,而以社会为学校,使得教育的材料、教育的方法、教育的工具、教育的环境可以大大地增加,有利于拓展学生的知识,增强学生的能力。"社会即学校",还可以使被传统学校拒之门外的劳苦大众能够受到起码的教育,贯穿了普及民众教育的苦心,同样也值得肯定。

(3)"教学做合一"。

"教学做合一"是生活教育理论的又一重要主张,是"生活即教育"在教学方法问题上的具体化。其含义为:教的方法根据学的方法,学的方法根据做的方法。事怎样做便怎样学,怎样学便怎样教。教与学都以做为中心。包括以下四个要点:"教学做合一"要求在"劳力上劳心";"教学做合一"是因为"行是知之始";"教学做合一"要求"有教先学"和"有学有教";"教学做合一"还是对注入式教学法的否定。

(4)启示。

陶行知的生活教育理论是一种大众的、为人民大众服务的教育理论,且还是一种不断进取创造,旨在探索具有中国民族特色的教育道路的理论。

生活教育理论还在教育观念的改变方面颇有建树,无论是强调学校教育与社会生活、生产劳动相结合,还是要求手脑并用、在劳力上劳心,都是对学校与社会割裂、书本与生活脱节、劳心与劳力分离的传统教育的反动,显示出强烈的时代气息,至今都富于启示。

陶行知的生活教育理论是我国民族教育理论宝库中十分可贵的遗产,值得我们珍惜并认真研究借鉴。

4. 中世纪大学的地位和作用。

【答案要点】

(1)简介。

中世纪大学是12世纪左右兴起的一种自治的教授和学习中心。一般由一名或数名在某一领域有声望的学者和他的追随者自行组织起来，形成类似于行会的师生团体进行教学和知识交易。最早的中世纪大学包括萨莱诺大学、波隆那大学、巴黎大学等。

（2）产生的原因。

①经济上：中世纪中后期，经济的复苏和城市的复兴，为中世纪大学的产生提供了物质条件，同时也为师生组合在一起共同研讨学问提供了必要的场所。

②政治上：经济的发展和城市的复兴带来了市民阶层的兴起，原有的基督教学校及其教育内容已经无法满足这种新兴阶层的需要，他们迫切需要一种能满足其自身需要的、新型的和世俗的教育机构和教育内容。

③文化上：十字军东征带来了东方的文化，开拓了西欧人的视野；经院哲学的产生及其内部的论争，繁荣了西欧的学术氛围。在这种背景下，西欧出现了文化教育的复兴，从而为中世纪大学的产生奠定了重要的知识基础。

④组织基础：基督教的教育机构尤其是修道院学校以及中世纪城市的行会组织，为中世纪大学的产生奠定了组织基础，有的大学甚至就是从教会的主教学校和修道院学院发展而来的。

（3）中世纪大学的特点。

①教育目的。中世纪大学的基本目的是进行职业训练，培养社会所需要的专业人才。因此大学教育往往分文、法、神、医等专业学院来进行。

②领导体制。中世纪大学按领导体制分为两种，一种为"学生"大学，一种为"先生"大学。前者由学生主管校务，教授的选聘、学费的数额、学期的时限和授课时数等，均由学生决定；后者由教师掌管校务，学校诸事均由教师决定。

③课程设置。大学的课程开始并不固定，各大学甚至各教师自己规定开设的课程。13世纪以后，课程趋向统一。文学院属大学预科，一般课程6年。学生结束学习后分别进入法学院、神学院、医学院，学习有关专业课程。

④教学方法。中世纪大学最常用的教学方法是演讲，由阅读、评注和介绍作业等部分构成，同时穿插不同程度的讨论。此外，还采用辩论的方法。

⑤学位制度。中世纪大学已经有了学位制度。学生学习3~7年，修完规定的课程，考试及格便可以获得"硕士""博士"学位。最初这两种学位并无程度上的差别，以后分化成表示不同学术水平的独立学位。

（4）中世纪大学的评价和意义。

积极性：

①中世纪大学的产生在当时是进步现象，有积极意义。它打破了教会对教育的垄断，促进了教育普及。它一开始是世俗性教育团体，不受教会统治，使较多的人可以不受封建等级限制而得到教育，符合当时新兴的市民阶级对世俗教育的要求。

②对于后世高等教育的发展具有重要意义。现代意义的大学基本上直接起源于欧洲中世纪大学，现代大学的一系列组织结构和制度原则都与欧洲中世纪大学有着直接的历史联系。

③中世纪大学还培养了一大批人才，促进了古希腊、罗马文化，阿拉伯文化等多种科学文化的保存、交流和发展。

局限性：因为当时教会势力强，所以大学的宗教色彩比较浓厚。

2019年 海南师范大学 333 教育综合·真题解析

一、名词解释

教育目的

教育目的是对教育活动所要培养的人的个体素质的总的预期与设想,是对社会历史活动的主体的个体素质的规定。它体现一定社会对受教育者质量规格的界定和要求,也体现人自身发展所应该达到的水准和高度。

太学

元朔五年(前124年),汉武帝采纳董仲舒的建议,为博士置弟子,标志着太学的正式设立。同时也意味着以经学教育为基本内容的中国封建教育制度的正式确立。太学产生以后,规模不断扩大,到东汉则盛极一时。以后太学随着社会政治、经济条件的变化,以及不同时期帝王对教育重视程度的不同而时有兴衰。

元认知

元认知就是对认知的认知,具体地说,是关于个人自己认知过程的知识和调节这些过程的能力,是对思维和学习活动的认知和控制。元认知具有两个独立但又相互联系的成分,即元认知知识和元认知控制。

课程

课程是由一定的育人目标、特定的知识经验和预期的学习活动方式构成的一种蕴含着丰富、基本而又有创造性与潜质的一套计划与设定。从育人目标角度看,课程是一种培养人的蓝图;从课程内容角度看,课程是一种适合学生身心发展规律的、连接学生直接经验和间接经验的、引导学生个性全面发展的知识体系及其获取的路径。广义的课程指所有学科的总和,狭义的课程指一门学科。

绅士教育

洛克认为教育的最高目的在于培养绅士。所谓绅士教育就是培养既具有封建贵族遗风,又具有新兴资产阶级特点的新式人才的教育。洛克主张把社会中上层家庭的子弟培养成为身体强健,举止优雅,有德行、智慧和实际才干的事业家。

生活教育

"生活教育"是陶行知教育思想的核心,集中反映了他在教育目的、内容和方法等方面的主张,反映了陶行知探索适合中国国情和时代需要的教育理论的努力。包括生活即教育、社会即学校和教学做合一等思想。

二、简答题

1. 中世纪大学的特征。

【答案要点】

(1)教育目的。中世纪大学的基本目的是进行职业训练,培养社会所需要的专业人才。因此大学教育往往分文、法、神、医等专业学院来进行。

(2)领导体制。中世纪大学按领导体制分为两种,一种为"学生"大学,一种为"先生"大学。

前者由学生主管校务，教授的选聘、学费的数额、学期的时限和授课时数等，均由学生决定；后者由教师掌管校务，学校诸事均由教师决定。

（3）课程设置。大学的课程开始并不固定，各大学甚至各教师自己规定开设的课程。13世纪以后，课程趋向统一。文学院属大学预科，一般课程6年。学生结束学习后分别进入法学院、神学院、医学院，学习有关专业课程。

（4）教学方法。中世纪大学最常用的教学方法是演讲，由阅读、评注和介绍作业等部分构成，同时穿插不同程度的讨论。此外，还采用辩论的方法。

（5）学位制度。中世纪大学已经有了学位制度。学生学习3~7年，修完规定的课程，考试及格便可以获得"硕士""博士"学位。最初这两种学位并无程度上的差别，以后分化成表示不同学术水平的独立学位。

2. 教学过程中要处理的关系。

【答案要点】

（1）间接经验与直接经验的关系。学生认识的主要任务是学习间接经验，学习间接经验必须以学生个人的直接经验为基础，防止只重书本知识传授或直接经验积累的偏向。

（2）掌握知识与发展智力的关系。智力的发展与知识的掌握二者相互依存，相互促进；生动活泼地理解和创造性地运用知识才能有效地发展智力；防止单纯抓知识教学或只重能力发展的片面性。

（3）掌握知识与进行教育的关系。进行教育性教学是现代教学的重要特性；只有使所学知识引发了学生情感、态度的积极变化，才能让他们的思想真正得到提高；防止单纯传授知识或脱离知识教学的思想教育的偏向。

（4）智力活动与非智力活动的关系。教学活动既要注重引导学生进行智力活动，也要重视调节学生的非智力活动；按教学需要调节学生的非智力活动，才能有成效地进行智力活动。

（5）教师主导作用与学生主动性的关系。发挥教师的主导作用是学生简捷有效地学习知识、发展身心的必要条件；尊重学生、调动学生的学习主动性是教师有效地教学的一个主要因素；防止忽视学生积极性和忽视教师主导作用的偏向。

3. 书院教育的特点。

【答案要点】

（1）书院精神。书院以自由讲学为主，注重讨论，学术风气浓厚，开辟了新的学风，推动了教育和学术的发展。

（2）书院功能。育才、研究和藏书。

（3）培养目标。注重人格修养，强调道德与学问并进，培养学生的学术志趣。

（4）管理形式。较为简单，管理人员少，强调学生遵照院规自我约束、自我管理为主。

（5）课程设置。灵活具有弹性，教学以学生自学、独立研究为主，师生、学生之间注重质疑问难与讨论。

（6）教学组织。教学与研究相结合，教学形式多样，注重讲明义理，躬亲实践。

（7）规章制度。书院作为一种教育制度得以确立，在教育目标、教学方法、教学顺序等方面用学规的形式加以阐明，最著名的是《白鹿洞书院揭示》，它说明南宋后书院已经制度化。

（8）师生关系。较之官学更为平等、学术切磋多于教训，学生来去自由，关系融洽、感情深厚。

（9）学术氛围。教学与学术研究并重，学术氛围自由宽松，人格教育与知识教育并重。

4. 影响知识理解的因素。

【答案要点】

客观因素：

（1）学习材料的内容。学习材料的意义性、学习材料内容的具体程度和学习材料的相对复杂性和难度都会影响学生对知识的理解。

（2）学习材料的形式。采用直观的方式如实物、模型和言语等可以为抽象的内容提供具体感性信息的支持，影响学生对知识的理解；当所教的内容较为复杂时，多媒体和虚拟现实技术等计算机技术则会起到很好的教学辅助作用。

（3）教师言语的提示和指导。教师在不同教学阶段的言语提示对学生的学习有直接的影响。在教学中，教师言语的作用不应仅仅局限于对某一具体知识的描述和解释，重要的是用言语引导学生进行主动建构。

主观因素：

（1）原有的知识经验背景。学生对新信息的理解会受到原有知识经验背景的制约，这种知识背景有着丰富而广泛的含义，它包括来源不同的、以不同的表征方式存在的知识经验，是一个动态的、整合的认知结构。

（2）学生的能力水平。学生的认知发展水平和学生的语言能力直接影响知识的理解。

（3）主动理解的意识与方法。学生要有主动理解的意识倾向和主动理解的策略与方法。

三、分析论述题

1. 学校管理的趋势。

【答案要点】

（1）学校管理法治化。

依法治校可分为两个方面：政府及教育行政部门依法管理学校；学校管理者依法管理学校。为推进依法治校工作，学校管理者应采取以下措施：

第一，转变行政管理职能，切实依法行政；第二，加强制度建设，依法加强管理；第三，推进民主建设，完善民主监督；第四，加强法制教育，提高法律素质；第五，严格教师管理，维护教师权益；第六，完善学校保护机制，依法保护学生权益。

（2）学校管理人性化。

人性化管理是指学校管理工作要以人为本，关注人的情感、满足人的需要、崇尚人的价值、尊重人的主体人格和地位。为推进学校管理人性化，学校管理者应采取以下措施：

第一，考虑人的因素，一切要从人的实际出发；第二，考虑个体差异，懂得每个人都有自己的思想、情感、兴趣和爱好；第三，强调人的内在价值，把满足需要作为工作的起点，通过激励的方式来提高工作效率；第四，努力构建充满尊重、理解和信任的人际环境，增强教职工和学生的集体归属感；第五，加强校园文化环境建设，充分发挥校园文化的管理和育人功能；第六，转变管理观念和方式，贯彻管理即育人、管理即服务的思想。

（3）学校管理民主化。

民主管理以对个体价值的肯定为基础，以个体才能的充分发挥和潜能挖掘为前提，积极吸引全员参与管理活动，集思广益，共同参与，以取得最优的管理效益。实施民主管理应做好以下工作：

第一，学校管理者应充分肯定个体价值，树立"以人为本"的管理理念；第二，广大教职员工要不断提高自身素质，积极参与民主管理；第三，管理体制上要充分保障教职员工的民主参与权利。

（4）学校管理信息化。

在信息化时代，学校管理呈现出信息化的新特点。它表现在两个方面：第一，学校对信息技术的开发和使用，把计算机、网络、多媒体等现代技术运用到管理上，以提高学校管理的实效；第二，学校管理方式的信息化，实行"人－机"管理，即注重对有关信息资源的管理。为推进学校管理信息化，学校管理者应采取以下措施：

第一，实现信息化管理，要加强硬件投入与软件开发，打好学校管理信息化的物质基础；第二，提高学校教职员工的信息管理素养，以保障信息化管理的运行；第三，改进培训内容和方式，使其具有针对性，满足教师需求；第四，完善学校信息化管理规章制度，以提升学校信息化管理有效性。

（5）学校管理校本化。

校本管理是指学校在教育方针与法规的指引下，可以根据自己的实际情况和需要自主确定发展的目标与任务，进行管理工作。简言之，校本管理即以学校为本位的自主管理。实施校本管理应注意做好以下工作：第一，教育行政部门要简政放权；第二，倡导集体参与、共同决策；第三，开展校本研究，提高学校管理者决策能力。

2. 人文主义教育的特点、影响和贡献。

【答案要点】

（1）人文主义教育的特征。

①人本主义。人文主义教育在培养目标上注重个性发展，在教育教学方法上反对禁欲主义，尊重儿童天性，坚信通过教育这种后天的力量可以重塑个人、改造社会和自然，这些都表现出人本主义内涵，人的力量、人的价值被充分肯定。

②古典主义。人文主义教育思想吸收了许多古人的见解，人文主义教育实践尤其是课程设置亦具有古典性质，但这种古典主义绝非纯粹的"复古"，实则含有古为今用、托古改制的内涵，这在当时是进步的。

③世俗性。不论从教育目的还是从课程设置等方面看，人文主义教育洋溢着浓厚的世俗精神，教育更关注今生而非来世，这是人文主义教育与中世纪教育的根本区别。

④宗教性。人文主义教育仍具有宗教性，几乎所有的人文主义教育家都信仰上帝，他们虽然抨击天主教会的弊端，但不反对宗教更不打算消灭宗教，他们希冀以世俗和人文精神改造中世纪陈腐专横的宗教性，以造就一种更富世俗色彩和人性色彩的宗教性。

⑤贵族性。这是由文艺复兴运动的性质所决定的。人文主义教育的对象主要是上层子弟，教育的形式多为宫廷教育和家庭教育而非大众教育，教育的目的主要是培养上层人物如君主、侍臣、绅士等。

（2）人文主义教育的影响和贡献。

①教育内容发生变化。对古希腊、罗马的热情使其知识和学科成为教学主要内容，导致美育和体育复兴并关注自然知识的学习。

②教育职能发生变化。从训练、束缚自己服从上帝到使人更好地欣赏、创造和履行地位所赋予人的职责。

③教育价值观发生变化。重新发现人，重新确立了人的地位，强调人性的高贵，复兴了古希腊的个人主义价值观。

④复兴了古典的教育理想。形成了全面和谐发展的完人的教育观念，从中世纪培养教士的目标转向文艺复兴时期培养绅士的目标。

⑤复兴了自由教育的传统。教育推崇理性，复兴古希腊的自由教育。

⑥自然主义教育思想兴起。用自然来取代《圣经》作为引证，按照人的天性来生活，按照人的需求和本性来设置课程，尊重受教育者的兴趣、爱好、欲望和天性，出现了直观、游戏、野外活动

等教育新方法。

⑦出现了新道德教育观。以原罪论为中心的道德教育已开始解体。人道主义、乐观、积极向上、热爱自由、追求平等和合理的享乐等新的道德观在人文主义的学校中开始取代天主教会的道德观。尊重儿童，反对体罚，已成为某些教育家的强烈要求。

⑧教育与劳动相结合及共产主义的教育思想。在某些空想社会主义教育思想中，首次提出教育与生产劳动相结合的思想以及成人教育的思想。人文主义者莫尔和康帕内拉还提出共产主义的理论以及所实行的教育制度。

⑨建立了新型的人文主义教育机构。

⑩促进了大学的改造和发展。

⑪教育理论不断丰富。

⑫推动了教育世俗化的历史进程。

3. 陶行知生活教育理论和实践。

【答案要点】

（1）"生活即教育"。

"生活即教育"是陶行知生活教育理论的核心。其内涵包括：生活含有教育的意义；实际生活是教育的中心；生活决定教育，教育改造生活。

"生活即教育"所强调的是教育以生活为中心，所反对的是传统教育脱离生活而以书本为中心。尽管它在生活与教育的区别和系统的知识传授方面有所忽视，但在破除传统教育脱离民众、脱离社会生活的弊端方面，有十分重要的意义。

（2）"社会即学校"。

"社会即学校"是生活教育理论另一重要主张，是"生活即教育"思想在学校与社会关系问题上的具体化。"社会即学校"，是指"社会含有学校的意味"，或者说"以社会为学校"。由于到处是生活，到处都是教育，"整个的社会是生活的场所，亦即教育之场所"。

"社会即学校"，也指"学校含有社会的意味"。也就是说，学校通过与社会生活相结合，一方面运用社会的力量使学校进步，另一方面动员学校的力量帮助社会进步，使学校真正成为社会生活必不可少的组成部分。

"社会即学校"扩大了学校教育的内涵和作用，对于传统的学校观、教育观有所改变。传统学校与社会生活脱节，学生孤陋寡闻，而以社会为学校，使得教育的材料、教育的方法、教育的工具、教育的环境可以大大地增加，有利于拓展学生的知识，增强学生的能力。"社会即学校"，还可以使被传统学校拒之门外的劳苦大众能够受到起码的教育，贯穿了普及民众教育的苦心，同样也值得肯定。

（3）"教学做合一"。

"教学做合一"是生活教育理论的又一重要主张，是"生活即教育"在教学方法问题上的具体化。其含义为：教的方法根据学的方法，学的方法根据做的方法。事怎样做便怎样学，怎样学便怎样教。教与学都以做为中心。包括以下四个要点："教学做合一"要求在"劳力上劳心"；"教学做合一"是因为"行是知之始"；"教学做合一"要求"有教先学"和"有学有教"；"教学做合一"还是对注入式教学法的否定。

（4）启示。

陶行知的生活教育理论是一种大众的、为人民大众服务的教育理论，且还是一种不断进取创造，旨在探索具有中国民族特色的教育道路的理论。

生活教育理论还在教育观念的改变方面颇有建树，无论是强调学校教育与社会生活、生产劳动相结合，还是要求手脑并用、在劳力上劳心，都是对学校与社会割裂、书本与生活脱节、劳心与劳力分离的传统教育的反动，显示出强烈的时代气息，至今都富于启示。

陶行知的生活教育理论是我国民族教育理论宝库中十分可贵的遗产，值得我们珍惜并认真研究借鉴。

生活教育实践：

（1）晓庄学校。

1927年，陶行知在南京和平门外晓庄创办南京市试验乡村师范学校，后改名晓庄学校，计划培养一批有农夫的身手、科学的头脑、改造社会的精神、健康的体魄和艺术的兴趣的乡村教师。确立"生活即教育""社会即学校""教学做合一"的生活教育理论，并亲自实验，希望从乡村教育入手，寻找改造中国教育和社会的出路，从而成为中国现代教育史上提倡乡村教育、兴办乡村学校的先行者。

（2）山海工学团。

陶行知于1932年在上海郊区大场创办山海工学团，提出"工以养生，学以明生，团以保生"，力图将工厂、学校、社会打成一片，以达到普及教育的目的。

（3）"小先生制"。

小孩不仅能教小孩、甚至还能教大人，在陶行知看来，儿童是中国实现普及教育的重要力量。他提出的"即知即传"的"小先生制"，就体现了这一认识。"小先生制"是指人人都要将自己认识的字和学到的文化随时随地教给别人，而儿童是这一传授过程的主要承担者。尤其重要的是"小先生"的责任不止在教人识字学文化，而是在"教自己的学生做小先生"，由此将文化知识不断推广。

4. 如何促进学生不良品德的转化。

【答案要点】

（1）品德不良的含义。

品德不良是指个体具有的不符合社会道德要求的道德品质与道德行为，表现为个体经常违反道德准则或犯有较严重的道德过错，有的甚至处在犯罪的边缘或已有轻微的犯罪行为。

（2）通过借鉴西方现代三大学习理论的精髓思想，矫正学生品行不良的方法主要有以下几种：

①运用行为主义学习理论培养个体的良好行为方式。在教育中适当运用渐进强化的原理，可以有效地塑造学生的良好行为方式或矫正学生的偏差行为方式。

②直接从自我观察学习入手培养人的自律行为。自律是个人根据自己的价值标准评判自己的行为，从而规范自己去做自己认为应该做的事情，或避免自己认为不应该做的事。

③提高道德认识法。"美德即知识"的命题启示人们，在很多时候丰富人的道德认识的确可以使人少犯错误，尤其是一些低级错误。这样，妥善采取常用的说理法、故事启发法、小组讨论法或价值澄清法等方法以提高人们的道德认知水平，往往是防治品行不端的有效之举。

④改过迁善法。指要求犯错者纠正自己的不良品德，以使自己朝着善的方向发展的方法。该方法由两部分组成：一是消除一个或几个错误的地方；二是通过一定的练习，使自己的行为朝着与原来不良行为相反的或不相容的方向发展。

⑤防范协约法。指以书面形式在教育者与被教育者之间建立和实施一种监督关系的矫正不良行为的方法。

对学生的不良行为要及早矫正，在矫正时要以正面教育和疏导为主，工作要有诚心、细心和耐心。在着手工作时，要注意以下几点：培养深厚的师生感情，消除疑惧心理和对立情绪；培养正确的道德观念，提高明辨是非的能力；保护和利用学生的自尊心，培养集体荣誉感；锻炼同不良诱因做斗争的意志力，巩固新的行为习惯；针对学生的个别差异，采取灵活多样的教育措施。

2018年 海南师范大学 333 教育综合·真题解析

一、名词解释

多元智力

加德纳提出了多元智力理论，认为人的智力可以分为八种，不存在单纯的某种智力和达到目标的唯一方法，每个人都会用自己的方式来发掘各自的大脑资源，这种为达到目的所发挥的各种个人才智才是真正的智力，造就了人与人之间的不同。

国防教育法

1958年美国总统批准颁布了《国防教育法》，内容包括加强普通学校的自然科学、数学和现代外语，即"新三艺"的教学；加强职业技术教育；强调天才教育和增拨大量教育经费。

导生制

导生制又称贝尔－兰开斯特制，其具体实施是：教师在学生中选择一些年龄较大、学习成绩较好的学生充任导生，教师先对导生进行教学，然后由他们去教其他学生。通过这种教学方式，学生的数额得以大大增加，也在一定程度上缓解了教师奇缺的压力，因而一度广受欢迎，但因其难以保证教育质量而最终被人们所抛弃。

教育目的

教育目的是对教育活动所要培养的人的个体素质的总的预期与设想，是对社会历史活动的主体的个体素质的规定。它体现一定社会对受教育者质量规格的界定和要求，也体现人自身发展所应该达到的水准和高度。

课程标准

课程标准是指在一定课程理论指导下，依据培养目标和课程方案以纲要形式编制的关于课程的性质与价值、目标与内容、教学实施建议以及课程资源开发等方面的指导性文件，一般由说明、课程目标、课程内容标准和课程实施建议等部分组成。

学习策略

学习策略是指学习者为了提高学习的效果和效率，有目的、有意识地制定的有关学习过程的复杂的方案。具有主动性、有效性、过程性和程序性四个特征。

二、简答题

1. 简述马克思主义人的全面发展和教育的关系。

【答案要点】

（1）人的全面发展的内涵。

人的全面发展，既意味着劳动者智力和体力两方面，以及智力和体育的各方面都得到发展，达到体力劳动和脑力劳动相结合，这是人的全面发展的基础。

从更深层次来看，人的全面发展也是指一个人在志趣、道德、个性等方面的发展，即作为一个真正完整的、全面性的人的发展，而且是每个社会成员得到自由的、充分的发展，即人的彻底解放。

（2）人的全面发展和教育的关系。

人的全面发展及其实现只能依据现实的社会条件。根本变革资本主义方式，废除生产资料的私有制，消灭阶级划分，全面占有生产力，是实现人的全面发展的前提条件。

必须向全体社会成员施以普遍的全面教育，包括智育、综合技术教育、体育和德育，以及实行教育与真正自由的生产劳动相结合。

马克思、恩格斯指出，实现每个人的全面发展，是一个历史发展过程。实现人的全面发展和彻底消灭私有制、建立共产主义社会是互为条件的。

2. 简述苏格拉底法。

【答案要点】

（1）简介。

苏格拉底法也称"问答法""产婆术"，是由讥讽、助产术、归纳和定义四个步骤组成的独特的方法。这是苏格拉底探讨伦理哲学的研究方法，也是他的教学方法。

①讥讽。指就对方的发言不断提出追问，迫使对方自陷矛盾，最终承认自己的无知。

②助产术。指帮助对方自己得到问题的答案。

③归纳。从各种具体事物中找到事物的共性或本质，通过对具体事物的比较寻求"一般"。

④定义。指把个别事物归入一般概念，得到关于事物的普遍概念。

（2）评价。

①优点：第一，这种教学方法不将现成的结论硬性灌输或强加于对方，而是与对方共同讨论，通过不断提问诱导对方认识并承认自己的错误，自然而然地得到正确的结论。第二，这种方法遵循从具体到抽象、从个别到一般、从已知到未知的规则，为后世的教学法所吸取。

②局限：但是这种原始的教学方法是在当时没有成熟的教材和没有正规课堂教学制度的特定历史条件下的产物，它不是万能的教学方法，只能在一定条件下和适度范围内作为参照。

3. 影响人的发展的因素。

【答案要点】

（1）遗传在人发展中的作用：遗传素质是人的发展的生理前提；遗传素质的成熟程度制约着人的发展过程及年龄特征；遗传素质的差异性对人的发展有一定的影响；遗传素质具有可塑性。

（2）环境在人的发展中的作用：环境是人的发展的外部条件；环境的给定性与主体的选择性。

（3）个体活动在人的发展中的作用：个体活动是人的发展的决定因素。个体活动制约着环境影响的内化与主体的自我建构；个体通过能动的活动选择、构建着自我的发展。

（4）教育对人的发展的作用：教育在人的发展中起引领作用；学校教育主要通过传承文化科学知识来培养人；学校教育对提高人的现代性有显著的作用。

4. 教育在社会主义中的地位和作用。

【答案要点】

建设有中国特色社会主义必须以科学发展观为指导。科学发展观的核心是以人为本。科学发展观是指我国各项事业发展的世界观和方法论，对以培养人为特点的教育来说，有特殊的重要意义。

（1）树立以人为本的教育观。

①树立以人为本的教育观，意味着肯定教育的根本主旨在于促进人的全面发展，在生产力发展的基础上尽可能地满足大多数人的文化需要，尽可能地让每个人有公平的受教育机会，尽可能地开发每个人的发展潜能，启发每个人的能动性、创造性，引导每个人成为社会的主人、国家的公民，自觉地为人民服务，为社会主义现代化建功立业，在实现民族复兴梦中实现自我。

②树立以人为本的教育观，还意味着肯定人是自我教育、自我发展的主体。教育对人的个性素质的发展只是人的发展的外因，必须经过人的发展的内因，经过人的自我教育，才能转化为人的个性素质。教育必须尊重人在自我教育、自我发展中的主体地位。教育的艺术和教育的实效，取决于培养和发挥人的自我教育、自我发展的能动性。

（2）把教育摆在优先发展的战略地位。

"百年大计，教育为本。"教育在我国社会主义现代化建设中具有基础性、先导性、全局性意义。落实科学发展观，实现科教兴国战略和人才兴国战略，就必然要求把教育摆在优先发展的地位。

①教育的基础性，指人的素质在社会主义现代化建设中的基础性。教育对人的个体素质全面发展的促进，既是个人为人处世的基础，也是社会稳定发展的基础。

②教育的先导性，指教育的发展对社会主义现代化建设具有引领作用。要使经济社会可持续发展，关键在于知识创新，掌握核心技术，这要依靠教育传播最新知识技术，培养创新性人才。教育的先导性不仅表现在经济发展方面，还表现在对科学技术的引领与文化价值观念方面。

③教育的全局性，指教育的发展关乎社会主义现代化建设的方方面面，具有全局性的影响。我们应当全面发挥教育的功能，促进人的全面发展和社会的全面进步。

三、分析论述题

1. 教育过程中应该处理好的关系。

【答案要点】

（1）间接经验与直接经验的关系。

①学生认识的主要任务是学习间接经验。学生要适应高度发展的文明社会，便必须以学习间接经验为主，便捷地掌握人类积累起来的基本科学文化知识。

②学习间接经验必须以学生个人的直接经验为基础。学生要把书本知识转化为自己能理解的知识，就必须以个人已有的或现时获得的感性经验为基础。

③防止只重书本知识传授或直接经验积累的偏向。只重书本知识的传授或只重直接经验的积累都违反了教学的规律，割裂了间接经验与直接经验的内在联系，影响了教学质量的提高。

（2）掌握知识与发展智力的关系。

①智力的发展与知识的掌握二者相互依存，相互促进。对学生来说，掌握、运用知识及反思、改进的过程，也是他们运用和发展智力的过程；同时，学生对知识的掌握又依赖于他们的智力发展。

②生动活泼地理解和创造性地运用知识才能有效地发展智力。在教学中要引导学生通过生动活泼的教学活动，透彻地理解知识原理，了解获取知识的过程与方法，学会独立思考、推理与论证，创造性地解决实际问题。

③防止单纯抓知识教学或只重能力发展的片面性。在教学实践中，有的教师忽视引导学生通过探究、反思有意识地锻炼自己的智力，有的教师忽视通过系统知识和原理的学习与运用来发展学生的智力。这两者都不利于提高教学质量。

（3）掌握知识与进行教育的关系。

①进行教育性教学是现代教学的重要特性。教育性教学主要通过引导学生掌握知识及其蕴含的丰富而深刻的社会意义来实现。

②只有使所学知识引发了学生情感、态度的积极变化，才能让他们的思想真正得到提高。要使教学中传授的知识能给学生以深刻的影响，就要让他们感受到它的巨大意义或深远影响，引起他们思想情感深处的共鸣，在态度和价值追求上发生积极的变化，这样才能推动学生发展。

③防止单纯传授知识或脱离知识教学的思想教育的偏向。在教学中要防止两种偏向：一种是单

纯传授知识、忽视思想教育的偏向；另一种是脱离知识教学，另搞一套思想教育的偏向。

（4）智力活动与非智力活动的关系。

①教学活动既要注重引导学生进行智力活动，也要重视调节学生的非智力活动。在教学过程中，学生的智力活动与非智力活动同在，各有特点与功能，二者相互依存，相互作用。

②按教学需要调节学生的非智力活动，才能有成效地进行智力活动。一方面，要改进教学本身，使教学的内容和过程都富有知识性、趣味性、启发性、吸引力。另一方面，要提高学生的自我教育能力。

（5）教师主导作用与学生主动性的关系。

①发挥教师的主导作用是学生简捷有效地学习知识、发展身心的必要条件。学生的主动性、反思性、创造性发挥得怎样，学习的效果怎样，又是衡量教师主导作用发挥得好坏的根本标志。

②尊重学生、调动学生的学习主动性是教师有效地教学的一个主要因素。学生的学习主动性、积极性发挥得怎么样，直接影响并最终决定着学生个人的学习质量、成效和身心发展的方向与水平。

③防止忽视学生积极性和忽视教师主导作用的偏向。通过普遍提高教师的修养和水平，加强对学生的了解、沟通，提高教师的责任感与创造性，这样才能实现师生之间民主平等、尊师爱生、教学相长的互动与合作。

2. 同伴关系的培养和措施。

【答案要点】

（1）同伴关系的含义。

同伴关系是指个体在交往过程中建立和发展起来的一种个体之间的，特别是同龄人之间的一种人际关系。同伴关系存在于整个人类社会。

（2）同伴关系的作用。

第一，有利于个体社会价值的获得、社会能力的培养以及健康人格的发展；第二，同伴可以满足个体归属与爱的需要和尊重的需要；第三，同伴交往为个体提供学习他人反应的机会；第四，同伴是为个体提供情感支持的来源。

（3）培养措施。

①开设相关课程，进行交往技能训练。通过引导学生了解、分析人际冲突的内在因素，使学生掌握非报复性冲突化解的原理与方法，培养其对冲突事件进行自我反省态度，提高学生解决纷争的能力，帮助学生建立良好的同伴关系。

②丰富课堂教学交往活动。交往能力主要是在教学中形成发展起来的，教师应该注意为学生创造更多的交往机会，采用合作学习的方式增强课堂交往，以促进同伴关系的发展。

③组织丰富多彩的交往实践活动。让学生在真实情境中体验、学习各种交往技能，树立正确的交往观念，提高解决人际冲突的能力，最终在实践中学会交往。

④培养学生的亲社会能力。个体做出的亲社会行为越多，其同伴接纳程度越高，就越能发展出良好的同伴关系。因此，教师可以通过培养亲社会行为来促进同伴关系的发展。

3. 蔡元培的五育并举。

【答案要点】

蔡元培从"养成共和国民健全之人格"的观点出发，提出军国民教育、实利主义教育、公民道德教育、世界观教育和美感教育的"五育"并举教育思想，成为制定民国元年教育方针的理论基础。

（1）军国民教育。指将军事教育引入到学校和社会教育之中，让学生和民众受到一定的军事教育和训练。在学校教育中，强调学生生活的军事化，特别是体育的军事化。蔡元培认为，军国民教育并不是理想社会的教育，但在中国仍有提倡的必要。当时的中国不论是在国际形势还是国内形势上都处于不利地位，蔡元培提倡的军国民教育，有寓兵于民、对抗军阀拥兵自雄、捍卫民主共和的良苦用心。

（2）实利主义教育。即密切教育与国民经济生活的关系，加强职业技能的培训，使教育能发挥提高国家经济能力和改善人民生活水平的作用。蔡元培指出，世界各国的竞争不仅在军事，更在经济，武力需要财力的支持。而中国丰富的自然资源并未得到有效利用，人民失业，国家贫穷，因此需要发展实利主义教育。

（3）公民道德教育。蔡元培认为，公民道德的基本内容不外乎法国资产阶级革命所标榜的自由、平等、博爱，虽然与封建道德的专制等级性不相容，但他明确指出中国传统伦理特别是儒家伦理中的一些基本范畴，其内涵是与自由、平等、博爱的精神相通的。蔡元培尊重文化的继承性和发展性的统一。因此他在摒弃封建道德专制性和等级性的同时，汲取其中有利于资产阶级道德建设的养分。

（4）世界观教育。是蔡元培独创并被作为教育的最高境界。世界观教育就是要培养人们立足于现象世界但又超脱现象世界而贴近实体世界的观念和精神境界。现象世界中的人，由于存在人我差别的意识、追求幸福的意识，而纠缠于由此产生的种种矛盾。在实体世界中，人们摆脱了现象世界的种种矛盾，实现意志的完全自由和人性的最大发展，思想和言论也不受某一门哲学或宗教教义的束缚。

（5）美感教育。美感教育与世界观教育紧密联系。蔡元培认为，美感介于现象世界和实体世界之间，是两者之间的桥梁。世界观教育是引导人们具有实体世界的观念，但不是靠简单的说教可以实现的，其有效的方式是通过美感教育，利用美感这种超越利害关系、人我之分界的特性去破除现象世界的意识，陶冶、净化人的心灵。所以，美感教育是世界观教育的主要途径。大力提倡美感教育是蔡元培教育思想和实践的一个重要特点。

蔡元培认为，"五育"不可偏废，其中军国民教育、实利主义教育、公民道德教育偏于现象世界，隶属于政治教育；世界观教育和美感教育以追求实体世界之观念为目的，为超越政治的教育。根据当时流行的德、智、体三育的说法，蔡元培认为，军国民教育为体育，实利主义教育为智育，公民道德教育为德育，美感教育可以辅助德育，世界观教育将德、智、体三育合而为一，是教育的最高境界。学校中每种教学科目虽于"五育"中各有侧重，但又同时兼通数育。

4. 陶行知生活教育的现实意义。

【答案要点】

（1）"生活即教育"。

"生活即教育"是陶行知生活教育理论的核心。其内涵包括：生活含有教育的意义；实际生活是教育的中心；生活决定教育，教育改造生活。

"生活即教育"所强调的是教育以生活为中心，所反对的是传统教育脱离生活而以书本为中心。尽管它在生活与教育的区别和系统的知识传授方面有所忽视，但在破除传统教育脱离民众、脱离社会生活的弊端方面，有十分重要的意义。

（2）"社会即学校"。

"社会即学校"是生活教育理论另一重要主张，是"生活即教育"思想在学校与社会关系问题上的具体化。"社会即学校"，是指"社会含有学校的意味"，或者说"以社会为学校"。由于到处是生活，到处都是教育，"整个的社会是生活的场所，亦即教育之场所"。

"社会即学校"，也指"学校含有社会的意味"。也就是说，学校通过与社会生活相结合，一方面运用社会的力量使学校进步，另一方面动员学校的力量帮助社会进步，使学校真正成为社会生活必不可少的组成部分。

"社会即学校"扩大了学校教育的内涵和作用，对于传统的学校观、教育观有所改变。传统学校与社会生活脱节，学生孤陋寡闻，而以社会为学校，使得教育的材料、教育的方法、教育的工具、教育的环境可以大大地增加，有利于拓展学生的知识，增强学生的能力。"社会即学校"，还可以使被传统学校拒之门外的劳苦大众能够受到起码的教育，贯穿了普及民众教育的苦心，同样也值得肯定。

（3）"教学做合一"。

"教学做合一"是生活教育理论的又一重要主张，是"生活即教育"在教学方法问题上的具体化。其含义为：教的方法根据学的方法，学的方法根据做的方法。事怎样做便怎样学，怎样学便怎样教。教与学都以做为中心。包括以下四个要点："教学做合一"要求在"劳力上劳心"；"教学做合一"是因为"行是知之始"；"教学做合一"要求"有教先学"和"有学有教"；"教学做合一"还是对注入式教学法的否定。

（4）现实意义。

陶行知的生活教育理论是一种大众的、为人民大众服务的教育理论，且还是一种不断进取创造，旨在探索具有中国民族特色的教育道路的理论。

生活教育理论还在教育观念的改变方面颇有建树，无论是强调学校教育与社会生活、生产劳动相结合，还是要求手脑并用、在劳力上劳心，都是对学校与社会割裂、书本与生活脱节、劳心与劳力分离的传统教育的反动，显示出强烈的时代气息，至今都富于启示。

陶行知的生活教育理论是我国民族教育理论宝库中十分可贵的遗产，值得我们珍惜并认真研究借鉴。

2017年 海南师范大学 333 教育综合·真题解析

一、名词解释

班主任

班主任是班的教育者和组织者，是学校进行教导工作的得力助手。班主任对一个班的学生工作全面负责，组织学生的活动，协调各方面对学生的要求，对一个班集体的发展起主导作用。

学制

学制即学校教育制度，它是现代教育制度的核心部分。指的是一个国家各级各类学校的系统及其管理规则，它规定着各级各类学校的性质、任务、入学年限、修业年限以及它们之间的关系。

活动课程

活动课程又称经验课程、儿童中心课程，与学科课程相对立，它打破学科逻辑的界限，是以学生的兴趣、需要、经验和能力为基础，通过引导学生自己组织的有目的的系列活动而编制的课程。

理想国

《理想国》是柏拉图的代表作，是一部讨论政治和教育的著作，被认为是西方教育史上最为重要和伟大的教育著作之一。在《理想国》中，柏拉图精心设计了一个他心目中理想的国家，在这个国家中，执政者即哲学王，军人、工农商服从各自的天性，各安其位，互不干扰，智慧、勇敢、节制、正义成为理想国的四大美德。他还为这个理想国家的实现，提出了完整的教育计划。

洛克

洛克是英国17世纪著名的实科教育和绅士教育的倡导者。他提出了"白板说"，重视教育对个人幸福、事业和前途的影响，其教育思想具有世俗化、功利主义和个人主义的色彩。主要著作有《教育漫话》《工作学校计划》等。

目标游离评价

目标游离评价是课程评价的模式之一，由美国学者斯克里文提出，他认为评价者应该注意的是课程计划的实际效应，而不是预期效应，主张把评价重点从"课程计划预期的结果"转向"课程计划实际的结果"。

二、简答题

1. 简述建构主义的主要思想。

【答案要点】

（1）知识观。建构主义者质疑知识的客观性和确定性，强调知识的动态性。具体体现在以下几方面：知识的动态性、知识的情境性、知识学习的主动建构性。

（2）学生观。建构主义认为，学生并不是被动接受教师传授的知识，而总是以自己的经验背景或自己的经验来建构对事物的理解。具体表现在以下几方面：建构主义者强调学生经验世界的丰富性和差异性；学生基于相关的经验，依靠推理和判断能力，形成对问题的某种解释；教学要引导儿童从原有的知识经验中"生长"出新的知识经验；教学要增进学生之间的合作。

（3）学习观。建构主义认为，学习是学习者主动地赋予信息以意义，建构自己的知识经验的过程，具有三个重要特征：主动建构性、社会互动性、情境性。

（4）教学观。教学要激活学生原有的相关知识经验，促进知识经验的"生长"，促进学生的知识建构活动，培养学生的求知欲和探究能力；教学要为学生创设理想的学习情境，同时给学生提供丰富支持，促进他们自身建构意义以及解决问题的活动。

2. 张之洞的"中体西用"。

【答案要点】

（1）"中学为体，西学为用"是洋务派关于中西文化关系的核心命题，也是洋务教育的指导思想。其含义为在突出"中学"主导地位的前提下，应该肯定"西学"的辅助作用和器用价值。

（2）"中学"也称"旧学"，包括四书五经、中国史事、政书、地图等。张之洞认为对"中学"的各方面都要通其大概，尤其是纲常名教。"西学"又称"新学"，包括西政、西艺、西史，其中，张之洞着重强调西政和西艺。西政是指西方有关文教制度、工商财政、军事建制和法律行政等管理层面的文化；西艺即近代西方科技。

（3）在办理教育和个人学习时，应该根据具体情况分出西政与西艺的轻重缓急，张之洞认为西艺难学，适合年少者，着眼于长远；西政相对易学，适合年长者，着眼于当前急需。对于中、西学的关系，可以概括为"旧学为体、新学为用，不使偏废"。

3. 班主任的基本任务。

【答案要点】

班主任的基本任务是：依据我国教育目的和学校的教育任务，协调来自各方面对学生的要求与影响，有计划地组织全班学生的教导活动，做好学生的思想教育工作，并对他们的学习、劳动、工作、课外活动、课余生活以及社会活动等全面负责，把班培养成为积极向上的集体，使每个学生在德、智、体、美等方面都得到充分的发展。

4. 遗传在人发展中的作用。

【答案要点】

（1）遗传素质是人的发展的生理前提。

遗传是指人从上代继承下来的生命机体及其解剖上的特点，这些遗传的生理特点，也叫遗传素质，是人的发展的自然的或生理的前提条件，为人的发展提供可能。

（2）遗传素质的成熟程度制约着人的发展过程及年龄特征。

遗传素质的成熟过程，表现为人身体的各种器官的形态、结构和机能的发展变化与完善，为一定年龄阶段的身心特点的出现提供了可能，制约着人的发展的年龄阶段。

（3）遗传素质的差异性对人的发展有一定的影响。

遗传素质的差异不仅表现在体态和感觉器官的功能上，也表现在神经活动的类型上。人们对外界事物反应的快慢、情感表现的强弱和是否容易转移等方面，也存在着差异。

（4）遗传素质具有可塑性。

随着环境、教育和实践活动的作用，人的遗传素质会逐渐地发生变化，这就说明了遗传素质具有可塑性。但是人成长为什么样的人，并不决定于人的遗传素质。

三、分析论述题

1. 孟子和荀子的教育思想的异同。

【答案要点】

不同点：

（1）教育实践。

①孟子受业于孔子之孙子思的门徒，一生崇拜孔子，自称"乃所愿，则学孔子也"。子思、孟子之学，后世称为思孟学派；

②荀子被称为"六经传人"，孔子整理的"六艺"后来多经荀子传授。在儒家经典的传授方面，其作用远过于孟子。

（2）人性论。

①孟子主张"性善论"，他认为，人性是人类所独有的、区别于动物的本质属性，是一个类的范畴。人性的善，是人类缓慢进化的结果，"我固有之"的仁、义、礼、智是人类学习的结果。

②荀子提出"性恶论"，他认为人之所以能为善，全靠后天的努力，"人之性善，其善者伪也"。

（3）教学方法。

①孟子尤其主张学习中的独立思考和独立见解。学习中特别重要的是由感性学习到理性思维的转化，提出了因材施教、深造自得、盈科而进、专心致志的教学思想。

②荀子对于学习过程的分析相当完整而系统，他把教学过程具体化为"闻、见、知、行"四个基本环节。在荀子看来，由学、思而得的知识还带有假设的性质，它最终是否切实可靠，唯有通过行才能得到验证。

相同点：

（1）派别。二者都是儒家学派的代表人物，其思想也有一定的共性。

（2）教育的作用。二者都重视教育对个人和社会的作用。

①孟子看来，教育的作用对个人的作用就是在于引导人保存、找回和扩充其固有的善端；教育对社会的作用是"得民心"。"得民心"是"仁政"的关键，而教育是"得民心"的最有效的措施。

②荀子认为教育对个人的作用在于"化性为伪",即人的成就是环境、教育和个体努力共同作用的结果;教育对社会的作用是教育能够统一思想,统一行动,使兵劲城固,国富民强。这也反映了战国末期要求集权统一的历史发展趋势。

(3)教育目的。二者都认为教育是为统治阶级培养人才。

①孟子第一次明确地概括出中国古代学校的教育目的是"明人伦",又说明教育就是通过实现"明人伦"来为政治服务的。

②荀子认为教育应当以大儒作为理想目标。荀子认为教育应当培养推行礼法的"贤能之士",或者说具有儒家学者身份且长于治国理政的各级官僚。

(4)教学内容。二者的教学内容都是儒家经典。

孟子从"明人伦"及其"大丈夫"的教育目的出发,提出了以儒家伦理道德为主体的教育内容。荀子重视文化知识特别是古代典籍的学习,认为各经有不同的教育作用。在诸经中,荀子尤重《礼》,以之为自然与社会的最高法则。

2. 杜威的教育思想及评析。

【答案要点】

杜威是 20 世纪美国著名的哲学家和教育家,他以实用主义哲学、民主主义政治理想和机能心理学为基础,通过批判地继承前人的思想,构建起庞大的教育哲学体系,成为现代教育的代表人物。主要著作有《民主主义与教育》《我的教育信条》等。

(1)论教育的本质。

杜威对于"什么是教育"的问题,给出的回答是:教育即生活、学校即社会、教育即生长、教育即经验的持续不断的改造。

(2)论教育的目的。

教育无目的论。从教育本质论出发,杜威反对外在的、固定的、终极的教育目的,认为教育无目的。杜威所希求的是过程内的目的,这个目的就是"生长"。

教育的社会目的。杜威强调过程内的目的不等于否定社会性的目的。杜威要求教育为社会进步服务,为民主制度的完善服务。他认为教育是社会进步及社会改革的基本方法,学校是社会进步和改革的最基本和最有效的工具。在民主社会中,个人发展与社会进步是统一的。

(3)论课程与教材。

从做中学。杜威以其经验论为基础,要求从做中学、从经验中学,要求以活动性、经验性的主动作业来取代传统书本式教材的统治地位。在杜威看来,这种活动性、经验性课程既能满足儿童的心理需要,又能满足社会性的需要,还能使儿童对事物的认识具有统一性和完整性。

教材心理学化。杜威主张以"教材心理学化"来解决怎样使儿童最终获得较系统的知识而同时又能在学习过程中顾及儿童的心理水平。"教材心理学化"是指把各门学科的教材或知识各部分恢复到它所被抽象出来之前的原来的经验。这种心理化就是把间接经验转化为直接经验,即直接经验化。之后再将已经经验到的那些东西累进地发展为更充实、更丰富也更有组织的形式,即逐渐地接近提供给有技能的、成熟的人的那种教材形式。

(4)论思维与教学方法。

反省思维。杜威所力倡的反省思维是指对某个经验情境中的问题进行反复的、严肃的、持续不断的思考,其功能在于求得一个新情境,把困难解决、疑虑排除、问题解答。

五步教学法。杜威根据科学的实验主义探究方法和反省思维方式,提出了五步教学法,即创设疑难的情境、确定疑难所在、提出问题的种种假设、推断哪种假设能解决这个困难、验证这种假设。

(5)论道德教育。

杜威认为道德教育的主要任务是协调个人与社会的关系。他认为个人的充分发展是社会进步的必要条件，社会的进步又可以为个人的发展提供更好的基础。他反对过分强调个人自由和竞争的旧个人主义，而提倡强调人与人之间的合作，强调社会责任和理智作用的新个人主义。

教育的道德性和教育的社会性是相通的，道德教育应在社会性的情境中进行而不能只停留于口头说教；要求学校生活、教材、教法皆应渗透社会精神，视学校生活、教材、教法为"学校道德三位一体"，这三者都是道德教育的重要途径。

（6）杜威教育思想的影响。

①杜威是西方现代教育派的理论代表。他对传统教育的整个理论体系发起挑战，奠定了现代教育的理论大厦的基石。

②杜威是新教育的思想旗手，他的教育理论突破以往建立在主客体两分之上的传统教育的弊端，将知行合一，使教学中死的知识变为活的知识，突破了内发论和外铄论，将教育看作人与环境的交互过程中经验的观点具有很高的创造性。

③杜威奠定了儿童中心论，解决教育与儿童相脱离的问题，并通过学校与社会的统一、思维与经验的统一，解决教育与实践，学校与社会脱离的问题。

④杜威提出了做中学这一建立在新哲学和心理学基础上的新方法，拓宽了教学形式和方法，提高了教学专业化水平。

⑤杜威的教育理论对世界教育进程发挥了巨大作用，对日本、中国、苏联等国具有直接的影响。

⑥杜威的理论偏重儿童、活动、经验三中心而使得教育实践忽视了系统知识的传授以致引发了自由与纪律、教师与学生关系等诸多矛盾。另外根据经验和教材心理化原则编写新型教材的设想过于理想化，难以实现。

3. 学校德育工作开展的途径与效果。

【答案要点】

（1）思想政治课与其他学科教学。

思想政治课与其他学科的教学都是学校德育的重要途径。需要注意的是，知识转化为品德还需要将知识与学生生活相联系，与学生思想"对话"，以激发学生的道德需要，并用这些道德认识来探寻做人的道理，调节对人、对事应持有的态度，并付诸行动。

（2）劳动和其他社会实践。

这是学校德育尤其是劳动教育的重要途径。有意义的劳动和社会实践，能够提高学生的责任意识、服务意识，形成学生勤俭、朴实、艰苦、顽强等许多好的品德，在德育上有着不可或缺、不可替代的意义。

（3）课外活动和校外活动。

课外活动不受教学计划的限制，学生可以根据兴趣、爱好自愿选择活动，自主地制订一定的计划与规则，以组织协调人际关系、开展丰富多彩的活动，是生动活泼地向学生进行德育的一个重要途径。通过课外活动进行德育，能调动学生的积极性，培养他们的自律能力，形成互助友爱、团结合作、尊重规则等品德。

（4）学校共青团、少先队活动。

共青团、少先队是青少年儿童自己的组织。青少年儿童热爱自己的组织，积极参加团队活动，渴望加入团队组织。因而开展团队活动，能激发学生强烈的上进心、荣誉感，使他们能够严于律己，自觉提高思想品德，是德育的重要途径。

（5）心理咨询。

心理咨询是培养学生健康心理品质的有效途径。通过个别谈心、咨询、讲座等多种方式对学生进行心理健康教育，可以帮助学生处理好学习、交往、择业等方面的问题，使他们成为积极向上、心理健康的人。

（6）班主任工作。

通过班主任工作，学校不仅能有效地管教学生基层组织和个人，而且能对教育学生的其他途径的活动起协调作用，是学校德育的一个特别重要的途径。

（7）校园生活。

校园生活包括上述活动在内的全部学校生活。要建立良好的校园生活，一是要研究如何使德育在各个途径中真正到位，使之互相补充，构成整体效应；二是要根据学校实际，研究如何增加跨越班级的活动与交往，逐步形成学校特色；三是要研究如何使校园生活能够体现时代精神，蕴含深厚文化，让学生在生活中养成现代文明习气和人文情怀。

4.最近发展区的主要观点与教学应用。

【答案要点】

（1）最近发展区的主要观点。

维果茨基认为，在进行教学时，必须注意到儿童有两种发展水平：一种是儿童现有的发展水平，另一种是即将达到的发展水平，维果茨基把这两种水平之间的差异称为"最近发展区"，即独立解决问题的真实发展水平和在成人指导下或与其他儿童合作情况下解决问题的潜在发展水平之间的差距。

（2）教学应用。

①支架式教学。教学支架就是教学者给学生提供适当的指导和支持。这种指导和支持处于学生的最近发展区内，而且要随着儿童认知发展的变化进行调整。

②阐释了在相互作用情境下学习的机制。由于最近发展区是一个动态的区域，需要教师通过与学生的相互作用不断地获得学生发展的反馈，这种在最近发展区内的相互作用实质是教师与学生共同协作的认知活动，使学生和教师的认知结构得到精细加工和重新建构。交互式教学就体现了这种相互作用。

③对于合作学习有一定的指导作用。教师要尽量组织、安排能力水平不同的学生进行合作学习，接受能力较强的同伴的指导是促进儿童在最近发展区内发展的最有效的一种方式。

④情境认知理论及其教学模式的应用。任何学习都处在一定的社会或实际的有意义的背景里，这些背景尤其是社会性作用将通过不同途径影响学习的过程和结果。因此教师在教学过程中要引导学生从旁观者逐渐转变为教学活动的参与者，在社会性互动中获得知识和技能。

2016年
海南师范大学 333 教育综合·真题解析

一、名词解释

教育学

教育学是以教育活动为研究对象的学科，是通过研究教育现象和教育问题、探索教育规律、探讨教育价值、探寻教育艺术、指导教育实践的一门科学。它的核心是引导、培育和规范人的发展，解决培养什么人和怎样有效培养人的问题。

课程目标

课程目标即课程方案设置的各个教学科目所规定的教学应当达到的要求或标准。这个层次的目标是各级各类学校培养目标的具体化，通过课程目标的实现来完成培养目标。

有意义学习

有意义学习就是符号所代表的新知识与学习者认知结构中已有的适当观念建立非任意的和实质性的联系。有意义学习的类型包括表征学习、概念学习和命题学习。

骑士教育

骑士教育是中世纪世俗教育的一种主要形式，以培养当时封建制度中骑士阶层的成员为目的。它是一种特殊形式的家庭教育，并无专设的教育机构，也没有专职的教育人员。它在骑士生活和社交活动中进行。训练骑士的标准是剽悍勇猛、虔敬上帝、忠君爱国、宠媚贵妇。

六艺

西周的教育内容总称为"六艺"教育，它是西周教育的特征和标志。"六艺"即礼、乐、射、御、书、数。其中，"礼、乐、射、御"为"大艺"，是大学的课程；"书、数"为"小艺"，是小学的课程。

双轨学制

双轨制产生于18—19世纪的西欧，一轨自上而下，是为资产阶级的子女设立的，其结构是大学、中学；另一轨从下而上，是为劳动人民的子女设立的，其结构是小学及其后的职业学校。两个平行的系列，一轨基于家庭教育，从初中开始，一轨最初只有小学。

二、简答题

1.简述教学组织形式。

【答案要点】

教学组织形式是指为完成特定的教学任务，教师和学生按一定要求组合起来进行活动的结构。教学组织形式不是固定不变的，它随着社会政治经济和科学文化的发展，对所培养人才要求的提高也会不断改进。目前常见的教学组织形式有以下几种：

（1）个别教学制。个别教学制是教师面对个别或少数学生进行教学的一种教学组织形式。在个别教学中，每个学生所学的内容和进度可以有所不同，教师对每个学生教的方法和要求也有所区别，自然学生学习的成效各不一样，甚至差距极大。

（2）班级授课制。一种集体教学形式。它把一定数量的学生按年龄与知识程度编成固定的班级，根据周课表和作息时间表，安排教师有计划地向全班学生上课，分别学习所设置的各门课程。

（3）分组教学制。指按学生的能力或学习成绩把他们分为水平不同的小组进行教学。可以分为能力分组和作业分组、内部分组和外部分组。

（4）走班制。指教室和教师固定而学生不固定的一种教学组织形式。学生根据自己的兴趣和能力选择适合自身发展的班级，在不同的教室中流动上课。

2.简述人的身心发展规律。

【答案要点】

（1）顺序性。在正常情况下，人的发展具有一定的方向性和顺序性，既不能逾越，也不能逆向发展。如个体动作的发展就遵循自上而下、由躯体中心向外围、从粗动作向细动作的发展规律性。就心理而言，儿童的发展总是从无意注意到有意注意，从机械记忆到意义记忆，从具体形象思维到抽象逻辑思维，从喜怒哀乐等一般情绪发展到道德感、理智感、美感等高级情感。

（2）不平衡性。人的发展不总是匀速直线前进的，不同系统的发展速度、起始时间、达到的成熟水平是不同的；同一机能系统在发展的不同时期也有不同的发展速率。从总体发展来看，幼儿期出现第一个加速发展期，青春发育期出现第二个加速发展期。

（3）阶段性。人的发展变化既体现出量的积累，又表现出质的飞跃。当某些代表新质要素的量积累到一定程度时，就会导致质的飞跃，从而表现出发展的阶段性。个体的身心发展的阶段性表现为不同年龄阶段的个体具有不同的年龄特征及主要矛盾，面临着不同的发展任务。

（4）个别差异性。人的发展的个体差异表现在身心发展的速度、水平、表现方式等方面。如在发展速度上，有的儿童早慧，有的儿童大器晚成。

（5）整体性。人的生理、心理和社会性等方面的发展是密切联系在一起的，并在发展过程中相互作用，使人的发展表现出明显的整体性。

3. 简述教育的经济功能。

【答案要点】

（1）教育是使可能的劳动力转变为现实的劳动力的基本途径。

劳动力是生产力中能动的要素。个体的生命的成长只构成了可能的劳动力，一个人只有经过教育和训练，掌握一定生产部门的劳动知识和技能，并能生产某种使用价值，他才能成为现实的生产力。

（2）现代教育是使知识形态的生产力转化为直接的生产力的重要途径。

科学技术是一种知识形态的生产力，要使其转化为现实的生产力，除了要通过科学研究、发明创造或革新实践外，其技术成果的推广、经验的总结与提升都需要教育与教学的紧密配合。

（3）现代教育是提高劳动生产率的重要因素。

现代生产有其显著特点，它的生产率提高依靠科学技术在生产中的应用、推广和不断革新，依靠提高劳动者受教育的程度与质量，依靠劳动者的素质、扩大脑力劳动者的比重、发挥劳动者在生产和改革中的创造性。

4. 简述皮亚杰认知发展阶段理论。

【答案要点】

（1）0~2岁：感知运动阶段。

这一时期为儿童思维的萌芽期。在这一阶段，儿童主要通过探索感知觉与运动之间的关系来获得动作经验，其中，手的抓取、嘴的吮吸是他们探索世界的主要手段。这个阶段的一个显著标志是儿童渐渐获得了客体永久性，即当某一客体从儿童的视野中消失时，儿童知道该客体并非不存在。

（2）2~7岁：前运算阶段。

这一时期是儿童表象思维阶段。在这一阶段，儿童能运用语言或较为抽象的符号来代表他们经历过的事物，凭借表象思维，他们可以进行各种象征性活动或游戏、延缓性模仿以及绘画活动等。这一阶段的儿童在认知方面具有具体形象性、泛灵论、自我中心主义、集体的独白、思维的不可逆性和刻板性、尚未获得物体守恒的概念和集中化等特点。

（3）7~11/12岁：具体运算阶段。

这一阶段相当于小学阶段。此阶段儿童的认知结构已经发生了重组和改善，思维具有一定的弹性，可以逆转，已经获得长度、体积、质量和面积等的守恒，能凭借具体事物或从具体事物中获得的表象进行逻辑思维和群集运算，但其思维仍然需要具体事物的支持。这一阶段的儿童在认知方面具有去集中化、去自我中心、刻板地遵守规则、逻辑思维和群集运算等特点。

（4）11岁至成年：形式运算阶段。

此阶段儿童的思维已经超越了对具体的可感知的事物的依赖，能以命题的形式进行，并能发现命题之间的关系，能理解符号的意义，能进行一定的概括。思维已经接近成人的水平。这一阶段的儿童在认知方面具有抽象思维获得发展和青春期自我中心等特点。

三、分析论述题

1. 请比较斯巴达教育与雅典教育的区别。

【答案要点】

（1）地理环境。
①斯巴达地处高山平原，适合发展农业，地理位置较为封闭，与外界交通不便。
②雅典三面临海，地理位置优越，有利于工商业的发展。

（2）政治背景。
①斯巴达为保守的军事贵族寡头统治，为了镇压和奴役土著居民，举国皆兵。
②雅典是奴隶主民主政体。经济的繁荣发展与政治上的民主倾向为雅典形成独特的公民民主意识提供了宽松的社会环境和稳固的经济基础。

（3）教育体制。
①斯巴达的教育完全由城邦负责，公民子女出生后，由长老代表国家检查新生儿的体质情况。
②雅典的城邦重视教育，但并不绝对控制，公民子女出生后，由父亲进行体格检查。

（4）教育方法。
①斯巴达是武士教育，教育方法野蛮残忍。
②雅典是公民教育，教育方法温和民主。

（5）教育目的。
①斯巴达的教育目的是培养英勇果敢的战士。教育的任务是要使每一个斯巴达人在经过长期而严肃的训练后，成为一个坚韧不拔的战士和绝对服从的公民。
②雅典教育的主要目的是培养青少年勇敢、强健的体魄以及理智、聪慧和公正的品质，使其既能够担负保卫城邦的重任，更能够履行公民参政议政的职责，即培养身心和谐发展的合格公民。

（6）教育内容。
①斯巴达教育只重军事体育训练和道德教育，轻视知识学术，鄙视思考和言辞，生活方式狭隘，除了军事作战外，不知其他。
②雅典人注重对青少年儿童进行多方面的教育，包括道德熏陶、体格训练、文化教育以及音乐、舞蹈等，但又反对专业化或职业化。

（7）女子教育。
①斯巴达人非常重视女子教育。女子通常和男子接受同样的军事、体育训练，其目的是造就体格强壮的母亲，以生育健康的子女；当男子出征时，妇女能担任防守本土的职责。
②雅典忽视女子教育，妇女社会地位低下，深居简出，女孩子只是在家庭中受教育。

2. 陶行知的"生活教育"思想。

【答案要点】

（1）"生活即教育"。

"生活即教育"是陶行知生活教育理论的核心。其内涵包括：生活含有教育的意义；实际生活是教育的中心；生活决定教育，教育改造生活。

"生活即教育"所强调的是教育以生活为中心，所反对的是传统教育脱离生活而以书本为中心。

尽管它在生活与教育的区别和系统的知识传授方面有所忽视，但在破除传统教育脱离民众、脱离社会生活的弊端方面，有十分重要的意义。

（2）"社会即学校"。

"社会即学校"是生活教育理论另一重要主张，是"生活即教育"思想在学校与社会关系问题上的具体化。"社会即学校"，是指"社会含有学校的意味"，或者说"以社会为学校"。由于到处是生活，到处都是教育，"整个的社会是生活的场所，亦即教育之场所"。

"社会即学校"，也指"学校含有社会的意味"。也就是说，学校通过与社会生活相结合，一方面运用社会的力量使学校进步，另一方面动员学校的力量帮助社会进步，使学校真正成为社会生活必不可少的组成部分。

"社会即学校"扩大了学校教育的内涵和作用，对于传统的学校观、教育观有所改变。传统学校与社会生活脱节，学生孤陋寡闻，而以社会为学校，使得教育的材料、教育的方法、教育的工具、教育的环境可以大大地增加，有利于拓展学生的知识，增强学生的能力。"社会即学校"，还可以使被传统学校拒之门外的劳苦大众能够受到起码的教育，贯穿了普及民众教育的苦心，同样也值得肯定。

（3）"教学做合一"。

"教学做合一"是生活教育理论的又一重要主张，是"生活即教育"在教学方法问题上的具体化。其含义为：教的方法根据学的方法；学的方法根据做的方法。事怎样做便怎样学，怎样学便怎样教。教与学都以做为中心。包括以下四个要点："教学做合一"要求在"劳力上劳心"；"教学做合一"是因为"行是知之始"；"教学做合一"要求"有教先学"和"有学有教"；"教学做合一"还是对注入式教学法的否定。

（4）评价。

陶行知的生活教育理论是一种大众的、为人民大众服务的教育理论，且还是一种不断进取创造，旨在探索具有中国民族特色的教育道路的理论。

生活教育理论还在教育观念的改变方面颇有建树，无论是强调学校教育与社会生活、生产劳动相结合，还是要求手脑并用、在劳力上劳心，都是对学校与社会割裂、书本与生活脱节、劳心与劳力分离的传统教育的反动，显示出强烈的时代气息，至今都富于启示。

陶行知的生活教育理论是我国民族教育理论宝库中十分可贵的遗产，值得我们珍惜并认真研究借鉴。

3. 认知发展的一般规律。

【答案要点】

（1）认知发展的含义。

认知是个体获得知识、运用知识、加工信息的过程，包括感知觉、注意、记忆、思维、言语等。认知发展是指在个体与环境相互作用的过程中，其感知觉、注意、记忆、思维、言语等认知的功能系统不断发展，并趋于完善的变化过程。即认知发展是个体在心理上表征世界、思考世界的方式的发展。

（2）认知发展的一般规律。

①认知活动从简单、具体向复杂、抽象发展。

②认知活动从无意向有意发展。儿童最初的活动是不自觉的、无意识的，逐渐向有意识的心理活动发展，出现有意注意、有意记忆等。

③认知活动从笼统向分化发展。儿童认知活动的发展趋势是从笼统到分化和明确。

④认知活动具有顺序性、阶段性、差异性、连续性等特征。

4. 教师劳动的特点。

【答案要点】

（1）教师劳动的复杂性。

教师劳动的复杂性主要受以下三方面的影响：学生状况的复杂性决定着教师劳动的复杂性；教师任务的多样性制约着教师劳动的复杂性；影响学生发展因素的广泛性制约着教师劳动的复杂性。

（2）教师劳动的示范性。

教育是教师引导、培养学生的活动，它要求教师以身作则，具有示范性。教师的劳动对象是处在发展过程中的青少年学生，他们具有尊敬教师、乐于接受教师的教导、以教师为表率的所谓"向师性"的特点。因此，教师必须严格要求自己，以身作则，通过示范的方式去影响学生，以便取得最佳教育效果。

（3）教师劳动的创造性。

①教师劳动创造性的最重要特征之一是他的工作对象——儿童经常在发生变化，永远是新的，今天同昨天就不一样。

②教师劳动的创造性表现在因材施教上。教师不仅要针对学生集体的特点，而且还要针对学生个体的特点有的放矢地进行教育，创造性地开展工作，才能收到良好的效果。

③教师劳动的创造性，也表现在对教育、教学的原则、方法、内容的运用、选择和处理上。

④教师劳动的创造性，还表现在教育教学过程中，教师对各种突发情况做出及时反应、妥善处理的应变能力上，即教育机智。

⑤教师劳动的创造性，并不意味着它会自动产生。一位教师要创造性地开展教育工作，必须经历艰苦的劳动和长期的积累，善于反思与探究，机智地开展工作，才能涌现创造性。

（4）教师劳动的专业性。

1966年，国际劳工组织、联合国教科文组织在《关于教师地位的建议》中提出："教育工作应被视为专门职业，这种职业是一种要求教员具备经过严格而持续不断的研究才能获得并维持专业知识及专门技能的公共业务；要求对所辖学生的教育和福利具有个人的及共同的责任感。"1993年颁布的《中华人民共和国教师法》也明确规定"教师是履行教育教学职责的专业人员"。这从根本上肯定了教师劳动的专业性。

教师劳动的专业性突出表现在教师对育人的崇高敬业精神和道德修养上，对教育教学专门化知识和技能的掌握与教育活动的自主权上。

2015年

海南师范大学333教育综合·真题解析

一、名词解释

替代强化

班杜拉提出的观察学习理论中指出影响人的行为的强化有三种，其中替代性强化是指观察者因看到榜样受强化而受到的强化。

认知结构

布鲁纳认为学习的实质是主动形成认知结构。所谓认知结构就是编码系统，是"一组相互关联的、非具体性的类别"，它是人用以感知外界的分类模式，是新信息借以加工的依据，也是人的推理活动的参照框架。

教育

教育是人的发展与社会发展的中介活动，其主旨在于以人为本、育人成人，培养人成为他所生存的那个时代的社会实践主体，引导人和社会的持续发展。其概念有广义和狭义之分。广义教育指凡是有目的地增进人的知识技能、影响人的思想品德、增强人的体质的活动都是教育，包括人们在家庭中、学校里、亲友间、社会上所受到的各种有目的的影响。狭义教育主要指学校教育。

遗传素质

遗传是指人从上代继承下来的生命机体及其解剖上的特点，这些遗传的生理特点，也叫遗传素质，是人的发展的自然的或生理的前提条件，为人的发展提供可能。

教育方针

教育方针是国家在一定历史时期，根据社会政治经济发展需要和国家的现实状况与发展趋势，通过一定的法定程序，为教育事业确立的总的工作方向和奋斗目标，是教育政策的总概括。教育方针的基本内容包括育发展的指导思想、教育目的和实施的途径。

学制

学制即学校教育制度，它是现代教育制度的核心部分。指的是一个国家各级各类学校的系统及其管理规则，它规定着各级各类学校的性质、任务、入学年限、修业年限以及它们之间的关系。

二、简答题

1. 简述秦朝的文教政策。

【答案要点】

（1）统一文字。李斯以秦国字形为基础，吸收六国字形，总结出一种新的字体——小篆，编成字书颁发全国，即《仓颉篇》，成为儿童习字的课本。后来程邈又对小篆进行改进，将其简化成为隶书。

（2）禁止私学。讲学是传播学术思想的途径，书籍是知识的载体，李斯在提出禁私学的同时提出了"焚书"的主张，除秦国的历史、卜筮用书、农书不烧之外，其他文史书籍一律烧毁。历来以《诗》《书》为教、具有浓厚怀古思想的儒家学者，则成了主要的打击对象。

（3）实行吏师制度。政府规定教育的内容限于法令，其直接目的是使人成为知法守法、服从统治的驯民。为了保证这项规定得到落实，政府机关附设"学室"，由吏对弟子进行教训，以培养刀笔小吏。

2. 简述古代雅典的教育制度。

【答案要点】

（1）公民子女出生后，由父亲进行体格检查。7岁前，儿童在家由父母养育。

（2）7岁以后，女孩继续在家中由母亲负责教育，学习纺织、缝纫等技能；男孩7岁后开始进入文法学校、弦琴学校学习。

（3）13岁左右，公民子弟除继续在文法学校或弦琴学校学习外，还要进入体操学校，接受各种体育训练，科目包括游泳、舞蹈、赛跑、跳跃、掷铁饼、投标枪，其目的在于使公民子弟具有健全的体魄和顽强、坚忍的品质。

（4）15~16岁，大多数公民子弟不再继续上学，开始从事各种职业，少数显贵子弟则进入国立体育馆，接受体育、智育和审美教育。

（5）18~20岁，青年进入青年军事训练团，接受军事教育。

（6）20岁，经过一定的仪式，被授予公民称号。

3. 简述教育与生产力的关系。

【答案要点】

生产力对教育的制约：

（1）生产力的发展制约教育事业发展的规模和速度。

（2）生产力的发展水平制约人才的培养规格和教育结构。

（3）生产力的发展制约教学内容、教学方法和教学组织形式的发展和改革。

教育对生产力发展的影响：

（1）教育是使可能的劳动力转变为现实的劳动力的基本途径。

（2）现代教育是使知识形态的生产力转化为直接的生产力的重要途径。

（3）现代教育是提高劳动生产率的重要因素。

4. 简述德育原则。

【答案要点】

（1）理论和生活相结合原则。指进行德育要注重引导学生把思想政治观念和社会道德规范的学习同参与生活实践结合起来，把提高道德认识与养成良好道德行为结合起来。

（2）疏导原则。指进行德育要循循善诱、以理服人，从提高学生认识入手，调动学生的主动性，使他们积极向上。

（3）长善救失原则。指进行德育要调动学生自我教育的积极性，依靠和发扬他们自身的积极因素去克服他们品德上的消极因素，促进学生的道德成长。

（4）严格要求与尊重学生相结合原则。指进行德育要把对学生的思想品行的严格要求与对他们个人的尊重信赖结合起来，使教育者的严格要求易于转化为学生主动的道德自律。

（5）因材施教原则。指进行德育要从学生品德发展的实际出发，根据他们的年龄特征和个性差异进行不同的教育，使每个学生的品德都能得到最优的发展。

（6）在集体中教育原则。指进行德育有赖于学生的社会交往、共同活动，注意依靠学生集体，通过集体活动进行教育，充分发挥学生集体在教育中的巨大作用。

（7）教育影响一致性和连贯性原则。指德育应当有目的、有计划地把来自各方面对学生的影响加以组织，使其优化为教育的合力前后连贯地进行，以获得最大的成效。

三、分析论述题

1. 述评现代迁移理论的基本观点，并分析学习理论和迁移理论之间的关系。

【答案要点】

（1）迁移理论。

①形式训练说：主张迁移要经过一个"形式训练"的过程才能产生，以官能心理学为基础，认为迁移是无条件自动发生的。通过一定的训练，心智的各种官能可以得到发展，从而转移到其他学习上去。

②相同要素说：桑代克于20世纪初提出，认为只有在原先的学习情境与新的学习情境有相同要素时，原先的学习才有可能迁移到新的学习中去。相同要素越多，迁移的程度越高，反之则越低。

③概括化理论：由贾德提出，这一理论认为，在经验中学到的原理原则是迁移发生的主要原因。

根据迁移的概括化理论，对原理了解、概括得越好，对新情境中学习的迁移就越好。

④奥斯古德的三维迁移模型：又称迁移逆向曲面模型，这一模型表明迁移与两个学习情境的刺激或学习材料的相似程度和反应的相似程度的关系。

⑤关系理论：强调行为和经验的整体性，认为习得的经验能否迁移取决于能否理解要素间形成的整体关系，能否理解原理与实际事物之间的关系。

⑥认知结构迁移理论：奥苏伯尔认为，学生积极主动地将新知识与认知结构中有关的旧知识发生相互作用，旧知识得到充实和改造，新知识获得了实际意义。这个过程就是陈述性知识迁移的过程，而其中的关键因素是认知结构本身的可利用性、可辨别性与清晰稳定性。

（2）学习理论与迁移理论之间的关系。

学习迁移涉及对学习的本质和规律的理解，是学习理论建立的主要支柱。因此，迁移理论可看作是学习理论的延伸，它们是一脉相承的。有什么样的学习论就会有什么样的迁移理论。不同学派的迁移理论都刻上各自学习理论的深深烙印，可谓仁者见仁、智者见智。从最初的形式训练说、相同要素说和概括说为代表的传统迁移观到认知主义的迁移理论，从认知主义的迁移理论再到今天的建构主义的迁移观，它们对迁移现象的理解无不看出受到各自学习理论观点的深刻影响。因此，以学习理论的发展为线索，可以更好地加深我们对学习迁移现象的认识。

2. 述评蔡元培"五育并举"的教育方针。

【答案要点】

蔡元培从"养成共和国民健全之人格"的观点出发，提出军国民教育、实利主义教育、公民道德教育、世界观教育和美感教育的"五育"并举教育思想，成为制定民国元年教育方针的理论基础。

（1）军国民教育。指将军事教育引入到学校和社会教育之中，让学生和民众受到一定的军事教育和训练。在学校教育中，强调学生生活的军事化，特别是体育的军事化。蔡元培认为，军国民教育并不是理想社会的教育，但在中国仍有提倡的必要。当时的中国不论是在国际形势还是国内形势上都处于不利地位，蔡元培提倡的军国民教育，有寓兵于民、对抗军阀拥兵自雄、捍卫民主共和的良苦用心。

（2）实利主义教育。即密切教育与国民经济生活的关系，加强职业技能的培训，使教育能发挥提高国家经济能力和改善人民生活水平的作用。蔡元培指出，世界各国的竞争不仅在军事，更在经济，武力需要财力的支持。而中国丰富的自然资源并未得到有效利用，人民失业，国家贫穷，因此需要发展实利主义教育。

（3）公民道德教育。蔡元培认为，公民道德的基本内容不外乎法国资产阶级革命所标榜的自由、平等、博爱，虽然与封建道德的专制等级性不相容，但他明确指出中国传统伦理特别是儒家伦理中的一些基本范畴，其内涵是与自由、平等、博爱的精神相通的。蔡元培尊重文化的继承性和发展性的统一。因此他在摒弃封建道德专制性和等级性的同时，汲取其中有利于资产阶级道德建设的养分。

（4）世界观教育。是蔡元培独创并被作为教育的最高境界。世界观教育就是要培养人们立足于现象世界但又超脱现象世界而贴近实体世界的观念和精神境界。现象世界中的人，由于存在人我差别的意识、追求幸福的意识，而纠缠于由此产生的种种矛盾。在实体世界中，人们摆脱了现象世界的种种矛盾，实现意志的完全自由和人性的最大发展，思想和言论也不受某一门哲学或宗教教义的束缚。

（5）美感教育。美感教育与世界观教育紧密联系。蔡元培认为，美感介于现象世界和实体世界之间，是两者之间的桥梁。世界观教育是引导人们具有实体世界的观念，但不是靠简单的说教可以实现的，其有效的方式是通过美感教育，利用美感这种超越利害关系、人我之分界的特性去破除现象世界的意识，陶冶、净化人的心灵。所以，美感教育是世界观教育的主要途径。大力提倡美感教育是蔡元培教育思想和实践的一个重要特点。

蔡元培认为，"五育"不可偏废，其中军国民教育、实利主义教育、公民道德教育偏于现象世界，隶属于政治教育；世界观教育和美感教育以追求实体世界之观念为目的，为超越政治的教育。根据当时流行的德、智、体三育的说法，蔡元培认为，军国民教育为体育，实利主义教育为智育，公民道德教育为德育，美感教育可以辅助德育，世界观教育将德、智、体三育合而为一，是教育的最高境界。学校中每种教学科目虽于"五育"中各有侧重，但又同时兼通数育。

3. 述评杜威和赫尔巴特的课程与教学理论。

【答案要点】

杜威的课程与教学理论：

（1）做中学。杜威以其经验论为基础，要求从做中学、从经验中学，要求以活动性、经验性的主动作业来取代传统书本式教材的统治地位。在杜威看来，这种活动性、经验性课程既能满足儿童的心理需要，又能满足社会性的需要，还能使儿童对事物的认识具有统一性和完整性。

（2）教材心理学化。杜威主张以"教材心理学化"来解决怎样使儿童最终获得较系统的知识而同时又能在学习过程中顾及儿童的心理水平。"教材心理学化"是指把各门学科的教材或知识各部分恢复到它所被抽象出来之前的原来的经验。这种心理化就是把间接经验转化为直接经验，即直接经验化。之后再将已经经验到的那些东西累进地发展为更充实、更丰富也更有组织的形式，即逐渐地接近提供给有技能的、成熟的人的那种教材形式。

评价：杜威意在通过直接经验去理解系统知识，但却在一定程度上忽视了理解直接经验需要一定的系统知识和条件；并非所有的系统知识都可还原为直接经验；怎样将学生的个人直接经验"组织"成较为系统的知识，是一个非常难解决的问题。

（3）思维与教学方法。

①反省思维。杜威所力倡的反省思维是指对某个经验情境中的问题进行反复的、严肃的、持续不断的思考，其功能在于求得一个新情境，把困难解决、疑虑排除、问题解答。

②五步教学法。杜威根据科学的实验主义探究方法和反省思维方式，提出了五步教学法，即创设疑难的情境、确定疑难所在、提出问题的种种假设、推断哪种假设能解决这个困难、验证这种假设。

评价：杜威这种教学方法重视科学探究思维，重视解决实际问题的行动能力，与主智主义的传统教育理论有本质区别。但该方法过于注重活动，忽视了系统知识的传授，窄化了认知的途径，泛化了问题意识，在实践中也存在诸多影响教育质量的问题。

赫尔巴特的课程与教学理论：

（1）课程必须与儿童的经验和兴趣相适应、课程要与统觉过程相适应、课程必须要与儿童发展阶段相适应。

评价：在欧美近代教育史上，赫尔巴特所提出的课程理论是最为完整和系统的。他在前人的基础上，力图赋予教育以严格和广泛的心理学基础，从而使课程的设置与编制有了明确的依据，避免课程设置中的盲目性和随意性。客观地说，无论在理论上还是在实践中，赫尔巴特虽未真正解决欧美近代学校的课程问题，但他为解决问题进行了有益的探索，并提出了一些卓有见地的主张。

（2）教学进程理论。统觉过程的完成大体上具有三个环节：感官的刺激、新旧观念的分析和联合、统觉团的形成。与此相应，赫尔巴特提出了三种不同的教学方法：单纯提示的教学、分析教学和综合教学。这三种教学方法的联系，就产生了所谓的"教学进程"。

（3）教学形式阶段理论。赫尔巴特的教学形式阶段实际上就是课堂教学的完整过程，是一个包括教学方法、教学形式等内在的规范化的教学程序。他认为，兴趣活动可以划分为四个阶段：注意、期待、要求和行动。儿童在学习活动中的思维方式有两种：专心与审思。在此基础上，他提出了教学形式阶段理论，即"赫尔巴特四段教学法"，包括明了、联合、系统和方法四个过程。

评价：赫尔巴特的阶段教学论，在一定程度上揭示了教学过程方面的某些规律，反映了人类对教学过程和教学活动本质认识的发展，具有广泛的实践意义是值得充分肯定的；但是，该理论认为任何一堂课都必须遵循这样一个阶段，既限制了学生学习的积极主动性和创造精神，也束缚了教师教学的主动性和灵活性。

4. 你认为应该怎样促进教师专业发展？

【答案要点】

（1）教师专业发展的内涵。

教师专业发展，又称教师专业成长，是指教师在整个专业生涯中，依托专业组织、专门的培养制度和管理制度，通过持续的专业教育，习得教育教学专业技能，形成专业理想、专业道德和专业能力，从而实现专业自主的过程。它包括教师群体的专业发展和教师个体的专业发展。

（2）促进教师专业发展的措施。

①加强和改革师范教育。要发展师范教育，切实提高教师队伍的质量，第一，必须采取有效的政策性措施，鼓励和吸引大批优秀学生报考师范院校。第二，努力提高教师的社会地位和物质待遇，增强师范教育的吸引力。第三，联系现时代对教师作用和职能的新要求，使未来教师能获得与之相应的专业训练，尤其要树立师范生先进的教育理念。第四，吸收除正规教师以外的各种可能参与教育过程的人，并为其从教提供必要的职业帮助。

②实施教师资格考察制度。实施教师资格考察制度，不仅有利于加强教师质量的管理与考核，而且为非师范专业毕业的大学生谋求教师职业开辟了道路，从而切实有效地充实了教师队伍。该制度包括三层含义：教师资格制度是国家实行的一种职业资格制度；教师资格制度是法律规定的，必须依法实施；教师资格是教师职业许可。

③加强教师在职提高。教师在职提高的主要途径包括教学反思、校本培训、校外支援与合作等形式。

教学反思是指教师把自己放到研究者、反思者的位置，通过对教育、教学日常工作中出现的某些疑难问题的观察、分析、反思与解决，提升自己的专业理论水平和专业实践的智慧与能力。

校本培训是指以教师任职的学校为组织单位，以提高教师专业素质为主要目标，通过教育、教学实践和教育科研活动等形式，对全体教师进行的全员性在职培训。

校外专业支援与合作的主要形式有：跨校合作，包括学校与学校、学校与大学或师范院校的合作；专家指导，包括专家讲座、报告等；政府教育部门和教研机构组织的各类专业培训，包括短期培训、脱产进修、业余进修等。

2014年 海南师范大学333教育综合·真题解析

一、名词解释

教育

教育是人的发展与社会发展的中介活动，其主旨在于以人为本、育人成人，培养人成为他所生存的那个时代的社会实践主体，引导人和社会的持续发展。其概念有广义和狭义之分。广义教育指凡是有目的地增进人的知识技能、影响人的思想品德、增强人的体质的活动都是教育，包括人们在家庭中、学校里、亲友间、社会上所受到的各种有目的的影响。狭义教育主要指学校教育。

"苏格拉底方法"

苏格拉底法也称"问答法""产婆术"，是由讥讽、助产术、归纳和定义四个步骤组成的独特的方法。这是苏格拉底探讨伦理哲学的研究方法，也是他的教学方法。

心理发展

心理发展是指个体从胚胎经由出生、成熟、衰老一直到死亡的整个生命过程中所发生的持续而稳定的内在心理变化过程，主要包括认知发展、人格发展和社会性发展三个方面。

"致良知"

"致良知"是王守仁的重要观点，"良知"不仅是宇宙的造化者，而且也是伦理道德观念。王守仁认为良知具有三个特点：它与生俱来，不学自能，不教自会；它为人人所具有，不分圣愚；良知不会泯灭。但是"良知"也有致命的弱点，即在与外物接触中，由于受物欲的引诱，会受昏蔽。

1922年"新学制"

1922年，教育部在北京专门召开了学制会议。同年11月以大总统令公布了《学校系统改革案》。该学制又被称为"新学制"或"壬戌学制"，由于采用的是美国式的六三三分段法，又称"六三三学制"。

1944年《教育法》

1944年，英国政府通过了以巴特勒为主席的教育委员会提出的教育改革方案，即《1944年教育法》。主要内容包括加强国家对教育的控制和领导；加强地方行政管理权限，设立由初等教育、中等教育和继续教育组成的公共教育系统；实施5~15岁的义务教育；要求改革宗教教育、师范教育和高等教育等。

二、简答题

1.试述创造性的心理结构及培养途径。

【答案要点】

（1）创造性的心理结构。

①创造性认知品质。创造性认知品质是指创造性心理结构中与认知加工有关的部分，它是创造性心理活动的核心。创造性认知品质主要包括创造性想象、创造性思维、创造性认知策略三个方面。

②创造性人格品质。创造性人格品质是有创造性的人所具有的个性特点。创造性人格品质包括创造性动力特征、创造性情意特征、创造性人格特质等。

③创造性适应品质。是指个体在其创造性认知品质和创造性人格品质的基础上，在自己特定年龄阶段所规定的社会生活背景中，通过与社会生活环境的相互作用，所表现出来的对外在社会环境进行创造性的操作应对，对内在创造过程进行调适所表现出来的创造性行为倾向，具体表现为创造行为习惯、创造策略和创造技法的掌握运用等。

（2）培养途径。

营造鼓励创造的环境；培养创造性的教师队伍；培育创造意识，激发创造动机；发展和培养创造性思维；开设创造课程，教给创造技法；塑造创造性人格。

2. 试述教学的任务与过程。

【答案要点】

（1）教学的任务。依据教育目的与学生个体素质发展的需求，并考虑到人们的研究成果，我国基础教育的教学任务包括几个相互联系的方面：掌握科学文化基础知识、基本技能和技巧；发展体力、智力、能力和创造才能；培养正确价值观、情感与态度。

（2）教学的过程。教学过程是一种特殊的认识过程；教学过程是以认识过程为基础的学生全面发展的过程；教学过程是以交往为背景和手段的活动过程；教学过程也是一种促进学生身心发展、追寻与实现价值目标的过程。

3. 试述新课程改革的基本内容与特点。

【答案要点】

（1）指导思想：基础教育课程改革要以教育要面向现代化、面向世界、面向未来和习近平时代中国特色社会主义思想为指导，全面贯彻党的教育方针，全面推进素质教育。

（2）具体目标：

①转变课程功能。改变课程过于注重知识传授的倾向，强调形成积极主动的学习态度，使获得基础知识与基本技能的过程同时成为学会学习和形成正确价值观的过程。

②优化课程结构。改变课程结构过于强调学科本位、科目过多和缺乏整合的现状，整体设置九年一贯的课程门类和课时比例，体现课程结构的均衡性、综合性和选择性。

③更新课程内容。改变课程内容"繁、难、偏、旧"和过于注重书本知识的现状，加强课程内容与学生生活以及现代社会和科技发展的联系，关注学生的学习兴趣和经验，精选终身学习必备的基础知识和技能。

④转变学习方式。改变课程实施过于强调接受学习、死记硬背、机械训练的现状，倡导学生主动参与、乐于探究、勤于动手，培养学生搜集处理信息的能力、获取新知识的能力、分析和解决问题的能力以及交流与合作的能力。

⑤改革课程评价。改变课程评价过分强调甄别与选拔的功能，发挥评价促进学生发展、教师提高和改进教学实践的功能。

⑥深化课程管理体系改革。改变课程管理过于集中的状况，实行国家、地方、学校三级课程管理，增强课程对地方、学校及学生的适应性。

（3）新课程改革的基本理念。

①倡导个性化的知识生成方式。新课程旨在扭转以"知识传授"为特征的教学局面，把转变学生的学习方式作为重要的着眼点，以尊重学生学习方式的独特性和个性化作为基本信条，从而使教、学、师生关系等概念获得了新的含义。

②增强课程内容的生活化、综合化。首先，加强课程与学生生活和现实社会的联系；其次，设置许多综合型学科，推进课程的综合化，对已有的课程结构进行改造；再次，各分科课程都在尝试综合化的改革，强调科学知识同生活世界的交汇，理性认识同感性经验的融合。

4. 试述德育的内容与过程。

【答案要点】

（1）德育的内容。

德育内容是指用什么样的道德规范和价值观等来培养学生。现阶段我国学校德育具有多方面的内容，包括基本文明习惯和行为规范教育、基础道德品质教育、爱国主义教育、集体主义教育、民主法治教育和理想信念教育等。在德育内容中，起主导作用的是社会主义核心价值观。积极倡导、培育和践行社会主义核心价值观，对学校德育具有划时代的指导意义。

（2）德育的过程。

德育过程是学生在教师教导下的个体品德的自主建构过程。学生的思想道德认识和行为习惯不是与生俱来的，是学生在与社会环境的相互作用过程中，尤其是在教师有目的有意识的教育引导下，逐步形成自己的思想认识，发展自己的道德素质的。

德育过程是培养学生知、情、意、行整体和谐的发展过程。学生的品德包含知、情、意、行四个要素。所以德育过程也是培养学生思想品德的知、情、意、行整体和谐的发展过程。

德育过程是提高学生自我教育能力的过程。在德育过程中，要引导学生积极参与学习、生活交往和道德践行，培养和提升他们的思想品德素质，均有赖于发挥学生个人的能动性和自我教育能力。

三、分析论述题

1. 试论述教师素养的构成、教师专业发展的过程及途径。

【答案要点】

教师素养的构成：

（1）高尚的师德。包括热爱教育事业，富有献身精神和人文精神；热爱学生，诲人不倦；热爱集体，团结协作；严于律己，为人师表。

（2）先进、科学的教育理念。教育理念是教师在对教育工作本质理解的基础上形成的关于教育的观念和理性信念，它是以观念或信念的形式存在于教师头脑中的对教育现象和教育问题的看法。

（3）宽厚的文化素养。教师的主要任务是通过向学生传授科学文化知识，培养其能力，促进其个性生动活泼地发展。一个好教师的基本条件之一，就是要有比较渊博的知识和多方面的才能。

（4）专门的教育素养。教师的专门教育素养水平及其合理结构是教育教学任务得以完成的重要保证，它主要包括教育理论素养、教育能力素养和教育研究素养。

（5）健康的心理素质。教师的心理健康不仅会直接影响教育工作的优劣成败，而且会影响学生的心理健康水平。因此，教师应该注重提高自己的心理素质。

（6）强健的身体素质。教师的身体素质是指教师在教学活动中的自然力，是教师的身体健康状态和身体素质状态在教学中的表现。

教师专业发展的过程：

（1）凯兹根据前人的观念概括并提出了教师发展的四个阶段：

①求生期：在工作的第一年，努力适应以求得生存。

②强化期：一年后，对一般学生的情况有了基本的了解，开始把注意力放在有问题的学生身上。

③求新期：在第三和第四年时，教师开始寻求新的教育教学方法。

④成熟期：教师花费三年、五年或更多的时间，成为一个专业工作人员，能够对教育问题做出反省性思考。

（2）叶澜等从"自我更新"取向角度对教师专业发展阶段及其特征进行了深入研究，把它分为"非关注""虚拟关注""生存关注""任务关注""自我更新关注"五个阶段。

教师专业发展的途径：

（1）加强和改革师范教育。要发展师范教育，切实提高教师队伍的质量，第一，必须采取有效的政策性措施，鼓励和吸引大批优秀学生报考师范院校。第二，努力提高教师的社会地位和物质待遇，增强师范教育的吸引力。第三，联系现时代对教师作用和职能的新要求，使未来教师能获得与之相应的专业训练，尤其要树立师范生先进的教育理念。第四，吸收除正规教师以外的各种可能参与教育过程的人,并为其从教提供必要的职业帮助。

(2)实施教师资格考察制度。实施教师资格考察制度,不仅有利于加强教师质量的管理与考核,而且为非师范专业毕业的大学生谋求教师职业开辟了道路,从而切实有效地充实了教师队伍。

(3)加强教师在职提高。教师在职提高的主要途径包括教学反思、校本培训、校外支援与合作等形式。

2. 试评述孔子的教育实践与思想。

【答案要点】

孔子名丘,字仲尼,鲁国人,中国古代伟大的思想家、教育家,儒家学派的创始者,儒学教育理论的奠基人。

(1)创办私学与编订"六经"。

孔子大约在他30岁正式招生办学,开始他的教育生涯。他创办的私学产生了广泛的社会影响,是春秋时期规模最大、持续时间最长、影响最深远的学校。

孔子于晚年完成了《诗》《书》《礼》《乐》《易》《春秋》的编纂和校订工作,整理和保存了我国古代文化典籍,奠定了儒家教育内容的基础。后世将上述典籍称为"六经"。

(2)"庶、富、教":教育与社会发展。

孔子认为教育对社会发展有重要作用,是立国治国的三大要素之一。教育事业的发展要建立在经济发展的基础上。治国的三个重要条件,首先是"庶",要有较多的劳动力;其次是"富",要使人民群众有丰足的物质生活;再次是"教",要使人民受到政治伦理教育,知道如何安分守己。"庶"与"富"是实施教育的先决条件,只有在"庶"与"富"的基础上开展教育才会取得成效。

(3)"性相近也,习相远也":教育与人的发展。

孔子对教育在人的发展过程中起关键性作用持肯定态度。他在中国历史上首次提出"性相近也,习相远也"。"性"指的是先天素质,"习"指的是后天习染,包括教育与社会环境的影响。孔子认为人的先天素质没有多大差别,只是由于后天教育和社会环境的影响作用,才造成人的发展有重大的差别。从"习相远"的观点出发,孔子认为人要发展,教育条件是很重要的,认为人的生活环境应当受到重视,要争取积极因素的影响,排除消极因素的影响。

(4)"有教无类"与教育对象。

"有教无类"的本意是不分贵贱贫富和种族,人人都可以入学接受教育。孔子的教学实践切实地贯彻了这一办学方针,他的弟子来自各个诸侯国,分布地区广泛;弟子成分复杂,出身于不同的阶级和阶层,大多数出身于平民。

(5)"学而优则仕"与教育目标。

孔子提出由平民中培养德才兼备的从政君子,这条培育人才的路线可简括称之为"学而优则仕"。"学而优则仕"包含多方面的意思,学习是通往做官的途径,培养官员是教育最主要的政治目的,而学习成绩优良是做官的重要条件;如果不学习或虽经学习而成绩不优良,也就没有做官的资格。

(6)以"六艺"为教育内容。

孔子继承西周贵族"六艺"教育传统,吸收采择了有用学科,又根据现实需要创设新学科,虽袭用"六艺"的名称,但对所传授的学科都做了调整,充实了内容。孔子教学的"六艺"即其编撰的"六经"。

(7)教学方法。主要有因材施教、启发诱导、学思行结合、好学求是的态度。

(8)论道德教育。

孔子的教育目的是培养从政的君子,而成为君子的主要条件是具有道德品质修养,因此,道德教育居首要地位。孔子主张以"礼"为道德规范，以"仁"为最高道德准则。凡符合"礼"的道德行为都要以"仁"的精神为指导，因此，"礼"和"仁"成为道德教育的主要内容。道德修养的原则与方法：立志、克己、力行、中庸、内省和改过。

（9）论教师品格。教师要学而不厌、温故知新、诲人不倦、以身作则、爱护学生、教学相长。

（10）深远的历史影响。孔子是全世界公认伟大的思想家和教育家，他毕生从事教育活动，建树了丰功伟绩。他在实践基础上提出的一些首创的教育学说，为中国古代教育奠定了理论基础。

3.试评述建构主义学习理论。

【答案要点】

知识观。建构主义者质疑知识的客观性和确定性，强调知识的动态性。具体体现在以下几方面：

（1）知识的动态性。知识不是对现实的准确表征，只是一种解释、一种假设，不是问题的最终答案。它会随着人类的进步而不断地被"革命"，并随之出现新的假设。

（2）知识的情境性。知识并不能精确地概括世界的法则，不能拿来便用，而是需要针对具体情境进行再创造。

（3）知识学习的主动建构性。知识不可能以实体的形式存在于具体个体之外，学习者对于命题的理解只能由个体基于自己的经验背景而建构起来，取决于特定情境下的学习历程。

学生观。建构主义认为，学生并不是被动接受教师传授的知识，而总是以自己的经验背景或自己的经验来建构对事物的理解。具体表现在以下几方面：

（1）建构主义者完全否定心灵白板说，强调学生经验世界的丰富性和差异性。

（2）学生并不是空着脑袋走进教室的，当问题呈现时，他们基于相关的经验，依靠推理和判断能力，形成对问题的某种解释。

（3）教学不能无视学生的先前经验，要把儿童现有的知识经验作为新知识的生长点，引导儿童从原有的知识经验中"生长"出新的知识经验。

（4）教学要增进学生之间的合作，使他看到那些与他不同的观点，促进学习的进行。

学习观。建构主义认为，学习是学习者主动地赋予信息以意义，建构自己的知识经验的过程，具有三个重要特征。

（1）主动建构性。面对新信息、新概念、新现象或新问题，学习者需要主动激活头脑中的先前知识经验，通过高层次思维活动，对各种信息和观念进行加工转换，对新旧知识进行综合和概括，解释有关现象，形成新的假设和推论。

（2）社会互动性。学习是通过对某种社会文化的参与，内化相关知识和技能，掌握有关工具的过程，这一过程常常需要通过一个学习共同体的合作互动来完成。

（3）情境性。建构主义者提出，知识存在于具体的、情境性的、可感知的活动中，它不是一套独立于情境的知识符号，不可能脱离活动情境而抽象地存在，它只有通过实际情境中的应用活动才能真正被人理解。

教学观。

（1）教学不再是传递客观而确定的现成知识，而是激活学生原有的相关知识经验，促进知识经验的"生长"；教育是促进学生的知识建构活动，以实现知识经验的重新组织、转换和改造，以此来培养学生的求知欲和探究能力。

（2）教学要为学生创设理想的学习情境，激发学生的推理、分析、鉴别等高级的思维活动，同时给学生提供丰富的信息资源、处理信息的工具以及适当的帮助和支持，促进他们自身建构意义以及解决问题的活动。

海南师范大学 333 教育综合·真题解析

一、名词解释

教育目的

教育目的是对教育活动所要培养的人的个体素质的总的预期与设想，是对社会历史活动的主体的个体素质的规定。它体现一定社会对受教育者质量规格的界定和要求，也体现人自身发展所应该达到的水准和高度。

教学

教学是在一定教育目的规范下，在教师有计划的引导下，学生能动地学习、掌握系统的课程预设的科学文化基础知识，发展自身的智能与体力，养成良好的品行与美感，逐步形成全面发展的个体素质的活动。

教育制度

教育制度是指一个国家各级各类实施教育的机构体系及其组织运行的规则。它包括相互联系的两个方面：一是各级各类教育机构与组织；二是教育机构与组织赖以存在和运行的规则，如各种相关的教育法律、规则、条例等。具有客观性、规范性、历史性和强制性的特点。

学校管理

学校管理是学校管理者在一定的社会历史条件下，通过一定的组织机构和制度，采用一定的方法和手段，带领师生员工，充分发挥学校人、财、物、时、空和信息等资源的最佳整体功能，实现学校工作目标的组织活动。

最近发展区

维果茨基认为，在进行教学时必须注意到儿童的两种水平，一种是儿童现有的发展水平，另一种是即将达到的发展水平，维果茨基把这两种水平之间的差距称为最近发展区，即独立解决问题的真实发展水平和在成人指导下或与其他儿童合作情况下解决问题的潜在发展水平之间的差距。

精细加工策略

精细加工策略是通过把所学的新信息和已有的知识联系起来以增加新信息意义的策略，即通过对学习材料的精细加工，将新旧知识联系起来，帮助学习者增进对新知识的理解，并把信息储存到长时记忆中的学习策略。

二、简答题

1. 简要回答《大学》中"三纲领、八条目"的内容及其含义。

【答案要点】

（1）三纲领的内容及含义。

①明明德：就是指把人天生的善性——"明德"发扬光大，这是每个人为学做人的第一步。

②亲民：个人的完善从来就不是儒家的目标，他们要求凡事都须由己及人，把个人自身的善转化为他人、尤其是民众的善，于是高一步的目标是"亲民"。

③止于至善：是大学教育的终极目标，每个人都应在其不同身份时做到尽善尽美。

（2）八条目的内容及含义。

①格物、致知：格物就是学习儒家"六行""六德""六艺"之类，致知则是在格物基础上的提高，即从寻求事物的理开始，旨在借着综合而得最后的启迪。

②诚意、正心：诚意主要指人的意念、动机的纯正；正心就是不受各种情绪的左右，始终保持认识的中正，要求摆脱情绪对人认识和道德活动的影响。

③修身：不再局限于个人内心的自省与自律，开始走出自我，在与他人的相互关系中再认识、要求和提高自我，是人的一种综合修养过程，是人品质的全面养成。

④齐家、治国、平天下：这是个人完善的最高境界。齐家是一个施教过程，即成为家庭与家族的楷模，为人效法；治国是齐家的扩大和深化，而平天下是治国的扩大。

2. 简述人文主义教育的主要特征。

【答案要点】

（1）人本主义。人文主义教育在培养目标上注重个性发展，在教育教学方法上反对禁欲主义，尊重儿童天性，坚信通过教育这种后天的力量可以重塑个人、改造社会和自然。这些都表现出人本主义内涵，人的力量、人的价值被充分肯定。

（2）古典主义。人文主义教育思想吸收了许多古人的见解，人文主义教育实践尤其是课程设置亦具有古典性质，但这种古典主义绝非纯粹的"复古"，实则含有古为今用、托古改制的内涵，这在当时是进步的。

（3）世俗性。不论从教育目的还是从课程设置等方面看，人文主义教育洋溢着浓厚的世俗精神，教育更关注今生而非来世，这是人文主义教育与中世纪教育的根本区别。

（4）宗教性。人文主义教育仍具有宗教性，几乎所有的人文主义教育家都信仰上帝，他们虽然抨击天主教会的弊端，但不反对宗教更不打算消灭宗教，他们希冀以世俗和人文精神改造中世纪陈腐专横的宗教性，以造就一种更富世俗色彩和人性色彩的宗教性。

（5）贵族性。这是由文艺复兴运动的性质所决定的。人文主义教育的对象主要是上层子弟，教育的形式多为宫廷教育和家庭教育而非大众教育，教育的目的主要是培养上层人物如君主、侍臣、绅士等。

3. 简述问题解决的过程。

【答案要点】

（1）理解和表征问题阶段。

①识别有效信息：确定问题到底是什么，找出相关信息并忽略无关的细节。

②理解信息含义：除了能够识别问题的相关信息外，学生还必须准确地表征问题，这要求学生有某一领域特定的知识。成功地表征问题有两个任务，其中第一个任务就是语言理解，需要理解问题中每一个句子的含义。

③整体表征：成功地表征问题的第二个任务是将问题的所有句子综合在一起，达成对整个问题的准确理解。

④问题归类：将要解决的问题归入某一类中，一个特定的图式就会被激活，这个图式将引导对有关信息的注意，并预期正确答案应该会是什么样的。

（2）寻求解答阶段。

①算法式。将达到目标的各种可能的方法都列出来，具体化，逐一加以尝试。

②启发式。根据目标的指引，试图不断地将问题状态转换成与目标状态相近的状态，只试探那些对成功趋向目标状态有价值的操作，也就是使用一般的策略试图解决问题。具体有手段-目的分

析法、逆向反推法、爬山法、类比思维法。

（3）执行计划或尝试某种解答阶段。

当表征某个问题并选好某种解决方案后，下一步就是执行计划、尝试解答。

（4）评价阶段。

当选定并执行某个解决方案之后，学习者还需要对结果进行评价。评价结果的方法之一，就是寻找能够证实或证伪这种解答的证据，对解答进行核查。

4. 简要分析罗杰斯的学习理论。

【答案要点】

（1）罗杰斯的自由学习观。

①知情统一的教学目标。罗杰斯认为，情感和认知是人类精神世界中两个不可分割的有机组成部分，两者融为一体。因此，教育应该要培养"躯体、心智、情感、精神、心力融汇一体"的人，即既用情感的方式也用认知的方式行事的情知合一的人，他称这种情知融为一体的人为"全人"或"功能完善者"。

②有意义学习与自由学习。有意义学习是一种与个人各部分经验都融合在一起，使个人的行为、态度、个性以及在未来选择行动方针时发生重大变化的学习。它不仅仅是增长知识，更是要引起整个人的变化，对个人的生存和发展有价值。包括个人参与、自动自发、全面发展和自我评价四个要素。

③自由学习。罗杰斯所倡导的学习原则的核心就是让学生自由学习。自由学习就是教师要信任学生、信任学生的学习潜能，为学生提供各种学习的资源和一种促进学习的气氛，让学生自己决定如何学习，使其在交往中形成适应自己风格的、促进学习的最佳方法。

（2）学生中心的教学观。

罗杰斯对传统教育的师生关系进行了猛烈的批判，认为在传统教育中教师是知识的拥有者，而学生只是被动的接受者，主张废除教师这一角色，代之以"学习的促进者"，提出了非指导性教学策略。促进学习的心理气氛因素包括真诚一致、无条件积极关注和同理心三个方面。

三、分析论述题

1. 有人认为"近墨者黑"，有人认为"近墨者未必黑"。请联系相关理论和个体实践谈谈你对这个问题的看法。

【答案要点】

"近墨者黑"属于环境决定论的看法，但影响人的发展因素不止有环境，所以又出现"近墨者未必黑"的看法。影响人的发展的因素包括遗传、环境、个体活动和教育等多种因素。

（1）遗传在人的发展中的作用。

遗传素质是人的发展的生理前提；遗传素质的成熟程度制约着人的发展过程及年龄特征；遗传素质的差异性对人的发展有一定的影响；遗传素质具有可塑性。

（2）环境在人的发展中的作用。

环境是人的发展的外部条件。人的生存与发展环境十分复杂，根据其性质可以分为自然环境和社会环境。社会环境是儿童得以发展的现实条件和现实源泉，对人的发展起着不可替代的作用。

环境的给定性指的是由自然与社会、历史遗产与他人为儿童个体所创设的环境，它对于儿童来说是客观的、先在的、给定的。儿童无法抗拒或摆脱环境的影响与限制，只有适应环境，以获得自身的生存与发展。主体的选择性是指人是具有能动性的主体，他对环境变化的刺激做出的回应是可以由主体内在的意愿来选择和决定的。环境对人的发展的制约作用离不开人对环境的能动活动，环境的给定性不会限制人的选择性，反而能激发人的能动性、创造性。

（3）个体活动在人的发展中的作用。

个体活动是人的发展的决定因素；个体活动制约着环境影响的内化与主体的自我建构；个体通过能动的活动选择、构建着自我的发展。

（4）教育对人的发展的作用。

教育在人的发展中起引领作用。教育在年轻一代的发展中起着引领作用主要体现在：有意识地为年轻一代的成长选择、建构、调控良好的环境，对他们的生活、交往、学习与实践等活动进行正确的教导、示范和辅助，并注重尊重他们的主体地位和激发、引导他们内在的学习动力与自我发展的能动性和自主性，从各方面引领、关怀、维护他们的发展。

学校教育主要通过传承文化科学知识来培养人。学校教育是教育者有意识地为儿童的身心发展精心设置的一种环境，它把经过选择的、重新组编的、人类长期积累起来的文化知识作为精神客体与儿童互动，以促进儿童的发展，使他们成人成才。

学校教育对提高人的现代性有显著的作用。学校教育具有较强的目的性、系统性、选择性、专门性和基础性。从终身教育的角度看，各级各类学校教育都是在不同层面上为人一生的发展打基础，包括为一生的"做人"打基础。

2. 中国当前的教育不公平主要表现在哪几个方面？请你选择某一方面并分析其产生的原因，尝试提出解决的对策。

【答案要点】

（1）教育公平的含义。

教育公平是指全体社会成员可以自由、平等地选择和分享各层次公共教育资源。在现代社会条件下，教育公平应包含教育起点的公平、教育过程的公平和教育结果的公平，而且是三者的统一体。

（2）教育不公平的主要表现。

①城乡之间的教育不公平。长期以来，在城乡二元结构下，教育政策逐步形成的是"城市中心"的价值取向。我国是一个农业大国，农村人口约占全国人口的大多数。随着九年义务教育的逐渐普及，农村教育有了极大的发展，但整体仍然落后，教育机会不均等的现象严重存在。农村学生辍学率、流失率仍然较高。

②区域之间的教育不公平。目前在我国各区域教育间存在着严重的教育不公平现象。区域间在经费投入、办学条件、师资水平、课程设置、高考录取等诸多方面都存在较大差异。如东部地区的学生的教学条件比西部地区好很多。在高考录取方面，例如清华大学投放北京的招生名额远远超过其他省份，各地清华大学的录取比例和分数线极大悬殊。

③性别之间的教育不公平。女性教育问题集中在农村的边远贫困地区，主要表现为女童教育不足。在初中生辍学和义务教育后流失的学生中，女生的比例明显高于男生。性别差别在城市和高层次的教育中，主要表现为女大学生、女研究生在择业过程中受到的歧视和不公平的待遇。

④学校之间的教育不公平。比较突出的是"重点学校制度"带来的教育不公平。在很多地区，政府将多数教育经费投到极少数升学率高的学校，导致学校之间的差距越来越大。这些重点学校在投资、贷款、师资、基建、生源等方面有很大的优势，广大家长和学生也趋之若鹜，于是出现了"择校热"，高额的"择校费"应运而生，呈现出不公平现象。

⑤不同群体之间的教育不公平。目前，我国的弱势群体主要由农民、下岗失业者以及进城民工组成。自20世纪90年代以来，由于社会的贫富差距加大，以及基础教育阶段的重点学校制度、"择校热"、高收费，学生的家庭背景强烈地影响着学生的教育机会。一些农村的贫困家庭的儿童因为交不起学费而辍学，城市中的下岗职工、特困家庭因为无力负担高额的教学费用，只能使孩子丧失

了继续深造的机会。

（3）城乡之间的教育不公平的原因。

①教育经费投入不足。长期以来，我国的教育投入严重不足，国家财政性教育支出占 GDP 比重很低。虽然国家和政府都十分重视教育，但是相对于人口的增长及其对教育需求的增长，目前的教育投入是远远不够的，尤其是农村地区的教育投入明显少于城市。

②教育资源的配置不足。中国的优质教育资源大多集中在经济、文化比较发达的城市，而在广大的农村地区优质教育资源比较缺乏。

③师资质量水平差距大。当拥有博士、硕士学位的高学历、高素质教师云集城市中学，学生享有一流的教育资源，沐浴现代教育理念的熏陶时，而在西部农村一些执教者尚未获取教师资格证书，难以履行教书育人的基本职责。

④经济发展失衡。一定的教育受到当地经济发展状况和水平的影响和制约，由于城市和农村的经济发展存在差异，进而造成城市和农村在教育资源的配置教育经费的投入等方面存在很大的差距。

（4）解决对策。

①强化教育公平理念，加大农村地区教育投入。教育理念是教育实践的内在动力，因此，各级政府应当真正确立"坚持教育优先发展，促进教育公平"的理念。只有在正确的教育公平理念指导下，才能逐步走向教育公平。教育投入是教育改革和发展的前提，也是实现教育公平的基础。没有较大的教育投入，教育改革和发展很难进行，教育公平也无法实现。我国的教育投入一直严重不足，一定要有步骤、有计划地逐年加大对教育的投入。

②合理进行资源配置。政府义务教育资源的均衡配置如何体现公平、公正原则，特别是积极回应处境不利的地区和社会群体的需求，是保障义务教育的基本要求。政府应合理分配有限的教育资源，提高资源的利用率，确保教育公平的实现。在分配教育资源时要遵循平等的原则、对等的原则和补偿的原则。在投入导向上，教育资源特别是义务教育阶段的教育资源应向处于弱势的地区和人群倾斜，特别是向农村贫困地区和西部地区倾斜。

③提升教师质量与水平。要满腔热情关心农村教师，努力改善农村教师的工作、学习、生活条件，为教师教书育人创造良好环境，吸引鼓励优秀人才从事农村教育工作。要高度重视教师培养和培训，加大对师范教育支持力度，积极推进教师教育创新，提高农村教师整体素质和业务水平。

3. 试论述陶行知"生活教育"理论的主要内容。

【答案要点】

（1）"生活即教育"。

"生活即教育"是陶行知生活教育理论的核心。其内涵包括：生活含有教育的意义；实际生活是教育的中心；生活决定教育，教育改造生活。

"生活即教育"所强调的是教育以生活为中心，所反对的是传统教育脱离生活而以书本为中心。尽管它在生活与教育的区别和系统的知识传授方面有所忽视，但在破除传统教育脱离民众、脱离社会生活的弊端方面，有十分重要的意义。

（2）"社会即学校"。

"社会即学校"是生活教育理论另一重要主张，是"生活即教育"思想在学校与社会关系问题上的具体化。"社会即学校"，是指"社会含有学校的意味"，或者说"以社会为学校"。由于到处是生活，到处都是教育，"整个的社会是生活的场所，亦即教育之场所"。

"社会即学校"，也指"学校含有社会的意味"。也就是说，学校通过与社会生活相结合，一方面运用社会的力量使学校进步，另一方面动员学校的力量帮助社会进步，使学校真正成为社会生活必不可少的组成部分。

"社会即学校"扩大了学校教育的内涵和作用，对于传统的学校观、教育观有所改变。传统学校与社会生活脱节，学生孤陋寡闻，而以社会为学校，使得教育的材料、教育的方法、教育的工具、教育的环境可以大大地增加，有利于拓展学生的知识，增强学生的能力。"社会即学校"，还可以使被传统学校拒之门外的劳苦大众能够受到起码的教育，贯穿了普及民众教育的苦心，同样也值得肯定。

（3）"教学做合一"。

"教学做合一"是生活教育理论的又一重要主张，是"生活即教育"在教学方法问题上的具体化。其含义为：教的方法根据学的方法，学的方法根据做的方法。事怎样做便怎样学，怎样学便怎样教。教与学都以做为中心。包括以下四个要点："教学做合一"要求在"劳力上劳心"；"教学做合一"是因为"行是知之始"；"教学做合一"要求"有教先学"和"有学有教"；"教学做合一"还是对注入式教学法的否定。

（4）评价。

陶行知的生活教育理论是一种大众的、为人民大众服务的教育理论，且还是一种不断进取创造，旨在探索具有中国民族特色的教育道路的理论。

生活教育理论还在教育观念的改变方面颇有建树，无论是强调学校教育与社会生活、生产劳动相结合，还是要求手脑并用、在劳力上劳心，都是对学校与社会割裂、书本与生活脱节、劳心与劳力分离的传统教育的反动，显示出强烈的时代气息，至今都富于启示。

陶行知的生活教育理论是我国民族教育理论宝库中十分可贵的遗产，值得我们珍惜并认真研究借鉴。

4.试评述杜威的教育本质论。

【答案要点】

杜威对于"什么是教育"的问题，给出的回答是：教育即生活、学校即社会、教育即生长、教育即经验的持续不断的改造。

（1）教育即生活。

杜威认为教育是生活的过程，学校是社会生活的一种形式，那么学校生活也是生活的一种形式。

学校生活应与儿童自己的生活相契合，满足儿童的需要和兴趣，使校园成为儿童的乐园，使儿童在现实的学校生活中得到乐趣。学校生活应与学校以外的社会生活相契合，适应现代社会变化的趋势并成为推动社会发展的重要力量，校园不应是世外桃源而应积极参与社会生活。

杜威要做的就是改造不合时宜的学校教育和学校生活，使之更富活力，更有乐趣，更具实效，更有益于儿童发展和社会改造。

（2）学校即社会。

杜威"学校即社会"意在使学校生活成为一种经过选择的、净化的、理想的社会生活，使学校成为一个合乎儿童发展的雏形的社会。而要将此落于实处，就必须改革学校课程，从分科课程转变为活动课程。

"学校即社会"是对"教育即生活"这一命题的进一步引申，代表社会生活的活动性课程的引入是使学校与社会生活相联系的基本保证。杜威坚信教育是社会进步及社会改革的基本方法，希望通过教育改造社会生活，使之更完善、更美好。

（3）教育即生长。

杜威针对当时教育无视儿童天性，消极对待儿童，不考虑儿童的需要和兴趣的现象，提出了"教育即生长"的观念。

杜威要求摒除压抑、阻碍儿童自由发展之物，使教育和教学适应儿童的心理发展水平和兴趣、需要的要求。他所理解的生长是机体与外部环境、内在条件与外部条件交互作用的结果，是一个持续不断的社会化的过程。杜威要求尊重儿童但不同意放纵儿童，这也是杜威与进步主义教育实践的一个重要区别。

（4）教育即经验的改造。

教育即经验的持续不断的改造是指构成人的身心的各种因素在外部环境和人的主动经验过程中统一的全面改造、发展、生长的连续过程，包含四个方面：

①经验是一种行为，涵盖认识的、情感的、意志的等理性、非理性因素，成为儿童各方面发展和生长的载体。在经验过程中，儿童不仅获得知识，而且形成能力、养成品德。

②经验是有机体与环境相互作用的过程，机体不仅受环境的塑造，同时也对环境加以改变。经验的过程就是一个实验探究的过程、运用智慧的过程、理性的过程。

③经验的过程是一个主动的过程，有机体既接受着环境塑造，也主动改造着环境。

④经验是一个连续发展的过程，不存在终极目的的发展过程，因此教育就是个人经验的不断生长。

（5）评价。

积极性。杜威关于教育本质的这四个论点具有重要的意义：第一，这些观点是杜威改革旧教育的纲领，他的意图是要使教育为缓和社会矛盾、完善美国社会制度服务，对于推动当时的教育改革有积极意义；第二，杜威关于教育本质的观点是他的教育哲学的四个主要命题，内涵丰富并具有启发意义；第三，杜威力图把教育的社会功能与个体发展功能统一起来，并把社会活动视为使两者得以协调的重要手段或中介。

局限性。杜威对于教育本质的表述不够科学。如"教育即生长"给人以重视个体的生物性而回避社会性的印象，并且生长有方向、方式之异，有好坏优劣之别，所以仅说"教育即生长"是不严谨的；又如"教育即生活"的口号表述过于简要，也易使人不得要领，从而在理解上产生歧义；"学校即社会"的提法也存在着片面性，它忽视社会与个体发展的各自的相对独立性，进而导致抹杀学校与社会的本质区别。

2012年 海南师范大学333教育综合·真题解析

一、名词解释

教育目的

教育目的是对教育活动所要培养的人的个体素质的总的预期与设想，是对社会历史活动的主体的个体素质的规定。它体现一定社会对受教育者质量规格的界定和要求，也体现人自身发展所应该达到的水准和高度。

"双轨制"

双轨制产生于18—19世纪的西欧，一轨自上而下，是为资产阶级的子女设立的，其结构是大学、中学；另一轨从下而上，是为劳动人民的子女设立的，其结构是小学及其后的职业学校。两个平行的系列，一轨基于家庭教育，从初中开始，一轨最初只有小学。

京师同文馆

京师同文馆是中国近代由官方设立的最早的外国语学校，也是我国最早的官办新式学校。目的在于培养清政府所需要的外事专业人才，是近代中国被动开放的产物。1902年并入京师大学堂。

"活教育"

活教育由陈鹤琴所倡导。陈鹤琴提出"活教育"的目的是"做人，做中国人，做现代中国人"；"大自然、大社会都是活教材"是陈鹤琴对"活教育"课程论的概括表述："做中教，做中学，做中求进步"是"活教育"教学方法的基本原则。

骑士教育

骑士教育是中世纪世俗教育的一种主要形式，以培养当时封建制度中骑士阶层的成员为目的。它是一种特殊形式的家庭教育，并无专设的教育机构，也没有专职的教育人员。它在骑士生活和社交活动中进行。训练骑士的标准是剽悍勇猛、虔敬上帝、忠君爱国、宠媚贵妇。

《莫雷尔法案》

1862年，林肯总统批准实施《莫雷尔法案》。该法规定：联邦政府按各州在国会的议员人数，按照每位议员三万英亩的标准向各州拨赠土地，各州应将赠地收入用于开办或资助农业和机械工艺学院。利用这笔拨赠，大多数州专门创办了农业或机械工艺学院，有的州则在已有大学内附设农业或机械工艺学院。

二、简答题

1. 举例说明螺旋式课程内容组织及其依据和适用性。

【答案要点】

（1）含义。螺旋式课程组织是指在不同单元或阶段，乃至同课程门类中，使课程内容重复出现，螺旋上升、逐渐扩大知识面，加深知识难度，即前面的内容是后面内容的基础，后面内容是对前面内容的不断扩展和加深，且层层递进。

（2）适应条件。螺旋式的组编适合对理论性较强、学生不易理解和掌握的内容，尤其是低年级的儿童。在组织编写中究竟应当采用何种形式，应根据不同学科内容的特点和学生心理发展的需求而定。

2. 何谓发展性教学原则？在教学中遵循发展性教育原则有哪些基本要求？

【答案要点】

（1）含义。

指教学的内容、方法和进度，既要适合学生已有的发展水平，又要有一定的难度，激励他们经过努力才能掌握，以便有效地促进学生的身心发展。

（2）基本要求。

①了解学生的发展水平，从实际出发进行教学。教师在教学过程中，随时都要了解学生的发展水平、已有的知识与能力状况。这是教学的基点与起点，也是学生知识的生长点。

②考虑学生认识发展的时代特点。对儿童、学生的发展水平估计，要与时俱进，不能永远停留在早已过时的估计上，要考虑学生认识发展的时代特点。

3. 举例说明学校实施德育的途径。

【答案要点】

（1）思想政治课与其他学科教学。知识转化为品德需要将知识与学生生活相联系，与学生思想

"对话"，以激发学生的道德需要，并用这些道德认识来探寻做人的道理，调节对人、对事应持有的态度，并付诸行动。

（2）劳动和其他社会实践。有意义的劳动和社会实践，能够提高学生的责任意识、服务意识，形成学生勤俭、朴实等许多好的品德。

（3）课外活动和校外活动。通过课外活动进行德育，能调动学生的积极性，培养他们的自律能力，形成互助友爱、团结合作、尊重规则等品德。

（4）学校共青团、少先队活动。开展团队活动，能激发学生强烈的上进心、荣誉感，使他们能够严于律己，自觉提高思想品德。

（5）心理咨询。通过个别谈心、咨询、讲座等方式对学生进行心理健康教育，可以帮助学生处理好学习、交往、择业等方面问题，使他们成为积极向上、心理健康的人。

（6）班主任工作。通过班主任工作，学校不仅能有效地管理学生基层组织和个人，而且能对教育学生的其他途径的活动起协调作。

（7）校园生活。要建立良好的校园生活，一是要研究如何使德育在各个途径中真正到位，使之互相补充，构成整体效应；二是要根据学校实际，研究如何增加跨越班级的活动与交往，逐步形成学校特色；三是要研究如何使校园生活能够体现时代精神，蕴含深厚文化，让学生在生活中养成现代文明习气和人文情怀。

4. 简述埃里克森人格发展理论的教育意义。

【答案要点】

（1）帮助学生适应勤奋和自卑危机。教师一定要意识到学生总是在努力保持着积极的自我概念，认为自己是有能力、有价值的个体。学校和教师可以向儿童提供他们参与社会所需的工具，设置有挑战性的任务，同时给予一定的帮助，让学生不断体验到成功，从而帮助学生度过这一危机。

（2）帮助学生适应同一性和角色混乱危机。中学生绝不应该被当作"孩子"看待；教师不应在其他同伴或其他有关的人面前轻视青少年，而应给予明确的指示，让学生独立完成任务；此外，还要注意同伴之间的影响。

三、分析论述题

1. 试分析学校转型性变革背景下教师的基本素养。

【答案要点】

（1）高尚的师德。

①热爱教育事业，富有献身精神和人文精神。热爱教育事业，是搞好教育工作的基本前提。许多优秀教师之所以能在教育工作中做出卓越的成绩，首先是因为他们热爱教育事业，愿意为下一代的成长贡献出自己的毕生精力，甚至自己宝贵的生命。另外，教师还应具备人文精神，要关怀学生的学习和发展，关怀民族、人类的现实境遇和未来发展。

②热爱学生，诲人不倦。热爱教育事业具体体现在热爱学生上。爱学生是教师的天职，是教育好学生的重要条件。教师只有热爱学生，才能教育好学生，才能使教育发挥最大限度的作用。教师对学生的爱是一种巨大的教育力量，也是一种重要的教育手段。它往往能激发起学生对教师爱戴、感激和信任之情，使学生愿意接近教师，接受教师的教育。教师的爱还应该表现在对学生的学习、思想和身体的全面关心上，一视同仁地热爱全体学生，公正平等地对待每个学生。

③热爱集体，团结协作。教师的劳动既具有个体性，又具有集体性。一个学生的成才，绝非仅仅是哪一位教师的功劳，而是教师群体的智慧和共同劳动的结晶，是许多教育工作者团结协作、一致努力的结果。因此，教师之间，教职员工之间应该相互尊重、团结协作，步调一致地教育学生，

最大限度地发挥集体的教育力量。

④严于律己，为人师表。教师为人师表，必须以身作则，严于律己。凡是要求学生做到的，教师首先要做到；凡是要求学生不能做的，教师首先要自律。教师只有以身作则，才能树立威信，受到学生的尊敬。

（2）先进、科学的教育理念。

教育理念是教师在对教育工作本质理解的基础上形成的关于教育的观念和理性信念，它是以观念或信念的形式存在于教师头脑中的对教育现象和教育问题的看法。先进、科学的教育理念体现在教师的所有努力都要有利于学生精神世界的丰富、人格尊严的维护和美好人性的成长。如学生主体观、教学交往观、发展性教学评价观等。

（3）宽厚的文化素养。

教师的主要任务是通过向学生传授科学文化知识，培养其能力，促进其个性生动活泼地发展。一个好教师的基本条件之一，就是要有比较渊博的知识和多方面的才能。因此，教师对自己所教学科知识应科学、深入地把握，能对自己所教专业融会贯通、深入浅出、高瞻远瞩，达到运用自如的境界，在教学过程中不出知识性的错误。同时，教师还应有比较广博的文化修养。

（4）专门的教育素养。

教师的专门教育素养水平及其合理结构是教育教学任务得以完成的重要保证，它主要包括教育理论素养、教育能力素养和教育研究素养。

（5）健康的心理素质。

教师的心理健康不仅会直接影响教育工作的优劣成败，而且会影响学生的心理健康水平。因此，教师应该注重提高自己的心理素质。健康的心理素质体现在心理活动的方方面面，概括起来主要指：教师要有轻松愉快的心境、昂扬振奋的精神、乐观幽默的情绪以及坚韧不拔的毅力等。

（6）强健的身体素质。

教师的身体素质是指教师在教学活动中的自然力，是教师的身体健康状态和身体素质状态在教学中的表现。它主要通过健康的体魄、旺盛的精力、蓬勃的活力、有节律的生活方式和锻炼习惯等体现。教师的身体素质在教育教学中具有重要的教育意义。

2. 阅读以下材料，分析和评论其中的教育思想。

【答案要点】

材料中主要体现了《学记》中的教育思想。《学记》是中国古代最早的一篇专门论述教育、教学问题的论著，因此有人认为它是"教育学的雏形"。《学记》是先秦时期儒家教育和教学活动的理论总结，它主要论述教育的具体实施，偏重于说明教学过程的各种关系。

（1）教育的作用与教育目的。

对个人：教育通过对人有目的、有计划地培养，使每个人都形成良好的道德和智慧，懂得去维护国家利益和社会安定。

对社会：《学记》认为实现良好政治的最佳途径是"化民成俗"，即兴办学校，推行教育，作育人才，以教化人民群众遵守社会秩序，养成良风美俗。

（2）教育制度与学校管理。

学制与学年。关于学制系统，《学记》以托古的方式，提出了从中央到地方按行政建制建学的设想。关于学年，《学记》把大学教育年限定为两段、五级、九年。第一、三、五、七学年毕，共四级，为一段，七年完成，谓之"小成"；第九年毕为第二段，共一级，考试合格，谓之"大成"。这也是古代年级制的萌芽。

视学与考试。《学记》十分重视大学开学和入学教育，把它作为教育管理的重要环节。开学这天，天子率百官亲临学宫，参加开学典礼，祭祀"先圣先师"。还定期视察学宫，体现国家对教育的重视。在学习过程中，规定每隔一年考查一次，以表示这一阶段学业的完成。

（3）教育、教学的原则。

主要包括预防性原则、及时施教原则、循序渐进原则、学习观摩原则、长善救失原则、启发诱导和藏息相辅原则。

（4）教学方法。

讲解法。"约而达"即语言简约而意思通达，"微而臧"，即义理微妙而说得精善，"罕譬而喻"，即举少量典型的例证而使道理明白易晓。

问答法。教师的提问应先易简后难坚，要循着问题的内在逻辑，而答问则应随其所问，有针对性地作答，恰如其分，适可而止，无过与不及。

练习法。根据学习的内容来安排必要的练习，练习需要有规范，并且应逐步地进行。

（5）尊师重教与"教学相长"

尊师重教：《学记》十分尊师。首先，社会上每个人，从君到民，都是教师教出来的，尤其是以教育为治术就离不开好老师。社会要尊师，君主应当带头。其次，把为师、为长、为君视为一个逻辑过程，使为师实际上成为为君的一种素质、一项使命。再次，没有教师的教育引导，五服之内的人们也不会懂得相亲相爱。

对教师的要求：教学相长。"教学相长"的本意并非指教与学双方的相互促进，而是仅指教这一方的以教为学。它说明了教师本身的学习是一种学习，而教导他人的过程更是一种学习，正是这两种不同形式的学习相互推动，使教师不断进步。后人在注释"教学相长"时做了引申，将其视为教学过程中教师、学生双方的互相促进、共同提高的过程。

（6）评价。

《学记》为中国教育理论的发展树立了典范，其历史意义和理论价值十分显著。它的出现，意味着中国古代教育思维专门化的形成，是中国教育理论发展的良好开端。

3.试述永恒主义教育理论及其对当代世界教育实践的影响。

【答案要点】

永恒主义教育亦称"新古典主义教育"，产生于20世纪30年代，是现代欧美国家一种强调理性训练以及人的理性和教育基本原则的永恒性的教育思潮，代表人物有美国的赫钦斯、艾德勒，英国的利文斯通和法国的阿兰等。其主要观点包括以下几个方面：

（1）发展人的理性是教育永恒不变的原则。永恒主义教育家认为，同宇宙中实在具有永恒不变性一样，理性乃是人性中共同的最主要的永恒不变的特性，因此，他们认为，建立在这种永恒不变的人性基础上并为表现和发展这种人性的教育，在本质上也是不变的。每个时代的教育，每个地方的教育，对每个人的教育，在本质上是一样的。教育的性质是永恒不变的，人类社会两千多年来的教育基本特点也仍适合于我们的时代。

（2）教育的主要目的是培养永恒的理性。人类天性中存在共同要素，即以理性为特征的人性，教育的首要目的就应该是引出这种共同要素，对人施以"人性的教育"，关注那些"属于人之作为人的东西"及"人与人之间相通的东西"，使人的理性和精神力量得到充分的发展，达到人性的"自我实现"、人的进步与完善。

（3）永恒的古典学科应该在学校课程中占有中心地位。永恒主义教育家认为，教育应该传承永恒的真理。通过一些抽绎出我们人性的共同因素的永恒课程来传授永恒真理。这些永恒课程是由世界名著构成的。这样的课程应该成为普通教育的核心。这是培养永恒的理性的最好途径。

（4）学生通过教师的教学进行学习。为了培养永恒的理性，应当通过教师的教学来激发学生的思维活动和理智训练。学生的学习既然是为了开发他们内在的潜能，发展他们的理性，就应该通过教师的教学，激发学生的思维活动和理智训练。

永恒主义教育对进步教育的批判比要素主义更加激烈，但从整体上来看，它并未提出新的价值判断标准。永恒主义教育在教育理论上有一定影响，但在教育实践中的影响范围不大，主要限于大学和上层知识界中的少数人。

4. 结合学习实例，论述问题解决过程中各阶段的主要策略。

【答案要点】

（1）理解和表征问题阶段。

①识别有效信息：确定问题到底是什么，找出相关信息并忽略无关的细节。

②理解信息含义：除了能够识别问题的相关信息外，学生还必须准确地表征问题，这要求学生有某一领域特定的知识。成功地表征问题有两个任务，其中的第一个任务就是语言理解，需要理解问题中每一个句子的含义。

③整体表征：成功地表征问题的第二个任务是将问题的所有句子综合在一起，达成对整个问题的准确理解。

④问题归类：将要解决的问题归入某一类中，一个特定的图式就会被激活，这个图式将引导对有关信息的注意，并预期正确答案应该会是什么样的。

（2）寻求解答阶段。

①算法式。将达到目标的各种可能的方法都列出来，具体化，逐一加以尝试。

②启发式。根据目标的指引，试图不断地将问题状态转换成与目标状态相近的状态，只试探那些对成功趋向目标状态有价值的操作，也就是使用一般的策略试图解决问题。具体有手段－目的分析法、逆向反推法、爬山法、类比思维法。

（3）执行计划或尝试某种解答阶段。

当表征某个问题并选好某种解决方案后，下一步就是执行计划、尝试解答。

（4）评价阶段。

当选定并执行某个解决方案之后，学习者还需要对结果进行评价。评价结果的方法之一，就是寻找能够证实或证伪这种解答的证据，对解答进行核查。

2011年 海南师范大学333教育综合·真题解析

一、名词解释

人的发展

人的发展有两种含义，一种是将它看成是人类的发展或进化的过程；另一种则将它看成是人类个体的成长变化过程，即个体发展。个体发展有广义和狭义之分。广义的个体发展指个人从胚胎到死亡的变化过程，其发展持续于人的一生。狭义的个体发展指个人从出生到成人的变化过程，主要指儿童的发展。

教育的社会流动功能

教育的社会流动功能是指社会成员通过教育的培养、筛选和提高，能够在不同的社会区域、社会层次、职业岗位、科层组织之间转换、调整和变动，以充分发挥其个人的智慧才能，实现其人生价值。它包括横向流动功能和纵向流动功能。

终身教育

终身教育是人一生各阶段当中所受各种教育的总和，也是人所受的不同类型教育的综合。前者从纵向上讲，说明终身教育不仅仅是青少年的教育，而且涵盖了人的一生；后者从横向上讲，说明终身教育既包括正规教育，也包括非正规教育和非正式教育。

元认知

元认知就是对认知的认知，具体地说，是关于个人自己认知过程的知识和调节这些过程的能力，是对思维和学习活动的认知和控制。元认知具有两个独立但又相互联系的成分，即元认知知识和元认知控制。

骑士教育

骑士教育是中世纪世俗教育的一种主要形式，以培养当时封建制度中骑士阶层的成员为目的。它是一种特殊形式的家庭教育，并无专设的教育机构，也没有专职的教育人员。它在骑士生活和社交活动中进行。训练骑士的标准是剽悍勇猛、虔敬上帝、忠君爱国、宠媚贵妇。

有教无类

"有教无类"的本意是不分贵贱贫富和种族，人人都可以入学接受教育。孔子的教学实践切实地贯彻了这一办学方针，他的弟子来自各个诸侯国，分布地区广泛；弟子成分复杂，出身于不同的阶级和阶层，大多数出身于平民。

二、简答题

1. 教师角色的冲突有哪些？如何解决？

【答案要点】

（1）教师角色的常见冲突。

由于个人在社会不同群体中所处的地位不同，往往需要同时扮演若干个角色。当这些角色与个人的期待发生矛盾、难以取得一致时，就会出现角色冲突。教师职业常见的角色冲突主要有：

①社会"楷模"与"普通人"的角色冲突。

②"令人羡慕"的职业与教师地位低下的实况冲突。

③教育者与研究者的角色冲突。

④教师角色与家庭角色的冲突。

（2）调适教师角色冲突的解决方式。

①主观上，首先要树立自尊、自信、自律、自强的自我意识；其次要根据实际情况的需要，善于处理多种角色的矛盾冲突，做到有主有辅，有急有缓，统筹兼顾；最后要善于控制自己的思想情绪，意志坚定地完成所承担的任务。

②客观上，首先要进一步提高教师的社会地位与经济待遇，改善教师的生活和工作条件，解决教师的实际困难；其次要努力创造条件，给教师提供选修、培训与发展、提高的机会；最后要提高教师的思想修养，增强其责任感与使命感等。

2. 比较孟子和荀子人性观及他们对教育的作用的认识。

【答案要点】

（1）孟子和荀子的人性观。

①孟子主张"性善论"，他认为，人性是人类所独有的、区别于动物的本质属性，是一个类的

范畴。人性的善，是人类缓慢进化的结果，"我固有之"的仁义礼智是人类学习的结果。

②荀子提出"性恶论"，他认为人之所以能为善，全靠后天的努力，"人之性善，其善者伪也"。

（2）对教育作用的认识。

①孟子看来，教育的作用对个人的作用就是在于引导人保存、找回和扩充其固有的善端；教育对社会的作用是"得民心"。"得民心"是"仁政"的关键，而教育是"得民心"的最有效的措施。

②荀子认为教育对个人的作用在于"化性为伪"，即人的成就是环境、教育和个体努力共同作用的结果；教育对社会的作用是教育能够统一思想，统一行动，使兵劲城固，国富民强。这也反映了战国末期要求集权统一的历史发展趋势。

3. 学生认知的差异有哪些表现？为此，教学应注意哪些方面？

【答案要点】

（1）认知水平的差异。认知水平的差异主要表现为智力水平的差异，而智力水平的差异又表现为智力发展水平的差异和智力发展速度的差异。

（2）认知类型的差异。认知类型又叫认知风格，是人在信息加工的过程中所偏好的相对稳定的态度和方式。认知类型差异就是人们在感知、理解、记忆、思维等过程中采用的与众不同的方式。可以分为知觉类型的差异、记忆类型的差异和思维类型的差异。

（3）教学应该注意的方面。

①教师必须帮助学生识别自己的认知类型。教师对学生认知方式的识别不仅仅在于调整自己的教学方法，还应帮助学生分析和认识自己的认知方式。

②教师要明确适应认知类型的两类教学策略，即匹配策略与失配策略。前者指与学习者认知风格一致的教学策略，后者指采取对学习者缺乏的认知风格进行弥补的教学策略。

③教师要调整自己的教学风格，提供多模式教学。学生认知方式的多样性要求教师必须改变自己单一的教学风格，采用各种教学方法，组织多样化的教学活动来满足和弥补不同学习者不同层次的需要。

④教师要针对学生在智力上的个别差异进行因材施教，采用按能力分组。对智力不同水平的学生设置不一样的教育目标，选择不同的教育方式。

4. 简述卢梭的自然教育思想。

【答案要点】

（1）卢梭自然主义教育的核心是"回归自然"。自然教育最终目的是培养"自然人"，即身心调和发达、体脑两健、能力强盛的新人，也就是摆脱封建羁绊的资产阶级新人。

（2）自然教育的方法原则：树立正确的儿童观、消极教育、自然后果律、根据儿童天性的个体差异因材施教。

（3）自然教育的实施：卢梭根据自然教育的原则，根据人的自然发展的进程和不同年龄时期身心的特点，把自然教育分为婴儿期、儿童期、少年期和青春期。

三、分析论述题

1. 教育的相对独立性表现在哪些方面？并就此谈谈你对教育与社会发展的关系的认识。

【答案要点】

教育的相对独立性是指作为社会一个子系统的教育，它对社会的能动作用具有自身的特点和规律性，它的历史发展也有其独特连续性和继承性。主要表现为以下几方面：

（1）教育是培养人的活动，通过所培养的人作用于社会。教育尤其是学校教育，是有意识地影响人、培育人、塑造人的社会活动。它主要通过引导和促进年轻一代社会化、个性化，成为社会活动的参与者和继承者，以保证并促进社会的生存、延续与发展。

（2）教育具有自身的活动特点、规律及原理。教育是培养人的活动，而人具有特殊的身心发展和成熟的规律。教育教学及其相关活动必须认识、遵循和创造性地运用这些基本特点与规律，才能有效地培育人才。此外，还应重视和遵循前人的宝贵经验，并在此基础上继续发展、前进。

（3）教育具有自身发展的传统与连续性。由于教育有自身的规律和特有的社会功能，它一经产生、发展便将形成和强化其相对独立性，具有发展的连续性、继承性和惯性。因此，无论是发展教育事业，还是进行教育改革，都要重视与借鉴教育的历史经验，都应在原有的基础上积极改进、稳步前行。

教育与社会发展的关系表现在教育的社会制约性和教育的社会功能两方面。

（1）教育的社会制约性。

教育的社会制约性是指在社会历史发展的过程中，教育的目的与制度、内容与方法、规模与速度，都受到一定社会的生产力、经济政治与文化等因素的制约。

①生产力对教育的制约。生产力的发展制约教育事业发展的规模和速度；生产力的发展水平制约人才的培养规格和教育结构；生产力的发展制约教学内容、教学方法和教学组织形式的发展和改革。

②社会经济政治制度对教育的制约。社会经济政治制度制约教育的性质；社会经济政治制度制约教育的宗旨和目的；社会经济政治制度制约教育的领导权；社会经济政治制度制约受教育权；社会经济政治制度制约教育内容、教育结构和教育管理体制。

③文化对教育的制约。文化知识制约教育的内容与水平；文化模式制约教育的背景与模式；文化传统制约教育传统的特性。

（2）教育的社会功能。

①教育的经济功能。教育是使可能的劳动力转变为现实的劳动力的基本途径；现代教育是使知识形态的生产力转化为直接的生产力的重要途径；现代教育是提高劳动生产率的重要因素。

②教育的政治功能。教育通过传播一定的社会的政治意识，完成年轻一代的政治社会化；教育通过造就政治管理人才，促进政治体制的变革与完善；教育通过提高全民文化素质，推动国家的民主政治建设。

③教育的文化功能。教育具有传递文化、选择文化和发展文化等功能。

④教育的生态功能。树立建设生态文明的理念；普及生态文明知识，提高民族素质；引导建设生态文明的社会活动。

2. 试论隋唐科举制与学校教育的关系，并分析其在历史上的影响。

【答案要点】

科举制与学校教育的关系：

（1）学校教育制度是培养人才的制度，成为国家社会人才的重要来源，学校不断输送人才供科举考试选拔，是科举赖以发展的基础；科举考试是国家选拔人才的重要渠道，也为学校培养的人才开辟了政治出路。

（2）科举考试受重视，居于主导地位，学校教育受轻视，居于次要地位。学校教育要适应科举考试的需要，成为科举的附庸，学校作为考试的预备场所，一切都受到科举考试的直接支配。科举考试对学校教育发挥着导向调控的作用，直接影响着学校教育。

科举制的影响：

积极影响：

（1）扩大了统治基础，有利于加强中央集权。通过科举考试，平民及中小地主阶层获得了参政的机会，打破了门阀士族地主垄断统治权力的局面，扩大了封建统治的统治基础。同时，通过科举考试，朝廷将选士大权收归于中央政府，强化了中央集权的统治。

（2）使选士与育士紧密结合。促进人们的思想统一于儒学，成为实施儒家"学而优则仕"原则的途径。刺激学校教育的发展，有利于教育的普及。

（3）使选拔人才较为客观公正。隋唐科举考试在发展的过程中逐步建立了较为完备的考试制度，同时逐步建立了一系列的考试防范措施，加强了考试管理。

消极影响：

（1）国家只重科举取士，而忽略了学校教育。学校成为科举考试的预备机构，一切教学活动都围绕着科举考试来进行，学校失去了相对独立的地位和作用。

（2）束缚思想，败坏学风。学校教学安排围绕科举进行，导致学校教育中重文辞少实学，重记诵而不求义理，形成了教条主义、形式主义的学习风气。在科举制的影响下，读书的目的不是求知求真，而是为了功名利禄，具有强烈的功利色彩。

（3）科举考试内容的狭隘也阻碍了中国文化的和谐发展，特别是科技文化的发展。

3. 论述皮亚杰的道德认知发展理论，并联系实际加以评价。

【答案要点】

（1）皮亚杰的道德认知发展理论。

皮亚杰认为，道德是由种种规则体系构成的，道德的实质包括两方面的内容：一是对社会规则的理解和认识；二是对人类关系中平等、互惠的关心。他认为儿童道德认知发展要经历三个阶段：

①前道德阶段。皮亚杰认为，5岁幼儿以自我为中心来考虑问题，对引起事情的结果只有朦胧的了解，其行为直接受行为结果支配。该阶段儿童既不是道德的，也不是非道德的。

②他律道德阶段。5~8岁的儿童处于他律道德阶段，这一阶段的道德认知一般是服从外部规则，接受权威指定的规范，他们只根据行为后果来判断对错。

③自律道德阶段。9~11岁的儿童处于自律的道德阶段，此时的儿童不再无条件服从权威，儿童已经能从主观动机出发，用平等或不平等、公平或不公平等新的标准来进行道德判断，但此时儿童的判断还是不成熟的，他们需要等到十一二岁后才能独立判断。

（2）评价。

皮亚杰是第一个系统地追踪研究儿童道德认知发展的心理学家。他1932年出版的《儿童的道德判断》是心理学研究儿童道德发展的里程碑。皮亚杰以独创的临床研究法为研究方法，揭示了儿童道德认知发展的阶段及影响因素。

皮亚杰认为，儿童的道德发展源于主体与社会环境的积极作用。他强调充分发挥儿童的自主性、能动性、以促进儿童道德观念的发展和道德水平的提高。

4. 论述文艺复兴时期人文主义教育的主要特征、影响及其贡献。

【答案要点】

（1）人文主义教育的特征。

①人本主义。人文主义教育在培养目标上注重个性发展，在教育教学方法上反对禁欲主义，尊重儿童天性，坚信通过教育这种后天的力量可以重塑个人、改造社会和自然，这些都表现出人本主义内涵，人的力量、人的价值被充分肯定。

②古典主义。人文主义教育思想吸收了许多古人的见解，人文主义教育实践尤其是课程设置亦具有古典性质，但这种古典主义绝非纯粹的"复古"，实则含有古为今用、托古改制的内涵，这在当时是进步的。

③世俗性。不论从教育目的还是从课程设置等方面看，人文主义教育洋溢着浓厚的世俗精神，

教育更关注今生而非来世，这是人文主义教育与中世纪教育的根本区别。

④宗教性。人文主义教育仍具有宗教性，几乎所有的人文主义教育家都信仰上帝，他们虽然抨击天主教会的弊端，但不反对宗教更不打算消灭宗教，他们希冀以世俗和人文精神改造中世纪陈腐专横的宗教性，以造就一种更富世俗色彩和人性色彩的宗教性。

⑤贵族性。这是由文艺复兴运动的性质所决定的。人文主义教育的对象主要是上层子弟，教育的形式多为宫廷教育和家庭教育而非大众教育，教育的目的主要是培养上层人物如君主、侍臣、绅士等。

（2）人文主义教育的影响和贡献。

①教育内容发生变化。对古希腊、罗马的热情使其知识和学科成为教学主要内容，导致美育和体育复兴并关注自然知识的学习。

②教育职能发生变化。从训练、束缚自己服从上帝到使人更好地欣赏、创造和履行地位所赋予人的职责。

③教育价值观发生变化。重新发现人，重新确立了人的地位，强调人性的高贵，复兴了古希腊的个人主义价值观。

④复兴了古典的教育理想。形成了全面和谐发展的完人的教育观念，从中世纪培养教士的目标转向文艺复兴时期培养绅士的目标。

⑤复兴了自由教育的传统。教育推崇理性，复兴古希腊的自由教育。

⑥自然主义教育思想兴起。用自然来取代《圣经》作为引证，按照人的天性来生活，按照人的需求和本性来设置课程，尊重受教育者的兴趣、爱好、欲望和天性，出现了直观、游戏、野外活动等教育新方法。

⑦出现了新道德教育观。以原罪论为中心的道德教育已开始解体。人道主义、乐观、积极向上、热爱自由、追求平等和合理的享乐等新的道德观在人文主义的学校中开始取代天主教会的道德观。尊重儿童，反对体罚，已成为某些教育家的强烈要求。

⑧教育与劳动相结合及共产主义的教育思想。在某些空想社会主义教育思想中，首次提出教育与生产劳动相结合的思想以及成人教育的思想。人文主义者莫尔和康帕内拉还提出共产主义的理论以及所实行的教育制度。

⑨建立了新型的人文主义教育机构。

⑩促进了大学的改造和发展。

⑪教育理论不断丰富。

⑫推动了教育世俗化的历史进程。

2010年 海南师范大学 333 教育综合·真题解析

一、名词解释

教育学

教育学是以教育活动为研究对象的学科，是通过研究教育现象和教育问题、探索教育规律、探讨教育价值、探寻教育艺术、指导教育实践的一门科学。它的核心是引导、培育和规范人的发展，解决培养什么人和怎样有效培养人的问题。

教学评价

教学评价是对教学工作质量所做的测量、分析和评定。它以参与教学活动的教师、学生、教学目标、内容、方法、教学设备、场地和时间等因素的优化组合的过程和效果为评价对象，是对教学活动的整体功能所做的评价。

有教无类

"有教无类"的本意是不分贵贱贫富和种族，人人都可以入学接受教育。孔子的教学实践切实地贯彻了这一办学方针，他的弟子来自各个诸侯国，分布地区广泛；弟子成分复杂，出身于不同的阶级和阶层，大多数出身于平民。

学在官府

西周在文化教育上的特征就是"学在官府"。为了国家管理的需要，西周奴隶主贵族制定法纪规章，并将其汇集成专书，由当官者来掌握。这种现象历史上称之为"学术官守"，并由此造成"学在官府"。"政教合一，官学一体"是"学在官府"的重要标志。

骑士教育

骑士教育是中世纪世俗教育的一种主要形式，以培养当时封建制度中骑士阶层的成员为目的。它是一种特殊形式的家庭教育，并无专设的教育机构，也没有专职的教育人员。它在骑士生活和社交活动中进行。训练骑士的标准是剽悍勇猛、虔敬上帝、忠君爱国、宠媚贵妇。

加德纳的多元智力理论

加德纳提出了多元智力理论，认为人的智力可以分为八种，不存在单纯的某种智力和达到目标的唯一方法，每个人都会用自己的方式来发掘各自的大脑资源，这种为达到目的所发挥的各种个人才智才是真正的智力，造就了人与人之间的不同。

二、简答题

1. 简析班级授课制的优势与局限。

【答案要点】

（1）含义。一种集体教学形式。它把一定数量的学生按年龄与知识程度编成固定的班级，根据周课表和作息时间表，安排教师有计划地向全班学生上课，分别学习所设置的各门课程。

（2）优点：第一，形成了严格的教学制度；第二，以课为单位科学地组织教学；第三，能充分发挥教师的主导作用；第四，能促进学生的社会化与个性化；第五，便于传授系统的科学知识。

（3）缺点：第一，不利于照顾学生的个别差异；第二，不利于培养学生的兴趣、特长和发展个性；第三，不利于理论联系实际；第四，不利于实现教学的灵活性。

2. 简析《学记》中的"道而弗牵、强而弗抑、开而弗达"的思想。

【答案要点】

"道而弗牵、强而弗抑、开而弗达"的意思是教学要重启发诱导，注意引导，但又不牵着学生走；督促勉励又不勉强、压抑；打开思路但不提供现成答案。体现的是启发性教学原则。

君子的教育在于诱导学生，靠的是引导而不是强迫服从，是启发而不是全部讲解。只有这样，才能调动学生学习和思考的积极性、主动性，使学生的思维能力得到锻炼和发展。

3. 简述孔子学思结合的教育思想。

【答案要点】

（1）学。"学而知之"是孔子进行教学的主导思想，学是求知的途径，也是求知的唯一手段。他主张"学而时习之"，对学习过的知识要时常复习才能牢固掌握。

（2）思。孔子提倡学习知识面要广泛，在学习的基础上认真深入地进行思考，把学习与思考结合起来。在论述学与思的关系时，他说"学而不思则罔，思而不学则殆"。

（3）行。孔子强调学习知识还要"学以致用"。如果不能应用，学得再多也没有意义。学是为行服务的，从学与行的关系来看，学是手段，行是目的，行比学更重要。

由学而思进而行，这是孔子所探究和总结的学习过程，也就是教育过程，与人的一般认识过程基本符合。这一思想对后来的教学理论和实践产生了深远的影响。

4. 简述建构主义学习理论的基本观点。

【答案要点】

（1）知识观。建构主义者质疑知识的客观性和确定性，强调知识的动态性。具体体现在以下几方面：知识的动态性、知识的情境性、知识学习的主动建构性。

（2）学生观。建构主义认为，学生并不是被动接受教师传授的知识，而总是以自己的经验背景或自己的经验来建构对事物的理解。具体表现在以下几方面：建构主义者强调学生经验世界的丰富性和差异性；学生基于相关的经验，依靠推理和判断能力，形成对问题的某种解释；教学要引导儿童从原有的知识经验中"生长"出新的知识经验；教学要增进学生之间的合作。

（3）学习观。建构主义认为，学习是学习者主动地赋予信息以意义，建构自己的知识经验的过程，具有三个重要特征：主动建构性、社会互动性、情境性。

（4）教学观。教学要激活学生原有的相关知识经验，促进知识经验的"生长"，促进学生的知识建构活动，培养学生的求知欲和探究能力；教学要为学生创设理想的学习情境，同时给学生提供丰富支持，促进他们自身建构意义以及解决问题的活动。

三、分析论述题

1. 怎样认识义务教育的先导性、全局性、基础性地位？

【答案要点】

"百年大计，教育为本。"教育在我国社会主义现代化建设中具有基础性、先导性、全局性意义。落实科学发展观，实现科教兴国战略和人才兴国战略，就必然要求把教育摆在优先发展的地位。

（1）教育的基础性，指人的素质在社会主义现代化建设中的基础性。教育对人的个体素质全面发展的促进，既是个人为人处世的基础，也是社会稳定发展的基础。

（2）教育的先导性，指教育的发展对社会主义现代化建设具有引领作用。要使经济社会可持续发展，关键在于知识创新，掌握核心技术，这要依靠教育传播最新知识技术，培养创新性人才。教育的先导性不仅表现在经济发展方面，还表现在对科学技术的引领与文化价值观念方面。

（3）教育的全局性，指教育的发展关乎社会主义现代化建设的方方面面，具有全局性的影响。我们应当全面发挥教育的功能，促进人的全面发展和社会的全面进步。

其重要意义在于：把教育摆在优先发展的地位，努力提高全民族的思想道德和科学文化水平，是实现我国现代化的根本大计。坚持把教育摆在优先发展的战略地位是我国现代化建设指导思想上一个重大转变。当今世界，教育发展状况如何在很大程度上影响着一个国家和民族发展的进程，优先发展教育，是民族振兴、国家繁荣富强、人民富裕幸福、实现"四化"的根本大计。

2. 分析间接经验与直接经验的关系。

【答案要点】

（1）学生认识的主要任务是学习间接经验。

儿童认识始于直接经验，并通过直接经验，不断扩大对世界的认识。但个人的活动范围是狭小的，无论个人如何努力，仅仅依靠直接经验来认识世界越来越不可能。学生要适应高度发展的文明社会，便必须以学习间接经验为主，便捷地掌握人类积累起来的基本科学文化知识。

（2）学习间接经验必须以学生个人的直接经验为基础。

学生要把书本知识转化为自己能理解的知识，就必须依靠个人已有的或现时获得的感性经验为基础。教学中要注重联系生活与实际，利用学生已有经验，并补充学生学习新知识所必须有的感性认识，以便学生能顺利地理解书本知识并运用所学知识于实际，获得比较完全的知识。

（3）防止只重书本知识传授或直接经验积累的偏向。

只重书本知识的传授或只重直接经验的积累都违反了教学的规律，割裂了间接经验与直接经验的内在联系，影响了教学质量的提高。

3. 试论杜威的教育本质观。

【答案要点】

杜威对于"什么是教育"的问题，给出的回答是：教育即生活、学校即社会、教育即生长、教育即经验的持续不断的改造。

（1）教育即生活。

杜威认为教育是生活的过程，学校是社会生活的一种形式，那么学校生活也是生活的一种形式。

学校生活应与儿童自己的生活相契合，满足儿童的需要和兴趣，使校园成为儿童的乐园，使儿童在现实的学校生活中得到乐趣。学校生活应与学校以外的社会生活相契合，适应现代社会变化的趋势并成为推动社会发展的重要力量，校园不应是世外桃源而应积极参与社会生活。

杜威要做的就是改造不合时宜的学校教育和学校生活，使之更富活力，更有乐趣，更具实效，更有益于儿童发展和社会改造。

（2）学校即社会。

杜威"学校即社会"意在使学校生活成为一种经过选择的、净化的、理想的社会生活，使学校成为一个合乎儿童发展的雏形的社会。而要将此落于实处，就必须改革学校课程，从分科课程转变为活动课程。

"学校即社会"是对"教育即生活"这一命题的进一步引申，代表社会生活的活动性课程的引入是使学校与社会生活相联系的基本保证。杜威坚信教育是社会进步及社会改革的基本方法，希望通过教育改造社会生活，使之更完善、更美好。

（3）教育即生长。

杜威针对当时教育无视儿童天性，消极对待儿童，不考虑儿童的需要和兴趣的现象，提出了"教育即生长"的观念。

杜威要求摒除压抑、阻碍儿童自由发展之物，使教育和教学适应儿童的心理发展水平和兴趣、需要的要求。他所理解的生长是机体与外部环境、内在条件与外部条件交互作用的结果，是一个持续不断的社会化的过程。杜威要求尊重儿童但不同意放纵儿童，这也是杜威与进步主义教育实践的一个重要区别。

（4）教育即经验的改造。

教育即经验的改造是指构成人的身心的各种因素在外部环境和人的主动经验过程中统一的全面改造、发展、生长的连续过程，包含四个方面：

①经验是一种行为，涵盖认识的、情感的、意志的等理性、非理性因素，成为儿童各方面发展和生长的载体。在经验过程中，儿童不仅获得知识，而且形成能力、养成品德。

②经验是有机体与环境相互作用的过程，机体不仅受环境的塑造，同时也对环境加以改变。经验的过程就是一个实验探究的过程、运用智慧的过程、理性的过程。

③经验的过程是一个主动的过程，有机体既接受着环境塑造，也主动改造着环境。

④经验是一个连续发展的过程，不存在终极目的的发展过程，因此教育就是个人经验的不断生长。

（5）评价。

积极性。杜威关于教育本质的这四个论点具有重要的意义：第一，这些观点是杜威改革旧教育的纲领，他的意图是要使教育为缓和社会矛盾、完善美国社会制度服务，对于推动当时的教育改革有积极意义；第二，杜威关于教育本质的观点是他的教育哲学的四个主要命题，内涵丰富并具有启发意义；第三，杜威力图把教育的社会功能与个体发展功能统一起来，并把社会活动视为使两者得以协调的重要手段或中介。

局限性。杜威对于教育本质的表述不够科学。如"教育即生长"给人以重视个体的生物性而回避社会性的印象，并且生长有方向、方式之异，有好坏优劣之别，所以仅说"教育即生长"是不严谨的；又如"教育即生活"的口号表述过于简要，也易使人不得要领，从而在理解上产生歧义；"学校即社会"的提法也存在着片面性，它忽视社会与个体发展的各自的相对独立性，进而导致抹杀学校与社会的本质区别。

4. 学生品德不良的成因分析及其矫正策略。

【答案要点】

品德不良的成因分析：

客观原因：

（1）家庭方面。家庭成员的溺爱、迁就；家庭对孩子要求过高、过严，又缺乏正确的教育方法；家庭成员教育的不一致性；家长缺乏表率作用；家庭结构的剧变。

（2）学校方面。某些教育工作者存在某些错误观念或方法上的偏颇，如：片面追求升学率，忽视学生的品德教育；不了解学生真实的内心世界，不能自发地进行教育；教育方法不当，使得学生厌烦；对矫正品行不良学生缺乏信心、恒心和毅力。此外，学校教育和家庭教育不一致，相互脱节，也会削弱教育的力量。

（3）社会方面。影响个体的品德行为的有：长期封建社会遗留下来的某些腐朽思想；现实生活中的某些不正之风；思想不健康甚至低级趣味的文艺作品；朋友、邻居、社区，以及影响个体的各种社会活动。

主观原因：

（1）不正确的道德认识。儿童和青少年处于品德形成的过程中，他们的道德认识还不明确、不稳定，一些学生不理解或不能正确理解有关的道德要求和道德准则，缺乏独立的道德评价能力，常常不能明辨是非、分清善恶。

（2）异常的情感表现。品行不良的学生由于长期处于错误观念的支配下，常常造成情感上的异常状态，往往对真正关心他们的老师和家长怀有戒心，或处于对立情绪中。

（3）明显的意志薄弱。有些品行不良的学生并非在道德认识方面无知，而是因为意志薄弱导致正确的认知不能战胜不合理的欲望。"明知故犯"的学生常是意志薄弱者。

（4）不良习惯的支配。偶然的不良行为经过多次重复就会变成不良习惯，不良习惯又支配不良行为，如此恶性循环必然导致学生的品行不良。

（5）某些性格缺陷。学生某些性格上的缺陷会直接导致品德不良。比如执拗、任性、骄傲、自私等消极性格特点，很容易让个体表现出无视他人和集体的利益，为私利我行我素，甚至做出破坏集体纪律和违反社会公德的行为。

（6）某些需要未得到满足。当学生的需要没有通过正常途径得到满足，他们就可能会通过一些不正当的方法去满足自己的需要，从而沾染上不良行为。

品德不良的矫正策略：

（1）运用行为主义学习理论培养个体的良好行为方式。在教育中适当运用渐进强化的原理，可以有效地塑造学生的良好行为方式或矫正学生的偏差行为方式。

（2）直接从自我观察学习入手培养人的自律行为。自律是个人根据自己的价值标准评判自己的行为，从而规范自己去做自己认为应该做的事情，或避免自己认为不应该做的事。

（3）提高道德认识法。"美德即知识"的命题启示人们，在很多时候丰富人的道德认识的确可以使人少犯错误，尤其是一些低级错误。这样，妥善采取常用的说理法、故事启发法、小组讨论法或价值澄清法等方法以提高人们的道德认知水平，往往是防治品行不端的有效之举。

（4）改过迁善法。指要求犯错者纠正自己的不良品德，以使自己朝着善的方向发展的方法。该方法由两部分组成：一是消除一个或几个错误的地方；二是通过一定的练习，使自己的行为朝着与原来不良行为相反的或不相容的方向发展。

（5）防范协约法。指以书面形式在教育者与被教育者之间建立和实施一种监督关系的矫正不良行为的方法。

对学生的不良行为要及早矫正，在矫正时要以正面教育和疏导为主，工作要有诚心、细心和耐心。在着手工作时，要注意以下几点：培养深厚的师生感情，消除疑惧心理和对立情绪；培养正确的道德观念，提高明辨是非的能力；保护和利用学生的自尊心，培养集体荣誉感；锻炼同不良诱因做斗争的意志力，巩固新的行为习惯；针对学生的个别差异，采取灵活多样的教育措施。

2022年 深圳大学 333 教育综合·真题真练

一、分析论述题

1. 2020年10月，中共中央办公厅、国务院办公厅印发《关于全面加强和改进新时代学校体育工作的意见》，结合学校实际谈谈体育的时代价值和实现路径。
2. 论述人的发展规律及教育要求。
3. 试述陶行知的生活教学，结合实际谈谈价值和意义。
4. 列举2种或以上中小学常见的心理健康问题，并说出作为教师对其心理健康教育的对策。
5. 依据教师的多重身份，说说为从事教师这一职业在研究生期间需要做哪些准备。

2021年 深圳大学 333 教育综合·真题真练

一、名词解释

学校教育制度　活动课程　《学记》　新教育运动　实科中学　苏格拉底教学法

二、简答题

1. 简述教师劳动的特点。
2. 简述班级上课制的优缺点。
3. 简述孔子的教学方法论。
4. 简述创造性的心理结构。

三、分析论述题

1. 联系实际谈谈我国中小学德育存在的问题，并提出你的建议。
2. 2020年3月中共中央、国务院印发了《关于全面加强新时代中小学劳动教育的意见》。请结合教育理论并联系实际谈谈劳动教育的时代价值和实现路径。
3. 联系实际谈谈多元智力理论对教育的启示。
4. 试述卢梭自然教育理论，并联系实际谈谈这一理论的现实意义。

2020年 深圳大学333教育综合·真题真练

一、名词解释
教学策略　课程标准　导生制　骑士教育　六艺　《大教学论》

二、简答题
1. 教育学的研究对象和任务。
2. 我国教育目的和精神。
3. 疏导原则在教学中的运用。
4. 我国古代书院的特征。

三、分析论述题
1. 习近平主席指出要改革教育评价，避免"以分为上，以论文为上"。请谈谈如何改革教育评价。
2. 德育是教学的重要任务，习近平指出要将德育贯彻到所有学科目标和学科教学全过程。请谈谈在课程中渗透德育该怎么做。
3. 人工智能能否代替教师？以此为观点谈谈人工智能影响下教师的素养与职能。
4. 心理健康问题已经成为一个社会问题，谈谈中小学心理健康的养成。

2019年 深圳大学333教育综合·真题真练

一、名词解释
校长负责制　教育制度　四书五经　国防教育法　京师大学堂

二、简答题
1. 个人本位论基本观点。
2. 如何在教学过程中把握教师主导作用和学生主体作用的关系？
3. 德育过程规律。
4. 朱子读书法的主要内容。

三、分析论述题
1. 中小学课程改革存在的问题及建议。
2. 教育对个人的作用。
3. 洛克的教育思想。
4. 影响学习动机的因素如何激发和培养？

2018年 深圳大学 333 教育综合·真题真练

一、名词解释
学校教育制度　课程标准　湖南自修大学　道德认知　创造性　初级学院运动

二、简答题
1. 教学过程中应注意的关系。
2. 全面发展与独特个性关系。
3. 知识理解的因素。
4. 有机学校的主要观点。

三、分析论述题
1. 学校管理的趋势对中小学的发展启示。
2. 教师劳动的特点，应具备什么素养？
3. 青少年良好品德问题主要表现以及措施。
4. 教育为什么要放在优先发展的位置，及其重要意义。

2017年 深圳大学 333 教育综合·真题真练

一、名词解释
综合实践活动　课程设计　福禄培尔　英国公学　朱子读书法　元认知

二、简答题
1. 试比较个人本位论和社会本位论。
2. 在教学评价过程中应该遵循的主要原则。
3. 在德育实践过程中长善救失的原则。
4. 试述陶行知的生活教育的主要观点。

三、分析论述题
1. 什么是教育的相对独立性？根据实际教学谈谈教育相对独立性的重要意义。
2. 在中小学教师管理的主要内容和发展趋势。
3. 论述卢梭自然教育的理论观点及其影响。
4. 论述建构主义理论观及其在中小学教学中的应用。

2016年 深圳大学333教育综合·真题真练

一、名词解释
美育　教学过程　赫尔巴特　《国防教育法》　三舍法　京师大学堂

二、简答题
1. 教育学的研究对象和任务。
2. 主要的德育原则。
3. 班级授课制的优点和缺点。
4. 中国古代书院的特点。

三、分析论述题
1. 教育在人的发展中的作用。
2. 中小学管理中存在的主要问题及改进的建议。
3. 中小学生主要存在的心理健康问题以及如何开展心理健康教育。
4. 赞可夫的教育思想。

2015年 深圳大学333教育综合·真题真练

一、名词解释
德育　京师同文馆　《大教学论》　稷下学宫　骑士教育　课程计划

二、简答题
1. 试述教育对实现中华民族伟大复兴的"中国梦"的作用。
2. 教师劳动的特点。
3. 课程目标的依据。
4. 蔡元培的"五育并举"方针。

三、分析论述题
1. 试述班主任工作的意义和任务、内容和方法，优秀的班主任必须具备的素质。
2. 试述几个主要的教学原则。
3. 试述杜威的教育本质论。
4. 知识迁移的规律在教学中的应用。

2014年 深圳大学 333 教育综合·真题真练

一、名词解释
学校教育制度　学园　中体西用　陈述性知识　多元智力理论

二、简答题
1. 学校教育在人的身心发展中的作用。
2. 简述班级授课制的利弊。
3. 简述裴斯泰洛齐的要素教育及对你的启示。

三、分析论述题
1. 教育是如何推动国家民主法治建设发展的。
2. 近代中国学制的演变和特点。
3. 教师应该如何布置作业能使学生更好地理解和掌握知识？

2013年 深圳大学 333 教育综合·真题真练

一、名词解释
教育　《学记》　终身教育　多元智力理论　课程标准

二、简答题
1. 简述遗传、环境和教育对人的发展的作用。
2. 当代世界教育发展的趋势。
3. 知识增长对教育提出了哪些新的挑战？
4. 青少年儿童作为权利主体享有哪些合法权利？
5. 日本明治维新时期的教育改革。

三、分析论述题
1. 中国古代书院教育制度的特点。
2. 教育是如何推动经济发展的？
3. 教师应当怎样科学提问才能使学生更好地理解和掌握知识、发展能力？

2012年 深圳大学333教育综合·真题真练

一、名词解释
学校教育制度　隐形课程　西南联合大学　七艺　英国公学　观察学习

二、简答题
1. 文化对教育发展的影响和制约作用主要体现在哪些方面？
2. 在教学过程中如何处理掌握知识与发展智力的关系。
3. 简述德育过程的规律。
4. 简述清末"新政"时期的重要教育改革。

三、分析论述题
1. 联系实际论述当前中小学新课程改革存在的主要困难和问题，并提出你的改进建议。
2. 论述科举制度的功与过。
3. 卢梭的自然教育理论述评。
4. 概述维纳的成败归因理论，并谈谈如何根据这一理论来激发学生的学习动机。

深圳大学 333 教育综合·真题解析

一、分析论述题

1. 2020年10月，中共中央办公厅、国务院办公厅印发《关于全面加强和改进新时代学校体育工作的意见》，结合学校实际谈谈体育的时代价值和实现路径。

【答案要点】

（1）体育的含义。

广义体育包括身体文化、身体教育和身体锻炼三个方面；狭义体育即学校体育，是一种有目的、有计划、有组织地促进学生身心全面发展、增强学生体质、掌握运动的基本技能与技巧和培养道德品质的教育活动。

（2）时代价值。

学校体育是实现立德树人根本任务、提升学生综合素质的基础性工程，是加快推进教育现代化、建设教育强国和体育强国的重要工作，对于弘扬社会主义核心价值观，培养学生爱国主义、集体主义、社会主义精神和奋发向上、顽强拼搏的意志品质，实现以体育智、以体育心具有独特功能。

（3）实现路径。

①开齐开足上好体育课。严格落实学校体育课程开设刚性要求，不断拓宽课程领域，逐步增加课时，丰富课程内容。义务教育阶段和高中阶段学校严格按照国家课程方案和课程标准开齐开足上好体育课。

②加强体育课程和教材体系建设。学校体育课程注重大中小幼相衔接，聚焦提升学生核心素养。学校体育教材体系建设要扎根中国、融通中外，充分体现思想性、教育性、创新性、实践性，根据学生年龄特点和身心发展规律，围绕课程目标和运动项目特点，精选教学素材，丰富教学资源。

③推广中华传统体育项目。认真梳理武术、摔跤、棋类等中华传统体育项目，因地制宜开展传统体育教学、训练、竞赛活动，并融入学校体育教学、训练、竞赛机制，形成中华传统体育项目竞赛体系。

④强化学校体育教学训练。逐步完善"健康知识+基本运动技能+专项运动技能"的学校体育教学模式。教会学生科学锻炼和健康知识，健全体育锻炼制度，广泛开展普及性体育运动，定期举办学生运动会或体育节，着力保障学生每天校内、校外各1个小时体育活动时间，促进学生养成终身锻炼的习惯。加强青少年学生军训。

⑤健全体育竞赛和人才培养体系。建立融校内竞赛、校际联赛、选拔性竞赛为一体的大中小学体育竞赛体系，构建国家、省、市、县四级学校体育竞赛制度和选拔性竞赛制度。加强体教融合，广泛开展青少年体育夏/冬令营活动，深化全国学生运动会改革，加强体育传统特色学校建设，完善竞赛、师资培训等工作。

⑥配齐配强体育教师。各地要加大力度配齐中小学体育教师，未配齐的地区应每年划出一定比例用于招聘体育教师。在大中小学校设立专/兼职教练员岗位。建立聘用优秀退役运动员为体育教师或教练员制度。

⑦改善场地器材建设配备。研究制定国家学校体育卫生条件基本标准。建好满足课程教学和实践活动需求的场地设施、专用教室。把农村学校体育设施建设纳入地方义务教育均衡发展规划，鼓

励有条件的地区在中小学建设体育场馆，与体育基础薄弱学校共用共享。

⑧统筹整合社会资源。完善学校和公共体育场馆开放互促共进机制，推进学校体育场馆向社会开放、公共体育场馆向学生免费或低收费开放，提高体育场馆开放程度和利用效率。鼓励学校和社会体育场馆合作开设体育课程。统筹好学校和社会资源，综合利用公共体育设施，将开展体育活动作为解决中小学课后"三点半"问题的有效途径和中小学生课后服务工作的重要载体。

⑨推进学校体育评价改革。建立日常参与、体质监测和专项运动技能测试相结合的考查机制，将达到国家学生体质健康标准要求作为教育教学考核的重要内容。完善学生体质健康档案，中小学校要客观记录学生日常体育参与情况和体质健康监测结果，定期向家长反馈。将体育科目纳入初、高中学业水平考试范围。改进中考体育测试内容、方式和计分办法，科学确定并逐步提高分值。积极推进高校在招生测试中增设体育项目。

⑩完善体育教师岗位评价。把师德师风作为评价体育教师素质的第一标准。围绕教会、勤练、常赛的要求，完善体育教师绩效工资和考核评价机制。将体育教师课余指导学生勤练和常赛，以及承担学校安排的课后训练、课外活动、课后服务、指导参赛和走教任务计入工作量，并根据学生体质健康状况和竞赛成绩，在绩效工资内部分配时给予倾斜。

⑪健全教育督导评价体系。将学校体育纳入地方发展规划，明确政府、教育行政部门和学校的职责。完善国家义务教育体育质量监测，提高监测科学性，公布监测结果。把体育工作及其效果作为高校办学评价的重要指标，纳入高校本科教学工作评估指标体系和"双一流"建设成效评价。

⑫加强组织领导和经费保障。地方各级党委和政府要把学校体育工作纳入重要议事日程，党政主要负责同志要重视、关心学校体育工作。各地要建立加强学校体育工作部门联席会议制度，健全统筹协调机制。各级政府要调整优化教育支出结构，完善投入机制，积极支持学校体育工作。地方政府要统筹安排财政转移支付资金和本级财力支持学校体育工作。鼓励和引导社会资金支持学校体育发展，吸引社会捐赠，多渠道增加投入。

⑬加强制度保障。完善学校体育法律制度，鼓励地方出台学校体育法规制度，为推动学校体育发展提供有力法治保障。建立政府主导、部门协同、社会参与的安全风险管理机制。

⑭营造社会氛围。各地要研究落实加强和改进新时代学校体育工作的具体措施，总结经验做法，形成可推广的政策制度。加强宣传，凝聚共识，营造全社会共同促进学校体育发展的良好社会氛围。

2. 论述人的发展规律及教育要求。

【答案要点】

（1）顺序性。

①基本含义：在正常情况下，人的发展具有一定的方向性和顺序性，既不能逾越，也不能逆向发展。如个体动作的发展就遵循自上而下、由躯体中心向外围、从粗动作向细动作的发展规律性。就心理而言，儿童的发展总是从无意注意到有意注意，从机械记忆到意义记忆，从具体形象思维到抽象逻辑思维，从喜怒哀乐等一般情绪发展到道德感、理智感、美感等高级情感。

②教学指导：个体身心发展的顺序性，决定了教育教学工作的顺序性，在不同的发展阶段展开不同的教育活动，同时更应该按照发展的序列来施教，做到循序渐进。

（2）不平衡性。

①基本含义：人的发展不总是匀速直线前进的，不同的系统的发展速度、起始时间、达到的成熟水平是不同的；同一机能系统在发展的不同时期也有不同的发展速率。从总体发展来看，幼儿期出现第一个加速发展期，青春发育期出现第二个加速发展期。

②教学指导：人的发展的不平衡性要求教育要掌握和利用人的发展的成熟机制，抓住发展的关键期，促进学生健康地发展。

（3）阶段性。

①基本含义：人的发展变化既体现出量的积累，又表现出质的飞跃。当某些代表新质要素的量积累到一定程度时，就会导致质的飞跃，从而表现出发展的阶段性。个体的身心发展的阶段性表现为不同年龄阶段的个体具有不同的年龄特征及主要矛盾，面临着不同的发展任务。

②教学指导：人的发展的阶段性要求教育要从学生的实际出发，尊重不同年龄阶段学生的特点，并根据这些特点提出不同的发展任务，采用不同的教育内容和方法，进行有针对性的教育，以便有效地促进他们的个性发展。

（4）个别差异性。

①基本含义：人的发展的个体差异表现在身心发展的速度、水平、表现方式等方面。如在发展速度上，有的儿童早慧，有的儿童大器晚成。

②教学指导：人的发展的个别差异性要求教育要深入了解学生，针对学生不同的发展水平及不同的兴趣等因材施教，引导学生扬长避短、发展个性，促进学生自由发展。

（5）整体性。

①基本含义：人的生理、心理和社会性等方面的发展是密切联系在一起的，并在发展过程中相互作用，使人的发展表现出明显的整体性。

②教学指导：人的发展的整体性要求教育要把学生看作复杂的整体，促进学生在体、智、德、美、行等方面全面和谐地发展，把学生培养成完整和完善的人。

3. 试述陶行知的生活教学，结合实际谈谈价值和意义。

【答案要点】

（1）"生活即教育"。

"生活即教育"是陶行知生活教育理论的核心。其内涵包括：生活含有教育的意义；实际生活是教育的中心；生活决定教育，教育改造生活。

"生活即教育"所强调的是教育以生活为中心，所反对的是传统教育脱离生活而以书本为中心。尽管它在生活与教育的区别和系统的知识传授方面有所忽视，但在破除传统教育脱离民众、脱离社会生活的弊端方面，有十分重要的意义。

（2）"社会即学校"。

"社会即学校"是生活教育理论另一重要主张，是"生活即教育"思想在学校与社会关系问题上的具体化。"社会即学校"，是指"社会含有学校的意味"，或者说"以社会为学校"。由于到处是生活，到处都是教育，"整个的社会是生活的场所，亦即教育之场所"。

"社会即学校"，也指"学校含有社会的意味"。也就是说，学校通过与社会生活相结合，一方面运用社会的力量使学校进步，另一方面动员学校的力量帮助社会进步，使学校真正成为社会生活必不可少的组成部分。

"社会即学校"扩大了学校教育的内涵和作用，对于传统的学校观、教育观有所改变。传统学校与社会生活脱节，学生孤陋寡闻，而以社会为学校，使得教育的材料、教育的方法、教育的工具、教育的环境可以大大地增加，有利于拓展学生的知识，增强学生的能力。"社会即学校"，还可以使被传统学校拒之门外的劳苦大众能够受到起码的教育，贯穿了普及民众教育的苦心，同样也值得肯定。

（3）"教学做合一"。

"教学做合一"是生活教育理论的又一重要主张，是"生活即教育"在教学方法问题上的具体化。其含义为：教的方法根据学的方法，学的方法根据做的方法。事怎样做便怎样学，怎样学便怎样教。教与学都以做为中心。包括以下四个要点："教学做合一"要求在"劳力上劳心"；"教学做合一"是因为"行是知之始";"教学做合一"要求"有教先学"和"有学有教";"教学做合一"还是对注入式教学法的否定。

（4）意义和价值。

陶行知的生活教育理论是一种大众的、为人民大众服务的教育理论，且还是一种不断进取创造，旨在探索具有中国民族特色的教育道路的理论。

生活教育理论还在教育观念的改变方面颇有建树，无论是强调学校教育与社会生活、生产劳动相结合，还是要求手脑并用、在劳力上劳心，都是对学校与社会割裂、书本与生活脱节、劳心与劳力分离的传统教育的反动，显示出强烈的时代气息，至今都富于启示。

陶行知的生活教育理论是我国民族教育理论宝库中十分可贵的遗产，值得我们珍惜并认真研究借鉴。

4. 列举2种或以上中小学常见的心理健康问题，并说出作为教师对其心理健康教育的对策。

【答案要点】

（1）中小学常见的心理健康问题有学习问题、人际关系问题、学校生活适应问题、自我概念问题和青春期性心理问题等。

（2）心理健康教育的对策。

青少年心理健康教育的途径：

①专题训练。心理素质专题训练过程一般由"判断鉴别—训练策略—反思体验"三个彼此衔接的环节构成。

②心理辅导。心理辅导是一种心理上的助人活动，是指在一种新型的、建设性的人际关系中，辅导教师运用其专业知识和技能，给学生以合乎需要的心理上的协助与服务，以便他们在学习、工作与人际关系各个方面做出良好适应。

③学科渗透。教师在进行常规的学科教学时，自觉地、有意识地运用心理学的理论、方法和技术，让学生在掌握知识、形成能力的同时，完善各种心理品质，特别是诸如情感、意志、个性品质等方面。在学科教学、各项教育活动、班主任工作中，都应注重对学生心理健康的教育，这是心理健康教育的主要途径。

青少年心理健康教育的方法：

①认知法。通过调动学生的感知、记忆、想象、思维等心理过程来达到教学目标。它可以派生出阅读、听、讲故事，观看幻灯、图片、录像、电影，欣赏音乐、美术、舞蹈等艺术品，案例分析、判断和评价等形式。

②游戏法。竞赛性游戏能够调动学生参与活动的积极性，培养学生的竞争意识和团结合作精神；非竞赛性游戏可以缓解学生的紧张和焦虑程度，再现原有的生活体验，使学生获得新的体会与认识。

③测验法。通过智力、性格、态度、兴趣和适应性等各种问卷测验，帮助学生自我反省、自我分析，了解自己某方面心理素质的发展现状，形成正确的自我认识和自我评价。

④交流法。通过学生间的交流活动，各自介绍自己的心理优势或个体经验，促进其对训练策略的认同、领悟和掌握。

⑤讨论法。通过师生、生生间广泛、深入的思想交流，引导学生积极思考，步步深入，提高认识，转变思维方式和看问题的角度，掌握科学的行动步骤。讨论法可分为全班讨论、辩论、小组讨论、脑力激荡、配对交谈、行动方案研讨等多种形式。

⑥角色扮演法。教师提供一定的主体情境并讲明表演要求，让学生扮演某种人物角色，演绎某种行为方式、方法与态度，达到深化学生的认识、感受和评价"剧中人"的内心活动和情感的目的。

⑦行为改变法。通过奖惩等强化手段帮助学生建立某种良好的行为或矫正不良行为。此法有代

币法、契约法、自我控制法等多种形式。

⑧实践操作法。让学生亲自动手，完成某种操作任务。常用于验证某种心理效应，达到加深学生的体验和增强认同感的目的。

5. 依据教师的多重身份，说说为从事教师这一职业在研究生期间需要做哪些准备。

【答案要点】

（1）教师的多重身份即教师的角色丛，教师角色丛是指与教师特定的社会职业和地位相关的所有角色的集合。仅就教师与学生的关系而言，教师就要扮演多重角色：

①"家长代理人"和"朋友、知己者"的角色。教师是儿童继父母之后所遇到的另一个社会权威，家长的代理人。低年级的学生倾向于把教师看作父母的化身，期待受到教师的关爱和保护；高年级的学生则往往视教师为朋友，希望得到教师在学习、生活等多方面的帮助和指导。

②"传道、授业、解惑者"的角色。教师要负担起"传道、授业、解惑者"的角色，要将正确的政治思想价值观通过自身的言传身教传授给学生，要善于引导学生在短时期内掌握人类长期积累的基本知识与技能。

③"管理者"的角色。教师管理的对象是具有能动性、自主性、个性的学生，作为管理者，教师要创造一种和谐、民主、进取的集体环境，要给予学生更多的自主和责任，以激发学生的主动性、使学生积极参与民主管理、自觉接受领导、注重自我管理。

④"心理调节者"的角色。教师要适应时代要求，掌握基本的心理卫生常识，在日常工作中渗透心理健康教育。

⑤"研究者"的角色。教师应该成为教育的研究者、改革者，不断地提高自身的教育理论修养和教育、教学的质量。

（2）此问可根据实际情况作答，言之有理即可。

深圳大学333教育综合·真题解析

一、名词解释

学校教育制度

学校教育制度即学制，它是现代教育制度的核心部分。指的是一个国家各级各类学校的系统及其管理规则，它规定着各级各类学校的性质、任务、入学年限、修业年限以及它们之间的关系。

活动课程

活动课程又称经验课程、儿童中心课程，与学科课程相对立，它打破学科逻辑的界限，是以学生的兴趣、需要、经验和能力为基础，通过引导学生自己组织的有目的的系列活动而编制的课程。

《学记》

《学记》是《礼记》的一篇，是中国古代最早的一篇专门论述教育、教学问题的论著，因此有人认为它是"教育学的雏形"。《学记》是先秦时期儒家教育和教学活动的理论总结，它主要论述教育的具体实施，偏重于说明教学过程的各种关系。

新教育运动

新教育运动,也称新学校运动,是指19世纪末20世纪初在欧洲兴起的教育改革运动,初期以建立不同于传统学校的新学校作为新教育的"实验室"为其特征。第二次世界大战以后,新教育运动逐步走向衰落。

实科中学

实科中学是一种既具有普通教育性质,又具有职业教育性质的新型学校。它受经济和科学技术发展的影响,在18世纪的德国兴起并得到发展。它排除课程内容的纯古典主义的倾向,注重自然科学和实科知识的学习,适应了德国资本主义经济逐渐发展起来的需要。

苏格拉底教学法

苏格拉底法也称"问答法""产婆术",是由讥讽、助产术、归纳和定义四个步骤组成的独特的方法。这是苏格拉底探讨伦理哲学的研究方法,也是他的教学方法。

二、简答题

1. 简述教师劳动的特点。

【答案要点】

(1)教师劳动的复杂性。学生状况的复杂性决定着教师劳动的复杂性;教师任务的多样性制约着教师劳动的复杂性;影响学生发展因素的广泛性制约着教师劳动的复杂性。

(2)教师劳动的示范性。教育是教师引导、培养学生的活动,它要求教师以身作则,具有示范性。教师的劳动对象是处在发展过程中的青少年学生,他们具有尊敬教师、乐于接受教师的教导、以教师为表率的所谓"向师性"的特点。因此,教师必须严格要求自己,以身作则,通过示范的方式去影响学生,以便取得最佳教育效果。

(3)教师劳动的创造性。

①教师劳动创造性的最重要特征之一是他的工作对象——儿童经常在发生变化,永远是新的,今天同昨天就不一样。

②教师劳动的创造性表现在因材施教上。教师不仅要针对学生集体的特点,而且还要针对学生个体的特点有的放矢地进行教育,创造性地开展工作,才能收到良好的效果。

③教师劳动的创造性,也表现在对教育、教学的原则、方法、内容的运用、选择和处理上。

④教师劳动的创造性,还表现在教育教学过程中,教师对各种突发情况做出及时反应、妥善处理的应变能力上,即教育机智。

⑤教师劳动的创造性,并不意味着它会自动产生。一位教师要创造性地开展教育工作,必须经历艰苦的劳动和长期的积累,善于反思与探究,机智地开展工作,才能涌现创造性。

(4)教师劳动的专业性。教师劳动的专业性突出表现在教师对育人的崇高敬业精神和道德修养上,对教育教学专门化知识和技能的掌握与教育活动的自主权上。

2. 简述班级上课制的优缺点。

【答案要点】

(1)含义。一种集体教学形式。它把一定数量的学生按年龄与知识程度编成固定的班级,根据周课表和作息时间表,安排教师有计划地向全班学生上课,分别学习所设置的各门课程。

(2)优点:第一,形成了严格的教学制度;第二,以课为单位科学地组织教学;第三,能充分发挥教师的主导作用;第四,能促进学生的社会化与个性化;第五,便于传授系统的科学知识。

(3)缺点:第一,不利于照顾学生的个别差异;第二,不利于培养学生的兴趣、特长和发展个性;

第三，不利于理论联系实际；第四，不利于实现教学的灵活性。

3. 简述孔子的教学方法论。

【答案要点】

（1）因材施教。孔子是我国历史上首倡因材施教的教育家。实行因材施教的前提条件是承认学生间的个体差异，并了解学生特点。孔子了解学生最常用的方法是谈话和个别观察，主张在了解学生的基础上，根据学生的具体情况，有针对性地进行教育。

（2）启发诱导。孔子是世界上最早提出启发式教学的教育家，比苏格拉底的"助产术"早几十年。他认为，不论学习知识或培养道德，都要建立在学生自觉需要的基础上，应充分发挥学生的主动性、积极性。他主张"不愤不启、不悱不发，举一隅不以三隅反，则不复也"，指出"由博返约"和"叩其两端"是训练学生思考的方法。

（3）学思行结合。"学而知之"是孔子进行教学的主导思想，学是求知的途径，也是求知的唯一手段；孔子提倡学习知识面要广泛，在学习的基础上认真深入地进行思考，把学习与思考结合起来。在论述学与思的关系时，他说"学而不思则罔，思而不学则殆"；孔子强调学习知识还要"学以致用"。由学而思进而行，这是孔子所探究和总结的学习过程，也就是教育过程，与人的一般认识过程基本符合。这一思想对后来的教学理论和实践产生了深远的影响。

（4）好学求是的态度。孔子认为，教学需要师生双方配合协作，学生端正学习态度，是教学成功的重要条件。首先要有好学、乐学的态度；其次要有不耻下问的态度；最后要有实事求是的态度。

4. 简述创造性的心理结构。

【答案要点】

（1）创造性认知品质。创造性认知品质是指创造性心理结构中与认知加工有关的部分，它是创造性心理活动的核心。创造性认知品质主要包括创造性想象、创造性思维、创造性认知策略三个方面。

（2）创造性人格品质。创造性人格品质是有创造性的人所具有的个性特点。创造性人格品质包括创造性动力特征、创造性情意特征、创造性人格特质等。

（3）创造性适应品质。是指个体在其创造性认知品质和创造性人格品质的基础上，在自己特定年龄阶段所规定的社会生活背景中，通过与社会生活环境的相互作用，所表现出来的对外在社会环境进行创造性的操作应对，对内在创造过程进行调适所表现出来的创造性行为倾向，具体表现为创造行为习惯、创造策略和创造技法的掌握运用等。

三、分析论述题

1. 联系实际谈谈我国中小学德育存在的问题，并提出你的建议。

【答案要点】

我国中小学德育存在的问题：

（1）学校德育地位尴尬。长时间以来，我国学校德育处于"说起来重要，做起来次要，忙起来不要"的尴尬地位，存在着理论上的"德育首位"与实践上的"德育无位"的矛盾。

（2）学校德育目标偏离。我国学校德育目标在某种程度上存在假、大、空现象，只注重方向性，缺乏阶段性和层次性，未能考虑青少年的年龄特征和接受水平，使其在一定程度上缺乏具体性和可操作性。

（3）学校德育内容陈旧，脱离现实生活。现行学校德育和生活社会缺乏广泛的联系，严重脱离现实生活，不足以解释当前复杂的社会现象，也不能解决学生的实际思想问题。

（4）学校德育方法落后、呆板。德育方法必须是多种多样各具特色的，在学校德育实施过程中，各种方法也必须有机配合，灵活运用。但当前我国学校德育实践中，大多数教师采用的德育方法依然是以说服教育为主，德育方法单一，强调灌输，偏重权威说教。

（5）学校德育环境封闭。我国现行学校德育环境呈现出典型的封闭性与限制性的特点，是一种"硬控"的、校内外由隔离带阻隔的环境。

（6）学校德育师资队伍不容乐观。一方面，部分中小学教师师德衰微；另一方面，部分德育教师缺乏现代德育理论素养，出现德育工作队伍数量庞大与理论水平低下的矛盾。

（7）学校德育评价低效。主要表现在德育评价滞后，随意性大，缺乏应有的激励和制约作用。

建议：

（1）人性化。德育人性化首先要承认学生是人，是具有独立人格的完整的人，是能动的、创造性的人；其次要求教师成为学生的精神关怀者，关怀学生的精神生活和精神发展；最后德育人性化要求关怀完整的生命体，包括精神生命和肉体生命。

（2）主体化。强调在主体教育思想指导下，以提高学生的主体性为根本目标，在德育活动过程中充分尊重、确立学生的主体地位，发展学生的主体意识、主体精神和主体能力，促进学生主体人格的发展。随着时代的发展和德育改革的推进，主体性德育被赋予了新的内涵，即走向类主体，培养类主体性道德人格。

（3）生活化。从生活出发，意味着以人的生活经验为起点，关注学生与环境的互动，以生活为依托，从儿童生活中所遭遇的、体验的社会性、道德性问题为切入点进行德育。在生活中进行即是指充分吸收生活世界的直观性、本真性、体验性，在人的现实生活中完成自己的任务，其过程与生活过程相一致，在动态的、所有的生活中展开；德育回归生活则是说德育的目的在于使人过上更美好的生活、善的生活和更幸福的生活，提升人们的生活质量。

（4）科学化。德育方法必须是多种多样并各具特色的，以便根据实际需要迅速而准确地选择恰当的德育方法；在学校德育实施过程中必须将各种方法有机配合，灵活运用；学校德育方法必须增强直观性和可操作性性。具体而言，德育方法改革应该从看管走向互动、从灌输走向启发、从注重知识记诵走向注重能力培养、从平面走向立体，并将根据社会发展的需要与科技发展提供的条件，不断完善，走向更加科学。

（5）制度化。针对过去的"单向"性强调学生民主参与原则，让学生参与制定、选择学校制度；针对过去的"错位"强调以发展为主原则，以促进学生发展为目的，规范与制度都只是手段；针对过去的"表面"化强调服务生活原则，为了学生的生活，从生活中来，在学生生活中展开。

（6）开放化。德育工作不能封闭在校园里、课堂上，而要走出校园，走出课堂，让学生到开放的社会中去经受锻炼，接受教育。具体而言，开放化的德育一是鼓励学生走向社会，打开学生的心灵世界，引导他们汲取社会上主流的、光明的、积极的因素，充分利用社会上活的教材教育学生，让学生在价值观念多样化、道德观念多元化中找到主旋律；二是鼓励学生积极参与实践，三是德育工作的多样化。

2. 2020年3月中共中央、国务院印发了《关于全面加强新时代中小学劳动教育的意见》。请结合教育理论并联系实际谈谈劳动教育的时代价值和实现路径。

【答案要点】

（1）劳动教育的含义。

劳动教育是发挥劳动的育人功能，对学生进行热爱劳动、热爱劳动人民的教育活动。当前实施劳动教育的重点是在系统的文化知识学习之外，有目的、有计划地组织学生参加日常生活劳动、生产劳动和服务性劳动，让学生动手实践、出力流汗、接受锻炼、磨炼意志，培养学生正确劳动价值观和良好劳动品质。

（2）时代价值。

新时代加强劳动教育是实现立德树人根本任务的客观需求，应"以劳树德、以劳增智、以劳强体、以劳育美、以劳创新，促进学生德智体美劳全面发展"；新时代加强劳动教育可以锻炼学生吃苦耐劳，克服困难的坚强意志；新时代加强劳动教育可以培养学生的奋斗精神；新时代加强劳动教育可以提高学生的创新精神和创新能力；新时代加强劳动教育可以提高学生的审美能力和人文素养。

（3）实现路径。

①独立开设劳动教育必修课。在大中小学设立劳动教育必修课程。中小学劳动教育课平均每周不少于1课时，用于活动策划、技能指导、练习实践、总结交流等，与通用技术和地方课程、校本课程等有关内容进行必要统筹。

②在学科专业中有机渗透劳动教育。思想政治、语文、历史、艺术等学科要有重点地纳入劳动创造人本身、劳动创造历史、劳动创造世界等选文选材，纳入阐释勤劳、节俭、艰苦奋斗等中华民族优良传统的内容，加强对学生辛勤劳动、诚实劳动、合法劳动等方面的教育。

③在课外校外活动中安排劳动实践。将劳动教育与学生的个人生活、校园生活和社会生活有机结合起来，丰富劳动体验，提高劳动能力，深化对劳动价值的理解。

④在校园文化建设中强化劳动文化。学校要将劳动习惯、劳动品质的养成教育融入校园文化建设之中。要通过制定劳动公约、每日劳动常规等组织形式，结合劳动主题教育活动，营造劳动光荣、创造伟大的校园文化。

3.联系实际谈谈多元智力理论对教育的启示。

【答案要点】

（1）理论内容。

多元智力理论认为，不存在单纯的某种智力和达到目标的唯一方法，每个人都会用自己的方式来发掘各自的大脑资源，这种为达到目的所发挥的各种个人才智才是真正的智力，造就了人与人之间的不同。人的智力可以分为八种。

①逻辑数学智力：运算和推理等科学或数学的一般能力，以及处理较长推理、识别秩序、发现模型和建立因果模型的能力。

②语言智力：运用语言达到各种目的的能力以及对声音、韵律、语意、语序和灵活操纵语言的敏感能力，包括听、说、读和写的能力。

③音乐智力：感受、辨别、记忆、理解、评价、改变和表达音乐的能力。

④空间智力：准确感受视觉-空间世界的能力。包括感受、辨别、记忆、再造、转换以及修改物体的空间关系，并借此表达思想和情感的能力。

⑤身体运动智力：控制自己身体运动和技术性地处理目标的能力。

⑥人际关系智力：与人相处和交往的能力，表现为觉察他人情绪、情感、气质、意图和需求的能力并据此做出适当反应的能力。

⑦内省智力：认识、洞察和反省自身的能力，并在正确的自我意识和自我评价的基础上形成自尊、自律和自制的能力。

⑧自然智力：认识物质世界的相似和相异性及动物、植物和自然环境其他事物的能力。

（2）启示。

①加德纳认为用学校的标准化考试来区分儿童智力高低和考察学校教育的效果，是片面的，这种做法过分强调语言智力和逻辑数学智力，否认了学生的其他潜能。

②他提出了"以个人为中心的教育"。强调每个学生都具备这八种智能，但所擅长的智能各不

相同，教育要以学生的智能为基础，同时要培养学生的特长智能。

③多元智能理论还指导教师从多种智能途径增进学生对学科内容的理解。

4. 试述卢梭自然教育理论，并联系实际谈谈这一理论的现实意义。

【答案要点】

理论内容：

（1）自然教育的基本含义。卢梭自然主义教育的核心是"回归自然"。一方面，善良的人性存在于纯洁的自然状态之中。只有"回归自然"、远离喧嚣社会的教育，才有利于保持人的善良天性。因此15岁之前的教育必须在远离城市的农村进行。另一方面，每个人都是由自然的教育、事物的教育、人为的教育三者培养起来的，只有三种教育圆满地结合才能达到预期的目的。三者之中，应以自然的教育为基准，才能使教育回归自然达到应有的成效。

（2）自然教育的培养目标。自然教育最终目的是培养"自然人"，即身心调和发达、体脑两健、能力强盛的新人，也就是摆脱封建羁绊的资产阶级新人。具有以下特征：第一，自然人是能独立自主的人，他能独自体现出自己的价值；第二，在自然的秩序中，所有的人都是平等的；第三，自然人又是自由的人，他是无所不宜、无所不能的；第四，自然人还是自食其力的人。可无须仰赖他人为生，这是独立自主的可靠保证。

（3）自然教育的方法原则。卢梭猛烈抨击了当时向儿童强迫灌输旧的道德和知识、摧残儿童天性的做法，他提出以下几点原则和方法：第一，树立正确的儿童观，应当把成人看作成人，把孩子看作孩子。第二，对儿童实施消极教育。此外，让他们在同自然的接触中，体会到自己所犯的错误和过失带来的自然后果，使儿童服从于自然法则，结合具体事例让他们从自己的直接经验中受到教育。第三，根据儿童天性的个体差异，因材施教。

（4）自然主义教育的实施。卢梭根据自然教育的原则，根据人的自然发展的进程和不同年龄时期身心的特点，把自然教育分为婴儿期、儿童期、少年期和青春期。婴儿期主要进行体育；儿童期主要进行感官训练和身体发育，这个时期的儿童不宜进行理性教育，不应强迫儿童读书；少年期主要进行智育和劳动教育；青春期主要接受道德教育，包括宗教教育、爱情教育和性教育。

现实意义：

卢梭是西方教育史上具有划时代意义的教育思想家，他对封建社会进行了猛烈的抨击，提出了反映新兴资产阶级利益的教育思想，是现代教育思想的重要来源。

（1）卢梭提出的自然主义教育思想是教育思想史上由教育适应自然向教育心理学化过渡的一个重要环节。在封建社会压制人性的情况下，提倡性善论，尊重儿童天性具有历史进步意义。他呼吁培养身心调和发展的自然人和自由人也反映了对人的发展的合理要求。

（2）卢梭论证了自然主义教育的内容和方法。如重视感觉教育的价值；反对古典主义和教条主义，要求人们学习真实有用的知识；反对向儿童灌输道德教条，要求养成符合自然发展的品德；等等。这些观点既是在前人的基础上的发展，也反映了近代教育的发展方向。

（3）卢梭的教育理论对欧美教育产生了深远影响。德国的泛爱教育运动、瑞士的裴斯泰洛齐的教育实验、美国进步主义教育运动等，无不受到卢梭自然教育理论的启发。

2020年 深圳大学 333 教育综合·真题解析

一、名词解释

教学策略

教学策略是在特定教学情境下，为完成特定的教学任务而产生的，包括教学活动中方法的选择、材料的组织、对师生行为的规范等。

课程标准

课程标准是指在一定课程理论指导下，依据培养目标和课程方案以纲要形式编制的关于课程的性质与价值、目标与内容、教学实施建议以及课程资源开发等方面的指导性文件，一般由说明、课程目标、课程内容标准和课程实施建议等部分组成。

导生制

导生制又称贝尔－兰开斯特制，其具体实施是：教师在学生中选择一些年龄较大、学习成绩较好的学生充任导生，教师先对导生进行教学，然后由他们去教其他学生。通过这种教学方式，学生的数额得以大大增加，也在一定程度上缓解了教师奇缺的压力，因而一度广受欢迎，但因其难以保证教育质量而最终被人们所抛弃。

骑士教育

骑士教育是中世纪世俗教育的一种主要形式，以培养当时封建制度中骑士阶层的成员为目的。它是一种特殊形式的家庭教育，并无专设的教育机构，也没有专职的教育人员。它在骑士生活和社交活动中进行。训练骑士的标准是剽悍勇猛、虔敬上帝、忠君爱国、宠媚贵妇。

六艺

西周的教育内容总称为"六艺"教育，它是西周教育的特征和标志。"六艺"即礼、乐、射、御、书、数。其中，"礼、乐、射、御"为"大艺"，是大学的课程；"书、数"为"小艺"，是小学的课程。

《大教学论》

《大教学论》是夸美纽斯的教育代表作，标志着独立形态的教育学的开端，论述了教育的目的和任务、教育适应自然的原则、学校制度及各阶段的教育任务、班级授课制、教学原则和教学方法等，成为近代教育理论的奠基之作。

二、简答题

教育学的研究对象和任务。

【答案要点】

（1）教育学的研究对象。

教育学是以教育活动为研究对象的学科，是通过研究教育现象和教育问题、探索教育规律、探讨教育价值、探寻教育艺术、指导教育实践的一门科学。它的核心是引导、培育和规范人的发展，解决培养什么人和怎样有效培养人的问题。

（2）教育学的研究任务。

①探索教育规律。教育学的任务就是要在研究教育的现象与问题、总结教育经验的基础上去揭

示教育的各种可验证的客观性规律，并阐明教育工作的原理、原则、方法与组织形式等的有效性问题，为教育工作者提供理论上和方法上的依据。

②探讨教育价值。在从事教育工作、开展教育活动时，首先要认真探讨教育的价值问题，以选择正确的价值取向，制定合理的教育目的或要求。

③探寻教育艺术。教育是一种艺术，是最讲究教育方法与睿智，最注重关爱和调动学生内在向上的动力，最具创造性和个性的艺术。

④指导教育实践。教育学要能够回到教育实践中去，指导具体的教育实践。此外，教育学还必须研究如何使教育理论迅速而有效地转化为实践运用的问题。

2. 我国教育目的和精神。

【答案要点】

（1）我国的教育目的：教育必须为社会主义现代化建设服务，必须与生产劳动和社会实践相结合，培养德、智、体、美等方面全面发展的社会主义事业的建设者和接班人。

（2）基本精神：

①培养"劳动者"或"社会主义建设人才"。我国当代教育目的在表述上不断发生变化，但培养"劳动者"或"社会主义建设人才"这一基本规定却始终没有变。教育目的的这个规定，明确了我国教育的社会主义方向，指明了培养出来的人的社会地位和价值，是社会主义的劳动者、建设人才，是国家的主人。

②坚持全面发展。受教育者的全面发展，教育界通行的说法是德、智、体、美、劳的发展。从人要处理的现实生活的关系分析，人的全面发展主要包括处理人与自然关系的能力、人与社会关系的能力和人与自我关系的能力的发展。如果一个人的发展在这三个方面都形成了健全的能力，那么这个人的发展就是全面发展。

③培养独立个性。培养受教育者的独立个性，是马克思人的全面发展学说的基本内涵和根本目的。追求人的个性发展，就是要使受教育者的自由个性得到保护、尊重和发展，要增强受教育者的主体意识、开拓精神、创造才能，要提高受教育者的个人价值。

3. 疏导原则在教学中的运用。

【答案要点】

德育的疏导原则是指进行德育要循循善诱、以理服人，从提高学生认识入手，调动学生的主动性，使他们积极向上。也称循循善诱原则。贯彻疏导原则的基本要求有：

（1）讲明道理、疏通思想。对青少年进行教育，要注重摆事实、讲道理，做深入细致的思想工作，启发他们自觉认识问题，自觉履行道德规范。即使学生有了缺点、毛病，行为上出现了过失、错误，也要注重疏通思想，提高认识，启发自觉。

（2）因势利导、循循善诱。青少年学生活泼爱动、精力旺盛。他们在课余生活中，唱唱跳跳、奔跑喊叫，积极参加自己喜爱的活动。这是学生身体和心理健康的表现，是很自然的事。不可一味要求他们安安静静、循规蹈矩，像小大人一样。重要的问题在于，善于把学生的积极性和志趣引导到正确方向上来。

（3）以表扬、激励为主，坚持正面教育。在青少年的成长过程中，要坚持正面教育，对他们表现的积极性和微小的进步，都要注意肯定，多加赞许、表扬和激励，引导他们步步向前，以培养他们的优良品德。批评与处分只能作为辅助的方法。

4. 我国古代书院的特征。

【答案要点】

（1）书院精神。书院的自由讲学为主，注重讨论，学术风气浓厚，开辟了新的学风，推动了教育和学术的发展。

（2）书院功能。育才、研究和藏书。

（3）培养目标。注重人格修养，强调道德与学问并进，培养学生的学术志趣。

（4）管理形式。较为简单，管理人员少，强调学生遵照院规自我约束、自我管理为主。

（5）课程设置。灵活具有弹性，教学以学生自学、独立研究为主，师生、学生之间注重质疑问难与讨论。

（6）教学组织。教学与研究相结合，教学形式多样，注重讲明义理，躬亲实践。

（7）规章制度。书院作为一种教育制度得以确立，在教育目标、教学方法、教学顺序等方面用学规的形式加以阐明，最著名的是《白鹿洞书院揭示》，它说明南宋后书院已经制度化。

（8）师生关系。较之官学更为平等、学术切磋多于教训，学生来去自由，关系融洽、感情深厚。

（9）学术氛围。教学与学术研究并重，学术氛围自由宽松，人格教育与知识教育并重。

三、分析论述题

1. 习近平指出要改革教育评价，避免"以分为上，以论文为上"，请谈谈如何改革教育评价。

【答案要点】

（1）教育评价的概念。

教育评价是指以教育为对象，根据一定的目标，采用一切可行的评价技术和方法，对教育现象及其效果进行测定，分析目标实现程度，从而做出价值判断。组成教育评价系统的要素包括价值目标、人员组织、实施程序、方法技术与质量保证。

（2）教育评价改革的重点任务。

①改革党委和政府教育工作评价，推进科学履行职责。"破"的是短视行为和功利化倾向，"立"的是科学履行职责的体制机制，相应提出完善党对教育工作全面领导的体制机制、完善政府履行教育职责评价、坚决纠正片面追求升学率倾向3项任务。

②改革学校评价，推进落实立德树人根本任务。"破"的是重分数、轻素质等片面办学行为，"立"的是立德树人落实机制，相应提出坚持把立德树人成效作为根本标准、完善幼儿园评价、改进中小学校评价、健全职业学校评价、改进高等学校评价5项任务。

③改进教师评价，推进践行教书育人使命。"破"的是重科研轻教学、重教书轻育人等行为，"立"的是潜心教学、全心育人的制度要求，相应提出坚持把师德师风作为第一标准、突出教育教学实绩、强化一线学生工作、改进高校教师科研评价、推进人才称号回归学术性、荣誉性5项任务。

④改革学生评价，促进德、智、体、美、劳全面发展。"破"的是以分数给学生贴标签的不科学做法，"立"的是德、智、体、美、劳全面发展的育人要求，相应提出树立科学成才观念、完善德育评价、强化体育评价、改进美育评价、加强劳动教育评价、严格学业标准、深化考试招生制度改革7项任务。

⑤改进用人评价，共同营造教育发展良好环境。"破"的是文凭学历至上等不合理用人观，"立"的是以品德和能力为导向的人才使用机制，相应提出树立正确用人导向、促进人岗相适2项任务。

2. 德育是教学的重要任务，习近平指出要将德育贯彻到所有学科目标和学科教学全过程。请谈谈在课程中渗透德育该怎么做。

【答案要点】

（1）认真研究教材，注意德育渗透的自然性。

教材是寓德的载体，依据教材挖掘德育因素是课堂寓德的前提。因此，德育教育必须依托教材，离开了教材就成为无本之木、无源之水。而教材中的育人因素，大多寓于知识之中，呈隐性状态，只有充分驾驭教材，才能悟得育人真谛，探寻到知识教学与思想教育的最佳融合点。因此，在教学中，课前必须深入备课，既要弄清楚教材的知识内容，又要对教材的德育因素深入体会，使学科的综合性、生活性与德育教育的思想性紧密结合，达到知识的传授与德育教育的水乳交融，真正做到"随风潜入夜，润物细无声"。

（2）精心设计教学，把握课堂中德育教育的最佳时机。

德育教育要从教材的实际出发，必须遵循其在教材中所处的特定位置、层次、地位来具体安排，随着教学进度随机进行、因材施教。要寓德育教育于知识的讲授或训练之中，使科学性与思想性水乳交融，在教学中自然而然地进行，随风潜入夜，润物细无声，让学生不感到是在接受思想教育，却受到深刻的思想教育。把握好教育的时机是为了获取最佳德育效果。只有精心设计教学，充分运用先进的教学手段与方法，方能达到事半功倍的育人目的。

（3）把握学科特点，增强德育教育的生动性。

要把握本学科性质和特点，在进行德育教育时，充分发挥本学科优势，增强课堂教学的生动性。如语文课富于形象性，具有感染力，在进行听说读写等基本训练的同时，可以结合教材进行爱国主义教育、革命传统教育、日常行为教育等；在数学教学中，通过说明数学在日常生活、生产、科技方面的广泛应用，可以不断地激发学生的学习兴趣，调动他们学习的主动性和积极性，深入浅出地对学生进行学习目的教育，让学生把今天的学习同国家的社会主义建设逐步联系起来；在地理教学中，可培养学生强烈的民族自尊心和自豪感，激发学生的爱国热情；在品德与社会学科教学中，要抓住"生活性"这一重要特点进行教学，只有这样才能增强德育渗透的生动性。

（4）寻求最佳结合点，增强德育教育的针对性。

德育教育不仅要与知识传授、能力培养相结合，还应选准它与学生精神需求的最佳结合点，才能增强教育的针对性，收到良好的教育效果。面对当今社会独生子女家庭越来越多以及随之产生的一系列问题，如学生耐挫能力不强，以自我为中心，不愿吃苦，自理能力差，父母教育方式不当，道德观念、集体观念、节俭思想意识淡薄等，这就要求教师在认准学生精神需求的同时对症下药，对其进行相应的德育渗透。

（5）加强与生活的联系，重视德育的实效性。

德育的针对性和实效性不强，主要表现在学生的品德形成脱离学生生活实际，将品德从学生的生活中剥离出来作为一门知识去传授。品德与社会学科加强了德育与生活的联系，教学时教师应重视德育的实效性，把学生置于特定的生活情境中，让问题在情境中提出，呈现生活化的学习环境，通过学生直接参与的社会生活，让学生在体验中感受道德冲突、感悟道德选择，实现自我、主动的教育过程。

总之，课堂教学是德育工作的主阵地，在课堂教学中渗透德育，是每个教师应该努力做到的。渗透只是手段，教育和培养德才兼备的人才才是目的。作为一名教师，要真正使德育落到实处，使德育溶于教材，教师除了有极大的热情、广博的知识、高超的艺术、较强的德育能力，还要掌握一些方法和技巧。只要我们结合教学工作的实际特点，充分发挥德育工作的主观能动性，融德育教育于课堂教学之中，一定能够取得令人满意的教育效果。

3. 人工智能能否代替教师？以此为观点谈谈人工智能影响下教师的素养与职能。

【答案要点】

人工智能不能取代教师，因为教师具有人工智能无法取代的职能和素养。

人工智能影响下教师应具备的素养：

（1）研究素养。教师成为研究者，既是对教师通过反思、研究持续改善教学的内在要求，也是教师自主专业发展的重要路径。要应对未来学习、教学与教育变革的挑战，教师首先要通过研究与学习洞悉未来教育教学的变革方向，熟悉数字化资源、环境与学生、学习内容相互融合、联通的内在机制，使教师自身成为未来学习、教学与教育变革的参与者、体验者与促进者。

（2）创新素养。教师的创新素养就是要对教育教学具有挑战心、好奇心、想象力，把教育教学看作引领学生主动学习、探究反思、变化更新的创新过程，在教学中持续不断创新，把每次教学都当作创意设计和实施的过程。同时，把学生当作创新主体，在教学中为学生提供创新的时间和空间，形成激活学生创新欲望、培育学生创新潜能的作用力，而且要宽容学生的失败，鼓励学生适当冒险，营造教学中激励创新的氛围。

（3）跨学科素养。跨学科素养关注的"统整"学科知识的能力，是反映在每个学科领域并将不同学科间的知识以及将知识与情境关联起来的核心和关键能力。未来的教师不仅要系统掌握本学科本专业知识，而且要有意识地提高自身跨学科的知识与素养；不仅要形成知识的整体观，准确地把握不同学科知识之间的内在关联，还要从学科相联系、相交叉、相渗透之处提出并探究具体的问题。

（4）信息素养。教师的信息素养是教师认识、评判、运用信息及其媒体的态度与能力的总和：教师不仅要有获取新信息的强烈意愿与意识，能够主动从生活实践中不断查找、探究新信息，而且具备对各种信息进行选择、理解、质疑、评估和批判的能力，对不良信息具有较高的辨认能力和免疫能力，进而能够有效利用各种信息开展教育教学实践和为学生的学习提供信息支持与服务。

至为关键的是，教师必须具备运用各种人工智能技术开发数字化学习资源、创设数字化学习环境的能力，实现内容、方法、技术与策略的高度融合，从而将各种信息的运用融于数字化课程、学习资源与环境的建设和运用中。

4. 心理健康问题已经成为一个社会问题，谈谈中小学心理健康的养成。

【答案要点】

中小学生常见的心理健康问题有：

（1）学习问题。包括厌恶学习、逃学、学习效率低、阅读障碍、计算技能障碍、考试焦虑、学校恐惧症、注意缺陷及多动障碍等。

（2）人际关系问题。包括亲子关系、师生关系、友伴关系等方面的问题，如社交恐惧、人际冲突等。

（3）学校生活适应。包括生活自理困难、对学校集体生活不适应、对高学段学习生活不适应等。

（4）自我概念问题。包括缺乏自知、自信，自我膨胀，沉湎于自我分析，理想自我与现实自我差距过大，自贬的思维方式等。

（5）青春期性心理问题。包括青春期发育引起的各种情绪困扰，异性交往中的问题，性困惑、性恐慌、性梦幻、性身份识别障碍等。

青少年心理健康教育的途径：

（1）专题训练。心理素质专题训练过程一般由"判断鉴别—训练策略—反思体验"三个彼此衔接的环节构成。

（2）心理辅导。心理辅导是一种心理上的助人活动，是指在一种新型的、建设性的人际关系中，辅导教师运用其专业知识和技能，给学生以合乎需要的心理上的协助与服务，以便他们在学习、工作与人际关系各个方面做出良好适应。

（3）学科渗透。教师在进行常规的学科教学时，自觉地、有意识地运用心理学的理论、方法和技术，让学生在掌握知识、形成能力的同时，完善各种心理品质，特别是诸如情感、意志、个性品质等方面。在学科教学、各项教育活动、班主任工作中，都应注重对学生心理健康的教育，这是心理健康教育的主要途径。

青少年心理健康教育的方法：

（1）认知法。通过调动学生的感知、记忆、想象、思维等心理过程来达到教学目标。它可以派生出阅读，听、讲故事，观看幻灯、图片、录像、电影，欣赏音乐、美术、舞蹈等艺术品，案例分析、判断和评价等形式。

（2）游戏法。竞赛性游戏能够调动学生参与活动的积极性，培养学生的竞争意识和团结合作精神；非竞赛性游戏可以缓解学生的紧张和焦虑程度，再现原有的生活体验，使学生获得新的体会与认识。

（3）测验法。通过智力、性格、态度、兴趣和适应性等各种问卷测验，帮助学生自我反省、自我分析，了解自己某方面心理素质的发展现状，形成正确的自我认识和自我评价。

（4）交流法。通过学生间的交流活动，各自介绍自己的心理优势或个体经验，促进其对训练策略的认同、领悟和掌握。

（5）讨论法。通过师生、生生间广泛、深入的思想交流，引导学生积极思考，步步深入，提高认识，转变思维方式和看问题的角度，掌握科学的行动步骤。讨论法可分为全班讨论、辩论、小组讨论、脑力激荡、配对交谈、行动方案研讨等多种形式。

（6）角色扮演法。教师提供一定的主体情境并讲明表演要求，让学生扮演某种人物角色，演绎某种行为方式、方法与态度，达到深化学生的认识、感受和评价"剧中人"的内心活动和情感的目的。

（7）行为改变法。通过奖惩等强化手段帮助学生建立某种良好的行为或矫正不良行为。此法有代币法、契约法、自我控制法等多种形式。

（8）实践操作法。让学生亲自动手，完成某种操作任务。常用于验证某种心理效应，达到加深学生的体验和增强认同感的目的。

2019年 深圳大学333教育综合·真题解析

一、名词解释

校长负责制

校长负责制指校长受上级政府主管部门的委托，在党支部和教代会的监督下，对学校进行全面领导和负责的制度。在这一体制中，校长是学校行政系统的最高决策者和指挥者，是学校的法人代表，他对外代表学校，对内全面领导和管理学校的教育、教学、科研和行政工作。

教育制度

教育制度是指一个国家各级各类实施教育的机构体系及其组织运行的规则。它包括相互联系的两个方面：一是各级各类教育机构与组织；二是教育机构与组织赖以存在和运行的规则，如各种相关的教育法律、规则、条例等。具有客观性、规范性、历史性和强制性的特点。

四书五经

四书五经，是指"四书"与"五经"的合称，是历代儒客学子研学的核心书经，在中国的传统文化当中，四书五经占据着相当重要的位置。四书五经详细的记载了我国早期思想文化发展史上政治、军事、外交、文化等各个方面的史实资料以及孔孟等思想家的重要思想。四书包括《大学》《中庸》《论语》《孟子》四部作品；五经包括：《诗经》《尚书》《礼记》《周易》《春秋》五部作品。

国防教育法

1958年美国总统批准颁布了《国防教育法》，内容包括加强普通学校的自然科学、数学和现代外语，即"新三艺"的教学；加强职业技术教育；强调天才教育和增拨大量教育经费，作为对各级学校的财政支援。

京师大学堂

京师大学堂是清末维新变法时期维新派首次设立的全国最高教育行政机构兼最高学府。《京师大学堂章程》对于大学堂的性质、办学宗旨、课程、入学条件、学成出身、教习聘用、机构设置、经费筹措及使用都做了详细规定，办学宗旨为"中学为体，西学为用"。1900年京师大学堂毁于八国联军战火。1902年大学堂恢复开办，并被纳入清末学制系统，规模逐步扩大。

二、简答题

1. 个人本位论基本观点。

【答案要点】

（1）代表人物：卢梭、裴斯泰洛齐、福禄培尔等。

（2）主要观点：第一，教育目的是根据个人发展的需要制定的，而不是根据社会的需要制定的；第二，个人价值高于社会价值。社会价值只有在有助于个人发展时才有价值，应由个人来决定社会，个人价值恒久高于社会价值；第三，人生来就有健全的潜在本能，教育的基本职能就在于使这种潜能得到发展。

（3）评价。个人本位论把个人的自身的需要作为制定教育目的的依据，在一定的历史条件下具有一定的进步意义；但如果只强调个人的需求与个性的发展，而一味贬低和反对满足社会发展的需要，则是片面的、错误的。

2. 如何在教学过程中把握教师主导作用和学生主体作用的关系？

【答案要点】

（1）发挥教师的主导作用是学生简捷有效地学习知识、发展身心的必要条件。

教师主导作用是针对能否引导学生积极学习与上进而言的。因而学生的主动性、反思性、创造性发挥得怎样，学习的效果怎样，又是衡量教师主导作用发挥得好坏的根本标志。

（2）尊重学生、调动学生的学习主动性是教师有效地教学的一个主要因素。

学生的学习主动性、积极性发挥得怎么样，直接影响并最终决定着学生个人的学习质量、成效和身心发展的方向与水平。

（3）防止忽视学生积极性和忽视教师主导作用的偏向。

最可靠的措施是普遍提高教师的修养和水平，加强对学生的了解、沟通，提高教师的责任感与创造性，这样才能实现师生之间的民主平等、尊师爱生、教学相长地互动与合作，使师、生两方面主动性都能得到弘扬，在教学互动的过程中达到动态的平衡和相得益彰。

3. 德育过程规律。

【答案要点】

德育过程是学生在教师的引导下，主动积极地进行道德认识和道德实践，逐步提高自我修养能力，形成个人品德的过程。其规律表现在以下几个方面：

（1）德育过程是学生在教师教导下的个体品德的自主建构过程。学生的思想道德认识和行为习惯不是与生俱来的，是学生在与社会环境的相互作用过程中，尤其是在教师有目的、有意识的教育引导下，逐步形成自己的思想认识，发展自己的道德素质的。包含以下三个方面：学生对环境影响的主动吸收；教师对学生的积极引导；外部活动与内部活动相互促进。

（2）德育过程是培养学生知情意行整体和谐的发展过程。学生的品德包含知、情、意、行四个要素。所以德育过程也是培养学生思想品德的知、情、意、行整体和谐发展的过程。包含以下三个方面的含义：思想道德发展的整体性；德育过程有多种开端；德育实践的针对性。

（3）德育过程是提高学生自我教育能力的过程。在德育过程中，要引导学生积极参与社会学习、生活交往和道德践行，培养和提升他们的思想品德素质，均有赖于发挥学生个人的能动性和自我教育能力。包含三个方面的含义：自我教育能力培育的意义；自我教育能力的构成因素；学生自我教育能力的发展。

4. 朱子读书法的主要内容。

【答案要点】

（1）循序渐进。朱熹主张读书要"循序渐进"，包含三个方面的意思：读书要按一定的次序，不要颠倒；应根据自己的实际情况和能力，安排读书计划，并切实遵守它；读书要扎扎实实打好基础，不可囫囵吞枣，急于求成。

（2）熟读精思。朱熹认为，读书既要熟读成诵，又要精于思考。熟读有利于理解，熟读的目的是为了精思。精思就是从无疑到有疑再到解疑的过程，即发现问题和解决问题的过程。

（3）虚心涵泳。所谓"虚心"是指读书时要虚怀若谷，静心思虑，仔细体会书中的意思，不要先入为主，牵强附会；所谓"涵泳"是指读书时要反复咀嚼，细心玩味。

（4）切己体察。强调读书不能仅仅停留在书本上和口头上，而必须要见之于自己的实际行动，要身体力行。他竭力反对只向书本上求义理，而不"体之于身"的读书方法，认为这样无益于学。

（5）着紧用力。包含两方面的意思：其一，必须抓紧时间，发愤忘食，反对悠悠然；其二，必须抖擞精神，勇猛奋发，反对松松垮垮。

（6）居敬持志。既是朱熹道德修养的重要方法，也是他最重要的读书法。"居敬"是读书时精神专一，注意力集中；"持志"是要树立远大的志向和高尚的目标，并要以顽强的毅力坚持下去。

三、分析论述题

1. 中小学课程改革存在的问题及建议。

【答案要点】

当前中小学新课程改革存在的主要问题和困难有以下几个方面：

（1）学校、教师和学生的积极性不高。

任何改革最重要的是要调动群众的积极性，只有调动起了群众的积极性才能得到最广泛的响应，教育改革也是如此。因此当前我们应该想方设法调动起基础人员的积极性，从而使我们的新课改顺利推进。

（2）班级学生人数过多。

新课程要求教师教学方式和学生学习方式都要有一个很大的改变，在观念上从应试教育转向素质教育。但目前我国大部分地区班级人数众多，教学方式的转变不是一朝一夕就能转换的，还需要老师和学生长久的努力。

（3）实验条件难以满足。

新课程对实验教学提出了更高的要求，尤其是实验地区的学校，现有的实验条件无论从数量上还是质量上都不能满足教学需要。

（4）理论与实践脱节。

实现教育教学现代化就必须通过教育科研来指导教师的教育教学行为，然而目前我国许多一线教师都是"经验型""辛苦型"的，"研究型""创造型"的教师比较少，而很多的专家学者则致力于闭门造车研究他们的理论。因此理论和实践没有很好地有机结合起来。

改进建议：

（1）尽快制定切实可行的评价制度。

当前要促进课程改革，国家亟需出台与新课程理念相应的考试政策进行考试改革。目前最重要的是解决在考试的目标上如何体现多元性，即兼顾学生的基础知识、基本能力、思想情感、价值观等的全面评价，在考试的方式上如何体现多样性，突破原有的纸笔考试，将笔试与口试等多种方式结合。

（2）新课程呼唤新的教师培训形式。

随着新课程改革不断纵深推进，不少教师特别是农村学校教师感到很不适应，有的出现了许多难以消解的困惑，必须开展与新课程改革相适应的新的教师培训方式，来逐步提高教师的专业发展水平。

（3）加大课改的培训力度，为新课程实验提供优质的人力资源。

首先要加大中小学校长培训的力度。校长培训是课改的关键，要加强以校为本的培训力度，首先应从校长培训出发，通过校长培训从而促进教师的全员培训，使整个学校从上到下形成一股良好的课改之风。另外培训学校的同时也要做好家长的培训工作，学生在学校学习方式的转变本来就很不容易，如果家庭教育观念没有变化，学校和家庭在理念上出现很大分歧，反而会造成学生对学习的困惑，这样不仅不利于课改的发展，更不利于学生自身的发展。只有家庭与学校的教育观念都得到更新，推进课程改革才会达到事半功倍的效果。

（4）课改调研和教材编写要面向基层学校。

各级调查组要深入基层学校特别是农村中小学，弄清课改实际现状，获取课改真实资料。建议各级教科所和教研室都要到基层中小学校定点帮助学校搞好课程改革，同时搜集第一手鲜活的实验材料做出科学的分析和决策。

（5）各级政府要切实保证教育经费的按时足额发放，制定保证教师权益的相关措施。

有些地方长期拖欠教育经费，地方学校硬件设施得不到改善，政府应该设立专项教育经费去改变落后的教育条件，加大对现代教学设备的投入，从而使新课改得到物质上的保障。

2. 教育对个人的作用。

【答案要点】

（1）教育在人的发展中起引领作用。

教育在年轻一代的发展中起着引领作用主要体现在有意识地为年轻一代的成长选择、建构、调控良好的环境，对他们的生活、交往、学习与实践等活动进行正确的教导、示范和辅助，并注重尊重他们的主体地位和激发、引导他们内在的学习动力与自我发展的能动性和自主性，从各方面引领、关怀、维护他们的发展。

（2）学校教育主要通过传承文化科学知识来培养人。

学校教育是教育者有意识地为儿童的身心发展精心设置的一种环境，它把经过选择的、重新组编的、人类长期积累起来的文化知识作为精神客体与儿童互动，以促进儿童的发展，使他们成人成才。文化知识蕴含着有利于人的发展的多方面价值，包括促进人的认识的发展、促进人的精神的发展、促进人的能力的发展和促进人的实践的发展。

（3）学校教育对提高人的现代性有显著的作用。

教育在人的现代化过程中起着重要作用，因为学生在学校里不仅学会了读、写、算等各个方面的基础知识与技巧，而且学到了与他们个人的发展和国家的未来有关的态度、价值和行为方式。人的现代化是社会现代化的重要基础和前提条件，我们应该自觉地优先发展教育，高度重视并充分发挥教育对人的现代化的促进作用。学校教育的特点有以下几个方面：

①学校教育具有较强的目的性。学校是专门培养人的机构，其一切活动几乎都是围绕有目的地培养人而展开的。

②学校教育具有较强的系统性。人的培养是一个复杂的系统工程，因此学校教育必须要有较强的系统性，在总体上要避免教育影响的自发性、偶然性、随意性、片面性。

③学校教育具有较强的选择性。影响人的发展的因素是复杂多样的，这就需要学校教育对复杂多样的教育影响进行选择、整理和加工，避害趋利，去伪存真，尽可能为年轻一代的发展营造一个良好和谐的环境。

④学校教育具有较强的专门性。在所有的社会机构中，学校是培养人的最专门的场所，因而学校教育在培养人上最具有专门性。

⑤学校教育具有较强的基础性。从终身教育的角度看，各级各类学校教育都是在不同层面上为人一生的发展打基础，包括为一生的"做人"打基础。

3. 洛克的教育思想。

【答案要点】

洛克是英国17世纪著名的实科教育和绅士教育的倡导者。他重视教育对个人幸福、事业和前途的影响，其教育思想具有世俗化、功利主义和个人主义的色彩。主要著作有《教育漫话》《工作学校计划》等。

（1）白板说。

①含义：洛克反对"天赋观念"论，认为人出生后心灵如同一块白板，一切知识是建立在由外部而来的感官经验之上的。

②评价："白板说"是洛克教育思想的主要理论基础，他高度评价教育在人的形成中的作用，认为人之好坏，"十分之九都是由他们的教育所决定"。教育的社会意义在于它关系到国家的幸福与繁荣。不过洛克更注重的是教育对个人幸福、事业、前途的影响，显示出鲜明的功利主义和个人主义色彩。

（2）绅士教育。

含义：洛克认为教育的最高目的在于培养绅士。所谓绅士教育，就是培养既具有封建贵族遗风，又具有新兴资产阶级特点的新式人才的教育。他主张把社会中上层家庭的子弟培养成为身体强健、举止优雅，有德行、智慧和实际才干的事业家。

内容：对于绅士教育，洛克更重视性格训练而非知识学习。在《教育漫话》中，洛克从体育、德育、智育三方面对其进行了论述。

①体育："健康之精神寓于健康之身体"。洛克把健康的身体看作绅士事业成功、生活幸福的首要条件。他注重年轻绅士的身体保健和健康教育，并把游泳、骑马、击剑当作绅士教育的重要内容之一。洛克希望每个绅士的身体必须适应可能遇到的艰苦环境。他认为身体强健的主要标准是能忍耐劳苦，而学会忍耐劳苦则须从小逐渐养成习惯，不要间断。

②德育：洛克把德行放在比知识更重要的地位，他认为绅士应该具备三种品德：有远虑，富有同情心或仁爱之心，有良好的教养或礼仪。其德育目标就是要造就能按这些道德规范行事的、有绅士风度的人。

③智育：洛克尤其强调品德重于学问；学问的内容必须是实际有用的广泛知识。洛克认为，教育必须使人适合于生活、适合于世界，而非只是适合于学校；教育在本质上是一种性格的训练，知

识只能起到辅助品德的作用。因此，导师的主要任务在于年轻绅士的品德培养，有了这一点，学问则极容易用适当的方法去获得。

（3）洛克教育思想的评价。

洛克的教育思想以其世俗化、功利性为显著特点。相对于夸美纽斯而言，洛克更为彻底地破除了宗教神学的束缚。他的思想在实践中和理论上都对英国及西欧教育的现代化做出了贡献。但他的教育思想局限于绅士教育而缺乏夸美纽斯那样的民主性，具有一定的局限性。

4. 影响学习动机的因素如何激发和培养？

【答案要点】

（1）学习动机的含义。

学习动机是动机在学习活动中的表现，是引起和维持个体进行学习活动，并使活动朝向一定的学习目标，以满足某种学习需要的一种内部心理状态。它的主要内容包括知识价值观、学习兴趣、学习效能感和成败归因。

（2）影响学习动机的因素。

内部因素：

①需要与目标结构。每个学生认知需要的强度不同，反映在学习动机上也有强度差异。学生的学习目标可分为两类，即掌握目标和成绩目标。掌握目标定向者倾向于把学习的成败归因于内部原因，成绩目标定向者倾向于把学习的成败归因于运气、能力和任务难度等外部原因。

②成熟与年龄特点。年幼儿童的动机主要是生理性动机，随着年龄的增长，社会性动机及其作用也日益增长。年幼儿童对生理安全过分关注，而中学生对社会影响比较关注。

③性格特征与个别差异。学生的兴趣爱好、好奇心、意志品质都影响着学习动机的形成。

④志向水平与价值观。学生的人生观、世界观、价值观所直接反映的理想情况或志向水平影响其学习动机和目标结构的形成。

⑤焦虑程度。焦虑程度会影响学习动机和学业成绩。大量研究表明，中等程度的焦虑对学习是有益的，焦虑程度过低或过高都会对学习产生不良影响。

外部因素：

①家庭环境与社会舆论。社会要求通过家庭对学生的动机起影响作用；在学生动机形成过程中，家庭文化背景、精神面貌也起着极其重要的作用。

②教师的榜样作用。教师是学生学习动机的榜样；教师的期望也会对学生的动机和行为产生不同的影响；教师还是沟通社会、学校的要求与学生的成长，形成正确动机的纽带，要善于把各种外部因素与学生的内部因素结合起来。

（3）学习动机的激发和培养。

①创设问题情境，实施启发式教学。想要实施启发式教学，关键在于创设问题情境。所谓问题情境，指的是一种适度的疑难情境。在学习过程中，仅仅让学生简单地重复已经学过或者过难的东西，学生都不会感兴趣。只有在学习那些"似懂非懂""似会非会"的东西时，学生才感兴趣而且迫切希望掌握它。

②根据作业难度，恰当控制动机水平。教师在教学时，要根据学习任务的不同难度，恰当控制学生学习的动机水平。在学习较简单的课题时，应尽量使学生集中注意力；在学习较复杂的课题时，则应尽量创造轻松自由的课堂气氛；在学生遇到困难或出现问题时，要尽量心平气和地耐心引导，以免学生过度紧张和焦虑。

③充分利用反馈信息，给予恰当的评定。心理学研究表明，来自学习结果的种种反馈信息，对学习效果有明显影响。一方面学习者可以根据反馈信息调整学习活动，改进学习策略，另一方面学

习者为了取得更好的成绩或避免再犯错误而增加了学习动机,从而保持了学习的主动性和积极性。

④妥善进行奖惩,维护内部学习动机。在对学生进行评价时,奖励和惩罚对于学习动机的激发具有不同的作用。一般而言,表扬与奖励比批评与指责能更有效地激发学生的学习动机,因为前者能使学生获得成就感,增强自信心。但过多使用表扬和奖励,或者使用不当,也会产生消极作用。

⑤合理设置课堂环境,妥善处理竞争和合作。学生的学习主要是在课堂上进行的,课堂的合作与竞争环境无疑是影响学习动机的一个重要的外部因素。在教学活动中,合作与竞争都是必要的,应该强调竞争与合作的相互补充和合理运用。极端的竞争会对学生的学习行为和集体团结产生消极影响。适量与适度的竞争与合作的恰当结合,会有效激励学生的学习动机。

⑥适当进行归因训练,促使学生继续努力。在学生完成某一学习任务后,教师应指导学生进行成败归因。一方面,要引导学生找出成功或失败的真正原因,即进行正确归因;另一方面,教师也应根据每个学生过去一贯的成绩的优劣差异,从有利于今后学习的角度进行积极归因。

⑦培养自我效能感,增强学生成功的自信心。自我效能感影响学生的自我评价和自信心,进而影响学习成绩。尤其是学业不良的学生,由于对自己的学习能力持怀疑态度,表现出很低的自我效能感。因此,教师在教学中要通过一定的方法提高他们的自我效能感。

⑧维护学生自我价值,警惕自我妨碍策略。自我价值理论指出,学生有保护和表现自我价值的需要,这是个人追求成功的内在动力。教师要理解和尊重学生的这种需要,引导他们把自我价值的实现方式与正向、积极的学习行为相联系,避免学生不断从环境中体验到对自我价值的威胁感,从而采取各种自我妨碍的逃避策略。

⑨维护内在需要,促进外部动机内化。兴趣、好奇心、探索欲,是人类学习的最早动力。源于内部需要的学习动机具有更多的坚持性和抗干扰性。然而,不是每个孩子都对教育中涉及的所有内容充满好奇和兴趣。因此,教师要帮助学生将外部调控的学习动机不断内化,形成相对自主调控的学习动机。

2018年 深圳大学 333 教育综合·真题解析

一、名词解释

学校教育制度

学校教育制度即学制,它是现代教育制度的核心部分。指的是一个国家各级各类学校的系统及其管理规则,它规定着各级各类学校的性质、任务、入学年限、修业年限以及它们之间的关系。

课程标准

课程标准是指在一定课程理论指导下,依据培养目标和课程方案以纲要形式编制的关于课程的性质与价值、目标与内容、教学实施建议以及课程资源开发等方面的指导性文件,一般由说明、课程目标、课程内容标准和课程实施建议等部分组成。

湖南自修大学

湖南自修大学于1921年由毛泽东、何叔衡发起创办,为共产党培养了许多干部,以办"平民主义的大学"为办学宗旨。为实现其办学宗旨,自修大学实行了独特的教学制度、方法和课程。由于办学模式新颖，自修大学广受赞誉，为中国共产党培养了大量的干部和革命的中坚力量，对中国人民的解放事业贡献巨大。

道德认知

道德认知是对道德行为准则及其执行意义的认识，是社会的道德要求转化为个人内在品质的首要环节，是道德品质形成的基础和前提。

创造性

创造性是个体利用一定内外条件，产生新颖、独特、有社会和个人价值产品的心理特性。这种心理品质是综合的、多维的，它包括与创造活动密切联系的认知品质、人格品质和适应性品质。创造性表现于创造活动或过程之中，其结果以"产品"为标志，其水平以产品的"价值"为标准。

初级学院运动

美国初级学院运动是一种从中等教育向高等教育过渡的教育。招收高中毕业生，传授比高中稍广一些的普通教育和职业教育方面的知识，由地方社区以及私人团体和教会开办，不收费或收费较低，学生就近入学，可以走读，无年龄限制，也无入学考试，课程设置多样，办学形式灵活，学生毕业后可以直接就业，也可以转入四年制大学的三年级继续学习。

二、简答题

1. 教学过程中应注意的关系。

【答案要点】

（1）间接经验与直接经验的关系。学生认识的主要任务是学习间接经验，学习间接经验必须以学生个人的直接经验为基础，防止只重书本知识传授或直接经验积累的偏向。

（2）掌握知识与发展智力的关系。智力的发展与知识的掌握二者相互依存，相互促进；生动活泼地理解和创造性地运用知识才能有效地发展智力；防止单纯抓知识教学或只重能力发展的片面性。

（3）掌握知识与进行教育的关系。进行教育性教学是现代教学的重要特性；只有使所学知识引发了学生情感、态度的积极变化，才能让他们的思想真正得到提高；防止单纯传授知识或脱离知识教学的思想教育的偏向。

（4）智力活动与非智力活动的关系。教学活动既要注重引导学生进行智力活动，也要重视调节学生的非智力活动；按教学需要调节学生的非智力活动，才能有成效地进行智力活动。

（5）教师主导作用与学生主动性的关系。发挥教师的主导作用是学生简捷有效地学习知识、发展身心的必要条件，尊重学生、调动学生的学习主动性是教师有效地教学的一个主要因素，防止忽视学生积极性和忽视教师主导作用的偏向。

2. 全面发展与独特个性关系。

【答案要点】

（1）人的全面发展是指在人的劳动能力全面发展的基础上包括人的社会关系、体力、智力、道德精神面貌、意志、情感、个性及审美意识和实践能力等各方面的和谐统一发展。人的全面发展过程是人不断走向自由和解放的过程，是人类历史追求的真正目的。

（2）个性发展是指德、智、美等素质在受教育者个体上的特殊组合，不可一律化，也就是全面发展的个性。因此二者的关系是辩证统一的，全面发展在于形成人的自由个性，个性发展是全面发展的内容之一。

3. 知识理解的因素。

【答案要点】

客观因素：

（1）学习材料的内容。学习材料的意义性、学习材料内容的具体程度和学习材料的相对复杂性和难度都会影响学生对知识的理解。

（2）学习材料的形式。采用直观的方式如实物、模型和言语等可以为抽象的内容提供具体感性信息的支持，影响学生对知识的理解；当所教的内容较为复杂时，多媒体和虚拟现实技术等计算机技术则会起到很好的教学辅助作用。

（3）教师言语的提示和指导。教师在不同教学阶段的言语提示对学生的学习有直接的影响。在教学中，教师言语的作用不应仅仅局限于对某一具体知识的描述和解释，重要的是用言语引导学生进行主动建构。

主观因素：

（1）原有的知识经验背景。学生对新信息的理解会受到原有知识经验背景的制约，这种知识背景有着丰富而广泛的含义，它包括来源不同的、以不同的表征方式存在的知识经验，是一个动态的、整合的认知结构。

（2）学生的能力水平。学生的认知发展水平和学生的语言能力直接影响知识的理解。

（3）主动理解的意识与方法。学生要有主动理解的意识倾向和主动理解的策略与方法。

4. 有机学校的主要观点。

【答案要点】

（1）教育目标：发展人的整个机能，包括培养感觉、体力、智力和社会生活能力，以改善生活和文化。

（2）教育方法：遵循学生的自然生长，是"有机的"。学校的目的在于为儿童提供每个发展阶段所必需的作业和活动。

（3）组织形式：根据学生的年龄来分组，称作"生活班"，而不叫年级。

（4）课程设置：以活动为主，儿童根据需要和兴趣主动地从事探索。凭着儿童自己求知的愿望，再把他们引导到读、写、算、地理等正规课程的学习。

（5）制度：强迫的作业、指定的课文和通常的考试都被取消。

（6）培养理念：第一，重视社会意识的培养。认为发展合适的社会关系应是学校最重要的任务之一，主张培养学生无私、坦率、合作等品质，以及提出建设性建议的能力。第二，反对放纵儿童。认为纪律是必要的，主张应以一种平衡而有纪律的方式发展整个人的机体。

三、分析论述题

1. 学校管理的趋势对中小学的发展启示。

【答案要点】

学校管理应当与时俱进，思考和探究当代学校管理的发展趋势。

（1）学校管理法治化。

依法治校可分为两个方面：政府及教育行政部门依法管理学校；学校管理者依法管理学校。

为推进依法治校工作，学校管理者应采取以下措施：第一，转变行政管理职能，切实依法行政；第二，加强制度建设，依法加强管理；第三，推进民主建设，完善民主监督；第四，加强法制教育，提高法律素质；第五，严格教师管理，维护教师权益；第六，完善学校保护机制，依法保护学生权益。

（2）学校管理人性化。

人性化管理是指学校管理工作要以人为本，关注人的情感、满足人的需要、崇尚人的价值、尊重人的主体人格和地位。

为推进学校管理人性化，学校管理者应采取以下措施：第一，考虑人的因素，一切要从人的实际出发；第二，考虑个体差异，懂得每个人都有自己的思想、情感、兴趣和爱好；第三，强调人的内在价值，把满足需要作为工作的起点，通过激励的方式来提高工作效率；第四，努力构建充满尊重、理解和信任的人际环境，增强教职工和学生的集体归属感；第五，加强校园文化环境建设，充分发挥校园文化的管理和育人功能；第六，转变管理观念和方式，贯彻管理即育人、管理即服务的思想。

（3）学校管理民主化。

民主管理以对个体价值的肯定为基础，以个体才能的充分发挥和潜能挖掘为前提，积极吸引全员参与管理活动，集思广益，共同参与，以取得最优的管理效益。

实施民主管理应做好以下工作：第一，学校管理者应充分肯定个体价值，树立"以人为本"的管理理念；第二，广大教职员工要不断提高自身素质，积极参与民主管理；第三，管理体制上要充分保障教职员工的民主参与权利。

（4）学校管理信息化。

在信息化时代，学校管理呈现出信息化的新特点。它表现在两个方面：第一，学校对信息技术的开发和使用，把计算机、网络、多媒体等现代技术运用到管理上，以提高学校管理的实效；第二，学校管理方式的信息化，实行"人－机"管理，即注重对有关信息资源的管理。

为推进学校管理信息化，学校管理者应采取以下措施：第一，实现信息化管理，要加强硬件投入与软件开发，打好学校管理信息化的物质基础；第二，提高学校教职员工的信息管理素养，以保障信息化管理的运行；第三，改进培训内容和方式，使其具有针对性，满足教师需求；第四，完善学校信息化管理规章制度，以提升学校信息化管理有效性。

（5）学校管理校本化。

校本管理是指学校在教育方针与法规的指引下，可以根据自己的实际情况和需要自主确定发展的目标与任务，进行管理工作。简言之，校本管理即以学校为本位的自主管理。

实施校本管理应注意做好以下工作：第一，教育行政部门要简政放权；第二，倡导集体参与、共同决策；第三，开展校本研究，提高学校管理者决策能力。

2. 教师劳动的特点，应具备什么素养？

【答案要点】

教师劳动的特点：

（1）教师劳动的复杂性。

教师劳动的复杂性主要受以下三方面的影响：学生状况的复杂性决定着教师劳动的复杂性；教师任务的多样性制约着教师劳动的复杂性；影响学生发展因素的广泛性制约着教师劳动的复杂性。

（2）教师劳动的示范性。

教育是教师引导、培养学生的活动，它要求教师以身作则，具有示范性。教师的劳动对象是处在发展过程中的青少年学生，他们具有尊敬教师、乐于接受教师的教导、以教师为表率的所谓"向师性"的特点。因此，教师必须严格要求自己，以身作则，通过示范的方式去影响学生，以便取得最佳教育效果。

（3）教师劳动的创造性。

①教师劳动创造性的最重要特征之一是他的工作对象——儿童经常在发生变化，永远是新的，今天同昨天就不一样。

②教师劳动的创造性表现在因材施教上。教师不仅要针对学生集体的特点，而且还要针对学生个体的特点有的放矢地进行教育，创造性地开展工作，才能收到良好的效果。

③教师劳动的创造性，也表现在对教育、教学的原则、方法、内容的运用、选择和处理上。

④教师劳动的创造性，还表现在教育教学过程中，教师对各种突发情况做出及时反应、妥善处理的应变能力上，即教育机智。

⑤教师劳动的创造性，并不意味着它会自动产生。一位教师要创造性地开展教育工作，必须经历艰苦的劳动和长期的积累，善于反思与探究，机智地开展工作，才能涌现创造性。

（4）教师劳动的专业性。

教师劳动的专业性突出表现在教师对育人的崇高敬业精神和道德修养上，对教育教学专门化知识和技能的掌握与教育活动的自主权上。

教师应具备的素养：

（1）高尚的师德。包括热爱教育事业，富有献身精神和人文精神；热爱学生，诲人不倦；热爱集体，团结协作；严于律己，为人师表。

（2）先进、科学的教育理念。教育理念是教师在对教育工作本质理解的基础上形成的关于教育的观念和理性信念，它是以观念或信念的形式存在于教师头脑中的对教育现象和教育问题的看法。

（3）宽厚的文化素养。教师的主要任务是通过向学生传授科学文化知识，培养其能力，促进其个性生动活泼地发展。一个好教师的基本条件之一，就是要有比较渊博的知识和多方面的才能。

（4）专门的教育素养。教师的专门教育素养水平及其合理结构是教育教学任务得以完成的重要保证，它主要包括教育理论素养、教育能力素养和教育研究素养。

（5）健康的心理素质。教师的心理健康不仅会直接影响教育工作的优劣成败，而且会影响学生的心理健康水平。因此，教师应该注重提高自己的心理素质。

（6）强健的身体素质。教师的身体素质是指教师在教学活动中的自然力，是教师的身体健康状态和身体素质状态在教学中的表现。

3. 青少年良好品德问题主要表现以及措施。

【答案要点】

青少年良好品德问题的主要表现：青少年能独立、自觉地按照道德准则来调节自己的行为；道德信念和道德理想在青少年的道德动机中占据重要地位；青少年品德心理中自我意识的明显变化；青少年的道德习惯逐步巩固；青少年品德发展和世界观形成是一致的；青少年品德结构的组织形式完善化。

青少年良好品德问题的措施：

（1）道德认知的培养。

①言语说服：教师经常要通过言语讲解和说服来使学生理解和接受一定的道德观念和道德准则。该方法有两种常用的技巧：单面论据与双面论据、以理服人和以情动人。

②小组道德讨论：让学生在小组中就某个有关道德的典型事件进行讨论，以提高他们的道德判断水平。在讨论过程中，教师要起到启发和引导作用。

③道德概念分析：这种方法集中分析作为道德思维组成部分的一些最一般的概念或观念，一个道德概念可能是一种具体活动的名称，如说谎或遵守诺言，也可以是一种比较一般的概念，如友谊、义务或良心。使用这种方法时，首先要给概念提供一个具体的情境，其次对讨论过程中各种引人误解的陈述进行讨论，最后用进一步的讨论使学生对概念的理解更加精确。

（2）道德情感的培养。

第一，移情能力的培养。移情是由真实或臆想的他人情绪、情感状态引起的并与之一致的情绪、情感体验，是一种替代性的情绪、情感反应，是一种无意识的、有时十分强烈的对他人情绪状态的体验。通过移情训练，青少年更可能设身处地去感受别人的心理反应，更可能做出帮助他人的行为。发展移情能力可以通过表情识别、情境理解、情绪追忆三个方面来着手。

②羞愧感。羞愧感是当认识到未能成功地以自己信以为好的方式行动或思考时，产生的痛苦的情绪。儿童羞愧感的产生意味着儿童个性正在发生变化，当它成为个性中一种稳定的东西时，就会改变个性的结构。

（3）道德行为的培养。

①群体约定。经过集体成员讨论制定的公约、规则会有助于学生形成积极的态度。由于各个成员参与了规则的讨论和制定，每个人都对规则负有责任，这会增加规则的约束力。同时，群体中意见高度一致，行为取向一致，这会形成一种无形的约束力。

②道德自律。品德培养应该使学生达到道德自律的水平，即能够按照自己内在的价值标准来评判自己的行为，从而规范自己做自己认为应该做的事，避免自己做那些不应该做的事情。自律行为大致包括自我观察、自我评价、自我强化三个环节。

4. 教育为什么要放在优先发展的位置，及其重要意义。

【答案要点】

"百年大计，教育为本。"教育在我国社会主义现代化建设中具有基础性、先导性、全局性意义。落实科学发展观，实现科教兴国战略和人才兴国战略，就必然要求把教育摆在优先发展的地位。

（1）教育的基础性，指人的素质在社会主义现代化建设中的基础性。教育对人的个体素质全面发展起到了促进作用，既是个人为人处世的基础，也是社会稳定发展的基础。

（2）教育的先导性，指教育的发展对社会主义现代化建设具有引领作用。要使经济社会可持续发展，关键在于知识创新，掌握核心技术，这要依靠教育传播最新知识技术，培养创新性人才。教育的先导性不仅表现在经济发展方面，还表现在对科学技术的引领与文化价值观念方面。

（3）教育的全局性，指教育的发展关乎社会主义现代化建设的方方面面，具有全局性的影响。我们应当全面发挥教育的功能，促进人的全面发展和社会的全面进步。

其重要意义在于：把教育摆在优先发展的地位，努力提高全民族的思想道德和科学文化水平，是实现我国现代化的根本大计。坚持把教育摆在优先发展的战略地位是我国现代化建设指导思想上一个重大转变。当今世界，教育发展状况如何在很大程度上影响着一个国家和民族发展的进程，优先发展教育，是民族振兴、国家繁荣富强、人民富裕幸福、实现"四化"的根本大计。

2017年 深圳大学333教育综合·真题解析

一、名词解释

综合实践活动

综合实践活动是教师引导下学生自主进行的综合性学习活动，是基于学生的经验，联系学生的生活和社会实际，体现学生对知识综合应用的实践性课程，包括研究性学习、社区服务与社会实践、劳动与技术教育和信息技术教育。

课程设计

课程设计是以一定的课程观为指导制定课程标准、选择和组织课程内容、预设学习活动方式的活动，是对课程目标、教育经验和预设学习活动方式的具体化过程。

福禄培尔

福禄培尔是19世纪德国著名的教育家、幼儿园的创立者、近代学前教育理论的奠基人。他对世界幼儿教育的发展有着深刻的影响，被誉为"幼儿教育之父"，主要著作有《人的教育》。

英国公学

公学是一种私立教学机构，相对于私人延聘家庭教师的教学而言，这种学校是由公众团体集资兴办，其教学目的是培养一般公职人员，其学生是在公开场所接受教育。它较之一般的文法学校师资及设施条件好、收费更高，是典型的贵族学校，被称为英国绅士的摇篮。

朱子读书法

朱子一生酷爱读书，对于如何读书有深切的体会，并提出了许多精辟的见解。他的弟子将其概括为"朱子读书法"六条，包括循序渐进、熟读精思、虚心涵泳、切己体察、着紧用力、居敬持志。

元认知

元认知就是对认知的认知，具体地说，是关于个人自己认知过程的知识和调节这些过程的能力，是对思维和学习活动的认知和控制。元认知具有两个独立但又相互联系的成分，即元认知知识和元认知控制。

二、简答题

1.试比较个人本位论和社会本位论。

【答案要点】

（1）个人本位论。代表人物有卢梭、裴斯泰洛齐、福禄培尔等。主要观点：

①教育目的是根据个人发展的需要制定的，而不是根据社会的需要制定的。

②个人价值高于社会价值。社会价值只有在有助于个人发展时才有价值，应由个人来决定社会，个人价值恒久高于社会价值。

③人生来就有健全的潜在本能，教育的基本职能就在于使这种潜能得到发展。

（2）社会本位论。代表人物：德国哲学家那托尔普、法国思想家涂尔干、德国教育家凯兴斯泰纳等。主要观点：

①个人的一切发展都有赖于社会，都受社会的制约，人的一切发展也是为了满足社会的需要。

②教育除了满足社会需要以外并无其他目的。

③教育结果的好坏是以其社会功能发挥的程度来衡量的，离开了社会，就无法对教育的结果做出衡量。

（3）分歧和调和原则。

个人本位论把个人的自身的需要作为制定教育目的的依据，在一定的历史条件下具有一定的进步意义；但如果只强调个人的需求与个性的发展，而一味贬低和反对满足社会发展的需要，则是片面的、错误的。

社会本位论者从社会需要出发来选择教育目的的价值取向，无疑是看到了教育的社会作用，在今天这样生产高度社会化的时代，也具有一定的借鉴价值；但只是站在社会的立场看教育而抹杀了个人在选择教育目的过程中的作用，并以此来排斥教育满足个人发展的需要，则是片面的、不正确的。

2. 在教学评价过程中应该遵循的主要原则。

【答案要点】

（1）客观性原则。教学评价要客观公正、科学合理，切实反映教师的教学质量和学生的学业水平，不能掺杂个人情感，不能主观臆断，这样才能使人信服。

（2）发展性原则。教学评价应着眼于学生学习成绩的进步与能力的发展，其目的在于激励学生的积极性和创造性，而不是压抑和扭曲学生的发展。

（3）指导性原则。教学评价应在指出师生的长处与不足的基础上提出建设性意见，以便他们扬长避短，不断前进。

（4）计划性原则。教学评价应当全面规划，使每门学科都能依据制度与教学进程的要求，有计划、规范地进行教学评价，以确保其效果和质量。

3. 在德育实践过程中长善救失的原则。

【答案要点】

长善救失的德育原则是指进行德育要调动学生自我教育的积极性，依靠和发扬他们自身的积极因素去克服他们品德上的消极因素，促进学生的道德成长。

贯彻长善救失原则的基本要求如下：

（1）"一分为二"地看待学生。对学生既要看到他积极的一面，也要看到他消极的一面；既要看他过去的表现，也要看他后来的变化和现时的表现；要看到优秀学生的不足之处，懂得"响鼓也要重锤敲"，还要善于发现后进生身上的闪光点，以便长善救失，促进他们的转变。

（2）发扬积极因素，克服消极因素。全面而深入地了解学生，为教育学生打下了良好的基础，但要促进他们的品德发展，根本的一点在于调动其积极性，引导他们自觉地巩固发扬自身的优点来抑制和克服自身的缺点，才能养成良好的品德，获得长足的进步。

（3）引导学生自觉评价自己，勇于自我教育。要帮助学生善于虚心听取父母、教师、同学等各方面的意见，勇于解剖和正确评价自己，能够对自己的思想与行为自觉地进行反省与反思，为自己的优点而自豪，为自己的缺点而自责、内疚，自觉地进行道德修养。

4. 试述陶行知的生活教育的主要观点。

【答案要点】

（1）"生活即教育"。

"生活即教育"是陶行知生活教育理论的核心。其内涵包括：生活含有教育的意义；实际生活是教育的中心；生活决定教育，教育改造生活。

（2）"社会即学校"。

"社会即学校"是生活教育理论另一重要主张，是"生活即教育"思想在学校与社会关系问题上的具体化。"社会即学校"，是指"社会含有学校的意味"，或者说"以社会为学校"。由于到处是生活，到处都是教育，"整个的社会是生活的场所，亦即教育之场所"。

"社会即学校"，也指"学校含有社会的意味"。也就是说，学校通过与社会生活相结合，一方面运用社会的力量使学校进步，另一方面动员学校的力量帮助社会进步，使学校真正成为社会生活必不可少的组成部分。

（3）"教学做合一"。

"教学做合一"是生活教育理论的又一重要主张，是"生活即教育"在教学方法问题上的具体化。其含义为：教的方法根据学的方法，学的方法根据做的方法。事怎样做便怎样学，怎样学便怎样教。教与学都以做为中心。包括以下四个要点："教学做合一"要求在"劳力上劳心"；"教学做合一"是因为"行是知之始";"教学做合一"要求"有教先学"和"有学有教";"教学做合一"还是对注入式教学法的否定。

三、分析论述题

1. 什么是教育的相对独立性？根据实际教学谈谈教育相对独立性的重要意义。

【答案要点】

教育的相对独立性是指作为社会一个子系统的教育，它对社会的能动作用具有自身的特点和规律性，它的历史发展也有其独特连续性和继承性。主要表现为以下几方面：

（1）教育是培养人的活动，通过所培养的人作用于社会。教育尤其是学校教育，是有意识地影响人、培育人、塑造人的社会活动。它主要通过引导和促进年轻一代社会化、个性化，成为社会活动的参与者和继承者，以保证并促进社会的生存、延续与发展。

（2）教育具有自身的活动特点、规律及原理。教育是培养人的活动，而人具有特殊的身心发展和成熟的规律。教育教学及其相关活动必须认识、遵循和创造性地运用这些基本特点与规律，才能有效地培育人才。此外，还应重视和遵循前人的宝贵经验，并在此基础上继续发展、前进。

（3）教育具有自身发展的传统与连续性。由于教育有自身的规律和特有的社会功能，它一经产生、发展便将形成和强化其相对独立性，具有发展的连续性、继承性和惯性。因此，无论是发展教育事业，还是进行教育改革，都要重视与借鉴教育的历史经验，都应在原有的基础上积极改进、稳步前行。

意义：

（1）在分析研究教育问题时，不能单就生产力的发展水平、经济与科技及发展水平、政治制度与文化要求来考察教育，还应当重视教育的相对独立性，注重发挥教育特有的社会功能，注意遵循教育自身的规律性和发展的连续性。那种不顾教育的相对独立性，甚至视学校教育为政治、经济的附庸，在教育工作中任意将教育、教学活动机械地从属于政治、经济活动，或依政治、经济上的惯常做法简单取代教育特有的做法，轻率地否定教育的特点、规律，都是有损于教育工作的，也是不利于政治、经济与文化的发展的，因而是非常错误的，需要认真防止或纠正。

（2）不能把教育的相对独立性理解为绝对独立性，因为教育归根到底是由生产力的发展水平和政治经济制度的性质决定的，受民族文化的发展状况与需求的制约。每一时代的教育应当从以往的教育中继承什么，应当在哪些方面做出新的改革和发展，也是与这一时代的生产力发展水平、政治经济制度发展状况和民族文化发展状况相适应的。

2. 在中小学教师管理的主要内容和发展趋势。

【答案要点】

（1）教师管理的性质。

教师管理是学校管理的一个重要组成部分，但教师管理又有其特殊性。教师是脑力劳动者，工作复杂而艰巨，需要发挥创造性。如何创造良好的工作环境与氛围，调动每位教师的积极性，把他们的潜力与智慧引导到提高人才培养的质量上来，是做好教师管理工作的关键。

（2）教师管理的内容。建设一支素质优良、结构合理、能适应现代教学和科研的教师队伍，必须做好下述工作：

①教师的选拔：资格控制；编制控制；录用控制。

②教师的任用：因事择人；扬长避短；新老搭配；立足全局。

③教师的培养：适应现代教育发展需要作为教师培训的出发点；将教师培养的长远规划和短期目标结合起来；建立健全教师的各种学习和进修制度，使教师培养工作规范化、制度化；坚持改革

创新，加强教师培训工作的针对性和实效性。

④教师的考评：教师考评的内容一般分为思想政治、业务能力和工作业绩考评。考评工作应注意下述要求：坚持平时考核与定期考核相结合，以平时考核为主；坚持领导考评、群众考评和自我考评相结合，使考评主体多元化；坚持定性考评和定量考评相结合，力求考评结果公平、全面、切实；坚持考评和奖惩相结合，发挥考评的激励功能。

（3）教师管理的发展趋势。

①逐步实现职务聘任制。教师管理从同一分配转向职务聘任，变身份管理为岗位管理，建立健全公开、公平的教师聘用制度与自主流动机制，是未来发展的趋势。

②趋向科学化、人性化和服务化。许多学校越来越注重对教师的动机激励、尊重关怀，注重同教师谈心，主动地为教师服务。同时，也倡导教师的自律、自励与主动工作。

③注重发挥教师组织的效应。教师组织是学校管理的重要组成部分，应充分发挥其效应，形成积极向上的教师组织队伍。

3. 论述卢梭自然教育的理论观点及其影响。

【答案要点】

（1）自然教育的基本含义。

卢梭自然主义教育的核心是"回归自然"。一方面，善良的人性存在于纯洁的自然状态之中。只有"回归自然"、远离喧嚣社会的教育，才有利于保持人的善良天性。因此15岁之前的教育必须在远离城市的农村进行。另一方面，每个人都是由自然的教育、事物的教育、人为的教育三者培养起来，只有三种教育圆满地结合才能达到预期的目的。三者之中，应以自然的教育为基准，才能使教育回归自然达到应有的成效。

（2）自然教育的培养目标。

自然教育最终目的是培养"自然人"，即身心调和发达、体脑两健、能力强盛的新人，也就是摆脱封建羁绊的资产阶级新人。具有以下特征：第一，自然人是能独立自主的人，他能独自体现出自己的价值；第二，在自然的秩序中，所有的人都是平等的；第三，自然人又是自由的人，他是无所不宜、无所不能的；第四，自然人还是自食其力的人。可无须仰赖他人为生，这是独立自主的可靠保证。

（3）自然教育的方法原则。

卢梭猛烈抨击了当时向儿童强迫灌输旧的道德和知识、摧残儿童天性的做法，他提出以下几点原则和方法：第一，树立正确的儿童观，应当把成人看作成人，把孩子看作孩子；第二，对儿童实施消极教育。此外，让他们在同自然的接触中，体会到自己所犯的错误和过失带来的自然后果，使儿童服从于自然法则，结合具体事例让他们从自己的直接经验中受到教育；第三，根据儿童天性的个体差异，因材施教。

（4）自然主义教育的实施。卢梭根据自然教育的原则，根据人的自然发展的进程和不同年龄时期身心的特点，把自然教育分为婴儿期、儿童期、少年期和青春期。婴儿期主要进行体育；儿童期主要进行感官训练和身体发育，这个时期的儿童不宜进行理性教育，不应强迫儿童读书；少年期主要进行智育和劳动教育；青春期主要接受道德教育，包括宗教教育、爱情教育和性教育。

（5）影响：卢梭是西方教育史上具有划时代意义的教育思想家，他对封建社会进行了猛烈的抨击，提出了反映新兴资产阶级利益的教育思想，是现代教育思想的重要来源。

①卢梭提出的自然主义教育思想是教育思想史上由教育适应自然向教育心理学化过渡的一个重要环节。在封建社会压制人性的情况下，提倡性善论，尊重儿童天性具有历史进步意义。他呼吁培养身心调和发展的自然人和自由人也反映了对人的发展的合理要求。

②卢梭论证了自然主义教育的内容和方法。如重视感觉教育的价值；反对古典主义和教条主义，要求人们学习真实有用的知识；反对向儿童灌输道德教条，要求养成符合自然发展的品德等。这些观点既是在前人基础上的发展，也反映了近代教育的发展方向。

③卢梭的教育理论对欧美教育产生了深远影响。德国的泛爱教育运动、瑞士的裴斯泰洛齐的教育实验、美国进步主义教育运动等，无不受到卢梭自然教育理论的启发。

4. 论述建构主义理论观及其在中小学教学中的应用。

【答案要点】

（1）知识观。建构主义者质疑知识的客观性和确定性，强调知识的动态性、知识的情境性和知识学习的主动建构性。

（2）学生观。建构主义认为，学生并不是被动接受教师传授的知识，而总是以自己的经验背景或自己的经验来建构对事物的理解。具体表现在以下几方面：

建构主义者完全否定心灵白板说，强调学生经验世界的丰富性和差异性；学生并不是空着脑袋走进教室的，当问题呈现时，他们基于相关的经验，依靠推理和判断能力，形成对问题的某种解释；教学不能无视学生的先前经验，要把儿童现有的知识经验作为新知识的生长点，引导儿童从原有的知识经验中"生长"出新的知识经验；教学要增进学生之间的合作，使他看到那些与他不同的观点，促进学习的进行。

（3）学习观。建构主义认为，学习是学习者主动地赋予信息以意义，建构自己的知识经验的过程，具有三个重要特征，即主动建构性、社会互动性和情境性。

（4）教学观。

教学不再是传递客观而确定的现成知识，而是激活学生原有的相关知识经验，促进知识经验的"生长"；促进学生的知识建构活动，以实现知识经验的重新组织、转换和改造，以此来培养学生的求知欲和探究能力。

教学要为学生创设理想的学习情境，激发学生的推理、分析、鉴别等高级的思维活动，同时给学生提供丰富的信息资源、处理信息的工具以及适当的帮助和支持，促进他们自身建构意义以及解决问题的活动。

在中小学教学中的应用：

（1）情境性教学。让学习者在一定情境的活动中完成学习的一种教学模式。具有四个基本特征：真实的任务、情境化的过程、真实的互动合作和情境化的评价方式。

（2）分布式认知。是指分布在个体内、个体间，以及媒介、环境、文化、社会和时间等之中而进行的认知。强调认知现象在认知主体和环境间分布的本质。以分布式认知为基础，人们提出了分布式学习的概念，分布式学习是一种教学模式，它允许指导者、学习者和学习内容分布于不同的非中心的位置，使教与学可以独立于时空而发生。强调学习是在学习共同体的个体之间分布完成的。

（3）认知学徒制。是指知识经验较少的学习者在专家的指导下参与某种真实的活动，从而获得与该活动有关的知识技能的教学模式。

（4）抛锚式教学。是指将学习活动与某种有意义的大情境挂钩，让学生在真实的问题情境中进行学习的情境性教学模式。

（5）支架式教学。指教师或其他助学者和学习者共同完成某种活动，为学习者参与该活动提供外部支持，帮助他们完成独自无法完成的任务，随着活动的进行，逐渐减少外部支持，使共同活动让位于学生的独立活动。

（6）合作学习。是指学习共同体在学习中进行沟通交流，共同完成一定的学习任务。重视教学中教师与学生以及学生与学生之间的社会性相互作用。

（7）交互式学习。是一种将传统的"以教师为中心"的教学模式转变为"以学生为主体、教师为主导"的师生之间良性互动的教学模式。"交互"是指学生之间、师生之间相互对话、相互交流，学生、教师、媒体和教材等诸多教学要素之间互动交流和传递。这种交互式交流可以充分调动学生的学习主动性、积极性，让学生在情境和对话中构建知识体系，不断激发学生探究式学习方法，进而提升学生综合能力和素质，实现教学双赢的目标。

（8）探究性学习。指学习者通过发现问题和解决问题而建构知识的过程。按其思路，应该把学习活动设置到有意义的问题情境中，教师或学生针对所要探究的领域提出感兴趣的问题，学习者通过不断解决问题和发现新问题，来学习与所探究的问题有关的知识，形成解决问题的技能，并形成自主学习的能力。

（9）随机通达教学。指对同一内容，学习者要在不同的时间、重新安排的情境中，带着不同目的、从不同的角度进行多次交叉反复的学习，以此把握概念的复杂性并促进迁移。随机通达教学运用各种媒体交互技术为学习者提供一个复杂与结构不良的学习环境，并由此鼓励学习者自己对知识的积极探索与建构。在这种学习中，学习者可以形成对概念的多角度理解，并与具体情境联系起来，形成背景性经验，为今后的灵活迁移做准备。

2016年 深圳大学333教育综合·真题解析

一、名词解释

美育

美育是指培养学生正确的审美观，发展他们鉴赏美、创造美的能力，培养其高尚情操和文明素质的教育。普通中学在美育方面的要求主要是通过音乐、美术、文学教育等审美活动，充实学生的精神生活，培养他们感受美、欣赏美和创造美的能力，养成审美情趣和高尚情操。

教学过程

教学过程是教师根据教学目的、任务和学生身心发展的特点，通过指导学生有目的、有计划地掌握系统的文化科学知识和基本技能，发展学生智力和体力，使学生形成科学的世界观及培养道德品质、发展个性的过程。

赫尔巴特

赫尔巴特是19世纪德国著名的哲学家、心理学家、教育家。他明确提出把教育学建立成为一门独立学科的设想，被视为"科学教育学之父""教育性教学"的倡导者以及教学形式阶段的发明者。主要著作有《普通教育学》《教育学讲授纲要》等。

《国防教育法》

1958年美国总统批准颁布了《国防教育法》，内容包括加强普通学校的自然科学、数学和现代外语，即"新三艺"的教学；加强职业技术教育；强调天才教育和增拨大量教育经费，作为对各级学校的财政支援。

三舍法

"三舍法"是王安石在"熙宁兴学"期间改革太学最重要的措施。"三舍法"是严格的升舍考试制度,它将学生平时行艺和考试成绩相结合,学行优劣与任职使用相结合,这有利于调动学生学习的积极性,提高太学教育质量。同时又把上舍考试和科举考试结合起来,融养士与取士于太学,提高了太学地位。

京师大学堂

京师大学堂是清末维新变法时期维新派首次设立的全国最高教育行政机构兼最高学府。《京师大学堂章程》对于大学堂的性质、办学宗旨、课程、入学条件、学成出身、教习聘用、机构设置、经费筹措及使用都做了详细规定,办学宗旨为"中学为体,西学为用"。1900年京师大学堂毁于八国联军战火。1902年大学堂恢复开办,并被纳入清末学制系统,规模逐步扩大。

二、简答题

1. 教育学的研究对象和任务。

【答案要点】

(1)教育学的研究对象。

教育学是以教育活动为研究对象的学科,是通过研究教育现象和教育问题、探索教育规律、探讨教育价值、探寻教育艺术、指导教育实践的一门科学。它的核心是引导、培育和规范人的发展,解决培养什么人和怎样有效培养人的问题。

(2)教育学的研究任务。

①探索教育规律。教育学的任务就是要在研究教育的现象与问题、总结教育经验的基础上去揭示教育的各种可验证的客观性规律,并阐明教育工作的原理、原则、方法与组织形式等的有效性问题,为教育工作者提供理论上和方法上的依据。

②探讨教育价值。在从事教育工作、开展教育活动时,首先要认真探讨教育的价值问题,以选择正确的价值取向,制定合理的教育目的或要求。

③探寻教育艺术。教育是一种艺术,是最讲究教育方法与睿智,最注重关爱和调动学生内在向上的动力,最具创造性和个性的艺术。

④指导教育实践。教育学要能够回到教育实践中去,指导具体的教育实践。此外,教育学还必须研究如何使教育理论迅速而有效地转化为实践运用的问题。

2. 主要的德育原则。

【答案要点】

(1)理论和生活相结合原则。指进行德育要注重引导学生把思想政治观念和社会道德规范的学习同参与生活实践结合起来,把提高道德认识与养成良好道德行为结合起来,做到心口如一、言行一致。

(2)疏导原则。指进行德育要循循善诱、以理服人,从提高学生认识入手,调动学生的主动性,使他们积极向上。也称循循善诱原则。

(3)长善救失原则。指进行德育要调动学生自我教育的积极性,依靠和发扬他们自身的积极因素去克服他们品德上的消极因素,促进学生的道德成长。

(4)严格要求与尊重学生相结合原则。指进行德育要把对学生的思想品行的严格要求与对他们个人的尊重信赖结合起来,使教育者的严格要求易于转化为学生主动的道德自律。

(5)因材施教原则。指进行德育要从学生品德发展的实际出发,根据他们的年龄特征和个性差异进行不同的教育,使每个学生的品德都能得到最优的发展。

（6）在集体中教育原则。指进行德育有赖于学生的社会交往、共同活动,注意依靠学生集体,通过集体活动进行教育,充分发挥学生集体在教育中的巨大作用。

（7）教育影响一致性和连贯性原则。指德育应当有目的、有计划地把来自各方面对学生的影响加以组织,使其优化为教育的合力前后连贯地进行,以获得最大的成效。

3. 班级授课制的优点和缺点。

【答案要点】

（1）含义。一种集体教学形式。它把一定数量的学生按年龄与知识程度编成固定的班级,根据周课表和作息时间表,安排教师有计划地向全班学生上课,分别学习所设置的各门课程。

（2）优点：第一,形成了严格的教学制度；第二,以课为单位科学地组织教学；第三,能充分发挥教师的主导作用；第四,能促进学生的社会化与个性化；第五,便于传授系统的科学知识。

（3）缺点：第一,不利于照顾学生的个别差异；第二,不利于培养学生的兴趣、特长和发展个性；第三,不利于理论联系实际；第四,不利于实现教学的灵活性。

4. 中国古代书院的特点。

【答案要点】

（1）书院精神。书院以自由讲学为主,注重讨论,学术风气浓厚,开辟了新的学风,推动了教育和学术的发展。

（2）书院功能。育才、研究和藏书。

（3）培养目标。注重人格修养,强调道德与学问并进,培养学生的学术志趣。

（4）管理形式。较为简单,管理人员少,强调学生遵照院规自我约束、自我管理为主。

（5）课程设置。灵活具有弹性,教学以学生自学、独立研究为主,师生、学生之间注重质疑问难与讨论。

（6）教学组织。教学与研究相结合,教学形式多样,注重讲明义理,躬亲实践。

（7）规章制度。书院作为一种教育制度得以确立,在教育目标、教学方法、教学顺序等方面用学规的形式加以阐明,最著名的是《白鹿洞书院揭示》,它说明南宋后书院已经制度化。

（8）师生关系。较之官学更为平等、学术切磋多于教训,学生来去自由,关系融洽、感情深厚。

（9）学术氛围。教学与学术研究并重,学术氛围自由宽松,人格教育与知识教育并重。

三、分析论述题

1. 教育在人的发展中的作用。

【答案要点】

（1）教育在人的发展中起引领作用。

教育在年轻一代的发展中起着引领作用主要体现在有意识地为年轻一代的成长选择、建构、调控良好的环境,对他们的生活、交往、学习与实践等活动进行正确的教导、示范和辅助,并注重尊重他们的主体地位和激发、引导他们内在的学习动力与自我发展的能动性和自主性,从各方面引领、关怀、维护他们的发展。

（2）学校教育主要通过传承文化科学知识来培养人。

学校教育是教育者有意识地为儿童的身心发展精心设置的一种环境,它把经过选择的、重新组编的、人类长期积累起来的文化知识作为精神客体与儿童互动,以促进儿童的发展,使他们成人成才。文化知识蕴含着有利于人的发展的多方面价值,包括促进人的认识的发展、促进人的精神的发展、促进人的能力的发展和促进人的实践的发展。

（3）学校教育对提高人的现代性有显著的作用。

教育在人的现代化过程中起着重要作用，因为学生在学校里不仅学会了读、写、算等各个方面的基础知识与技巧，而且学到了与他们个人的发展和国家的未来有关的态度、价值和行为方式。人的现代化是社会现代化的重要基础和前提条件，我们应该自觉地优先发展教育，高度重视并充分发挥教育对人的现代化的促进作用。学校教育的特点有以下几个方面：

①学校教育具有较强的目的性。学校是专门培养人的机构，其一切活动几乎都是围绕有目地培养人而展开的。

②学校教育具有较强的系统性。人的培养是一个复杂的系统工程，因此学校教育必须要有较强的系统性，在总体上要避免教育影响的自发性、偶然性、随意性、片面性。

③学校教育具有较强的选择性。影响人的发展的因素是复杂多样的，这就需要学校教育对复杂多样的教育影响进行选择、整理和加工，避害趋利，去伪存真，尽可能为年轻一代的发展营造一个良好和谐的环境。

④学校教育具有较强的专门性。在所有的社会机构中，学校是培养人的最专门的场所，因而学校教育在培养人上最具有专门性。

⑤学校教育具有较强的基础性。从终身教育的角度看，各级各类学校教育都是在不同层面上为人一生的发展打基础，包括为一生的"做人"打基础。

2. 中小学管理中存在的主要问题及改进的建议。

【答案要点】

中小学管理中存在的主要问题：

（1）管理制度不够完善，管理模式相对落后。据调查，当前我国多数中小学在开展学校管理工作时没有较为完善的管理制度，即使国家已经下发了较为明确的政策规定，但由于受到种种因素的限制，在具体落实中仍会大打折扣，这就使得当前中小学管理工作质量普遍不高。而落后的管理模式又制约了中小学管理工作的创新发展，如"硬性化"管理观念易使学校管理工作出现"学校硬管，学生不听"的问题，甚至还可能因高压管理激起师生的共同抵触，引发学校管理工作的重大事故。

（2）管理过程较为粗糙，管理细节落实不够。学校管理工作应结合多种管理方式系统地开展。但是，从当前中小学管理工作实际情况来看，管理过程粗糙等问题依旧十分严重。一方面，在管理学理论中，管理工作需依托细节管理来保障整体管理质量，但大部分中小学并不注重细节管理，不利于学生养成正确的生活、学习习惯；另一方面，一些学校虽十分重视细节管理，但却并没有把管理方法有效应用到关键之处，例如，部分学校过于强调形式，忽视了以人为本的管理观念，使学校管理工作流于表面。

（3）以应试教育思想指导办学，导致师生交流相对缺乏。从当前中小学管理工作现状来看，受应试教育思想的影响，学校普遍以提升学生学习成绩为主要办学目标，这就意味着学校管理工作普遍以较为严格的硬性指标为标准，既不注重培养学生的个性，也不重视提高学生的能力。学生常年处于"军事化"的教学氛围和学习环境中，不仅不利于身心健康发展，还极易对学习产生抵触心理，导致师生关系不和谐。

（4）教师管理不严格，师德师风建设有待完善。近年来，因教师素养问题所致的学生"民愤"事件频发，一些师风师德不良的教师，不仅不能为学生做好榜样，还可能使学生在压抑的教学氛围内丧失自信，走向歧途。由此可见，加强教师管理力度同样是中小学规范化管理的关键环节。

改进的建议：

（1）落实国家管理政策，完善和规范学校管理制度。学校应进一步加强管理制度建设，在落实国家政策规定的基础上为管理工作提供良好的制度环境，保障各项管理工作的有序进行。

（2）转变管理理念，明确管理内容。从根本上来讲，学校管理工作旨在为学生的学习和生活构建良好的环境，因此，学校应摒弃唯分数论的管理理念，从硬件建设、师资建设、环境建设等多个角度为学生的日常学习和生活提供保障。

（3）细化学校管理内容，注重学生终身发展。在现代教育理念中，学校管理已经不再是指单纯的学生管理或者教师管理，而是集多项管理要素为一体的综合管理。因此，学校要逐步对现有管理内容进行细化，以促进学生终身发展为中心开展管理活动。

3. 中小学生主要存在的心理健康问题以及如何开展心理健康教育。

【答案要点】

中小学生主要存在的心理健康问题：

（1）学习问题。包括厌恶学习、逃学、学习效率低、阅读障碍、计算技能障碍、考试焦虑、学校恐惧症、注意缺陷及多动障碍等。

（2）人际关系问题。包括亲子关系、师生关系、友伴关系等方面的问题，如社交恐惧、人际冲突等。

（3）学校生活适应。包括生活自理困难、对学校集体生活不适应、对高学段学习生活不适应等。

（4）自我概念问题。包括缺乏自知、自信，自我膨胀，沉湎于自我分析，理想自我与现实自我差距过大，自贬的思维方式等。

（5）青春期性心理问题。包括青春期发育引起的各种情绪困扰，异性交往中的问题，性困惑、性恐慌、性梦幻、性身份识别障碍等。

开展心理健康教育的途径与方法：

青少年心理健康教育的途径：

（1）专题训练。心理素质专题训练过程一般由"判断鉴别—训练策略—反思体验"三个彼此衔接的环节构成。

（2）心理辅导。心理辅导是一种心理上的助人活动，是指在一种新型的、建设性的人际关系中，辅导教师运用其专业知识和技能，给学生以合乎需要的心理上的协助与服务，以便他们在学习、工作与人际关系各个方面做出良好适应。

（3）学科渗透。教师在进行常规的学科教学时，自觉地、有意识地运用心理学的理论、方法和技术，让学生在掌握知识、形成能力的同时，完善各种心理品质，特别是诸如情感、意志、个性品质等方面。在学科教学、各项教育活动、班主任工作中，都应注重对学生心理健康的教育，这是心理健康教育的主要途径。

青少年心理健康教育的方法：

（1）认知法。通过调动学生的感知、记忆、想象、思维等心理过程来达到教学目标。它可以派生出阅读，听、讲故事，观看幻灯、图片、录像、电影，欣赏音乐、美术、舞蹈等艺术品，案例分析、判断和评价等形式。

（2）游戏法。竞赛性游戏能够调动学生参与活动的积极性，培养学生的竞争意识和团结合作精神；非竞赛性游戏可以缓解学生的紧张和焦虑程度，再现原有的生活体验，使学生获得新的体会与认识。

（3）测验法。通过智力、性格、态度、兴趣和适应性等各种问卷测验，帮助学生自我反省、自我分析，了解自己某方面心理素质的发展现状，形成正确的自我认识和自我评价。

（4）交流法。通过学生间的交流活动，各自介绍自己的心理优势或个体经验，促进其对训练策略的认同、领悟和掌握。

（5）讨论法。通过师生、生生间广泛、深入的思想交流，引导学生积极思考，步步深入，提高认识，转变思维方式和看问题的角度，掌握科学的行动步骤。讨论法可分为全班讨论、辩论、小组讨论、脑力激荡、配对交谈、行动方案研讨等多种形式。

（6）角色扮演法。教师提供一定的主体情境并讲明表演要求，让学生扮演某种人物角色，演绎某种行为方式、方法与态度，达到深化学生的认识、感受和评价"剧中人"的内心活动和情感的目的。

（7）行为改变法。通过奖惩等强化手段帮助学生建立某种良好的行为或矫正不良行为。此法有代币法、契约法、自我控制法等多种形式。

（8）实践操作法。让学生亲自动手，完成某种操作任务。常用于验证某种心理效应，达到加深学生的体验和增强认同感的目的。

4. 赞可夫的教育思想。

【答案要点】

赞科夫是20世纪60—70年代苏联著名的心理学家和教育家，他的教学理论主要处理的是教育与人的发展关系问题。通过多年的实验，赞科夫形成了他的发展性教学理论。主要著作有《论小学教育》《和教师的谈话》《教学与发展》等。

（1）发展性教学理论。

赞科夫认为，教学的核心是要使学生的一般发展取得成效。一般发展的具体含义如下：

一般发展是指儿童心理的一般发展。指的是个性的所有方面的进步；一般发展不同于特殊发展。一般发展在学习任何学科、任何情境中都会表现出来；一般发展不同于全面发展。这里的一般发展指的是发展的心理学和教育学方面；一般发展有别于智力发展。不仅发展学生的智力，还包括情感、意志、品质、性格等方面；一般发展还包括身体发展和心理发展。但赞科夫主要研究的是教学与儿童心理一般发展的关系。

（2）五项教学论体系的新原则。

①以高难度进行教学的原则。这一原则在实验教学论体系中起决定性作用。难度的含义是要求学生通过努力克服障碍。但高难度并不意味着越难越好，困难的程度要控制在学生的"最近发展区"的范围内。

②以高速度进行教学的原则。这一原则要求教学不断地向前运动，以各方面内容丰富的知识来充实学生的头脑，为学生深入地理解所学知识创造有利的条件。要克服多余的重复烦琐的讲解以及机械的练习，以节约时间、加快进度。要善于利用一切手段提高学习质量。

③理论知识起主导作用的原则。这一原则不贬低学龄初期儿童掌握技巧的重大意义，而是要求学生在一般发展的基础上，尽可能深入领会有关概念和规律性的知识。

④使学生理解学习过程的原则。实验教学不仅要求学生会背，而且要求学生学会分析、比较、综合、归纳，了解所学知识之间的联系，等等。这样做有利于发展学生的思维能力，提高他们学习的主动性与创造性，教会他们学习。

⑤使班上所有的学生都得到一般发展的原则。这条原则的本质在于让优、中、差三类学生都以自己现有的智力水平为起点，按照自己最大的可能性得到理想的一般发展。

（3）赞科夫教育思想的评价。

赞科夫的教育理论对苏联教育理论与实践的发展影响较大。他的发展性教学理论的一些观点为苏联教育理论界所接受，并被吸收到20世纪70—80年代出版的教育著作和教科书中。但其理论也存在一定的局限性，他的研究主要从儿童心理的角度进行，很少考虑教学过程的社会政治与道德要求，过分强调认知方面的智育。此外，对待传统教学理论的全盘否定态度是不科学的。

深圳大学 333 教育综合·真题解析

一、名词解释

德育

德育即道德教育。一般来说，学校德育是指学生在教师的引导下，以学习活动、社会实践、日常生活、人际交往为基础，同经过选择的人类文化，特别是一定的道德观念、政治意识、处世准则、行为规范相互作用，经过自己的观察、感受、判断、践行和改善，以形成行为习惯、道德品质、人生价值和社会理想的教育。简言之，德育是培养学生思想品德的教育。

京师同文馆

京师同文馆是中国近代由官方设立的最早的外国语学校，也是我国最早的官办新式学校。目的在于培养清政府所需要的外事专业人才，是近代中国被动开放的产物。1902年并入京师大学堂。

《大教学论》

《大教学论》是夸美纽斯的教育代表作，标志着独立形态的教育学的开端，论述了教育的目的和任务、教育适应自然的原则、学校制度及各阶段的教育任务、班级授课制、教学原则和教学方法等，成为近代教育理论的奠基之作。

稷下学宫

稷下学宫是战国时代齐国一所著名的高等学府，因其建立于齐国都城临淄的稷门附近而得名。它既是百家争鸣的中心与缩影，也是当时教育上的重要创造，稷下学宫对中国古代学术、文化和教育的发展产生过重大的历史影响。

骑士教育

骑士教育是中世纪世俗教育的一种主要形式，以培养当时封建制度中骑士阶层的成员为目的。它是一种特殊形式的家庭教育，并无专设的教育机构，也没有专职的教育人员。它在骑士生活和社交活动中进行。训练骑士的标准是剽悍勇猛、虔敬上帝、忠君爱国、宠媚贵妇。

课程计划

课程计划即课程方案，是指教育机构或学校为了实现教育目的而制定的有关课程设置的文件。我国普通中小学的课程方案是指在国家的教育目的与方针的指导下，为实现各级基础教育的目标，由国家教育主管部门制定的有关课程设置、顺序、学时分配以及课程管理等方面的政策性文件。

二、简答题

1. 试述教育对实现中华民族伟大复兴的"中国梦"的作用。

【答案要点】

教育对中华民族伟大复兴的"中国梦"的作用是指教育的社会功能。教育的社会功能如下：

（1）教育的社会变迁功能。教育的社会变迁功能是指教育通过开发人的潜能，提高人的素质，引导人的社会化，影响人的社会实践，推动社会的发展和变革。教育的社会变迁功能表现在社会生活的各个领域，包括教育的政治功能、教育的经济功能、教育的文化功能和教育的生态功能。

（2）教育的社会流动功能。教育的社会流动功能是指社会成员通过教育的培养、筛选和提高，能够在不同的社会区域、社会层次、职业岗位、科层组织之间转换、调整和变动，以充分发挥其个人的智慧才能，实现其人生价值。它包括横向流动功能和纵向流动功能。前者指改变其环境而不提升其社会层级地位，后者指改变其社会层级地位及作用。

2. 教师劳动的特点。

【答案要点】

（1）教师劳动的复杂性。学生状况的复杂性决定着教师劳动的复杂性；教师任务的多样性制约着教师劳动的复杂性；影响学生发展因素的广泛性制约着教师劳动的复杂性。

（2）教师劳动的示范性。教育是教师引导、培养学生的活动，它要求教师以身作则，具有示范性。教师的劳动对象是处在发展过程中的青少年学生，他们具有尊敬教师、乐于接受教师的教导、以教师为表率的所谓"向师性"的特点。因此，教师必须严格要求自己，以身作则，通过示范的方式去影响学生，以便取得最佳教育效果。

（3）教师劳动的创造性。

①教师劳动创造性的最重要特征之一是他的工作对象——儿童经常在发生变化，永远是新的，今天同昨天就不一样。

②教师劳动的创造性表现在因材施教上。教师不仅要针对学生集体的特点，而且还要针对学生个体的特点有的放矢地进行教育，创造性地开展工作，才能收到良好的效果。

③教师劳动的创造性，也表现在对教育、教学的原则、方法、内容的运用、选择和处理上。

④教师劳动的创造性，还表现在教育教学过程中，教师对各种突发情况做出及时反应、妥善处理的应变能力上，即教育机智。

⑤教师劳动的创造性，并不意味着它会自动产生。一位教师要创造性地开展教育工作，必须经历艰苦的劳动和长期的积累，善于反思与探究，机智地开展工作，才能涌现创造性。

（4）教师劳动的专业性。教师劳动的专业性突出表现在教师对育人的崇高敬业精神和道德修养上，对教育教学专门化知识和技能的掌握与教育活动的自主权上。

3. 课程目标的依据。

【答案要点】

（1）直接依据是教育目的和学校的培养目标。

（2）具体依据是对学生的研究、对社会的研究、对学科的研究。

①课程目标是直接指向学生的身心发展及其素质提高的，因而学生身心发展规律及其发展需要，是设定课程目标的重要依据。

②社会因素是制约课程目标的重要因素。要为设计课程目标提高明确的依据，就需要深入考察社会生活领域。

③知识因素与课程目标有内在联系。教育的重要任务就在于将人类积累起来的知识传授给年轻一代以促进他们的成长，所以在确定课程目标时，首先要考虑人类社会已整理好的知识科目。

4. 蔡元培的"五育并举"方针。

【答案要点】

（1）军国民教育。指将军事教育引入到学校和社会教育之中，让学生和民众受到一定的军事教育和训练。在学校教育中强调学生生活的军事化，特别是体育的军事化。

（2）实利主义教育。即密切教育与国民经济生活的联系，加强职业技能的培训，使教育能发挥提高国家经济能力和改善人民生活水平的作用。

（3）公民道德教育。蔡元培认为公民道德的基本内容不外乎法国资产阶级革命所标榜的自由、平等、博爱，虽然与封建道德的专制等级性不相容，但他明确指出中国传统伦理特别是儒家伦理中的一些基本范畴，其内涵是与自由、平等、博爱的精神相通的。

（4）世界观教育。是蔡元培独创并被作为教育的最高境界。世界观教育就是要培养人们立足于现象世界但又超脱现象世界而贴近实体世界的观念和精神境界。

（5）美感教育。美感教育与世界观教育紧密联系，美感介于现象世界和实体世界之间，是两者之间的桥梁。利用美感这种超越利害关系、人我之分界的特性去破除现象世界的意识，陶冶、净化人的心灵。美感教育是世界观教育的主要途径。

三、分析论述题

1. 试述班主任工作的意义和任务、内容和方法，优秀的班主任必须具备的素质。

【答案要点】

（1）班主任工作的意义与任务。

①班主任工作的意义。班主任是班级的教育者和组织者，是学校进行教导工作的得力助手。班主任对一个班的学生工作全面负责，组织学生的活动，协调各方面对学生的要求，对一个班集体的发展起主导作用。班主任工作的状况与质量，在很大程度上决定着一个班的精神面貌和发展趋向，深刻地影响每个学生的全面发展。

②班主任工作的基本任务。依据我国教育目的和学校的教育任务，协调来自各方面对学生的要求与影响，有计划地组织全班学生的教导活动，做好学生的思想教育工作，并对他们的学习、劳动、工作、课外活动、课余生活以及社会活动等全面负责，把班级培养成为积极向上的集体，使每个学生在德、智、体、美等方面都得到充分的发展。

（2）班主任工作的内容与方法。

①了解和研究学生。了解学生，包括个人和集体两方面。了解学生个人情况，包括个人德、智、体的发展，他的情趣、特长、习性、诉求，家庭状况和交往情况。了解学生集体情况，是在了解学生个人情况的基础上汇集而成，包括全班学生的年龄、性别、家庭等一般情况；学生德、智、体发展的一般水平和有特殊才能的学生情况，班风与传统等。了解和研究学生的主要方法有观察、谈话、分析书面材料和调查研究等。

②教导学生学好功课。学好功课是学生的主要任务，也是班主任的一项经常性的重要任务。有成效地完成这一任务，主要靠各科教师，但班主任的作用不可忽视。班主任应做到：注意学习目的与态度的教育；加强学习纪律的教育；指导学生改进学习的方法和习惯。

③组织班会活动。班会是向学生进行思想教育的一个重要阵地。有计划地组织班会活动是班主任的一项重要任务。

④组织课外活动、校外活动和指导课余生活。课外活动与校外活动对培养学生的志趣、才能，丰富和活跃他们的生活，促进他们德、智、体全面发展有重要意义。在开展课外与校外活动方面，班主任主要负责动员和组织工作。

⑤组织学生劳动。学生的劳动内容很广，主要有生产劳动、建校劳动和各种公益劳动。每学期开学之初，学校应当根据情况对各班学生的劳动做出统一的计划和安排。班主任则应按学校的安排与要求，有目的有计划地组织好本校学生的劳动。

⑥协调各方面对学生的要求。调节和统一校内外各方面对学生的要求，这是有成效地教育学生的重要条件，也是班主任工作的一项重要内容。这项工作包括统一校内教育者对学生的要求以及统一学校与家庭对学生的要求。

⑦评定学生操行。操行是指学生的思想品德表现。操行评定是对学生一学期或一学年以来的思

想品德发展变化情况的评价。操行评定，一般采用评语，有的还要评定等级。

⑧做好班主任工作的计划与总结。为了能够较自觉地做好班主任工作，一要加强计划性，使工作有条不紊地进行；二要注意总结工作经验，以便不断改进和提高。二者是互为基础、相互促进的。

（3）班主任素质的要求。

①为人师表的风范。班主任是学生的教育者、引路人，是他们崇敬的老师，依靠的长者，学习的榜样。他应严于律己，他的为人处世、一言一行、性情作风等各方面均能为人师表，为学生示范。

②相信教育的力量。相信每个学生都有自己的特点、优势和潜能，只要经过教育，都有美好的发展与前途。即使有严重缺点和错误的学生，只要真情关怀，耐心教育，切实帮助，也能转变好。只有确信教育的力量的班主任，才能不畏困难曲折，把学生转变好。

③要有家长的情怀。班主任对待学生要像家长对待孩子一样，有深厚的情感，能无微不至地关怀，与学生彼此信赖。这样才能使学生更易亲近班主任，听班主任的话，才能使班主任工作顺利进行。

④较强的组织亲和力。班主任要善于与人打交道，善于亲近学生、与学生打成一片，这样才便于组织学生开展活动。他还要善于在工作中表现出魄力，能令行禁止，坚定地引导学生沿着正确的方向，不断前进。

⑤能歌善舞、多才多艺。每个学生都有自己的兴趣与爱好，因而需要展开各种各样、丰富多彩的活动。这就要求班主任也有广泛兴趣、多才多艺，易与学生打成一片，便于开展工作。

2. 试述几个主要的教学原则。

【答案要点】

教学原则是有效进行教学必须遵循的基本要求。它既指导教师的教，也指导学生的学，应贯彻于教学过程的各个方面和始终。我国主要的教学原则有：

（1）启发性原则。

含义：指在教学中教师要激发学生的学习主体性，引导他们经过积极思考与探究自觉地掌握科学知识，学会分析问题和解决问题，树立求真意识和人文情怀。也称探究性原则或启发与探究相结合原则。

基本要求：第一，调动学生学习的主动性；第二，善于提问激疑，引导教学步步深入；第三，注重通过解决实际问题启发学生获取知识；第四，引导学生反思学习过程；第五，发扬教学民主。

（2）理论与实践相结合原则。

含义：指教学要以学习基础知识为主导，将理论运用于解释和解决实际问题，学以致用，发展动脑、动手能力，并理解知识的含义，领悟知识的价值。

基本要求：第一，注重联系实际学好理论；第二，重视引导学生运用知识；第三，逐步培养与形成学生综合运用知识的能力；第四，面向生活现实，培养学生的对策思维。

（3）科学性和思想性统一原则。

含义：指教学要以马克思主义为指导，授予学生以科学知识，并结合知识教学对学生进行社会主义品德和核心价值观教育。

基本要求：第一，保证教学的科学性；第二，发掘教材的思想性，注意在教学中对学生进行思想品德教育；第三，重视补充有价值的资料、事例或录像；第四，教师要不断提高自己的专业水平和思想修养。

（4）直观性原则。

含义：指在教学中要通过引导学生观察所学事物或图像、聆听教师用语言对所学对象的形象描绘，形成有关事物具体而清晰的表象，从而使他们理解所学知识。

基本要求：第一，正确选择直观教具和现代化教学手段；第二，直观要与讲解相结合；第三，防止直观的不当与滥用；第四，重视运用语言直观。

（5）循序渐进原则。

含义：指教学要按照学科的逻辑系统和学生认识的顺序逐步进行，使学生系统地掌握基础知识、基本技能，形成严密的逻辑思维能力。也称系统性原则。

基本要求：第一，按教材的系统性进行教学；第二，抓主要矛盾，解决好重点与难点；第三，由浅入深、由易到难、由简到繁；第四，将系统连贯性与灵活多样性结合起来。

（6）巩固性原则。

含义：指教学要引导学生在理解的基础上牢固地掌握知识和技能，长久地保持在记忆中，能够根据需要迅速再现，有效地运用。

基本要求：第一，在理解的基础上巩固；第二，把握巩固的度；第三，重视组织各种复习；第四，在扩充、改组和运用知识中积极巩固。

（7）发展性原则。

含义：指教学的内容、方法和进度，既要适合学生已有的发展水平，又要有一定的难度，激励他们经过努力才能掌握，以便有效地促进学生的身心发展。

基本要求：第一，了解学生的发展水平，从实际出发进行教学；第二，考虑学生认识发展的时代特点。

（8）因材施教原则。

含义：指教师要从学生的实际情况与个性特点出发，有的放矢地进行有区别的教学，使每个学生都能扬长避短、长善救失，获得最佳发展。

基本要求：①针对学生的特点进行有区别的教学；②采取灵活多样的举措，使学生的才能得到充分的发展。

3. 试述杜威的教育本质论。

【答案要点】

杜威对于"什么是教育"的问题，给出的回答是：教育即生活、学校即社会、教育即生长、教育即经验的持续不断的改造。

（1）教育即生活。

杜威认为教育是生活的过程，学校是社会生活的一种形式，那么学校生活也是生活的一种形式。

学校生活应与儿童自己的生活相契合，满足儿童的需要和兴趣，使校园成为儿童的乐园，使儿童在现实的学校生活中得到乐趣。学校生活应与学校以外的社会生活相契合，适应现代社会变化的趋势并成为推动社会发展的重要力量，校园不应是世外桃源而应积极参与社会生活。

杜威要做的就是改造不合时宜的学校教育和学校生活，使之更富活力，更有乐趣，更具实效，更有益于儿童发展和社会改造。

（2）学校即社会。

杜威"学校即社会"意在使学校生活成为一种经过选择的、净化的、理想的社会生活，使学校成为一个合乎儿童发展的雏形的社会。而要将此落于实处，就必须改革学校课程，从分科课程转变为活动课程。

"学校即社会"是对"教育即生活"这一命题的进一步引申，代表社会生活的活动性课程的引入是使学校与社会生活相联系的基本保证。杜威坚信教育是社会进步及社会改革的基本方法，希望通过教育改造社会生活，使之更完善、更美好。

（3）教育即生长。

杜威针对当时教育无视儿童天性，消极对待儿童，不考虑儿童的需要和兴趣的现象，提出了"教育即生长"的观念。

杜威要求摒除压抑、阻碍儿童自由发展之物，使教育和教学适应儿童的心理发展水平和兴趣、需要的要求。他所理解的生长是机体与外部环境、内在条件与外部条件交互作用的结果，是一个持续不断的社会化的过程。杜威要求尊重儿童但不同意放纵儿童，这也是杜威与进步主义教育实践的一个重要区别。

（4）教育即经验的持续不断的改造。教育即经验的持续不断的改造是指构成人的身心的各种因素在外部环境和人的主动经验过程中统一的全面改造、发展、生长的连续过程，包含四个方面：

①经验是一种行为，涵盖认识的、情感的、意志的等理性、非理性因素，成为儿童各方面发展和生长的载体。在经验过程中，儿童不仅获得知识，而且形成能力、养成品德。

②经验是有机体与环境相互作用的过程，机体不仅受环境的塑造，同时也对环境加以改变。经验的过程就是一个实验探究的过程、运用智慧的过程、理性的过程。

③经验的过程是一个主动的过程，有机体既接受着环境塑造，也主动改造着环境。

④经验是一个连续发展的过程，不存在终极目的的发展过程，因此教育就是个人经验的不断生长。

（5）评价。

积极性。杜威关于教育本质的这四个论点具有重要的意义：第一，这些观点是杜威改革旧教育的纲领，他的意图是要使教育为缓和社会矛盾、完善美国社会制度服务，对于推动当时的教育改革有积极意义；②杜威关于教育本质的观点是他的教育哲学的四个主要命题，内涵丰富并具有启发意义；③杜威力图把教育的社会功能与个体发展功能统一起来，并把社会活动视为使两者得以协调的重要手段或中介。

局限性。杜威对于教育本质的表述不够科学。如"教育即生长"给人以重视个体的生物性而回避社会性的印象，并且生长有方向、方式之异，有好坏优劣之别，所以仅说"教育即生长"是不严谨的；又如"教育即生活"的口号表述过于简要，也易使人不得要领，从而在理解上产生歧义；"学校即社会"的提法也存在着片面性，它忽视社会与个体发展的各自的相对独立性，进而导致抹杀学校与社会的本质区别。

4. 知识迁移的规律在教学中的应用。

【答案要点】

知识迁移即学习迁移，是指已获得的知识、技能、态度或理解对新知识、新技能或态度的形成的影响。根据知识迁移规律，在教学中，可以采取以下措施促进知识应用与迁移：

（1）整合学科内容。教师要注意把各个独立的教学内容整合起来，鼓励学生把在某一门学科中学到的知识运用到其他学科中去。

（2）加强知识联系。教师要重视简单的知识技能与复杂的知识技能、新旧知识技能之间的联系。教师要促使学生把已学过的内容迁移到新的学习内容中去。

（3）强调概括总结。教师在教学中要注意启发学生对所学内容进行概括总结。一方面在教学中，教师要引导学生自己对原理进行概括，培养和提高其概括总结的能力，充分利用原理的迁移；另一方面，在讲解原理时，教师要在最大范围内列举各种变式，使学生正确把握其内涵和外延。

（4）重视学习策略。教师应有意识地教学生学会如何学习，帮他们掌握概括化的认知策略和元认知策略，从而促进学习的迁移。

（5）培养迁移意识。教师可以通过反馈和归因控制等方式使学生形成关于学习和学校的积极态度。教师要注意对学生的反馈，当学生用其他学科的知识来解决某一学科的问题时应给予鼓励。

2014年 深圳大学 333 教育综合·真题解析

一、名词解释

学校教育制度

学校教育制度即学制,它是现代教育制度的核心部分。指的是一个国家各级各类学校的系统及其管理规则,它规定着各级各类学校的性质、任务、入学年限、修业年限以及它们之间的关系。

学园

学园是柏拉图创办的被视为雅典第一个永久性的高等教育机构。作为一所高等学府,学园既开展了广泛的教学活动,培养了各类人才,同时也进行了哲学和自然科学领域的学术研究,这些教学和研究活动极大地促进了古希腊科学和文化的发展。学园开设的课程门类众多,其中,数学占有重要地位。学园的教学形式和方法灵活多样,苏格拉底式的谈话法被普遍采用。

中体西用

中体西用是洋务派关于中西文化关系的核心命题,也是洋务教育的指导思想。在回答解决"西学"与中国固有文明之间的关系问题时,洋务派提出"中体西用",认为在突出"中学"主导地位的前提下,应肯定"西学"的辅助作用和器用价值。1898年初,张之洞发表《劝学篇》,围绕"旧学为体,新学为用"的主旨集中阐述,形成了一个比较完整的思想体系。

陈述性知识

陈述性知识是关于"是什么"的知识,是对事实、定义、规则和原理等的描述。容易被人意识到,并且人能够明确地用词汇或者其他符号将其系统地表述出来。

多元智力理论

加德纳提出了多元智力理论,认为人的智力可以分为八种,不存在单纯的某种智力和达到目标的唯一方法,每个人都会用自己的方式来发掘各自的大脑资源,这种为达到目的所发挥的各种个人才智才是真正的智力,造就了人与人之间的不同。

二、简答题

1. 学校教育在人的身心发展中的作用。

【答案要点】

(1)教育在人的发展中起引领作用。

教育在年轻一代的发展中起着引领作用主要体现在:有意识地为年轻一代的成长选择、建构、调控良好的环境,对他们的生活、交往、学习与实践等活动进行正确的教导、示范和辅助,并注重尊重他们的主体地位和激发、引导他们内在的学习动力与自我发展的能动性和自主性,从各方面引领、关怀、维护他们的发展。

(2)学校教育主要通过传承文化科学知识来培养人。

学校教育是教育者有意识地为儿童的身心发展精心设置的一种环境,它把经过选择的、重新组编的、人类长期积累起来的文化知识作为精神客体与儿童互动,以促进儿童的发展,使他们成人成才。文化知识蕴含着有利于人的发展的多方面价值,包括促进人的认识的发展、促进人的精神的发展、促进人的能力的发展和促进人的实践的发展。

（3）学校教育对提高人的现代性有显著的作用。

教育在人的现代化过程中起着重要作用，因为学生在学校里不仅学会了读、写、算等各个方面的基础知识与技巧，而且学到了与他们个人的发展和国家的未来有关的态度、价值和行为方式。人的现代化是社会现代化的重要基础和前提条件，我们应该自觉地优先发展教育，高度重视并充分发挥教育对人的现代化的促进作用。学校教育具有较强的目的性、系统性、选择性、专门性和基础性。从终身教育的角度看，各级各类学校教育都是在不同层面上为人一生的发展打基础，包括为一生的"做人"打基础。

2. 简述班级授课制的利弊。

【答案要点】

（1）含义。一种集体教学形式。它把一定数量的学生按年龄与知识程度编成固定的班级，根据周课表和作息时间表，安排教师有计划地给全班学生上课，分别学习所设置的各门课程。

（2）优点：第一，形成了严格的教学制度；第二，以课为单位科学地组织教学；第三，能充分发挥教师的主导作用；第四，能促进学生的社会化与个性化；第五，便于传授系统的科学知识。

（3）缺点：第一，不利于照顾学生的个别差异；第二，不利于培养学生的兴趣、特长和发展个性；第三，不利于理论联系实际；第四，不利于实现教学的灵活性。

3. 简述裴斯泰洛齐的要素教育及对你的启示。

【答案要点】

要素教育论的基本思想是：初等学校的各种教育都应该从最简单的要素开始，然后逐渐转到日益复杂的要素，循序渐进地促进人的和谐发展。要素教育既要求初等学校为每个人在德、智、体几方面都能受到基本的教育而得到和谐的发展，又要求在德育、智育、体育的每一个方面都通过"要素方法"获得均衡的发展。

（1）道德教育最基本的要素是儿童对母亲的爱。随着孩子的成长，便由爱母亲发展到爱双亲、爱兄弟姐妹、爱周围的人。进入学校后，又把爱逐步扩大到爱所有人、爱全人类。

（2）智育的基本要素是数目、形状和语言。教育就是在这些要素的基础上来进行教学和设计课程，从而促进儿童的心理发展。所对应的科目分别是算数、几何和语文。

（3）体育的基本要素是关节活动。儿童的体育训练就是要从各种关节活动的训练开始，并随着年龄的增长逐渐进行较复杂的动作训练，以发展他们身体的力量和各种技能。

对我的启示：教育作为专门培养人的社会实践活动，就是要通过培养全面发展的人来实现我们的社会发展理想和人的发展的理想。因此，我们要坚持德、智、体、美、劳全面、均衡的发展。

三、分析论述题

1. 教育是如何推动国家民主法治建设发展的。

【答案要点】

（1）教育通过传播一定的社会的政治意识，完成年轻一代的政治社会化。

人的社会化是人的发展的重要方面，而政治社会化又是人的社会化的重要方面。教育作为传递知识、训练思维与培养情感的活动，能向年轻一代传播一定的社会政治意识，促进他们的政治社会化，从而为一定社会政治秩序的稳定创造重要条件。

（2）教育通过造就政治管理人才，促进政治体制的变革与完善。

现代社会强调法治，使得教育更重视培养政治管理人才。由于科技向管理部门的全面渗透，社会越发展，国家对政治管理人才的素质要求越高，通过教育选拔、培养政治管理人才显得越重要。

（3）教育通过提高全民文化素质，推动国家的民主政治建设。

一个国家的政治是否民主，取决于政体和国民素质。普及教育的程度越高，国民的文化素质越高，其国民就越能认识民主的价值，在政治生活和社会生活中就越能履行民主的权利。

（4）教育是形成社会舆论、影响政治时局的重要力量。

学校是知识分子和青少年集中的地方，他们有见解，勇于发表意见，通过教育者和受教育者的言论、演讲和社会活动等，来宣传思想，造就舆论，借以影响群众，为一定的政治、经济服务。

2. 近代中国学制的演变和特点。

【答案要点】

（1）壬寅学制。

壬寅学制是中国近代第一个以中央政府名义制定的全国性学制系统，具体规定了各级各类学堂的性质、培养目标、入学条件、在学年限、课程设置和相互衔接关系，但公布后未曾实行即被"癸卯学制"取代。学制主系列划分为三段七级，主系列外还设有与高等小学堂平行的简易实业学堂，与中学堂平行的中等实业学堂、师范学堂，与高等学堂平行的高等实业学堂、师范馆、仕学馆等。

（2）癸卯学制。

"癸卯学制"是中国近代由中央政府颁布并首次得到施行的全国性法定学制系统，较"壬寅学制"更为系统完备。学制主系列分为三段七级，在主系列之外，还设有实业类和师范类的平行学堂。

（3）"壬子癸丑学制"。

1912年，民国教育部参照日本学制，制定和正式公布了民国学制系统的结构框架——壬子学制。随后至1913年，教育部又陆续公布了一系列教育法令法规，使得壬子学制得到充实和具体化，综合起来形成了壬子癸丑学制，又称1912—1913学制，这是中国近代第一个资产阶级性质的学制。该学制主系列划分为三段四级。学制总年限为17~18年。小学前的蒙学院和大学本科后的大学院均不计入学制年限。主系列外设置平行学院，主要分为师范类和实业教育类。此外，该学制还特设或附设有补习科、专修科、讲习所之类的旁支。

（4）1922年"新学制"。

1922年，教育部在北京专门召开了学制会议。同年11月以大总统令公布了《学校系统改革案》。该学制又被称为"新学制"或"壬戌学制"，由于采用的是美国式的六三三分段法，又称"六三三学制"。

"新学制"的特点：

根据儿童身心发展规律划分教育阶段；初等教育阶段趋于合理，更加务实；中等教育阶段是改制的核心，是新学制中的精粹；建立了比较完善的职业教育系统；改革师范教育制度；缩短高等教育年限，取消大学预科。

（5）"戊辰学制"。

南京国民政府成立后，出于推行"三民主义"教育的需要，又动议修订学制系统。1928年，在中华民国大学院第一次全国教育会议上，以1922年新学制为基础略加修改，提出了《整理中华民国学校系统案》，即"戊辰学制"。

该学制分为原则和组织系统两部分。第一部分提出七项原则，分别是：第一，根据本国实情；第二，适应民生需要；第三，增高教育效率；第四，提高学科标准；第五，谋个性之发展；第六，使教育易于普及；第七，留地方伸缩之可能。第二部分为学校系统。

3. 教师应该如何布置作业能使学生更好地理解和掌握知识。

【答案要点】

（1）把握作业育人功能。

作业是学校教育教学管理工作的重要环节，是课堂教学活动的必要补充。教师要遵循教育规律、坚持因材施教，严格执行课程标准和教学计划，在课堂教学提质增效基础上，切实发挥好作业育人功能，布置科学合理有效作业，帮助学生巩固知识、形成能力、培养习惯，帮助教师检测教学效果、精准分析学情、改进教学方法、提高教育质量。

（2）严控书面作业总量。

确保小学一、二年级不布置书面家庭作业，可在校内安排适当巩固练习；小学其他年级每天书面作业完成时间平均不超过60分钟；初中每天书面作业完成时间平均不超过90分钟。周末、寒暑假、法定节假日也要控制书面作业时间总量。

（3）创新作业类型方式。

教师要根据学段、学科特点及学生实际需要和完成能力，合理布置书面作业、科学探究、体育锻炼、艺术欣赏、社会与劳动实践等不同类型作业。鼓励布置分层作业、弹性作业和个性化作业，科学设计探究性作业和实践性作业，探索跨学科综合性作业。切实避免机械、无效训练，严禁布置重复性、惩罚性作业。

（4）提高作业设计质量。

教师要将作业设计作为校本教研重点，系统化选编、改编、创编符合学习规律、体现素质教育导向的基础性作业。教师要提高自主设计作业能力，针对学生不同情况，精准设计作业，根据实际学情，精选作业内容，合理确定作业数量，作业难度不得超过国家课程标准要求。

（5）加强作业完成指导。

教师要充分利用课堂教学时间和课后服务时间加强学生作业指导，培养学生自主学习和时间管理能力，指导小学生基本在校内完成书面作业，初中学生在校内完成大部分书面作业。

（6）认真批改反馈作业。

教师要对布置的学生作业全批全改，不得要求学生自批自改，强化作业批改与反馈的育人功能。作业批改要正确规范、评语恰当。通过作业精准分析学情，采取集体讲评、个别讲解等方式有针对性地及时反馈，特别要强化对学习有困难学生的辅导帮扶。有条件的地方，鼓励科学利用信息技术手段进行作业分析诊断。

2013年 深圳大学333教育综合·真题解析

一、名词解释

教育

教育是人的发展与社会发展的中介活动，其主旨在于以人为本、育人成人，培养人成为他所生存的那个时代的社会实践主体，引导人和社会的持续发展。其概念有广义和狭义之分。广义教育指凡是有目的地增进人的知识技能、影响人的思想品德、增强人的体质的活动都是教育，包括人们在家庭中、学校里、亲友间、社会上所受到的各种有目的的影响。狭义教育主要指学校教育。

《学记》

《学记》是《礼记》的一篇，是中国古代最早的一篇专门论述教育、教学问题的论著，因此有人认为它是"教育学的雏形"。《学记》是先秦时期儒家教育和教学活动的理论总结，它主要论述教育的具体实施，偏重于说明教学过程的各种关系。

终身教育

终身教育是人一生各阶段当中所受各种教育的总和，也是人所受的不同类型教育的综合。前者从纵向上讲，说明终身教育不仅仅是青少年的教育，而且涵盖了人的一生；后者从横向上讲，说明终身教育既包括正规教育，也包括非正规教育和非正式教育。

多元智力理论

加德纳提出了多元智力理论，认为人的智力可以分为八种，不存在单纯的某种智力和达到目标的唯一方法，每个人都会用自己的方式来发掘各自的大脑资源，这种为达到目的所发挥的各种个人才智才是真正的智力，造就了人与人之间的不同。

课程标准

课程标准是指在一定课程理论指导下，依据培养目标和课程方案以纲要形式编制的关于课程的性质与价值、目标与内容、教学实施建议以及课程资源开发等方面的指导性文件，一般由说明、课程目标、课程内容标准和课程实施建议等部分组成。

二、简答题

1. 简述遗传、环境和教育对人的发展的作用。

【答案要点】

（1）遗传在人发展中的作用：遗传素质是人的发展的生理前提；遗传素质的成熟程度制约着人的发展过程及年龄特征；遗传素质的差异性对人的发展有一定的影响；遗传素质具有可塑性。

（2）环境在人的发展中的作用：环境是人的发展的外部条件；环境的给定性与主体的选择性。

（3）教育对人的发展的作用：教育在人的发展中起引领作用；学校教育主要通过传承文化科学知识来培养人；学校教育对提高人的现代性有显著的作用。

2. 当代世界教育发展的趋势。

【答案要点】

（1）学校教育逐步普及。由于资本主义生产尤其是机器大工业生产在欧洲兴起，因而西欧的资本主义国家最先提出普及教育的要求。1619年，德意志魏玛邦在宗教改革的影响下颁布了学校法令，规定父母送6~12岁男女儿童入学，这是普及教育的开端。

（2）教育的公共性日益突出。随着大工业生产发展的需要，随着工人阶级和其他劳动人民对教育权的争取，对受教育权的阶级垄断越来越不合时宜，受到来自被统治阶级和统治阶级两方面的批判。在此情形下，大力发展学校教育逐渐成为社会的公共事业和共同话题。

（3）教育的生产性不断增强。在现代社会，随着工业生产的发展和科学技术的进步，科技与教育在生产中的作用增强。现代教育与生产劳动的逐步结合，对提高社会生产效率和增加社会财富起着重要作用，日益成为经济发展的有力保证。

（4）教育制度逐步完善。随着学校数量的增加，学校教育的层次、种类及其运行和管理的复杂化，需要一定的教育宗旨、制度、要求等，以推动学校教育系统有条不紊地运行。教育制度化的实现，使得教育系统中的各级各类学校、各种教育机构和教育行政部门的工作均有制度可循，能排除来自内外部的干扰，使教育活动有序有效地开展，取得了良好效果。

3. 知识增长对教育提出了哪些新的挑战？

【答案要点】

科学技术的迅猛发展，信息化程度的不断提高，对知识增长的方式产生了明显的影响，对人才素质的培养也提出了新的要求。

（1）知识更新的周期不断缩短。

知识的迅速增长和知识更新周期的不断缩短，要求我们把接受性的积累性的学习转变为探索性的发展性的学习。

（2）知识结构的综合化。

注重学科的交叉，注重学科思维方法的培养，远比掌握具体学科详尽知识的学习更重要。拓宽知识视野，注重知识的综合运用，是当代教育改革的一个方向。

（3）知识传播的数字化。

现代信息技术的革命，必将引起人类教育方式和学习方式的深刻革命。这就要求我们必须掌握现代信息技术，具备吸收、判断、利用和处理信息的能力。

（4）知识文化交流的国际化。

信息传播技术的高速发展和信息对人的生活影响的扩大，使得国际社会一体化的趋势越来越明显。国际化人要有现代国际沟通的基本技能，要有现代国际观念，如对国际文化的认同观念，共同发展的观念，民主与和平的观念，国际权利与国际义务的观念等。

知识增长方式的变化将对教育的目的、标准、方式、能力要求等发生深刻的影响，对当代教育提出了新挑战。

4. 青少年儿童作为权利主体享有哪些合法权利？

【答案要点】

（1）受教育权。

受教育权是学生所具有的基本权利。受教育权从其实现过程可以分为学习机会权、学习条件权和学习成功权。

（2）平等权。

学生应该获得平等的受教育机会和过程，主要表现在以下几个方面：一是改善教育条件不佳学校的办学条件；二是教育质量的公平；三是教育过程中的平等。

（3）人身安全与隐私权。

身体不受到攻击、毒打、伤害是学生的基本权利。首先校舍安全要达到国家规定的安全标准，其次要对学生进行系统的安全教育，此外还要保障学生的交通安全和卫生安全。学生的隐私应该受到合法保护，对未成年人的信件、日记、电子邮件，任何组织或者个人不得隐匿、毁弃。

（4）申诉权。

当学生认为得到不公正的处分或遭遇伤害时，学生可以提出申诉。

5. 日本明治维新时期的教育改革。

【答案要点】

（1）建立中央集权式的教育管理体制。1871年，明治政府在中央设立文部省，统一管理全国的文化教育事业并兼管宗教事务。1872年颁布的《学制令》，在确立教育领导体制的基础上，建立全国的学校教育体制。规定实行中央集权式的大学区制。

（2）初等教育的发展。1886年颁布的《小学令》规定初等教育年限为8年，分两个阶段实施。

前 4 年为寻常小学阶段，实施义务教育；后 4 年为高等小学阶段，实施收费制。

（3）中等教育的发展。1886 年颁布的《中学校令》规定，中学承担实业教育及为学生升入高等学校做准备的基础教育两大任务；中学类型分为寻常中学与高等中学两类，前者修业 5 年，由地方设置及管理，每府县设立一所，属普通教育学校；后者修业 2 年，每学区设一所，属大学预科性质，直接接受文部大臣的领导。

（4）高等教育的发展。日本近代高等教育的发展始于明治维新时期的教育改革，这一改革既吸取借鉴了欧美发展高等教育的经验，同时又较好地利用了本国已有的教育基础。新大学的创办以 1877 年东京大学的成立为肇端。1886 年颁布《帝国大学令》，改东京大学为帝国大学，明确其任务为适应国家发展需要，讲授学术及技术理论，研究学术及技术的奥秘，培养大批管理干部及科技人才。

（5）师范教育的发展。明治时期大规模教育改革的推行及学校的兴办，尤其是初等义务教育运动的开展，客观上要求充分发展师范教育以提供必要的师资保障。1886 年颁布的《师范学校令》为日本师范教育的规范发展提供了政策支撑。《师范学校令》将师范学校分为寻常师范学校与高等师范学校两类。寻常师范学校由地方设立，招收小学毕业生，主要为公立小学培养教师和校长；高等师范学校由国家设立，招收寻常师范学校的毕业生，主要为寻常师范学校培养教师和校长。

三、分析论述题

1. 中国古代书院教育制度的特点。

【答案要点】

书院最初属于私学性质，尽管在发展的过程中有官学化倾向，但在培养目标、管理形式、课程设置、教学方法以及师生关系等方面都表现出与官学不同的特点。

（1）书院精神。书院以自由讲学为主，注重讨论，学术风气浓厚，开辟了新的学风，推动了教育和学术的发展。

（2）书院功能。育才、研究和藏书。

（3）培养目标。注重人格修养，强调道德与学问并进，培养学生的学术志趣。

（4）管理形式。较为简单，管理人员少，强调学生遵照院规自我约束、自我管理为主。

（5）课程设置。灵活具有弹性，教学以学生自学、独立研究为主，师生、学生之间注重质疑问难与讨论。

（6）教学组织。教学与研究相结合，教学形式多样，注重讲明义理，躬亲实践。

（7）规章制度。书院作为一种教育制度得以确立，在教育目标、教学方法、教学顺序等方面用学规的形式加以阐明，最著名的是《白鹿洞书院揭示》，它说明南宋后书院已经制度化。

（8）师生关系。较之官学更为平等、学术切磋多于教训，学生来去自由，关系融洽、感情深厚。

（9）学术氛围。教学与学术研究并重，学术氛围自由宽松，人格教育与知识教育并重。

总之，书院既是集藏书、教育和学术活动于一体的机构，又是学者以文会友的场所，具有较广泛的社会文化教育功能。

2. 教育是如何推动经济发展的。

【答案要点】

（1）教育是使可能的劳动力转变为现实的劳动力的基本途径。

劳动力是生产力中能动的要素。个体的生命的成长只构成了可能的劳动力，一个人只有经过教育和训练，掌握一定生产部门的劳动知识和技能，并能生产某种使用价值，他才能成为现实的生产力。

（2）现代教育是使知识形态的生产力转化为直接的生产力的重要途径。

科学技术是一种知识形态的生产力，要使其转化为现实的生产力，除了要通过科学研究、发明创造或革新实践外，其技术成果的推广、经验的总结与提升都需要教育与教学的紧密配合。

（3）现代教育是提高劳动生产率的重要因素。

现代生产有其显著特点，它的生产率提高依靠科学技术在生产中的应用、推广和不断革新，依靠提高劳动者受教育的程度与质量，依靠劳动者的素质、扩大脑力劳动者的比重、发挥劳动者在生产和改革中的创造性。

3. 教师应当怎样科学提问才能使学生更好地理解和掌握知识、发展能力？

【答案要点】

（1）课堂提问的设置要与教学内容和教学目标相吻合。

课堂提问是源于教材的，因此教师必须对教材有充分的理解和把握。教师应该在充分把握教材的内容和教学目标的前提下，理清自己的思路，设计好能够引导学生开动脑筋、鼓励学生深入思考、让学生积极参与课堂并能清晰把握教材结构的问题。

（2）提问的设置要符合学生的认知水平。

教师在设置课堂提问时，应该考虑学生的水平，设置适宜的难度，让学生有话可说，提高学生的参与度。但同时，教师也不能忽略较高难度问题的设置，教师精心设计和挑选的较高难度的问题，往往会引发学生更深入地思考，教师应该帮助学生进行不同程度的思考。

（3）提问后要给学生足够的"等待时间"。

研究表明，学生一旦得到回答课堂提问的"等待时间"，他们在课堂上会更为放松和积极，对内容的思考也会相对更深刻，在认知水平上得到更好地提升。尤其是在回答较高难度的问题时，等待时间就显得更为重要。

（4）引导学生成为课堂提问者。

有效的课堂提问，可以形成一个以学生为中心、以询问为导向的学习者团体。当学生提出问题时，教师要给学生正面的鼓励和评价。当学生面对教学内容提出自己的问题时，说明他对于学习是有自己的思考的，他积极参与到课堂活动中了，更容易理解和记忆正在学习的内容。教师要为学生提供多种生动的形式，比如角色扮演、循环提问等。

2012年 深圳大学333教育综合·真题解析

一、名词解释

学校教育制度

学校教育制度即学制，它是现代教育制度的核心部分。指的是一个国家各级各类学校的系统及其管理规则，它规定着各级各类学校的性质、任务、入学年限、修业年限以及它们之间的关系。

隐性课程

隐性课程也称潜在课程、隐蔽课程，是以内隐的、间接的方式呈现的课程，是学生在显性课程以外所获得的所有学校教育的经验，不作为获得特定教育学历或资格证书的必备条件。主要表现形式有观念性隐形课程、物质性隐形课程、制度性隐形课程和心理性隐形课程。

西南联合大学

抗日战争时期，为保存国家教育实力，国民政府将不少著名大学西迁。西南联合大学是指由北大、清华、南开合并而成的大学，原有著名大学经过合并，使各自的优良传统和学科优势得以发扬和互补，形成新的特色。

七艺

"七艺"是西方教育史上对七种教学科目的总称，包含文法、修辞、辩证法、音乐、算术、几何、天文。西方教育史上沿用长达千年之久的"七艺"中的前"三艺"是由智者学派首先确定下来的。后来柏拉图将"四艺"作为教学科目详加论述，并认为"三艺"是高级课程，"四艺"是初级课程。三艺和四艺合称为"七艺"。

英国公学

公学是一种私立教学机构，相对于私人延聘家庭教师的教学而言，这种学校是由公众团体集资兴办，其教学目的是培养一般公职人员，其学生是在公开场所接受教育。它较之一般的文法学校师资及设施条件好、收费更高，是典型的贵族学校，被称为英国绅士的摇篮。

观察学习

观察学习是一种间接学习的形式，人类的大多数行为是通过观察而习得的，人们通过观察他人的行为及其后果，可获得榜样行为的符号表征和经验教训，并可引导观察者今后的行为。其基本过程包括注意过程、保持过程、复制过程和动机过程。

二、简答题

1. 文化对教育发展的影响和制约作用主要体现在哪些方面？

【答案要点】

文化对教育发展的影响：

（1）传递文化。文化教化的前提是人类对文化的创造与传递。教育起着传递文化的作用。尤其是学校教育因其具有明确的目的性、计划性等特点，一直承担着传承文化的重任。

（2）选择文化。为了有效地传承文化，必须发挥教育对文化的选择功能。教育的选择功能十分重要，体现了教育对文化发展的积极引导和自觉规范。

（3）发展文化。文化的生命不仅在于它的保存和积累，更在于它的更新与创造。随着社会的日益开放化，学校在加强国际文化交流中的作用也日益明显。教育通过广泛的文化交流，不断地吸收其他民族的文化精华，补充、更新和发展本民族的文化，也是文化发展的一种重要方式。

文化对教育发展的制约作用：

（1）文化知识制约教育的内容与水平。

文化是教育的基础，教育的本质是通过传承和创新文化来培养人才。学校教育的一个重要任务就是传授系统的文化知识。因此，文化是教育的主要资源，文化知识的发展特性与水平制约着教育的发展特性与水平。

（2）文化模式制约教育的背景与模式。

首先，文化模式为教育提供了特定的背景；其次，文化模式还从多方面制约教育的模式。不同文化模式影响的教育模式，在教育目的、内容与方式等各方面也有明显的差异。

（3）文化传统制约教育传统的特性。

文化传统越久，对教育传统的制约性越大。我们在教育改革中遇到的许多阻力，究其根源，都与文化传统的消极因素有一定的关系。正确认识文化传统与教育传统的制约关系，对于指导我们今天的教育改革具有重大现实意义。

2. 在教学过程中如何处理掌握知识与发展智力的关系。

【答案要点】

（1）智力的发展与知识的掌握二者相互依存，相互促进。

在教学过程中，学生智力的发展依赖于他们知识的掌握，对学生来说，掌握、运用知识及其反思、改进的过程，也就是他们运用和发展智力的过程；同时，学生对知识的掌握又依赖于他们的智力发展，只有那些智力发展好的学生，他们的接受能力才强、学习效率才高，而智力发展较差的学生在学习中则有较多的困难。

（2）生动活泼地理解和创造性地运用知识才能有效地发展智力。

通过传授知识发展学生智力是教学的一个重要任务，然而知识不等于智力，一个学生知识的多少并不一定能标志他的智力发展的高低。因此，在教学中不仅要教给学生知识，而且要引导学生通过生动活泼的教学活动，透彻地理解知识原理，了解获取知识的过程与方法，学会独立思考、推理与论证，创造性地解决实际问题，这样才能使学生的智力获得高水平的发展。

（3）防止单纯抓知识教学或只重能力发展的片面性。

在教学实践中，有的认为"双基"教学抓好了，学生的智力就自然地发展了，却忽视引导学生通过探究、反思有意识地锻炼自己的智力；有的则只注重学生自主探究、反思，却忽视通过系统知识和原理的学习与运用来发展学生的智力。这两者都不利于提高教学质量。

3. 简述德育过程的规律。

【答案要点】

德育过程是学生在教师的引导下，主动积极地进行道德认识和道德实践，逐步提高自我修养能力，形成个人品德的过程。其规律表现在以下几个方面：

（1）德育过程是学生在教师教导下的个体品德的自主建构过程。学生的思想道德认识和行为习惯不是与生俱来的，是学生在与社会环境的相互作用过程中，尤其是在教师有目的、有意识的教育引导下，逐步形成自己的思想认识，发展自己的道德素质的。包含以下三个方面：学生对环境影响的主动吸收；教师对学生的积极引导；外部活动与内部活动相互促进。

（2）德育过程是培养学生知情意行整体和谐的发展过程。学生的品德包含知、情、意、行四个要素。所以德育过程也是培养学生思想品德的知、情、意、行整体和谐的发展过程。包含以下三个方面的含义：思想道德发展的整体性；德育过程有多种开端；德育实践的针对性。

（3）德育过程是提高学生自我教育能力的过程。在德育过程中，要引导学生积极参与社会学习、生活交往和道德践行，培养和提升他们的思想品德素质，均有赖于发挥学生个人的能动性和自我教育能力。包含三个方面的含义：自我教育能力培育的意义；自我教育能力的构成因素；学生自我教育能力的发展。

4. 简述清末"新政"时期的重要教育改革。

【答案要点】

（1）"壬寅学制"和"癸卯学制"颁布。

①壬寅学制。壬寅学制是中国近代第一个以中央政府名义制定的全国性学制系统，但公布后未曾实行即被"癸卯学制"取代。

②癸卯学制。"癸卯学制"是中国近代由中央政府颁布并首次得到施行的全国性法定学制系统，较"壬寅学制"更为系统完备。

(2)废科举,兴学堂。1905年,光绪帝正式下令废除科举。科举制度废除后,出现了中国近代史上难得的兴办新学的热潮。

(3)建立教育行政体制。1905年,清廷批准成立学部,作为统辖全国教育的中央教育行政机关,并将原来的国子监并入。地方教育行政也相应做了改革。

(4)确定教育宗旨。1906年,学部针对民权思想的流行和资产阶级革命派的活动,拟订"忠君、尊孔、尚公、尚武、尚实"的五项教育宗旨,这是中国近代第一次正式宣布的教育宗旨。

(5)留日高潮与"庚款兴学"。在清末新政的激励下,近代留学教育在进入20世纪后骤然勃兴,首先是在1906年前后形成了规模盛大的留日高潮,其次是在1908年美国实行"退款兴学"政策后留美潮流逐渐兴起。

三、分析论述题

1. 联系实际论述当前中小学新课程改革存在的主要困难和问题,并提出你的改进建议。

【答案要点】

当前中小学新课程改革存在的主要问题和困难有以下几个方面:

(1)学校、教师和学生的积极性不高。

任何改革最重要的是要调动群众的积极性,只有调动起了群众的积极性才能得到最广泛的响应,教育改革也是如此。因此当前我们应该想方设法调动起基础人员的积极性,从而使我们的新课改顺利推进。

(2)班级学生人数过多。

新课程要求教师教学方式和学生学习方式都要有一个很大的改变,在观念上从应试教育转向素质教育。但目前我国大部分地区班级人数众多,教学方式的转变不是一朝一夕就能转换的,还需要老师和学生长久的努力。

(3)实验条件难以满足。

新课程对实验教学提出了更高的要求,尤其是实验地区的学校,现有的实验条件无论从数量上还是质量上都不能满足教学需要。

(4)理论与实践脱节。

实现教育教学现代化就必须通过教育科研来指导教师的教育教学行为,然而目前我国许多一线教师都是"经验型""辛苦型"的,"研究型""创造型"的教师比较少,而很多的专家学者则致力于闭门造车研究他们的理论。因此理论和实践没有很好地有机结合起来。

改进建议:

(1)尽快制定切实可行的评价制度。

当前要促进课程改革,国家亟需出台与新课程理念相应的考试政策进行考试改革。目前最重要的是解决在考试的目标上如何体现多元性,即兼顾学生的基础知识、基本能力、思想情感、价值观等的全面评价,在考试的方式上如何体现多样性,突破原有的纸笔考试,将笔试与口试等多种方式结合。

(2)新课程呼唤新的教师培训形式。

随着新课程改革不断纵深推进,不少教师特别是农村学校教师感到很不适应,有的出现了许多难以消解的困惑,必须开展与新课程改革相适应的新的教师培训方式,来逐步提高教师的专业发展水平。

(3)加大课改的培训力度,为新课程实验提供优质的人力资源。

首先要加大中小学校长培训的力度。校长培训是课改的关键,要加强以校为本的培训力度,首先应从校长培训出发，通过校长培训从而促进教师的全员培训，使整个学校从上到下形成一股良好的课改之风。另外培训学校的同时也要做好家长的培训工作，学生在学校学习方式的转变本来就很不容易，如果家庭教育观念没有变化，学校和家庭在理念上出现很大分歧，反而会造成学生对学习的困惑，这样不仅不利于课改的发展，更不利于学生自身的发展。只有家庭与学校的教育观念都得到更新，推进课程改革才会达到事半功倍的效果。

（4）课改调研和教材编写要面向基层学校。

各级调查组要深入基层学校特别是农村中小学，弄清课改实际现状，获取课改真实资料。建议各级教科所和教研室都要到基层中小学校定点帮助学校搞好课程改革，同时搜集第一手鲜活的实验材料做出科学的分析和决策。

（5）各级政府要切实保证教育经费的按时足额发放，制定保证教师权益的相关措施。

有些地方长期拖欠教育经费，地方学校硬件设施得不到改善，政府应该设立专项教育经费去改变落后的教育条件，加大对现代教学设备的投入，从而使新课改得到物质上的保障。

2. 论述科举制度的功与过。

【答案要点】

科举制度即个人自愿报考，县州逐级考试筛选，全国举子定时集中到京都，按科命题，同场竞试，以文艺才能为标准，评定成绩，限量选优录取，是一种选官制度，以这种方式选拔国家官员。

积极作用：

（1）扩大了统治基础，有利于加强中央集权。通过科举考试，平民及中小地主阶层获得了参政的机会，打破了门阀士族地主垄断统治权力的局面，扩大了封建统治的统治基础。同时，通过科举考试，朝廷将选士大权收归于中央政府，强化了中央集权的统治。

（2）使选士与育士紧密结合。促进人们的思想统一于儒学，成为实施儒家"学而优则仕"原则的途径。刺激学校教育的发展，有利于教育的普及。

（3）使选拔人才较为客观公正。隋唐科举考试在发展的过程中逐步建立了较为完备的考试制度，同时逐步建立了一系列的考试防范措施，加强考试管理。

消极作用：

（1）国家只重科举取士，而忽略了学校教育。学校成为科举考试的预备机构，一切教学活动都围绕着科举考试来进行，学校失去了相对独立的地位和作用。

（2）束缚思想，败坏学风。学校教学安排围绕科举进行，导致学校教育中重文辞少实学，重记诵而不求义理，形成了教条主义、形式主义的学习风气。在科举制的影响下，读书的目的不是求知求真，而是为了功名利禄，具有强烈的功利色彩。

（3）科举考试内容的狭隘也阻碍了中国文化的和谐发展，特别是科技文化的发展。

3. 卢梭的自然教育理论述评。

【答案要点】

（1）自然教育的基本含义。

卢梭自然主义教育的核心是"回归自然"。一方面，善良的人性存在于纯洁的自然状态之中。只有"回归自然"、远离喧嚣社会的教育，才有利于保持人的善良天性。因此15岁之前的教育必须在远离城市的农村进行。另一方面，每个人都是由自然的教育、事物的教育、人为的教育三者培养起来，只有三种教育圆满地结合才能达到预期的目的。三者之中，应以自然的教育为基准，才能使教育回归自然达到应有的成效。

（2）自然教育的培养目标。

自然教育最终目的是培养"自然人"，即身心调和发达、体脑两健、能力强盛的新人，也就是摆脱封建羁绊的资产阶级新人。具有以下特征：第一，自然人是能独立自主的人，他能独自体现出自己的价值；第二，在自然的秩序中，所有的人都是平等的；第三，自然人又是自由的人，他是无所不宜、无所不能的；第四，自然人还是自食其力的人。可无须仰赖他人为生，这是独立自主的可靠保证。

（3）自然教育的方法原则。

卢梭猛烈抨击了当时向儿童强迫灌输旧的道德和知识、摧残儿童天性的做法，他提出以下几点原则和方法：第一，树立正确的儿童观，应当把成人看作成人，把孩子看作孩子。第二，对儿童实施消极教育。此外，让他们在同自然的接触中，体会到自己所犯的错误和过失带来的自然后果，使儿童服从于自然法则，结合具体事例让他们从自己的直接经验中受到教育。第三，根据儿童天性的个体差异，因材施教。

（4）自然主义教育的实施。

卢梭根据自然教育的原则，根据人的自然发展的进程和不同年龄时期身心的特点，把自然教育分为婴儿期、儿童期、少年期和青春期。婴儿期主要进行体育；儿童期主要进行感官训练和身体发育，这个时期的儿童不宜进行理性教育，不应强迫儿童读书；少年期主要进行智育和劳动教育；青春期主要接受道德教育，包括宗教教育、爱情教育和性教育。

评价：

卢梭是西方教育史上具有划时代意义的教育思想家，他对封建社会进行了猛烈的抨击，提出了反映新兴资产阶级利益的教育思想，是现代教育思想的重要来源。

（1）卢梭提出的自然主义教育思想是教育思想史上由教育适应自然向教育心理学化过渡的一个重要环节。在封建社会压制人性的情况下，提倡性善论，尊重儿童天性具有历史进步意义。他呼吁培养身心调和发展的自然人和自由人也反映了对人的发展的合理要求。

（2）卢梭论证了自然主义教育的内容和方法。如重视感觉教育的价值；反对古典主义和教条主义，要求人们学习真实有用的知识；反对向儿童灌输道德教条，要求养成符合自然发展的品德等。这些观点既是在前人的基础上的发展，也反映了近代教育的发展方向。

（3）卢梭的教育理论对欧美教育产生了深远影响。德国的泛爱教育运动、瑞士的裴斯泰洛齐的教育实验、美国进步主义教育运动等，无不受到卢梭自然教育理论的启发。

4. 概述维纳的成败归因理论，并谈谈如何根据这一理论来激发学生的学习动机？

【答案要点】

（1）维纳的成败归因理论：

维纳对行为结果的归因进行了系统探讨，发现人们倾向于将活动成败的原因归结为六个因素：即能力高低、努力程度、任务难易、运气/机遇好坏、身心状态、外界环境等。这六个因素可归为三个维度，即内部归因和外部归因、稳定性归因和非稳定性归因、可控归因和不可控归因。

不同归因的影响：

①当个体将成功归因于能力和努力等内部因素时，会产生骄傲、自豪感，增强自信心和动机水平。

②将成功归因于任务容易、运气好、别人帮助等外部原因时，则满意感较少。当个体将失败归因于能力弱、不努力等内部原因时，会产生愧疚感；将失败归因于任务太难、运气不好或教师评分不公正等外部原因时，则较少产生愧疚感。

③归因于努力相比于归因于能力，无论成败都会引发更强烈的情绪体验。努力而成功体验到愉快；不努力而失败体验到羞愧；努力而失败也应受到鼓励。

成败归因的影响因素：

①他人操作的有关信息。即个体根据别人的行为结果的有关信息来解释自己的行为结果的原因。如班级大部分人拿到高分，则易产生外部归因；班级少部分人拿到高分，则易产生内部归因。

②先前的观念或因果图式。即个体以往的经验或行为结果的历史。如结果与之前的结果一致，则易归于稳定因素；否则归因于不稳定因素。过去因努力而成功者，更易将成功归因于努力等内部因素；若经努力而失败，则易归因于不可控因素，如运气等。

③自我知觉。即个体对自己能力的看法。自认为有能力者，易将成功归因于能力，将失败归因于教师的偏见、测验不公正等。

（2）激发学习动机的措施。

维纳的归因理论在教育上的意义在于它能从学生的观点显示出学习成败的原因。了解学生的自我归因可预测其今后的学习动机。学生的自我归因未必正确，却十分重要，教师应注意了解和辅导。长期消极归因有碍于学生健康成长。教师的反馈是影响学生自我归因的重要因素，学生的自我归因并不完全以考分高低为依据，很大程度受到教师对其成绩评价和态度的制约。